Droit fiscal général

COURS DALLOZ

Série Droit public

Sous la direction de Dominique Chagnollaud de Sabouret

Professeur à l'Université Paris-Panthéon-Assas

Droit fiscal général

15e édition revue et augmentée
2025

Jacques Grosclaude †
Professeur émérite de l'Université de Strasbourg

Philippe Marchessou
Professeur honoraire de l'Université de Strasbourg

Bruno Trescher
Professeur à l'Université de Strasbourg

Lefebvre Dalloz

Des mêmes auteurs, dans la même collection :
Procédures fiscales, 12ᵉ éd., 2024

Tour Lefebvre Dalloz – 10, place des Vosges – CS 90358 – 92072 Paris La Défense Cedex

ISBN 978-2-247-24049-4

AVANT-PROPOS

Le droit fiscal général est une matière en prise directe sur la réalité contemporaine. Instrument de décisions politiques, au cœur des controverses sur la régulation économique, la justice sociale et le financement des services publics, il est d'abord un corps de règles. Au-delà de leur aspect parfois aride, ces règles ont leur cohérence interne, tel un fil conducteur qui conjugue le souci des gouvernements d'optimiser les rentrées et de conjurer les crises, avec une inépuisable imagination du contribuable en quête de sa propre optimisation.

L'ambition de cet ouvrage est de convaincre le lecteur. Oui, le droit fiscal est passionnant et nous avons souhaité faire partager cette passion. La tâche était aisée, elle fut encore facilitée par l'attentive compréhension de nos familles et l'exigence de nos étudiants. Nous leur dédions ce livre. Le cap de la 10e édition étant passé et bien passé, nous sommes en route vers la 20e. Attardons-nous un instant sur la 15e, dans laquelle il apparaît que le droit positif a dû s'adapter aux conséquences de la pandémie puis à celles de l'instabilité politique avec, notamment, une loi de finances de l'année 2025 adoptée seulement le 14 février. Nous avons aussi une pensée pour Jacques Grosclaude, membre actif du binôme initial, qui nous a quittés ce printemps.

Pour améliorer encore l'utilité de cet ouvrage, les lecteurs trouveront une table de la jurisprudence citée, avec renvoi au paragraphe pertinent.

Mai 2025

PRINCIPALES ABRÉVIATIONS

AJDA	*Actualité juridique Droit administratif*
AJPI	*Actualité juridique Propriété immobilière*
ANAH	Agence nationale pour l'amélioration de l'habitat
BA	Bénéfices agricoles
BATX	Baidu, Alibaba, Tencent et Xiaomi
BDCF	*Bulletin des conclusions fiscales*
BF Lefebvre	*Bulletin fiscal Francis Lefebvre*
BIC	Bénéfices industriels et commerciaux
BNC	Bénéfices non commerciaux
BOI	*Bulletin officiel des impôts*
Bull. civ.	*Bulletin des arrêts des chambres civiles de la Cour de cassation*
Bull. Joly	*Bulletin Joly*
CA	Cour d'appel
CAA	Cour administrative d'appel
Cass.	Cour de cassation
Cons. const.	Conseil constitutionnel
CE	Conseil d'État
CGCT	Code général des collectivités territoriales
CGI	Code général des impôts
Chron.	Chronique
CIBS	Code des impositions sur les biens et services
CJCE	Cour de justice des Communautés européennes (jusqu'au 30 novembre 2009)

CJUE	Cour de justice de l'Union européenne (depuis le 1er décembre 2009)
CRDS	Contribution au remboursement de la dette sociale
CSG	Contribution sociale généralisée
CSS	Code de la sécurité sociale
D.	*Recueil Dalloz*
Defrénois	*Répertoire du notariat Defrénois*
DGFiP	Direction générale des Finances publiques
DGI	Direction générale des Impôts
Doc. fr.	*La Documentation française*
Dr. et patr.	*Droit et patrimoine*
Dr. fisc.	*Droit fiscal*, puis *Revue de droit fiscal*
EBITDA	"*Earnings before interest, taxes, depreciation and amortization*" (Bénéfices avant intérêts, impôts, dépréciation et amortissements)
ENR	Droits d'enregistrement
ETNC	États et territoires non coopératifs
EURL	Entreprise unipersonnelle à responsabilité limitée
GAJF	*Les grands arrêts de la jurisprudence fiscale*
GAFAM	Google, Apple, Facebook, Amazon, Microsoft
GATT	Accord général sur les tarifs et le commerce
IFA	Imposition forfaitaire annuelle des sociétés
IGF	Impôt sur les grandes fortunes
IS	Impôt sur les sociétés
ISF	Impôt de solidarité sur la fortune
JCP	*Semaine juridique Générale*
JCP E	*Semaine juridique Entreprise et affaires*
JCP N	*Semaine juridique Notariale et immobilière*
JO	*Journal officiel*
JOAN Q	*Journal officiel, Assemblée nationale, Questions écrites*
JOCE	*Journal officiel des Communautés européennes*
JOUE	*Journal officiel de l'Union européenne* (depuis le 1er février 2003)
LNF	*Les Nouvelles fiscales*
LPA	*Les petites affiches*
LPF	Livre des procédures fiscales

Obs.	Observations
OCDE	Organisation pour la coopération et le développement économique
OLAF	Office européen de lutte antifraude
OPCVM	Organisme de placement collectif en valeurs mobilières
Ord.	Ordonnance
PEA	Plan d'épargne en actions
Plén.	Plénière fiscale
PME	Petites et moyennes entreprises
QPC	Question prioritaire de constitutionnalité
Lebon	*Recueil Lebon des arrêts du Conseil d'État*
RF compt.	*Revue française de comptabilité*
RD publ.	*Revue du droit public*
REIDF	*Revue européenne et internationale de droit fiscal*
Rev. adm.	*Revue administrative*
RFFP	*Revue française des finances publiques*
RJEP	*Revue juridique de l'économie publique*
RJF	*Revue de jurisprudence et des conclusions fiscales*
RSLF	*Revue de science et de législation financière*
RTD com.	*Revue trimestrielle de droit commercial*
SCP	Société civile professionnelle
Sect.	Section du contentieux du Conseil d'État
TA	Tribunal administratif
TFUE	Traité sur le fonctionnement de l'Union européenne
TVA	Taxe sur la valeur ajoutée
URSSAF	Union de recouvrement des cotisations de sécurité sociale et d'allocations familiales

INTRODUCTION

Les clés de la fiscalité

1 La fiscalité souffre d'une image doublement négative :

– pour l'étudiant, c'est une matière technique, à la limite de la sphère juridique, dont l'approche est rébarbative et qu'il paraît peu rentable d'approfondir pour un juriste sur la voie de son accomplissement intellectuel ;

– pour le citoyen-contribuable, c'est un pan de l'activité publique subi comme une contrainte parce qu'il incarne l'État-spoliateur, qui puise dans les poches de ses sujets un argent que ceux-ci ont péniblement gagné et dûment mérité.

Aucune de ces deux perspectives n'est inexacte puisqu'elle est ressentie ; toutefois, l'honnêteté intellectuelle et l'envie de comprendre obligent à dépasser cette première approche. En utilisant chacune des clés de la fiscalité pour ouvrir les portes de la découverte, l'explorateur ne trouvera pas le placard de Barbe Bleue mais une matière riche parce qu'elle est profondément juridique, ouverte sur les autres branches du droit mais aussi sur les composantes économiques et politiques de la société humaine.

2 C'est une invitation au voyage qui est ainsi lancée, à partir de la notion de **fiscalité**. Le terme tire son origine de *fiscus*, le panier que les Romains employaient pour recevoir l'argent, il a donné également le **fisc**, qui désigne couramment l'ensemble des administrations publiques qui ont en charge l'impôt.

§ 1. La notion d'impôt

3 Le substantif **impôt** et le verbe **imposer** expriment on ne peut mieux le poids de la contrainte qui s'abat sur le redevable. Sous la Révolution le terme employé était **contribution**, qui suggère davantage une participation du citoyen au fardeau commun de la dépense publique. Aujourd'hui, l'impôt peut être défini comme un prélèvement à caractère obligatoire et sans contrepartie directe, qui est perçu au profit d'une collectivité publique. Au-delà de ce noyau dur, la définition s'enrichit de plusieurs composantes qui donnent à l'impôt son image contemporaine : dans un État respectueux d'une certaine justice sociale il sera perçu en fonction des facultés contributives des citoyens ; il sera souvent distingué de la **taxe**, qui s'analyse comme un prélèvement tout aussi obligatoire mais perçu à l'occasion de la prestation d'un service par la collectivité publique. Cette distinction est aujourd'hui dépourvue de portée pratique, le législateur ayant contribué à brouiller les concepts par ses dénominations peu rigoureuses. Ainsi, la taxe sur la valeur ajoutée est un impôt.

La taxe doit être distinguée de la **redevance**, qui est le prix d'un service rendu par une entité publique au client qui en fait la demande (prix de l'entrée dans un musée ou une piscine, tarif d'une crèche) ; elle se distingue par son mode de création – réglementaire – et par le fait qu'elle est en principe proportionnelle au service rendu, ce qui n'est pas le cas de la taxe. À noter que, là aussi, le législateur manque de rigueur dans ses dénominations puisqu'il qualifie parfois de taxes des redevances, et inversement.

4 Une clarification de la typologie a été réalisée par la disparition de la parafiscalité, qui recouvrait des prélèvements obligatoires, institués par décret en Conseil d'État et non par le législateur, perçus dans un intérêt économique ou social au profit d'une personne morale de droit public autre que l'État, les collectivités territoriales et leurs établissements publics administratifs. Ceci étant, sous la pression des contraintes politiques, l'évolution des concepts a conduit à revoir cette notion puisque les impôts français les plus récents – la contribution sociale généralisée (CSG) et la contribution au remboursement de la dette sociale (CRDS) –

ne sont pas perçus au profit d'une collectivité publique mais des entités privées (les URSSAF) qui gèrent le financement des régimes de sécurité sociale et des allocations familiales. Pour autant, la CSG et la CRDS sont considérées comme des impositions de toute nature : ce faisant, la frontière entre les différentes notions était devenue des plus floues. Aussi, dans un souci de clarification et de cohérence, la loi organique n° 2001-692 du 1er août 2001 relative aux lois de finances a supprimé le régime de la parafiscalité : loin de disparaître, la plupart des taxes parafiscales existantes ont progressivement été transformées en véritables impositions fiscales.

Bibliographie

« L'Année fiscale », *Dr. fisc.* 2022, n° 12, comm. 150 à 167.

« L'Année fiscale », *Dr. fisc.* 2021, n° 10, comm. 159 à 176.

Aglae (Marie-Joseph), « De l'impôt et ses limites », *RFFP* 2012, n° 120, p. 39 à 50.

Amselek (Paul), « Impositions et cotisations obligatoires », in *Mélanges Philip*, Economica, 2005.

Bourget (Renaud), *Étude historique et comparative du développement de la science juridique fiscale (fin XIXe et XXe siècles)*, Dalloz, coll. « Nouvelle Bibliothèque de Thèses », vol. 112, 2012, 1347 p.

Cabannes (Xavier), « La redevance : de la rémunération du coût du service rendu à la rémunération de la valeur économique de la prestation fournie. Une longue marche vers un prix de marché ? », in *Mélanges Robert Hertzog*, Economica, 2010, p. 67 à 82.

Castagnede (Bernard), « Nature et caractères du droit fiscal », *Dr. fisc.* 2007, suppl. n° 25, p. 23 à 27.

Collet (Martin), *L'impôt confisqué*, Odile Jacob, 2014, 100 p.

Collet (Martin), « Le Conseil constitutionnel et la distinction des impôts et des cotisations sociales », *Dr. fisc.* 2014, n° 40, comm. 553.

Crouy-Chanel (Emmanuel de), *Le contribuable-citoyen. Histoire d'une représentation (1750-1999)*, Thèse Paris I, 1999.

CROUY-CHANEL (Emmanuel DE), « La définition juridique de l'impôt. L'exemple de la doctrine française », *in* T. BERNS, J.-C. DUPONT (dir.), *Philosophie de l'impôt*, Bruylant, 2006, p. 135

DELALANDE (Nicolas), *Les batailles de l'impôt. Consentement et résistances de 1789 à nos jours*, Seuil, 2011.

GROSCLAUDE (Jacques) et HERTZOG (Robert), « Le mythe de l'impôt unique », *RFFP* 1990, n° 29, p. 29 à 57.

KISSANGOULA (Justin), « Le Conseil d'État, la notion d'impositions de toutes natures et la jurisprudence sur l'incompétence négative du législateur », *RFFP* 2000, n° 70, p. 193.

LAMBERT (Thierry), « Le fiscaliste : un juriste comme les autres », *Gestion & Finances publiques* 2014, n° 3/4, p. 12 à 20.

LARBRE (David), « Le caractère confiscatoire de l'impôt », *Dr. fisc.* 2012, n° 20, p. 14 à 22.

LE GALL (Jean-Pierre), « L'autonomie du droit fiscal », *Dr. fisc.* 2000, n° 3, p. 136 à 144.

LE GALL (Jean-Pierre), « Du bon usage de quelques concepts juridiques par la fiscalité française », *Dr. fisc.* 2001, n° 12, p. 514 à 522.

LEROY (Marc), *L'impôt, l'État et la société. La sociologie fiscale de la démocratie interventionniste*, Economica, coll. « Finances publiques », 2010, 376 p.

MARDIÈRE (Christophe DE LA), « Maximes, pensées et badineries fiscales », *Dr. fisc.* 2012, n° 24, p. 19 à 23.

MARIONNEAU (Astrid), « L'introduction de la notion d'espérance légitime en droit fiscal », *Dr. fisc.* 2014, n° 47, comm. 631.

MARTINEZ (Jean-Claude), *Le statut du contribuable*, LGDJ, 1980, 394 p.

MOUBACHIR (Yasmina), *Impositions et régime fiscal*, LGDJ, 2007.

NEGRIN (Olivier), « Une légende fiscale : la définition de l'impôt par Gaston Jèze », *RD publ.* 2008. 138 à 151.

OLLEON (Laurent), « Autonomie du droit fiscal : le moribond se porte bien », *RJF* 2002, n° 5, p. 355 à 361.

PEZET (Fabrice), « Le caractère confiscatoire de l'impôt et les exigences constitutionnelles françaises », *Dr. fisc.* 2013, n° 22, comm. 630.

PHILIP (Loïc), « Jalons pour une réforme fiscale », in *Mélanges Robert Hertzog*, Economica, 2010, p. 423 à 438.

PICHET (Éric), « La fiscalité et les finances publiques à l'ère des pandémies », *Dr. fisc.* 2010, nº 7-8, comm. 148.

ROUZAUD (Pierre), *L'impôt confiscatoire : notion et jurisprudence*, Larcier, 2016.

STEICHEN (Alain), « Typologie des systèmes fiscaux comparés », *L'Année fiscale* 2003, p. 31 à 67.

TOURNAFOND (Olivier), « L'impôt est-il légitime ? », in *Mélanges Henri Hovasse*, LexisNexis, 2016.

VARII AUCTORES, « 2017 : le moment opportun pour un choc fiscal ? », *Dr. fisc.* 2017, nº 11, comm. 199.

VARII AUCTORES, *Théories contre l'impôt*, textes réunis par Alain Laurent et présentés par Claude Reichmann, Les Belles Lettres, 2000, 220 p.

§ 2. Les buts de l'impôt

5 L'impôt poursuit conjointement deux séries de finalités : l'accomplissement des missions de l'État (1) et des missions complémentaires qui traduisent une volonté d'interventionnisme fiscal (2).

1. *Une mission essentielle, la collecte des fonds nécessaires à l'accomplissement des missions de l'État*

6 L'impôt apparaît en même temps que le premier embryon d'organisation collective, le clan ou la tribu ont besoin d'instaurer une contribution sur leurs membres pour financer les dépenses communes : c'est une contribution en nature ou en espèces, quel que soit le degré de sophistication de l'organisation de la collectivité publique, l'impôt est toujours consubstantiel à la notion d'État.

Le pouvoir fiscal représente un des attributs essentiels de la souveraineté de l'État et celui-ci n'y renoncera que rarement : à preuve la difficulté pour les États de l'Union européenne d'abandonner le principe de l'unanimité en ce domaine ; l'âpreté qui imprègne la négociation des conventions internationales tendant à éviter les doubles impositions (v. ss 57) traduit cet attachement à conserver sans partage le monopole du pouvoir fiscal. Dans les États fédéraux l'État est plural, par conséquent le pouvoir fiscal sera partagé entre l'État fédéral et les États fédérés, en revanche dans les États unitaires il sera tout au plus délégué aux collectivités territoriales, mais à l'intérieur d'un cadre soigneusement circonscrit par le législateur central. De l'utilité d'employer l'impôt comme instrument de mesure de l'autonomie des collectivités publiques !

Cette justification de l'impôt demeure toujours la principale, elle constitue le socle dur qui transcende les siècles, les régimes politiques et les modes.

2. *Une volonté d'interventionnisme d'État*

7 De manière plus contemporaine et plus volontaire, les gouvernants ont imaginé de confier à l'impôt l'une ou l'autre mission supplémentaire qui traduisent une volonté d'interventionnisme fiscal : la redistribution sociale (a), la régulation conjoncturelle (b) et la neutralité de l'impôt (c). Néanmoins, l'ambition contemporaine est marquée par une incertitude liée à la globalisation (d).

a. *La redistribution sociale*

8 Ce fut d'abord **la redistribution sociale** : l'impôt est perçu avec une intensité confiscatoire sur les contribuables riches, d'une part afin qu'ils deviennent moins riches et d'autre part afin que les sommes ainsi collectées soient affectées par l'État à la réalisation de dépenses sociales destinées à améliorer le sort des citoyens économiquement faibles ; ainsi sera resserré l'éventail des patrimoines et des revenus qui est le gage de l'homogénéité nécessaire à la paix sociale. L'intention est généreuse, l'idéologie est au rendez-vous mais pas le résultat attendu : les expériences menées dans cette optique se sont révélées naïves, simplement parce qu'elles ne prenaient pas en compte le facteur psychologique, en particulier l'allergie absolue du contribuable aisé à se laisser tondre comme un mouton docile.

Ainsi un impôt sur les successions à taux élevé est instauré par le gouvernement travailliste de Clement Attlee en Grande-Bretagne en 1945, dans le dessein de supprimer la perpétuation des inégalités par la transmission du patrimoine. Quelle ne fut pas sa surprise de découvrir au bout de quelques mois que les riches anglais ne décédaient plus, ou qu'ils allaient mourir sous des cieux fiscaux plus cléments, ou qu'ils avaient auparavant pris soin de partager discrètement leur patrimoine ! De même l'impôt sur le revenu suédois, dont l'excès de pression conduisait à l'exil fiscal ou incitait à la fraude.

b. *La régulation conjoncturelle*

9 La deuxième ambition fut d'attribuer à l'impôt un rôle de **régulation conjoncturelle**, en d'autres termes de le faire participer à la régulation des grands équilibres : lutter contre l'inflation, stimuler l'activité, contribuer au plein-emploi. C'est bien sûr l'idée qui sous-tend la pensée économique de Keynes et il serait présomptueux de la résumer ici. Simplement les gouvernants des soixante dernières années ont eu tendance à la pratiquer de façon caricaturale et les résultats n'ont pas davantage été à la hauteur des espérances. Là aussi l'expérience montre qu'il faut être naïf pour imaginer que les entrepreneurs investiront davantage du seul fait que le législateur leur consent de nouvelles incitations fiscales, de même que les ménages n'adapteront pas leur volume de consommation en fonction du poids de l'impôt. La confiance joue un rôle beaucoup plus décisif que les réformes fiscales, et ces dernières n'ont une chance de produire l'effet recherché que si elles s'insèrent comme un instrument d'action dans une panoplie plus vaste de mesures.

Dans ce cadre les économistes parlent parfois de **dépenses fiscales** pour qualifier les mesures d'exonération ou d'allègement qui sont prises au service d'une politique économique. Le terme est impropre puisque ce ne sont pas de vraies dépenses mais une prévision de renonciation de l'État à percevoir des recettes.

c. *La neutralité de l'impôt*

10 La troisième ambition est plus modeste, plus contemporaine, moins volontariste et davantage marquée au coin de l'idéologie néolibérale, c'est **la neutralité de l'impôt**. Un impôt neutre a pour vertu de ne pas peser sur le choix des opérateurs, lesquels se détermineront en fonction d'une rationalité économique et non pas sous l'influence de tel ou tel avantage fiscal. L'analyse du système fiscal français recèle ainsi quelques illustrations intéressantes de cette ambition (v. ss 1076). La neutralité se conjugue

naturellement avec les principes budgétaires classiques d'unité et d'universalité. Or ceux-ci sont parfois mis à mal par l'affectation d'impôts et de taxes à certaines dépenses, notamment au profit des collectivités territoriales. L'effet d'annonce qui en résulte peut être politiquement apprécié en ce qu'il peut renforcer l'acceptation de l'impôt mais l'absence de flexibilité de la mesure porte en elle un risque de gaspillage des fonds publics et une atteinte à la neutralité. Le Conseil des prélèvements obligatoires s'en est ému, notamment au regard de la qualité du contrôle parlementaire (Note n° 8, mai 2024, publiée le 6 septembre).

Toutefois, si la neutralité est une ambition elle ne peut être un absolu : justement parce que l'État est néolibéral il ne peut pas orienter les comportements autrement qu'en édictant des incitations, c'est-à-dire des discriminations qui sont autant d'atteintes au dogme de la neutralité. Les gouvernants s'essaient au réalisme, par conséquent ils panacheront les trois ambitions qui viennent d'être décrites, dans une proportion qui variera en fonction de leurs convictions, de la nécessité d'adapter leur action à la conjoncture mais aussi des échéances électorales !

d. *L'incertitude née de la globalisation*

11 L'ambition contemporaine est marquée au coin de l'incertitude. Les différents phénomènes induits par la globalisation – et notamment la mise en compétition des États provoquée par la volatilité de la matière fiscale – font apparaître les politiques fiscales d'autant plus erratiques que le dogme de la souveraineté nationale en matière fiscale prive largement les gouvernements de la possibilité d'une coordination. Lentement, l'idée d'une coordination se fait jour et se concrétise, entre des États qui acceptent d'y voir leur intérêt.

Bibliographie

CASTAGNEDE (Bernard), « Théorie et pratique des dépenses fiscales dans le contexte de l'Union européenne », *RFFP* 2000, n° 72, p. 219 à 242.

LECERF (Michel) et BLANC (Guillaume), « Le financement des services publics : impôts ou redevances ? », *Dr. fisc.* 1998, n° 39, p. 1159 à 1163.

PICHET (Éric), « Théorie générale des dépenses socio-fiscales : application au cas français », *Dr. fisc.* 2016, n° 36, comm. 457.

PICHET (Éric), « Bilan et perspectives des politiques fiscale et budgétaire d'Emmanuel Macron », *Dr. fisc.* 2022, n° 38, comm. 330.

§ 3. L'établissement de l'impôt

12 L'impôt dû par chaque contribuable est l'aboutissement d'un processus fiscal en plusieurs étapes : la détermination de l'assiette (A), la détermination du contribuable (B), la survenance du fait générateur et de l'exigibilité (C), la liquidation de l'impôt (D) et son recouvrement (E).

A. L'assiette

13 Elle s'analyse comme une détermination opérée dans la matière imposable pour délimiter une base de calcul à l'impôt. Elle peut être une réalité physique – l'hectolitre d'alcool pour les contributions indirectes, ou une réalité économique – le chiffre d'affaires ou le revenu, ou encore une réalité juridique – la propriété pour les droits de mutation.

Les différentes caractéristiques de l'assiette permettent d'élaborer des classifications de l'impôt.

1. *Impôts réels et impôts personnels*

14 La distinction entre **impôts réels** et **impôts personnels** privilégie la philosophie de l'approche fiscale. L'impôt personnel se préoccupe d'envisager les facultés contributives du redevable, ses charges de famille par exemple, afin de personnaliser la charge fiscale qu'il devra assumer. L'impôt réel appréhende une chose, envisagée dans sa dimension strictement économique, sans se préoccuper du statut du contribuable ni de sa dimension personnelle. De manière schématique l'impôt personnel apparaît plus juste que l'impôt

réel. L'impôt sur la consommation est l'archétype de l'impôt réel tandis que l'impôt sur le revenu incarne l'impôt personnel.

2. *Impôts synthétiques (généraux) et impôts analytiques (particuliers)*

15 La distinction entre **impôts synthétiques (généraux)** et **impôts analytiques (particuliers)** privilégie le critère de la sélectivité. L'impôt synthétique appréhende une situation globale, souvent pour mieux la personnaliser, tel l'impôt sur le revenu qui est assis sur les revenus perçus par un foyer pendant une année civile, ou bien les droits de succession. L'impôt analytique découpe son assiette au scalpel pour ne retenir qu'un élément et le mettre à contribution chaque fois qu'il apparaît, tel l'impôt sur la consommation ou la taxe sur la vente d'immeubles.

3. *Impôts directs et impôts indirects*

16 La distinction entre **impôts directs** et **impôts indirects** doit sa popularité à son grand âge et à son utilisation dans le Code général des impôts (CGI) ainsi que dans les lois de finances de l'année notamment. Les impôts directs sont perçus « directement » sur le contribuable – tel l'impôt sur le revenu – tandis que les impôts indirects sont perçus par la collectivité publique auprès de collecteurs qui assument un rôle d'intermédiaires entre l'État et le contribuable effectif ; les droits sur les tabacs manufacturés mais aussi l'impôt sur la consommation appartiennent à cette catégorie. Ces impôts sont immanquablement répercutés (v. ss 22).

17 Son caractère binaire empêche cette distinction d'être exhaustive, en particulier elle divise la famille des droits d'enregistrement. En outre, le critère du **rôle** sur lequel elle s'appuie pour trouver un fondement juridique ne résiste pas à l'analyse : le rôle est la liste des contribuables à un impôt direct, tenue dans chaque commune (v. ss 791). Le contribuable reçoit ainsi l'extrait de rôle le concernant en guise d'avis d'imposition, tandis que les impôts indirects sont recouvrés sans rôle. Malheureusement il est des impôts directs qui sont recouvrés sans rôle, tel l'impôt sur les bénéfices des sociétés. Seule la popularité de cette distinction assure encore sa survie !

4. *Impôt unique et impôt multiple*

18 La distinction entre **impôt unique** et **impôt multiple** renaît périodiquement de l'imagination de politiciens qui veulent donner à rêver aux électeurs, en leur proposant la résolution de leur tourment fiscal par la mise en place d'un seul impôt, de préférence assis sur un nombre réduit de contribuables. La démagogie est au rendez-vous, mais pas la vérité scientifique ; en effet, la complexité des besoins d'un État moderne ne peut pas s'accommoder d'un prélèvement à prétention universelle mais en réalité trop dépendant de l'étroitesse de son assiette et des aléas qui peuvent l'affecter. Prétendre substituer un impôt sur l'énergie ou sur la dépense à tous les autres impôts offre le seul mérite de secouer les certitudes intellectuelles et d'obliger à réfléchir à une simplification – souhaitable – du système fiscal, mais ne constitue pas une alternative tangible.

5. *Impôt sur le revenu, impôt sur la fortune et impôt sur la dépense*

19 La distinction la plus satisfaisante est ternaire, elle oppose **l'impôt sur le revenu, l'impôt sur la fortune** et **l'impôt sur la dépense**. Elle est plus économique que juridique, mais elle est exhaustive sans être simplificatrice puisqu'elle cerne les trois assiettes de l'impôt moderne. Si la fortune peut être assimilée au patrimoine et la dépense à la consommation, le revenu sera tout ce que le contribuable peut dépenser sans s'appauvrir.

Le législateur fiscal ayant déterminé l'assiette de l'impôt va ensuite se préoccuper de la personne du contribuable.

Bibliographie

LARRERE (Catherine), « Impôts directs, impôts indirects : économie, politique, droit », *Arch. Phil. dr.* 2002, T. 46, p. 117.

B. La détermination du contribuable

20 C'est un choix politique puisqu'il implique de désigner les personnes, physiques ou morales, qui seront appelées à supporter et/ou à verser l'impôt. Traditionnellement en effet l'État trouvera

souvent commode de déléguer à un nombre réduit de sujets le soin de collecter l'impôt. Il fera partager une fraction de l'impopularité du processus à ses **fermiers ou collecteurs** et gagnera en rentabilité puisqu'il aura délégué à autrui une grande partie de la gestion de l'impôt.

21 Si aujourd'hui la ferme de l'impôt est devenue rare il peut exister des collecteurs, tel l'employeur allemand ou français (depuis 2019) qui retient chaque mois l'impôt sur la rémunération versée à ses salariés, le concessionnaire espagnol qui collecte les droits de place sur les marchés pour le compte de la commune, ou encore la banque italienne pour l'impôt sur le revenu.

22 L'analyse permettra surtout de mesurer **l'incidence** de l'impôt, c'est-à-dire de localiser son poids réel, en distinguant le **redevable légal** du **redevable effectif**. Le premier est celui qui, aux yeux de la collectivité publique, doit acquitter l'impôt, mais par le jeu économique de **la répercussion**, que ce soit dans la vente ou dans la prestation de services, il parvient à le refacturer au second qui en supporte vraiment et définitivement le poids. Pour l'impôt sur le revenu les deux qualités sont confondues en une même personne, en revanche pour l'impôt sur la consommation le redevable légal est le commerçant, mais le redevable effectif est le consommateur.

23 Sous un angle plus juridique se pose la question du **statut du contribuable**. Redevable d'une obligation financière vis-à-vis de la puissance publique il est placé en situation légale et réglementaire. Toutefois la relation qu'il entretient avec l'administration fiscale intègre une dimension quasi contractuelle, par exemple lorsqu'il négocie avec elle le montant d'une imposition forfaitaire ou l'obtention d'un agrément fiscal.

24 Sujet de droit d'un État démocratique, le contribuable est présumé de bonne foi, par conséquent ses obligations fiscales seront assumées par lui et envisagées par l'administration fiscale sur le fondement de ses déclarations. Le contrôle du fisc ne pourra intervenir qu'*a posteriori* pour en vérifier la sincérité et la régularité, et l'administration supportera la charge de la preuve contraire pour démontrer les irrégularités commises par le contribuable. Ce cadre presque convivial s'efface si le contribuable est convaincu de

fraude fiscale, en d'autres termes s'il est convaincu de s'être délibérément soustrait à ses obligations.

25 Le phénomène de la fraude fiscale est difficile à cerner parce qu'il est multiforme – l'imagination des fraudeurs est sans bornes – il est en outre peu intéressant à analyser de façon globale parce que son hétérogénéité empêche de sortir de considérations générales. L'intérêt du thème réside ailleurs :

– cerner d'abord la notion pour la distinguer des notions voisines, tels **l'évasion fiscale, l'optimisation fiscale** ou **le choix de la voie la moins imposée**, qui ont en commun de traduire le souci du contribuable d'acquitter le moins d'impôts possible mais dans le respect de la légalité ;

– puis analyser l'arsenal des mesures mises au point par le législateur pour prévenir et réprimer les comportements frauduleux.

Toutes ces règles forment les Procédures fiscales.

C. Le fait générateur de l'impôt

26 Il s'analyse comme l'événement dont la survenance crée l'obligation fiscale dans son principe, c'est-à-dire une relation juridique de créancier à débiteur entre la collectivité publique et le contribuable. Le législateur le définit à partir d'un événement économique – la livraison de produits pour l'impôt sur la consommation – ou d'un acte juridique – le transfert de propriété pour les droits d'enregistrement. S'il n'a pas connaissance de cet événement l'État ignore sa bonne fortune, et ce n'est qu'avec **l'exigibilité** que le Trésor pourra prétendre percevoir l'impôt. L'enjeu de cette définition étant beaucoup plus trivial, le législateur va définir avec davantage de précision l'événement dont la survenance incarne l'exigibilité. Si l'analyste ne privilégie aucune des deux notions, le fisc comme le contribuable ne se préoccuperont que de l'exigibilité.

27 La conjugaison de l'assiette, du contribuable, du fait générateur et de l'exigibilité s'opère sur le territoire de l'État – le critère de la nationalité joue un rôle secondaire en matière fiscale – qui va

pouvoir calculer l'impôt dû par une personne résidente sur une assiette rattachée en principe au territoire de résidence. Il est alors possible d'engager la liquidation.

Bibliographie

BAS (Céline), *Le fait générateur de l'impôt*, L'Harmattan, coll. « Finances publiques », 2007, 500 p.

D. La liquidation de l'impôt

28 Elle comprend deux étapes : la première consiste à évaluer **l'assiette** (1), tandis que la seconde consiste à calculer le montant de la dette fiscale à partir de l'assiette (2).

1. *L'assiette*

29 L'évaluation de l'assiette imposable emprunte des techniques différentes selon les époques et les impôts. Le XIXe siècle a vu fleurir **la méthode indiciaire**, qui permettait à l'administration de déterminer l'impôt à partir d'éléments extérieurs et incontestables, dont les plus célèbres furent les portes et fenêtres. L'impôt frappe ici des éléments sans prendre en considération la situation personnelle du contribuable ni son aptitude à produire une richesse à partir de ces éléments. Cette méthode privilégie l'appréhension de signes extérieurs, sans chercher à atteindre une réalité plus profonde. C'est l'imposition de l'apparence.

30 **La méthode forfaitaire** cherche davantage à approcher la vérité d'une situation économique mais sans pour autant ambitionner de l'atteindre. Elle consiste en effet pour l'administration à proposer au contribuable une imposition qu'elle a fixée selon des moyens empiriques. Cette approximation est permise par la loi fiscale, souvent parce que l'activité du contribuable est modeste, qu'il appartient à une catégorie plutôt défavorisée et que l'État trouvera sa rentabilité plutôt dans la gestion économique permise par la méthode forfaitaire que dans la coûteuse recherche de l'exacte assiette. C'est une méthode en voie de disparition (v. ss 309 et 508).

31 **La méthode déclarative** est la voie contemporaine, socialement juste et économiquement efficace qui est utilisée pour tous les grands impôts. Elle présume que le contribuable est de bonne foi, par conséquent l'impôt sera liquidé à partir des déclarations qu'il dépose, simplement l'administration pourra exercer un contrôle *a posteriori* pour s'assurer de la sincérité desdites déclarations. Le but est d'assurer, sous couvert d'égalité devant les charges publiques, une appréhension exhaustive de la matière imposable et une parfaite rentabilité.

2. Le calcul de la dette fiscale à partir de l'assiette

32 L'assiette ainsi obtenue pourra être diminuée de **déductions** ou d'**abattements**, par exemple pour tenir compte des charges de famille du contribuable s'il s'agit de l'impôt sur le revenu, ou pour privilégier les successions en ligne directe s'il s'agit de droits de succession.

33 Puis, sur cette assiette ainsi retraitée va être appliqué le **taux** de l'impôt, pour obtenir le montant de la cotisation fiscale due par le contribuable. En fonction des attentes placées par le législateur dans chaque impôt, les caractéristiques du taux vont varier de manière considérable.

a. *Impôt de répartition et impôt de quotité*

34 La première distinction oppose l'impôt de répartition à l'impôt de quotité. Le procédé de la **répartition** permet aux gouvernants de fixer à l'avance le produit de l'impôt attendu, puis de le répartir entre les différentes assiettes de cet impôt détenues par les différents contribuables. Le procédé est séduisant dans la mesure où il offre la sécurité de ses recettes à la collectivité publique, qui bénéficiera d'un produit attendu. Il n'est pas réaliste car le taux d'échec dans le recouvrement peut être important, du fait de la disparition d'assiettes et de contribuables. Surtout il n'est pas adapté à une économie moderne car il est trop rigide pour tenir compte des variations de celle-ci. La France a aboli en 1981 son dernier impôt de répartition, qui revenait aux collectivités locales.

35 À l'inverse, l'impôt de **quotité** se caractérise par une fixation à l'avance du taux et non pas du produit de l'impôt. Bien entendu

les gouvernants détermineront ce taux en fonction de leurs prévisions de recettes et devront accepter l'aléa provoqué par les variations physiques de l'assiette, en raison du comportement des contribuables mais aussi de la conjoncture. La sécurité juridique est ici plus grande puisque le contribuable connaît à l'avance le taux applicable et disposera d'une certaine liberté pour adapter son assiette.

b. *Taux spécifiques et taux ad valorem*

36 La deuxième classification distingue entre taux spécifiques et taux *ad valorem*. Le taux de l'impôt est spécifique lorsqu'il est exprimé en unités monétaires par unité d'assiette. C'est, par exemple, le droit fixe de 125 euros qui est perçu pour chaque document soumis à la formalité de l'enregistrement (un bail, une reconnaissance de dettes, etc.), et peu importe alors la taille de l'assiette. Si le taux est fonction de la taille de l'assiette il sera exprimé en unités de celle-ci : X euros par quintal, hectolitre ou mètre carré. Ce système d'imposition a le mérite de la simplicité et donc de l'efficacité, il est en revanche injuste et économiquement irrationnel puisqu'il pénalise les produits bon marché, lesquels vont incorporer dans leur prix la même dose d'impôt que des produits plus coûteux.

37 Le taux de l'impôt moderne est *ad valorem* lorsqu'il est exprimé en pourcentage de l'assiette. Ainsi l'impôt sur la dépense est perçu au taux de 20 % de la valeur ajoutée.

c. *Taux proportionnel et progressif*

38 La troisième distinction oppose les taux proportionnel et progressif. **L'impôt proportionnel** applique un taux constant à l'assiette, par conséquent quelle que soit la valeur de l'assiette la pression fiscale restera identique puisque le taux sera le même. En d'autres termes, la variation du produit de l'impôt dépendra uniquement de la taille de l'assiette. Pour reprendre l'exemple de l'impôt sur la dépense, quel que soit le volume de la dépense le taux d'imposition demeurera identique et le volume de la recette fiscale sera proportionnel à celui de la dépense.

39 **L'impôt progressif** est « celui qui augmente plus qu'en proportion de la valeur imposée » pour reprendre la définition de Condorcet, en d'autres termes le taux appliqué va augmenter en même temps

que l'assiette. Cette progressivité est conçue soit de manière intégrale (rarement), soit par tranches, c'est-à-dire que le tarif prend ici la forme d'un barème, qui découpe l'assiette en tranches successives et applique à chacune d'elles un taux, de plus en plus élevé au fur et à mesure de l'élévation dans le barème (v. ss 756).

40 L'impôt sur le revenu est le domaine d'élection de l'impôt progressif ainsi conçu. La loi prévoit qu'une cotisation partielle doit être calculée pour chaque tranche de revenu, ces cotisations sont ensuite additionnées pour donner le montant de l'impôt dû par le redevable. Selon les pays, c'est l'État ou le contribuable qui effectue ces opérations. Le total ainsi obtenu pourra ensuite être diminué d'une **réduction** – à distinguer de la déduction (v. ss 697) – décidée par le législateur dans une perspective d'incitation ou d'orientation des comportements. Pour éviter un effet de seuil trop douloureux, du passage de la première tranche – non imposée – à la première tranche imposée, le législateur institue parfois une **décote** (v. ss 782), c'est-à-dire une mesure d'atténuation qui permet de limiter le montant de la première tranche d'imposition. Le régime d'imposition adopté pour l'ISF en 2012 (et abrogé en 2013) reprenait ce dispositif d'atténuation à partir d'une progressivité globale. Il en va de même pour la surtaxe sur les plus-values immobilières applicable depuis 2013 (v. ss 667).

Bibliographie

GUTMANN (Daniel), « De la progressivité de l'impôt sur le revenu à la *flat tax* : une tendance inéluctable », *L'Année fiscale* 2008, p. 6.

LASSERRE CAPDEVILLE (Jérôme), MARCHESSOU (Philippe), TRESCHER (Bruno), CUTAJAR (Chantal) *et alii*, *Fraude et évasions fiscales : état des lieux et moyens de lutte*, Joly Éditions, 2015, 2111 p.

PRAT (Michel-Pierre) et JANVIER (Cyril), *Petit dictionnaire de la fraude fiscale*, Dalloz 2011, 259 p.

SALIN (Pascal), « Contre la progressivité », *Dr. fisc.* 2012, n° 14, p. 67 à 70.

STERDYNIAK (Henri), « France : vers un système fiscal plus progressif ? », *Dr. fisc.* 2012, n° 14, p. 56 à 66.

VARII AUCTORES, « Progressivité de l'impôt sur le revenu », *L'Année fiscale*, n° hors-série, 1er avr. 2008.

E. Le recouvrement de l'impôt

41 Il assure le transfert des espèces du contribuable vers le Trésor public. Cet encaissement est organisé par des procédures qui peuvent varier d'un impôt à l'autre, mais la trame commune fait intervenir un comptable public pour gérer l'ensemble du processus.

42 Le paiement effectif de l'impôt intervient le plus souvent à l'initiative de l'administration : sur la base de la déclaration du contribuable elle liquide l'impôt et lui adresse un avis d'imposition. Parfois le paiement est spontané, parce que la loi a mis aussi à la charge du redevable une obligation de liquidation ; parfois le recouvrement sera effectué par un tiers, chargé de procéder à une **retenue à la source** sur les sommes qu'il verse : ainsi l'employeur belge, allemand ou français procède-t-il à cette retenue au profit du Trésor sur les salaires qu'il verse, de même la société qui distribue des dividendes à des actionnaires qui résident à l'étranger ou qui rembourse des intérêts sur obligations.

43 Si le contribuable ne s'exécute pas, le comptable public doit mettre en œuvre des procédures de **recouvrement forcé** pour obtenir le règlement de l'impôt, en usant de moyens de contrainte liés au caractère exorbitant de cette créance publique, mais bien entendu sous le contrôle du juge. Ainsi s'achève le scénario de l'impôt.

Au moyen de ces clés il ne reste plus qu'à appréhender le droit fiscal général au travers de l'exemple français contemporain. Celui-ci est régi par un cadre (Première partie) qui gouverne les trois grandes familles d'impôts que sont l'imposition du revenu (Deuxième partie), l'imposition de la dépense (Troisième partie) et l'imposition du patrimoine (Quatrième partie).

Bibliographie

Douay (Michel), *Le recouvrement de l'impôt*, LGDJ, 2005.

Lefeuvre (André), *Le paiement en droit fiscal*, L'Harmattan, coll. « Finances publiques », 2003, 399 p.

Legrand (Gérard), Martin (Hugues) et Lagarde (Perrine), *Le recouvrement de l'impôt. Organisation et contentieux*, LexisNexis, 2014, 430 p.

Varii auctores, « Lutte pénale contre la fraude fiscale : quels enjeux pour quels équilibres ? », *Dr. fisc.* 2014, n° 46, comm. 615 à 626.

Varii auctores, « Le recouvrement de l'impôt : un espace juridique, méconnu », *REIDF* 2019, n° 2, p. 137 à 200.

PREMIÈRE PARTIE

LES CADRES DE LA FISCALITÉ FRANÇAISE

44 Deux éléments d'inégale importance structurent le paysage fiscal français. Sur le plan juridique d'abord, ce sont les sources du droit fiscal (CHAPITRE 1), tandis que la gestion quotidienne de la fiscalité est assurée par les administrations fiscales (CHAPITRE 2).

CHAPITRE 1

Les sources du droit fiscal

45 Le droit fiscal est une branche du système juridique français, par conséquent il en épouse les particularités que forment son caractère essentiellement écrit et son articulation sur des ensembles juridiques transnationaux. Il reproduit chaque degré de la hiérarchie des normes – chacune d'elles devant être conforme à toutes les règles qui lui sont supérieures – mais il la complète aussi par une doctrine administrative abondante et dotée d'une mission singulière. L'analyse des composantes de cette pyramide commence par le sommet qu'est la Constitution.

SECTION 1

Les dispositions fiscales de la Constitution

46 Le bloc de constitutionnalité au sens de la jurisprudence du Conseil constitutionnel inclut trois dispositions fondatrices de l'impôt : les articles 13 et 14 de la Déclaration du 26 août 1789 (§ 1), et les articles 34, alinéa 1er (§ 2) et 55 (§ 3) de la Constitution du 4 octobre 1958.

§ 1. Les articles 13 et 14 de la Déclaration du 26 août 1789

A. Le contexte de leur adoption

47 Les États Généraux ont été convoqués par le monarque pour consentir à l'impôt, et le premier texte important adopté par l'Assemblée nationale institutionnalise ce pouvoir d'autorisation par son article 14 : « Tous les citoyens ont le droit de constater, par eux-mêmes ou par leurs représentants, la nécessité de la contribution publique, de la consentir librement, d'en suivre l'emploi, et d'en déterminer la quotité, l'assiette, le recouvrement et la durée. »

48 Dorénavant les représentants des citoyens-contribuables auront le pouvoir de fixer les caractéristiques du prélèvement fiscal (son assiette, sa quotité et les modalités de son recouvrement) mais aussi de surveiller l'usage qui en est fait par l'Exécutif, c'est-à-dire de contrôler les dépenses publiques. Ce texte sert de socle à l'épanouissement du régime représentatif en France puisque forts de cette compétence les parlementaires de la Restauration et de la Monarchie de Juillet parviendront graduellement à imposer leur contrôle sur les décisions de l'Exécutif, puis à censurer ce dernier et instaurer ainsi la responsabilité politique du gouvernement devant la Chambre basse, selon un processus comparable à celui suivi en Grande-Bretagne un siècle et demi plus tôt.

B. L'article 13

49 Il pose à la fois la nécessité de l'impôt, conçu comme instrument privilégié de financement des dépenses publiques, mais aussi l'obligation de répartir sa charge de façon égalitaire tout en la pondérant en fonction des facultés contributives de chaque citoyen : « Pour l'entretien de la force publique, et pour les dépenses d'administration, une contribution commune est indispensable : elle doit être également répartie entre tous les citoyens, en raison de leurs facultés. »

Si le choix d'un impôt de répartition (v. ss 34) reflète une époque révolue par l'avènement généralisé des impôts de quotité, en revanche deux principes fondamentaux du droit fiscal contemporain plongent leurs racines dans ce texte : l'égalité devant l'impôt (1) et la personnalisation de celui-ci (2).

1. *L'égalité devant l'impôt*

50 L'égalité devant l'impôt constitue le volet fiscal de l'un des principes fondateurs de la République française, mais force est de constater que son expression est trop générale pour servir de façon opératoire : dans un État contemporain à la coloration néolibérale le juge répugnera à censurer au nom de ce principe l'application d'une norme incitative qui rompt certes l'égalité par le moyen d'incitations fiscales mais qui agit ainsi dans le dessein d'orienter le comportement des contribuables vers des actions qui coïncideront avec les objectifs de la politique de l'État, par exemple en matière de création d'emplois, d'aménagement du territoire ou d'amélioration de la qualité de l'habitat. Le juge constitutionnel veillera à rappeler que l'égalité signifie simplement que deux contribuables en situation identique doivent être traités de façon identique, et il ne fera que rarement référence à ce principe, lui préférant celui d'égalité devant les charges publiques, qui est plus vaste et lui permet par conséquent d'apprécier avec davantage de liberté la situation ou le texte qui lui sont soumis. Le Conseil constitutionnel est venu donner force au principe d'égalité entre les contribuables (not. Cons. const. n° 2010-88 QPC, 21 janv. 2011). La portée pratique en est toutefois limitée, de telle sorte qu'au total l'égalité devant l'impôt représente plus un principe philosophique et un rempart ultime qu'un véritable principe constitutionnel.

51 Le discours des gouvernants contemporains donne à penser que ce principe n'implique pas seulement une imposition de poids comparable pour les revenus du capital et pour les revenus du travail mais que de façon plus fine il doit permettre d'imposer plus légèrement les seconds dans la mesure où ils sont issus d'une source qui s'use avec le temps, à la différence des premiers. Ce discours est démenti par de nombreuses règles du droit positif que les tensions économiques mondiales ont dictées aux États pour retenir ou attirer les capitaux sur leur territoire.

2. La personnalisation de l'impôt

52 L'appel aux facultés contributives s'analyse comme une célébration de la personnalisation de l'impôt. Elle entraînera des incidences pratiques pour le régime des impôts dits « personnels », c'est-à-dire ceux dont la structure prend en considération l'équation personnelle du contribuable et pas uniquement l'assiette économique de l'impôt (l'impôt sur le revenu principalement). En effet, un tel impôt ne respecte le précepte constitutionnel que s'il minore la charge de la contribution en fonction des charges de famille du redevable, en d'autres termes c'est le caractère familial de l'impôt qui est ici préfiguré [le système du quotient familial (v. ss 760) dans l'impôt sur le revenu contemporain] mais ce cadre constitutionnel admet aussi par avance la possibilité d'alléger le poids de l'impôt pour les contribuables qui auront exposé des dépenses d'utilité sociale (sous forme de dons, de souscriptions d'assurance-vie ou d'investissements immobiliers, par exemple).

53 L'incidence pratique de ce principe n'est pas négligeable : serait manifestement inconstitutionnelle la loi qui prétendrait s'inscrire en contradiction avec cette disposition et certains considèrent même que l'article 13 commande le caractère progressif de l'impôt sur le revenu. Le débat est intéressant mais sans issue à ce jour, puisqu'il est manifeste que les acteurs de l'époque n'imaginaient pas un tel mode d'imposition (Condorcet notamment) et même si la portée de la norme peut revêtir une acception contemporaine plus vaste que celle d'origine, le Conseil constitutionnel n'a jamais eu à intervenir sur cette question.

§ 2. L'article 34, alinéa 1er, de la Constitution du 4 octobre 1958

54 Il précise que « la loi fixe les règles (…) concernant l'assiette, le taux et les modalités de recouvrement des impositions de toutes natures », en d'autres termes il pose le principe de la légalité de l'impôt, dans le droit fil de l'article 14 de la Déclaration de 1789. Si la disposition constitutionnelle n'évoque pas le droit fiscal en tant que tel elle privilégie une conception large des impositions

dont elle réserve la définition du régime au Parlement. Cette attribution de compétence est théoriquement totale puisqu'elle intervient sous l'alinéa 1er de l'article 34 qui confie à la loi une compétence normative complète et non pas au titre de l'alinéa 3, qui ne donne au législateur que le soin de déterminer les principes fondamentaux. Au-delà du caractère largement nominal de cette distinction, il en résulte en tout cas une impossibilité à peu près totale pour le pouvoir réglementaire autonome de l'article 37 d'intervenir en la matière. La loi constituera par conséquent le texte fiscal de base.

§ 3. L'article 55 de la Constitution du 4 octobre 1958

55 Cette disposition donne aux traités régulièrement ratifiés, c'est-à-dire incorporés dans l'ordre juridique interne par un vote du Parlement, une valeur juridique supérieure à celle des lois, pourvu que les autres États parties au traité l'appliquent également. Le deuxième degré de la pyramide des normes sera par conséquent formé par les traités internationaux intervenus en matière fiscale. Cette supériorité ne s'étend pas à la coutume internationale (CE, ass., 6 juin 1997, *Aquarone*, n° 148683, concl. G. Bachelier, *Dr. fisc.* 1997, comm. 836). Cette volonté du constituant traduit un souci d'ouverture sur le monde puisqu'elle intègre dans l'ordre juridique national, à un niveau élevé, des normes qui ont fait l'objet d'une élaboration concertée avec d'autres États souverains, même si le rôle de ces normes est subsidiaire (v. ss 69).

Bibliographie

Ayrault (Ludovic), « QPC et droit fiscal », *LPA*, sept. 2011, n° spécial.

Barilari (André), *Le consentement à l'impôt*, Presses de sciences Po, 2000, 147 p.

Beltrame (Pierre), « Le consentement de l'impôt. Devenir d'un grand principe », *RFFP* 1995, n° 51, p. 81

Brard (Yves), « Égalité devant l'impôt et égalité devant les impôts », *D.* 1998, chron. 117.

BUISSON (Jacques), « La dérive de l'égalité devant l'impôt », *RD publ.* 2000. 9 à 16.

CAMBY (Jean-Pierre), « Impositions, cotisations, Constitution », *RFFP* 2014, n° 128, p. 227.

COLLET (Martin), « La question prioritaire de constitutionnalité en matière fiscale », *RJEP* 2011, n° 4.

COLLET (Martin) « Réforme fiscale : la contrainte constitutionnelle », *RFFP* 2011, n° 116, p. 19.

COLLET (Martin), « La mutation des sources du droit fiscal », *RDA* 2012, n° 6, p. 32.

DELALANDE (Nicolas), *Les batailles de l'impôt. Consentement et résistances de 1789 à nos jours*, Seuil, 2011.

LAMARQUE (Jean), « Sources du droit fiscal », *JCP Procédures fiscales*, fasc. 105 à 150.

LAMARQUE (Jean), « Contrôle de la constitutionnalité de la loi fiscale », *JCP Procédures fiscales*, fasc. 110.

LARRERE (Catherine) « L'égalité fiscale ; une invention républicaine ? », *in* T. BERNS, J.C.K. DUPONT, M. XIAFRAS (dir.), *Philosophie de l'impôt*, Bruylant, 2006, p. 89.

LIGNEREUX (Bastien), *Précis de droit constitutionnel fiscal*, LexisNexis, 2023.

MIGNON (Emmanuelle), « Territorialisation de la fiscalité : le juge peut-il sauver le principe d'égalité ? », *RJF* 1999, n° 7, p. 511 à 519.

MEHL (Lucien), « Le principe du consentement à l'impôt. Mythe ou réalité », *RFFP* 1995, p. 65 à 79.

PELLETIER (Marc), « Droit constitutionnel fiscal : chronique de l'année 2024 », *L'Année fiscale* 2025, *Dr. fisc.* n° 12, comm. 168.

PHILIP (Loïc), « Le contrôle de constitutionnalité des lois fiscales », *RFFP* 1999, n° 68, p. 158 à 170.

RIBES (Didier) « Le principe constitutionnel d'égalité fiscale », *RJEP* 2008, n° 650, p. 3.

ROULHAC (Cédric), « L'apport de la question prioritaire de constitutionnalité en matière fiscale », *Dr. fisc.* 2017, n° 51-52, comm. 546.

SPITZ (Pierre-Éric), « De l'équité fiscale à l'égalité fiscale », *RD publ.* 2001. 267 à 297.

VARII AUCTORES, « Constitution(s) et Impôt(s). Approche comparée : Allemagne, Espagne, France, Italie », *REIDF* 2020, n° 1, p. 1 à 85.
VARII AUCTORES, « QPC et droit fiscal », *REIDF* 2020, n° 4, p. 451 à 496.

SECTION 2

Les traités internationaux

56 Trois catégories de traités ont pris une importance substantielle en matière fiscale, ce sont les conventions tendant à éviter les doubles impositions (§ 1), les traités communautaires (§ 2) et la Convention européenne des droits de l'homme (§ 3).

§ 1. Les conventions tendant à éviter les doubles impositions

A. La naissance des conventions bilatérales

57 Elles sont apparues à compter de 1843 (convention entre la France et le royaume de Belgique) mais se sont surtout développées depuis 1950 sous l'égide de l'Organisation pour la coopération et le développement économique (OCDE) qui a vu dans ces instruments un moyen de faciliter les échanges économiques internationaux. L'ONU a également introduit un modèle, moins fréquemment utilisé et d'inspiration davantage tiers-mondiste. Ces conventions sont bilatérales, compte tenu du caractère extrêmement délicat de leur champ d'intervention : chaque législation fiscale nationale est originale et les États préfèrent négocier en tête à tête afin de mieux mesurer l'impact des abandons de souveraineté fiscale qu'ils consentent dans le cadre de ces conventions.

58 Au total ce sont quelque 140 conventions ratifiées qui unissent la France à ses partenaires tandis qu'une quarantaine d'autres se trouvent à des stades variables, de négociation ou de signature en attente de ratification. Au niveau mondial le réseau des conventions est dense puisqu'il dépasse les 3 500 : en effet, aux côtés d'une

convention franco-allemande, franco-indienne ou franco-argentine il existe des conventions germano-américaine, anglo-roumaine et italo-brésilienne. Leur actualisation est rendue nécessaire par l'évolution des législations respectives (création d'un nouvel impôt par exemple), elle peut alors donner lieu à une renégociation globale, toujours lourde et délicate à mener, mais le plus souvent elle prendra plutôt la forme d'un simple avenant.

B. La finalité des conventions

59 L'ambition initiale de ces conventions était d'éradiquer les phénomènes de double imposition juridique (c'est-à-dire deux impositions sur une même assiette chez le même contribuable), dus à un télescopage de deux législations fiscales nationales, par exemple en matière d'impôt sur le revenu : si chaque État prétend imposer sur l'ensemble de leurs revenus à la fois ses résidents et certains non-résidents (ses nationaux expatriés, par exemple), le contribuable passe-frontière devra acquitter l'impôt deux fois, auprès de son État de résidence mais aussi de l'État dont il est demeuré ressortissant. C'est toujours l'objectif premier poursuivi par ces textes. Plus récemment les hautes parties contractantes ont imparti à ces conventions une deuxième ambition, celle de lutter contre la non-imposition, en colmatant les brèches qui peuvent apparaître dans l'articulation de deux systèmes fiscaux nationaux et dans lesquelles s'engouffrent certains contribuables astucieux ou bien conseillés, pour obtenir un allègement de leur contribution. La révision du modèle OCDE de 2017 a renforcé cette finalité en l'introduisant dans le titre même de la convention modèle. La troisième ambition poursuivie est la lutte contre les discriminations à raison de la nationalité.

60 Le domaine traité par les conventions bilatérales est variable. Toutes traitent des impôts sur le revenu des personnes physiques et sur les bénéfices des entreprises, certaines évoquent les droits de mutation à titre gratuit et l'impôt sur la fortune, en revanche aucune ne se penche sur l'imposition sur le chiffre d'affaires parce que ce serait inutile : en effet la quasi-totalité des États du concert mondial appliquent, sans texte, un standard du droit fiscal international, aux termes duquel la marchandise exportée quitte hors taxes l'État d'exportation, traverse en suspension de taxe les États

de transit et ne subit l'imposition sur la consommation qu'à l'arrivée dans l'État de destination finale. L'efficacité de ce standard est due au fait qu'aucun État ne prendra le risque de pénaliser ses exportations en les grevant d'une imposition.

61 Le contenu des conventions dépendra du degré d'accord auquel sont parvenus les États signataires ; si beaucoup (147) reprennent la plupart des dispositions de la convention-modèle OCDE, parfois pondéré par le modèle ONU, d'autres sont plus minimalistes ou admettent même la perpétuation de situations de double imposition, c'est notamment le cas pour certaines conventions passées dans l'esprit du dialogue nord-sud et qui toléreront une double imposition sur les bénéfices de l'entreprise expatriée, par exemple au profit d'un État d'Afrique de l'Ouest. Des divergences d'ordre technique ou davantage marquées au coin de la politique ont multiplié, ces dernières années les cas de suspension, au moins temporaire, de l'application de conventions, par exemple la suspension partielle de la convention franco-russe depuis 2023.

C. Les moyens employés par les conventions

62 Pour atteindre les objectifs affichés, ces moyens sont au nombre de trois, l'élaboration de définitions communes (1), la définition de clés d'attribution de la recette fiscale (2) et l'échange d'informations entre administrations fiscales (3).

1. *Définitions communes*

63 Elles définissent d'abord un principe commun dont le respect dans les mêmes termes par les deux États signataires permettra d'éviter ou de résoudre les situations de double imposition. C'est le principe de **territorialité** qui a été retenu parce que considéré comme le plus simple à utiliser dans le respect de la souveraineté des États mais aussi des droits fondamentaux de leurs citoyens. En effet, le lien de rattachement fiscal à leur État d'origine devient ténu voire inexistant lorsqu'ils résident et/ou exercent leur activité économique ailleurs, par conséquent la référence en premier lieu à la nationalité se révélerait un critère inadéquat.

64 Dans ce cadre, elles définissent une méthodologie commune qui, à partir de la territorialité, permettra de déterminer auquel des deux États l'assiette de l'impôt est attribuée dans chaque situation. En d'autres termes une convention définit, pour chaque impôt qu'elle évoque, les critères qui permettent d'éviter une situation de double imposition : ainsi pour l'impôt sur le revenu c'est l'État de résidence du contribuable ou l'État de la source de son revenu qui se verra reconnaître le soin d'imposer (CE 7 oct. 2020, n° 426124, *Dr. fisc.* 2021. 17, comm. 228, concl. E. Bokdam-Tognetti), pour l'impôt sur la fortune ce sera l'État d'implantation des immeubles (à l'instar du droit international privé), tandis que pour l'impôt sur les successions ce sera l'État où a été ouverte la succession (lieu du dernier domicile en principe).

65 Chaque critère est enfin décliné en sous-critères dont l'évocation successive doit permettre de résoudre chaque potentialité de double imposition. Ainsi, pour le critère de la résidence, si le contribuable peut être considéré comme résident de chacun des deux États par application des législations nationales, la convention retiendra comme résident d'un État – et d'un seul – la personne qui a dans cet État le centre de ses intérêts affectifs (son foyer), mais s'il possède un centre d'intérêts affectifs dans chacun des deux États, selon une méthodologie à la fois anglo-saxonne et réaliste, la convention le considérera comme résident de l'État dans lequel il a le centre de ses intérêts vitaux, puis à défaut, son lieu de séjour principal ; si ce dernier est indéterminable parce que le contribuable est un grand voyageur, la convention se réfèrera alors à sa nationalité, et s'il possède la nationalité des deux États elle devra rechercher un autre critère. Pour attribuer l'imposition des bénéfices d'une entreprise la convention retiendra, selon la même logique, le critère de l'établissement stable, c'est-à-dire une installation fixe d'affaires (usine, chantier ou magasin de vente) ; celui-ci est difficile à déterminer dans le cadre de l'économie numérique.

2. *Définition de clés d'attribution de la recette fiscale*

66 Il appartient ensuite à chaque convention de définir pour chaque impôt les modalités d'attribution de la recette d'impôt. Le plus souvent celle-ci est attribuée en totalité à l'État de résidence,

hormis le cas des revenus de capitaux mobiliers dont l'imposition va être partagée entre l'État de la source – qui percevra une retenue forfaitaire sur ce flux financier – et l'État de résidence du contribuable ; ce dernier devra y déclarer le nominal du revenu mobilier d'origine étrangère (c'est-à-dire le montant perçu, majoré de la retenue à la source) mais pourra défalquer, de l'impôt dû dans son État de résidence, la retenue à la source qui est alors considérée comme un crédit d'impôt dans l'État de résidence. En la matière, un débat serré oppose les États en développement – partisans d'une imposition exclusive à la source – à leurs partenaires développés. La double imposition successive est donc possible, mais la convention doit alors prévoir ses modalités d'élimination (CE 14 avr. 2022, n° 455943, *Dr. fisc.* 2022. 28, comm. 281, concl. R. Victor et note B. Gouthière).

3. *Échange d'informations entre administrations fiscales*

67 Pour compléter le dispositif, les conventions prévoient généralement la possibilité pour les administrations fiscales d'échanger les informations dont elles disposent, voire de pratiquer une assistance plus poussée, pour assurer une application plus effective de la convention, améliorer la rentabilité de chaque impôt national ou aider à son recouvrement.

68 La lecture de certaines conventions révèle que leurs auteurs ont été perspicaces au point de penser que le texte adopté en commun ne permettrait pas de résoudre toutes les situations et qu'il convenait de créer en conséquence une commission bilatérale chargée d'examiner et de résoudre les situations inédites. Ainsi de la commission franco-suisse qui eut à déterminer l'État de résidence d'une contribuable à l'impôt sur le revenu et, après avoir épuisé tous les critères offerts par la convention, dut se résoudre à privilégier le lieu où elle souhaitait être un jour inhumée ! La révision de la convention modèle de 2017 a inséré une clause de solution des conflits, d'abord sous forme d'une procédure amiable puis sous forme d'arbitrage (art. 25).

Bibliographie

VERGNET (Nicolas), « La résidence fiscale conventionnelle : de sa genèse à son interprétation par le juge de l'impôt », *Dr. fisc.* 2018, n° 2, comm. 53.

D. L'importance de ces conventions comme sources du droit fiscal

1. Les raisons de leur apparition

69 Leur multiplication a permis d'améliorer sensiblement la coopération entre administrations fiscales, tant pour résoudre les cas de double imposition subis par les contribuables que pour traquer la non-imposition, notamment sous sa forme de fraude fiscale. Sur demande du contribuable, le juge les applique beaucoup plus souvent que naguère, en les interprétant lui-même.

2. La difficulté de leur positionnement juridique

70 Leur position dans la hiérarchie des normes n'empêche pas qu'elles présentent un caractère seulement **subsidiaire** par rapport à la loi interne ; cette dernière s'applique en effet de manière prioritaire pour créer le régime d'imposition, et ce n'est qu'en cas d'insuffisance de celle-ci pour éliminer une double imposition que la convention a vocation à s'appliquer (CE 8 juill. 2002, *RJF* 11/02, n° 1202). Autrement dit, leur supériorité n'existe que dans le cadre fonctionnel de leurs trois missions (élimination de la double imposition et de la non-imposition ainsi que des discriminations à raison de la nationalité) mais elle ne vaut pas dans le domaine du droit substantiel puisqu'elles n'édictent jamais un régime fiscal positif. Toutefois, le juge admet que la clause précise d'une convention doit prévaloir (CE 9 oct. 2024, *Sté BNP* Paribas, n° 472947, *Dr. fisc.* 2024. 44, comm. 366, concl. R. Victor et n° 49, *Act.* 473, note B. Gouthière), et dans ce cadre il admet puiser son inspiration dans les commentaires du comité des affaires fiscales de l'OCDE (CE 20 mai 2022, *Sté Planet*, n° 444451, *Dr. fisc.* 2022. 30, comm. 291, concl. C. Guibé, note Ph. Martin ; *Dr. fisc.* 2022. 24, act. 232, note D. Gutmann et S. Austry). Symétriquement, si la situation est claire

au regard de la loi, il écarte l'application de la convention (CE 5 févr. 2024, *Sté AXA Group Operations*, n° 469771, *Dr. fisc.* 2024. 28, comm. 308, concl. R. Victor et note Ch. De la Mardière). Pour clarifier certaines situations ambigües, l'article 4 B du CGI précise, dans sa rédaction de 2025, que ce sont les critères de la convention qui l'emportent sur ceux de la loi.

Mais la clause de non-discrimination à raison de la nationalité, énoncée à l'article 24 de la convention-modèle de l'OCDE et reprise par la plupart d'entre elles, bénéficie d'une portée croissante. Elle interdit d'abord à un État d'appliquer à un ressortissant de l'autre État un régime autre ou plus sévère que celui applicable à un national dans la même situation (CE 22 janv. 2020, n° 415475, *Dr. fisc.* 2020, n° 30-35, comm. 330, concl. M.-A. Nicolazo de Barmon). Dans son acception complète qui précise que cette non-discrimination s'applique quel que soit l'État de résidence, le juge en infère alors que sur le fondement de la convention qui lie leur État à la France, un ressortissant italien et une ressortissante britannique résidents de Monaco doivent être traités, au regard de l'impôt sur le revenu français, comme des résidents français de Monaco (CE 11 juin 2003, *Époux Biso*, *RJF* 11/03, n° 1018).

3. *L'interférence des paradis fiscaux*

71 Toutefois cette multiplication n'a pas empêché le développement d'États à fiscalité privilégiée ou paradis fiscaux, c'est-à-dire cette quarantaine de micro-États qui prospèrent justement parce qu'ils se tiennent à l'écart du réseau des conventions, en permettant aux contribuables des États vertueux d'organiser une évasion de leurs revenus vers ces États à imposition faible ou nulle. Cette pratique suppose la mise au point de montages juridiques et financiers sophistiqués donc coûteux, elle nécessite l'interposition de sociétés écrans et de conventions insincères, elle sera par conséquent l'apanage de contribuables fortunés mais aussi conscients d'agir sur les marges de la légalité fiscale. L'optimisation est à ce prix, elle est évolutive puisqu'elle doit toujours arbitrer au profit du circuit économique le moins imposé, dont la quête oscille entre les paradis reconnus comme tels (le Liechtenstein, les Antilles néerlandaises, les îles Caïman ou Antigua), et les paradis officieux dont la qualité

première réside dans l'apparence d'État vertueux qu'ils offrent – dans un premier temps – à l'administration fiscale de l'État de résidence du contribuable : ainsi le Luxembourg est lié à ses partenaires par un réseau de conventions mais se distingue par un régime fiscal très privilégié des bénéfices des sociétés de participation financière et une politique d'agréments fiscaux considérée comme constitutive d'une concurrence fiscale dommageable par ses partenaires de l'Union ; de même la République d'Irlande, pour le traitement des bénéfices des entreprises (v. ss 886).

72 La réaction du concert des États est ambiguë, puisque dans le même temps ils traquent l'évasion fiscale vers les paradis fiscaux en adoptant des dispositions qui renversent la charge de la preuve au détriment des contribuables qui commercent ou développent des flux financiers avec ces États, tandis que dans le même temps le besoin de capitaux et la lutte contre les difficultés économiques les conduisent à pratiquer une surenchère en forme d'exemptions ou de réductions de taux qui aboutit à créer dans la législation fiscale de chaque État des plages de sous-imposition qui n'ont pas l'exotisme de celles des paradis fiscaux mais octroient une optimisation comparable. Le besoin de retenir ou d'attirer l'épargne sur le territoire national en période de libre circulation des capitaux ne donne pas d'autre choix aux États et empêche toute concertation entre États vertueux. Toutefois, le printemps 2009 a été caractérisé par un tournant vertueux, puisque depuis cette date un mouvement s'est amorcé qui, outre la convention multilatérale relative à l'échange automatique d'informations déjà évoquée, a provoqué l'adoption d'avenants avec la Suisse, le Luxembourg et la Belgique notamment. Ces derniers acceptent de ne plus opposer leur secret bancaire national aux demandes de renseignements de l'administration française. Le G 20 a également sollicité l'OCDE pour élaborer le plan « BEPS » (pour « *Base Erosion and Profit Shifting* » v. ss 923), destiné à lutter contre l'excès d'optimisation fiscale pratiqué par les entreprises, notamment au moyen d'une autre convention multilatérale. Dans ce contexte, le législateur français a complété son arsenal de dispositions anti-paradis fiscaux en renforçant la présomption d'évasion à l'égard des États et territoires non coopératifs (CGI, art. 238-0 A). La France et l'Union européenne dressent chaque année une liste de ces ETNC, de telle

sorte que les flux financiers qui s'y dirigent ou en proviennent sont présumés frauduleux (CGI, art. 238-0 A, v. ss 614).

4. *Leur dépassement par des conventions multilatérales*

73 Au temps de la globalisation, les groupes internationaux ont déployé beaucoup d'imagination pour réduire leur charge d'impôt, en délocalisant leurs bénéfices imposables vers des États à fiscalité réduite (v. ss 912). En réaction, le législateur fédéral américain a adopté la loi « FATCA » qui a permis à son gouvernement de négocier des accords bilatéraux afin d'obtenir chaque année de ses partenaires des renseignements relatifs aux comptes détenus par des citoyens américains. Dans un souci de meilleure efficacité, l'OCDE a réussi à persuader les États à adopter plusieurs conventions multilatérales.

a. En coopération avec le Conseil de l'Europe, il s'agit d'abord de la convention relative à l'échange automatique d'informations relatives aux revenus financiers du 25 janvier 1988 et modifiée par un protocole en 2010, dont l'objet est notamment de l'ouvrir aux États non-membres de l'une des deux organisations : cette convention multilatérale demande aux autorités compétentes des États de s'accorder mutuellement dans le cadre de l'échange automatique de renseignements et des procédures à suivre. C'est dans ce contexte qu'ont été adoptés un « Accord Multilatéral entre Autorités Compétentes portant sur l'échange des déclarations pays par pays », signé à Paris le 27 janvier 2016, et un « Accord Multilatéral entre Autorités Compétentes sur l'échange automatique de renseignements relatifs aux comptes financiers », signé à Berlin le 29 octobre 2014. Sur la base du 1er accord, a été adopté l'article 223 *quinquies* C du Code général des impôts qui oblige les personnes morales établissant des comptes consolidés et réalisant un chiffre d'affaires supérieur ou égal à 750 millions d'euros à déclarer à l'administration fiscale une série d'informations relatives à leur activité mondiale. Sur la base, notamment, du second accord, en vigueur depuis 2017, est mise à la charge de chaque État une obligation d'information annuelle automatique de ses pairs en ce qui concerne les comptes détenus sur son territoire par leurs résidents. Autrement dit, les obligations, mises à la charge des États qui l'ont ratifiée (127 à ce jour), peuvent être exécutées sans modification préalable des conventions bilatérales antérieures qui les engagent.

74 b. La convention élaborée à la demande du G20 pour lutter contre l'érosion de la base et le système de profit, « BEPS » (v. ss 923) du 7 juin 2017 est techniquement plus complexe puisque c'est l'acte de ratification par chaque État signataire qui précise la portée qu'il entend donner à cette convention, autrement dit comment elle s'articule avec chacune des conventions existantes. Cette convention (signée par 104 États et ratifiée par 87 à la fin de 2024) met en place les quinze actions destinées à lutter contre l'excès d'optimisation fiscale des entreprises multinationales. Toutefois, la mise en œuvre des ambitions du programme BEPS pouvait s'avérer complexe et surtout s'échelonner sur plusieurs décennies si les États avaient dû « s'accorder sur chacune de leurs conventions à travers des négociations bilatérales ». Afin de pallier cette difficulté et garantir une évolution plus rapide des conventions fiscales, l'action 15 du projet BEPS a conduit à l'élaboration de cette « Convention multilatérale pour la mise en œuvre des mesures relatives aux conventions fiscales pour prévenir l'érosion des bases d'imposition et le transfert de bénéfices », qualifiée d'instrument multilatéral. Ce dernier se veut « inédit et ambitieux », car il permet de modifier d'un seul coup le réseau des conventions bilatérales en vigueur en intégrant les avancées obtenues dans le cadre des travaux du projet BEPS. Ainsi, dès lors que deux États signataires de l'instrument multilatéral notifient au secrétariat général de l'OCDE la convention fiscale bilatérale qui les unit, les stipulations de l'instrument multilatéral remplacent celles de la convention bilatérale en cause, à l'exception de celles faisant l'objet de réserves.

75 Le gain de temps qui caractérise l'adoption d'une telle réforme est substantiel et renforce objectivement la coopération fiscale internationale. À ce jour, 63 États l'ont ratifiée, acceptée ou approuvée. La convention a pris effet le 1er janvier 2019, pour environ 650 conventions conclues entre ces 63 premiers États (104 en 2025), tandis que 1 200 autres conventions seront effectivement modifiées une fois que la convention aura été ratifiée par tous

les États signataires. S'agissant du réseau conventionnel français, 88 conventions bilatérales sur 130 sont actuellement couvertes par cet instrument multilatéral. L'OCDE souhaite œuvrer en coopération avec les acteurs de l'économie, n'hésitant pas à solliciter les commentaires du public sur ses projets.

76 c. Dans le cadre du projet BEPS, il était envisagé une révision des règles fiscales internationales (et not. une refonte de la notion d'établissement stable : v. ss 893) afin de les adapter à l'essor d'une économie numérique qui transcende les frontières. Suite à l'échec des discussions au sein de l'OCDE quant à la possibilité pour un État d'imposer une entreprise à raison d'une présence numérique significative sur son territoire même en l'absence de toute implantation matérielle, les discussions se sont poursuivies au sein d'un Cadre inclusif OCDE/G20 regroupant 135 États. Elles ont abouti le 8 octobre 2021 à une Déclaration historique autour d'une solution fondée sur deux piliers pour résoudre les défis fiscaux soulevés par la numérisation de l'économie. Le premier pilier consiste dans une réallocation des droits d'imposer aux juridictions de marchés (v. ss 1412) et permettra donc une imposition, certes parcellaire, des GAFAM et BATX dans les pays sur les marchés desquels ils opèrent.

77 En effet, les bénéfices des entreprises multinationales du numérique sont imposés le plus souvent dans l'État de la source en l'absence de présence physique de l'entreprise dans l'État de commercialisation et de distribution des biens et services, qualifié de « **juridiction de marché** ». L'objectif du premier pilier est de prévoir une imposition résiduelle dans cet État. Ainsi, 25 % de leurs bénéfices dépassant une marge prédéfinie seraient réattribués aux juridictions dans lesquelles leurs clients sont situés ; il s'agit du Montant A. Les entreprises concernées par ce premier pilier sont les entreprises multinationales dont le chiffre d'affaires mondial dépasse 20 milliards € et dont la rentabilité est supérieure à 10 % (correspondant au ratio bénéfice avant impôt divisé par le chiffre d'affaires). Si, à l'origine, l'initiative de l'OCDE avait pour objet d'imposer les seules entreprises du numérique, les négociations ont élargi son champ d'application à l'ensemble des grandes entreprises multinationales, à l'exception des industries extractives et

des services financiers réglementés. Toutefois, la réallocation aux États de marché d'un droit d'imposer résiduellement les bénéfices suppose qu'un lien suffisant (**nexus**) soit établi entre ces États et les groupes multinationaux entrant dans le champ du Montant A : une entreprise multinationale serait réputée satisfaire cette exigence si elle réalise au moins 1 000 000 € de recettes dans cet État. Toutefois, pour les petites juridictions dont le PIB est inférieur à 40 milliards €, le seuil serait fixé à 250 000 €. En contrepartie de cette imposition partielle dans la juridiction de marché, le Pilier 1 contient l'engagement pour ces États de ne plus créer ou maintenir des taxations spécifiques sur les services numériques (pour la France, v. ss 1410). Afin de mettre en œuvre cette solution ambitieuse, a été élaborée en octobre 2023 une convention multilatérale pour la mise en œuvre du montant A du Pilier 1 : toutefois, en raison de la défiance de certains États et notamment des États-Unis et la Chine, l'adoption de cette convention reste hypothétique.

78 Tel n'est pas le cas du second pilier qui fait dorénavant partie de notre ordonnancement juridique. Son ambition est que les grands groupes d'entreprises multinationales (EMN) paient un niveau minimal d'impôt sur les revenus générés dans chaque juridiction où ils exercent leurs activités. Celui-ci s'appuie sur des règles globales de lutte contre l'érosion de la base d'imposition (règles GloBE) adoptées par tous les États dans leur législation interne, il a abouti, à compter de 2022, à la création d'un impôt minimum mondial d'au moins 15 % sur les bénéfices des multinationales ayant un chiffre d'affaires d'au moins 750 millions € (v. ss 910).

Bibliographie

BERGERES (Maurice-Christian), « Le principe de subsidiarité des conventions fiscales internationales », *Dr. fisc.* 2005, n° 36, p. 1328 à 1334.

BLANLUET (Gauthier) et *alii*, « Où va la fiscalité internationale » Actes du XXXe colloque du CEFEP tenu le 29 juin 2017, *Dr. fisc.* 2017, n° 39, comm. 468 à 474.

BRONNENKANT (Hélène), « Contributions sociales et conventions fiscales internationales », *Dr. fisc.* 2021, n° 44, comm. 406.

CASTAGNEDE (Bernard), *Précis de fiscalité internationale*, PUF, 6e éd., 2019.

CASTEBERT (Rémi) et ALLOUCHE (Aurélia) « L'appréhension de la législation étrangère par le juge de l'impôt français : point sur l'actualité », *LNF* 2019, n° 1235, p. 27 à 30.

DINH (Emmanuel), « Fiscalité internationale : chronique de l'année 2021 », *L'Année fiscale* 2022, n° 12, comm. 159.

DINH (Emmanuel), « Fiscalité internationale : chronique de l'année 2022 », *L'Année fiscale* 2023, n° 13, comm. 141.

GOUTHIERE (Bruno), *Les impôts dans les affaires internationales*, Fr. Lefebvre, 16e éd., 2022.

GUTMANN (Daniel), « Le juge fiscal et la loi étrangère », in *Mélanges Cyrille David*, LGDJ, 2005, p. 191.

GUTMANN (Daniel) *et al.*, « La double imposition, problèmes contemporains », *Dr. fisc.* 2011, n° 9, p. 225 à 229.

GUTMANN (Daniel), « Les Piliers de la réforme fiscale internationale : état des lieux », FR 37. 21, inf. 3, p. 15 et FR 36. 21, inf. 9, p. 15.

KOURALEVA-CAZALS (Polina), « Les Piliers 1 et 2 : les piliers d'un nouvel ordre ? », *L'Année fiscale* 2022, n° 12, comm. 152.

LAMBERT (Thierry), « "Paradis fiscaux", dépasser l'échange d'informations », *Gestion & Finances publiques* 2013, n° 8-9, p. 22 à 30.

MARCHESSOU (Philippe) et TRESCHER (Bruno), *Droit fiscal international et européen*, Bruylant, coll. « Finances publiques », 2018, 588 p.

PERDRIEL-VAISSIERE (Hugues), « Le règlement amiable des conflits en droit conventionnel français », *L'Année fiscale*, PUF, 2003, p. 245 à 284.

PERRIN-DUREAU (Ariane), *Précis de droit fiscal international et de l'Union européenne*, LexisNexis, 2024, 392 p.

REEB (Sonia), « Le Conseil d'État face au principe conventionnel de non-discrimination selon la nationalité », *Dr. fisc.* 2017, n° 16, comm. 257.

SADOWSKY (Marilyne), « Le principe de subsidiarité des conventions fiscales internationales », *Dr. fisc.* 2018, n° 45, comm. 436.

SAINT-AMANS (Pascal), « Accord historique sur la fiscalité internationale : le temps de la mise en œuvre », *L'Année fiscale* 2022, n° 12, comm. 150.

Tourard (Hélène) et Juen (Emmanuelle) (dir.), *L'avènement d'un droit fiscal mondial : L'essor de règles matérielles multilatérales*, LexisNexis, 2024, 300 p.

§ 2. Les traités communautaires

79 Une grosse partie du droit fiscal français porte aujourd'hui la marque du droit de l'Union.

Ce bouleversement s'est opéré sur soixante ans et se poursuit dorénavant au rythme de l'intégration européenne. Il a porté sur les pans du système fiscal dont l'adaptation plus ou moins drastique était nécessaire pour assurer la réalisation des objectifs des traités organisant la Communauté, et il s'est opéré au moyen des normes dérivées prévues par l'article 288 du TFUE pour assurer son application : la **directive** – qui impose aux États membres de modifier dans un certain délai leur système juridique (lois et règlements) pour le rendre conforme aux prescriptions de cette directive et assurer ainsi la parfaite transposition de celle-ci – et le **règlement** – qui est directement applicable dans chaque État sans médiation des autorités normatrices de celui-ci.

Au total le bouleversement induit à ce jour par ces textes transnationaux a porté sur quatre volets du droit fiscal, dont la réalisation fut à peu près chronologique.

A. L'abolition des droits de douane nationaux

80 Pour assurer la libre circulation des marchandises il fallait d'abord abolir les droits de douane entre les États membres, la démarche emprunta un calendrier de réductions tarifaires graduelles qui aboutit à leur disparition complète au premier juillet 1968. Simultanément, la Communauté mit en place un tarif douanier commun, que les administrations nationales ont mission de recouvrer aux frontières extérieures de la Communauté pour le reverser au budget de celle-ci dont il constitue une ressource propre. La Communauté étant membre du GATT (Accord général sur les tarifs douaniers et le commerce) puis de son successeur, l'Organisation mondiale du commerce (OMC), ce tarif extérieur commun ne doit

pas être discriminatoire à l'égard des États membres de ces institutions, il diminue par conséquent au fil des accords successifs qui caractérisent l'évolution du commerce international.

B. L'éradication des taxes et mesures d'effet équivalent à des droits de douane

81 Il s'agit d'une démarche sans fin, qui consiste pour la Commission à débusquer toutes les dispositions déguisées qui parsèment les législations nationales et aboutissent à restreindre la liberté de circulation en opérant une discrimination au détriment des produits en provenance d'autres États membres. Ces dispositions créent une protection tarifaire, par exemple au moyen d'une taxe de contrôle sanitaire qui ne frappera que les produits importés et les rendra par conséquent plus coûteux, ou bien elles édictent une réglementation qui aboutit à rendre plus difficile l'arrivée des produits communautaires sur le marché national. La Commission met alors en demeure l'État concerné d'abolir cette disposition et, à défaut, le poursuit en manquement devant la Cour de justice de l'Union européenne (CJUE). Si ce travail de traque a perdu de son intensité il continue au rythme de l'activité normative des États membres.

C. L'harmonisation des impôts sur la consommation

82 Ce travail a été rendu nécessaire par la construction du marché commun puis l'avènement du marché unique, il a représenté un bouleversement considérable pour les impositions sur le chiffre d'affaires, beaucoup plus modeste pour les accises.

1. *La Taxe sur la Valeur Ajoutée*

83 En 1962, les travaux de la commission Neumark font apparaître l'impossibilité d'assurer véritablement la libre circulation des marchandises sans réformer en profondeur l'imposition sur le chiffre d'affaires. À la juxtaposition d'impôts nationaux différents doit être substituée la taxe sur la valeur ajoutée, c'est-à-dire une taxe unique à paiement fractionné, longtemps considérée comme

difficile à frauder, et qui seule permet un départ véritablement hors taxes du pays exportateur (v. ss 1102). Son champ d'application sera le plus vaste possible et une fraction de son produit pourra représenter une ressource propre de la Communauté.

84 La généralisation de la TVA sur tout le territoire communautaire sera opérationnelle à compter de 1970 et son champ d'application sera défini dans son acception maximale par la 6e directive du 17 mai 1977 (n° 77/388/CE), introduite en droit français au premier janvier 1979 (et réécrite par une directive n° 2006/112/CE du 28 nov. 2006). À compter de cette date un État membre n'est plus compétent pour étendre le champ d'application ou instaurer des exonérations, tout au plus peut-il modifier les taux de l'impôt.

85 L'étape suivante est provoquée par l'avènement du marché unique, au premier janvier 1993. Il signifie la disparition des frontières fiscales intérieures de la Communauté et implique en bonne logique que la marchandise partira dorénavant TVA incluse de l'État livreur vers l'État-membre acquéreur. Mais la complexité des mécanismes à mettre en œuvre pour compenser les différences de taux et le déséquilibre des échanges commerciaux entre les États entraînera l'adoption d'un régime transitoire – jusqu'en 1996 puis prorogé *sine die* – dans lequel la marchandise continue de partir dans la plupart des cas hors TVA de l'État livreur (v. ss 1143). Preuve des négociations difficiles entre les États pour l'adoption d'un régime définitif appliquant le principe de la TVA dans l'État d'origine, la refonte globale opérée par la directive du 28 novembre 2006 a nécessité d'importantes réformes en ce qui concerne le lieu des prestations de services (directive n° 2008/8/CE du 12 févr. 2008) et les modalités du remboursement de la taxe sur la valeur ajoutée en faveur des assujettis qui ne sont pas établis dans l'État membre du remboursement mais dans un autre État membre (directive n° 2008/9/CE du 12 févr. 2008). Finalement, dans une communication du 6 décembre 2011 sur l'avenir de la TVA, la commission a estimé que le principe de l'origine ne sera pas réalisable dans un avenir prévisible et a donc proposé de l'abandonner. Toutefois, il était difficile de nier certaines carences du dispositif transitoire appelé à devenir définitif, notamment parce que le système de TVA n'a pas été en mesure de s'adapter aux défis de l'économie

actuelle, caractérisée par la mondialisation, le numérique et la mobilité. Aussi la commission a-t-elle lancé, dans une communication du 7 avril 2016, un plan d'action intitulé « Vers un espace TVA unique dans l'Union » qui a abouti à toute une série de propositions de directives et règlements, dont les premières ont été adoptées en 2017 (pour exemple, la directive n° 2017/2455/UE du 5 déc. 2017 concernant les prestations de services et ventes à distance de biens, ou encore la directive n° 018/912/UE du 22 juin 2018 relative à l'obligation de respecter un taux normal minimal).

2. *Les accises*

86 Le régime des accises n'a pas connu une intervention aussi substantielle du législateur communautaire. Il s'est préoccupé de l'harmonisation de ces prélèvements de la famille des contributions indirectes parce qu'ils frappent la consommation des produits aux côtés de la taxe sur le chiffre d'affaires et que les disparités qui caractérisent ces impôts d'un État à l'autre représentaient des potentialités de discrimination des produits en provenance d'un autre État. Différents règlements et directives sont venus organiser, en 1992 puis en 2008, une harmonisation du régime général des accises sur les tabacs manufacturés, les produits énergétiques, l'alcool et les boissons alcooliques. Au demeurant cette harmonisation est minimale, puisqu'elle laisse aux États une marge considérable, et largement en trompe-l'œil puisqu'elle entérine les nombreuses exceptions que chaque État a édictées pour ses productions régionales. Il est vrai que l'Acte unique de 1985 (repris à l'art. 113 du TFUE) a prévu que ces mesures d'harmonisation devaient être décidées à l'unanimité des membres du Conseil (c'est-à-dire les États membres) et seulement dans la mesure où cette harmonisation est nécessaire pour assurer l'établissement et le fonctionnement du marché intérieur et éviter des distorsions de concurrence.

D. L'état de l'harmonisation des autres impôts

87 Une réticence encore plus vive des États a marqué jusqu'à maintenant le processus communautaire relatif aux autres impôts. Dans la mesure où ils ne sont pas évoqués par le traité en tant que tels

et où leur harmonisation n'est pas strictement nécessaire à l'état d'avancement de l'Union ces prélèvements sont demeurés en la compétence exclusive des États. Ces derniers sont en effet soucieux de conserver une autonomie importante qui influera sur leur politique de recettes budgétaires. Dès lors, les textes intervenus traduisent l'impératif de non-discrimination, essentiellement pour le régime fiscal des fusions de sociétés d'États membres différents ou pour la détermination du bénéfice d'entreprises associées et installées dans différents États de l'Union.

88 Pour l'impôt sur le revenu, c'est aussi l'interdiction de discrimination au détriment d'un ressortissant d'un autre État membre qui permettra à la Cour de justice de condamner un État à raison de sa législation fiscale, mais aussi l'invocation de chacune des grandes libertés du Traité : liberté de circulation des travailleurs, liberté d'établissement, libre circulation des capitaux, libre prestation de services et citoyennetés européenne. Si le juge de l'Union valide le rôle des conventions bilatérales, il n'hésite pas à stigmatiser leurs lacunes lorsque la situation ainsi créée n'assure pas l'exercice complet d'une liberté, par exemple pour les capitaux (CJUE 16 juin 2022, *ACC Silicones Ltd*, aff. C-572/20). Le travail est complexe, ainsi la Commission a réussi à faire entériner la prohibition, comme aides d'État, de certaines mesures fiscales nationales. Au fil d'une jurisprudence complexe, la Cour de justice a validé la restitution par Apple à la République d'Irlande de sommes (13 milliards €) inexactement qualifiées d'aides d'État de nature fiscale (CJUE 10 sept. 2024, *Comm. c/ Irlande*, aff. C-465/20, *Dr. fisc.* 2024. 38, comm. 351, note A. Maitrot de la Motte). Dans ce cadre, le juge n'hésite pas à poser la légalité de l'impôt comme principe général du droit européen (CJUE, gr. ch., 8 nov. 2022, *FIAT*, aff. C-885/19P et C-898/19P, *Dr. fisc.* 2022. 50, comm. 428), avec, comme conséquence, l'exigence de prévisibilité de la loi. Dans la mesure où l'*exit tax* de l'article 167 *bis* du CGI (v. ss 212) constitue une restriction à l'une des libertés du Traité, elle doit être conforme aux principes généraux du droit de l'Union – protection de la confiance légitime et de la sécurité juridique – bien qu'il s'agisse d'un impôt direct qui n'est pas dans le champ de compétence de l'Union (CE 5 févr. 2025, n° 476399, *Dr. fis.* 2025. 18-19, note Y. Rutschmann et

R. Vallerie, act. 207 ; et J. Turot, « De nouvelles clés d'entrée dans la Charte », *Dr. fisc.* 2025. 20, comm. 209). Le Conseil d'État situe ainsi sa jurisprudence dans le droit fil de celle de la Cour de justice.

89 Inlassablement, la Commission s'est attachée à renforcer la coopération entre les administrations fiscales nationales afin de lutter contre l'évasion fiscale. C'est l'objet des directives, dites DAC 1 à 9 (pour *Directive on Administrative Cooperation*), adoptées entre 2011 et 2025, instituant l'échange d'informations spontané, automatique ou sur demande, pour les impositions sur le revenu. La directive initiale (15 févr. 2011, n° 2011/16/UE) est donc constamment consolidée et adaptée aux nouvelles pratiques économiques comme notamment les plateformes numérique et l'économie collaborative (DAC 7) ou les cryptoactifs (DAC 8). La dernière directive en date (directive du Conseil, n° 2025/872, 14 avr. 2025 dite DAC 9), intègre les avancées du Pilier 2 pour la mise en œuvre d'une imposition minimale mondiale des groupes d'entreprises (v. ss 809).

90 Récemment, l'Union européenne s'est également lancée dans une nouvelle approche dépassant le cadre de l'harmonisation pour se doter de ressources fiscales propres. Ainsi, par une décision (UE, EURATOM) 2020/2053 du 14 décembre 2020 relative au système des ressources propres de l'Union européenne, a été créée une nouvelle ressource fondée sur les emballages plastiques non recyclés, calculée par l'application d'un taux d'appel uniforme de 0,80 €/kg de plastique non-recyclé. Si certains États comme l'Espagne ont créé une taxe spécifique, tel n'est pas le cas de la France qui préfère encore un mécanisme de prélèvement sur les recettes du budget de l'État plutôt que créer une imposition au bénéfice exclusif de l'Union. Outre cette « ressource plastique », l'Union européenne envisage également la création d'impôts européens. Est ainsi relativement avancée, l'idée de compléter le système européen d'échange de quotas d'émission de CO_2 (créé afin d'encourager la réduction des émissions de gaz à effet de serre) par un mécanisme d'ajustement carbone aux frontières. La même décision « ressource propre » comporte deux projets ambitieux de création d'une taxe numérique et d'une taxe sur les transactions financières qui devraient permettre le remboursement des

750 milliards d'euros du plan de relance « *Next Generation EU* » : toutefois, ces deux projets sont loin d'être aussi avancés et demeurent pour l'instant hypothétiques.

Bibliographie

BERGERES (Maurice-Christian), « Droit communautaire et conventions fiscales internationales », *Dr. fisc.* 2007, n° 19, étude 487.

CASTAGNEDE (Bernard), « Souveraineté fiscale et Union européenne », *RFFP* 2002, n° 80, p. 53 à 80.

DEROUIN (Philippe) et MARTIN (Philippe), *Droit communautaire et fiscalité. Sélection d'arrêts et de décisions*, Litec, 2e éd., 2008, 1011 p.

LOCATELLI (Franck), « Neutralité *vs* souveraineté en droit fiscal : le nouveau "Grand Jeu" », *Dr. fisc.* 2022, n° 42, p. 12 à 19.

MAITROT DE LA MOTTE (Alexandre), « La réforme du système fiscal international : quelles conséquences pour le droit fiscal de l'Union européenne ? », *L'Année fiscale* 2022, n° 12, comm. 151.

RAINGEARD DE LA BLETIERE, (Emmanuel), « Droit de l'Union européenne : chronique de l'année 2021 », *Dr. fisc.* 2022, n° 12, comm. 158.

RUTSCHMANN (Yves) et VALLERIE (Ronan), « Le principe européen de légalité de l'impôt », *Dr. fisc.* 2023, n° 6-7, act. 40.

VARII AUCTORES, « Actualité et enjeux de l'harmonisation fiscale en Europe », *Dr. fisc.* 2012, n° 47, comm. 525 à 531.

VARII AUCTORES, « Le droit fiscal de l'Union européenne entre unité et diversité », *REIDF* 2019, n° 4, p. 435 à 510.

VARII AUCTORES, « L'avenir de l'Europe fiscale », *Dr. fisc.* 2021, n° 6, comm. 135 à 144.

VARII AUCTORES, « Chronique trimestrielle de la jurisprudence de la Cour de justice en matière de fiscalité directe », *Dr. fisc.* 2023, n° 5, comm. 96.

VARII AUCTORES, « Bénéficiaire effectif, substance : la recherche de la réalité », Soirée IFA du 16 nov. 2022, *Dr. fisc.* 2022, n° 51-52, comm. 429.

§ 3. La Convention européenne des droits de l'homme

91 Bien que ne comportant aucune stipulation garantissant spécifiquement les droits des contribuables, la Convention européenne des droits de l'homme (signée à Rome le 4 nov. 1950 et entrée en vigueur le 3 sept. 1953) constitue incontestablement, de nos jours, une source primordiale du droit fiscal français. En effet, la Cour européenne des droits de l'homme a déployé une jurisprudence constructive permettant de donner une perspective fiscale à des stipulations dont ce n'était pas l'objectif premier. L'acceptation par la France du droit de recours individuel, en 1981 seulement, a permis l'application effective de ce texte international comme source directe de droit en France. Toutefois la Cour européenne des Droits de l'Homme laisse aux États une large marge d'appréciation leur permettant ainsi d'adapter la Convention à leurs spécificités nationales. Les règles de droit fiscal français se sont ainsi enrichies d'un renforcement des exigences concernant non seulement les droits procéduraux mais aussi les droits plus substantiels.

Concernant les droits procéduraux, la disposition la plus importante est l'article 6 de la CEDH, qui garantit le droit à un procès équitable dans toute affaire portant sur des droits et obligations de caractère civil ou sur des accusations en matière pénale. Si la Cour européenne des Droits de l'Homme juge que « la matière fiscale ressortit encore au noyau dur des prérogatives de la puissance publique, le caractère public du rapport entre le contribuable et la collectivité restant prédominant » et d'en déduire l'exclusion du contentieux fiscal de la sphère civile de l'article 6, § 1 (CEDH, gr. ch., 12 juill. 2001, *Ferrazzini c/ Italie*, n° 44759/98), elle rappelle de manière constante l'applicabilité de cet article aux procédures portant sur des litiges fiscaux revêtant un « caractère pénal » (CEDH 24 févr. 1994, *Bendenoun c/ France*, n° 12547/86), ce qui implique des conséquences en matière de modulation des sanctions ou du caractère personnel de ces dernières. Dans la même logique, la Cour s'est efforcée d'insérer le cumul entre sanctions pénales et fiscales dans le cadre du droit au respect du principe *non bis in idem* (ou *ne bis in idem*), issu de l'article 4 du protocole 7.

Concernant les droits substantiels, c'est l'article 1er du protocole 1 (adopté à Paris le 20 mars 1952) relatif au droit de propriété qui joue un rôle important concernant notamment la possibilité pour les États de recourir à des lois fiscales rétroactives (CEDH 23 juill. 2009, *Joubert c/ France*, n° 30345/05) ou en limitant parfois une imposition excessive (CEDH 14 mai 2013, *NKM c/ Hongrie*, n° 66529/11 ; CEDH, 2e sect., 25 juin 2013, *Gall c/ Hongrie*, n° 49570/11 ; CEDH, 2e sect., 2 juill. 2013, *R.Sz c/ Hongrie*, n° 41838/11). Dans une moindre mesure, ont également eu une influence sur les législations fiscales nationales le droit au respect de sa vie privée, familiale et de son domicile garanti par l'article 8 de la Convention, la liberté d'expression protégée par l'article 10, voire la liberté religieuse issue de l'article 9 (CEDH, 5e sect., 30 juin 2011, *Assoc. Les Témoins de Jéhovah c/ France*, n° 8916/05).

Bibliographie

BARONE (Laurent), *L'apport de la Convention européenne des droits de l'homme au droit fiscal français*, L'Harmattan, 2000, 439 p.

BERGER (Vincent), « La jurisprudence de la Cour européenne des droits de l'homme et le droit fiscal », *Dr. fisc.* 2010, n° 24, p. 11 à 18.

BONNET (André), « L'impulsion du juge national et la Convention EDH : incertitude ou rééquilibrage ? », *Dr. fisc.* 2009, n° 51, étude 583.

COLLET (Martin), « Visites domiciliaires et droits de l'homme : le point de vue du fiscaliste », *in* P. Tavernier (dir.), *La France et la CEDH. La jurisprudence en 2008*, Bruylant, 2010, p. 145.

COLLET (Martin), « Les bienfaits du "dialogue des juges". Remarques sur la mise en œuvre par le juge fiscal des articles 14 de la Convention EDH et le 1er de son premier protocole additionnel », *Dr. fisc.* 2006, n° 51, p. 2179.

FLAUSS (Jean-François), « L'applicabilité de l'article 6-1, volet civil au contentieux de l'imposition, note sous CEDH 12 juillet 2001, *Ferrazzini c/ Italie* », *AJDA* 2001. 1061 et 1062.

FOURNIER (Alice), « Charte des droits fondamentaux et Convention européenne des droits de l'homme : redondances, ou renforcement de la protection des contribuables », *Dr. fisc.* 2018, n° 21, comm. 281.

GERARD (Laurence), « Sur l'applicabilité de l'article 6 de la Convention européenne des droits de l'homme aux contentieux fiscaux », *Dr. fisc.* 2002, n° 10, p. 438 à 447.

VARII AUCTORES, « L'impact de la Convention européenne des droits de l'homme sur le droit fiscal : quelles perspectives d'évolution ? », *Dr. fisc.* 2022, n° 49, comm. 416.

SECTION 3

La loi

92 L'importance de cette norme est telle que la pétition de principe serait presque exhaustive ! L'analyse mérite toutefois d'être approfondie et montre alors la nécessité de nuancer cette position. Si le critère formel continue de régir le droit français, l'évocation du droit communautaire a montré que la contrainte résultant de la supériorité des traités obligeait chaque parlement à adopter des textes qui ne sont que la reprise du contenu de directives. Bien plus, le Parlement français ne dispose ni du temps ni des moyens pour exercer pleinement la compétence que l'article 34 de la Constitution lui attribue en matière fiscale. Dès lors, au lieu de fixer toutes les règles, la loi se contentera de construire l'ossature du régime des impositions de toute nature, laissant ainsi au pouvoir réglementaire le soin de préciser tous les détails dudit régime. Cette évolution rejoint celle du régime représentatif en général.

Bibliographie

BERGERES (Maurice-Christian), « Un principe à valeur constitutionnelle paradoxalement ignoré du droit fiscal : l'intelligibilité de la loi », *Dr. fisc.* 2003, n° 24, p. 794 à 799.

BERGERES (Maurice-Christian), « Vers un contrôle élargi de la loi fiscale par le Conseil d'État ? », *Dr. fisc.* 2002, n° 43, p. 1433 à 1438.

MARDIERE (Christophe DE LA), « Le déclin particulier de la loi fiscale », *in* Catherine Puigelier (dir.), *La loi*, Economica, 2005, p. 241.

MOYSAN (Hervé), « Entrée en vigueur de la loi : le jour même ou le lendemain de la publication ? », *Dr. fisc.* 2012, n° 49, p. 12 à 14.

RACINE (Pierre-François), « La place du règlement en matière fiscale », *GAJF*, Dalloz, 5e éd., 2009, p. 186.

SECTION 4
Le règlement

93 Le règlement en matière fiscale est pour l'essentiel un règlement d'application, dans l'acception large du terme : si sa place est subordonnée elle est substantiellement considérable dans tous les aspects de cette branche du droit. S'il prend surtout la forme de décrets et d'arrêtés, il peut intervenir parfois sous forme d'ordonnances, sur délégation du gouvernement, conformément à l'article 38 de la Constitution.

SECTION 5
Le Code général des impôts (CGI)

94 Il s'agit d'une œuvre d'origine gouvernementale, qui n'est que le regroupement, sous une présentation différente, des normes législatives et réglementaires intervenues en cette matière. Des décrets viennent régulièrement l'actualiser en incorporant les modifications survenues mais cette codification ne modifie pas la valeur juridique ni d'ailleurs le sens des textes ainsi regroupés : ils conservent leur valeur et leur portée d'origine.

95 L'ouvrage est ordonné en deux parties principales :

– le Code proprement dit, qui regroupe sans être totalement exhaustif les dispositions relatives au régime des différents impôts, en distinguant d'une part les textes législatifs et d'autre part les différents textes réglementaires classés en autant que de catégories de normes ;

– le Livre des procédures fiscales (LPF), qui regroupe de façon beaucoup plus accessible les textes régissant les relations entre le contribuable et le fisc.

La modernisation du Code apparaît indispensable mais l'ampleur de la tâche à accomplir est telle que la commission de codification a plusieurs fois interrompu son travail et en a différé l'issue jusqu'au terme ultime de son programme de codification. Depuis 2003, c'est un travail de simplification du contenu de la norme qui est en cours de réalisation par ordonnances, comme préalable à une nouvelle codification. Sa version consolidée au jour le jour est disponible sur le site de Légifrance.

SECTION 6

Le Code des impositions sur les biens et services

96 Créé par une ordonnance du 22 décembre 2021 (n° 2021-1843), ce nouveau code (CIBS) entré en service au 1er janvier 2022 procède à la consolidation, au sein d'un document unique des dispositions fiscales relatives à une cinquantaine d'impositions jusqu'alors disséminées dans de nombreux textes, codifiés ou non. Le Code des impositions sur les biens et service est ainsi organisé par secteur économique d'activité imposable, avec notamment un livre III relatif au régime général d'accises, frappant les énergies, les alcools et les tabacs et un livre IV comportant deux titres consacrés respectivement aux taxes sur les mobilités et aux taxes sur les activités industrielles et artisanales.

Cela permet d'identifier l'ensemble des impositions concernant un secteur et d'en uniformiser les définitions.

Si le nouveau Code ne concerne pas la TVA, car l'habilitation confiée par le législateur au gouvernement excluait les impôts généraux, le rapport au président de la République relatif à l'ordonnance nº 2021-1843 affirme que devraient, à terme, y être intégrés ultérieurement la taxe sur la valeur ajoutée et les octrois de mer. Il ne faut donc pas s'étonner de l'absence de livre II.

Parallèlement, cet effort de simplification et de recodification s'est accompagné d'un transfert de compétences de la Direction Générale des Douanes et Droits Indirects (DGD) à la Direction Générale des Finances Publiques (DGFiP). A par exemple été transféré le recouvrement des taxes sur les boissons non alcoolisées, d'une grande partie de la taxe générale sur les produits polluants, de la taxe à l'essieu, de la TVA due à l'importation et d'une grande partie des taxes applicables en matière d'énergie.

Bibliographie

Haïm (Victor), « Un contribuable peut-il utilement se prévaloir du Code général des impôts ? », *Dr. fisc.* 1996, nº 27, p. 908 à 912.

Labetoulle (Daniel), « Refondre le Code général des impôts », *RJEP* avr. 2011, nº 685, repère 4.

SECTION 7

La doctrine administrative et sa portée

97 La pyramide de la hiérarchie des normes s'arrête formellement aux degrés des règlements, pourtant sa présentation serait incomplète si elle n'évoquait pas l'énorme masse de ces textes élaborés par les administrations centrales dans un but pédagogique pour leurs agents et qui ont pris une importance considérable, singulièrement en matière fiscale. Il s'agit des instructions, circulaires, notes de

service, réponses ministérielles à questions écrites de parlementaires et commentaires administratifs de jurisprudence, qui forment un ensemble disparate mais particulièrement foisonnant.

§ 1. La nature juridique des textes formant la doctrine administrative

98 Elle est étroitement circonscrite à leur nature de mesures d'ordre intérieur au sens de la jurisprudence du Conseil d'État : elles s'imposent aux agents du fisc en vertu du principe de hiérarchie mais elles n'ont pas de caractère juridique contraignant pour les contribuables puisqu'elles constituent de l'infra-droit, élaborées qu'elles sont par des autorités administratives dépourvues du pouvoir réglementaire. Toutefois leur portée pratique est immense car elles viennent expliquer le sens des normes fiscales aux agents dans le dessein de les rendre plus compréhensibles et d'en assurer une application plus facile et uniforme sur l'ensemble du territoire. Le résultat de ce vaste effort pédagogique est que l'agent de l'administration va remplacer l'application de la norme par l'application de la doctrine administrative, en d'autres termes cette dernière vient s'interposer entre la règle de droit fiscal et son destinataire qu'est le contribuable. Au-delà de l'étonnement du juriste face à pareille substitution d'un simple texte administratif à la règle de droit c'est la protection du contribuable contre une doctrine administrative illégale qui est en cause.

99 Si la circulaire que l'agent prétend appliquer à la situation du contribuable est illégale parce que plus sévère que la loi qu'elle prétend appliquer, le juge saisi du litige donnera raison au contribuable en faisant valoir que seule la loi s'applique et en écartant cette mesure administrative dont il ne veut pas connaître. De même, dans le cadre d'un recours pour excès de pouvoir, il annulera cette circulaire à contenu réglementaire illégal (CE, ass., 29 janv. 1954, *Institution N.D. du Kreisker*, n° 07134).

100 En revanche le contribuable est désarmé s'il a bénéficié dans le passé d'une circulaire illégale parce que plus douce et sur la portée de laquelle l'administration entend revenir rétroactivement en

faisant prévaloir la signification réelle de la loi : le juge adoptera la même attitude de rejet de la doctrine administrative et donnera alors raison à l'administration qui entend tirer toutes les conséquences passées et présentes de l'application de la loi : le contribuable sera redressé pour une situation fiscale qu'il avait organisée en conformité avec la circulaire et non avec la loi. Les conséquences de ce revirement de la doctrine administrative sont apparues aux parlementaires comme excessivement lourdes, aussi ont-ils décidé de les limiter.

§ 2. Les différents mécanismes de protection du contribuable contre les changements de doctrine administrative

101 Différents mécanismes ont été élaborés. Les conditions de leur application sont parfois paradoxales.

Le premier texte est constitué par l'article L. 80 A du Livre des procédures fiscales. Celui-ci interdit à l'administration de redresser lorsque le contribuable, de bonne foi, a organisé sa situation fiscale en s'appuyant sur une interprétation des textes fiscaux qui était à l'époque formellement admise par l'administration.

Le second texte est l'article L. 80 B, qui accorde la même protection lorsque l'administration avait formellement pris position sur l'appréciation d'une situation de fait au regard d'un texte fiscal (c'est la démarche intellectuelle inverse) ou n'avait pas répondu dans un délai de trois mois à un contribuable qui avait demandé à bénéficier d'un agrément particulier.

102 Si le juge de l'impôt estime remplies les conditions d'application de l'un de ces articles, il va devoir donner raison au contribuable, en faisant prévaloir la doctrine administrative sur le sens de la loi, en contradiction complète avec la hiérarchie des normes ! Même si cette bousculade de la norme est prévue par le législateur, au profit du contribuable et exclusivement dans une perspective fonctionnelle, il est facile d'imaginer que le juge répugnera à faire

application de cette disposition à la constitutionnalité douteuse (le législateur y confie une délégation au pouvoir réglementaire dans des conditions non prévues par la Constitution) et se montrera par conséquent fort restrictif quant à l'admission de ses conditions. Il admet néanmoins que la protection joue, même si ladite doctrine se trouvait dans une instruction publiée qui fut annulée pour excès de pouvoir (CE, sect. avis, 8 mars 2013, n° 353782). Le doute subsiste en revanche lorsqu'une doctrine est contraire au droit de l'Union, le Conseil d'État n'ayant pas encore répondu à cette interrogation. La juridiction fiscale suprême se trouve aujourd'hui dans une position délicate et probablement transitoire. Elle a en effet condamné un contribuable qui avait abusé de la doctrine administrative, et ceci pour abus de droit, ce qui équivaut à reconnaître à celle-ci une valeur juridique ! (CE, ass., 28 oct. 2020, *Charbit*, n° 428048, *Dr. fisc.* 2021, n° 7-8, comm. 148, art. Ch. de la Mardière).

103 Cette hiérarchie des normes est bien entendu doublée d'une hiérarchie symétrique des organes émetteurs de ces normes. Se pose alors la question de la place qu'il convient d'y attribuer au juge fiscal et aux principes non écrits qu'il fait prévaloir pour résoudre le litige ou pour censurer la norme soumise à son contrôle : certes son rôle n'est pas d'élaborer la règle écrite mais force est de constater que les interprétations qu'il donne d'une loi ou d'un règlement orienteront de façon décisive la portée pratique de cette norme. L'administration fiscale ne s'y est pas trompée qui demande au gouvernement de faire adopter par le Parlement une « validation législative » qui fera prévaloir sur la jurisprudence la signification de la loi primitive qu'elle souhaite. Cette loi nouvelle sera dite interprétative si elle prétend rétroagir et s'appliquer aux situations passées, sans toutefois pouvoir porter atteinte à l'autorité de chose jugée : la brèche ouverte par le jugement aura alors été limitée à l'espèce qu'il a tranchée !

Depuis 2025, le contribuable dispose d'une possibilité de demande de rescrit sous forme dématérialisée. Cette procédure lui permet d'obtenir une prise de position de l'Administration sur l'application d'un texte fiscal au regard d'une situation de fait ou dans des situations expressément prévues.

Bibliographie

BOUVIER (Christine), CARREZ (Gilles), GIBERT (Bruno) et FOUQUET (Olivier), « Une nouvelle conception des instructions fiscales pour améliorer la sécurité juridique », *Dr. fisc.* 2010, n° 16, comm. 282.

COLLET (Martin), « Les conditions d'invocabilité de la doctrine administrative », *RFFP* 2010, n° 112, p. 71.

COLLET (Martin), « Opposabilité de la doctrine administrative et abus de droit : quelle conciliation en cas de montage abusif ? À propos de CE, ass., 28 oct. 2020, *Charbit* », *Dr. fisc.* 2020, n° 47, comm. 441.

DELAGE-EYMARD (Michèle), *L'opposabilité de la doctrine administrative fiscale*, Thèse Paris X-Nanterre, 1997.

GOGUEL (Fabrice), « La garantie contre le changement de doctrine face au droit communautaire. Le droit douanier peut-il sauver l'article L 80 A du LPF ? », *Dr. fisc.* 2006, n° 21-22, p. 1026 à 1030.

HAÏM (Victor), « L'article L 80 A du Livre des procédures fiscales est-il inconstitutionnel ? », *Dr. fisc.* 1995, n° 12, p. 549.

KIEFFER (Rémi), « L'inopposabilité de la doctrine administrative en matière de procédures fiscales », *Dr. fisc.* 2018, n° 30, comm. 350.

MARDIERE (Christophe DE LA), « La véritable nature de la doctrine administrative en droit fiscal », in *Mélanges Jean-Pierre Lassale, Gabriel Montagnier et Luc Saïdj*, L'Harmattan, 2012, p. 85 à 95.

RAIMBAULT DE FONTAINE (Sophie) (dir.), *Doctrines fiscales : la découverte de grands classiques*, L'Harmattan, 2007, 267 p.

TUROT (Jérôme), « La vraie nature de la garantie contre les changements de doctrine », *RJF* 1992, n° 5, p. 371 à 376.

TUROT (Jérôme), « Le recours en annulation contre la doctrine administrative », *RJF* 1990, n° 8-9, p. 535.

TUROT (Jérôme), « Application dans le temps de la doctrine administrative : l'importance d'être constant », *Dr. fisc.* 2017, n° 21, comm. 316.

TUROT (Jérôme), « Annulation, où est donc ta victoire ? Réflexions sur la portée de l'annulation d'une instruction fiscale », *Dr. fisc.* 2012, n° 11, comm. 188.

VAPAILLE (Laurence), *La doctrine administrative fiscale*, L'Harmattan, 1999, 590 p.

VARII AUCTORES, « La doctrine fiscale », Actes du colloque organisé par l'Institut de recherches Carré de Malberg, la Société française de droit fiscal et l'Institut des avocats-conseils fiscaux à l'Université Robert Schuman de Strasbourg en hommage à Jacques Grosclaude, *Dr. fisc.* 2006, n° 24, p. 1110 à 1200.

SECTION 8

L'interprétation des textes fiscaux

104 La complexité des normes mais aussi la nécessité de dégager leur portée pour résoudre des situations – cerner la notion de revenu imposable pour que la loi s'applique à de nouvelles formes de gains par exemple – nécessitent une démarche interprétative de plus en plus fouillée. Si l'interprétation administrative a pris l'ampleur que l'on vient de décrire elle s'incline néanmoins devant le magistère exercé par l'interprétation du juge fiscal. Pour trancher les litiges, celui-ci va mener sa démarche sur deux plans : sur le terrain des principes il s'efforcera de conjuguer la lutte contre la fraude avec le respect du statut du contribuable (§ 1), sur le plan méthodologique il prend en compte le réalisme du droit fiscal (§ 2).

§ 1. Le souci de conjuguer la lutte contre la fraude avec le respect du statut du contribuable

105 Ce souci représente pour le juge le télescopage de deux impératifs catégoriques, également éminents à ses yeux. La difficulté apparaît lorsque tous deux se trouvent bafoués dans une même espèce, parce que le contribuable a manifestement éludé l'impôt et que l'administration a violé les règles destinées à protéger le contribuable : puisqu'ils ne peuvent plus être conciliés, quel impératif

doit l'emporter sur l'autre dans cette circonstance extrême ? Le juge a longtemps considéré que le respect des libertés publiques l'emporte sur la préservation des intérêts du Trésor public, et lors même que le contribuable a fraudé, le redressement qu'il a mérité sera annulé parce qu'une des formalités essentielles qui devait l'accompagner n'a pas été accomplie : le respect d'un délai suffisant pour préparer une vérification de comptabilité, l'annonce du droit à l'assistance d'un conseil ou le dépassement de la durée autorisée d'une vérification. Une évolution est perceptible, qui se caractérise par une recherche plus attentive de l'ampleur du préjudice réellement infligé au contribuable par les errements de l'administration.

§ 2. La priorité donnée au réalisme du droit fiscal

106 Comme toute branche du système juridique français, le droit fiscal est libre de définir ses propres concepts ou de dégager une signification propre d'un concept préexistant dans une autre branche du droit : la notion de domicile fiscal, par exemple, ne recouvre pas exactement les mêmes contours que la notion civiliste du domicile.

Fort de cette liberté le législateur fiscal a voulu que cette matière privilégie l'essence des choses – c'est l'étymologie du réalisme – sans s'arrêter aux définitions et aux constructions juridiques édifiées par d'autres branches du droit. L'action du juge sera, en cas de doute, inspirée par cette approche. Il interprétera les textes dans un sens extensif pour assurer le respect de l'égalité devant les charges publiques, et il n'hésitera pas, ce faisant, à imposer des activités que d'autres branches du droit prohibent : le charlatan sera imposé comme un médecin, et il ne pourra pas échapper à cette imposition en mettant en avant l'illicéité de son activité, réprimée par le Code pénal en tant qu'exercice illégal de la médecine.

Bibliographie

CHASTAGNARET (Manuel), « L'interprétation en matière fiscale : de l'incertitude à la certitude ? », *LNF* 2018, n° 1332, p. 22 à 26.

COZIAN (Maurice), « Propos désobligeants sur une "tarte à la crème" : l'autonomie et le réalisme du droit fiscal », *Dr. fisc.* 1999, n° 13, p. 530 à 535.

GUEZ (Julien), *L'interprétation en droit fiscal*, LGDJ, coll. « Bibliothèque de l'Institut André Tunc », 2007.

HALARD (Colin) et VU TRAN (Clémence), « L'interprétation des lois fiscales ambiguës : *in dubio contra fiscum* », *Dr. fisc.* 2020, n° 18, comm. 231.

HERTZOG (Robert), « L'autonomie en droit : trop de sens, trop peu de signification ? », in *Mélanges Paul Amselek*, Bruylant, 2005, p. 445.

MARCHESSOU (Philippe), *L'interprétation des textes fiscaux*, Economica, 1980, 258 p.

MARDIERE (Christophe DE LA), « Pour tenter d'en finir avec l'autonomie et le réalisme du droit fiscal », in *Mélanges Maurice Cozian*, Litec, 2010, p. 137 à 144.

MARCHESSOU (Philippe), « Réflexions contemporaines sur l'interprétation des textes fiscaux », in *Mélanges Paul Amselek*, Bruylant, 2005, p. 345.

SECTION 9

Les conditions d'application des textes fiscaux

107 L'application des textes fiscaux est confiée à l'exécutif et à son bras séculier que constitue l'administration fiscale. C'est leur application dans le temps qui pose parfois problème : comme pour tout texte législatif ou réglementaire, l'entrée en vigueur des textes fiscaux est soumise aux règles posées par l'ordonnance n° 2004-164 du 20 février 2004 modifiée et ratifiée par la loi n° 2004-1343 du 9 décembre 2004. Aux termes de ce texte, qui remplace le décret (à valeur législative) du 5 novembre 1870, les lois, ordonnances et décrets sont publiés le même jour sur papier et sous forme électronique. Cette publication sous

forme électronique, dans des conditions garantissant sa fiabilité, produit les mêmes effets de droit que leur publication sous forme imprimée.

Toutefois, les dernières décennies sont marquées par un développement croissant de dispositions fiscales à effet rétroactif, soit parce que la volonté politique s'est exprimée en ce sens, soit parce qu'il s'agit de priver d'effet une décision de justice qui a annulé un règlement ou contrarié l'interprétation que l'administration avait développée d'un dispositif légal. Sur le plan de la technique juridique, la différence perceptible ne coïncide pas toujours avec cette différence de motivation : ou bien le texte spécifique est d'application rétroactive (§ 1), ou bien son application rétroactive résulte de son caractère interprétatif (§ 2), ou bien la loi valide subrepticement des actes administratifs (§ 3). Le Conseil constitutionnel veille à limiter l'ampleur du phénomène (§ 4).

§ 1. Rétroactivité prévue par le texte lui-même

108 L'article 2 du Code civil, selon lequel « la loi ne dispose que pour l'avenir ; elle n'a point d'effet rétroactif », n'a en principe qu'une valeur simplement législative (sauf en matière répressive, en vertu de l'article 8 de la Déclaration de 1789), par conséquent toute autre loi peut y déroger, en particulier une loi fiscale. Le législateur ne se privera pas de cette possibilité, souvent pour éviter les effets pervers qui résulteraient de l'annonce prématurée d'une réforme législative : le temps qui sépare l'annonce d'une mesure d'alourdissement de la fiscalité de la promulgation de la loi sera mis à profit pour échapper à cette mesure. À l'inverse, l'annonce d'une mesure d'allègement bloquera toutes les initiatives économiques jusqu'à sa promulgation. Pour déjouer les effets pervers de cette annonce, le législateur estime normal de prévoir que la loi entre en vigueur à la date à laquelle son projet avait été divulgué, soit deux à trois mois avant sa promulgation. Ainsi conçue, la rétroactivité n'est pas critiquable et correspond à la pratique anglo-saxonne du *fair announce*.

De même, le régime d'imposition à l'impôt sur le revenu et à l'impôt sur les sociétés fait l'objet, pour l'année civile écoulée, d'une validation qui n'est prononcée que par la loi de finances de l'année suivante, adoptée à la fin de ladite année civile. Il en résulte une insécurité juridique certaine pour les contribuables. La loi de finances pour 2025 (n° 2025-127, 14 févr. 2025, *JO* 15 févr.) a dû naviguer, compte tenu de son adoption tardive, entre plusieurs écueils pour éviter à certaines de ses dispositions de subir l'accusation de rétrospectivité inadéquate ou de rétroactivité « frontale » (v. O. Négrin, « Loi de finances 2025 : éléments de compréhension d'une forme de rétroactivité inédite », *Dr. fisc.* 2025, n° 10, comm. 122).

§ 2. Les lois interprétatives

109 Étymologiquement et pour un esprit candide, une telle loi résulte de la prise de conscience, par le législateur, de l'ambiguïté de sa norme. Il décide alors de lever cette ambiguïté par l'adoption d'un nouveau texte législatif, destiné à éclairer le précédent, et qui a, par conséquent, vocation à être appliqué rétroactivement, simultanément et dans les mêmes conditions que le texte originel qu'il explicite. De tels textes sont rares.

§ 3. La validation législative d'actes administratifs

110 Une pratique quelque peu dévoyée consiste, pour le Gouvernement, à faire adopter par le Parlement une loi qui, sous la dénomination de loi interprétative, va en réalité modifier la signification du texte initial dans le dessein de priver d'effet une décision de justice qui a annulé un règlement ou contrarié l'interprétation que l'administration avait développée d'un dispositif légal. La validation a pour seul but de faire échec à la jurisprudence du juge de l'impôt, afin de priver d'effet les réclamations et permettre de nouveaux redressements. Certes, une loi rétroactive ne peut pas préjudicier au contribuable dont les droits ont été reconnus par une

décision de justice passée en force de chose jugée ; par application de l'article 500 du Code de procédure civile ce sera le cas d'une décision rendue par une juridiction d'appel, même si elle est frappée d'un pourvoi en cassation, puisque ce dernier n'est pas suspensif.

§ 4. L'étendue du contrôle exercé par le Conseil constitutionnel sur les lois rétroactives

111 L'antagonisme entre le développement des lois de validation d'une part et, d'autre part, le souci de sécurité juridique, promu notamment par la CJUE, ainsi que le droit à un procès équitable promu par la Cour européenne des droits de l'homme conduisent le Conseil constitutionnel à tracer le cadre de l'intervention de tels textes (Cons. const. 7 févr. 2002, n° 2002-458 DC). S'il admet la possibilité pour le législateur de recourir aux lois de validation (Cons. const. 22 juill. 1980, n° 80-119 DC), il en a rigoureusement délimité le champ d'application dans une décision. Outre le respect du principe de non-rétroactivité des sanctions fiscales plus sévères résultant de l'article 8 de la Déclaration des droits de l'homme et du citoyen du 26 août 1789, le Conseil constitutionnel n'admet la conformité d'une loi fiscale rétroactive et notamment d'une mesure de validation que si elle répond à plusieurs conditions :

– elle ne doit porter atteinte ni aux décisions de justice passées en force de chose jugée, c'est-à-dire des décisions rendues par des juridictions suprêmes ou par d'autres juridictions dès lors que le délai d'appel ou de pourvoi s'est écoulé et qu'aucun appel n'a été interjeté ni aucun pourvoi formé (Cons. const. 29 déc. 2005, n° 2005-531 DC) ;

– elle ne saurait méconnaître une règle ou un principe de valeur constitutionnelle, ainsi, la portée de la validation opérée par la loi doit être strictement définie et circonscrite, sous peine de méconnaître l'article 16 de la Déclaration des droits de l'homme du 26 août 1789 ;

– enfin, elle doit répondre à un motif d'intérêt général suffisant.

Tel n'est pas le cas d'un motif purement financier (Cons. const. 28 déc. 1995, n° 95-369 DC) comme notamment l'augmentation des recettes fiscales. Le Conseil constitutionnel censure ainsi les lois destinées à prévenir les conséquences financières d'une décision de justice (Cons. const. 18 déc. 1998, n° 98-404 DC). Cette vérification par le juge constitutionnel de l'existence d'un motif d'intérêt général est parfois approfondie par l'exigence d'un caractère impérieux (Cons. const. 14 févr. 2014, n° 2013-366 QPC). À l'inverse, le Conseil constitutionnel n'hésite pas à reconnaître la constitutionnalité dispositions fiscales rétroactives adoptées dans une logique de *fair announce* car le souci d'éviter des effets d'optimisation contraires aux objectifs poursuivis est fort logiquement considéré comme un motif d'intérêt général suffisant (Cons. const. 19 déc. 2013, n° 2013-682 DC).

112 Cette exigence d'un intérêt général suffisant est largement partagée par la Cour européenne des droits de l'homme. Cette dernière estime également que la préservation des recettes fiscales et, donc, de l'intérêt financier de l'État, ne constitue pas, en soi, un motif impérieux d'intérêt général justifiant la rétroactivité des lois (CEDH, 5e sect., 23 juill. 2009, *Joubert c/ France*, n° 30345/05). Toutefois, ce refus de voir dans l'intérêt financier une justification de la rétroactivité doit parfois être relativisé. Tel est par exemple le cas dans un arrêt (CEDH, gr. ch., 3 nov. 2022, *Vegotex International SA c/ Belgique*, n° 49812/09, *Dr. fisc.* 2022, n° 49, comm. 41, note A. Papagiannoulas). Sous couvert qu'une loi était nécessaire à la lutte contre la fraude fiscale, à l'égalité entre les contribuables et à la sécurité juridique et qu'elle était donc justifiée par un motif impérieux d'intérêt général, la Cour valide en réalité une loi rétroactive adoptée principalement afin de préserver des recettes fiscales de l'État.

Au total, la pratique de la validation fait apparaître la rétroactivité comme un mal parfois nécessaire, chaque fois qu'il s'agit de corriger une mesure qui produirait un effet d'aubaine indu au profit du contribuable. En revanche l'annulation d'une mesure, qui n'affecte pas de façon significative l'équilibre des finances publiques, n'a pas à être validée.

§ 5. La « rétrospectivité » ou petite rétroactivité

113 La « rétrospectivité », aussi appelée « petite rétroactivité », correspond au principe selon lequel les dispositions fiscales prévues par la loi de finances pour l'année N + 1 s'appliquent à l'ensemble des opérations réalisées au cours de l'année N. Cela implique que les modifications du taux ou de l'assiette de l'impôt prévues par la loi de finances promulguée à la fin du mois de décembre de l'année N s'appliquent aux revenus et bénéfices intervenus au cours de l'année N, c'est-à-dire antérieurement à l'entrée en vigueur de ces modifications. C'est ainsi le propre des lois de finances votées en fin d'année que d'être « rétrospectives » : votées en fin d'année, elles s'appliquent à l'ensemble des opérations de l'exercice en cours, y compris à celles qui ont été réalisées bien avant que la loi ne soit publiée. S'il est logique que les contribuables se plaignent de ce phénomène, il ne s'agit pas pour autant d'une rétroactivité contraire à la garantie des droits car l'entrée en vigueur de la loi de finances intervient avant la date du fait générateur de l'impôt.

Pour autant, les juridictions européennes protègent parfois les contribuables contre cette rétrospectivité au nom de la « confiance légitime » pour la CJUE ou de « l'espérance légitime » pour la CEDH. Ces notions permettent ainsi à des contribuables de mobiliser le principe général de sécurité juridique pour revendiquer le maintien des règles applicables à leur situation. De même, dans le cadre de son contrôle de conventionnalité, le Conseil d'État n'hésite pas, en certaines occasions, à censurer des textes législatifs comme contraire au respect de l'espérance légitime des contribuables, laquelle espérance est alors considérée comme un bien au sens de l'article 1er du premier protocole additionnel à la Convention européenne de sauvegarde des droits de l'homme et des libertés fondamentales (CE 9 mai 2012, *Sté EPI*, n° 308996 ; CE 25 oct. 2017, *Sté Vivendi*, n° 403320). S'agissant du Conseil constitutionnel, il rappelle que si le législateur peut certes, à tout moment modifier des textes antérieurs ou les abroger, c'est toutefois à la condition qu'il ne « saurait, sans motif d'intérêt général suffisant, ni porter atteinte aux situations légalement acquises ni remettre en cause les effets qui peuvent légitimement être attendus de telles situations » (Cons. const. 19 déc. 2013, n° 2013-682 DC ; Cons. const. 5 déc. 2014, *M. Verny*, n° 2014-435 QPC). Au principe de confiance légitime, il préfère le concept « d'attentes légitimes » : il en déduit que ne sont censurées que les dispositions fiscales qui suppriment le bénéfice d'avantages fiscaux exigeant une durée minimale de détention préalable.

Bibliographie

DEBAT (Olivier), *La rétroactivité et le droit fiscal*, Defrénois, 2006, 503 p.

DEDEURWAERDER (Gilles), *Théorie de l'interprétation et droit fiscal*, Dalloz, 2010, 486 p.

DOUET (Frédéric), *Contribution à l'étude de la sécurité juridique en droit fiscal français*, LGDJ, 1997, 383 p.

FOUQUET (Olivier), « La rétroactivité des lois fiscales », *Rev. adm.* 1994. 140 à 142.

GUTMANN (Daniel), *Sources et ressources de l'interprétation juridique : étude de droit fiscal*, LGDJ, 2023.

JOANNARD-LARDANT (Emmanuel), « Les principes de sécurité juridique et de confiance légitime en droit fiscal. À propos de la décision du Conseil constitutionnel du 29 déc. 2013, n° 2013-682 DC, Loi de financement de la sécurité sociale pour 2014 », *Dr. fisc.* 2014, n° 10, comm. 191.

LAMARQUE (Jean), « La rétroactivité de la loi fiscale : une nécessité en matière de procédure », in *Mélanges Yves Madiot*, Bruylant, 2000, p. 331 à 356.

LIEVRE-GRAVEREAUX (Amélie), *La rétroactivité de la loi fiscale : une nécessité en matière de procédures*, L'Harmattan, coll. « Finances publiques », 2007, 426 p.

MAITROT DE LA MOTTE (Alexandre), « Le Conseil constitutionnel et l'insuffisante protection des contribuables face à l'instabilité législative », *Dr. fisc.* 2010, n° 14, comm. 217.

MARDIERE (Christophe DE LA), « Le pouvoir créateur du juge de l'impôt », *Arch. Phil. dr.* 2007, T. 50, « *La création du droit par le juge* », Dalloz, p. 229 à 235.

MARTINEZ-MEHLINGER (José), *Le recours pour excès de pouvoir en matière fiscale*, L'Harmattan, coll. « Logiques juridiques », 2002, 830 p.

PHILIP (Loïc), « Le contrôle par le Conseil constitutionnel de l'incompétence négative du législateur », in *Mélanges Henri Hovasse*, Bruylant, 2016.

CHAPITRE 2

Les administrations fiscales

114 Les administrations qui ont en charge l'impôt ont longtemps porté le poids de l'histoire de l'État qu'elles ont servi, au travers de ses vicissitudes. Cette sédimentation historique a été largement bouleversée par une réforme substantielle initiée en 2008, qui a enclenché le processus de fusion progressive des services de la Direction générale des impôts et de la Direction générale de la comptabilité publique au sein de la **Direction générale des finances publiques**. Deux soucis ont présidé à cette réforme : généraliser l'accueil du contribuable au sein de guichets uniques dédiés à son profil économique, et l'amélioration des conditions de lutte contre la fraude.

115 Le résultat de ces évolutions peut être décrit comme suit :

– deux grandes directions du ministère des Finances (quai de Bercy, dans le 12e arrondissement de Paris) sont dotées de services extérieurs : ce sont respectivement la Direction générale des finances publiques ou DGFiP (SECTION 1), et la Direction générale des douanes et droits indirects ou DGD (SECTION 3) ;

– au sein de la DGFiP, une mention particulière doit être réservée à la Direction de la législation fiscale de la DGFiP (SECTION 2) ;

– tandis qu'une série de commissions et de comités assument une fonction de conciliation (SECTION 4).

SECTION 1

La Direction générale des finances publiques

116 Cette administration a été créée par décrets du 3 avril 2008 (n° 2008-309 et 310) par fusion de la Direction générale des impôts, qui était le principal service de l'État en charge des affaires fiscales, et de la Direction générale de la comptabilité publique. Communément appelée le Trésor, cette direction assumait l'exécution du budget de l'État et des collectivités territoriales, tandis que son rôle en matière fiscale était limité au recouvrement de l'impôt sur le revenu et des impôts directs locaux.

La visite de ce monument commence par l'examen de ses compétences (§ 1), se poursuit par l'étude de son organisation centrale (§ 2) et se termine par la description des services implantés au niveau local (§ 3).

§ 1. Les compétences de la DGFiP

117 Les compétences de la DGFiP dans le domaine fiscal sont les suivantes :

- elle conçoit et élabore les textes législatifs et réglementaires relatifs à la fiscalité ainsi que les instructions générales interprétatives nécessaires à leur application (tâche assumée par la Direction de la Législation fiscale – DLF) ;
- elle veille à l'établissement de l'assiette, de la liquidation et à la mise en œuvre du contrôle de la quasi-totalité des impôts, ainsi qu'à leur recouvrement ;
- elle représente l'État devant les juridictions fiscales ;
- elle représente l'État dans les négociations internationales en matière fiscale ;
- elle instruit les demandes d'agréments fiscaux.

§ 2. L'organisation de la DGFiP au niveau central

118 L'organisation de la DGFiP au niveau central est celle d'une grande direction d'un ministère important. Elle comprend une direction, huit services et quelques missions. Chaque service est organisé en sous-directions, regroupant elles-mêmes des bureaux. Une moitié de son activité est dédiée à la gestion des finances publiques, du domaine de l'État ainsi que des ressources humaines. L'autre moitié est consacrée à la fiscalité.

A. Le directeur général des finances publiques

119 À sa tête, le directeur général des finances publiques est un haut fonctionnaire, tantôt inspecteur des finances tantôt administrateur civil. Son emploi est à la discrétion du gouvernement, compte tenu de sa proximité du pouvoir et de l'exigence d'une certaine conformité de vues avec son ministre. Il est assisté d'un cabinet, d'un directeur général adjoint et de chargés de mission (risques et audit, coopération internationale, stratégie et relations aux publics).

B. Les services de la DGFiP en charge de la fiscalité

120 Indépendamment de la direction de la législation fiscale (v. ss 130 s.) qui est directement rattachée au directeur général, trois services sont en charge de la matière.

Il s'agit d'abord du **service de la sécurité juridique et du contrôle fiscal (SJCF)**, compétent également pour la gestion des contentieux selon le clivage particuliers-professionnels ainsi que pour les agréments et les rescrits, et l'international.

Le service de la gestion fiscale assume les relations avec les contribuables et veille à la bonne application de la législation, tandis qu'un bureau est dédié à la publicité foncière et aux mesures intéressant la fiscalité foncière et du patrimoine. Il gère également les amendes et le recouvrement.

§ 3. L'organisation des services extérieurs de la DGFiP

121 La réforme a réalisé une fusion entre les services extérieurs de la DGI et ceux de la Direction générale de la comptabilité publique, tout en resserrant le maillage territorial. La réforme privilégie le guichet unique réunissant en un même lieu les services de la comptabilité publique et ceux des impôts.

A. Les services à compétence nationale

122 Leur vocation spécialisée s'accommode d'effectifs réduits, qui interviennent sur l'ensemble du territoire.

La direction des grandes entreprises (DGE) gère l'ensemble des obligations fiscales des entreprises réalisant plus de 400 millions d'euros de chiffre d'affaires ainsi que de leurs filiales. S'y ajoutent, depuis 2022, les entreprises de taille intermédiaire (ETI) ayant conclu un protocole de partenariat fiscal avec la DGFiP. Les quelques centaines d'agents qui la composent administrent et recouvrent ainsi l'essentiel de l'IS et de la TVA. Depuis 2019, elle intègre un service de mise en conformité fiscale (SMEC), qui traite les déclarations rectificatives des entreprises sur des sujets complexes

La direction des vérifications nationales et internationales (DVNI), réalise le contrôle des grandes entreprises. Trente de ses brigades sont spécialisées dans un secteur d'activité, tandis que neuf autres sont dédiées à l'examen des comptabilités informatisées.

La direction nationale des enquêtes fiscales (DNEF) traque les circuits de fraude fiscale.

La direction nationale de vérification des situations fiscales (DNVSF) contrôle la fiscalité des particuliers importants, d'un point de vue économique ou social.

La direction des impôts des non-résidents (DINR) assure la gestion et le contrôle de la situation des non-résidents titulaires d'obligations fiscales en France.

B. Les délégations interrégionales des impôts

123 Elles ont pour mission d'animer l'action et le contrôle de gestion des services déconcentrés, dans des zones géographiques qui regroupent plusieurs régions. Dix **directions de contrôle fiscal (Dircofi)** coordonnent la mission de contrôle sur un ressort territorial composé de plusieurs régions. Cette compétence principale porte sur le contrôle de la comptabilité des entreprises de taille moyenne. Cette tâche est assumée par des brigades de vérification régionales, implantées dans les différents départements de l'interrégion, chacune ayant compétence sur une aire géographique.

C. Les directions régionales et départementales des finances publiques

124 Dans chaque département dont le chef-lieu n'est pas chef-lieu de région, il existe une direction départementale (DDFiP). Dans chaque département dont le chef-lieu est aussi celui d'une région, il existe une direction régionale qui assure les missions d'une DDFiP et en outre des missions d'intérêt régional. La direction départementale ou régionale constitue l'échelon d'exécution par excellence, et son organisation reproduit peu ou prou celle des services centraux.

Le directeur régional ou départemental des finances publiques, administrateur ou administrateur général des finances publiques, est assisté d'un directeur du pôle de gestion fiscale. Le personnel de la direction comprend des agents d'exécution (de catégorie C dans la grille de la fonction publique), des contrôleurs (de catégorie B) et des inspecteurs (de catégorie A). Outre l'accès direct par la voie du concours externe, le passage d'un grade à l'autre peut s'effectuer par concours interne. Les inspecteurs peuvent accéder par la voie du concours au grade d'inspecteur principal, souvent chargé de la coordination d'une brigade de vérification ou de la responsabilité d'un centre des finances publiques. L'accès aux différents grades de directeur s'effectue ensuite au choix, la sélection des candidats étant effectuée par une commission interne à la direction générale.

125 Outre la gestion globale des effectifs et des missions, la direction départementale gère en direct deux activités, les brigades départementales de contrôle et de recherches, et le centre départemental

d'assiette, qui collecte puis redistribue notamment les informations relatives à l'assiette de la fiscalité locale et aux salaires versés par les employeurs.

D. L'échelon local

126 L'échelon local regroupe, pour une aire territoriale, les services chargés de gérer le **dossier fiscal du contribuable** qui rassemble toutes les informations officielles relatives à ce dernier : ses déclarations, les déclarations de salaires de ses employeurs, les déclarations d'honoraires de ses clients s'il est un professionnel libéral, les rapports des contrôles qu'il a subis, mais aussi copie de toutes les transactions immobilières qu'il a effectuées en quelque endroit du territoire que ce soit. Le **Centre des finances publiques assume cette tâche, ainsi que le recouvrement des impôts**, en sa qualité de véritable correspondant local de cette administration auprès du contribuable.

127 Ces services sont accompagnés de services fonciers. La base est assurée par les **centres des impôts fonciers** qui quadrillent le territoire pour gérer les matrices cadastrales utilisées notamment pour la fiscalité directe locale.

128 **Les centres de fiscalité foncière (successeurs des conservations des hypothèques depuis le 1er janvier 2013)** gèrent le fichier immobilier de toutes les propriétés de son ressort géographique et en assurent la publicité foncière. Tout usager peut ainsi prendre connaissance de l'identité du propriétaire d'une parcelle de terrain ou d'un immeuble, mais aussi des servitudes et des hypothèques qui le grèvent. La publicité foncière est la marque d'un niveau élevé de développement juridique puisqu'elle assure une double sécurité : la détermination des propriétaires mais aussi l'état des engagements qui limitent les possibilités de l'aliéner (démembrement de la propriété entre un usufruitier et un nu-propriétaire par exemple) ou de consentir un prêt hypothécaire dans des conditions raisonnables pour le prêteur (s'il est déjà grevé d'hypothèques pour un montant supérieur à sa valeur vénale). Ce service assure également le recouvrement des impôts liés aux mutations immobilières.

129 Dans les trois départements du Rhin et de la Moselle la publicité foncière est assurée par un juge du **Livre foncier**, en poste auprès du tribunal judiciaire, à la tête d'un bureau foncier.

Au total, la réforme a rationalisé l'organisation des services pour assurer une gestion plus adéquate et plus économe de leurs prestations.

SECTION 2

La Direction de la législation fiscale

130 Cette direction a réintégré le giron de la Direction générale des impôts en 1998 puis la DGFiP en 2008. Elle avait été détachée en 1977 pour être constituée en service de la législation fiscale (SLF) pour être directement rattachée au ministre du Budget. Le pouvoir politique voulait ainsi tirer les conséquences des conditions calamiteuses de mise en œuvre de la taxe professionnelle.

131 Cette réforme expiatoire n'avait rien changé à l'organisation de la structure. Aujourd'hui rattachée directement au directeur général des finances publiques, elle est organisée en sous-directions et en bureaux, compétents respectivement pour la fiscalité directe des entreprises, la fiscalité des personnes, la fiscalité des transactions, de l'énergie et de l'environnement, les questions européennes et les relations internationales ainsi que la fiscalité locale.

132 Son rôle principal consiste à honorer les commandes que lui passe le gouvernement. Cette direction prépare les projets de loi en matière fiscale, en discute les termes avec le Conseil d'État, en explique les subtilités techniques à ses commanditaires, puis ses membres accompagnent le ministre au Parlement pour défendre leur texte, tant en commissions qu'en séance plénière. Lorsque le projet est devenu loi, la Direction de la législation fiscale rédige les décrets d'application, ainsi que les instructions et circulaires destinées aux agents.

133 À titre complémentaire, la Direction de la législation fiscale joue un rôle d'exégète, elle explique la signification des textes votés, avec

d'autant plus de compétence qu'elle en est le rédacteur matériel. Les praticiens n'hésitent pas à consulter ses collaborateurs pour comprendre la signification de certaines dispositions sibyllines insérées dans la dernière loi de finances. Elle écoutera l'argumentaire que viendra lui présenter un groupe de pression, soucieux de faire adopter une réforme et conscient de l'influence de cette direction.

134 À la Direction de la législation fiscale revient également le soin de rédiger les réponses ministérielles aux questions écrites posées par les parlementaires. La pratique est utile mais évolue dans une ambiance irréelle : la question posée est souvent d'une technicité d'autant plus impressionnante qu'elle émane en réalité d'un praticien de la fiscalité qui a demandé au parlementaire de la poser, tandis que le rédacteur de la réponse n'est évidemment pas le ministre. La démarche est utile en ce qu'elle assure une sorte de consultation juridique de haut niveau, elle suscite néanmoins l'ironie dans la mesure où elle met le parlementaire en situation de demander au gouvernement des éclaircissements sur la signification du texte qu'il a adopté ! Il serait injuste de demander à un parlementaire de tout savoir.

135 Au total, la Direction de la législation fiscale apparaît comme une structure d'autant plus puissante qu'elle est petite et discrète. Son implication dans la totalité du processus d'élaboration et d'application des règles de droit fiscal peut donner à ses membres la tentation, sinon d'abuser de leurs pouvoirs, au moins de développer une stratégie normative.

SECTION 3
La Direction générale des douanes et des droits indirects

136 Multiséculaire dans sa dénomination (DGDI), cette administration est celle dont les compétences ont le plus évolué en quarante ans, sous le poids de l'intégration européenne mais aussi de la libéralisation des échanges.

Depuis le 1er juillet 1968, elle ne perçoit plus que des droits de douane sur le pourtour extérieur du territoire communautaire, ils procèdent du tarif extérieur commun et sont intégralement reversés à l'Union européenne dont ils constituent une ressource propre. Compte tenu de la libéralisation croissante imprimée successivement par le GATT (Accord général sur les tarifs et le commerce) puis par l'OMC (Organisation mondiale du commerce) auxquels adhère l'Union, leur produit va diminuant malgré l'augmentation du volume des échanges commerciaux internationaux.

137 L'avènement du marché unique, à compter du premier janvier 1993, lui a fait perdre la gestion de la TVA intracommunautaire à l'importation et à l'exportation, dorénavant assumée par la DGFiP. En contrepartie, le gouvernement lui a confié deux tâches :

– l'assiette, la liquidation et le recouvrement des contributions indirectes (aussi dénommées accises) ;

– et un certain contrôle statistique sur le commerce extérieur, au moyen de la déclaration d'échanges de biens (DEB).

En outre, la direction des douanes conserve sa compétence en matière de fiscalité des produits pétroliers ainsi que les missions traditionnelles dans les échanges avec les pays tiers. Aujourd'hui, la reconversion de cette administration s'opère vers des activités non fiscales : après le contrôle de la pornographie et celui des changes aux frontières c'est maintenant la lutte contre le trafic de stupéfiants et contre le recyclage de l'argent sale qui constitue le principal objectif de cette administration.

138 Son organisation sur le terrain se caractérise par deux structures parallèles : d'une part des directions interrégionales puis régionales, qui coiffent des bureaux et des recettes, d'autre part des échelons régionaux de la **direction nationale du renseignement et des enquêtes douanières** (DNRED), plus souples, dotés de moyens importants, et qui ont pour fonction de traquer la délinquance dans son champ de compétence. Un autre service à compétence nationale est le **Service d'enquête judiciaire des finances (SEJF)**, rattaché conjointement au directeur général des douanes et à son homologue de la DGFiP. Ses agents sont habilités à effectuer des enquêtes judiciaires sur réquisition du procureur ou sur commission rogatoire du juge d'instruction.

SECTION 4

Les commissions et les comités

139 Ces institutions administratives répondent au souci de résoudre les problèmes d'assiette, parfois en impliquant activement le contribuable dans la recherche de la solution, parfois en interposant un échelon de contrôle avant la saisine du juge (CGI, art. 1650 s.).

§ 1. La commission communale des impôts directs (CGI, art. 1650)

140 Elle est présidée par le maire et comprend six ou huit contribuables selon l'importance démographique de la commune (moins ou plus de 2 000 habitants), entourés d'agents de la direction départementale des finances publiques. Elle se réunit au moins une fois par an pour déterminer la valeur locative des immeubles nouveaux où le défaut d'accord avec l'Administration entraîne la saisine de la commission départementale. Elle donne également son avis sur les réclamations gracieuses. Elle est intercommunale dans les agglomérations et comprend alors dix contribuables (CGI, art. 1650 A).

§ 2. La commission départementale des impôts directs et des taxes sur le chiffre d'affaires (CGI, art. 1651 à 1651 G)

141 Elle est la commission la plus importante. Depuis 2017 il en existe une dans le ressort de chaque tribunal administratif. Sa composition varie au gré de ses compétences, mais toujours en respectant le principe de parité, le président magistrat (de l'ordre administratif) étant décompté aux côtés des deux agents de la direction des

services fiscaux face aux trois représentants des contribuables (dont un expert-comptable). Ces derniers sont choisis par des organisations syndicales de la profession concernée par la saisine de la commission, ainsi que par les chambres de commerce et les chambres de métiers. Elle est doublée d'une commission départementale des valeurs locatives (CGI, art. 1650 B).

§ 3. La commission nationale des impôts directs et des taxes sur le chiffre d'affaires (CGI, art. 1650 H à L)

142 Pour mieux prendre en compte les spécificités des grandes entreprises, l'article 1651 H du CGI a institué une commission nationale des impôts directs et des taxes sur le chiffre d'affaires. Elle est compétente pour les litiges relatifs à la détermination du bénéfice ainsi que du chiffre d'affaires des entreprises dont le chiffre d'affaires hors taxes excède 50 000 000 euros s'il s'agit d'entreprises qui vendent des marchandises et 25 000 000 euros s'il s'agit de prestataires de services. Elle est présidée par un conseiller d'État désigné par le vice-président du Conseil d'État qui dispose d'une voix prépondérante. Elle comprend deux représentants de l'administration ayant au moins le grade d'inspecteur départemental et trois représentants des contribuables dont un expert-comptable ou un notaire, et un représentant de la profession selon la nature du litige en cause.

§ 4. La commission départementale de conciliation (CGI, art. 1653 A)

143 Elle est compétente pour les insuffisances de prix ou d'évaluation en matière d'impôt de solidarité sur la fortune et de droits d'enregistrement. Son président est un magistrat de l'ordre judiciaire puisque la matière relève de ces juridictions pour le contentieux de l'imposition ; elle comprend quatre représentants de l'administration fiscale, un notaire et trois représentants des contribuables.

S'agissant des trois commissions ci-dessus énumérées, le président peut solliciter l'avis d'un expert à la demande du contribuable et aux frais de ce dernier (CGI, art. 1651 M).

§ 5. La Mission interministérielle de coordination anti-fraude

144 Créée par décret du 15 juillet 2020 (n° 2020-872, *JO* 17 juill. 2020) relatif à la coordination de la lutte contre les fraudes, cette instance est placée, par délégation du Premier ministre, auprès du ministre chargé du Budget. Les agents publics qui en sont membres exercent une double mission, de coordonner les actions menées en matière de lutte contre la fraude par les services de l'État en coopération avec les instances européennes compétentes (OLAF) et d'améliorer la connaissance des fraudes.

§ 6. La commission des infractions fiscales

145 Cette commission, dont la compétence est définie par l'article L. 228 du LPF, organisée en vertu de l'article 1741 A du CGI, donne l'avis décisif pour l'engagement de poursuites pénales par l'administration, contre le contribuable prévenu de fraude fiscale ; elle « est composée, sous la présidence d'un conseiller d'État, de conseillers d'État et de conseillers maîtres à la Cour des comptes » elle « peut se réunir en sections présidées par le président de la commission ou son représentant. Elle peut s'adjoindre des rapporteurs. En cas de partage égal des voix, celle du président est prépondérante » (CGI, art. 1741 A).

§ 7. Le comité de l'abus de droit fiscal (CGI, art. 1653 C et LPF, art. L. 64)

146 Saisi à l'initiative du contribuable ou de l'administration lorsque cette dernière estime avoir détecté une construction juridique fallacieuse pour échapper à l'imposition normalement due, ce

comité se compose d'un conseiller d'État qui en est le président, d'un conseiller à la Cour de cassation, d'un professeur des universités, agrégé de droit ou de sciences économiques, d'un conseiller maître à la Cour des comptes, d'un avocat ayant une compétence en droit fiscal, d'un notaire et d'un expert-comptable. Le comité publie tous les ans un rapport sur le résultat de ses investigations.

§ 8. Le comité du contentieux fiscal, douanier et des changes

147 Il intervient à la demande du ministre du Budget, du directeur général des finances publiques ou de son homologue des douanes pour se prononcer sur une demande de remise ou de modération d'impositions régulièrement établies ou de pénalités (C. douanes, art. 460 et LPF, art. L. 247 s.). Organisé en quatre sections de trois membres il est présidé par un conseiller d'État et comprend douze membres titulaires et douze membres suppléants, choisis parmi les conseillers d'État, les conseillers à la Cour de cassation et les conseillers maîtres à la Cour des comptes, en activité ou à la retraite. Il statue après avoir pris connaissance des observations formulées par l'administration et par le contribuable ou son conseil.

§ 9. Le Conseil des prélèvements obligatoires

148 À côté de ces commissions et comités, il est une institution plus prestigieuse, que le législateur a créée pour faire rapport sur l'application du droit positif, plus précisément pour constater la répartition de la charge fiscale et en mesurer l'évolution. Il s'agit du **Conseil des prélèvements obligatoires** (CJF, art. L. 351), ainsi dénommé depuis 2005, et qui a pris la suite du Conseil des impôts créé en 1971 auprès de la Cour des comptes. Présidé par son Premier président, il est constitué de seize membres. Il comprend un membre du Conseil d'État, un magistrat de l'ordre judiciaire, un

magistrat de la Cour des comptes, un inspecteur général des Finances, deux professeurs des facultés de droit ainsi que dix personnalités désignées par différents ministères. Ses rapports annuels ont été consacrés à la fraude et l'évasion fiscales, aux prélèvements obligatoires sur les indépendants, sur les entreprises, sur leur répartition entre les générations, sur le patrimoine des ménages, sur le prélèvement obligatoire des entreprises dans une économie globalisée, sur la fiscalité locale, sur la progressivité des effets redistributifs des prélèvements obligatoires sur les ménages, la validité des prélèvements à la source en matière d'impôt sur le revenu, sur les prélèvements obligatoires et les entreprises du secteur financier, sur la pertinence du régime de la TVA contemporaine, ainsi que sur l'adaptation de l'IS à une économie ouverte, les prélèvements obligatoires sur le capital des ménages et les taxes affectées. Son rapport d'octobre 2024 est consacré aux moyens de renforcer l'égalité des citoyens devant l'impôt sur le revenu (v. ss 809), et par une note de décembre 2024, il appelle à rationaliser la fiscalité des jeux d'argent et de hasard.

Bibliographie

LIGNEREUX (Bastien), *Précis de droit constitutionnel fiscal*, LexisNexis, 2023, 600 p.

MEHL (Lucien), « Le principe du consentement à l'impôt. Mythe ou réalité », *RFFP* 1995, p. 65 à 79.

PHILIP (Loïc), « Le contrôle de constitutionnalité des lois fiscales », *RFFP* 1999, n° 68, p. 158 à 170.

PELLETIER (Marc), « Droit constitutionnel fiscal chronique de l'année 2019 », *Dr. fisc.* 2020, n° 12, comm. 195.

VARII AUCTORES, « Constitution(s) et Impôt(s). Approche comparée : Allemagne, Espagne, France, Italie », *REIDF* 2020, n° 1, p. 1 à 85.

VARII AUCTORES, « QPC et droit fiscal », *REIDF* 2020, n° 4, p. 451 à 496.

DEUXIÈME PARTIE

L'IMPOSITION DU REVENU

149 L'impôt sur le revenu est celui qui frappe directement les gains du contribuable. Curieusement, les gouvernants français ont, depuis l'Ancien Régime, fait montre d'une extrême réticence à son égard, puisqu'il faudra attendre le début du XXe siècle pour que son instauration soit sérieusement envisagée.

Les mutations de l'économie et de la société, les incertitudes politiques aussi, ont abouti à la création d'une véritable famille d'impôts sur les revenus. On emploie à dessein le mode pluriel, car les revenus sont multiples et taxés, le cas échéant, de manière diversifiée. Ainsi, depuis la réforme de 1948, coexistent l'impôt frappant les revenus des personnes physiques (TITRE 1) et l'impôt sur les bénéfices des sociétés (TITRE 2). S'y ajoute depuis 1991 un troisième groupe de prélèvements, ce sont les impositions accessoires (TITRE 3).

Bibliographie

BARILARI (André), « Recherche d'un barème fiscal idéal », *RFFP* 2005, n° 91, p. 203.

CONSEIL DES PRÉLÈVEMENTS OBLIGATOIRES, « Impôt sur le revenu, CSG, quelles réformes ? », févr. 2015.

MARDIERE (Christophe DE LA), « Le conservatisme fiscal illustré par la genèse de l'impôt sur le revenu en France », *Dr. fisc.* 2012, n° 9, p. 27 à 29.

MARDIERE (Christophe DE LA), « La privatisation de l'impôt », in *La privatisation de l'État*, CNRS Édition, 2012, p. 151 à 159.

MARDIERE (Christophe DE LA), « Retour sur l'imposition du travail et du capital en France depuis la Révolution », *Dr. fisc.* 2013, n° 9, comm. 163.

PICHET (Éric), *L'impôt sur le revenu en 2020. Théorie et pratique*, Les Éditions du siècle, 21e éd., 2020, 649 p.

VAPAILLE (Laurence) (dir.), *Refonder l'impôt sur le revenu*, L'Harmattan, coll. « Finances publiques », 2013, 262 p.

TITRE 1

L'IMPÔT SUR LES REVENUS DES PERSONNES PHYSIQUES

150 L'impôt sur les revenus des personnes physiques ne date en France que de la Première Guerre mondiale, alors que l'Angleterre l'adopta dès 1842 et l'Allemagne en 1893. La France n'a jamais vraiment rattrapé son retard et l'impôt français actuel mérite des critiques nombreuses pour sa complexité et son inefficacité, qui le rendent à la fois peu juste et peu rentable.

Le contribuable français est soumis à une obligation déclarative chaque année, et c'est à l'administration fiscale qu'incombe la mission de calcul de l'impôt.

Le champ d'application de cet impôt (CHAPITRE 1) privilégie les personnes physiques. Par-delà les réformes, il se caractérise toujours par la juxtaposition de revenus catégoriels appréhendés chacun selon des règles propres (CHAPITRE 2), avant qu'il ne soit procédé à une addition de ces différents produits pour la liquidation (CHAPITRE 3) puis le recouvrement (CHAPITRE 4) de l'impôt.

CHAPITRE 1

Le champ d'application de l'impôt

151 La délimitation du champ d'application de l'impôt suppose de déterminer les personnes imposables (SECTION 1), le revenu imposable (SECTION 2) et la territorialité de cet impôt (SECTION 3).

SECTION 1

Les personnes imposables

152 Sont imposables les personnes physiques (§ 1) par le biais de l'imposition par foyer (§ 2).

§ 1. Les personnes physiques

153 Selon l'article 1er A du CGI, « il est établi un impôt annuel unique sur le revenu des personnes physiques désigné sous le nom d'impôt sur le revenu ». Sont ainsi visées d'abord les personnes qui disposent à titre personnel de revenus passibles de l'impôt mais également celles qui réalisent des bénéfices par l'intermédiaire de certaines sociétés.

154 En effet, les sociétés relèvent de deux catégories principales : les sociétés de personnes et les sociétés de capitaux (v. ss 820). Les premières se constituent *intuitu personae* en considération des qualités des personnes qu'elles veulent réunir pour la recherche en commun de bénéfices. C'est le cas notamment, des sociétés civiles, des sociétés en nom collectif, des sociétés en commandite simple et des sociétés de fait. Les secondes, les sociétés de capitaux, cherchent essentiellement à réunir des fonds plutôt que des personnes ; la qualité des personnes qui fournissent les fonds étant moins essentielle. Il s'agit principalement des sociétés anonymes, des sociétés à responsabilité limitée, des sociétés en commandite par actions et des sociétés anonymes à forme simplifiée qui sont, en principe, soumises à l'impôt sur les sociétés. Les associés sont, dans cette hypothèse, imposés sur les bénéfices éventuellement distribués sous forme de dividendes (v. ss 622).

155 En revanche les bénéfices des sociétés de personnes sont assujettis, non pas en la personne de la société, mais en la personne des associés, à l'impôt sur le revenu. La raison en est que, dans les sociétés de personnes, les associés sont en principe indéfiniment responsables des dettes sociales sur leur patrimoine personnel, tandis que, dans les sociétés de capitaux, les associés ne sont responsables des dettes sociales que dans la limite de leurs apports. Dès lors, puisque dans les sociétés de personnes les dettes sociales sont en définitive considérées comme des dettes personnelles des associés, il a paru logique d'assimiler ces associés à des entrepreneurs individuels et de considérer les bénéfices sociaux comme des bénéfices personnels et par conséquent de les assujettir en la personne des associés à l'impôt sur le revenu. N'ayant pas une personnalité fiscale différente de leurs membres, les sociétés de personnes sont considérées comme « transparentes » à l'opposé des sociétés de capitaux qualifiées d'« opaques », en raison de leur personnalité fiscale. La théorie de la transparence permet donc au législateur fiscal de considérer que la personnalité morale de certaines sociétés est un simple écran au-delà duquel il recherchera les revenus des sociétaires au prorata de leur participation.

156 Par ailleurs, à côté des sociétés où les associés sont indéfiniment responsables, figurent parmi les sociétés assujetties à l'impôt sur

le revenu, un certain nombre de sociétés particulières. Il en va ainsi des sociétés de copropriété (CGI, art. 1655 *ter*) ou des sociétés d'investissement (CGI, art. 208). La transparence de ces sociétés est alors fondée sur le souci d'éviter un cumul d'imposition.

157 Le bénéfice est imposable qu'il soit distribué ou mis en réserve. Il est déterminé suivant les règles propres à chaque catégorie de bénéfices dont relève l'activité de la société (bénéfices industriels et commerciaux, bénéfices des professions non commerciales, revenus fonciers, revenus des capitaux mobiliers, bénéfices agricoles). Lorsque l'un des associés dirige en outre une entreprise industrielle ou commerciale, la part des bénéfices de l'associé en question est imposée au titre des bénéfices industriels et commerciaux. Lorsque l'associé est lui-même une personne morale assujettie à l'impôt sur les sociétés la part de bénéfice sera passible de cet impôt.

158 Sont exonérés de l'impôt sur le revenu les contribuables dont le montant du revenu n'excède pas la limite fixée par la loi (v. ss 780) ainsi que les agents diplomatiques et consulaires de nationalité étrangère sous condition de réciprocité c'est-à-dire que les pays qu'ils représentent concèdent des avantages analogues aux diplomates français (CGI, art. 5, 3°).

§ 2. L'imposition par foyer

159 Contrairement à la majorité des pays européens qui ignorent la cellule familiale en imposant séparément les contribuables mariés (Royaume-Uni, Suède, Autriche, Belgique, Pays-Bas), l'impôt sur le revenu est établi en France dans le cadre familial. À l'image de l'ancien droit, où recensement et dénombrement s'effectuaient sur la base du nombre de « feux » ou foyers, le droit fiscal français frappe globalement la capacité contributive de la famille considérée, sur le plan économique, comme une unité. L'impôt étant progressif, cette imposition globale est censée le rendre plus juste. Pour 2019, sur les 38,5 millions de foyers fiscaux identifiés, seuls 16 millions ont été effectivement assujettis à l'impôt. Cette règle (A) de l'imposition par foyer comporte des dérogations (B).

A. La règle

160 Chaque contribuable est imposable à l'impôt sur le revenu sur l'ensemble des bénéfices et revenus des membres du foyer fiscal (CGI, art. 6-1). Le foyer fiscal se compose du contribuable, de son conjoint pour les personnes mariées (quel que soit son régime matrimonial) ou de son partenaire lié par un PACS (pacte civil de solidarité défini par l'art. 515-1 du C. civ.), des enfants célibataires âgés de moins de dix-huit ans, des enfants célibataires majeurs rattachés sur leur demande au foyer fiscal de leurs parents (v. ss 166), ainsi que des enfants invalides (dans la mesure où ils ne peuvent pas subvenir à leurs besoins) quel que soit leur âge. Les enfants âgés de moins de vingt et un ans (ancienne majorité légale), ou de vingt-cinq ans s'ils poursuivent des études, peuvent être rattachés sur leur demande au foyer fiscal de leurs parents (v. ss 166).

Le contribuable peut également considérer comme personne à charge toute personne titulaire de la carte d'invalidité à la condition qu'elle vive sous son toit. L'application de cette dernière disposition n'est subordonnée à aucune condition relative au lien de parenté avec le contribuable ou au montant des revenus des intéressés, étant entendu que le contribuable doit ajouter à son propre revenu celui de l'invalide compté à charge (CGI, art. 196 A *bis*).

161 Le foyer fiscal peut se limiter à une seule personne dans le cas de célibataires, veufs, divorcés ou séparés de corps sans personnes à charge. Les partenaires, liés par un PACS, sont assimilés à des époux et font l'objet d'une imposition commune dès la date de conclusion de ce pacte. En revanche des concubins (contrairement à ce qui est prévu en matière d'IFI, v. ss 1698) vivant sous le même toit sont assimilés par le droit fiscal à des personnes célibataires tout comme les époux en instance de divorce.

162 La situation de famille est appréciée en principe au 1er janvier de l'année d'imposition. Toutefois en cas d'augmentation des charges de famille en cours d'année, c'est la situation de famille au 31 décembre de l'année d'imposition qui est prise en compte (CGI, art. 196 *bis*). La loi retient la situation la plus favorable pour le contribuable. Ainsi, un enfant sera retenu comme à charge dès l'année de sa naissance (situation au 31 décembre). De même, sera

considéré à charge l'enfant lors de sa dix-huitième année, comme ayant moins de dix-huit ans au 1er janvier de l'année d'imposition.

163 L'article 2-VIII de la loi n° 82-1126 du 29 décembre 1982 a supprimé, en droit fiscal, la notion de chef de famille à compter de l'imposition des revenus de 1983. Cette suppression, en assurant des droits égaux aux deux époux, ne remet pas en cause le principe de l'imposition par foyer. Elle entraîne néanmoins deux conséquences. D'abord les époux doivent signer conjointement la déclaration d'ensemble des revenus du foyer fiscal. Mais l'absence de signature de l'un des conjoints n'emporte pas la nullité de la déclaration. En effet, la déclaration d'ensemble signée par l'un des conjoints est opposable de plein droit à l'autre (CE 8 mars 2002, *Trabelsi*, n° 223662, *Dr. fisc.* 2002, n° 39, comm. 740, concl. G. Goulard et *RJF* 2002. 6. 598). Chacun des deux époux a qualité pour intervenir dans les procédures qui se rapportent à l'imposition du revenu global. Toutefois celui ou celle qui est titulaire de bénéfices provenant de l'exercice d'une activité professionnelle non salariée (industrielle, commerciale, artisanale, agricole ou non commerciale) conserve seul qualité pour signer les déclarations spéciales correspondantes et suivre les procédures de fixation des bases d'imposition et de rectification de ces déclarations. Ces bénéfices doivent bien entendu figurer d'autre part sur la déclaration d'ensemble des revenus du foyer signée en principe conjointement par les deux époux.

164 Seconde conséquence : l'avis d'imposition est libellé au nom de M. ou Mme suivi du nom du mari alors qu'avant 1983 il n'était libellé qu'au seul nom du mari. Par ailleurs, mais cette disposition existait déjà avant 1983, les deux époux sont solidairement responsables du paiement de l'impôt (v. ss 805).

B. Les dérogations

Certaines dérogations sont facultatives, d'autres obligatoires.

1. *Les dérogations facultatives*

165 Les unes concernent les enfants mineurs, les autres les enfants majeurs. Le contribuable a la possibilité de demander une imposition

distincte pour ses enfants mineurs à la condition que ceux-ci tirent des revenus de leur propre travail ou d'une fortune indépendante de la sienne. Cette demande doit être formulée expressément (CGI, art. 6-2). Dans cette hypothèse, les revenus des enfants ne sont plus ajoutés aux revenus des parents, mais les enfants ne seront plus considérés comme à charge dans le mécanisme du quotient familial (v. ss 760). Le contribuable choisira, après calculs préalables, la solution la plus favorable.

166 La seconde dérogation facultative concerne les enfants majeurs célibataires ou mariés. À compter de leur majorité, ils forment, en principe, un foyer fiscal distinct. Ils peuvent, toutefois demander le rattachement au foyer fiscal de leurs parents, respectivement de leurs beaux-parents qui doivent l'accepter, s'ils sont âgés de moins de 21 ans ou âgés de moins de 25 ans s'ils poursuivent leurs études ou quel que soit leur âge s'ils sont atteints d'une infirmité. Les revenus perçus par les enfants sont alors ajoutés aux revenus des parents qui peuvent considérer ces enfants comme des personnes à charge. Cela se traduit par une augmentation du quotient familial (v. ss 760) pour les enfants célibataires et par un abattement sur le revenu imposable pour les enfants mariés (v. ss 767).

2. Les dérogations obligatoires

167 En cas de dislocation plus ou moins totale du foyer conjugal, les époux font l'objet d'une imposition séparée. Les cas limitativement énumérés par la loi sont les suivants (CGI, art. 6-4) :

– époux séparés de biens et ne vivant pas sous le même toit (les deux conditions sont cumulatives) (CE 12 mars 2010, *Gerschel*, n° 311121, *Dr. fisc.* 2010, n° 23, comm. 358) ;

– époux en instance de divorce ou de séparation de corps et autorisés à avoir des résidences séparées, cette autorisation est donnée par le juge aux affaires familiales ;

– abandon du domicile conjugal par l'un ou l'autre époux, chacun d'eux disposant de revenus distincts.

En d'autres termes, une mésentente conjugale fut-elle durable ne suffit pas pour conduire à une imposition séparée.

Bibliographie

AYRAULT (Ludovic) et GARNIER (Florent) (dir.), *La famille et l'impôt*, Presses universitaires de Rennes, 2009, 136 p.

VARII AUCTORES, « Imposition de la famille : la difficile recherche de l'équilibre », *REIDF* 2016, n° 2, p. 173 à 267.

SECTION 2

Le revenu imposable

168 La loi ne définissant pas le revenu, il faut tenter d'en cerner la notion (§ 1) avant d'en étudier les caractéristiques (§ 2).

§ 1. La notion de revenu imposable

A. La difficulté de définir le revenu imposable

169 L'absence de définition du revenu imposable révèle une volonté historique du législateur d'appréhender le revenu par catégorie, avec en filigrane la conception civiliste – **fruits** réguliers d'une **source** permanente –, tel qu'il ressort des articles 547 et suivants, 582 et suivants du Code civil : la source peut être le travail, dont les fruits sont le salaire ou les honoraires, l'autre source est le capital, dont les fruits peuvent être les loyers. Le risque d'évasion fiscale est important, car pour échapper à l'impôt il suffit au contribuable de transformer des gains périodiques en gains non périodiques (dividendes convertis en distribution d'actions gratuites, loyers transformés en pas-de-porte, plus-value tirée de la vente d'un immeuble, etc.) (v. ss 171 et 585).

170 À l'opposé de cette conception étroite et fragmentée, les économistes ont développé une conception plus extensive, dite de l'**enrichissement** : le revenu est l'enrichissement constaté durant une période donnée chez le contribuable, c'est-à-dire tout ce qu'il peut dépenser sans s'appauvrir. Peu importe l'origine de cet enrichissement, qu'il provienne de revenus réguliers, de gains accidentels ou

de plus-values en capital. De surcroît, avec cette conception sont également imposables les avantages en nature (mise à disposition gratuite d'une voiture, d'un logement) ainsi que les revenus virtuels c'est-à-dire ceux que le contribuable aurait pu percevoir s'il avait changé son comportement (loyers que le propriétaire occupant son immeuble aurait pu en tirer s'il l'avait donné en location). À l'opposé la conception de l'enrichissement conduira à une déduction complète et précise des charges qui ont grevé le revenu afin de n'imposer que l'enrichissement effectif.

B. L'apport de la jurisprudence

171 La jurisprudence développée tout au long du XXe siècle à l'initiative de l'administration a eu pour effet d'étendre le champ de l'impôt à des profits que la conception civiliste n'aurait pas permis d'appréhender.

Dans un arrêt du 15 février 1923 (*D.* 1923. 3. 9), le Conseil d'État qualifie de revenu le bénéfice d'une occupation lucrative, en l'espèce une distribution différée dont le produit a été employé à l'acquisition d'actions nouvelles émises par la société distributrice.

Dans un arrêt du 20 octobre 1941 (*RSLF* 1940-46, p. 16, note Chrétien), la Haute Assemblée assujettit dans la cédule des bénéfices non commerciaux (BNC) un pisciculteur à raison de la commission perçue pour avoir mis en relations commerciales deux personnes, dont l'une avait ainsi obtenu de l'autre un marché de construction. Le commissaire du gouvernement Letourneur avait poussé l'analyse jusqu'à considérer qu'« il y a revenu non seulement lorsqu'un profit est périodique en fait mais aussi lorsqu'un profit est susceptible d'être périodique, de se renouveler sans altérer la substance de la source ».

172 Poussant plus loin les limites de la notion de revenu imposable, le juge de l'impôt, dans une décision du 28 juin 1963 (*Dr. fisc.* 1963, n° 47, concl. Ducamin), impose un accroissement de la valeur du patrimoine du contribuable qui est apparu lors de sa cession et qui tire son origine dans les démarches personnelles accomplies par le requérant pour mener à bien une opération de construction. C'est l'hypothèse de la plus-value que le juge impose ainsi, à partir du moment où elle est le fruit d'un déploiement de diligences.

173 Dans le même esprit, le juge qualifie de revenu imposable le profit issu d'une opération consistant, pour un dirigeant d'entreprise qui a racheté le capital social de celle-ci pour un montant minime, à se faire rembourser par cette société des créances pour leur montant nominal alors qu'il les avait acquises à bas prix auprès de créanciers de la société (CE 5 mai 1976, *Dr. fisc.* 1976, n° 28, comm. 974 et CAA Douai, 5 mai 2004, *Dr. fisc.* 2004, n° 44-45, comm. 807).

C. Les inflexions de la loi

174 Le législateur se révélera, au fil des années, moins linéaire dans sa démarche.

Ainsi la conception de la source demeure présente dans la définition des revenus fonciers (v. ss 550) en tant qu'ils découlent d'une source, le capital immobilier. Elle trouve également à s'appliquer dans le cadre de l'article 92 du CGI (v. ss 432) lorsqu'il s'agit de déterminer si des ressources ou des gains qui ne se rattachent *a priori* à aucune catégorie de revenus imposables doivent néanmoins entrer dans les bases de cet impôt. Le législateur retient alors le critère de l'existence ou de l'absence d'une activité, de démarches ou de diligences effectuées en tant que source de l'acquisition desdits gains. *A contrario* ne sont pas considérés comme revenus, les versements même périodiques ne constituant pas la contrepartie d'une activité ou d'une prestation rendue à la partie versante ; par exemple les subsides versés, de manière gratuite et désintéressée, sans obligation ni contrepartie, à une compagne ou à un compagnon, qui sont assimilés à de pures libéralités (CE 25 nov. 1981, *Mlle X...*, n° 15495, *RJF* 12/81, n° 1074, chron. 555) mais restent imposés dans les mains de celui qui les verse faute de pouvoir être déduites.

175 Le législateur privilégie la conception de l'enrichissement, dans la théorie du bilan au moins jusqu'en 2011 (v. ss 287), et dans l'imposition des plus-values réalisées par les particuliers (v. ss 633). La théorie du bilan amène à considérer que le bénéfice imposable résulte de la comparaison des bilans au début et à la fin de la période et, ce faisant, permet d'imposer des profits de toutes origines réalisés par l'entreprise, donc son enrichissement durant la

période considérée. La même conception se retrouve dans les textes qui, depuis 1976, se sont succédé pour généraliser l'assujettissement à l'impôt sur le revenu des plus-values réalisées par des personnes physiques ou des sociétés de personnes lors de la cession à titre onéreux de biens et droits de toute nature. Depuis 2018, la loi (dernière modification en 2021) a mis en place un mécanisme efficace d'imposition de ces plus-values (v. ss 636).

176 Dans ces conditions – constatation peut-être décevante – on ne peut que retenir une définition pragmatique du revenu. Un gain réalisé est un revenu imposable dans la mesure où :

– il se rattache à une profession ou une activité et relève d'une catégorie de revenus déterminée ;

– ou bien il s'agit d'une plus-value qui entre dans un cas d'imposition prévu par la législation ;

– ou encore il s'agit d'un gain relevant de l'article 92 du CGI, aux termes duquel : « Sont considérés comme provenant de l'exercice d'une profession non commerciale ou comme revenus assimilés aux bénéfices non commerciaux, les bénéfices des professions libérales, des charges et offices dont les titulaires n'ont pas la qualité de commerçants et de toutes exploitations lucratives et sources de profits ne se rattachant pas à une autre catégorie de revenus. »

177 On aboutit ce faisant à une définition relativement compréhensive du revenu, éloignée de la théorie de la source. Restent toutefois exonérés : les gains consistant en libéralités ou en subsides, d'un autre côté non déductibles du revenu de celui qui les verse, les gains provenant de jeux tels ceux tirés du loto (CE 23 juill. 1976, n° 99398, *RJF* 11/76, n° 469) ou provenant du tiercé (CE 21 mars 1980, n° 11235, *RJF* 5/80, n° 406), – les rendre imposables conduirait à la déduction des sommes engagées par les parieurs – les gains découlant de prix attribués lors d'une distinction (prix Goncourt, prix de nature académique, prix des Jeux Olympiques, etc.) ainsi que les sommes compensant un appauvrissement telles les **indemnités** réparant un préjudice (CE 20 mars 1974, *Sieur X*, n° 92019, *Lebon* 1974. 196). Le champ d'application de l'impôt va néanmoins s'élargissant au fil des années, au prix d'inflexions de la loi et de la jurisprudence. Ainsi pour la Cour administrative de

Paris, les bénéfices procurés par la pratique habituelle du poker doivent être regardés comme tirés d'une source de profits au sens de l'article 92 du CGI, sans que puisse être valablement invoquée l'exonération d'impôt sur le revenu dont font l'objet les gains de jeux de hasard (CAA Paris, 7 févr. 2017, *B*, n° 16PA01274, *Dr. fisc.* 2017, n° 46, comm. 541, sec. n° 48).

Bibliographie

CARPI-PETIT (Séverine), « Poker et droit fiscal, le jeu des aléatoires de la qualification », *Dr. fisc.* 2018, n° 20, comm. 271.

§ 2. Les caractères du revenu imposable

178 Tous les gains du contribuable forment son revenu global (A) brut dont il faudra déduire certaines charges pour aboutir au revenu net (B). L'article 12 du CGI précise que « l'impôt est dû chaque année à raison des bénéfices ou revenus que le contribuable réalise ou dont il dispose au cours de la même année ». Le revenu imposable est donc un revenu annuel (C) et un revenu disponible (D).

A. Le revenu global

179 L'impôt est assis sur le revenu global du contribuable. Sous réserve d'une imposition séparée (cas de l'imposition des plus-values, v. ss 633) ainsi que de la situation des revenus des contribuables n'ayant pas leur domicile fiscal en France (v. ss 751), c'est le total des revenus du contribuable et des membres de son foyer fiscal qui est soumis à l'impôt. Le revenu global est de ce fait également un revenu familial. Par application de la théorie de l'enrichissement (v. ss 170) doivent également y figurer non seulement les revenus monétaires mais également, sauf exceptions, les avantages en nature.

180 Pour déterminer ce revenu global, il convient de faire la somme algébrique de tous les revenus dont le contribuable a disposé en les classant dans les huit catégories énumérées à l'article 1er A du CGI. Le revenu imposable est déterminé distinctement pour

chaque catégorie de revenus. Il peut se produire que pour certaines activités le contribuable ait subi des pertes.

181 En raison de la suppression du caractère cédulaire de l'imposition qui a conduit à la suppression des cloisons entre les différentes catégories de revenus, le déficit constaté dans une catégorie s'impute en principe sur les revenus des autres catégories qui forment le revenu global. Toutefois, pour remédier à certains abus et pour lutter contre l'évasion fiscale, cette règle de l'imputation des déficits connaît des exceptions (v. ss 719). La partie du déficit qui éventuellement n'a pu être imputée est reportable sur le revenu global des années suivantes jusqu'à la sixième inclusivement (CGI, art. 156 I).

182 Certains revenus sont expressément exclus du revenu global imposable. Il en va ainsi notamment, à titre d'exemple parmi les nombreuses exonérations énumérées par les articles 81 et 157 du CGI, de la retraite du combattant, des allocations familiales, des rentes servies aux victimes des accidents du travail (pour la moitié), des revenus et plus-values perçus dans le cadre d'un PEA. Par ailleurs, certains revenus de source étrangère versés à des contribuables domiciliés en France sont exonérés d'impôt en France en vertu de conventions internationales (v. ss 62).

B. Le revenu net

183 L'article 13, 1 du CGI prévoit que le revenu doit être diminué des « dépenses effectuées en vue de l'acquisition et de la conservation du revenu ».

184 Les dépenses effectuées en vue de l'acquisition du revenu sont notamment celles engagées en vue de l'exercice de la profession, ainsi les frais professionnels des salariés déductibles en principe, à hauteur de 10 % du salaire (v. ss 248). Elles comprennent également les frais destinés, le cas échéant, à préserver l'existence du capital productif de revenus et à en assurer en temps utile la reconstitution s'il est sujet à dépérissement. Tel est le cas notamment des frais d'entretien et de réparation des immeubles. *A contrario* ne constituent pas des charges pour les entreprises les sommes qui ne correspondent pas à la diminution de l'actif net et pour les particuliers les frais engagés pour l'augmentation de leur patrimoine.

185 Les principes posés par l'article 13 du CGI se trouvent précisés pour chaque catégorie de revenus (revenus fonciers, BIC, BNC, etc.) par les textes relatifs à ces différentes catégories. Le juge fiscal admet cependant que les frais qui n'entrent pas dans une catégorie spécifique de charges sont déductibles s'ils correspondent à la définition générale donnée par l'article 13 du CGI (CE, sect., 9 juill. 1971, n° 81146, *Dr. fisc.* 1972, n° 50, comm. 1821, concl. Delmas-Marsalet).

186 Il est parfois dérogé aux principes généraux posés par cet article 13. Ainsi en matière de revenus fonciers, il est expressément admis que les charges déductibles du revenu brut peuvent, pour les locaux d'habitation uniquement, s'étendre aux dépenses d'amélioration, donc des dépenses d'investissement (v. ss 591). À l'inverse, on rencontre des cas d'imposition du revenu brut lors de retenues à la source opérées tantôt à titre d'acompte à valoir sur l'impôt sur le revenu global, tantôt à titre libératoire et définitif sur certains revenus (dividendes, salaires) versés à des personnes non domiciliées fiscalement en France.

187 Indépendamment des charges grevant chaque catégorie de revenus, la loi fiscale admet que certaines charges limitativement énumérées soient directement déduites du revenu global ou, dans certains cas, ouvrent droit à une réduction d'impôt (v. ss 769). Mais il s'agit alors davantage d'emplois de revenus (paiement de pension alimentaire, versement à des organismes charitables) que de dépenses ayant pour contrepartie l'acquisition ou la conservation d'un revenu.

188 La déductibilité d'une charge suppose que cette dernière se rapporte à un revenu effectivement imposé : aucune déduction n'est admise lorsque la dépense a été faite pour un revenu exonéré. Ainsi le propriétaire qui habite l'immeuble lui appartenant ne peut déduire aucune charge foncière (v. ss 56), l'immeuble en question n'étant pas imposé. En revanche, les charges sont admises en déduction des revenus réalisés au cours de l'année où elles ont été supportées alors même qu'elles ont été engagées à raison de revenus non perçus.

C. Le revenu annuel

189 Le revenu imposable est le revenu de l'année civile. Ce principe comporte toutefois des exceptions d'une double nature.

190 D'abord, le revenu imposable peut correspondre au revenu d'une période inférieure à celle de l'année civile. Ainsi l'année du mariage ou de la conclusion du Pacs, les deux époux ou partenaires du Pacs sont en principe soumis à une imposition commune des revenus réalisés par chacun d'eux. Ils peuvent toutefois opter pour une imposition séparée. Dans cette hypothèse, chacun des époux ou partenaires souscrit une déclaration dans laquelle il fait état des revenus dont il a personnellement disposé pendant l'année ainsi que de la quote-part des revenus communs lui revenant. De même, en cas de divorce ou de dissolution du Pacs, chacun des membres du couple est personnellement imposable à raison d'une part des revenus dont il a disposé pendant l'année entière et d'autre part de la quote-part des revenus communs lui revenant. En cas de décès de l'un des conjoints ou partenaires d'un Pacs, dans ce cas, deux impositions sont établies : une imposition conjointe par foyer pour les revenus du 1er janvier à la date du décès, une imposition séparée au nom du conjoint ou du partenaire survivant pour les revenus de la date du décès au 31 décembre. Le revenu imposable étant le revenu disponible, la répartition entre les différentes périodes s'effectue en fonction de la date de mise à disposition des revenus entre les mains de leurs bénéficiaires. En cas de création ou de cessation d'entreprise les bénéfices imposables sont ceux réalisés pendant la partie de l'année où cette entreprise a fonctionné.

191 En second lieu, le revenu peut ne pas être le revenu de l'année civile. Ainsi, pour les entreprises dont l'exercice comptable ne coïncide pas avec l'année civile, le bénéfice à déclarer est celui du dernier exercice clos. Si la clôture de l'exercice a eu lieu, par exemple, le 30 septembre 2023, le contribuable sera imposé en 2024 sur les bénéfices réalisés pendant l'exercice allant du 1er octobre 2022 au 30 septembre 2023.

D. Le revenu disponible

192 Selon l'article 12 du CGI, « l'impôt est dû chaque année à raison des bénéfices ou revenus que le contribuable réalise ou dont il dispose au cours de la même année ». En d'autres termes, un revenu simplement acquis c'est-à-dire un revenu sur lequel le

contribuable a un droit incontestable n'est pas imposable. Tel est le cas par exemple pour des salaires ou des loyers d'immeubles non payés à la date d'échéance. De même il n'est pas nécessaire qu'il soit effectivement perçu. Il faut et il suffit qu'il ait été à disposition du contribuable. Théoriquement la disposition du revenu se situe donc entre son acquisition et sa perception. Un revenu est disponible le jour où il dépend de la seule volonté du contribuable de le percevoir ou non.

193 L'hypothèse la plus évidente est la remise d'une somme en espèces. Sont également considérées comme disponibles les sommes portées au crédit d'un compte du contribuable sauf si celui-ci peut établir que des faits indépendants de sa volonté font obstacle au retrait des sommes correspondantes. De même, un contribuable qui n'a porté que le 3 janvier au crédit de son compte bancaire un chèque qui lui a été remis le 30 décembre de l'année précédente est considéré avoir eu la disposition du revenu correspondant à cette dernière date. L'impôt porte donc sur les revenus dont le contribuable a disposé au cours de l'année d'imposition même s'il ne les a pas effectivement perçus. Cette notion de disponibilité est importante car elle constitue le fait générateur de l'impôt.

194 Dans certains cas, la loi prévoit l'imposition de revenus acquis même s'ils ne sont pas disponibles.

Ainsi, tout bénéfice réalisé par une société de personnes (v. ss 155) est immédiatement imposable entre les mains des associés au prorata de leurs droits sociaux même s'ils n'en ont pas effectivement disposé (CGI, art. 13,4). C'est le cas également des plus-values immobilières ou mobilières réalisées par les particuliers qui sont imposables dès leur réalisation et indépendamment de la perception effective du prix de cession (v. ss 664).

195 De même, l'article 167 du Code général des impôts prévoit que toute personne qui transfère son domicile à l'étranger devient imposable à raison de tous les revenus qu'elle a acquis, sans en avoir la disposition antérieurement à son départ.

196 Enfin, en matière de fiscalité des entreprises, sont réputés réalisés et donc imposables, les bénéfices tirés de créances acquises c'est-à-dire déterminées dans leur principe et leur montant (v. ss 299),

quand bien même les sommes correspondantes n'auraient été ni perçues ni même mises à disposition de leur bénéficiaire.

Bibliographie

COZIAN (Maurice), « Le revenu imposable est un revenu net », *Dr. fisc.* 1996, n° 14, p. 480 à 483.

COZIAN (Maurice), « Fiscalité des entreprises et fiscalité des ménages », in *Mélanges Paul-Marie Gaudemet*, Economica, 1984, p. 671 à 691.

DEBOISSY (Florence), « Le revenu imposable est un revenu net », *RTD com.* 2000, n° 3, p. 746 à 763.

GEFFROY (Jean-Baptiste), « Imposition par foyer », *J.-Cl. Fiscal Impôts directs Traité*, fasc. 64.

ISAIA (Henri) et SPINDLER (Jacques), « La création d'un système d'imposition des revenus », in *Histoire du droit des finances publiques*, Economica, 1987, vol. II, p. 13.

PLAGNET (Bernard), « La consécration par le droit fiscal de la définition économique du revenu », in *Histoire du droit des finances publiques*, Economica, 1984, vol. II, p. 189.

SECTION 3

La territorialité de l'impôt sur le revenu

197 La souveraineté fiscale de l'État rejoint, pour cet impôt, l'assujettissement régalien des citoyens : le législateur de l'impôt est libre de déterminer les critères d'assujettissement à l'impôt. Dans un souci d'affirmation de la souveraineté de l'État et, de manière plus prosaïque, dans une préoccupation de rentabilité, la loi fiscale nationale va définir des critères larges, qui retiennent toujours, à la fois la territorialité – l'impôt sur le revenu est dû par toutes les personnes qui résident en France – mais aussi la nationalité – l'impôt serait dû par tous les citoyens français (ce n'est pas le cas en droit positif mais c'est le premier cas aux États-Unis).

198 Les problèmes surgissent parce que la législation fiscale des États voisins retient les mêmes critères et le télescopage entre les deux ne manque pas de se produire dès qu'un citoyen d'un État s'en va percevoir des revenus dans un autre : il se trouvera en situation de double imposition juridique. Pour éradiquer cet insupportable cumul, les États sont devenus plus modestes, ils ont rabattu de leur souveraineté, pour partie en élaborant des critères moins impérialistes, pour partie en négociant des conventions bilatérales tendant à éviter les doubles impositions (v. ss 57). La territorialité de l'impôt sur le revenu français est ainsi délimitée de deux façons, en distinguant le cas où il n'existe pas de convention bilatérale (§ 1), de celui où interfère une telle convention (§ 2). Elle veille au respect de la progressivité de l'impôt par l'application de la règle du taux effectif global (§ 3). Elle se préoccupe également d'encadrer les conséquences d'un changement de domicile (§ 4).

§ 1. Les règles applicables en l'absence de convention bilatérale

199 L'article 4 A du CGI trace le cadre qui est alors applicable :

– si la personne a son domicile fiscal en France, elle y sera imposée sur l'ensemble de ses revenus, quel que soit l'endroit de leur perception (A) ;

– si elle n'a pas son domicile fiscal en France, elle y sera imposée à raison de ses revenus de source française (B).

A. La notion de domicile fiscal

200 Elle est explicitée par l'article 4 B du CGI qui l'envisage dans quatre cas ; que la situation du contribuable corresponde à l'un de ces cas et il sera alors considéré comme résident fiscal français, partant il sera imposé en France sur l'ensemble de ses revenus, déduction faite éventuellement des impôts déjà acquittés dans l'État de perception.

201 Ces quatre cas sont les suivants :

– lorsque la personne a en France son foyer, c'est-à-dire le lieu où résident son conjoint et ses enfants (CE 12 mars 2010, n° 311121, *RJF* 6/2010, n° 558 ; CE 22 juin 2016, *M. et Mme Kern*, n° 386131, *Dr. fisc.* 2016, comm. 590) ;

– lorsqu'elle a en France son lieu de séjour principal ; ce critère est rempli lorsqu'elle passe en France plus de 183 jours au cours d'une année civile, quelles que soient les conditions du séjour : continu ou discontinu, à l'hôtel ou en location ; mais un séjour plus bref peut suffire, du moment qu'il est le plus important en durée ;

– lorsqu'elle exerce en France une activité professionnelle, salariée ou non ; elle peut toutefois échapper à la qualification de résident si elle montre que cette activité est exercée à titre accessoire. La preuve peut être apportée par tous moyens, et doit privilégier le temps passé plutôt que de se polariser sur le montant des rémunérations respectives ;

– lorsqu'elle a en France le centre de ses intérêts économiques, c'est-à-dire son quartier général, le lieu de ses principaux investissements ou la source principale de ses revenus (CE 7 oct. 2020, n° 426124).

L'article 13 de la loi de finances pour 2020 a complété les critères de domiciliation fiscale en France pour les dirigeants des grandes entreprises. En effet, le critère de l'activité professionnelle exercée en France est étendu aux dirigeants des entreprises dont le siège est situé en France et qui y réalisent un chiffre d'affaires supérieur à 250 millions d'euros indépendamment du lieu d'exercice physique de l'activité. Toutefois, il ne s'agit que d'une présomption simple de domiciliation : ils peuvent la renverser en apportant la preuve que leur activité de dirigeant d'une société française ne constitue pas leur activité professionnelle à titre principal.

202 L'impérialisme de ces critères est patent et ne manquera pas de soulever des difficultés importantes pour le contribuable concerné, heureusement rare du fait de la multiplication des conventions.

B. L'imposition des revenus de source française

203 Elle frappe le contribuable qui est résident fiscal à l'étranger. La loi distingue selon qu'il dispose (1) ou non (2) d'une résidence en France.

1. Le contribuable dispose d'une résidence en France

204 L'article 123 *bis* du CGI impose les résidents fiscaux français sur les revenus que leur procurent les actifs monétaires ou financiers détenus par l'intermédiaire de structures implantées à l'étranger et qui y bénéficient d'un régime fiscal privilégié, ceci même lorsque les revenus ne sont pas distribués. Ce dispositif est le symétrique de l'article 209 B applicable aux personnes morales (v. ss 897). Il s'applique aussi aux trusts (CAA Paris, 24 juin 2020, n° 19PA00458, *Dr. fisc.* 2020, n° 40, comm. 391, note E. Dinh). Le juge a précisé les règles gouvernant la reconstitution des résultats de l'entité étrangère (CE 14 févr. 2022, *Carrozza*, n° 442061 et 442062, *Dr. fisc.* 2022. 26, comm. 267, concl. M.-G. Merloz, note M. Buchet), en précisant que ce sont les règles du CGI (CE 21 juin 2022, n° 449408, *Dr. fisc.* 2022. 30, comm. 292, concl. C. Guibé, note M. Buchet).

Ce texte a pour ambition de dissuader la délocalisation des grandes fortunes vers les paradis fiscaux. Difficile à appliquer, il n'est appelé à jouer qu'en l'absence de convention bilatérale.

2. Le contribuable ne dispose pas d'une résidence en France

205 Le contribuable sans résidence en France est imposé sur les revenus dont il a la disposition en France, tels des loyers, une pension ou des dividendes. L'article 197 A du Code prévoit alors que l'impôt ne peut être inférieur à 20 % du revenu net imposable, sauf si le contribuable parvient à montrer que le taux moyen qui résulterait de l'imposition en France de la totalité de ses revenus serait inférieur à ce taux, auquel cas c'est le second taux qui s'appliquera à ses revenus français.

Si ce contribuable est résident d'un État de l'Union, la jurisprudence *Schumacker* (CJCE 14 févr. 1995, aff. C-279/93) oblige la France à traiter à l'identique les non-résidents qui se trouvent dans une situation comparable à celle de ses résidents. Par conséquent, comme un contribuable fiscalement domicilié en France il peut faire état des charges admises en déduction de son revenu global et des réductions et crédits d'impôt.

§ 2. Les conséquences de la supériorité d'une convention bilatérale

206 Cette supériorité est, pour le juge fiscal, relative. Il estime en effet qu'elle concerne exclusivement sa fonctionnalité – c'est-à-dire éliminer les doubles impositions – mais que dans la mesure où seule la loi interne crée un régime fiscal, c'est d'abord à celle-ci qu'il convient de donner priorité. Cette **subsidiarité** des conventions internationales (v. ss 69) repose sur une jurisprudence ancienne et constante (CE 17 mars 1993, n° 85894, *RJF* 5/93, n° 612, av. concl. J. Arrighi de Casanova), et ceci même lorsque la convention définit de manière autonome une notion, par exemple celle de résident (CE 11 avr. 2008, n° 285583, *RJF* 7/08, n° 769). En matière de résidence, la priorité doit donc être donnée à l'application du droit interne : un contribuable est résident par application de la loi interne de référence ; au cas où il peut être revendiqué comme résident des deux États par application des deux législations nationales, il faudra alors départager en appliquant les critères définis par les conventions. Ces dernières privilégient, par élimination successive, le centre des intérêts affectifs, puis le centre des intérêts vitaux, le lieu de séjour habituel et, enfin, la nationalité si besoin est (CE 9 juin 2020, n° 434972, *Dr. fisc.* 2020, n° 36, comm. 339, note D. Gutmann et S. Austry ; CE 16 juill. 2020, n° 436570). Toutefois, la Cour de cassation réfute le principe de subsidiarité et pose « qu'en vertu de la hiérarchie des normes, il convient de se référer, d'abord, aux conventions internationales » (Cass., ass. plén., 2 oct. 2015, n° 14-14.256, *Dr. fisc.* 2015, n° 46, comm. 769, note Ch. Laroche). En revanche, les deux juridictions convergent pour estimer qu'il n'existe pas, en droit fiscal international, de reconnaissance d'un principe général de non-aggravation.

207 L'intérêt de déterminer la résidence fiscale du contribuable réside dans le rattachement à cette notion de l'imposition des revenus de capitaux mobiliers, des salaires des frontaliers et de l'imposition des revenus professionnels. Ce choix des hautes parties contractantes n'exclut pas la possibilité pour l'État de la source d'opérer une retenue – sur les dividendes par exemple – mais elle

constituera dans ce cas un crédit d'impôt imputable sur l'impôt dû dans l'État de résidence du bénéficiaire (v. ss 62).

208 Ces dispositions prévalent sur la loi française mais si les critères qu'elles définissent se révèlent insuffisants c'est une commission bilatérale, composée de représentants des deux administrations, qui s'efforcera de résoudre le conflit de concurrence dont pâtit le contribuable.

§ 3. La règle du taux effectif global

209 Lorsqu'un foyer fiscal perçoit des revenus imposables en France et d'autres imposables à l'étranger, la déclaration de revenus qu'il devra déposer auprès de l'administration fiscale française inclura les revenus de source étrangère, ceci afin de déterminer le taux moyen d'imposition de ses revenus en tenant compte de leur volume total et non pas uniquement de ceux imposables en France. Ainsi sera conservé le caractère progressif de l'impôt. La cotisation d'impôt qui sera réellement acquittée en France sera égale au produit de cet impôt par le rapport des revenus français au regard du total des revenus du foyer fiscal.

210 Si par exemple, les revenus imposables en France représentent les 2/3 des revenus du foyer fiscal, l'impôt dû en France sera égal aux 2/3 de l'impôt calculé sur la totalité des revenus.

Ainsi délimité, le champ d'application de l'impôt sur le revenu global apparaît cohérent. Pour des raisons qui doivent plus à l'histoire qu'à la rationalité la loi appréhende en réalité une succession de revenus catégoriels.

§ 4. Les régimes applicables en cas de transfert de domicile

211 L'État poursuit ici une double ambition. Il veut d'abord éviter l'exonération qui serait provoquée par un départ du territoire fiscal (A) ; mais il veut aussi attirer sur le territoire les investissements d'entreprises étrangères, en accordant un statut de faveur

temporaire à leurs cadres dirigeants qui vont résider sur le territoire français (B).

A. La taxation des impositions latentes par l'*exit tax*

212 Le régime actuel (CGI, art. 167 *bis*) est destiné à imposer une assiette qui n'a pas encore été imposée et que le résident fiscal français serait tenté de soustraire à l'impôt en s'expatriant. C'est le cas pour l'essentiel des plus-values **latentes** sur des valeurs mobilières détenues directement ou indirectement (v. ss 670). Elles seront considérées comme réalisées et partant imposées sur leur valeur réelle au jour du déménagement. Le régime s'applique de plein droit aux contribuables qui ont été domiciliés en France pendant au moins six des dix années précédant le transfert de domicile à l'étranger, lorsque ces valeurs représentent au moins 50 % des bénéfices d'une société, ou que leur valeur excède 800 000 €. La loi octroie toutefois un sursis de paiement automatique si le contribuable s'établit dans un État membre de l'Union ou dans un État ayant conclu avec la France une convention d'assistance en vue de lutter contre la fraude et l'évasion fiscales ainsi qu'une convention d'assistance au recouvrement. L'objectif principal de la mesure est d'éviter la fuite de cette assiette vers un ETNC (v. ss 909). Ce sursis de paiement prend fin à l'occasion de la cession à titre onéreux de ces titres, de leur donation ou du décès du contribuable. Le contribuable, qui n'avait pas bénéficié de ce sursis et transfère à nouveau son domicile en France, bénéficie d'un dégrèvement correspondant à l'*exit tax*.

B. Le régime des impatriés

213 Ce régime (CGI, art. 155 B) est destiné à renforcer l'attractivité de la France auprès des cadres et dirigeants domiciliés à l'étranger. S'ils viennent exercer leur activité professionnelle en France et y résider sans y avoir été domiciliés au cours des cinq dernières années, ils vont bénéficier pendant huit ans d'une exonération partielle d'impôt sur le revenu. Celle-ci porte d'abord sur le supplément de rémunération afférent à l'exercice de l'activité professionnelle en France, ou sur 30 % de la rémunération nette totale.

Elle porte aussi sur la moitié des revenus de capitaux mobiliers, produits de droits d'auteur et plus-values de cession de valeurs mobilières versés par une personne établie hors de France dans un État ayant conclu avec la France une convention fiscale qui contient une clause d'assistance administrative en vue de lutter contre la fraude ou l'évasion fiscale.

Bibliographie

BERGERES (Maurice-Christian), « Le principe de subsidiarité des conventions fiscales internationales », *Dr. fisc.* 2005, n° 36, p. 1328.

CASTAGNEDE (Bernard), *Précis de fiscalité internationale*, PUF, 6ᵉ éd., 2019, 586 p.

GLON (Guillaume), « Le Conseil d'État précise le concept de résident dans les conventions fiscales, note sous CE 9 nov. 2015, *min. c/ Landesärztekammer Hessen Versogungswerk* », *Dr. fisc.* 2016, n° 28, comm. 421.

LADREYT (Gilbert), « Lutte contre les mesures fiscales discriminatoires : le TFUE plus efficace que les conventions fiscales bilatérales », *Dr. fisc.* 2014, n° 48, comm. 650.

VERNET (Nicolas), « De la résidence et de l'assujettissement à l'impôt, qui est la poule et qui est l'œuf ? », *Dr. fisc.* 2020, n° 36, comm. 335.

CHAPITRE 2

La détermination des différentes catégories de revenus

214 Jusqu'en 1948, l'impôt sur le revenu était dit **cédulaire**, c'est-à-dire qu'il existait un impôt par catégories de revenus aussi appelées **cédules**. Dans un second temps, les revenus cédulaires étaient regroupés pour permettre l'application de l'impôt général sur le revenu.

215 Aujourd'hui, il existe un seul impôt général, qui s'applique à la somme de revenus qui sont appréhendés chacun selon les règles propres à sa catégorie. D'ailleurs, l'obligation déclarative du contribuable se traduit par l'obligation pour le foyer fiscal de remplir une déclaration globale (modèle 2042), qui retrace l'ensemble des revenus. Si le foyer fiscal est titulaire de bénéfices industriels et commerciaux, de bénéfices non commerciaux, de revenus fonciers ou de bénéfices agricoles, il devra en outre remplir une déclaration catégorielle.

Les catégories de revenus appartiennent en réalité à deux groupes principaux, les revenus professionnels (SECTION 1) et les revenus patrimoniaux (SECTION 2).

SECTION 1

Les revenus professionnels

216 L'impôt frappe ici les revenus du travail, et la loi distingue quatre catégories selon la nature du travail ou les conditions de son exercice : ce sont les traitements, salaires, pensions et rentes viagères (§ 1) qui sont perçus par un travailleur ou un ancien travailleur en situation de dépendance par rapport à un employeur ou un débirentier. Ce sont ensuite les bénéfices industriels et commerciaux (§ 2), les bénéfices non commerciaux (§ 3) et les bénéfices agricoles (§ 4), que l'évolution économique tend à rapprocher autour du concept d'entreprise, raison pour laquelle ils font l'objet d'un nombre croissant de dispositions communes (§ 5).

§ 1. Les traitements, salaires, pensions et rentes viagères

217 Cette catégorie est de loin la plus importante sur le plan numérique puisque sur l'ensemble des contribuables soumis à l'impôt sur le revenu, 80 % sont des salariés ou assimilés.

Les traitements, salaires et pensions se caractérisent par la parfaite connaissance que peut avoir l'administration fiscale de leur origine, de leur contenu et de leur montant. En effet, le montant réel des salaires, pensions ou rentes doit être déclaré chaque année par le tiers qui l'a versé, car faute de se soumettre à cette obligation il s'expose à des sanctions fiscales. De plus, comme il ne peut pas déduire de son propre revenu comme frais les salaires et pensions qu'il n'a pas déclarés, il ne manque pas de remplir la déclaration dont il s'agit. Il est donc inutile pour un salarié de ne pas déclarer la totalité de ses salaires en pensant que l'administration ne s'en apercevra pas. Ainsi l'impôt sur le revenu, en tant qu'il porte sur les salaires, traitements et pensions, n'est guère susceptible de fraude. Échappent toutefois à l'impôt, en tout en ou en partie, les revenus tirés du travail au noir ainsi que certains pourboires.

218 Bien qu'imposées dans la même cédule fiscale, les pensions et rentes (B) connaissent un régime fiscal différent de celui des traitements et salaires (A).

A. Les traitements et salaires

219 Il convient d'examiner successivement la notion fiscale de traitements et salaires (1), la détermination du revenu brut (2) et la détermination du revenu imposable (3).

1. *La notion fiscale de traitements et salaires*

220 Ont le caractère de salaires au regard de la loi fiscale les sommes payées en exécution d'un contrat de travail ou de louage de services de droit privé ainsi que les traitements des fonctionnaires et agents publics et plus généralement les émoluments et avantages en argent ou en nature reçus par ceux qui se trouvent en situation de subordination vis-à-vis de la personne qui les rémunère (CGI, art. 79).

221 La subordination à l'égard de l'employeur est le critère essentiel pour distinguer les revenus salariaux des revenus de professions indépendantes (BIC, BA, BNC). Le législateur et la jurisprudence ont toutefois fait de ce critère général des applications plus ou moins libres, et ce essentiellement dans deux directions.

222 D'abord, la condition de subordination est appréciée de façon relativement extensive à la fois par l'administration et par la jurisprudence qui examine les conditions dans lesquelles l'activité professionnelle est exercée. Elle existe à l'évidence, lorsque le contribuable agit sur instructions de son employeur. Mais elle sera également remplie alors même que l'activité requiert par nature une certaine indépendance. Ainsi, la rémunération du représentant de commerce lié par un contrat de travail à une entreprise sera considérée comme un salaire mais également celle du VRP dit statutaire (C. trav., art. L. 7313-1 s.), pourtant libre de toute subordination.

223 De même sera salarié un médecin qui, hors du domaine médical, devra se conformer aux décisions prises par la direction de l'établissement où il travaille (CE 30 mai 1979, n° 2762, *Dr. fisc.* 1980,

nº 10, comm. 531, concl. Martin-Laprade) Par ailleurs la rémunération reçue par un médecin remplaçant un confrère entre dans la catégorie des traitements et salaires, dans la mesure où ce remplaçant se trouve dans un état de subordination vis-à-vis de son confrère.

Extension plus significative : est qualifiée de salaire, la bourse accordée par un organisme si, en contrepartie, le bénéficiaire doit se conformer aux directives de l'organisme payeur quant à la nature du travail ou des études à entreprendre (CAA Paris, 9 avr. 1996, nº 95-57, *Dr. fisc.* 1996, comm. 805). En revanche, sont exonérées les gratifications versées aux stagiaires lors d'un stage ou d'une période de formation en milieu professionnel (CE 16 juin 2016, *M. M.*, nº 398034, *Dr. fisc.* 2016, comm. 593).

224 Cette condition de subordination connaît en second lieu des aménagements voire des dérogations. Ainsi, certains textes dérogatoires qualifient fiscalement certains revenus de salaires sans exiger qu'ils proviennent juridiquement d'une situation subordonnée. Il en va ainsi des revenus perçus par les travailleurs à domicile, les agents non-salariés des succursales des maisons d'alimentation de détail, les artisans pêcheurs.

De même, sont soumises, selon les règles de droit commun, à l'impôt sur le revenu dans la catégorie des traitements et salaires, les indemnités de fonction versées aux parlementaires (CGI, art. 80 *undecies*), aux représentants au Parlement européen, au président de la République et aux membres du gouvernement (art. 80 *undecies* A). Il en va de même pour l'indemnité de fonction perçue par les élus locaux après déduction d'une fraction représentative des frais d'emploi qui est exonérée (CGI, art. 80 *unidecies* B).

225 Les artistes du spectacle sont imposés dans la catégorie des traitements et salaires pour la rémunération des prestations exigeant leur présence physique, en revanche dans la catégorie des BNC pour les redevances qui leur sont versées pour le produit de la vente ou de l'exploitation d'un enregistrement.

226 La rémunération des dirigeants de sociétés passibles de l'impôt sur les sociétés est qualifiée de salaire « dans la mesure où elle correspond à un travail effectif et n'est pas excessive eu égard à l'importance du service rendu » (CGI, art. 39, 1, al. 1er). La fraction

de la rémunération considérée comme excessive, assimilée à une distribution indirecte de bénéfices, est imposée entre les mains du bénéficiaire non plus dans la catégorie des traitements et salaires mais dans celle des revenus de capitaux mobiliers.

L'attribution d'options sur actions (ou « *stock-options* ») est considérée comme un complément de rémunération (CGI, art. 80 *bis*). Les appréciations portées sur son usage ont amené le législateur à modifier fréquemment son régime. Schématiquement, l'avantage correspondant à la différence entre la valeur réelle de l'action à la date de levée d'une option et le prix de souscription ou d'achat de cette action, est considéré comme un salaire, imposable au titre de l'année de cession des actions, alors que si elle était qualifiée de plus-value, elle serait imposée au taux réduit qui frappe les plus-values sur valeurs mobilières au taux de droit commun (v. ss 670 s.).

227 Certains revenus sont soumis au régime fiscal des salaires bien qu'ils relèvent par nature des BNC. Il en va ainsi des droits d'auteur perçus par les écrivains et les compositeurs sauf option triennale pour leur maintien dans la catégorie des BNC. Le bénéfice du régime salarié a été étendu en 2011 à tous les auteurs d'œuvres de l'esprit mentionnées à l'article L. 112-2 du Code de la propriété intellectuelle (CGI. art. 93, 1 *quater*).

De même les agents généraux d'assurances (CGI, art. 93, 1 *ter*) peuvent demander que leur revenu imposable provenant de commissions versées par les compagnies d'assurances soit déterminé selon les règles prévues en matière de traitements et salaires. Toutefois dans les deux hypothèses visées, les sommes perçues doivent être intégralement déclarées par la partie versante à l'administration fiscale.

En définitive l'on pourrait soutenir que la catégorie des traitements et salaires n'est plus définie par la nature ou les caractères d'une activité mais par l'énumération des revenus soumis à l'impôt dans ladite catégorie.

2. *La détermination du revenu brut*

228 La détermination du revenu brut se fonde sur un principe assorti d'exceptions relativement nombreuses.

a. *Le principe*

229 Sont imposables toutes les formes de rémunération.

Il est pratiquement impossible de les énumérer toutes, tant elles sont nombreuses et diverses.

230 Est d'abord retenu le salaire proprement dit, qu'il soit fixe ou proportionnel. S'y ajoutent toutes les rémunérations accessoires aux formes les plus diverses telles que les primes de rendement, les participations aux bénéfices, les cadeaux à l'occasion d'un mariage ou d'une naissance, les indemnités de résidence, les indemnités de logement et, de façon plus générale, toutes les indemnités non destinées à couvrir des frais d'emploi. Les indemnités journalières de Sécurité sociale sont, sauf exceptions, également imposables ainsi que les allocations de chômage. Il en va de même des sommes prêtées par l'employeur et pour lesquelles le remboursement a été abandonné.

231 Depuis le 1er janvier 2011 (CGI, art. 80, al. 4), **les indemnités** perçues au titre d'un préjudice moral fixées par décision de justice sont imposées comme des traitements et salaires pour la fraction excédant un million d'euros. Ce faisant, le législateur a infirmé la jurisprudence du Conseil d'État selon laquelle « par principe, sont hors d'atteinte de l'impôt sur le revenu **les indemnités** qui sont versées en réparation d'un préjudice moral, corporel ou matériel » (CE 18 juin 1990, *Le Roux c/ ministre de l'Économie, des finances et de l'industrie*, n° 74742, *Lebon* 1990. 116).

232 Sont à inclure dans l'assiette de l'impôt tous les avantages en nature. On retiendra à titre d'exemples significatifs : la mise à disposition du contribuable d'un logement gratuit (mais pas d'un mobile home pour travailleurs saisonniers, CE 5 déc. 2022, n° 462577, *Dr. fisc.* 2022. 50, act. 455), la mise à disposition d'un véhicule automobile en vue d'une utilisation personnelle, la fourniture gratuite ou à prix réduit de chauffage, d'éclairage, de téléphone ou de billets de chemin de fer. Les règles d'évaluation de l'avantage en nature sont alignées sur celles prévues pour le calcul des cotisations de sécurité sociale.

233 Est également imposable la prise en charge, par l'employeur, de travaux de construction ou de réparation de l'habitation du contribuable. Ces avantages en nature sont évalués en principe d'après

leur valeur réelle (CE 29 juill. 1983, *M. X...*, n° 33573, *Dr. fisc.* 1984, n° 52, comm. 2368).

234 Si l'avantage en nature procuré au salarié donne lieu à une retenue sur le salaire, c'est la rémunération avant retenue qui doit être prise en considération. Toutefois, l'administration se réserve le droit de vérifier si la retenue ainsi effectuée n'est pas sensiblement inférieure à la valeur des avantages en nature auxquels elle est censée correspondre et si les intéressés n'ont pas bénéficié d'un notable supplément de rémunération, par le biais d'une atténuation du montant de cette retenue.

235 Les « allocations spéciales destinées à couvrir les frais inhérents à la fonction ou à l'emploi » (CGI, art. 81-1) quelle que soit leur forme – remboursements forfaitaires ou remboursement de frais réels – sont exonérées, le salarié ne bénéficiant à l'évidence d'aucun enrichissement. Toutefois, les remboursements de frais sous forme d'allocations forfaitaires, lorsqu'ils sont alloués à des dirigeants de sociétés ou aux salariés dont la rémunération excède celle du dirigeant le moins rétribué (CGI, art. 80 *ter*), sont soumis à l'impôt. Par-là, le législateur a voulu lutter contre une évasion fiscale trop facile : au lieu de demander une augmentation de salaire, les dirigeants de sociétés se faisaient accorder une allocation forfaitaire fortement majorée pour frais, par hypothèse exonérée. En revanche, le remboursement de frais réels sur pièces justificatives est exonéré.

236 Il est des contribuables qui font l'objet de dispositions spécifiques. Il en va ainsi des gérants de sociétés à responsabilité limitée qui pendant longtemps ne pouvaient être considérés comme fiscalement salariés que s'ils étaient minoritaires. Depuis 1996, cette condition a disparu : les gérants majoritaires voient désormais leurs rémunérations déterminées comme en matière de traitements et salaires, même s'ils demeurent pour la forme soumis à une règle générale édictée à l'article 62 du CGI relatif aux rémunérations allouées aux gérants et associés de certaines sociétés.

S'agissant de la participation aux résultats de l'entreprise (v. ss 983), le salarié se voit conférer un choix ; soit il perçoit immédiatement les sommes relevant de la participation soit il accepte qu'elles demeurent indisponibles pendant cinq ans. Le choix emporte des conséquences fiscales : tandis que les sommes versées immédiatement sont imposables à l'impôt sur le revenu, celles versées à l'expiration de la période d'indisponibilité sont exonérées d'impôt sur le revenu mais restent soumises à la CSG et à la CRDS.

b. *Les exceptions conduisant à l'exonération de certains revenus*

237 Là aussi on retiendra quelques exemples significatifs, parmi la longue liste de l'article 81 du CGI. On mentionnera d'abord des exonérations de caractère social. C'est le cas de toutes les prestations d'aide à la famille, notamment les allocations familiales – encore que leur exonération soit de plus en plus discutée et contestée – les tickets-restaurants financés par l'entreprise dans une limite fixée chaque année, les chèques vacances et la prime d'activité (CGI, art. 81-9° *quinquies* et CSS, art. L. 841-1). Sont également exonérées, dans la limite annuelle de trois fois le montant du SMIC mensuel, les rémunérations perçues par les jeunes gens âgés de moins de 26 ans exerçant une activité salariée pour financer leurs études (CGI, art. 81, 36°). Cette exonération qui suppose l'exercice d'une option est indépendante du régime fiscal de l'intéressé, lequel peut aussi bien être personne à charge que soumis à une imposition autonome.

Les salaires versés aux apprentis sont exonérés d'impôt sur le revenu dans la limite du montant annuel du salaire minimum de croissance (CGI, art. 81 *bis*).

238 L'article 81 du CGI consent également des exonérations de reconnaissance nationale, par exemple les traitements attachés à la Légion d'honneur et à la médaille militaire (CGI, art. 81, 7°). Sont également exonérées les gratifications reçues à l'occasion de l'obtention de la médaille du travail ainsi que les vacations horaires des sapeurs-pompiers volontaires.

Les salariés domiciliés en France qui sont envoyés par leur employeur à l'étranger peuvent bénéficier d'une exonération d'impôt sur le revenu à raison des salaires perçus en rémunération de leur activité à l'étranger. Cette exonération est, suivant le cas, totale ou partielle (CGI, art. 81 A, I, al. 1er).

239 Posent problème les **indemnités** de rupture du contrat de travail, dont le régime est exposé à l'article 80 *duodecies* du CGI. Cet article pose le principe de l'imposition des **indemnités** en l'assortissant d'exceptions qui conduisent à des exonérations (CE 24 janv. 2014, *M. Jarnoux*, n° 352949, *Dr. fisc.* 2014, n° 12, comm. 217, *BDCF* 4/ 2014, n° 42 ; 30 janv. 2019, n° 414136).

Il en est ainsi des indemnités telles les indemnités de licenciement versées en cas de licenciement irrégulier, (CAA Paris 25 oct. 2011, *Ministre c/ M. Eveno*, *Dr. fisc.* 2012, n° 6 comm. 132) qui sont totalement exonérées, de même que celles versées dans le cadre d'un plan de sauvegarde de l'emploi.

240 Les autres, sauf cas particuliers, ne le sont que partiellement à hauteur du plus élevé des trois montants suivants :

- le montant prévu par la convention collective ou, à défaut, par la loi ;
- la moitié de l'indemnité de licenciement perçue ;
- le double du montant de la rémunération annuelle brute perçue par le salarié au cours de l'année civile précédant la rupture de son contrat de travail.

241 Toutefois l'application de cette disposition ne peut entraîner une exonération supérieure à six fois le plafond annuel de la Sécurité sociale, soit 263 952 euros pour l'année 2022. Le juge se livre à un contrôle attentif de ces conditions (CE 13 mars 2019, n° 408498, *Dr. fisc.* 2019, n° 36, comm. 357, concl. L. Cyterman ; CE 7 juin 2019, n° 419455).

242 Lorsque le salarié quitte volontairement l'entreprise pour bénéficier d'une pension de retraite, l'indemnité de départ est imposable. Il en va de même pour une indemnité de rupture anticipée d'un contrat à durée déterminée. Si le salarié perçoit une indemnité pour réparation d'un préjudice moral prononcée par décision de justice, elle est imposable pour la fraction excédant 1 million d'euros (v. ss 231).

243 Qu'il s'agisse d'indemnités de licenciement, d'indemnités de départ à la retraite ou de toute autre forme de revenu exceptionnel, le contribuable peut sur option béneficier (v. ss 732) du système du quotient (CGI, art. 163-0-A), pour limiter la progressivité : l'impôt est calculé sur le quart de l'indemnité, multiplié par 4.

3. *La détermination du revenu imposable*

244 La détermination du revenu imposable s'opère en déduisant les charges de nature sociale (a) ou professionnelle (b).

a. *Les charges de nature sociale*

245 L'article 83-1 du CGI autorise la déduction, sans condition ni limite, des cotisations salariales qui se rapportent aux régimes obligatoires de Sécurité sociale, de retraite et de chômage. N'est pas déductible la Contribution au remboursement de la dette sociale (CRDS), contrairement à la Contribution sociale généralisée (CSG), qui est déductible pour une partie de son montant (v. ss 811).

246 D'un autre côté, les cotisations ou les primes versées aux organismes de retraite et de prévoyance complémentaires auxquels le salarié est affilié à titre obligatoire par l'employeur sont déductibles à l'exclusion des régimes dits « sur-complémentaires » institués par accords d'entreprise. Depuis 2004, les cotisations versées dans un plan d'épargne pour la retraite populaire (PERP) sont déductibles dans la limite de 10 % des revenus professionnels nets de chaque membre du foyer fiscal, dans la limite de huit fois le plafond annuel de la sécurité sociale, soit une déduction maximale de 376 800 euros pour les versements de 2025.

247 Le revenu ainsi déterminé est souvent qualifié de semi-brut. C'est sur lui que s'impute la déduction des frais professionnels.

b. *La déduction des frais professionnels*

248 Déduits du revenu semi-brut, les frais professionnels sont définis comme étant les frais nécessités par l'exercice de la profession salariée en vue de l'acquisition ou de la conservation du revenu imposable. Au titre d'une année donnée, la déduction peut être opérée, sur option du contribuable, soit forfaitairement soit en justifiant des frais réellement exposés (CGI, art 83, 3°).

249 **La déduction forfaitaire.** Le contribuable bénéficie de plein droit d'une déduction forfaitaire qui est fixée à 10 % du montant du revenu semi-brut. En fait, elle s'applique dans tous les cas où le contribuable n'a pas demandé la déduction des frais réels. Elle est de ce fait le régime de droit commun et bénéficie à chaque membre du foyer fiscal.

250 Ce mode d'évaluation dispense le contribuable d'apporter la justification de ses frais professionnels. Elle est un droit absolu auquel l'administration ne peut pas s'opposer même s'il est patent que le contribuable ne supporte pas les frais professionnels correspondants (CE 9 oct. 1981, n° 22808, *Dr. fisc.* 1982, n° 5, comm. 188, concl. Verny ; *RJF* 1981, n° 11, comm. 506, chron. Léger).

251 Afin d'avantager les contribuables à salaire modeste, le législateur fiscal a institué un minimum de déduction (504 € pour 2025). En d'autres termes, tout salaire annuel inférieur à 5 040 euros a droit à ce minimum de déduction.

252 À l'inverse, afin de ne pas trop favoriser les contribuables à revenu élevé dont les frais professionnels n'augmentent pas systématiquement dans la même proportion que le salaire versé, il est prévu un maximum de déduction, fixé à 14 426 euros, pour les salaires perçus en 2024.

253 Les journalistes sont arrivés à extorquer au législateur un privilège de taille (CGI, art. 81-1°) : leur rémunération échappe à l'impôt sur le revenu à hauteur de 7 650 euros comme étant une allocation pour frais exonérée sans qu'ils aient à apporter la justification de ces frais (CE 20 nov. 2013, *M. B.*, n° 349956, *Dr. fisc.* 2013, n° 48, act. 629). De surcroît, ils bénéficient de l'exonération des allocations pour frais d'emploi (v. ss 235) versées le cas échéant par leur employeur.

254 **La déduction des frais réels.** La déduction des frais professionnels réels peut être effectuée par les contribuables qui pensent y trouver avantage. L'option est annuelle et propre à chaque membre du foyer fiscal qui relève des traitements et salaires. Les contribuables renoncent de ce fait à toute déduction forfaitaire. Un état détaillé des frais réels doit accompagner la déclaration de revenu. Les contribuables doivent de surcroît ajouter aux salaires **les indemnités** forfaitaires pour frais qu'ils ont perçues de même que les remboursements de frais. La réalité, le caractère professionnel et le montant des frais doivent être justifiés par le contribuable (CAA Lyon, 7 févr. 2012, *M. et Mme Bernard, Dr. fisc.* 2012, n° 37, comm. 432).

255 L'administration est souvent prompte à remettre en cause la nature et le montant de certaines de ces dépenses. Faute de justification,

elle peut substituer au chiffre déclaré la déduction forfaitaire de 10 %.

Il serait vain de donner une énumération des frais professionnels, qui varient avec la nature de chaque profession. On se contentera de mentionner quelques exemples. Ainsi, les frais de transport ont fait l'objet d'une disposition spécifique, codifiée à l'article 83, 3° du CGI. Les frais exposés par le contribuable pour se rendre à son lieu de travail et en revenir sont déductibles sans autre justification que celle de leur matérialité jusqu'à une distance de 40 km entre le domicile et le lieu de travail. Si le trajet excède cette distance, les frais exposés doivent, pour être déductibles, être justifiés par des impératifs d'ordre personnel (état de santé) ou d'ordre familial (lieu de travail du conjoint ou du concubin). L'ensemble de ces dispositions est interprété de manière libérale par le juge, qui admet même la déductibilité simultanée des frais de transport et de double résidence lorsque les membres du couple occupent des emplois dans des localités éloignées (CE 6 oct. 2004, *RJF* 12/04, n° 1245).

256 Est admise la déductibilité des intérêts de l'emprunt contracté pour acquérir une participation dans la société qui emploie le salarié, dès lors que cette acquisition est directement utile à l'exercice de l'activité, sans être pour autant indispensable à sa poursuite (CE 25 oct. 2004, *Boutourlinski*, n° 255092, *Dr. fisc.* 2005, n° 8, comm. 224, concl. E. Glasser ; *RJF* 1/05, n° 27 : pour un expert-comptable salarié).

257 De même les frais de scolarité d'un étudiant sont déductibles de l'indemnité qu'il perçoit à l'occasion d'un stage (CAA Lyon, 7 févr. 2012, *M. et Mme Bernard*, n° 10YL01110, *Dr. fisc.* 2012, n° 37, comm. 432).

258 À noter qu'il est admis qu'un déficit puisse être constaté dans la catégorie des traitements et salaires par suite de déduction de frais réels (CE 2 juin 1983, n° 32531, *RJF*, 1983, n° 8-9, p. 426, concl. Rivière). Il est alors déductible du revenu global et reportable sans limitation particulière sur le revenu global des années suivantes.

259 En pratique, 95 % des contribuables recourent à la déduction forfaitaire, ce qui d'après le Conseil des impôts attesterait que le taux de 10 % excède le montant des frais professionnels. Pour ce qui

est de la déduction des frais réels, à défaut de comptabilité, leur justification est soumise au pouvoir discrétionnaire de l'administration fiscale, qui paraît sur ce point rigoureuse (CAA Lyon, 14 juin 2012, *M. et Mme Renault, Dr. fisc.* 2012, n° 42, comm. 481, note P. Monnier).

B. Les pensions et rentes viagères

260 Sont imposables comme les salaires et traitements, les pensions de retraite lesquelles constituent des salaires différés, mais aussi, par assimilation toutes autres pensions et rentes viagères à l'exception des rentes constituées à titre onéreux qui, elles, sont assimilées aux revenus de capitaux mobiliers.

1. *La définition du revenu imposable*

261 Il convient d'opposer les pensions proprement dites aux rentes viagères.

Les pensions peuvent être définies comme étant des allocations qui représentent la contrepartie de droits acquis à raison d'une activité exercée antérieurement (pension de retraite et de vieillesse), la contrepartie d'une réduction ou d'une perte de capacité (pension d'invalidité) ou qui constituent des secours à certaines personnes (pension alimentaire).

262 Sont imposables dans cette catégorie entre autres, les pensions de retraite servies par l'État et par les caisses spécialisées, les allocations de vieillesse ou d'invalidité ainsi que les pensions alimentaires versées, soit entre ascendants et descendants en vertu des articles 205 et suivants du Code civil, soit en cas de séparation de corps ou de divorce en vertu d'un jugement. Au contraire, les versements effectués à titre de libéralités ne donnent pas lieu à imposition (v. ss 703).

263 Existent des exonérations parmi lesquelles il faut citer les pensions militaires d'invalidité, les pensions versées aux victimes civiles de la guerre, les prestations familiales et les prestations servies aux victimes d'accidents du travail (pour moitié) (CGI, art. 81, 8°).

264 La rente viagère, de son côté, est une allocation qu'une personne appelée débirentier s'engage à payer à une autre personne appelée crédit-rentier pendant la vie de celle-ci. Elle est constituée à titre gratuit si le contrat ne comporte pas pour le bénéficiaire la cession préalable d'un capital immobilier ou mobilier.

265 Elle est à titre onéreux lorsque le crédit-rentier cède volontairement au débit-rentier la propriété de biens mobiliers ou immobiliers en contrepartie de versements en espèces échelonnés dans le temps (arrérages). La distinction entre ces deux catégories de rentes est importante pour la détermination du revenu imposable.

2. *La détermination du revenu imposable*

266 À l'exception des rentes viagères constituées à titre onéreux, le régime fiscal s'est aligné sur celui des traitements et salaires. Le revenu brut des pensions et rentes à titre onéreux est constitué par le montant total des arrérages perçus. Peuvent être déduites du revenu brut, les cotisations de caractère social incombant obligatoirement au pensionné ou au rentier. N'exerçant pas de profession, les contribuables en question n'ont droit à aucune déduction pour frais professionnels. Toutefois sur demandes réitérées des intéressés, le législateur fiscal a fini par leur accorder en 1979 une déduction forfaitaire de 10 % pour faire face aux frais de troisième âge occasionnés par la fragilité de la santé liée à la vieillesse. Cette déduction comporte pour l'imposition des revenus des revenus de 2024 un minimum, fixé à 450 euros par pensionné et un maximum fixé à 4 399 euros par foyer fiscal (et non par individu, à la différence de la solution retenue pour les contribuables en activité). Ces abattements sont nettement plus bas que pour les traitements et salaires. C'est ce qui justifie de les distinguer des autres formes de revenus. Ces limites sont révisées chaque année.

267 La Cour des comptes, dans son rapport sur la Sécurité sociale de 2012, préconise la suppression de cette déduction de 10 % l'estimant injustifiée au motif que les retraités n'exercent pas de profession (coût pour 2021 : 4,3 milliards d'euros). Par ailleurs, plus la pension est élevée plus la déduction est importante alors que les personnes à revenus modestes n'en bénéficient pas puisqu'elles

ne sont pas imposables. Sur protestations des retraités, le gouvernement, malgré plusieurs tentatives, n'a pas suivi cette recommandation. La question se fait plus pressante en 2025, compte tenu de son coût.

268 L'imposition des rentes viagères à titre onéreux connaît un régime spécifique. Pour tenir compte du fait qu'une partie de ces sommes ne présente pas la nature d'un revenu mais compense en réalité l'appauvrissement du crédirentier résultant de son dessaisissement, les arrérages ne sont imposés que pour une fraction de leur montant qui est déterminée forfaitairement d'après l'âge du crédirentier lors de l'entrée en jouissance de la rente. Cette fraction est fixée par l'article 158-6° du CGI :

- à 70 % si l'intéressé est âgé de moins de 50 ans ;
- à 50 % s'il est âgé de 50 à 59 ans inclus ;
- à 40 % s'il est âgé de 60 à 69 ans inclus ;
- à 30 % s'il est âgé de plus de 69 ans, c'est-à-dire 70 ans inclus (CE 19 janv. 1996, n° 139377, RJF 3/96, n° 299).

269 La fraction de rente viagère ainsi définie est soumise à l'imposition dans les mêmes conditions que les revenus mentionnés à l'article 124 du CGI, c'est-à-dire selon le régime des créances, dépôts et cautionnements (v. ss 617) et n'ouvre donc pas droit à l'abattement de 10 %.

La rente viagère servie au titre de dommages-intérêts pour la réparation d'un dommage corporel est exonérée (CGI, art. 81-9 *bis*).

270 Il convient de noter que les pensions versées par les régimes facultatifs de retraite aux élus locaux sont imposées comme les rentes viagères à titre onéreux (CGI, art. 80 *unidecies* B).

Bibliographie

GUTMANN (Daniel), « Brèves remarques sur l'ambiguïté fiscale du salariat », *Dr. fisc.* 2016, n° 9, comm. 187.

TUROT (Jérôme), « Le charme discret des avantages en nature », *RJF* 1991, n° 7, p. 511.

TUROT (Jérôme), « Indemnités de licenciement : quand le Conseil d'État se fait juge de paix », *RJF* 1991, n° 4, p. 235 à 238.

§ 2. Les bénéfices industriels et commerciaux

271 Ces revenus rémunèrent une activité déployée par un professionnel indépendant (le plus souvent commerçant en nom propre). La formation de cette rémunération imposable est le fruit du travail déployé par l'entrepreneur qui utilise, pour exercer son activité professionnelle, le concours de collaborateurs salariés et d'équipements productifs. Ce revenu est donc la résultante du travail personnel du contribuable, de la plus-value sur le travail d'autrui et du rendement du capital investi.

272 Dans le dessein d'assurer la neutralité de l'impôt au regard des choix de l'entrepreneur et l'égalité des opérateurs devant les charges publiques, le législateur a veillé à édicter des règles identiques pour déterminer le résultat imposable d'une entreprise individuelle relevant des BIC et celui d'une société de capitaux assujettie à l'impôt sur les sociétés. Cette identité de régime assure la neutralité puisque le créateur d'entreprise ne sera pas influencé dans le choix de sa forme juridique. En revanche, le mode d'imposition de ce bénéfice imposable variera, puisque le bénéfice de l'entreprise individuelle sera ajouté aux autres revenus du foyer fiscal pour y subir l'impôt progressif sur le revenu (v. ss 754), tandis que le bénéfice de la société de capitaux sera soumis au taux proportionnel de l'impôt sur les sociétés (v. ss 992). Toutefois, c'est le même régime d'exonération qui s'appliquera aux bénéfices des entreprises nouvelles (v. ss 860). En vérité l'entrepreneur optera probablement pour la création d'une société mais ce choix sera commandé par des raisons qui devront surtout au statut fiscal du dirigeant et aux possibilités de limitation de sa responsabilité pécuniaire en cas de liquidation judiciaire. Ceci étant, le législateur souhaite développer la liberté de choix par le développement de la neutralité. Ainsi, depuis 2022 (L. n° 2022-172, 14 févr. 2022, art. 1 à 4) existe un nouveau régime de l'entrepreneur individuel (EI), qui s'applique aux BIC, BNC et BA. Il reconnaît d'emblée à l'entrepreneur l'existence de deux patrimoines, un professionnel et un personnel, supprimant au passage l'entreprise individuelle à responsabilité limitée (EIRL). Ce contribuable pouvant également

choisir d'être assujetti à l'IS, l'attrait pour la société de capitaux diminue considérablement.

A. La délimitation de la catégorie des bénéfices industriels et commerciaux

273 Elle doit être menée au regard des personnes assujetties (1) avant d'envisager la notion de revenu imposable dans cette catégorie (2).

1. *Les personnes assujetties*

274 Le contribuable est ici une personne physique qui perçoit des bénéfices à raison de son activité ou bien il est associé d'une société de personnes qui exerce le même type d'activité sans avoir opté pour l'impôt sur les sociétés : société en nom collectif, société en commandite simple, société de fait, groupement d'intérêt économique ou encore SARL de famille ayant opté pour le régime fiscal des sociétés de personnes. Dans ce cas le processus d'imposition laisse de côté la société, qui est qualifiée de transparente, pour s'intéresser à l'associé, qui sera considéré comme titulaire de la quote-part de bénéfice (ou de déficit) correspondant à ses droits dans ladite société. Il sera qualifié de bénéfice industriel ou commercial et soumis comme tel à l'impôt sur le revenu, sauf si l'associée est elle-même une société assujettie à l'impôt sur les sociétés.

2. *La notion de revenu imposable*

275 L'article 34 du CGI considère comme bénéfices industriels et commerciaux les profits tirés de l'exercice d'une profession commerciale, industrielle ou artisanale (a). L'article 35 y ajoute les bénéfices réalisés par certaines personnes physiques, même non commerçantes (b), tandis que l'article 155 intègre dans la catégorie les bénéfices agricoles ou non commerciaux que vient à réaliser le contribuable commerçant (c). Depuis 1996 il faut également distinguer entre BIC professionnels et non professionnels (d), étant précisé que le juge de l'impôt a posé le principe de la liberté d'affectation comptable (e).

a. *Renvoi du droit fiscal au droit commercial*

276 Le critère de l'exercice de la profession commerciale est un renvoi du droit fiscal au droit commercial et les profits imposés dans cette catégorie seront issus de l'accomplissement – répété puisque la loi fiscale parle de l'exercice d'une profession – d'actes de commerce au sens des articles L. 110-1 et 2 du Code de commerce : il s'agit essentiellement d'achats de biens pour les revendre, d'opérations de fabrication et de prestations de services.

277 Le renvoi au droit commercial est limité puisque les revenus du contribuable seront appréhendés dans cette catégorie même s'il n'est pas inscrit au registre du commerce ou des métiers : le réalisme du droit fiscal et l'égalité devant les charges publiques se conjuguent pour imposer cette solution qui aboutira à imposer le commerçant de fait *comme* le commerçant régulièrement inscrit. En pratique, tout entrepreneur individuel est assujetti dans la catégorie des BIC, quelle que soit la taille de son entreprise dont il faut noter qu'elle ne dispose jamais d'une personnalité juridique distincte de celle de son animateur. Le champ couvert par la catégorie est vaste et les difficultés de frontière sont peu nombreuses : les critères sont simples, la jurisprudence est établie et seules des activités nouvelles peuvent soulever des difficultés d'appréhension.

b. *Des contours étendus*

278 Les contours de la catégorie sont étendus par détermination expresse de la loi puisque celle-ci répute expressément comme bénéfices industriels et commerciaux les profits résultant d'un certain nombre de situations ou activités, qui ne présentent pas toutes un caractère commercial au regard des autres branches du droit.

279 C'est d'abord le cas de locations qui peuvent être qualifiées de civiles mais dont les revenus sont qualifiés de BIC : rentrent dans cette catégorie les locations d'entreprises ou d'immeubles équipés de leurs moyens de production mais aussi de fonds de commerce par un loueur que la loi commerciale contraint à la radiation du registre du commerce lorsqu'il donne son fonds en location-gérance. Le particulier qui donne en location une habitation meublée ou une entreprise équipée de matériel devra également déclarer les loyers dans la catégorie des BIC. S'il donne en location

un immeuble nu, le loyer sera considéré comme un revenu foncier (v. ss 558).

280 C'est ensuite le cas des marchands de biens, c'est-à-dire des personnes qui habituellement achètent en leur nom pour revendre, soit des immeubles soit des fonds de commerce ou des parts de sociétés immobilières. La perception d'un revenu dépend ici des diligences déployées par l'opérateur, de même pour les intermédiaires du secteur immobilier, pour les lotisseurs ou pour toute personne qui agit de façon professionnelle et déclarée sur le marché foncier (agent immobilier par ex.).

c. *Extension aux revenus accessoires*

281 L'article 155 du CGI étend le régime des BIC aux revenus accessoires qu'un contribuable commerçant vient à réaliser dans le domaine agricole ou non commercial. Cette imprégnation traduit un souci de simplification du législateur, tant pour le contribuable concerné que pour les agents de l'administration qui seront en charge de son dossier puisque la déclaration de revenus catégorielle BIC couvrira également les deux autres revenus professionnels en dispensant de remplir leur déclaration spécifique. Toutefois le champ d'application de cette mesure est circonscrit par la loi, qui exige que l'activité industrielle ou commerciale soit préexistante aux deux autres, et par la jurisprudence, qui la subordonne à une complémentarité des activités en cause.

d. *Distinction entre BIC professionnels et BIC non-professionnels*

282 L'article 156-1-1° *bis* du CGI distingue entre **BIC professionnels et non professionnels**, en précisant que les déficits issus des seconds ne profiteront pas du droit à imputation sur les autres revenus du foyer fiscal (v. ss 428). Cette volonté législative traduit le souci de mettre un terme aux avantages attachés à certains montages issus de l'imagination fertile de contribuables et de leurs conseils. Nul doute que le terme ainsi mis à leurs espérances les stimulera pour découvrir d'autres plages d'optimisation fiscale.

283 Les termes de l'article 156-1-1° *bis* sont suffisamment imprécis pour englober dans la catégorie des BIC non professionnels toutes les opérations qui peuvent être réduites à de simples

placements du contribuable, c'est-à-dire dans lesquelles il ne participe pas de façon directe à la gestion, laissant ce soin à de véritables professionnels qu'il mandate à cet effet. Les pratiques récentes de ce type ont successivement concerné la location de conteneurs et de wagons, les placements dans l'hôtellerie, les logements pour étudiants, les résidences pour personnes âgées, les fermes de cellules photovoltaïques, d'autres formules fleuriront, simplement l'avantage fiscal disparaît pour les montages réalisés depuis 1996, date d'adoption du texte précité. Or cette possibilité d'imputation du déficit constituait un attrait important puisque le déficit de ces montages était important les premières années, la clientèle attirée par cette forme de placements était titulaire d'autres revenus catégoriels substantiels et pouvait diminuer par le biais de cette imputation l'impôt dû. La loi a toutefois veillé à considérer comme BIC professionnels l'activité de certains loueurs en meublé et les investissements réalisés outre-mer (v. ss 556).

284 La portée de cette distinction est limitée au sort des déficits, toutes les autres caractéristiques du régime BIC s'appliquent uniformément aux deux modes d'activité.

e. *Liberté d'affectation comptable*

285 Le Conseil d'État a posé le principe de **liberté d'affectation comptable**. En vertu de ce principe, l'entrepreneur est libre d'inscrire au bilan de l'entreprise les biens et les dettes qu'il veut : aucune disposition ne l'oblige à porter à l'actif de son bilan un immeuble dans lequel il exerce sa profession, alors qu'il peut y inscrire un immeuble sans rapport avec l'exploitation. Dans ce cas, les revenus générés par ces derniers seront pris en compte pour la détermination du résultat imposable de l'entreprise.

Cette liberté connaît deux séries de limites :

– elle ne vaut que pour la détermination du bénéfice industriel et commercial, pas pour la contribution économique territoriale ni pour l'IFI ;

– le noyau dur de l'entreprise, c'est-à-dire le fonds de commerce, les stocks, les créances et les dettes commerciales seront nécessairement affectés à l'exploitation.

B. Les principes gouvernant la détermination du bénéfice imposable

286 Un certain nombre de règles essentielles encadrent la démarche qui, chaque année, part du résultat brut de l'entreprise pour aboutir au bénéfice net qui sera ajouté aux autres revenus du foyer fiscal de l'entrepreneur. Elle part de la théorie du bilan (1), prend en compte les règles de territorialité (2) et respecte la subordination du résultat fiscal au résultat comptable (3).

1. *La théorie du bilan*

287 L'ossature du processus est constituée par la **théorie du bilan**, que l'article 38 du CGI énonce en deux propositions étroitement articulées :

« 1. Sous réserve des dispositions des articles 33 *ter*, 40 à 43 *bis* et 151 *sexies*, le bénéfice imposable est le bénéfice net, déterminé d'après les résultats d'ensemble des opérations de toute nature effectuées par les entreprises, y compris notamment les cessions d'éléments quelconques de l'actif, soit en cours, soit en fin d'exploitation.

2. Le bénéfice net est constitué par la différence entre les valeurs de l'actif net à la clôture et à l'ouverture de la période dont les résultats doivent servir de base à l'impôt diminuée des suppléments d'apport et augmentée des prélèvements effectués au cours de cette période par l'exploitant ou par les associés. L'actif net s'entend de l'excédent des valeurs d'actif sur le total formé au passif par les créances des tiers, les amortissements et les provisions justifiés. »

288 La détermination du bénéfice imposable a donné lieu jadis à une longue et célèbre controverse entre les entreprises et l'administration fiscale. Les entreprises soutenaient que le bénéfice imposable résultait du compte d'exploitation alors que l'administration fiscale prétendait que ce bénéfice apparaissait lorsque l'on comparait deux bilans successifs de l'entreprise.

289 Pour l'essentiel, le compte d'exploitation retrace d'un côté les achats et d'un autre côté les ventes. La différence entre les deux postes constitue soit le bénéfice soit le déficit de l'entreprise. Le

compte d'exploitation ne retrace donc que les opérations commerciales ou industrielles de l'entreprise c'est-à-dire les bénéfices réalisés par son activité proprement dite. Selon les entreprises, tenants de la théorie du compte d'exploitation, seul est imposable le bénéfice tel qu'il résulte du compte d'exploitation.

290 En revanche, l'administration défendait la théorie du bilan. Le bilan annuel d'une entreprise, on le sait, évalue tous les éléments de son actif et tous les éléments de son passif à la date d'établissement de ce bilan. Il indique en quelque sorte ce que serait la situation de l'entreprise, actif et passif, si on la liquidait à la date d'établissement de ce bilan. Pour l'administration, le bénéfice d'une entreprise résulte de la comparaison de deux bilans successifs. Un exemple chiffré aidera à comprendre la position de l'administration.

291 Soit une entreprise qui vend en 2023 pour 400 000 euros un terrain qu'elle a acheté en 2011 pour 80 000 euros. Le bilan de fin d'année de l'entreprise va enregistrer une réduction de 80 000 euros du poste capital immeuble, valeur pour laquelle le terrain figurait au bilan de l'entreprise. Mais on y trouvera un encaissement de 400 000 euros correspondant au prix de vente du terrain.

292 En définitive, par rapport au bilan de l'année précédente, le bilan enregistrera un excédent bénéficiaire de 320 000 euros. En d'autres termes, l'application de la théorie du bilan aboutit à considérer comme étant un élément du bénéfice, toute plus-value apparue entre deux bilans successifs, quelle qu'en soit l'origine et pour aussi étrangère qu'elle soit à l'activité de l'entreprise.

293 Après des hésitations, le Conseil d'État s'est finalement, en 1924, prononcé pour la théorie du compte d'exploitation, contre l'administration fiscale. Pour ce faire il distinguait les bénéfices d'exploitation et les gains en capital ou plus-values, en s'attachant au caractère habituel ou exceptionnel de l'opération qui avait engendré le gain ou la perte. Dans le premier cas, il y avait bénéfice ou déficit d'exploitation, dans le second cas plus-value ou moins-value. Il considérait l'opération comme habituelle, donc susceptible de produire un bénéfice renouvelable, lorsqu'elle entrait dans l'objet normal de l'entreprise. En revanche, lorsque l'opération

sortait de l'objet normal, il la considérait comme accidentelle, n'entraînant pas un bénéfice imposable parce que non renouvelable. De ce fait, les plus-values réalisées sur cession d'éléments de l'actif n'étaient pas, selon le Conseil d'État, imposables.

294 Battue devant les tribunaux, l'administration fit consacrer la théorie du bilan par le législateur grâce à la loi du 13 janvier 1941 devenue l'article 38 précité du CGI.

295 Ce régime a été partiellement mis en cause, pour les exercices ouverts à compter du 1er janvier 2012 (CGI, art. 155, II, III et IV). Le nouveau texte met en effet un terme aux effets de la théorie du bilan, dans la mesure où il écarte, pour la détermination du résultat professionnel imposable, les produits et les charges dépourvus de lien avec l'exercice de l'activité professionnelle. Cette mise à l'écart prend la forme d'un retraitement extra-comptable lors de la détermination du résultat fiscal de l'entrepreneur individuel, à moins que ces produits accessoires n'excèdent pas 5 % de l'ensemble des produits de l'exercice, ou bien 10 % de ces mêmes produits dès lors que la condition de 5 % a été satisfaite au titre de l'exercice précédent. Il s'agit là d'une évolution importante des principes gouvernant la détermination du résultat imposable du contribuable BIC.

2. *Règles de territorialité*

296 Les règles de territorialité qui gouvernent la détermination du bénéfice prennent en compte les exploitations situées en France (CGI, art. 209-I). Si l'opérateur a son domicile fiscal en France, le résultat de son exploitation située à l'étranger doit être appréhendé (sur déclaration séparée) comme BIC imposable en France, sauf disposition contraire d'une convention bilatérale (v. ss 57), qui privilégierait le concept d'établissement stable.

3. *Subordination du résultat fiscal au résultat comptable*

297 Le primat de la règle comptable sur la règle fiscale signifie que le résultat fiscal est déterminé à partir du résultat comptable de l'entreprise. L'article 38 *quater* de l'annexe III du Code pose cette

subordination en même temps que la faculté pour la loi d'y déroger.

Le cadre ainsi tracé implique une comptabilisation préalable (a), le respect de la comptabilité d'engagement (b) pour une période annuelle (c) qui constitue l'exercice (d). La comptabilisation est pratiquée hors taxe (e) et en euros (f).

a. *L'application de la règle comptable*

298 La comptabilisation des opérations de l'entreprise constitue un préalable nécessaire à la démarche fiscale et s'impose avec rigueur : ainsi une charge ne pourra être déduite du résultat que si elle a d'abord été comptabilisée. Le résultat imposable est donc obtenu à partir du résultat comptable, lequel fait ensuite l'objet d'un retraitement sous forme de rectifications extra-comptables : la loi fiscale est en effet libre de s'affranchir de la règle comptable pour apporter des modifications à la situation livrée par la comptabilité de l'entreprise. Ces modifications en plus ou en moins sont apportées au moyen de la grille de conversion que constitue un des formulaires de la déclaration des BIC dénommé « l'état 2058 A, détermination du résultat fiscal ».

b. *La comptabilité d'engagement*

299 Au nom de la même cohérence le résultat fiscal de l'entreprise prend en compte les créances acquises, et non pas les recettes encaissées, ainsi que les dettes certaines, et non pas les dépenses qui auraient donné lieu à décaissement effectif. Cette règle plutôt sophistiquée conduit l'opérateur à rechercher le moment exact où son entreprise peut se reconnaître valablement créancière d'une facture émise sur un client ou débitrice d'une facture émise par l'un de ses fournisseurs. Pour les ventes de biens c'est la date de la livraison qui constitue ce moment où l'inscription en comptabilité devient obligatoire, tandis que pour les prestations de services c'est la date d'accomplissement de la prestation. La règle fonctionne de façon symétrique pour les créances détenues par l'entreprise sur ses clients comme pour les dettes qu'elle contracte à l'égard de ses fournisseurs, en pratique cette date coïncide avec celle de la facturation ; en revanche elle est indifférente à la date

de paiement même si un acompte est versé avant la livraison ou l'accomplissement de la prestation.

300 Le respect de cette méthode permet à l'entreprise une gestion claire puisqu'elle mesure le volume exact de son activité économique, mais elle se révèle délicate à mener sur le terrain fiscal. En effet, chaque créance acquise est une composante du bénéfice de l'entreprise, donc elle augmente l'assiette de l'impôt, en revanche l'entreprise écartera de son résultat toutes les créances douteuses ou litigieuses dans leur principe ou dans leur montant.

301 Mais la frontière entre l'acquis et le non acquis, entre le certain et l'incertain est parfois délicate à tracer : le contribuable devra être en mesure de justifier ses choix en cas de contrôle par l'administration ; cette dernière mettra en avant le principe de l'indépendance des exercices (v. ss 304) pour corriger le rattachement à un exercice, le contribuable pourra dans les mêmes conditions choisir une solution temporaire telle l'inscription d'une provision pour créance douteuse ou litigieuse (v. ss 411), qui ne majorera pas de façon artificielle son résultat aussi longtemps que la créance n'est pas devenue certaine.

302 Si la réalisation d'une commande s'étend sur plusieurs années, l'entreprise est tenue de comptabiliser comme produits pour chaque exercice les travaux en cours c'est-à-dire la part de cette commande globale qui a été réalisée, de même que seront comptabilisées simultanément les charges que cette production a générées au cours de la même période.

c. *Période d'imposition*

303 La détermination du résultat est annuelle, en vertu du principe de l'annualité de l'impôt ; il s'agit pour l'impôt sur le revenu de l'année civile (v. ss 191) mais pour les BIC la période d'imposition est l'exercice. Si l'exercice coïncide avec l'année civile le résultat imposable pris en compte sera celui de cette année, s'il ne coïncide pas avec l'année civile le résultat pris en compte sera celui de l'exercice clos au cours de l'année civile au titre de laquelle est établie l'imposition, même s'il s'étend sur une période supérieure à douze mois. Si l'entreprise n'a dressé aucun bilan au cours d'une année civile le résultat prendra en compte les bénéfices de la

période qui s'est écoulée depuis la fin de la dernière période imposée.

d. *Le principe d'indépendance de l'exercice*

304 Le principe de l'indépendance des exercices boucle le système en obligeant le contribuable à se situer dans le strict cadre temporel d'un exercice pour en déterminer les produits et les charges. Autrement dit, un événement postérieur ne permettra pas de remettre en cause les résultats d'un exercice : ainsi de la défaillance d'un client, apprise après la clôture de l'exercice mais avant le dépôt de la déclaration fiscale, qui aurait justifié la constitution d'une provision, l'annulation d'une vente ou la requalification de frais généraux en dépenses amortissables.

e. *Une comptabilisation hors taxes*

305 La comptabilisation des opérations doit être effectuée hors TVA, l'article 38 A de l'annexe III du Code rejoint ici les dispositions du plan comptable ; puisque le contribuable BIC est assujetti à cet impôt (v. ss 1101) il peut déduire le montant qui grève ses achats, il va donc raisonner « hors taxes » et cette règle de comptabilisation traduit au mieux la vérité économique de l'entreprise ainsi que la neutralité de la TVA. La loi prévoit toutefois une exception, lorsque la TVA n'est pas déductible, sur certaines immobilisations et services connexes (v. ss 1276). La comptabilisation de ces derniers s'effectuera alors TVA incluse.

f. *Une comptabilisation en euros*

306 Tous les documents comptables doivent être établis en euros, selon l'article L. 123-22 du Code de commerce, et cette règle envisagée dans sa dimension fiscale entraîne plusieurs implications. Tout d'abord les créances et dettes libellées en monnaie étrangère doivent être converties en euros, selon le cours connu au jour de leur comptabilisation. À la clôture de l'exercice cette conversion sera corrigée pour tenir compte de l'éventuelle variation de change. Aux termes de l'article 38-4 du CGI cet écart de conversion par rapport aux montants initialement comptabilisés sera considéré comme un gain ou une perte de change pour la détermination du résultat imposable.

307 La comptabilisation en euros s'effectue au montant initial, c'est-à-dire sans tenir compte d'une érosion de la monnaie et, partant, sans pouvoir enregistrer une dépréciation des créances voire des dettes de l'entreprise. Ce principe du nominalisme monétaire est doté d'une forte connotation patriotique, il est énoncé à l'article 1895 du Code civil qui l'impose à l'ensemble du système juridique français.

4. *Un régime variable selon la taille de l'entreprise*

308 Le régime d'imposition du bénéfice imposable participe également des principes gouvernant sa détermination puisque la loi fiscale le fait varier en fonction de la taille de l'entreprise et de son devenir.

a. *Le régime de la micro-entreprise*

309 La loi de finances pour 1999 a aboli le régime du forfait, qui se contentait de déterminer avec une certaine approximation les obligations fiscales du contribuable de faible activité. La loi de finances pour 2018, du 30 décembre 2017, a aménagé les conditions d'éligibilité à ce régime en ne renvoyant plus au régime de la franchise en base de TVA. En effet, la subordination du bénéfice du régime de micro-entreprise (ou micro-BIC) à la condition de bénéficier de la franchise en base de TVA est supprimée et il est donc désormais possible d'être imposé selon un régime réel de TVA tout en étant placé sous le régime de micro-entreprise (CGI, art. 50-0).

Par ailleurs, il est désormais prévu que le régime de micro-entreprise s'applique aux titulaires de BIC dont le total du chiffre d'affaires hors taxe n'excède pas un certain montant en fonction de leur type d'activité. Ainsi, pour les livraisons de biens, de ventes à consommer sur place ou à emporter et les prestations d'hébergement autres que la location meublée, le seuil est de 188 700 euros hors taxes l'année civile précédente.

310 Pour les autres prestations de services, le seuil est seulement de 77 700 €, et 15 000 € pour la location de meublés de tourisme.

311 Même à l'intérieur de ces limites, le régime micro ne peut s'appliquer à des catégories d'entreprises exclues expressément par l'article 50-0, 2 du CGI. Il en est ainsi des sociétés de personnes,

des sociétés civiles de moyens, des personnes morales qui ont opté pour l'assujettissement à l'impôt sur les sociétés mais aussi des opérations concourant à la production ou à la livraison d'immeubles, les opérations portant sur des immeubles ou des fonds de commerce et celles réalisées à titre professionnel sur les marchés à terme.

312 Le résultat de l'entreprise qui remplit les conditions qui viennent d'être décrites sera déterminé de plein droit sous le régime micro, pour l'impôt sur le revenu, mais le contribuable pourra toujours opter pour une imposition déterminée selon un régime réel. L'option est exercée pour une durée d'un an. Elle se renouvelle par tacite reconduction.

313 Les contribuables soumis au régime micro déclarent directement le montant de leur chiffre d'affaires annuel hors taxes dans la rubrique adéquate de la déclaration globale de revenu. Le bénéfice net est calculé après application d'un abattement forfaitaire pour frais, qui est différencié en fonction de la nature de l'activité exercée :

– pour les activités d'achat-revente de marchandises ou de fourniture de logement, l'abattement est fixé à 71 % du montant du chiffre d'affaires ;

– pour les activités de prestations de services, le taux de l'abattement est limité à 50 %.

Dans les deux cas, l'abattement ne peut être inférieur à 305 euros.

314 Cette extrême simplicité se retrouve au niveau des obligations comptables et fiscales : le contribuable doit tenir un livre mentionnant chronologiquement le montant et l'origine des recettes perçues au titre de son activité professionnelle, en distinguant les règlements en espèces des autres modes de règlement et en indiquant les références des pièces justificatives. S'il s'agit de recettes correspondant à des ventes au détail ou à des services rendus à des particuliers, il peut inscrire les recettes de façon globale à la fin de chaque journée lorsque leur montant unitaire n'excède pas 76 euros. Il tient en outre un registre récapitulé par année présentant le détail de ses achats, ce registre étant appuyé des factures et de toutes autres pièces justificatives. Il doit joindre enfin à sa

déclaration de revenus un état qui retrace le montant brut des immobilisations affectées à l'exploitation, le nombre de salariés et le montant brut des salaires versés, ainsi qu'un tableau de suivi des immobilisations et des plus ou moins-values de cessions, l'ensemble de ces documents devant permettre l'établissement de la contribution économique territoriale (v. ss 1839) et le contrôle des plus ou moins-values professionnelles.

315 Depuis 2009, le contribuable peut, sur option, adhérer au régime de l'autoentrepreneur (CGI, art. 151-0). Il s'acquitte alors auprès d'un seul organisme (l'URSSAF) de l'impôt sur le revenu et de l'ensemble des cotisations de sécurité sociale, chaque mois ou chaque trimestre, et ce au moyen de versements libératoires égaux à un pourcentage du chiffre d'affaires réalisé le mois ou le trimestre précédent. Cette option est possible lorsque le montant des revenus nets du foyer fiscal perçu au cours de la pénultième année N-2 est inférieur ou égal, pour une part du quotient familial, à la limite supérieure de la deuxième tranche du barème de l'impôt sur le revenu de l'année N-1 (29 315 € pour les revenus de 2024). Cette limite est majorée respectivement de 50 % ou 25 % par demi-part ou quart de part supplémentaire. Le taux du versement libératoire est de 1 % pour les entreprises ayant une activité de vente de marchandises ou de fourniture de logements, et de 1,7 % pour les entreprises ayant une activité de prestations de services. Les versements ainsi effectués par le contribuable sont libératoires de l'impôt sur le revenu dû au titre de l'année de réalisation du chiffre d'affaires. Ce revenu est ajouté aux autres revenus du foyer fiscal pour appliquer la règle du taux effectif (v. ss 209) à leur imposition sur ces autres revenus.

316 La substitution du régime micro à l'archaïque système du forfait ne représente pas une révolution pour les contribuables, mais a le mérite de les obliger à raisonner davantage en termes d'appréciation réelle de leur activité et, partant, de réfléchir à une optimisation de leur gestion. Pour l'administration fiscale, la mise en œuvre de ce régime est plus complexe mais aussi moins erratique que le système précédent, dans lequel le contrôleur n'ouvrait le dossier du contribuable qu'une fois tous les deux ans et pour deux impôts à la fois. L'égalité devant les charges publiques y trouve son

compte, même si les contrôles *a posteriori* effectués par l'administration fiscale seront peu nombreux, compte tenu de la modicité des enjeux.

b. *Le régime du réel simplifié*

317 Le régime du réel simplifié (CGI, art. 302 *septies* A *bis*) présente le double avantage de satisfaire à l'idéal de vérité tout en n'accablant pas le contribuable sous des obligations démesurées par rapport à la taille de son entreprise.

Son champ d'application s'insère entre le micro et le régime du réel normal dont il constitue l'antichambre. Il s'applique en effet de plein droit aux contribuables dont le chiffre d'affaires excède les limites du micro sans dépasser 840 000 € pour 2024 et 2025 pour la première catégorie ou 254 000 € pour 2024 et 2025 pour les prestataires de services, ces limites étant appréciées ici hors TVA. Depuis 2017 elles sont revalorisées tous les trois ans, en fonction de l'évolution des tranches du barème de l'impôt sur le revenu. À compter du 1er janvier 2027, ces seuils seront révisés triennalement dans la même proportion que la limite supérieure de la première tranche du barème de l'impôt sur le revenu (CGI, art. 302 *septies A bis*). Bien entendu et comme pour la catégorie inférieure, le contribuable concerné dispose toujours de la faculté d'opter pour le régime supérieur, c'est-à-dire le réel normal.

318 Comme son nom l'indique ce régime oblige le contribuable à déterminer un résultat imposable sincère et exact, tant pour les BIC que pour la TVA, simplement ses obligations déclaratives et comptables sont allégées par rapport au réel normal. Le régime est applicable également aux contribuables relevant de l'impôt sur les sociétés mais c'est pour les contribuables BIC que la loi est la plus tolérante puisqu'elle agrée la validité des résultats étayés par une comptabilité dite « super-simplifiée », qui n'est en réalité qu'une simple comptabilisation des encaissements et des décaissements de l'entreprise ; en désaccord avec la loi comptable, la loi fiscale dispense même de bilan les entreprises dont le chiffre d'affaires annuel n'excède pas 176 000 € pour 2024 et 2025 ou 61 000 € hors taxe selon l'activité (CGI, art. 302 *septies* A *bis*).

319 Le relèvement régulier des limites supérieures du réel simplifié montre la volonté de l'État d'offrir ce régime à un maximum de

contribuables, qui ne seront ainsi pas tentés de limiter la croissance de leur entreprise par peur des obligations prévues par le réel normal. Cette formule se révèle un compromis heureux, puisqu'elle développe le souci de vérité chez les contribuables et, ce faisant, les aide à affiner la gestion de leur entreprise, quant à l'État il ne peut qu'apprécier l'amélioration de la qualité du tissu économique.

c. *Le régime du réel normal*

320 Le régime du réel normal concerne un nombre limité de contribuables relevant des BIC, compte tenu du niveau élevé du plafond d'application du réel simplifié : une entreprise importante est en effet rarement exploitée en nom propre.

321 Les obligations qui incombent au contribuable sont complètes, la loi fiscale, le Code de commerce et le Plan comptable se conjuguent en effet pour deux séries d'obligations. Au long de l'année le contribuable doit tenir et servir un livre-journal, qui retrace les opérations au jour le jour, un grand livre qui reprend les écritures du livre-journal, et un livre d'inventaire qui reproduit les données d'inventaire et les comptes annuels que sont le bilan, le compte de résultat et l'annexe. Ces documents doivent être tenus en conformité avec le plan comptable de la profession et être présentés sur demande de l'administration fiscale.

322 À la clôture de l'exercice l'entreprise doit déposer une déclaration annuelle des résultats dans un délai qui est en principe de trois mois. Ce formulaire 2031 doit être accompagné d'un certain nombre de tableaux qui forment ce qu'il est convenu d'appeler la liasse fiscale. Il s'agit d'abord de tableaux comptables, qui reprennent le contenu des documents prescrits par le Code de commerce (bilan et compte de résultat mais aussi tableaux des immobilisations, des amortissements et des provisions), et de tableaux fiscaux qui reproduisent respectivement la détermination du résultat fiscal déjà évoquée, les déficits et provisions non déductibles, l'affectation du résultat ainsi que les plus-values et moins-values. Si l'entreprise tient une comptabilité analytique et au-delà d'un certain chiffre d'affaires, elle est tenue de communiquer celle-ci.

323 De nombreuses autres informations doivent être jointes, tels les avantages en nature accordés le cas échéant au personnel, le relevé détaillé des cadeaux et frais de réception exposés par l'entreprise et l'affectation des véhicules de tourisme qu'elle possède.

324 L'ensemble de ces documents doit être déposé en principe dans les trois mois de la clôture de l'exercice ; si celui-ci est arrêté au 31 décembre la déclaration devra être déposée avant le 31 mars mais la loi intervient chaque année pour repousser cette échéance. Lorsque la clôture de l'exercice intervient à une autre date, la déclaration doit être déposée avant le 28 ou le 29 février de l'année suivante.

d. *Le cas de la cessation d'activité de l'entreprise*

325 Le régime d'imposition applicable en cas de **cessation d'activité de l'entreprise** reflète la préoccupation de l'État d'éviter la volatilisation de l'assiette imposable. Cette dernière comprend les résultats de la période qui a couru depuis la clôture du dernier exercice jusqu'au jour de l'arrêt définitif de l'exploitation, mais elle englobe également tous les bénéfices demeurés en sursis d'imposition, notamment sous forme de provisions qui ont dorénavant perdu leur justification, ainsi que les plus-values qui étaient latentes et sont dorénavant considérées comme réalisées puisque l'entreprise disparaît en tant que telle et que son actif net va intégrer le patrimoine privé de son animateur.

326 Pour permettre à l'administration d'avoir rapidement connaissance de la disparition de l'entreprise et au Trésor public de recouvrer l'impôt correspondant, l'article 201 du CGI pose le principe de l'imposition immédiate et fixe un délai de quarante-cinq ou soixante jours – selon la taille de l'entreprise – au contribuable ou à ses ayants droit pour déposer une déclaration de résultat correspondant au régime d'imposition de l'entreprise et qui devra retracer cette assiette complète. Dans le même souci de sécurité la loi étend ces règles à l'hypothèse de la cession d'entreprise, en considérant qu'à défaut de personnalité morale l'opération s'analyse comme la disparition d'une entreprise individuelle avant sa renaissance en d'autres mains.

327 Pour les quatre catégories de régime qui viennent d'être évoquées le dépôt tardif de la déclaration entraîne des sanctions qui peuvent aller jusqu'à la fixation d'office des bases d'imposition. Cette déclaration doit être déposée au centre des finances publiques sur le territoire duquel est implanté le principal établissement de l'entreprise. Elle fait apparaître le total des produits imposables (C), les charges qui doivent être déduites (D) et le résultat net (E).

C. La détermination des produits imposables

328 Elle est simple à évoquer dans la mesure où elle prend en compte trois catégories de recettes, d'inégale importance, qui sont d'abord et surtout les produits d'exploitation (1), les produits financiers (2) et les produits exceptionnels (3).

1. *Les produits d'exploitation*

329 Les produits d'exploitation constituent les recettes de l'activité même de l'entreprise, ils sont donc le prix total de toutes les ventes de produits, de services ou de travaux que l'entreprise a réalisés au cours de l'exercice écoulé. Les règles qui gouvernent leur recensement, les conditions de rattachement à l'exercice et le montant exact à prendre en compte sont les règles d'essence comptable, déjà évoquées (v. ss 297).

330 À ces produits principaux s'ajoutent les produits accessoires que l'entreprise a pu tirer d'une activité agricole ou non commerciale accessoire (v. ss 281), ou bien percevoir sous forme de loyers d'immeubles ou commissions sur entremise. La nature du revenu est ici transcendée par son rattachement à l'exercice d'une activité principale de nature industrielle et commerciale.

2. *Les produits financiers*

331 Les produits financiers constituent une catégorie comptabilisée à part en raison de leur nature spécifique. Ils comprennent d'abord les revenus de valeurs mobilières, c'est-à-dire les dividendes d'actions et les intérêts d'obligations ou titres assimilés que

possède l'entreprise dans son portefeuille-titres. Toutefois le législateur a prévu d'exclure les dividendes de la catégorie BIC afin de permettre au contribuable de les déclarer au titre du revenu global de son foyer fiscal et, ainsi, bénéficier à leur sujet du régime réservé aux personnes physiques (v. ss 626). S'agissant des produits de titres dits « à revenu fixe » la règle s'applique à la discrétion du contribuable, qui n'aura pas d'intérêt à opter pour elle si le montant de ses dividendes perçus par ailleurs excède déjà le seuil de l'abattement.

332 La deuxième composante est constituée par les différents produits que l'entreprise perçoit en rémunération des concours financiers qu'elle a consentis : les créances, dépôts, comptes courants et cautionnements qu'elle consent génèrent des intérêts ou des arrérages qui doivent être enregistrés dès lors qu'ils sont courus, toujours par application des principes de la comptabilité d'engagement.

3. *Les produits exceptionnels*

333 Les produits exceptionnels forment une catégorie quelque peu hétérogène, qui regroupe des recettes qui ont simplement en commun leur caractère occasionnel pour l'entreprise.

a. *Les subventions*

334 C'est d'abord le cas des **subventions** que l'entreprise reçoit, d'un donateur public ou privé, lorsque cette subvention constitue une aide au fonctionnement ou représente une contribution à l'équilibre. Cette subvention peut être directe, telle une prime à l'embauche, ou bien indirecte, tel un **abandon de créance** ou une **remise de dette** qu'une entreprise peut consentir à une autre entreprise.

335 Lorsque ce concours financier s'analyse comme une subvention d'équipement accordée à l'entreprise par une collectivité publique pour l'aider à acquérir des immobilisations, l'article 42 *septies* du CGI prévoit son étalement sur les exercices à venir, à concurrence des amortissements pratiqués si l'immobilisation est amortissable, ou sur une durée qui ne peut excéder dix ans si l'immobilisation n'est pas amortissable.

b. *Les indemnités*

336 C'est ensuite le cas des **indemnités** que l'entreprise perçoit en réparation d'un préjudice qu'elle a subi, qu'elles soient versées par un adversaire en application d'une décision de justice ou par une compagnie d'assurances en cas de sinistre. Simplement le régime fiscal de cette indemnité variera selon la nature du dommage qu'elle a mission de réparer : elle sera intégrée au bénéfice imposable chaque fois qu'elle compensera la disparition de stocks, la perte de chiffre d'affaires, la survenance de charges d'exploitation ou bien réparera les conséquences de la mise en jeu de sa responsabilité ; en revanche elle sera traitée comme une plus-value chaque fois qu'elle compensera la perte d'un élément de l'actif immobilisé, la plus-value réalisée sur la cession d'un élément d'actif obéissant à un régime d'imposition dérogatoire (v. ss 514).

c. *Les dégrèvements d'impôts*

337 Sont également traités comme produits exceptionnels les **dégrèvements d'impôts**, dans la mesure où l'entreprise les avait acquittés et déduits du résultat imposable d'un exercice antérieur ; ils deviennent alors un profit afférent à l'exercice au cours duquel l'administration prononce le dégrèvement. Il en est de même des plus-values professionnelles (v. ss 514).

338 L'entreprise ayant ainsi collationné ces différentes composantes de son bénéfice brut va procéder à la même démarche pour recenser les différentes charges qu'elle est autorisée à imputer pour dégager le bénéfice imposable.

D. La détermination des charges déductibles

339 L'article 39-1 du CGI pose en principe que le bénéfice net est établi sous déduction de toutes charges mais au-delà de cette pétition il énonce une longue liste de prescriptions spécifiques qui décrivent les conditions de déduction d'autant de catégories de charges. Le catalogue ne peut pas être exhaustif et ne concerne qu'une partie des **frais généraux** (1), auxquels il faut ajouter les **amortissements** (2) et les **provisions** (3).

340 Une distinction préalable s'impose, entre frais généraux et **immobilisations**. Si la première catégorie de dépenses est considérée

comme une charge immédiatement déductible, en revanche l'immobilisation s'analyse comme une composante durable de l'actif de l'entreprise, par conséquent son acquisition n'est pas un appauvrissement pour l'entreprise et ne peut donc pas donner lieu à déduction immédiate.

341 L'immobilisation peut être **corporelle**, tels une machine ou un immeuble que possède l'entreprise, elle peut être **incorporelle** comme la propriété d'un brevet ou d'une clientèle commerciale. Hormis une dépréciation soudaine ces deux catégories d'immobilisation ne donneront lieu à déduction d'une charge que si elles sont amortissables. Au-delà de l'énoncé de ce cadre, la frontière entre les immobilisations et les frais généraux est parfois délicate à tracer. Elle génère par conséquent un contentieux entre l'administration et le contribuable qui est à la mesure de l'enjeu économique sous-jacent : pour réduire le montant de l'impôt le contribuable sera tenté de passer en charge immédiatement déductible le coût total d'une dépense que l'administration considérera au contraire comme une immobilisation, au mieux amortissable.

1. *Les frais généraux*

342 Les frais généraux forment une vaste famille de dépenses créée par la loi fiscale, en revanche c'est essentiellement la jurisprudence qui a systématisé les règles générales de leur déduction.

a. *Quatre règles cumulatives*

343 Ces règles de déduction sont au nombre de quatre, qui doivent être cumulativement remplies.

Pour être déductible, la charge doit d'abord avoir été exposée dans l'intérêt de l'entreprise et se rattacher par conséquent à sa gestion. Cette première règle empêche la déduction d'une dépense exposée dans l'intérêt personnel du contribuable pour satisfaire sa consommation privée ; elle exclut également l'acte anormal de gestion, que l'entrepreneur a pris dans des circonstances étrangères à une conduite de l'entreprise adaptée aux contraintes au sein desquelles elle évolue (v. ss 547). La loi prohibe parfois la déduction de certaines charges, par exemple des dépenses de corruption d'agents publics étrangers, versées dans le dessein d'obtenir un avantage indu dans une transaction commerciale internationale (CGI, art. 39, 2 *bis* ; CE 4 févr. 2015, n° 364708, *Dr. fisc.* 2015, n° 15, comm. 255, concl. F. Aladjidi).

344 Les dépenses à caractère somptuaire seront également exclues, mais davantage pour des raisons de puritanisme fiscal que la loi est venue poser de façon ponctuelle pour certaines catégories de dépenses. La règle générale présume non déductibles les dépenses qu'un contribuable expose dans certains domaines qui relèvent davantage du rêve que de la gestion quotidienne d'une PME, l'achat d'un manoir par exemple ; en revanche la déduction sera possible si le contribuable apporte la preuve de l'intérêt que son entreprise retire d'une telle dépense, sur le plan de l'image commerciale par exemple, ou bien pour les revenus qu'elle en perçoit.

345 Cette règle générale est complétée par des dispositions particulières, codifiées à l'article 39-4 du CGI, qui viennent interdire expressément la déduction des dépenses de toute nature ayant trait à la chasse et à la pêche non professionnelle, aux résidences d'agrément (sauf si elles présentent un caractère social ou constituent des monuments historiques). Toutefois le juge fiscal acceptera la déduction de ces dépenses si l'entreprise parvient à lui montrer qu'elle en retire un revenu ou que cette dépense coïncide avec son activité professionnelle (cas d'un fabricant d'articles de pêche mais aussi d'une entreprise qui parraine un yacht portant son nom).

346 La deuxième exigence est formelle ; la dépense est déductible si elle correspond à une charge réelle et se trouve assortie d'une justification suffisante, telle une facture (CE 21 mai 2007, n° 284719, *RJF* 8-9/07, n° 953).

347 La dépense n'est immédiatement déductible que si elle provoque une diminution de l'actif net de l'entreprise, sinon elle s'analyse comme une opération sur immobilisation, qui n'appauvrit l'entreprise que si elle s'use de quelque façon, et elle sera alors amortissable (v. ss 378).

348 La dernière exigence renvoie aux obligations comptables de l'entreprise puisque la comptabilisation de la charge est un préalable à sa déduction, mais la loi fiscale exige en outre que certaines catégories soient recensées sur un formulaire de la liasse fiscale (v. ss 320)

destiné à faciliter leur contrôle régulier par l'administration. Ce relevé détaillé (n° 2067) recense cinq catégories de frais généraux. C'est le cas des cadeaux d'une valeur unitaire supérieure à 73 euros TTC lorsque leur coût total annuel excède 3 000 euros et des frais de réception lorsqu'ils excèdent 6 100 euros. Le relevé doit aussi retracer les rémunérations, directes et indirectes, perçues par les dirigeants et les salariés les mieux rémunérés (300 000 € ou 150 000 € pour l'ensemble des rémunérations directes et indirectes versées aux dix ou cinq personnes les mieux rémunérées, suivant que l'effectif du personnel dépasse ou non 200 salariés ; ces seuils ont été portés à 540 000 € et 270 000 € à compter du 2 février 2025), ainsi que leurs frais de voyage et de déplacement lorsque le total excède 15 000 euros, auquel l'entreprise doit ajouter les dépenses afférentes aux véhicules pour leur utilisation extraprofessionnelle et aux immeubles qui ne sont pas affectés à l'exploitation. Le non-respect de cette obligation n'interdit pas la déduction des sommes mais entraîne l'application d'une amende de 5 % prévue à l'article 1763 du CGI.

349 Dans le même esprit la loi (CGI, art. 240) oblige l'entreprise à déclarer en janvier le montant détaillé des honoraires et commissions qu'elle a versés au cours de l'exercice écoulé aux différents prestataires de services dont elle a sollicité le concours (avocats, experts-comptables, agents immobiliers). Toutefois, seules sont portées sur la déclaration les sommes supérieures à 1 200 € versées par an pour un même bénéficiaire.

350 Afin d'assurer l'efficacité de ce contrôle sur le revenu des professions libérales la sanction posée par la loi est beaucoup plus drastique puisqu'elle interdit la déduction, pour le contribuable BIC, de toute somme éludée sur cette déclaration spéciale DAS 2 (déposée par voie informatique), sans préjudice d'une amende. S'agissant de cette dernière, elle est égale à 50 % des sommes non déclarées (CGI, art. 1736, I-1) sauf s'il s'agit de la première infraction commise durant l'année civile en cours et des trois années précédentes et que l'omission ou l'inexactitude est réparée soit spontanément, soit à la première demande de l'administration (sur la conformité à la constitution de cette amende : Cons. const. 1er juill. 2022, *Sté Lorraine services*, n° 2022-1001 QPC).

351 Si ces prescriptions sont respectées le contribuable pourra imputer sur ses produits chacune des charges qui suivent. Leur diversité est grande et leur typologie varie selon l'activité de l'entreprise.

b. *Les frais de personnel*

352 Les frais de personnel constituent un poste universel de dépenses, à l'exception de l'entreprise exploitée par le seul contribuable puisque dans ce cas il n'est pas question pour lui de déduire une quelconque rémunération du résultat d'une entreprise dépourvue d'autonomie fiscale à son égard, c'est le bénéfice même de l'entreprise qui constitue son revenu imposable.

353 Toutes les rémunérations versées par l'entreprise sont des charges déductibles avec leurs accessoires ; il faut entendre par là le salaire proprement dit mais aussi les primes et indemnités. À ce montant il convient d'ajouter les avantages en nature que l'entreprise a pu accorder à certains de ses employés tels un logement de fonction ou la disposition d'un véhicule en dehors des heures de travail. Leur contre-valeur doit être chiffrée et figurer sur la fiche de paie. Une limite tangible à la déduction est posée par l'article 39-1-1° du Code, lequel exige que le montant total de la rémunération perçue par un salarié, y compris les avantages en nature, corresponde à un service effectif et ne soit pas excessive « eu égard à l'importance du service rendu ». À défaut la rémunération excessive sera requalifiée de bénéfice distribué soumis à l'impôt et perdra sa qualification de salaire chez le bénéficiaire pour être imposée comme revenu de capitaux mobiliers déguisés (v. ss 624).

354 Sur ces différents montants s'articulent des cotisations sociales obligatoires dont la charge incombe à l'employeur : assurance-maladie, maternité, vieillesse, chômage et retraite. Il pourra donc les déduire, en revanche les cotisations correspondant à des régimes complémentaires ne sont déductibles que si elles sont versées en application d'un régime collectif et impersonnel, applicable à l'ensemble ou à certaines catégories de personnel. Ce n'est pas le cas d'un contrat de retraite complémentaire souscrit au profit du seul dirigeant (CE 21 déc. 2007, n° 274629).

355 Si le salarié est conjoint de l'exploitant la déductibilité de la rémunération ne souffre pas de limitation particulière.

c. *Les loyers et charges locatives*

356 Les loyers et charges locatives des locaux professionnels mais aussi du matériel utilisé par l'entreprise sont déductibles par elle, comme les redevances de crédit-bail, simplement leur montant doit correspondre à la valeur locative du marché : l'administration sera particulièrement attentive à cet aspect si le bailleur n'est autre que le contribuable lui-même, au moyen par exemple d'une société civile immobilière familiale. Le juge fiscal est venu préciser que le contribuable peut déduire le loyer dû pour la mise à disposition de l'immeuble conservé dans son patrimoine privé (CE 8 juill. 1998, *M. Meissonnier*, n° 164657, *Dr. fisc.* 1998, n° 42, comm. 896, concl. G. Bachelier). Dans la logique de la comptabilité d'engagement ce sont les loyers courus qui sont déductibles, même si le propriétaire les déclare, dans le cadre de ses revenus fonciers, seulement lorsqu'il les a perçus (v. ss 580).

d. *Les dépenses d'entretien et de réparation*

357 Les dépenses d'entretien et de réparation sont déductibles dans la mesure où elles permettent de maintenir en usage des immobilisations, elles ne pourront qu'être amorties si elles aboutissent à prolonger la vie du bien ou à augmenter sa valeur et ses performances.

e. *Les impôts et taxes*

358 Les impôts et taxes qui ont grevé l'exploitation sont déductibles. C'est le cas de la contribution économique territoriale, de la taxe foncière d'un immeuble qui figure au bilan, de la taxe sur la valeur ajoutée pour sa fraction non récupérable, des droits d'enregistrement et de la taxe sur les véhicules polluants (v. ss 1382). Tout impôt étranger à la gestion de l'entreprise n'est en revanche pas déductible, à commencer par l'impôt sur le revenu lui-même.

f. *Les sanctions pécuniaires et pénalités*

359 Les sanctions pécuniaires et pénalités de toute nature sont interdites de déduction par l'article 39-2 du Code.

g. *Les primes d'assurance*

360 Les primes d'assurances sont déductibles à l'échéance si leur montant couvre les différents risques courus par l'entreprise,

notamment l'incendie, les dégâts des eaux mais aussi les pertes d'exploitation. Si la prime se rapporte à une assurance-vie ou une assurance-décès elle ne sera déductible que si elle intervient en garantie du remboursement d'un emprunt. Si elle correspond à un contrat « homme-clé », destiné à prémunir l'entreprise contre les conséquences de la disparition de son animateur, la prime sera déductible annuellement si le contrat garantit uniquement les pertes d'exploitation liées à cette disparition. Si le contrat garantit le versement d'un capital prédéfini, les primes ne pourront qu'être imputées en bloc sur ledit capital au moment de son éventuel versement. La loi de finances pour 2023 (n° 2022-1726, 30 déc. 2022, art. 6) permet à l'entreprise de créer une captive de réassurance qui assurera les différentes filiales du groupe. Cette captive, dorénavant installée en France, peut créer une provision fiscalement déductible pour faire face aux charges afférentes à cette réassurance (v. ss 422).

h. *Les honoraires, commissions et courtages*

361 Les honoraires, commissions et courtages versés par l'entreprise et dûment déclarés sur le formulaire DAS 2 sont immédiatement déductibles. S'ils ont été exposés pour l'acquisition d'une immobilisation ils ne suivent pas son régime (amortissable ou non amortissable) et sont par conséquent déductibles immédiatement ; s'ils ont été exposés pour la cession de celle-ci ils ne sont pas déductibles du bénéfice imposable mais du prix de revente retenu pour le calcul de la plus-value imposable (v. ss 514).

i. *Les frais de représentation et de déplacement*

362 Les frais de représentation et de déplacement sont surveillés par l'administration dans la mesure où ils pourraient déguiser des avantages en nature non déclarés et pour éviter une disproportion injustifiée entre leur montant et le volume d'activité de l'entreprise. Le juge fiscal est sensible à l'évolution des méthodes de travail et admet aujourd'hui le bien-fondé de l'encouragement des salariés ou des prospects de l'entreprise par l'organisation de voyages de stimulation. L'entreprise qui les commande peut en déduire le coût, même pour la fraction relative aux conjoints des personnes ainsi stimulées.

j. *Les frais de publicité*

363 **Les frais de publicité** constituent des dépenses déductibles dans la mesure où ils sont exposés dans l'intérêt direct de l'exploitation. Compte tenu de l'émulation qui règne en ce domaine, l'administration éprouve quelques difficultés à déterminer si la dépense présente un caractère réellement déductible. C'est le cas des dépenses de parrainage d'un mouvement ou d'une manifestation à caractère sportif, culturel ou humanitaire, elles ouvrent droit à déduction si l'entreprise est en mesure de montrer le renforcement de son image commerciale qu'elle en retire, dans une proportion raisonnable avec les frais engagés.

364 La loi pose toutefois une limite en prohibant la déduction des dépenses afférentes aux publicités qu'interdisent le Code de la santé publique et les mesures de lutte contre l'alcoolisme (CGI, art. 237), à l'instar de la TVA (v. ss 1286) ; la loi fiscale abandonne ici sa prétention au strict réalisme économique et à la neutralité pour se conformer à un objectif de santé publique considéré comme d'intérêt supérieur.

365 Le régime de ces dépenses suit étroitement la ligne de partage entre les frais généraux et les immobilisations, ainsi le coût d'un film publicitaire, qui par nature n'est pas destiné à servir de façon durable à l'activité de l'entreprise, constitue une charge d'exploitation immédiatement déductible (CE 5 juin 1996, n° 143.819 ; *RJF* 1996. 483, concl. J. Arrighi de Casanova).

k. *Les dépenses de mécénat*

366 La déductibilité des dépenses de mécénat correspond à une évolution des traditions politiques françaises, longtemps marquées par la volonté de l'État de conserver le monopole de l'intervention en ce domaine. L'influence anglo-saxonne et une certaine humilité budgétaire ont amené le législateur à encourager l'initiative privée, notamment des entreprises.

367 Le régime est simple puisqu'il est extérieur au système de stricte déductibilité des charges exposées dans l'intérêt de l'exploitation, il permet à l'entreprise de bénéficier d'une réduction d'impôt pour les dons faits à des œuvres ou organismes d'intérêt général qui présentent un caractère philanthropique, éducatif, scientifique,

social, humanitaire, sportif, familial, culturel ou concourent à la mise en valeur du patrimoine artistique, à la défense de l'environnement naturel ou à la diffusion de la culture, de la langue et des connaissances scientifiques françaises. La loi précise que ces versements peuvent être effectués notamment à une fondation d'entreprise, même si cette dernière porte le nom de l'entreprise fondatrice. En revanche une entreprise ne peut pas effectuer un don au profit d'un parti politique ou d'un candidat à une élection (CGI, art. 238 *bis*). Le mécénat doit être distingué du parrainage, dont les dépenses comportent une contrepartie, directe ou indirecte, pour l'entreprise et permettent alors une déduction sans limites.

368 Pour l'ensemble des versements effectués la réduction d'impôt est égale à 60 % du montant des sommes versées, dans la limite de 5/1 000 du chiffre d'affaires hors taxes de l'entreprise ou 20 000 euros. Par exception, pour éviter les abus, la fraction des versements supérieure à deux millions d'euros n'ouvre droit qu'à une réduction de 40 % (CGI, art. 238 *bis*). Inversement, le plafond étant susceptible d'être rapidement dépassé par les petites entreprises, la loi de finances pour 2020 leur offre une option en instaurant un plafond alternatif. Elles pourront donc au choix, appliquer le plafond de 20 000 euros ou celui de 5/1 000 du chiffre d'affaires lorsque ce dernier montant est plus favorable. Si ce seuil constitue la limite globale de déduction, il est toutefois envisagé sur le moyen terme : la loi prévoit en effet que si, au titre d'un exercice, une entreprise a excédé le plafond ainsi posé, elle peut reporter cet excédent sur les cinq exercices suivants, après prise en compte des versements effectués au titre de chacun d'eux. L'administration prétend rejeter la déduction de ces dépenses si l'entreprise constate un résultat fiscal déficitaire.

I. *Les frais de bureau, de documentation et de télécommunication*

369 Les frais de bureau, de documentation et de télécommunication obéissent aux règles générales qui gouvernent la déduction des services et des fournitures nécessaires à l'exercice de l'activité professionnelle. Dans le même esprit, les frais afférents à l'acquisition d'une installation téléphonique mais aussi d'une documentation

durable (encyclopédie par exemple) ne constituent pas des charges déductibles et doivent par conséquent être amortis. La rapidité avec laquelle ces matériels sont aujourd'hui frappés d'obsolescence rend plus rare cette hypothèse.

m. *Les frais de recherche*

370 Les frais de recherche bénéficient d'un régime de faveur qui traduit la volonté de l'État d'encourager les entreprises à investir dans ce secteur. L'article 236 du Code offre au contribuable le choix de les immobiliser et de les amortir, ou bien de les déduire immédiatement. La loi prend soin de préciser que la règle s'étend aux dépenses exposées pour la conception de logiciels. L'article 244 *quater* B prévoit un crédit d'impôt pour dépenses de recherche, dont l'objectif est de développer la compétitivité à long terme des entreprises (v. ss 1004). Il est calculé sur le volume des dépenses en recherches, au taux de 30 % jusqu'à 100 millions d'euros de dépenses (50 % pour l'outre-mer), puis 5 % au-delà. La loi de finances pour 2025 a réduit la liste des dépenses éligibles, le dispositif étant quelque peu victime de son succès.

n. *Les charges financières*

371 Les charges financières s'analysent comme le loyer de l'argent mis à la disposition de l'entreprise par des partenaires extérieurs pour financer son développement, elles sont par conséquent déductibles. C'est principalement le cas des intérêts courus au titre des prêts contractés auprès d'un établissement financier, il en va de même pour les agios facturés au titre d'un découvert bancaire.

372 Cependant, leur montant ne sera pas déductible s'ils ont été provoqués par les prélèvements personnels de l'exploitant sur le compte de l'entreprise ; l'administration et le juge de l'impôt qualifient l'opération d'acte anormal de gestion parce qu'elle poursuit la satisfaction d'un besoin privé. Cette analyse se fonde sur l'absence d'autonomie juridique de l'entreprise individuelle par rapport à son auteur : les sommes que ce dernier laisse à la disposition de l'entreprise ne sont pas rémunérées comme peut l'être un compte courant d'associé dans une société (v. ss 958) et l'intégralité du résultat est considérée comme bénéfice imposable ou déficit imputable au niveau du revenu global de son foyer fiscal.

373 Puisqu'il n'y a pas indépendance c'est l'entité elle-même qui doit être considérée dans son intégralité comme étant au service de l'activité. Tout prélèvement personnel est alors fiscalement répréhensible s'il a pour effet de placer en débit, au-delà du compte de l'exploitant, les comptes de l'entreprise. La sanction sera constituée par la non-déduction.

374 Cette solution est cohérente sur le plan juridique mais elle suscite une critique aux confins de l'éthique et du social : la même entreprise, organisée en SARL, pourra sans difficulté déduire de son résultat les intérêts afférents au découvert bancaire provoqué par le versement de son salaire au gérant. Pour cette seule raison l'entrepreneur qui démarre son activité dans des conditions précaires a intérêt à opter pour l'exercice dans le cadre d'une société de capitaux, faute de quoi les prélèvements nécessaires à sa subsistance entraîneront l'imposition des agios.

Neutralité mais aussi égalité et justice fiscales militent pour que cette règle ne s'applique qu'au-delà d'un seuil annuel de prélèvement, c'est-à-dire du minimum vital. C'est au législateur qu'il appartiendra d'en décider. Les frais financiers exposés par l'entreprise, et singulièrement les intérêts d'emprunt, ne sont déductibles de son résultat imposable que s'ils ont été exposés dans l'intérêt de celle-ci et à un taux n'excédant pas les taux du marché. La vérification menée par l'administration fiscale est plus poussée lorsque ces frais correspondent à un concours apporté à une société membre du même groupe, en particulier lorsqu'elle est établie à l'étranger (v. ss 1055).

o. *Les subventions et abandons de créances à d'autres*

375 Les subventions et abandons de créances à d'autres entreprises représentent les formes les plus usuelles d'aides consenties entre partenaires économiques. Leur déductibilité fiscale est subordonnée à la preuve de l'intérêt qu'en retire l'entreprise qui y consent, c'est-à-dire le maintien des relations commerciales avec un client essentiellement. Le bénéficiaire de cette largesse devra corrélativement comptabiliser un profit exceptionnel (v. ss 333).

376 À côté de cette liste de frais généraux il faut prendre en considération **les achats de produits et de marchandises** que l'entreprise achète au cours de l'exercice pour assumer son activité. Ils

obéissent aux règles générales de déduction mais s'ils contribuent à grossir les stocks de l'entreprise leur valeur à la clôture participera à la détermination du bénéfice net (v. ss 286), à l'instar des immobilisations corporelles (sur la distinction entre stock et immobilisation corporelle : CE 18 oct. 2022, *Sté Maserati West Europe*, n° 456405, *Dr. fisc.* 2022. 51-52, comm. 434, concl. E. Bokdam-Tognetti, note O. Fouquet). L'administration permet qu'elles soient passées en frais généraux immédiatement déductibles s'il s'agit de petits matériels, outillages et mobiliers de bureau dont la valeur unitaire hors taxe n'excède pas 500 euros hors taxe et qui ne constituent pas l'activité même de l'entreprise mais servent seulement comme instruments de son accomplissement.

377 Hormis cette exception simplificatrice les immobilisations corporelles et incorporelles ne peuvent connaître que deux destinées : si elles sont amortissables elles seront amorties chaque année, si elles ne le sont pas elles demeureront à l'actif du bilan pour leur valeur d'entrée initiale.

2. *L'amortissement*

378 L'amortissement est d'abord un concept comptable, il s'analyse comme la constatation en écriture de la dépréciation définitive que subissent certains éléments de l'actif immobilisé de l'entreprise, le plus souvent corporels mais parfois aussi incorporels. Cette dépréciation est généralement provoquée par l'usure, l'écoulement du temps en général ou l'obsolescence. Au-delà de cette constatation, la finalité de l'amortissement est de permettre à l'entreprise d'affecter le montant ainsi soustrait du résultat annuel à la reconstitution d'un capital égal, en valeur nominale, au prix de revient initial de l'immobilisation ainsi amortie.

379 Le concept fiscal d'amortissement n'est pas différent, simplement trois séries de tempéraments sont perceptibles. En filigrane d'abord, force est de constater la vigilance dont fait preuve l'administration pour limiter le montant des annuités d'amortissement, et partant le champ des déductions, d'une manière plus stricte que la philosophie comptable. Cette vigilance s'explique bien entendu par les conséquences de l'une ou l'autre option sur le résultat imposable et le montant de la recette fiscale pour le Trésor. L'autre

différence d'approche est motivée au contraire par le souci du législateur d'inciter les opérateurs économiques à investir dans des immobilisations qui satisferont également des préoccupations d'intérêt général ; les règles gouvernant l'amortissement fiscal créent alors une véritable subvention fiscale, incompatible en soi avec le souci de neutralité, mais qui constitue le seul instrument d'orientation des comportements que peut adopter un État néolibéral sans être taxé d'autoritarisme. L'influence de la règle comptable s'est faite plus complexe avec l'article 322-1 du Plan comptable, qui oblige à pratiquer l'amortissement par composants. Ces trois préoccupations vont imprégner le régime de l'amortissement fiscal.

a. *Les conditions générales de déduction de l'amortissement sont d'essence comptable*

380 En effet, un amortissement n'est déductible que s'il est pratiqué sur une immobilisation, c'est-à-dire un bien qui est propriété de l'entreprise, figure à son actif et va servir de manière durable à son activité. En outre cette immobilisation devra être susceptible d'une dépréciation avérée et définitive, soit parce qu'elle est utilisée dans l'activité de l'entreprise, soit parce qu'elle se démode. Si la dépréciation est temporaire la technique de la provision (v. ss 402) sera préférée à l'amortissement. La loi fiscale ajoute deux exigences, l'amortissement doit avoir été comptabilisé et devra figurer sur le tableau des amortissements de la liasse fiscale (v. ss 320).

381 À l'inverse, la plupart des immobilisations incorporelles ne sont pas amortissables puisqu'elles ne se déprécient ni ne s'usent : cas d'un droit au bail (CE 15 oct. 1982, n° 26585, *RJF* 12/82, n° 1090), cas d'une petite pharmacie (CE, avis, 8 sept. 2021, *SELARL Pharmacie de Bracieux*, n° 453458, *Dr. fisc.* 2021. 40, comm. 382, concl. R. Victor, O. Fouquet et C. Lopater) mais aussi d'une enseigne commerciale. Les dérogations à cette règle sont rares, le juge admet l'amortissement s'il est normalement prévisible, dès la création ou l'acquisition de cet élément incorporel de l'actif immobilisé, que l'avantage qu'en tire l'entreprise prendra fin à une date déterminée. C'est le cas d'un brevet (CE 3 févr. 1989, n° 58260, *RJF* 3/89, n° 363). C'est le cas des dépenses d'acquisition de

l'autorisation de mise sur le marché d'un médicament (CE 14 oct. 2005, n° 260511, *RJF* 1/06, n° 4). Dans cet ordre d'idée le Conseil d'État (CE, sect., 1er oct. 1999, *Sté Foncia-Particimo*, n° 177809, *Dr. fisc.* 1999, n° 45, comm. 824, concl. G. Goulard) a décidé que le fonds de commerce n'est pas amortissable, à l'exception des éléments dissociables amenés à se détériorer. Toutefois, la loi de finances pour 2022 a prévu un dispositif temporaire d'amortissement des fonds commerciaux, acquis jusqu'au 31 décembre 2025 auprès d'une entreprise non liée.

382 La base de calcul de l'amortissement est constituée par le prix d'achat hors taxe de l'immobilisation ou par son prix de revient si l'entreprise l'a elle-même fabriquée. Lorsque des éléments constitutifs d'un actif immobilisé sont exploités de manière indissociable, un plan d'amortissement unique sera pratiqué. En revanche, doivent être dissociés en composants, les actifs qui contiennent des éléments ayant une durée d'utilité propre, c'est-à-dire ceux qui feront l'objet d'un ou plusieurs remplacements en cours d'utilisation ou encore ceux ayant des utilisations différentes ou procurant des avantages économiques à l'entité selon un rythme différent. Ainsi, si dès l'origine, peuvent être identifiés des composants, chaque élément est comptabilisé séparément et un plan d'amortissement propre est retenu pour chacun d'entre eux (conformément à l'article 311-2 du Plan comptable général).

Cette base n'est pas revalorisée, le système français fonctionne par conséquent en coût historique sans tenir compte des conséquences de l'érosion monétaire. La réévaluation libre des bilans a toujours été possible, mais elle était génératrice d'une augmentation de la base imposable. À titre exceptionnel, la loi de finances pour 2021 a prévu une neutralisation fiscale en exonérant l'éventuel écart de réévaluation qui résulterait d'une telle réévaluation opérée en 2021 ou 2022 (CGI, art. 238 *bis* JB). La base de calcul est entendue toutes taxes comprises si la TVA afférente à ce bien n'est pas déductible (v. ss 1276). La loi de finances pour 2025 a pérennisé le système, en ajoutant une obligation déclarative et en instaurant une amende spécifique, égale à 5 % du montant de l'écart de réévaluation non encore réintégré au bénéfice à la clôture de l'exercice (CGI, art. 1763 I, *j*).

383 La durée d'amortissement à retenir n'est fixée par aucun texte, l'article 39-1-2° se borne à renvoyer aux usages en vigueur dans chaque branche d'activité. Ces usages de chaque nature d'industrie, de commerce ou d'exploitation sont pondérés par les conditions particulières d'utilisation en vigueur dans l'entreprise (utilisation intensive par exemple) et par une tolérance administrative qui admet des écarts n'excédant pas 20 % par rapport à ces usages.

384 Dans la pratique, une machine, un brevet ou un véhicule est amorti en cinq ans, un mobilier en dix ans. Un immeuble d'habitation est amorti sur vingt-cinq à cinquante ans, un immeuble industriel sur vingt ans et un hangar sur dix à quinze ans. Depuis l'ouverture de l'exercice 2005, les entreprises doivent amortir dorénavant les composants distinctement de la structure à laquelle ils se rapportent, en cas de durée réelle d'utilisation différente – les pneus d'un camion par exemple – tandis que sur le plan fiscal elles sont autorisées à les amortir sur la durée reconnue par les usages. L'écart résultant de cette déconnexion des durées fiscale et comptable d'amortissement doit être comptabilisé parmi les provisions pour amortissement dérogatoire. L'entreprise peut étaler sur cinq exercices les variations en plus ou en moins que cette méthode induit sur le bénéfice imposable.

b. *La loi fiscale autorise trois techniques d'amortissement*

385 **L'amortissement linéaire est la technique de base.** L'annuité est constante au long de la durée de vie du bien puisqu'elle est égale au produit de la valeur comptable d'origine du bien par la durée probable d'utilisation. Si cette dernière est de cinq ans le taux de l'amortissement linéaire sera de 20 %, appliqué chaque année à la valeur d'origine, le taux est de 10 % pour une durée de dix ans.

386 L'amortissement du premier exercice démarre au jour de la livraison du bien acquis ou de sa mise en service si le bien est fabriqué par l'entreprise elle-même. L'annuité sera calculée sur le nombre de jours qui auront couru jusqu'à la clôture de ce premier exercice. Ce *prorata temporis* est déterminé sur la base de mois de trente jours (360 jours pour une année). Elle a vocation à s'appliquer de façon symétrique pour l'exercice au cours duquel intervient la cession anticipée de l'immobilisation.

387 **L'amortissement dégressif est une méthode dérogatoire et facultative.** Il permet à l'entreprise d'amortir massivement pendant les premières années de vie du bien. Elle ne prend donc pas en considération le rythme réel de dépréciation du bien et s'analyse, pour la part qui excède celui-ci, comme une subvention fiscale. Le législateur l'a institué pour inciter à l'acquisition d'immobilisations véritablement productives mais, comme toute mesure de ce genre, les avantages qu'il octroie, aux frais du Trésor public, se trouvent entre les mains du contribuable qui décide d'y avoir recours. Cette décision est en réalité à plusieurs étages, le chef d'entreprise décide d'abord d'investir puis de choisir cette forme d'amortissement. Son choix sera dicté d'abord par le contexte économique et la nécessité d'investir pour y répondre, puis par la santé financière de son entreprise : l'amortissement dégressif ne peut en effet profiter totalement qu'à une entreprise prospère, dont le résultat avant impôt est suffisamment conséquent pour absorber des annuités massives. En d'autres termes, le cadeau consenti par le Trésor est d'autant plus conséquent que l'entreprise investit – ce qui est logique – mais aussi qu'elle est prospère – ce qui est plus contestable. La subvention fiscale ainsi consentie apparaît pour partie comme une compensation à l'application de la règle du coût historique.

388 Les biens éligibles à l'amortissement dégressif sont toujours des biens acquis neufs et d'une durée d'utilisation d'au moins trois ans. La liste donnée par le Code (art. 22, ann. II) comprend pour l'essentiel des biens meubles :

– matériels et outillages utilisés pour des opérations industrielles de fabrication, de transformation ou de transport ;

– matériels de manutention ;

– installations destinées à l'épuration des eaux et à l'assainissement de l'atmosphère ;

– installations productrices de vapeur, chaleur ou énergie ;

– installations de sécurité et installations à caractère médico-social ;

– équipements informatiques, y compris les micro-ordinateurs ;

– matériels et outillages utilisés à des opérations de recherche scientifique ou technique ;

– installations de magasinage et de stockage sans que puissent y être compris les locaux servant à l'exercice de la profession ;

– et les matériels des entreprises hôtelières.

389 En plus des satellites de communication (CGI, art. 39 A, 2°-3°), trois catégories d'immeubles viennent compléter cette liste. Ce sont d'abord les bâtiments industriels légers (CGI, art. 39 A, 2-2°), dont la durée normale d'utilisation n'excède pas quinze ans, tels des hangars édifiés pour abriter une machine et qui auront une durée identique. Ce sont ensuite les immeubles hôteliers, par la volonté d'un législateur fiscal rendu inquiet par la faible rentabilité du secteur que révélait la lecture des comptes de la Nation. Son souci de rendre attractif ce secteur par une mesure fiscale dérogatoire ne fut pas entamé par la découverte du pot aux roses : c'est l'ampleur de la fraude qui compromettait la vérité des statistiques et incitait à la commisération ! Ce sont enfin les immeubles destinés à titre exclusif à accueillir des expositions et des congrès, ainsi que les équipements qui leur sont affectés.

390 Le calcul de l'amortissement dégressif consiste à appliquer un taux constant à une assiette qui diminue chaque année puisqu'elle est la valeur nette comptable de l'immobilisation. Pour le premier exercice cette valeur est la valeur d'acquisition. Comme pour l'amortissement linéaire elle est réduite le cas échéant *prorata temporis*, mais le décompte est ici effectué en mois civils, le premier équivalant à un mois entier.

391 Le taux appliqué est le taux de l'amortissement linéaire, multiplié par un coefficient qui dépend de la durée d'utilisation : en effet, les taux d'amortissement dégressif sont obtenus en multipliant les taux d'amortissement linéaire par un coefficient fixé à 1,25 lorsque la durée normale d'utilisation est de trois ou quatre ans, 1,75 lorsque cette durée normale est de cinq ou six ans et enfin 2,25 lorsque cette durée normale est supérieure à six ans.

		Biens acquis à compter du 1er janv. 2010	
Durée d'utilisation	**Taux d'amortissement linéaire**	**Coefficient applicable**	**Taux d'amortissement dégressif**
3	33,33	1,25	41,67
4	25	1,25	31,25
5	20	1,75	35
6	16,67	1,75	29,17
6 2/3	15	2,25	33,75
8	12,50	2,25	28,13
10	10	2,25	22,5
12	8,33	2,25	18,75
15	6,67	2,25	15
20	5	2,25	11,25

		Biens acquis entre le 4 déc. 2008 et le 31 déc. 2009	
Durée d'utilisation	**Taux d'amortissement linéaire**	**Coefficient applicable**	**Taux d'amortissement dégressif**
3	33,33	1,75	58,33
4	25	1,75	43,75
5	20	2,25	45
6	16,67	2,25	37,51
6 2/3	15	2,75	41,25
8	12,50	2,75	34,38
10	10	2,75	27,5
12	8,33	2,75	22,91
15	6,67	2,75	18,34
20	5	2,75	13,75

392 Ces coefficients peuvent être ainsi modifiés par le législateur de façon temporaire dans le cadre de sa politique économique, il les minorera en cas de surchauffe afin de dissuader les entreprises d'investir, il les majorera au contraire pour stimuler la demande. La pratique montre que ces incitations sont rarement efficaces, le chef d'entreprise se déterminant pour investir en fonction des caractéristiques du marché et non pas du paramètre fiscal.

393 Le taux ainsi déterminé est appliqué chaque année à la valeur résiduelle comptable, c'est-à-dire la valeur d'origine amputée de toutes les annuités d'amortissement déjà pratiquées. Si l'entreprise pratique ainsi l'amortissement dégressif chaque année la dernière annuité marquera un ressaut important par rapport à celles qui l'ont immédiatement précédée ; dans ce cas l'entreprise est autorisée à choisir comme annuité déductible, dès que la solution se montre plus intéressante, le quotient de la valeur résiduelle par le nombre d'années restant à courir. C'est une technique de type linéaire qui est ici reprise.

394 En aucun cas, l'amortissement dégressif ne constituera un piège pour l'entreprise puisque la loi prévoit la possibilité de différer tout ou partie d'une annuité d'amortissement dégressif, pourvu que soit respectée la règle du minimum linéaire : l'article 39 B exige qu'à la clôture de chaque exercice le cumul des amortissements pratiqués depuis la création ou l'acquisition d'un élément soit au moins égal au montant cumulé des amortissements calculés suivant le mode linéaire pour la période ainsi écoulée.

395 Si l'entreprise a pris de l'avance par rapport à cette exigence elle pourra différer le montant qu'elle souhaite afin de ne pas se trouver confrontée à un résultat, par exemple négatif, qu'elle ne souhaite pas. L'amortissement pourra reprendre au titre de l'exercice suivant, sans pénalisation. L'amortissement dégressif sera calculé bien entendu sur la valeur résiduelle comptable. En revanche, si l'entreprise ne respecte pas cette règle elle perd définitivement la fraction des amortissements qui a été ainsi différée.

396 **L'amortissement dérogatoire.** Il s'analyse comme le volet fiscal qui excède le montant de l'amortissement comptable, il ne doit pas être confondu avec **l'amortissement exceptionnel** qui est pratiqué, tant sur le plan comptable que fiscal, pour compenser une dépréciation anormale de l'immobilisation qui n'a pas vocation à se répéter. Cet amortissement dérogatoire prend généralement la forme d'un amortissement accéléré par rapport à l'amortissement strictement technique qu'est l'amortissement comptable. L'exemple le plus radical est celui des logiciels et des imprimantes 3D qui étaient amortissables sur douze mois jusqu'en 2017 : ce suramortissement exceptionnel est actuellement repris pour les véhicules

électriques ou fonctionnant à l'hydrogène, acquis entre le 1er janvier 2025 et le 31 décembre 2030 (jusqu'à 60 %, CGI, art. 39 *decies* A). Ici, le législateur superpose à l'amortissement dégressif une déduction supplémentaire massive au titre du premier exercice, par exemple pour les coûts supplémentaires directement liés à l'installation d'équipements permettant l'utilisation d'une propulsion décarbonée sur un navire de transport (125 % ; CGI, art. 39 *decies* C, jusqu'au 31 déc. 2027).

397 **Exemple de calcul d'un amortissement**

Une entreprise acquiert un matériel de production le 15 novembre 2024 pour un prix hors taxe de 200 000 euros. La durée normale d'utilisation de ce bien est de dix ans.

I. Calcul de l'amortissement linéaire

Le taux d'amortissement est de 10 % ; l'annuité normale d'amortissement s'élève à 20 000 ; elle est réduite *prorata temporis* **en jours** (45) à compter de la mise en service :

(20 000 × 45) ÷ 360 = 2 500

Corrélativement, la dernière annuité sera, en 2034, de 17 500 euros.

II. Calcul de l'amortissement dégressif

Le taux d'amortissement est de 10 % × 2,25 = 22,5 %.

La première annuité est réduite *prorata temporis* **en mois** à compter de l'acquisition.

À partir de la septième année il devient plus avantageux de calculer les annuités en divisant la valeur résiduelle par le nombre d'années restant à courir :

2024 : 200 000,00 × 22,5 % × 11/12 = 41 250

2025 : 158 750 × 22,5 % = 35 718,75

2026 : 123 031,25 × 22,5 % = 27 682,03

2027 : 95 349,22 × 22,5 % = 21 453,57

2028 : 73 895,65× 22,5 % = 16 626,52

2029 : 57 269,13 × 22,5 % = 12 885,55

2030 à 2034 : 44 387,57 ÷ 4 = 11 095,89

c. *La gestion de l'amortissement*

398 La gestion de l'amortissement par l'entreprise est encadrée par les règles qui viennent d'être tracées et qui apparaissent comme plutôt libérales. Il s'y ajoute quelques dispositions spécifiques. La première est de portée générale, elle règle le sort des amortissements lorsque l'entreprise dégage un déficit. Dans ce cas elle peut les reporter sans limite de temps, jusqu'aux premiers exercices

bénéficiaires qui permettront de les imputer, en sus de l'annuité normale afférente audit exercice et des déficits reportables.

399 La seconde règle concerne les véhicules de tourisme (CGI, art. 39, 4, 1°, a). Ils ne peuvent être amortis que selon le mode linéaire et la base de calcul de ces amortissements est plafonnée en fonction de la pollution qu'ils génèrent. Le plafond général est de 18 300 euros. En d'autres termes, pour une durée de vie de cinq ans, l'amortissement déductible, obligatoirement linéaire, n'excédera pas 3 660 euros par an. Ce plafond est modulé en fonction du taux de dioxyde de carbone émis par le véhicule, il est relevé à 30 000 € si les émissions de dioxyde de carbone sont inférieures à 20 g par km, il est abaissé à 20 300 € si elles sont comprises entre 20 g et 50 g par km. Cette limitation vise à dissuader l'entreprise d'investir directement ou indirectement dans un bien réputé somptuaire et elle trouvera son corollaire dans la location de véhicules, qui est régie par les mêmes restrictions. De même ce véhicule n'ouvre en principe pas droit à déduction de la TVA qui a grevé son acquisition (v. ss 1276).

400 En vérité cette limitation de l'amortissement n'intervient qu'après l'amortissement comptable, calculé sur le prix de revient réel du véhicule, sous forme de réintégration extra-comptable de l'excédent d'annuité par rapport au maximum déductible fiscalement. La plus-value sera d'ailleurs calculée en tenant compte des amortissements pratiqués en comptabilité (v. ss 514). Cette limitation ne s'applique pas à une entreprise dont les véhicules de tourisme constituent l'objet même de l'activité, un loueur de voitures par exemple, ou bien un artisan taxi.

401 L'amortissement constate une dépréciation avérée, tandis que la provision ambitionne de prémunir l'entreprise contre certaines charges d'avenir.

3. *Les provisions*

402 Les provisions apparaissent comme une notion beaucoup plus cérébrale, plus éthérée que celle d'amortissement. En effet, si elle est une somme d'argent que l'entreprise met de côté c'est dans le dessein de faire face provisoirement à une charge probable. Le

caractère d'incertitude imprègne le contexte de sa gestion, oscillant entre l'éventuel et le certain. L'esprit de la loi comptable et celui de la loi fiscale divergent ici assez sensiblement : la logique comptable commande à l'entrepreneur de gérer en bon père de famille au sens du Code civil, c'est-à-dire de provisionner dès qu'il voit poindre à l'horizon le début du soupçon d'un embryon de risque. La logique fiscale sera hostile à pareille démonstration d'angoisse et, pour éviter une fuite de la matière imposable elle réintégrera la plupart des provisions comptables, au nom de la définition lapidaire donnée par l'article 39-1-5° du Code. Mais le balancier fiscal est animé d'oscillations puissantes puisqu'à l'inverse la loi crée des provisions qui ne participent d'aucune logique comptable.

a. *La déduction des provisions comptables*

403 La déduction des provisions comptables obéit à des règles strictes puisque la loi n'admet que celles qui ont été constituées en vue de faire face à des pertes ou charges nettement précisées et que des événements en cours rendent probables, à condition qu'elles aient été effectivement constatées dans les écritures de l'exercice.

404 **Les conditions de déduction** ainsi posées sont au nombre de cinq. La provision doit d'abord être destinée à faire face à une perte ou à la dépréciation d'un élément d'actif, ou bien à une charge qui aurait été déductible du résultat imposable de l'exercice s'il était intervenu au cours de celui-ci.

405 Cette perte ou cette charge doit en outre être nettement précisée, elle doit être individualisée et chiffrée avec une approximation suffisante. Cette exigence n'interdit pas un calcul forfaitaire de la provision, pourvu que le contribuable fonde cette méthode sur des éléments tirés du vécu de l'entreprise (CE 3 févr. 2021, *BNP Paribas Personal Finance*, n° 429702, *Dr. fisc.* 2021, n° 18, comm. 233, concl. E. Bokdam-Tognetti et chron. C. Accard, comm. 231). Le fabricant d'électroménager pourra constituer une telle provision au titre des frais inhérents à la garantie qu'il consent, à partir du moment où il la fonde sur les statistiques de retour de ses produits dans le cadre de cette garantie. En revanche le vendeur de véhicules d'occasion ne pourra pas déduire une provision au titre de sa garantie qui serait fondée sur les statistiques de la Chambre

nationale de la réparation automobile et simplement transposée par lui.

406 La perte ou la charge doit être probable, elle ne saurait être éventuelle ou hypothétique.

407 La probabilité de cette perte ou de cette charge doit résulter d'événements en cours, en d'autres termes le contribuable ne peut pas provisionner dans son bilan un risque dont il n'a appris la probabilité qu'après la clôture, avant de déposer sa déclaration.

408 Enfin, la provision doit avoir été constatée dans les écritures de l'exercice (CE 22 nov. 2022, *Sté des radiologues du Villeneuvois*, n° 454766).

409 Si une seule de ces conditions n'est pas remplie la provision sera réintégrée dans le résultat imposable de l'exercice. Sinon elle sera imputée à titre provisoire et pourra connaître deux destinées différentes : si la perte ou la charge provisionnée se réalise elle sera compensée à due concurrence par la reprise de la provision en charge définitive ; si la perte ou la charge ne se réalise pas (elle n'était que probable), la provision perd son objet et doit alors être rapportée aux résultats de l'exercice au cours duquel la provision est devenue sans objet. Il en ira ainsi d'une provision pour créance douteuse, qui devra être réintégrée dans les résultats de l'exercice au cours duquel elle est finalement réglée à l'entreprise.

410 Si jamais la provision a été constituée de façon irrégulière ou si l'entreprise la maintient au bilan alors que sa justification a disparu l'administration est en droit de la réintégrer dans le premier exercice non prescrit, alors même que l'irrégularité aurait été pratiquée au cours d'un exercice déjà prescrit : le contribuable ne peut pas invoquer la prescription dans la mesure où l'écriture en cause continue de produire ses effets.

b. *Typologie des provisions*

411 La typologie des provisions qui répondent à cette définition s'ordonne autour de deux familles principales, les provisions pour dépréciation et les provisions pour risques et charges.

412 Les **provisions pour dépréciation** peuvent porter sur les différents éléments de l'actif, lorsque tel ou tel d'entre eux est affecté d'une perte de valeur qui ne présente pas un caractère définitif, sinon le

contribuable devra sortir cet élément de l'actif et constater une moins-value qui sera considérée comme une moins-value professionnelle sur cession d'un élément de l'actif (v. ss 514).

413 Les provisions pour dépréciation des immobilisations concernent essentiellement les immobilisations non amortissables tandis que la dépréciation d'une immobilisation amortissable est plutôt constatée au moyen d'un amortissement supplémentaire. La provision pour dépréciation des stocks permet à l'entreprise de constater en déduction de son résultat fiscal la perte de valeur d'un produit donné par rapport à son prix de revient (pour des semences agricoles, CE 21 déc. 2007, *SA de production et d'approvisionnement*, n° 288099, *BF Lefebvre* 3/08, inf. 226). Le cas est fréquent pour les articles passés de mode, ainsi dans la confection féminine.

414 Les provisions pour dépréciation des créances sont fréquemment pratiquées par les entreprises, en corollaire de la comptabilité d'engagement. Une créance comptabilisée comme acquise peut se révéler d'un paiement incertain, par exemple en considération de rumeurs relatives à la solvabilité du débiteur. L'entreprise créancière peut alors constituer une provision pour créance douteuse, mais elle devra justifier de ses inquiétudes. Si le règlement se révèle problématique en raison de la contestation de sa dette par le débiteur, le créancier est fondé à constituer une provision pour créance litigieuse, mais il devra justifier des diligences déployées pour recouvrer son dû, par le lancement d'une procédure de recouvrement par exemple. Si l'espoir de règlement s'évanouit, la créance devient alors irrécouvrable et donne lieu alors à la constatation d'une perte.

415 Les **provisions pour charges** peuvent être constituées pour anticiper le règlement de dettes certaines et d'un montant déterminé mais qui ne sont pas encore exigibles. Cette conception fiscale est évidemment beaucoup plus exigeante que la conception comptable.

416 C'est le cas des provisions pour impôts, que l'entreprise peut constituer pour des impôts déductibles et dus à des échéances régulières, dans la mesure où ils se rapportent à des opérations déjà réalisées ; ce sera le cas pour les différents impôts sur les

salaires dont l'employeur est redevable l'année suivante au titre des salaires de l'exercice écoulé.

417 Les provisions pour frais de personnel obéissent à la même logique et devraient permettre de diminuer le résultat fiscal des montants qui seront probablement dus, dans l'avenir, pour régler des indemnités de retraite, de licenciement, de congés payés ou des gratifications au personnel. Pourtant le législateur, devant l'ampleur des sommes en cause, est venu limiter leur domaine.

418 Sont ainsi prohibées les provisions fiscales pour charges de retraite (art. 39-1-5), pour indemnités de licenciement sauf si des événements au jour de la clôture de l'exercice leur donnent un caractère de probabilité. Les provisions pour primes ou gratifications ne sont déductibles que si l'entreprise est liée à ses salariés par un accord précis.

419 Quant à la provision pour congés payés, le chemin de sa déduction a été pavé d'escarmouches entre le juge fiscal et l'administration, ponctué de validations législatives prises pour contrer la portée de la jurisprudence (v. ss 103). Aujourd'hui cette provision est déductible en tant qu'elle porte sur des droits à congés déjà acquis par les salariés à la clôture de l'exercice et non encore pris puisque la période légale court du 1er juin au 31 mai de l'année suivante et chevauche par conséquent deux exercices dans la plupart des cas.

420 Les provisions pour travaux ne sont pas déductibles en principe, soit parce que ces travaux aboutissent à la création de nouvelles immobilisations qui entrent dans l'actif de l'entreprise et par conséquent ne l'appauvrissent pas, soit parce qu'il s'agit de travaux de simple entretien qui sont déjà pris en compte par le jeu de l'amortissement de l'immobilisation ainsi entretenue. Par exception la provision sera admise en déduction pour des travaux de réparation dont la réalisation s'étendra sur plus d'une année, pour un bâtiment par exemple.

421 Les provisions pour garantie sont admises en déduction pour l'entreprise qui accorde une telle couverture à ses produits, encore faut-il qu'elle justifie de la probabilité du retour de ses produits défectueux. Le juge admet un mode de calcul fondé sur les statistiques de l'entreprise.

422 Selon la même logique le juge devrait admettre les provisions de propre assureur que constitue parfois une entreprise afin de se prémunir contre les risques d'incendie, de vol ou de mise en jeu de sa responsabilité civile. Le juge fiscal considère que le risque n'est pas probable mais simplement éventuel et refusera la déduction, lors même que l'entreprise est ancienne et importante, qu'elle a dressé des statistiques permettant de mesurer la probabilité du risque. La seule déduction possible restera celle des primes d'assurances. Mais depuis 2023 celle-ci peut être émise par une captive de réassurance (CGI, art. 39 *quinquies* G, II), interne au groupe et installée en France. Celle-ci peut, symétriquement, constituer des provisions déductibles pour faire face aux charges afférentes aux risques assurés (v. ss 360). Cette réforme doit mettre un terme à la pratique des captives localisées dans un paradis fiscal.

c. *Les provisions fiscales*

423 Les provisions fiscales, également appelées provisions réglementées, forment un ensemble de mesures spécifiques – chacune est organisée par un texte – qui s'analysent comme des réserves que la loi permet de constituer à titre provisoire en suspension d'impôt. Comme les véritables provisions elles doivent être inscrites en comptabilité, figurer sur le relevé spécial des provisions et tôt ou tard elles devront être réintégrées dans le résultat imposable d'un exercice ultérieur. En attendant, ces subventions fiscales font partie des capitaux propres.

424 La provision pour hausse des prix a pour objet de limiter l'impact financier d'une reconstitution des stocks lorsque le prix des produits augmente ; elle est en quelque sorte le pendant de la provision pour dépréciation des stocks que l'entreprise pratique en cas de baisse des prix. Cette dernière est une véritable provision tandis que la provision pour hausse des prix est uniquement fiscale. La loi prévoit que chaque produit en cause peut donner lieu à provision si sa valeur unitaire a augmenté de plus de 10 % depuis la clôture de l'avant-dernier exercice ou du dernier exercice, en retenant le plus bas de ces deux chiffres. Cette provision est égale à la fraction de la hausse qui excède 10 % ; elle doit être rapportée aux résultats du sixième exercice suivant celui de sa constitution.

Il est à noter qu'elle peut être pratiquée même si les résultats de l'exercice sont déficitaires.

425 La provision des entreprises de presse (CGI, art. 39 *bis* A et 39 *bis*) applicables jusqu'aux exercices clos le 31 décembre 2026 s'inscrit dans un ensemble d'aides fiscales accordées à ce secteur d'activité pour assurer la liberté d'expression. Le régime évolue selon les époques mais il est toujours réservé aux organes d'opinion et a pour finalité de permettre l'acquisition d'éléments d'exploitation en franchise d'impôt, son montant étant plafonné en fonction des bénéfices réalisés.

426 L'examen de ces provisions fiscales laisse transparaître leur caractère d'aides, souvent ciblées. La règle fiscale est ici au service de la politique de l'État et à l'inverse des provisions d'origine comptable qui reflètent la gestion précautionneuse voulue par le contribuable, celles-là l'incitent à opérer des choix économiques plus offensifs.

427 La comptabilisation des résultats ainsi opérée, l'imputation de chacune de ces charges sur le total des produits de l'entreprise permet de déboucher sur un résultat net.

E. Le traitement du résultat net

428 Au titre d'un exercice, le résultat net que dégage l'entreprise subit un traitement différent selon que le contribuable est ou non adhérent d'un centre de gestion agréé (1). Il peut être positif ou négatif et dans ce dernier cas son sort variera ensuite en fonction de son caractère professionnel ou non professionnel (2).

1. *L'incidence de l'adhésion à un centre de gestion agréé par l'administration fiscale*

429 L'incidence de l'adhésion à un centre de gestion agréé par l'administration fiscale n'est plus tangible (v. ss 538). En contrepartie des sujétions et engagements liés à cette adhésion, le contribuable bénéficiait en effet de la dispense de majoration de 25 % sur le bénéfice imposable. Cet avantage a été abrogé graduellement, de 10 % pour les revenus de 2022, il a disparu à compter des revenus de 2023.

2. Le traitement du résultat

430 Lorsque le résultat de l'entreprise est positif, dans ce cas il est ajouté aux autres revenus catégoriels du foyer fiscal pour permettre la détermination de l'impôt sur le revenu dont il est redevable (v. ss 693). La situation est plus complexe si le résultat est négatif car il faut distinguer deux cas de figure, selon que ce déficit résulte d'une activité de BIC professionnel ou non professionnel (v. ss 282). Lorsque le déficit est issu d'une activité professionnelle le contribuable l'imputera sur les autres revenus de son foyer fiscal. Si ces autres revenus sont insuffisants pour épuiser la totalité de ce déficit le solde peut alors être reporté successivement sur le revenu global des années suivantes, jusqu'à la sixième année inclusivement.

431 Si le déficit provient d'une activité commerciale à caractère non professionnel (loueur de wagons par exemple), il ne peut être imputé que sur les bénéfices tirés d'activités semblables au cours des cinq années suivantes. Cette restriction rejoint celle posée quinze ans auparavant pour les bénéfices non commerciaux.

Bibliographie

BENARD (Yohann), « Amortissements des composants : la recomposition des usages », *RJF* 2005, n° 10, p. 706 à 716.

COZIAN (Maurice), « La définition fiscale du commerçant », in *Mélanges Roblot*, LGDJ, 1984, p. 83.

COZIAN (Maurice), « La méthode de la comptabilité d'engagement (ou la méthode des créances acquises) », *BF Lefebvre* 1995, n° 4, p. 219 à 228.

COZIAN (Maurice) et LECHENET (Anne), « La distinction des immobilisations, des stocks et des frais généraux », *LPA* 1994, n° 2, p. 4 à 9 et n° 3, p. 4 à 8.

COZIAN (Maurice) et GUTMANN (Daniel), « Optimisation fiscale et choix de la bonne clause contractuelle », *Dr. fisc.* 2000, n° 50, p. 1669 à 1672.

COZIAN (Maurice), « La fiscalité de l'entreprise familiale : éloge de l'entreprise individuelle », *Defrénois* 2001. 37315.

COZIAN (Maurice), « Le principe de la liberté d'affectation comptable dans le cadre des bénéfices industriels et commerciaux », *Dr. fisc.* 2002, n° 6, p. 294 à 298.

DEBOISSY (Florence), « Le principe de la liberté d'affectation comptable peut-il être invoqué par une personne morale ? », *RTD com.* 2001, n° 54, p. 995 à 998.

DEBOISSY (Florence), « La déductibilité des sanctions prononcées par le Conseil de la concurrence. Amoralisme du droit fiscal ou amoralisme du Conseil d'État », in *Mélanges Yves Serrra*, Dalloz, 2006, p. 103 à 121.

DOUET (Frédéric), « Propos désobligeants sur certains aspects fiscaux du principe de la liberté d'affectation comptable », in *Mélanges Maurice Cozian*, Litec, 2009, p. 329 à 334.

FRULEUX (François), « Exonération « Dutreil » et retraitements extracomptables », *Dr. fisc.* 2022, n° 28, comm. 277.

FUMENIER (Patrick), « À quel moment les provisions pour risques et charges doivent-elles être constituées et évaluées ? », *Dr. fisc.* 2009, n° 15, étude 269.

MAUBLANC (Jean-Pierre), « L'amortissement des fonds de commerce », *AJPI* 2000, n° 2, p. 135 à 139.

MIGNON (Emmanuelle), « L'article 38-2 *bis* du CGI et le plus bel âge de la vie », *RJF* 1999, n° 2, p. 83 à 90.

MIGNON (Emmanuelle), « Prestations continues : la logique économique l'emporte », *RJF* 2000, n° 9-10, p. 667 à 671.

OLLEON (Laurent), « Immobilisations incorporelles : grandeur et servitudes de la jurisprudence *SA Sife* », *RJF* 2004, n° 1, p. 3 à 6.

PLAGNET (Bernard), « Le "patrimoine fiscal" des entreprises individuelles », *BF Lefebvre* 1996, n° 6, p. 319 à 324.

SCHMITT (Thierry), « Propos iconoclastes sur le bail fiscal », *Dr. fisc.* 2002, n° 16, p. 661 à 666.

SERANDOUR (Yolande), « Quelques réflexions autour de la suppression des effets de la théorie du bilan », *Dr. fisc.* 2012, n° 21, comm. 303.

TUROT (Jérôme), « Les incorporels ne sont plus immortels », *Dr. fisc.* 1996, n° 5, p. 168 à 171.

TUROT (Jérôme), « Le fisc et la peau de l'ours. Bilan jurisprudentiel de l'article 38-2 *bis* du Code général des impôts », *RJF* 1991, n° 5, p. 119 à 325.

TUROT (Jérôme), « Provisions pour pertes et charges : que reste-t-il de la jurisprudence ? », *RJF* 1992, n° 6, p. 471 à 477.

VILLEMOT (Dominique), « Existe-t-il une définition fiscale des immobilisations ? », *Dr. fisc.* 1998, n° 15, p. 504 à 506.

VILLEMOT (Dominique), « L'amortissement des immobilisations incorporelles », *Dr. fisc.* 1999, n° 42, p. 1302 à 1305.

VILLEMOT (Dominique), « Les conséquences fiscales de l'adoption des normes comptables internationales », *Dr. fisc.* 2003, n° 50, p. 1581 à 1585.

§ 3. Les bénéfices non commerciaux

432 Cette catégorie de revenus est originale par son hétérogénéité même (A), tandis que les règles applicables à la détermination du bénéfice imposable dans cette catégorie sont largement inspirées par le régime des bénéfices industriels et commerciaux (B).

A. Une catégorie hétérogène de revenus

433 En 1948 le législateur fiscal a mué l'impôt cédulaire sur le revenu en un impôt unique qui frapperait globalement des revenus appréhendés d'abord de façon catégorielle, il a confié alors à la catégorie des BNC une double mission, à la fois de regrouper les revenus tirés de l'exercice d'activités libérales (1), mais aussi de servir de catégorie résiduelle pour l'ensemble du système ainsi mis en place (2).

1. *Les revenus des activités libérales*

434 Les revenus des activités libérales représentent le volet traditionnel des BNC, celui qui est issu de cette catégorie socioprofessionnelle longtemps très homogène parce qu'elle était caractérisée par deux traits spécifiques : d'abord la dimension plutôt intellectuelle de l'activité, exercée en principe par le professionnel lui-même avec peu d'autres moyens que sa plume et son verbe, et ensuite le caractère civil de la profession, matérialisé par la perception d'honoraires, à l'opposé de toute notion de chiffre d'affaires. Le

développement de la concurrence et des moyens mis en œuvre a sensiblement brouillé cette image, et leurs membres exercent de plus en plus nombreux leur profession dans le cadre de sociétés. Il faut aujourd'hui distinguer, outre les professions libérales proprement dites (a), les charges et offices (b) mais aussi l'exercice en commun de ces activités (c).

a. *Les professions libérales proprement dites*

435 Elles sont caractérisées pour l'essentiel par la réglementation de l'accès à la profession et la gestion de la déontologie professionnelle par un ordre ou une structure comparable qui a reçu délégation pour ce faire du pouvoir réglementaire. Sont ici concernés les revenus perçus par les médecins et les membres des professions paramédicales (infirmiers, masseurs-kinésithérapeutes, sages-femmes), les vétérinaires, les avocats, les architectes, les experts-comptables, les commissaires aux comptes et les géomètres-experts. Quoique répondant à ces critères, les pharmaciens sont considérés comme des commerçants puisqu'ils achètent pour revendre.

436 À partir de la même idée d'indépendance dans l'exercice d'un art, un second cercle d'activités libérales englobe les auteurs, compositeurs, artistes-peintres, graveurs et sculpteurs.

437 Tous relèvent de la catégorie des BNC dans la mesure où ils perçoivent des honoraires, gage de leur indépendance. La plupart peuvent dorénavant exercer leur activité dans un cadre salarié, même les médecins à la condition que ce ne soit pas d'un autre médecin, mais s'ils demeurent soumis à un ordre professionnel leurs rémunérations échappent dans ce cas à la catégorie des BNC et seront imposées comme salaires (v. ss 223). Il en est ainsi pour un vétérinaire fonctionnaire d'un service départemental d'hygiène ou d'un architecte employé par une collectivité territoriale.

438 Les membres de ces professions ne détiennent qu'une patrimonialité limitée de leurs instruments de travail, alors qu'un commerçant peut céder les éléments incorporels de son fonds de commerce (enseigne, clientèle, achalandage), le professionnel libéral peut tout au plus céder le droit de présentation de sa clientèle, sauf les titulaires de charges et offices, même si le juge commence à accepter la notion de « fonds libéral ».

b. *Les charges et offices*

439 Les charges et offices procurent à leurs titulaires des émoluments et honoraires qui entrent dans la catégorie des BNC. La vénalité et le numerus clausus qui caractérisent leurs charges en font les derniers représentants de la conception médiévale de l'activité libérale (les deux termes sont presque antithétiques !). Les contraintes économiques et le développement des communications bousculent leur monopole. Sont ici concernés les commissaires-priseurs, les notaires (CGI, art. 100) et les huissiers de justice, les avocats au Conseil d'État et à la Cour de cassation, ainsi que les greffiers de la plupart des tribunaux de commerce. Les particularités géographiques qui caractérisent certaines de ces professions (absence de tribunaux de commerce ou de commissaires-priseurs dans certains départements, absence de vénalité des charges de notaire et d'huissier de justice en Alsace-Moselle) n'ont pas d'incidence sur le régime fiscal de ces professionnels. Tous peuvent aujourd'hui exercer dans le cadre de sociétés.

c. *L'exercice en commun de ces activités*

440 L'exercice en commun de ces activités a longtemps choqué l'entendement de ces professionnels, individualistes par définition. Cette pratique de la profession prend des formes variées, plus ou moins structurées et plus ou moins formelles.

441 L'exercice en société est possible, d'abord sous forme de société civile professionnelle, qui exerce la profession au moyen de ses membres et réunit des associés à la fois en industrie et en capital. La SCP est fiscalement transparente, par conséquent les honoraires qu'elle perçoit sont imposés, après déduction des frais, au niveau de chaque associé dans la catégorie des BNC, en fonction des clés de répartition que prévoient les statuts (part dans le capital, volume d'activité de chaque associé, etc.).

442 Depuis quelques années, les praticiens libéraux peuvent aussi s'associer dans une société d'exercice libéral (SEL), soit à responsabilité limitée (SELARL), soit à forme anonyme (SELAFA), soit en commandite (SELCA), soit par actions simplifiées (SELAS), soit même dans une société de participations financières de professions libérales (SPFPL). Ce sont des sociétés de capitaux, elles sont par conséquent assujetties à l'impôt sur les sociétés (v. ss 821).

Le régime est à peu près le même pour les SCP qui optent pour l'assujettissement à l'IS. Simplement, leur développement fut longtemps freiné par le fait que l'administration fiscale s'opposait à la déduction, du revenu imposable du salarié concerné, des intérêts des emprunts contractés pour l'acquisition de parts ou d'actions de ces sociétés, alors que cette déduction est possible dans le cadre des SCP sur les bénéfices non commerciaux perçus par les praticiens associés. Le motif avancé au soutien de ce refus résidait dans le fait que, s'agissant de sociétés de capitaux, l'acquisition porte sur des valeurs mobilières, distinctes en tant que telles de l'activité professionnelle puisque capitalistiques. Le Conseil d'État a rejeté cette discrimination dans des termes qui paraissent définitifs. Il admet la déductibilité des sommes ainsi exposées comme directement utiles à l'acquisition ou à la conservation du revenu, et cela même si la poursuite du contrat de travail n'était pas subordonnée à l'acquisition de la qualité d'actionnaire (CE 25 oct. 2004, *François et Boutourlinsky*, *RJF* 1/2005, n° 27).

Si jusqu'à présent, les associés ou actionnaires des SEL étaient considérés fiscalement comme des salariés, l'administration et le juge ont décidé de les considérer à compter des revenus de 2024 comme des BNC, en l'absence de lien de subordination. Plus précisément, la rémunération qu'ils perçoivent au titre de leurs responsabilités de direction continue d'être assimilée à un salaire, tandis que celle correspondant aux activités techniques relevant de leur expertise (médecin, avocat…) est qualifiée de BNC.

443 Les praticiens peuvent se regrouper de façon plus minimaliste, par exemple au sein d'une société civile de moyens, qui leur permet de partager des frais de structure (loyers, frais de secrétariat, etc.) tout en gardant leur indépendance. Si cette société encaisse les honoraires des associés en dépit des prescriptions contraires de la loi, elle sera fiscalement considérée comme une SCP. Lorsque les membres d'une profession libérale se regroupent dans une société de fait, une association ou se lient par une convention d'exercice conjoint, leur rémunération prend toujours la forme d'honoraires ; si l'un d'eux collabore à l'activité d'un autre il perçoit de ce dernier des honoraires rétrocédés, qui sont toujours imposables dans la catégorie des BNC, sauf si sa situation de dépendance est telle que

le contrat pourra être requalifié en contrat de travail et la rémunération en salaire. En tout état de cause, cette activité libérale traditionnelle côtoie désormais des flux financiers plutôt disparates.

2. *Le caractère résiduel de la catégorie BNC*

444 Le caractère résiduel de la catégorie BNC est clairement posé par l'article 92 du Code, qui inclut en son sein « les bénéfices (...) de toutes occupations, exploitations lucratives et sources de profits ne se rattachant pas à une autre catégorie de bénéfices ou de revenus ». En d'autres termes, tout revenu impossible à qualifier sera considéré comme relevant de cette catégorie. Cette disposition est invoquée lorsque se manifestent de nouveaux revenus non encore appréhendés par la loi fiscale.

Le cadre ainsi tracé s'applique aux revenus d'activités nouvelles, il englobe les gains d'origine indéfinie. Actuellement ces profits non commerciaux représentent l'inventaire hétéroclite d'activités difficiles à étiqueter, qui viennent s'empiler dans cette catégorie fourre-tout par l'effet d'une sédimentation historique : le ministre du culte catholique (à l'exception de celui exerçant en Alsace-Moselle qui, bénéficiant d'un salaire, est imposé dans cette catégorie), le bandit de grand chemin, le ou la prostituée (CE 11 mars 1985, *Dr. fisc.* 1986, n° 28, comm. 1321), l'escroc (CE 12 oct. 1994, *Mendjinsky*, *RJF* 12/1994, n° 1318), la cartomancienne mais aussi les commissions exceptionnelles, les revenus tirés de la sous-location d'immeubles nus (v. ss 563), les produits de la propriété intellectuelle perçus par les inventeurs ayant la qualité de simples particuliers (CGI, art. 92,2-3°), ainsi que le proxénète pour lequel il conviendra de distinguer le proxénète simple soumis aux BNC (CE 5 nov. 1980, n° 13222, *Dr. fisc.* 1981, n° 9, comm. 431), du proxénète hôtelier relevant des BIC (CE 3 mai 1995, *Luciani*, *RJF* 6/1995, n° 698). Sont également imposés dans cette catégorie les sommes obtenues par des moyens frauduleux ou illicites, ainsi les profits provenant de détournement de fonds.

445 Lorsqu'un titulaire de bénéfices non commerciaux étend son activité à des opérations dont les résultats entrent dans la catégorie des bénéfices de l'exploitation agricole ou dans celle des bénéfices industriels et commerciaux, il est tenu compte de ces résultats

pour la détermination des bénéfices non commerciaux (CGI, art. 155, I, 2). Cette disposition n'est pas d'ordre public, le contribuable doit en demander l'application. Elle est subordonnée à la réunion de deux conditions cumulatives. D'une part les deux activités doivent être complémentaires, et d'autre part, l'activité agricole, ou industrielle ou commerciale doit être accessoire à l'activité non commerciale.

Les exonérations sont rares. On peut citer les sommes perçues dans le cadre de l'attribution du prix Nobel ainsi que les sommes reçues par les juges et arbitres sportifs.

446 Outre ces activités diverses et variées, sont aussi considérés comme des BNC, les produits des opérations de bourse et depuis plus récemment les produits des opérations d'achat, de vente et d'échange d'actifs numériques : toutefois, dans les deux cas, il faut que les opérations soient effectuées dans des « conditions analogues à celles qui caractérisent une activité exercée par une personne se livrant à titre professionnel à ce type d'opérations » (CGI, art. 92). Classiquement, le caractère habituel des opérations de bourse impliquant une imposition dans la catégorie des BNC et non dans celle des revenus de capitaux mobiliers s'appréciait à partir d'un faisceau de critères prenant principalement en compte le nombre et la fréquence des opérations. Avec la généralisation du courtage en ligne, le Conseil d'État a abandonné ces critères essentiellement quantitatifs (CE 14 févr. 2001, *Boniface*, n° 189572, *Dr. fisc.* 2001, n° 27, comm. 618, concl. J. Courtial et CE 3 févr. 2003, *Roche*, n° 232040, *Dr. fisc.* 2003, n° 28, comm. 525, concl. F. Séners) pour se fonder sur des éléments plus qualitatifs et notamment « la détention, la maîtrise et l'usage de moyens et d'informations mis à la disposition d'un professionnel ». Le législateur a confirmé cette nouvelle approche fondée sur la mise en œuvre d'un savoir-faire professionnel pour les opérations de bourse avec une loi n° 2004-804 du 9 août 2004 relative au soutien à la consommation et à l'investissement, puis l'a étendu aux gains du *trading* d'actifs numériques par la loi n° 2021-1900 du 30 décembre 2021 de finances pour 2022.

447 Tous les revenus de cette sous-catégorie subissent la même impossibilité de reporter un éventuel déficit sur le revenu global (v. ss 728),

à la différence des professions libérales proprement dites et des charges et offices.

B. Les principes gouvernant la détermination du bénéfice imposable

448 Elles calquent les règles applicables aux BIC, en les simplifiant pour tenir compte du caractère plus rudimentaire de l'activité, notamment de l'absence quasi-totale d'achats, de stocks et de ventes de produits. Les régimes sont les suivants : d'un côté coexistent deux régimes, de la déclaration contrôlée (1) et des micro-entreprises (2), mais le législateur a considéré que nombre des professions de la catégorie devaient pouvoir opter pour le régime des traitements et salaires à partir du moment où leurs revenus étaient déclarés par des tiers intéressés agissant comme des employeurs : cas des agents généraux d'assurances et des écrivains et compositeurs (v. ss 227). Le caractère libéral, donc individualiste, imprime par conséquent sa marque aux régimes d'imposition.

1. *Le régime de la déclaration contrôlée*

449 Le régime de la déclaration contrôlée est le régime de détermination réelle des bénéfices (CGI, art. 96), il s'applique de plein droit lorsque le montant annuel des recettes, hors TVA, excède 72 600 euros (77 700 € pour 2023, 2024 et 2025). Les recettes et les dépenses y sont déterminées selon les règles de la comptabilité de caisse (a), à moins que le contribuable n'opte pour la comptabilité d'engagement (b).

a. *La comptabilité de caisse*

450 Ce principe consiste à ne retenir que les recettes effectivement encaissées et les dépenses réellement exposées. La simplicité de ce système convient à la majorité des professionnels concernés, il présente simplement le défaut de ne retracer la réalité de l'activité économique exercée qu'au travers des flux financiers encaissés et décaissés.

451 Les recettes à retenir au titre d'un exercice englobent toutes les sommes effectivement perçues au cours de celui-ci, même si elles se rapportent à des prestations effectuées au cours d'une année précédente ou à des prestations futures (cas des provisions sur honoraires). En revanche le professionnel libéral n'inclut pas dans ses recettes les débours – c'est-à-dire les remboursements de frais à l'euro près exposés pour le compte de ses clients – ni les rétrocessions d'honoraires effectuées au profit de confrères qui l'ont aidé dans l'accomplissement de son activité professionnelle.

452 Les charges déductibles correspondent aux dépenses effectivement exposées pour l'exercice de la profession, elles sont classées par l'article 93 du CGI selon la même typologie que celle en vigueur pour les BIC (v. ss 339) ; elles incluent l'amortissement des immobilisations, en revanche le contribuable ne peut pas constituer de provisions (CE 9 juill. 1980, n° 11847, *Dr. fisc.* 1980, n° 48, comm. 2453, concl. J.-F. Verny) dont la logique est incompatible avec celle de la comptabilité de caisse : la provision est destinée à faire face à une perte que des événements en cours rendent probable, alors que la comptabilité de caisse ne retrace que des recettes réellement perçues, par conséquent la créance douteuse n'aura pas à être provisionnée puisqu'elle n'aura même pas été enregistrée en recettes.

453 L'ensemble est simple à tenir et la loi n'exige du contribuable BNC que la tenue de deux documents : un livre-journal, qui retrace au jour le jour chaque recette perçue et chaque dépense exposée, et un registre des immobilisations qui fait notamment apparaître les amortissements pratiqués. La présentation d'un bilan n'est pas exigée.

Le contribuable remplit une déclaration catégorielle n° 2035 qui retrace les résultats de l'année et dont il reporte la synthèse sur sa déclaration globale de revenu. Si cette synthèse fait apparaître un déficit, celui-ci est imputable sur le revenu global du foyer fiscal, dans la mesure où il s'agit du déficit d'une activité professionnelle (v. ss 724) ; si ce revenu est insuffisant, l'excédent du déficit BNC pourra être reporté sur le revenu global des années suivantes, jusqu'à la sixième inclusivement.

b. *La comptabilité d'engagement*

454 L'option pour la comptabilité d'engagement transpose exactement les règles des BIC (v. ss 299) puisque le professionnel libéral enregistrera ses créances acquises et ses dettes certaines. Une fois exercée, l'option est renouvelable par tacite reconduction. Elle reste valable tant qu'elle n'est pas dénoncée par le contribuable. Si sa trésorerie n'est pas obérée par le caractère erratique de ses recettes, la gestion de son entreprise y gagnera en clarté. Avec l'ouverture de cette option, la loi montre la faiblesse de l'écart qui sépare aujourd'hui les entreprises libérales modernes des entreprises commerciales. Mais elles cohabitent avec des confrères de dimensions beaucoup plus modestes, qui se satisfont d'un régime de micro-entreprise.

2. *Le régime des micro-entreprises*

455 Le régime des micro-entreprises a été voulu par le législateur pour encourager le développement d'activités d'ampleur limitée, souvent accessoires à une activité salariée (CGI, art. 102 *ter*). Il s'applique lorsque le montant annuel hors taxes d'une telle activité n'excède pas 72 600 euros (77 700 € pour 2023, 2024 et 2025). Le contribuable n'est pas astreint à remplir une déclaration spéciale, il se borne à inscrire sur la déclaration de son revenu global le montant de ses recettes, l'administration fiscale déduira automatiquement 34 % de frais professionnels avec un minimum de 305 euros. Le bénéfice imposable est donc égal à 66 % des recettes. Sur option, le contribuable relevant du régime des micro-entreprises peut se placer sous le régime de la déclaration contrôlée. L'option, valable deux ans, est renouvelable tacitement pour la même durée. Elle peut être favorable au contribuable lorsque ses charges réelles dépassent 34 % de son revenu. La loi exclut du bénéfice du régime déclaratif spécial certaines professions, tels les officiers publics et ministériels, les opérateurs sur marchés à terme et les personnes qui, réalisant dans une même entreprise des recettes non commerciales et des recettes commerciales, ont opté pour l'imposition de leurs recettes commerciales sous un régime réel d'imposition.

Sous les mêmes conditions que pour les BIC le contribuable BNC peut adhérer au régime des auto-entrepreneurs (v. ss 315). Le prélèvement libératoire frappant lesdits revenus est alors de 2,2 %.

Bibliographie

COZIAN (Maurice), « Le fisc et le voleur », *BF Lefevbre* 2000, n° 3, p. 151 à 153.

MAÏA (Jean), « BNC : la distinction entre patrimoine privé et professionnel à l'épreuve de l'utilisation professionnelle d'un immeuble », *RJF* 2001, n° 8-9, p. 703 à 711.

OLLEON (Laurent), « La Bourse et l'avis », *RJF* 2003, n° 12, p. 943 à 946.

§ 4. Les bénéfices agricoles

456 Les bénéfices agricoles ont un champ d'application relativement étendu qu'il convient de délimiter (A) avant d'étudier les différentes modalités qui régissent leur évaluation (B).

A. La notion fiscale de bénéfice agricole

457 Selon l'article 63 du CGI « sont considérés comme bénéfices de l'exploitation agricole pour l'application de l'impôt sur le revenu, les revenus que l'exploitation de biens ruraux procure soit aux fermiers, métayers, soit aux propriétaires exploitant eux-mêmes ». Cette définition mérite d'être développée, tant au regard de la nature du revenu (1) que de la personne réalisant les bénéfices (2).

1. *Le bénéfice imposable*

458 En principe, sont inclus dans la catégorie des bénéfices agricoles les produits résultant de la mise en valeur de biens ruraux entendus dans un sens relativement large (a). À l'inverse, certains types d'activités exercés par les agriculteurs peuvent modifier la nature de leurs revenus et les rendre imposables de ce fait dans d'autres catégories (b).

a. *Les revenus inclus dans la catégorie des bénéfices agricoles*

459 Par-delà le critère foncier qui figure à l'article 63 du CGI, le juge puis le législateur ont élargi l'activité agricole au travers de la notion de participation au cycle biologique de caractère végétal ou animal.

Entrent dans la catégorie des bénéfices agricoles, d'une part, les revenus de l'exploitation et, d'autre part, les revenus de la propriété.

460 **Les revenus de l'exploitation agricole.** Les revenus de l'exploitation agricole comprennent les profits résultant pour l'exploitant, d'abord de la vente ou de la consommation de produits provenant de la culture ou de l'élevage, mais aussi issus des activités nouvelles qu'il est incité à développer pour consolider son avenir professionnel.

461 Sont considérés comme bénéfices agricoles d'abord les bénéfices retirés de la culture de végétaux tels les céréales, betteraves à sucre, vignes, légumes, arbres fruitiers et fleurs, ainsi que les produits de tous terrains propres à la culture tels les terres, prés, vignes, vergers et jardins maraîchers.

462 Le recours à des moyens mécaniques et chimiques même considérables ne dénature pas l'activité agricole. Peu importe que les végétaux soient soumis ou non aux conditions atmosphériques. Ainsi les cultures sous serres ou en galeries souterraines pour les champignons sont agricoles. Il en va de même des cultures hors sol réalisées dans des forceries ou sur des clayettes mobiles.

463 D'un autre côté, l'article 63 du CGI rattache à des activités agricoles les exploitations forestières (même s'il s'agit seulement de coupes de bois sur pied), celle des marais salants et les activités des obtenteurs de nouvelles variétés végétales.

464 S'agissant de la vente d'herbe sur pied, elle constitue non pas une location (imposable dans la catégorie des revenus fonciers) mais un mode d'exploitation agricole.

465 L'article 63, alinéa 5 du CGI étend la définition des bénéfices agricoles aux « revenus provenant de la vente de biomasse sèche ou humide, majoritairement issue de produits ou sous-produits de l'exploitation. Il en va de même des revenus provenant de la

production d'énergie à partir de produits ou sous-produits majoritairement issus de l'exploitation agricole ».

466 Les profits des éleveurs d'animaux de toutes espèces sont des bénéfices agricoles. De même, en vertu de l'article 63 du CGI, les revenus provenant des activités de centres équestres et des entraînements de chevaux de course sont imposés dans la catégorie des bénéfices agricoles.

467 L'élevage des animaux constitue une activité agricole même si, pour les nourrir, l'éleveur n'utilise pas ou utilise peu les produits de son exploitation.

468 Aux activités d'élevage proprement dites doivent être rattachées les activités d'aviculteurs, d'apiculteurs, d'ostréiculteurs et de pisciculteurs.

469 Enfin, qu'ils proviennent de la culture ou de l'élevage, les produits qui ne sont pas vendus mais consommés par l'exploitant sont imposables même si l'activité agricole de l'exploitant n'est pas exercée à titre principal et si les produits de la récolte sont uniquement affectés à la consommation familiale de l'intéressé. Ainsi jugé par le Conseil d'État (CE 25 nov. 1966, *Dupont*, n° 64893, *Lebon* 1967. 17) à propos d'un contribuable qui affectait exclusivement à sa propre consommation et à celle de sa famille la totalité de la récolte de sa vigne.

470 **Les revenus de la propriété.** Lorsque l'exploitation des biens ruraux est le fait de leur propriétaire les revenus imposés dans la catégorie des bénéfices agricoles comprennent non seulement le produit de l'exploitation proprement dite mais également la rémunération du capital foncier ou rente du sol ainsi que, sous certaines conditions, les revenus accessoires.

471 La rente du sol et le bénéfice d'exploitation ne sont pas distingués et sont imposés dans la même catégorie des bénéfices agricoles lorsque l'exploitation est assurée par le propriétaire foncier. Au contraire, lorsque le propriétaire donne ses biens à ferme, les produits qu'il en retire (loyers) sont regardés comme des revenus de son capital foncier et imposés en son nom dans la catégorie des revenus fonciers. Dans ce cas, le bénéfice agricole proprement dit c'est-à-dire le bénéfice de l'exploitation à l'exclusion de la rente du sol, est imposé au nom du fermier (v. ss 485).

472 Les revenus accessoires que les propriétaires exploitants peuvent percevoir en plus de leurs revenus agricoles proprement dits trouvent leur origine dans le droit de propriété ou d'usufruit : tels les produits de la location du droit d'affichage, du droit de chasse, etc.

473 Les modalités de taxation de ces revenus accessoires dépendent de leur régime d'imposition (v. ss 489). Si l'exploitation agricole est soumise au régime du micro-BA les revenus accessoires constituent des revenus distincts du bénéfice agricole et sont imposables dans la catégorie des revenus fonciers. En cas d'imposition à un régime réel, il convient de distinguer suivant que les terres sont maintenues dans le patrimoine privé de l'exploitant ou qu'elles sont inscrites à l'actif de l'entreprise. Dans le premier cas, les revenus accessoires sont imposés en tant que revenus fonciers, dans le second cas ils sont imposés dans la catégorie des bénéfices agricoles.

b. *Les revenus exclus des bénéfices agricoles*

474 Certains profits procurés par l'exploitation de biens ruraux ne sont pas nécessairement classés dans la catégorie des bénéfices agricoles. Il en va ainsi lorsque l'activité agricole ne constitue que le prolongement d'une activité industrielle ou commerciale ou lorsque l'agriculteur se livre à des activités ne relevant pas de l'agriculture.

475 **Activités agricoles constituant le prolongement d'une entreprise industrielle et commerciale.** En application de la théorie de l'accessoire posée par l'article 155 du CGI (caractère attractif de la catégorie des BIC, v. ss 281) les produits retirés d'activités de nature purement agricole sont imposés au titre des BIC lorsque les opérations ainsi réalisées apparaissent comme l'accessoire d'une activité industrielle ou commerciale. La mise en œuvre de l'article 155 est toutefois subordonnée à la double condition que l'activité commerciale soit prépondérante par rapport à l'activité agricole et qu'existent des liens étroits entre les deux activités. Ainsi, à titre d'exemple, sera imposé dans la catégorie des BIC un négociant en bestiaux qui dispose d'une exploitation agricole dans laquelle il élève des animaux destinés à être revendus (CE 4 juill. 1979, n° 99665, *RJF* 1979, n° 10, n° 564).

476 **Activités extra-agricoles.** Les revenus provenant d'opérations qui ne se situent pas dans le prolongement normal de l'agriculture sont imposés dans la catégorie correspondant à la nature de l'activité dont ces opérations relèvent, dès lors que l'activité agricole du contribuable est prédominante ou nettement distincte. Il en va ainsi dans quatre hypothèses :

477 L'exploitant ne se borne pas à la vente de produits provenant de son exploitation. Lorsque des agriculteurs vendent en même temps que les produits de leur propre exploitation, des produits achetés, les profits réalisés sur la vente de ces derniers relèvent de la catégorie des BIC. Ainsi, l'agriculteur qui achète du lait pour compléter sa production est assujetti à l'impôt dans la catégorie des bénéfices agricoles pour les revenus provenant de son exploitation proprement dite et dans la catégorie des BIC pour les profits réalisés sur la vente des produits achetés.

478 De même, un exploitant qui vend des céréales destinées à la nourriture des chevaux appartenant à une association hippique relève de la catégorie des BIC dès lors que ces céréales ont été acquises auprès de tiers et que le traitement apporté à ces céréales en vue d'améliorer leur pouvoir nutritif ne constitue pas une opération liée au cycle biologique de la plante (CE 13 déc. 1982, n° 27955, *Dr. fisc.* 1983, n° 40, comm. 2121, avec extraits des conclusions de M. Bissara).

479 L'exploitant ne vend que des produits de son exploitation mais utilise à cet effet des procédés commerciaux. Les profits que les agriculteurs retirent de la vente des produits de leurs récoltes doivent être assujettis à l'impôt dans la catégorie des BIC lorsque les ventes sont réalisées dans une installation commerciale permanente agencée pour la vente au détail ou à l'aide d'un personnel spécialisé. Il en va ainsi, par exemple, de l'exploitation d'un bar-dégustation par un viticulteur qui y vend sa récolte. À l'inverse, si les agriculteurs vendent les produits de leur exploitation sans disposer d'une installation permanente de vente, les profits relèvent de la catégorie des bénéfices agricoles. Il en va ainsi des ventes sur les marchés ou en bordure de route. Dans la mesure où l'agriculteur est soumis à l'évaluation micro-BA, la distorsion de concurrence avec le marchand de primeurs, par exemple, soumis aux BIC et à la contribution économique territoriale, peut être importante.

480 L'exploitant procède à la transformation de produits agricoles. Les profits réalisés par les agriculteurs transformant leur production constituent des BIC lorsque ces opérations de transformation ne peuvent être considérées comme l'accessoire ou le prolongement normal de l'exploitation agricole. Il en va ainsi quand les produits obtenus ne sont pas destinés à l'alimentation de l'homme et des animaux ou ne peuvent être utilisés à titre de matière première dans l'agriculture ou l'industrie.

481 L'exploitant réalise des opérations qui ne se rattachent pas à la vente de produits récoltés. Il advient que les exploitants agricoles, outre les ventes directes des produits de la ferme, fournissent à des citadins moyennant rétribution des prestations telles que logement, nourriture, admission à la table d'hôte, etc. Les profits que l'agriculteur tire de cette activité sont imposés au titre des BIC. Entrent dans la même catégorie les locations de gîtes ruraux (pour les modalités d'imposition, v. ss 556). De même les profits provenant d'opérations de pension ou de gardiennage d'animaux, et la location de taureaux à des organisations de spectacles ainsi que la location de chevaux relèvent en principe des BIC. À l'inverse, relève, en principe, des BNC l'entraînement des chevaux en vue de les préparer à des courses.

Il convient toutefois de noter que les revenus qui sont tirés de ces activités accessoires, dans l'hypothèse de l'imposition du bénéfice réel, peuvent être compris dans les bénéfices agricoles, à la condition que leur montant global n'excède ni 50 % du chiffre d'affaires global ni 100 000 euros au cours des trois années civiles précédant la date d'ouverture de l'exercice (CGI, art. 75).

2. *Les personnes imposables*

482 Les bénéfices de l'exploitation agricole sont imposés au nom de l'exploitant. Il en résulte que ces bénéfices ne sont soumis à l'impôt sur le revenu que dans l'hypothèse où l'exploitant est une personne physique (a), un groupement, une association ou une société non passible de l'impôt sur les sociétés et n'ayant pas opté pour cet impôt (b). Dans le cas contraire, les bénéfices de l'exploitation agricole sont, bien entendu, soumis à l'impôt sur les sociétés.

a. *Les exploitants individuels*

483 Les profits réalisés par les exploitants individuels qui mettent en valeur des biens ruraux ont le caractère de bénéfices agricoles. **Quatre modes d'exploitation peuvent être distingués**.

484 **Le propriétaire exploitant.** Si le propriétaire exploite lui-même ses biens ruraux, les revenus imposables comprennent outre le bénéfice de l'exploitation, les revenus du capital foncier ou rente du sol auxquels s'ajouteront éventuellement les revenus accessoires (v. ss 470). Depuis 1971, les revenus correspondant aux bâtiments d'habitation de l'exploitant sont exonérés de l'impôt, à l'instar du propriétaire se réservant la jouissance de son logement (v. ss 564). Ceci peut présenter un désavantage en cas de soumission au régime du bénéfice réel, car il n'est pas possible de déduire les charges immobilières, frais de réparation et amortissements des locaux d'habitation.

485 **Le fermier.** En sa qualité d'exploitant, le fermier est imposable à raison des profits qu'il retire de l'exploitation, le propriétaire étant, de son côté, imposable au titre des revenus fonciers pour les fermages qu'il perçoit.

486 **Le métayer.** Le métayer partage les fruits et produits avec le propriétaire. Chacun est dès lors imposé pour sa quote-part du bénéfice global comprenant le résultat de l'exploitation et le revenu du capital foncier en conformité avec les usages locaux (CGI, art. 78).

487 **L'exploitant travaillant avec ses enfants majeurs.** Lorsque l'ascendant et ses enfants sont copropriétaires indivis de la propriété exploitée en commun, l'exploitation est réputée faite en association et chacun des intéressés est imposé séparément pour la part lui revenant dans le bénéfice de l'exploitation commune. Dans le cas contraire, c'est en principe l'ascendant qui est soumis à l'impôt sur la totalité des bénéfices de l'exploitation. Il n'en est autrement que s'il est établi que les enfants majeurs non rémunérés par un salaire, participent effectivement à la gestion et aux risques de l'exploitation (société de fait).

b. *Les sociétés et groupements divers*

488 Chacun des associés ou chaque membre participant des sociétés de personnes et assimilées exerçant une activité agricole n'ayant

pas opté pour leur assujettissement à l'impôt sur les sociétés est personnellement soumis à l'impôt sur le revenu dans la catégorie des bénéfices agricoles pour la part des bénéfices correspondant à ses droits dans la société ou le groupement. Sont notamment concernés les associés des groupements fonciers agricoles (GFA) des groupements forestiers, des groupements agricoles d'exploitation en commun (GAEC), des sociétés civiles agricoles, et des groupements forestiers ruraux.

B. L'évaluation des bénéfices agricoles

489 Existent deux modalités d'évaluation : le régime de l'évaluation réelle (1) et le régime des micro-exploitations agricoles dit micro-BA (2) qui a remplacé l'évaluation forfaitaire depuis l'imposition des revenus de l'année 2016 (CGI, art. 64 *bis*).

1. *L'évaluation réelle*

490 Elle se décompose en évaluation réelle normale (a) et en évaluation réelle simplifiée (b).

a. *L'évaluation réelle normale*

491 On étudiera successivement son champ d'application (1) et la détermination du bénéfice (2).

1) Le champ d'application de l'évaluation réelle normale

492 Les agriculteurs relèvent de l'évaluation réelle soit parce que leurs exploitations encaissent des recettes supérieures à un certain montant soit parce qu'ils ont opté en ce sens.

493 **L'évaluation réelle normale par franchissement d'un certain seuil de recettes (CGI, art. 69ª).** Lorsque les recettes (créances acquises) d'un exploitant agricole dépassent une moyenne annuelle de 391 000 euros HT, mesurée sur trois années consécutives, l'intéressé est obligatoirement imposé d'après son bénéfice réel à compter de la première année suivant la période triennale considérée. Ainsi l'agriculteur encaissant des recettes de 350 000 euros en 2022, de 390 000 euros en 2023 et de 430 000 euros en 2024 sera soumis à l'évaluation réelle normale à partir du 1er janvier 2025. Ce seuil est revalorisé tous les trois ans, dans la même

proportion que la limite supérieure de la première tranche du barème de l'impôt sur le revenu.

494 **L'évaluation réelle normale sur option.** Les exploitants agricoles relevant de l'évaluation réelle simplifiée peuvent opter pour l'évaluation réelle normale. La période couverte par l'option initiale est de cinq ans. Durant ces cinq ans l'option est irrévocable et se reconduit tacitement par périodes successives et irrévocables de cinq ans.

2) La détermination du bénéfice réel

495 L'évaluation réelle normale se rapproche étroitement de celle applicable en matière de bénéfices industriels et commerciaux. C'est ainsi que les agriculteurs relevant de ce régime doivent tenir une comptabilité de leurs opérations, avec enregistrement des créances acquises et des dépenses engagées et non pas seulement des recettes et des décaissements. Le bénéfice annuel est égal à l'excédent des produits sur les charges. Celles-ci comprennent, comme en matière industrielle et commerciale, les frais généraux, les provisions et les amortissements. Les conditions générales de déductibilité des provisions et amortissements sont les mêmes qu'en matière de bénéfices industriels et commerciaux, sous réserve de quelques règles spéciales, tenant par exemple à l'amortissement du cheptel.

Les agriculteurs doivent souscrire chaque année avant le 1er mars une déclaration de résultats de l'année précédente accompagnée des pièces prévues à l'article 53 A du CGI (v. ss 320).

496 Mais plusieurs dispositions particulières ont été prévues en leur faveur pour tenir compte des contraintes et des caractéristiques particulières de la production agricole et qui résident notamment dans le faible niveau du chiffre d'affaires par rapport au capital investi, à l'importance inhabituelle des éléments non amortissables et à la forte irrégularité des résultats (CGI, art. 72, I, al. 2 à 4°).

497 Ces particularités, qui ont été précisées et développées par la loi de modernisation de l'agriculture du 1er février 1995, se rapportent notamment à la déduction accélérée des intérêts de certains emprunts, au régime spécial d'évaluation des stocks à rotation lente, à la déduction pour financement des stocks ou des immobilisations et à l'apport en société d'une exploitation individuelle.

À compter de l'impôt sur le revenu dû au titre de l'année 2024, la loi (CGI, art. 73) exonère partiellement les sommes utilisées au titre d'un exercice de survenance d'un aléa naturel, climatique ou sanitaire. L'exonération partielle porte sur 30 % du montant ainsi exposé, dans la limite d'un plafond de 50 000 euros par exercice concerné.

498 Contrairement au cas des bénéfices industriels et commerciaux, la liberté d'inscription au bilan est limitée. Les immeubles bâtis ou non bâtis appartenant à l'exploitant et utilisés pour les besoins de l'exploitation sont obligatoirement inscrits à l'actif du bilan. Toutefois, l'exploitant peut demander à conserver les terres (CGI, art. 38 *sexdecies* D de l'annexe III) dans son patrimoine privé. L'option vaut pour quinze ans et se renouvelle tacitement, sauf renonciation expresse au terme de la période concernée (CE 26 sept. 2011, *Min. c/ M. Biestel*, n° 340246, *Dr. fisc.* 2012, n° 24, comm. 334). Cette option est une décision de gestion, formulée de façon expresse et qui ne saurait découler d'une attitude implicite, résultant de la non-inscription des terres à l'actif (CE 17 mai 1991, *Mme Chenuault*, *Dr. fisc.* 1991, n° 39, comm. 1609, concl. Arrighi de Casanova).

499 D'un autre côté, pour tenir compte de l'irrégularité des revenus, l'exploitant peut opter pour le système dit de la moyenne triennale similaire à celui prévu par l'article 100 *bis* du CGI applicable aux auteurs et aux écrivains (CGI, art. 75-0 B). L'impôt est établi sur la moyenne des bénéfices agricoles d'une année considérée et des deux années précédentes. L'option pour ce système ne peut être formulée avant la troisième année d'application du régime réel. Elle est valable pour trois ans et reconduite tacitement.

b. *L'évaluation réelle simplifiée*

500 Instituée par la loi du 28 avril 1976, l'évaluation réelle simplifiée constitue une transposition de celle mise en place à partir de 1970 pour les entreprises industrielles et commerciales.

1) Le champ d'application de l'évaluation réelle simplifiée

501 L'évaluation réelle simplifiée s'applique aux exploitations agricoles soit de plein droit soit sur option. Elle s'applique de plein droit aux exploitants dont les recettes annuelles moyennes calculées

sur trois années consécutives dépassent 120 000 euros sans excéder 391 000 euros. Peuvent s'y soumettre, sur option, les exploitants normalement placés sous le régime du micro-BA.

502 Cette option s'explique par le fait que l'agriculteur soumis au régime du micro-BA peut avoir intérêt à y renoncer. C'est le cas tout d'abord lorsqu'il est en mesure de justifier, grâce à une comptabilité régulière, d'un résultat inférieur à celui qui résulterait du régime du micro-BA. Mais surtout, l'option présente un grand intérêt lorsque le contribuable doit supporter des frais importants pour la réparation ou l'amélioration de ses installations – ou lorsque réalisant un gros effort d'équipement il a des charges d'amortissement élevées. Ces situations peuvent conduire à un résultat réel déficitaire, avec tous les avantages que cela comporte : non-imposition au titre de la catégorie de revenu, imputation du déficit sur d'autres revenus soit de l'exercice en cours soit des exercices suivants.

503 À noter que les deux catégories de contribuables soumis à l'évaluation réelle simplifiée, soit de plein droit soit sur option, ont la possibilité d'opter pour l'évaluation réelle normale.

2) La détermination du bénéfice réel simplifié

504 Le régime du bénéfice réel simplifié a été mis en place pour inciter l'exploitant agricole à renoncer au micro-BA et à se doter d'une comptabilité afin de pouvoir mieux gérer son entreprise.

505 Le régime simplifié est un régime réel, ce qui a pour conséquence que le bénéfice est déterminé selon les règles similaires à celles applicables au réel normal, avec toutefois des allègements sensibles. C'est ainsi que les obligations déclaratives sont réduites : les agriculteurs sont tenus à une déclaration comportant un compte simplifié, un tableau des immobilisations et des amortissements ainsi qu'un bilan abrégé. Ils doivent également tenir à la disposition de l'administration le livre journal enregistrant le détail des recettes et des dépenses. En revanche, les contribuables n'ont pas à présenter les documents prévus à l'article 53 A du CGI (v. ss 321).

506 Pour ce qui est de la détermination du bénéfice, il n'est pas tenu compte des créances et des dettes mais des recettes effectivement encaissées et des dépenses réellement payées durant l'exercice

considéré. Il est tenu compte des stocks mais ils sont soumis à des règles particulières d'évaluation par un système de décote.

507 L'évaluation réelle – normale ou simplifiée – présente une différence importante par rapport au micro-BA. Il est en effet tenu compte des déficits éventuels. Mais en raison des mécanismes d'évasion fiscale que leur imputation autorisait, la déduction des déficits est moins libéralement admise qu'en matière de BIC. Le mécanisme d'évasion utilisé jusque dans les années 1960 consistait à utiliser d'anciennes fermes comme résidences secondaires. Exploitées sous le régime du bénéfice réel, leurs entretien et modernisation généraient un déficit qui venait s'imputer sur le revenu global du contribuable. Pour mettre fin à ces abus, le législateur fiscal est intervenu en prévoyant que le déficit agricole n'est pas imputable sur le revenu global lorsque les autres revenus du contribuable dépassent 125 419 euros s'agissant de l'année 2024. Si tel est le cas, il n'est reportable que sur les bénéfices agricoles des six années qui suivent.

2. *Le micro-BA*

508 Le régime du forfait agricole est remplacé par le régime micro-BA. Ce régime s'applique aux exploitants dont la moyenne des recettes hors taxes sur trois années n'excède pas 120 000 euros. Le bénéfice imposable est égal à la moyenne des recettes de l'année d'imposition et des deux années précédentes, diminuée d'un abattement de 87 % qui ne peut être inférieur à 305 euros. Les contribuables déclarent chaque année leurs recettes sur leur déclaration de revenu comportant les recettes de l'année d'imposition, les recettes de l'année précédente et les plus-values ou moins-values réalisées ou subies au cours de l'année.

Des exploitations sont exclues du micro-BA, et relèvent obligatoirement du régime réel d'imposition. Il en va ainsi, entre autres, des exploitants qui effectuent des opérations commerciales sur des animaux de boucherie ou de charcuterie. Il en va de même pour les exploitants imposables selon un régime réel pour les bénéfices (BIC, BNC) autres que ceux provenant de leur activité agricole.

Sur option les contribuables peuvent se placer sous le régime de la déclaration contrôlée. Entre les deux, le législateur a inséré un régime de réel simplifié qui s'applique de plein droit entre 120 000 et 391 000 euros de moyenne annuelle. Comme leur nom l'indique, les régimes de bénéfice réel se caractérisent par des obligations comptables tangibles mais de deux niveaux différents, notamment quant à la déclaration des résultats, et la possibilité de provisionner et de constater un déficit.

509 De façon plus générale, le monde agricole s'est vu accorder un certain nombre de mesures de faveur. Ainsi, les jeunes agriculteurs assujettis au régime du réel peuvent bénéficier d'un abattement dégressif de 75 à 30 % sur les bénéfices de leurs soixante premiers mois d'activité. Lorsqu'ils perçoivent la dotation d'installation ou des prêts à moyen terme spéciaux l'abattement est de 100 % (CGI, art. 73 B).

510 Les exploitants agricoles, soumis à un régime réel d'imposition, ont la faculté de constituer en franchise d'impôt une déduction pour épargne de précaution (CGI, art. 73). Son montant est plafonné, à 100 % du bénéfice imposable, s'il est inférieur à 32 608 euros. Il augmente ensuite en fonction du bénéfice. Ainsi, la déduction passe à la somme de 32 608 euros majorée de 30 % du bénéfice excédant cette limite, lorsque le bénéfice est supérieur ou égal à 32 608 euros et inférieur à 60 385 euros. Pour la catégorie supérieure, lorsque le bénéfice imposable est égal ou supérieur à 120 771 euros la déduction est de 50 000 euros.

511 Pour permettre aux agriculteurs de prendre des vacances, un crédit d'impôt imputable sur l'impôt sur le revenu pour prendre un remplaçant salarié est prévu. Ce crédit d'impôt (prorogé jusqu'au 31 déc. 2027) est égal à 60 % des dépenses de personnel dans la limite de 17 jours de remplacement pour congé, étant précisé que le coût d'une journée de remplacement est plafonné à quarante-deux fois le taux horaire du minimum garanti, d'où une limitation du crédit d'impôt à 1 808 euros en 2025 (CGI, art. 200 *undecies*).

512 Soucieux de développer l'agriculture biologique, le législateur a prévu l'octroi d'un régime de crédit d'impôt jusqu'en 2025. Ainsi, lorsque 40 % au moins des recettes de l'entreprise agricole proviennent d'activités agricoles relevant du mode de production biologique, au

sens européen et national du terme, le montant du crédit d'impôt s'élève à 4 500 euros. S'il excède 5 000 euros cumulé avec des aides de même nature, il est réduit à hauteur de ce dernier montant. Ce crédit d'impôt est imputé sur l'impôt sur le revenu ou l'impôt sur les sociétés dû au titre de l'exercice au cours duquel l'entreprise a rempli les conditions légales de son octroi ; son éventuel excédent est restitué (CGI, art. 244 *quater* L, 199 *ter* K et 220 M).

Toutes ces aides entendent s'inscrire dans le respect des règles européennes relatives aux aides de minimis destinées à éviter les mesures nationales génératrices de concurrence déloyale (Règlements (UE) de la Commission n°s 1408/2013 et 717/2014).

Bibliographie

GIZARD (Marc), *Droit et fiscalité forestiers*, PUF, 1996, 480 p.
MADIGNIER (Michel-Pierre), *Fiscalité agricole et viticole approfondie*, Litec, 4e éd., 2025.
MIGNON (Emmanuelle), « Que reste-t-il du principe de la transparence fiscale des GAEC », *RJF* 2000, n° 4, p. 295 à 297.

§ 5. Les dispositions communes aux bénéfices industriels et commerciaux, aux bénéfices non commerciaux et aux bénéfices agricoles

513 Les trois catégories de revenus professionnels sont envisagées comme un ensemble homogène pour un certain nombre de régimes, dont les caractéristiques essentielles seront communes aux trois : le législateur a édicté deux régimes communs, celui des plus-values et moins-values professionnelles (A), celui des centres et associations de gestion agréés pour la déclaration du revenu (B), tandis que le juge de l'impôt a élaboré pour ces catégories de revenus la théorie des erreurs et décisions de gestion (C) et celle de l'acte anormal de gestion (D).

A. Le régime des plus-values et moins-values professionnelles

514 Il a pour ambition d'imposer le profit exceptionnel qu'une entreprise réalise lors de la cession d'une immobilisation, c'est-à-dire d'un élément de son actif professionnel. La cession d'un instrument de travail s'effectue à un prix. Par assimilation, sont également concernés les apports en société, les échanges, les cessations d'activité mais aussi l'expropriation ou la destruction par sinistre.

515 Si le prix constaté alors est identique à la valeur nette comptable du bien cédé, il n'y a ni plus-value ni moins-value et aucune imposition.

516 Si ce prix est supérieur à la valeur nette comptable du bien cédé, l'entreprise dégage une plus-value imposable, aux termes de l'article 39 *duodecies* du CGI. Si la cession intervient peu de temps après l'acquisition de cette immobilisation, la loi présume la plus-value spéculative car une immobilisation n'a pas vocation à être revendue mais doit être utilisée longtemps par l'entreprise pour accomplir son activité. Dans ce cas la plus-value sera imposée comme un bénéfice puisqu'elle est le fruit d'une opération proche de l'achat-revente d'une activité commerciale. En revanche c'est un régime d'imposition plus favorable qui s'appliquera à une plus-value à long terme puisque la durée de détention de l'immobilisation a été davantage conforme à une gestion normale.

517 Si le prix de cession est inférieur à la valeur nette comptable du bien cédé, l'entreprise constate une moins-value. La loi lui permet d'imputer cette moins-value sur une plus-value de même portée (court terme ou long terme) pour diminuer la base imposable.

518 Telles sont les grandes lignes de ce régime cohérent, qu'il ne faut pas confondre avec celui des plus-values réalisées par les particuliers (v. ss 633). Le régime d'imposition est fondé sur la distinction entre court terme (1) et long terme (2). Le législateur a également prévu un régime d'exonération pour les petites et moyennes entreprises (3).

1. *Le régime des plus-values et moins-values à court terme*

519 Le régime des plus-values et moins-values à court terme oblige le contribuable à opérer une étude d'ensemble sur l'année ou sur

l'exercice : il calcule chaque plus-value (a) ou moins-value (b), il détermine le solde net des opérations à court terme (c), puis opère le traitement fiscal du solde (d).

a. *Le calcul de la plus-value imposable*

520 Le calcul de la plus-value imposable prend en compte la plus-value réalisée, par opposition aux plus-values simplement latentes. La plus-value est à court terme dans deux cas :

– lorsque l'immobilisation est cédée moins de deux ans après son acquisition, sans qu'il y ait lieu de distinguer selon que l'immobilisation est amortissable ou ne l'est pas ;

– de façon plus subtile, si la plus-value résulte de la cession d'une immobilisation amortissable acquise plus de deux ans auparavant ; dans ce cas la plus-value est dite à court terme jusqu'à hauteur du montant des amortissements pratiqués, pour le solde elle sera qualifiée de plus-value à long terme. Ce régime part du constat suivant : si la cession d'une immobilisation amortissable dégage une plus-value c'est parce que le second terme de la soustraction qui permet de calculer la plus-value – soit la valeur nette comptable – est trop faible par rapport à la valeur vénale de ce bien. Si elle est trop faible c'est parce que le bien a fait l'objet d'un amortissement excessif, supérieur à la dépréciation réelle du bien. Cette part excessive d'amortissement s'est effectuée en déduction du résultat imposable, donc le Trésor public a été pénalisé. Le montant que le contribuable a ainsi éludé en impôt au fil des années sera repris par la qualification à court terme de la plus-value correspondant au montant des amortissements pratiqués, puisqu'elle sera alors imposée comme du bénéfice.

521 **Exemple**

Ainsi, pour une machine amortissable sur cinq ans que l'entreprise revend au bout de trois ans, la plus-value sera décomptée comme suit :

- prix d'acquisition 60 000 ;
- total des amortissements pratiqués 5 900 ;
- d'où une valeur comptable nette de 54 100 ;
- si le prix de revente est de 65 000 :
- la plus-value réalisée sera de 10 900 (65 000 – 54 100) ;

* soit 5 900 à court terme (montant des amortissements pratiqués).

* et 5 000 à long terme.

b. *La détermination de la moins-value*

522 Elle n'est que partiellement symétrique : certes, elle sera à court terme lorsqu'elle est constatée à l'occasion de la cession d'une immobilisation non amortissable réalisée moins de deux ans après son acquisition. Mais si la cession porte sur une immobilisation amortissable la moins-value sera toujours à court terme, quelle qu'ait été la durée de détention. L'explication de ce régime de faveur (une moins-value à court terme se compense avec une plus-value à court terme) réutilise le raisonnement précédent : si la cession d'une immobilisation amortissable dégage une moins-value, c'est en raison d'une insuffisance d'amortissement de celle-ci (la valeur résiduelle comptable était trop élevée puisqu'elle fut supérieure au prix de cession). L'entrepreneur s'étant ainsi pénalisé, puisqu'il n'a pas diminué son résultat imposable d'annuités d'amortissement suffisantes, ne doit pas être pénalisé une seconde fois pour les mêmes causes, par conséquent la moins-value bénéficiera d'une qualification fiscale favorable.

c. *La détermination du solde net de la plus-value*

523 Elle s'effectue à la clôture de l'année ou de l'exercice : le contribuable fait masse de toutes les plus-values et moins-values à court terme constatées à l'occasion de la cession d'immobilisations, et dégage un solde.

d. *Le traitement fiscal du solde annuel*

524 Le traitement fiscal du solde annuel est en forme d'alternative : ou bien ce solde est une plus-value nette à court terme, dans ce cas il est ajouté au bénéfice imposable de l'exercice, avec possibilité d'étalement sur trois ans ; ou bien ce solde est une moins-value nette à court terme, et elle s'imputera sur le bénéfice imposable, à défaut elle sera considérée comme un déficit catégoriel, imputable ou reportable dans les conditions de droit commun.

2. *Le régime des plus-values et moins-values à long terme*

525 Il emprunte les mêmes étapes. Une fois définies (a), ces plus et moins-values doivent être compensées (b) et leur solde fait l'objet

d'un traitement fiscal différencié selon qu'il s'agit d'une plus-value (c) ou d'une moins-value (d) à long terme.

a. *Définitions*

526 **La plus-value est à long terme** lorsque l'immobilisation non amortissable est cédée plus de deux ans après son acquisition ; lorsque l'immobilisation est amortissable c'est uniquement la part excédant le montant des amortissements pratiqués sur cette immobilisation qui sera qualifiée de plus-value à long terme.

527 **La moins-value est à long terme** uniquement lorsque la cession porte sur une immobilisation non amortissable, cédée plus de deux ans après son acquisition.

b. *Compensation*

528 Le contribuable doit procéder à une compensation générale des plus-values et des moins-values à long terme réalisées au cours de l'année ou de l'exercice.

c. *Le régime applicable à la plus-value à long terme*

529 Si le fruit de la compensation est une plus-value nette à long terme, celle-ci est taxée au taux réduit de 12,8 % (CGI, art. 39 *quindecies*) ; il faut y ajouter les prélèvements sociaux (CSG à 9,9 %, CRDS à 0,5 %, prélèvement social de 4,5 %, contribution additionnelle de 0,3 % et prélèvement de solidarité de 2 %). Le taux global est donc de 30 %, identique au taux du prélèvement forfaitaire unique applicable aux plus-values des particuliers.

Pour un contribuable soumis à l'imposition sur les sociétés (v. ss 821), le champ d'application de ce régime est limité au résultat net des concessions de licences d'exploitation de brevet. Pour les dividendes reçus des sociétés de capital-risque, le taux d'imposition est de 15 %, auquel s'ajoute la contribution sociale de 3,3 %.

530 S'il en a l'opportunité, le contribuable peut compenser cette plus-value à long terme avec la moins-value à long terme subie au cours des dix années ou exercices précédents.

d. *Le régime applicable à la moins-value à long terme*

531 Si le fruit de la compensation est une **moins-value nette à long terme** celle-ci ne peut qu'être imputée sur les plus-values à long

terme des dix années ou exercices suivants. Toutefois, si l'entreprise cesse son activité le solde de moins-value à long terme pourra être imputé sur le dernier bénéfice, mais en respectant le rapport entre le taux d'imposition des plus-values à long terme et celui du bénéfice : par exemple 12,8/25 si le contribuable est assujetti à l'impôt sur les sociétés.

3. *Le régime d'exonération des moyennes et petites entreprises*

532 Les petites entreprises bénéficient de différents régimes d'exonération. Le régime d'exonération générale de leurs plus-values professionnelles (CGI, art. 151 *septies*) s'applique à un exploitant individuel ou à une société de personnes exerçant depuis plus de 5 ans, dont les recettes hors taxes n'excèdent pas :

– 250 000 euros HT pour les entreprises industrielles et commerciales de vente de marchandises et de fourniture de logements ;

– 90 000 euros HT pour les entreprises de prestations de services relevant des BIC et pour les titulaires de bénéfices non commerciaux ;

– 350 000 euros HT pour les entreprises exerçant une activité agricole, voire 450 000 euros s'il s'agit de la totalité de l'entreprise, même opérée de manière échelonnée.

L'exonération est partielle lorsque leurs recettes excèdent ces seuils sans dépasser respectivement 350 000 euros, 126 000 euros, 450 000 euros et 550 000 euros.

4. *Les régimes de faveur gouvernant la transmission d'entreprises*

533 Le départ en retraite d'une génération a incité le législateur à multiplier les régimes d'exonération ou de report d'imposition en faveur des plus-values constatées lors des opérations de transmission de PME, ceci dans le dessein de faciliter les transmissions et préserver la pérennité de ces entreprises. Quatre régimes coexistent aujourd'hui.

534 Aux termes de l'article 151 *septies* A du CGI, sont ainsi exonérées les plus-values réalisées à l'occasion de la transmission d'une PME soumise à l'impôt sur le revenu, à condition que l'activité ait été exercée pendant au moins cinq ans. Le cédant doit se retirer de la direction dans les deux ans précédant ou suivant la cession, et ne pas détenir plus de 50 % du capital ou des droits de vote dans l'entreprise. Ce régime est réservé aux entreprises employant moins de 250 salariés et dont le chiffre d'affaires est resté inférieur à 50 millions d'euros ou le total du bilan inférieur à 43 millions d'euros.

535 Aux termes de l'article 151 *octies*, l'exploitant qui apporte son entreprise individuelle en société a la possibilité d'opter pour un régime de report de taxation des plus-values constatées à cette occasion. L'apport doit porter sur l'entreprise individuelle ou sur une branche d'activité, à l'exclusion le cas échéant des immeubles affectés à l'exploitation, à la condition toutefois que ces derniers soient mis à la disposition de la société dans le cadre d'un bail d'une durée minimale de neuf ans. La rémunération de l'apport doit être constituée exclusivement d'actions ou de parts sociales correspondant à la valeur réelle de l'ensemble des éléments d'actifs immobilisés. L'imposition de la plus-value est alors reportée jusqu'à la cession des droits sociaux reçus en rémunération de l'apport ou de la cession par la société des biens concernés. Cette imposition est assortie des prélèvements sociaux existant à la fin du report (CE 12 oct. 2018, n° 401292, *Dr. fisc.* 2019, n° 6, comm. 143, concl. A. Nicolazo de Barmon, note S. Daragon). Les plus-values sur éléments amortissables ne seront pas imposées au nom de l'apporteur mais réintégrées dans les bénéfices de la société bénéficiaire de l'apport et imposables au taux de droit commun. En contrepartie, la société pourra calculer les amortissements et les plus-values postérieurs d'après les nouvelles valeurs retenues lors de l'apport.

536 Lorsqu'un entrepreneur individuel transmet à titre gratuit son entreprise, les bénéficiaires de la transmission peuvent également opter pour un régime de report d'imposition des plus-values d'actif constatées au jour de la transmission. Ce report va se transformer en exonération définitive des plus-values si l'activité est

poursuivie pendant au moins cinq ans par l'un des bénéficiaires de la transmission (CGI, art. 41).

Dans tous ces cas la plus-value comme la cession des parts sont toutefois soumises aux prélèvements sociaux.

La plupart de ces mesures ne peuvent pas se cumuler (v. ss 1658).

537 Au total, l'ensemble du régime des plus-values professionnelles est cohérent, simple et rentable pour le Trésor public.

B. Les centres et les associations de gestion agréés par l'administration fiscale

538 La création de ces institutions, en 1976, répondait à une demande des contribuables professionnels non-salariés qui estimaient injustifié l'abattement de 20 % dont bénéficiaient alors les seuls salariés ; ils réclamaient son abolition en faisant valoir qu'il avait perdu sa justification dans la mesure où leurs revenus étaient dorénavant aussi bien connus par l'administration que ceux des salariés. Le législateur s'est laissé convaincre, mais plutôt que d'abolir un privilège il a préféré étendre son champ d'application aux membres des catégories précitées qui consentiraient un réel effort de transparence en adhérant à l'un de ces centres (pour les BIC et les BA) ou associations (pour les BNC).

1. *Statut*

539 Statutairement un centre de gestion est une association, créée à l'initiative d'experts-comptables, de chambres de commerce ou d'organisations professionnelles légalement constituées. Chaque centre est agréé par une commission régionale. En contrepartie de l'agrément le centre bénéficie de la mise à disposition d'un inspecteur des impôts, qui assurera la liaison avec son administration. Pour les contribuables BNC, ce sont des associations de gestion agréées qui assument le même rôle.

540 Les centres assurent une mission d'assistance qui s'exerce d'abord dans le domaine de la gestion. Le dossier de gestion remis à chaque adhérent décrit la situation économique de son entreprise au cours de l'exercice écoulé, lui fournit différents ratios de

gestion ainsi qu'un tableau de financement et dresse une analyse comparative du bilan et du compte de résultat avec ceux de l'exercice précédent. La dimension pédagogique des centres est ici évidente puisqu'il s'agit clairement d'accompagner les contribuables qui passent du régime micro au réel simplifié (v. ss 317).

2. *Assistance comptable*

541 Dans le domaine comptable l'assistance porte sur la bonne tenue des documents. L'aide principale est assurée par les membres de l'Ordre des experts-comptables qui assistent leurs clients adhérents du centre, et attestent auprès de lui de la régularité du travail accompli. Lors du dépôt de la déclaration de bénéfice, le centre procédera à un examen de forme, de cohérence et de vraisemblance de celle-ci. L'examen se poursuit tout au long de l'année par échange d'informations, demandées par l'inspecteur détaché auprès du centre et renseignées par les experts-comptables qui sont à la fois membres de l'association gestionnaire du centre et prestataires auprès de leurs clients.

3. *Engagements du professionnel*

542 Un contribuable ne peut adhérer à un centre de gestion que s'il s'engage à tenir une comptabilité sincère, à faire viser ses déclarations de résultats par un membre de l'Ordre des experts-comptables, et à communiquer au centre chaque année le bilan, les comptes de résultat et les documents annexes. Il doit en outre avertir sa clientèle qu'il accepte les règlements par chèque. Le non-respect grave ou répété de ces prescriptions entraînera son exclusion par le centre, généralement à la demande de l'administration et après que l'adhérent ait été mis en mesure de présenter sa défense.

4. *Un cadre protecteur*

543 Le cadre ainsi offert au contribuable professionnel se voulait protecteur même si corrélativement il permettait à l'administration d'améliorer la qualité de ses informations et partant de son

contrôle sur sa situation fiscale. La dispense de la majoration de 25 % applicable à la base d'imposition des revenus retenue pour le calcul de l'impôt (créée concomitamment à l'abolition de l'abattement de 20 % pour les salaires), ainsi qu'une réduction d'impôt pour frais de comptabilité et d'adhésion était réservée aux contribuables qui avaient opté pour un régime réel, alors que leur chiffre d'affaires les cantonnait dans les limites du micro-BA, du micro-BIC ou du micro-BNC. Ce régime a dorénavant disparu, stigmatisé notamment par la CEDH (7 déc. 2023, n° 26604/16). Le seul avantage lié à l'adhésion reste la dispense de majoration fiscale pour toute insuffisance, inexactitude ou omission révélée spontanément.

544 Le juge a développé de son côté une grille commune d'analyse des comportements de l'entrepreneur.

C. La théorie des erreurs et décisions de gestion

545 L'influence des règles comptables sur le régime fiscal des bénéfices professionnels renforce le caractère intangible de la déclaration de résultat. Toutefois les erreurs commises doivent pouvoir être rectifiées, tant à l'initiative de l'administration que du contribuable, à l'intérieur du délai de reprise. Souvent le contribuable hésitera à déposer une déclaration rectificative, de peur d'éveiller les soupçons du fisc. Celui-ci procédera à la rectification des erreurs dans le cadre de son pouvoir de contrôle, mais aussi bien celles commises en défaveur du contribuable que celles commises en défaveur du Trésor.

546 **L'erreur** est une méprise, involontaire par définition, elle se caractérise par la violation d'une prescription légale ; l'archétype en est la comptabilisation et la déduction comme charge de l'acquisition d'une immobilisation amortissable. **La décision de gestion** s'analyse comme le choix qu'opère le contribuable entre plusieurs solutions régulières : il décide par exemple d'amortir en linéaire une immobilisation éligible à l'amortissement dégressif. Cette possibilité de choix doit être respectée par le fisc, qui ne peut pas prétendre *a posteriori* que le contribuable aurait pu prendre une meilleure décision : la décision de gestion est respectable parce qu'elle est régulière, mais aussi parce qu'en économie néolibérale

le chef d'entreprise n'est jamais obligé de rechercher ni *a fortiori* d'obtenir le meilleur rendement de ses investissements ou de son schéma de production. En d'autres termes, le contrôle de l'administration doit être de régularité mais non d'opportunité. Au nom de la même logique la décision de gestion n'est pas seulement opposable à l'administration mais aussi au contribuable qui l'a prise, et qui ne pourra prétendre obtenir *a posteriori* sa rectification (CE 11 févr. 1994, n° 117302, *RJF* 494, n° 388).

D. L'acte anormal de gestion

547 La liberté de gestion dont bénéficie l'entrepreneur ne connaît comme limite que l'intérêt bien compris de son entreprise. L'administration redressera les conséquences d'une décision qui ne sera pas justifiée par cet objectif (v. ss 979). La liste en est aussi ample que l'imagination des contribuables, et la jurisprudence sur la question est abondante. Elle concerne surtout les sociétés commerciales mais n'épargne pas les contribuables professionnels à l'impôt sur le revenu. Ceux-ci commettent un acte anormal de gestion chaque fois qu'ils font supporter par leur entreprise une dépense exagérée (une campagne publicitaire disproportionnée à ses moyens), qu'ils consentent un abandon de créance (c'est-à-dire une perte de recette) sans motif commercial, ou qu'ils font supporter par l'entreprise des dépenses personnelles. C'est à l'administration fiscale qu'il appartient d'établir les faits sur lesquels elle se fonde pour invoquer ce caractère anormal des actes de gestion, qui motive la réintégration d'une charge au bénéfice (CE 30 déc. 2002, *M. Prieur*, *Dr. fisc.* 2003, comm. 370).

Toutefois, le juge a évolué en faveur du contribuable, puisqu'il exclut du champ du concept l'ampleur des risques pris par l'entreprise, estimant que ceux-ci sont inhérents à sa vie même (CE, sect., 13 juill. 2016, n° 375801, *SA Monte Paschi Banque* ; *Dr. fisc.* 2016, n° 36, comm. 464, concl. É. Bokdam-Tognetti, note O. Fouquet). Il exige de l'administration qu'elle apporte la preuve d'une non-conformité des décisions à l'intérêt de l'entreprise, ce qui trace un cadre plus limité aux possibilités de rectification.

De plus, si classiquement sont inopposables à l'administration fiscale des opérations « qui, en raison de leur objet ou de leurs modalités, sont étrangères à une gestion commerciale normale », le juge a complété cette définition en précisant que relève d'une gestion anormale l'acte par lequel l'entreprise décide de « s'appauvrir à des fins étrangères à son intérêt » (CE, plén. fisc., 21 déc. 2018, n° 402006, *Sté Croë Suisse*, *Dr. fisc.* 2019, n° 9, comm. 176, concl. A. Bretonneau, note F. Deboissy et G. Wicker). Jusqu'alors implicite, le critère de l'intentionnalité est expressément confirmé et la charge de sa preuve pèse sur l'administration. Ainsi, dans un arrêt récent, le Conseil d'État a eu l'occasion de préciser sa position à propos de l'octroi d'un prêt consenti sans sûreté : le seul fait de s'écarter de la pratique du marché ne suffit pas à systématiquement démontrer l'intentionnalité d'une gestion anormale (CE 12 mars 2025, n° 474279, concl. C. Guibé, note Th. Trancart, *Dr. fisc.* 2025, n° 20, comm. 212). Mais s'inspirant des présomptions légales d'anormalité posées pour certaines dépenses (comme notamment les dépenses somptuaires de l'article 39-4 du CGI), le juge allège souvent le travail de preuve de l'administration en posant des présomptions réfragables d'anormalités. Tel est le cas d'un acte ne comportant aucune contrepartie directe car il apparaît contraire à la rationalité économique. Parmi des actes réputés anormaux par nature, il convient de mentionner la décision d'abandonner une créance, l'octroi d'un prêt ou d'une avance sans intérêt ou encore la cession d'éléments de l'actif immobilisé réalisée à un prix significativement inférieur à leur valeur vénale. Dans ces hypothèses, le contribuable peut toujours renverser la présomption en démontrant que l'appauvrissement issu de l'acte a été décidé dans l'intérêt de l'entreprise et qu'il s'inscrit finalement dans une gestion normale.

Cependant, il apparaît parfois, que même si une renonciation à recettes est réalisée en conformité avec l'objet social, le juge peut estimer qu'elle constitue, par principe, un acte anormal de gestion (CE 22 juill. 2022, *Sté Phénix Union*, n° 444942, *Dr. fisc.* 2022, n° 40, comm. 353, concl. E. Bokdam-Tognetti, note E. Joannard-Lardant ; *Dr. fisc.* 2022. 37, act. 338, note O. Fouquet).

548 S'agissant des BNC, l'article 93 du CGI limite sans doute de manière plus stricte la déduction des dépenses à celles nécessitées par l'exercice de la profession. Surtout, en matière de recettes, le

juge donne à entendre que l'administration dispose du pouvoir de réintégrer dans les recettes imposables le montant des remises que des praticiens n'auraient pas dû consentir, en considération des usages en vigueur dans une pratique normale de leur activité (CE, plén. fisc., 23 déc. 2013, *M. Uguen*, n° 350075, *Dr. fisc.* 2014, n° 14, comm. 252, concl. V. Daumas, note M. Buchet). C'est un rapprochement vers la conception en vigueur pour les BIC.

Bibliographie

Bokdam-Tognetti (Émilie), « Inapplicabilité de l'acte anormal de gestion aux BNC : qu'importe le flacon, pourvu qu'on ait l'ivresse ? », *RJF* 2014, n° 2, p. 107 s.

Burguburu (Julie), « Acte anormal de gestion : le juge prend-il trop de risques ? », *RJF* 2008, n° 4, p. 331 à 336.

Collet (Martin), « Contrôle des actes de gestion : pour un retour à l'anormal », *Dr. fisc.* 2003, n° 14, p. 536 à 541.

Cozian (Maurice), « La théorie de l'acte anormal de gestion », *Defrénois* 1994. 35829.

Cozian (Maurice) et Byramjee (Corinne), « La distinction des erreurs comptables et des décisions de gestion », *Dr. fisc.* 1993, n° 43, p. 1712 à 1715.

Cozian (Maurice), « On ne badine pas avec des écritures comptables. La théorie des erreurs comptables délibérées », *Dr. fisc.* 1999, n° 20, p. 734 à 737.

Cozian (Maurice), « Financement du rachat d'entreprise : pour en finir avec un apartheid fiscal », *Dr. fisc.* 2006, n° 38, p. 1595 à 1598.

Daumas (Vincent), « Sociétés de capitaux constituées en vue d'organiser la coopération entre ses associés : la jurisprudence sur l'acte anormal de gestion se raffine », *RJF* 2010, n° 3, p. 165 à 170.

David (Cyrille), « L'acte anormal de gestion (comparaison fiscale Allemagne, France et Royaume-Uni) », in *Mélanges Maurice Cozian*, Litec, 2009, p. 239 à 262.

Deboissy (Florence), « Acte anormal de gestion et groupe de sociétés : orthodoxie juridique *versus* réalisme économique », in *Mélanges Maurice Cozian*, Litec, 2009, p. 263 à 305.

Dedeurwaerder (Georges), « La distinction des erreurs et des décisions de gestion. Essai de présentation renouvelée d'une théorie générale », *Dr. fisc.* 2014, n° 44, comm. 427.

Fouquet (Olivier), « Acte anormal de gestion et mauvaise gestion », *Rev. adm.* 2008. 36 à 38.

Fouquet (Olivier) « Retour à une conception stricte de l'acte anormal de gestion, note sous CE, 13 juill. 2016, n° 375801, *SA Monte Paschi Banque* », *Dr. fisc.* 2016, n° 36, comm. 464.

Gerbino (Elie), *L'intangibilité du bilan d'ouverture : une théorie inéquitable*, Presses universitaires du Septentrion, 1999, 361 p.

Nicollier (Alexandre), « La théorie du risque manifestement excessif pourrait-elle revivre ? », *Dr. fisc.* 2025, n° 3, comm. 12.

Pierre (Jean-Luc), *Fiscalité de la recherche, de la propriété industrielle et des logiciels*, EFE, 2011, 5e éd., 510 p.

Souvignet (Xavier) « Le principe de non immixtion de l'administration fiscale dans la gestion des entreprises existe-t-il ? » *RFPP* 2012, n° 117, p. 239.

Tap (Florent), « La définition de l'acte anormal de gestion par le juge fiscal est-elle constitutionnelle ? », *Dr. fisc.*, 2021, n° 9, comm. 154.

Turot (Florent-Jérôme), « La liberté de gestion des entreprises entre enfer et paradis (et plus près de l'enfer) », *Dr. fisc.* 2017, n° 27, comm. 378.

Varii auctores, « La responsabilité fiscale et pénale du dirigeant d'entreprises », Compte-rendu du colloque organisé par l'Université de Lyon 3 le 31 octobre 2008, *Dr. fisc.* 2009, n° 16, p. 20 à 38.

Varii auctores, « Acte anormal de gestion. Actes du 31e colloque du CEFEP, tenu le 27 juin 2019 », *Dr. fisc.* 2019, n° 41, comm. 391 à 396.

SECTION 2

Les revenus patrimoniaux

549 La loi fiscale s'intéresse ici aux revenus du capital, issus en principe d'une source qui ne s'use pas, à la différence des revenus du travail. Pour cette raison, un débat politique, rémanent mais dépourvu de médiocrité, s'interroge sur l'opportunité de les imposer plus lourdement que les revenus du travail.

Il existe deux formes de placement des capitaux. Les placements effectués dans l'immobilier génèrent des revenus fonciers (§ 1), tandis que les placements financiers génèrent des revenus de capitaux mobiliers (§ 2). Lorsque le contribuable particulier cède un élément de son patrimoine, la plus-value qu'il réalise sera également imposée (§ 3).

§ 1. Les revenus fonciers

550 La notion fiscale de revenus fonciers (A) mérite d'être précisée avant de montrer comment est calculé le revenu net soumis à l'impôt (B).

A. La délimitation de la catégorie des revenus fonciers

551 Cette délimitation suppose la détermination des revenus imposables dans la catégorie (1), avant d'envisager les personnes passibles de l'impôt (2).

1. *La détermination des revenus imposables*

552 En principe, sont imposés dans la catégorie des revenus fonciers les revenus de toute nature que le propriétaire (ou, le cas échéant, l'usufruitier) retire de la location de propriétés bâties (appartement, maison, usine) ou non bâties (terrains agricoles, carrières, mines, étangs et salines) faisant partie de son patrimoine privé. L'article 14 du CGI y inclut les revenus retirés de toutes installa-

tions commerciales ou industrielles assimilables à des constructions, des outillages fixés au sol à perpétuelle demeure, ainsi que des bateaux utilisés en un point fixe même s'ils sont seulement retenus par des amarres.

553 Sont également imposables la valeur des avantages en nature prévus par le contrat de bail, les dépenses incombant au bailleur qui sont mises à la charge des locataires par une stipulation contractuelle ainsi que la quote-part de l'associé dans le revenu brut des sociétés civiles immobilières. En revanche, il n'est pas tenu compte des sommes versées par le locataire au titre des charges locatives.

554 Les locations de boxes ou d'emplacement pour le garage de voitures relèvent des revenus fonciers si elles ne s'accompagnent d'aucune prestation. En revanche, si la location est assortie de certaines prestations telles que le lavage, il s'agira de bénéfices industriels et commerciaux.

555 Certains revenus tirés de propriétés bâties ou non bâties doivent être rangés dans d'autres catégories fiscales (a) alors que d'autres revenus sont exonérés (b).

a. *Les revenus imposés dans d'autres catégories*

556 **Sont imposés dans la catégorie des BIC**, les revenus retirés d'un certain nombre d'immeubles, essentiellement dans trois hypothèses.

557 • Sont taxés dans la catégorie des BIC les revenus qui proviennent d'immeubles que le commerçant ou l'industriel a inscrits à l'actif du bilan de son entreprise. À l'inverse, s'il a conservé l'immeuble dans son patrimoine privé, le revenu sera taxé dans la catégorie des revenus fonciers. En vertu du principe de la liberté d'inscription au bilan (v. ss 285) le contribuable a donc le choix de la qualification fiscale de son revenu.

558 • Sont soumis aux BIC, les loyers qui, selon l'article 35-I-5°, proviennent de la location par une personne physique d'« un établissement commercial ou industriel muni du mobilier ou du matériel nécessaire à son exploitation, que la location comprenne ou non, tout ou partie des éléments incorporels du fonds de commerce ou d'industrie ». Cet assujettissement aux BIC résulte de la nature

même des loyers ; ils ne constituent plus la simple rémunération d'un élément du patrimoine, mais partiellement la rémunération d'un service.

De même, est imposé dans la catégorie des BIC, le particulier qui loue en meublé ne serait-ce qu'une chambre ou qui donne en location pendant la période des vacances tout ou partie de sa maison ou de son appartement. Une niche fiscale qui fut substantielle est offerte aux locations saisonnières. À compter des revenus de 2025, lorsque les recettes n'excèdent pas 77 700 euros par an, le propriétaire est assujetti dans le régime du micro-BIC (v. ss 313) et bénéficie d'un abattement de 50 % s'il met en location un meublé classé en location meublée saisonnière (C. tourisme, art. L. 324-3) ou une chambre d'hôtes. L'abattement fiscal descend à 30 % pour les meublés non classés, dans la limite de 15 000 euros de revenus locatifs annuels. Pour les revenus de 2024, les chiffres sont encore respectivement de 71 % dans la limite de 188 700 euros, et 50 % dans la limite de 77 700 euros. S'agissant de la résidence principale, la pratique du « Airbnb » est devenue moins attractive, le propriétaire doit justifier qu'il s'agit de sa résidence principale, ne pas la louer plus d'un tiers du temps ; la loi du 19 novembre 2024 (n° 2024-1039, *JO* 20 nov.) renforce le contrôle des communes sur ces locations. De surcroît, en tant que loueur en meublé non professionnel, il doit, depuis 2025, réintégrer les amortissements pratiqués, pour le calcul de la plus-value au moment de la cession de l'immeuble.

559 Ce principe est toutefois assorti de deux exceptions sous forme d'exonération totale ou partielle essentiellement pour encourager les propriétaires à louer une partie de leur résidence principale.

560 Ainsi sont exonérées les personnes qui louent ou sous-louent en meublé, jusqu'au 31 décembre 2026, une ou plusieurs pièces de leur habitation principale à condition que ces pièces constituent la résidence principale du locataire ou du sous-locataire – le plus souvent un étudiant ou un apprenti – et que le prix de location soit fixé dans des limites raisonnables (CGI, art. 35 *bis*-I).

561 En second lieu, afin de développer la formule des chambres d'hôte du « *bed and breakfast* », les particuliers qui louent, jusqu'au 31 décembre 2026, une ou plusieurs chambres de leur résidence

principale échappent à l'impôt dans la mesure où les recettes perçues n'excèdent pas 760 euros par an (art. 35 *bis*-II).

562 • Sont rangés dans la catégorie des BIC (CGI, art. 155 IV), les revenus tirés de la location d'immeubles nus lorsque celle-ci a pour effet de faire participer le propriétaire aux résultats de l'entreprise industrielle ou commerciale exploitée par le locataire. Il en est notamment ainsi lorsque le loyer est calculé en fonction du bénéfice ou du chiffre d'affaires du locataire.

• Les **loueurs en meublé professionnels (LMP)** donnent en location des locaux d'habitation comportant tous les éléments mobiliers indispensables pour une occupation normale pour le propriétaire. Le statut est octroyé aux contribuables remplissant deux conditions de manière cumulative : les recettes annuelles tirées de cette activité par l'ensemble des membres du foyer fiscal doivent dépasser 23 000 euros sur l'année civile, et être supérieures au montant total des autres revenus d'activité du foyer fiscal (salaires, autres BIC, BNC, BA). Au choix du contribuable, celui-ci pourra être assujetti aux BIC, à l'IS ou au régime de la micro-entreprise, si le chiffre d'affaires ne dépasse pas 176 200 euros pour les meublés classés ou 72 600 euros pour les meublés non classés.

563 • Sont imposés dans la catégorie des BNC, les revenus tirés de la sous-location de locaux nus (CE 21 déc. 1990, *Min. c/ Férone*, n° 67057, *Dr. fisc.* 1992, n° 9, comm. 403, concl. M. D. Hagelsteen).

À l'inverse, si la sous-location est consentie en meublé, les loyers ont le caractère de BIC que l'activité de location soit exercée à titre habituel ou occasionnel.

b. *Les revenus exonérés*

564 L'article 30 du CGI pose le principe selon lequel est imposable « le revenu brut des immeubles ou parties d'immeubles dont le propriétaire se réserve la jouissance ». Est donc imposé l'avantage en nature calculé sous la forme d'un revenu fictif c'est-à-dire le loyer que le propriétaire aurait pu tirer de l'immeuble ou aurait dû payer pour se loger.

565 Mais l'article 15-II du même code apporte, depuis 1965, une exception d'importance à ce principe en précisant que les revenus

des immeubles d'habitation et leurs dépendances dont le contribuable se réserve la jouissance ne sont pas passibles de l'impôt. L'exonération a pour contrepartie l'interdiction de déduire les charges d'entretien et de réparation afférentes à ces logements.

566 Cette mesure d'exonération prise en 1965 poursuivait un but de simplification mais aussi un but de lutte contre une évasion fiscale relativement facile : les loyers déclarés par le propriétaire étaient fortement minorés, tandis que les charges déductibles étaient, elles, majorées, et généraient, le cas échéant, un déficit imputable, à l'époque, sur le revenu global. L'élargissement de la matière imposable aboutissait à une minoration de l'impôt. Qui trop embrasse…

567 L'exonération de l'article 15-II est limitée aux revenus locatifs en nature correspondant à la disposition gratuite des logements et de leurs dépendances. Demeurent imposables les revenus accessoires provenant de ces immeubles d'habitation (droit d'affichage par exemple) ainsi que tous les revenus tirés de propriétés dont le propriétaire se réserve la jouissance sans les affecter ni à son activité professionnelle ni à son habitation (terrains réservés à la chasse par exemple : CE 3 nov. 1978, n° 3421, concl. Martin-Laprade, *Dr. fisc.* 1979, n° 26, comm. 1344).

2. Les personnes imposables

568 La détermination de la personne imposable obéit à des règles différentes selon que le propriétaire est une personne physique (a) ou une personne morale (b).

a. *Les personnes physiques*

569 Dans le cas général, la personne imposable est le propriétaire de l'immeuble que celui-ci appartienne en propre au contribuable, à son conjoint ou aux personnes à charge dont les revenus sont imposables avec les siens.

Pour les immeubles dont la propriété est indivise, chaque propriétaire est personnellement imposable pour la part de revenus fonciers correspondant à ses droits dans l'indivision.

570 En cas de démembrement de propriété, l'usufruitier est le bénéficiaire des fruits que l'immeuble peut produire. Les revenus procurés

par l'immeuble sont donc imposables à son nom. Si l'usufruitier occupe l'immeuble, il se trouve dans la même situation que le propriétaire et bénéficiera de l'exonération de l'article 15-II du CGI. Le nu-propriétaire n'a pas de revenu à déclarer, encore que des possibilités de déduction des charges lui sont offertes (v. ss 593).

571 En cas d'abandon par l'usufruitier des loyers au profit du nu-propriétaire et en l'absence d'acte constatant cet abandon, les revenus restent imposables au nom de l'usufruitier. Quant aux sommes encaissées par le nu-propriétaire, elles ont, selon la doctrine administrative, le caractère de profits se renouvelant régulièrement et de ce fait, en application de l'article 92 du CGI (v. ss 432) elles sont imposables au nom du nu-propriétaire dans la catégorie des bénéfices non commerciaux. C'est là un cas particulièrement net de double imposition d'un même revenu (TA Strasbourg, 2 juill. 2009, *Wurtz*, n° 06-1713, *RJF* 2010, n° 350).

b. *Les personnes morales*

572 S'applique ici la distinction classique entre sociétés transparentes et sociétés non transparentes.

573 **Les sociétés transparentes** sont, selon l'article 1655 *ter* du CGI réputées « quelle que soit leur forme juridique (...) ne pas avoir de personnalité juridique distincte de leurs membres pour l'application des impôts directs ». Pour l'essentiel, il s'agit de sociétés de copropriété dont l'objet exclusif est d'accorder à leurs associés la jouissance de la fraction d'immeuble correspondant à leurs droits sociaux. Sur le plan fiscal, les associés sont traités comme s'ils étaient directement propriétaires des locaux dont ils ont la jouissance.

574 Si l'associé est une personne physique, le revenu qu'il tire de la location est considéré comme un revenu foncier. De même, l'exemption prévue à l'article 15-II du CGI est applicable (v. ss 565) si l'associé occupe le logement correspondant à ses droits sociaux. En revanche, si l'associé est une personne morale assujettie à l'impôt sur les sociétés, le revenu foncier est considéré comme un bénéfice de la société et imposé en tant que tel.

575 **S'agissant de sociétés non transparentes** – qui ont une personnalité fiscale distincte de celle de leurs membres – une distinction

doit être faite selon que la personne morale est passible ou non de l'impôt sur les sociétés.

576 Lorsque la société est passible de l'impôt sur les sociétés, les revenus des immeubles dont la société est propriétaire sont soumis à l'impôt sur les sociétés lors de leur réalisation puis imposés au nom des associés au titre de revenus mobiliers lorsqu'ils sont distribués.

577 Lorsque la société n'est pas imposable à l'impôt sur les sociétés mais passible de l'impôt sur le revenu (essentiellement des sociétés de personnes telles que les sociétés civiles, les sociétés en nom collectif, etc.) les résultats sont déterminés au niveau de la société mais répartis ensuite entre les associés en proportion de leur participation au capital et imposés au nom de chaque associé.

578 Dans la mesure où la société n'a d'autre activité que la location d'immeubles, le revenu sera un revenu foncier si l'associé est une personne physique, un bénéfice si l'associé est une personne morale.

579 Reste le problème du logement mis gratuitement à la disposition des associés par ce type de sociétés. Selon l'Administration fiscale approuvée par le Conseil d'État, le fait pour une société de mettre gratuitement à la disposition de ses membres des logements dont elle est propriétaire s'analyse en une réserve de jouissance au profit de la personne morale. La valeur locative du logement n'a donc pas lieu d'être déclarée dans les recettes brutes de la société. En contrepartie, les charges afférentes à ce logement ne sont pas admises en déduction des revenus de la société.

B. La détermination du revenu net

580 Selon l'article 28 du CGI le revenu net foncier est égal à la différence entre le montant du revenu brut (1) et le total des charges déductibles (2) ; le déficit (3) qui peut en résulter est soumis quant à son imputation à des règles spécifiques. Le législateur a également prévu un régime du micro-foncier (4).

1. *Le revenu brut*

581 Le revenu brut est constitué essentiellement par les loyers effectivement perçus au cours de l'année d'imposition quelle que soit la

période à laquelle ils se rapportent. Ainsi se trouvent retenus les loyers perçus d'avance au cours de l'année d'imposition ou les loyers arriérés encaissés pendant la même année sous la réserve qu'ils peuvent faire l'objet d'une imposition selon le régime des revenus exceptionnels ou différés (système du quotient prévu par l'article 163-0 A du CGI, v. ss 732). Par ailleurs, si le loyer est anormalement bas (location à un membre de la famille par ex.) c'est-à-dire notoirement inférieur à celui habituellement pratiqué, l'administration pourra procéder à la réintégration de la différence (CE 28 mai 1980, n° 17326, *Dr. fisc.* 1981, n° 15, comm. 778, concl. Martin-Laprade).

Aux loyers proprement dits, il convient d'ajouter, le cas échéant, des revenus accessoires (a) et des revenus exceptionnels (b).

a. *Les revenus accessoires*

582 Aux loyers s'ajoutent d'abord les dépenses incombant normalement au propriétaire mais dont le paiement est mis à la charge du locataire par convention. Il en va ainsi des grosses réparations et de la taxe foncière. Dans le même ordre d'idées, l'attribution sans indemnité au propriétaire de constructions ou d'aménagements effectués par le locataire constitue un supplément de loyer dont la valeur doit être comprise dans le revenu imposable de l'année au cours de laquelle le transfert de propriété intervient. Corrélativement, doivent être retranchées les dépenses incombant normalement aux locataires et acquittées par le propriétaire tels les frais d'entretien des parties communes ou la taxe d'enlèvement des ordures ménagères.

Doivent également être ajoutées aux revenus bruts, les recettes accessoires provenant de la location du droit d'affichage ou du droit de chasse et de façon plus générale toutes les redevances ayant leur origine dans le droit de propriété ou d'usufruit (concession du droit d'exploitation des carrières, redevances tréfoncières).

b. *Les revenus exceptionnels*

583 Peuvent être considérés comme des revenus exceptionnels des revenus ayant leur origine dans le droit de propriété mais qui ne sont pas susceptibles d'être perçus chaque année. Ces revenus qui

peuvent bénéficier du système du quotient prévu à l'article 163-0 A du CGI (v. ss 732) sont imposables de manière relativement diverse.

584 • **Les dépôts de garantie** (un mois de loyer par exemple) exigés du nouveau locataire au moment de son entrée dans les lieux et restitués en principe lors de son départ ont fait l'objet d'une longue controverse entre l'Administration fiscale et le Conseil d'État jusqu'à l'arrêt de principe du 8 mai 1981 (CE, plén., 8 mai 1981, n° 19171, *Dr. fisc.* 1981, n° 29, comm. 1473, concl. Verny) auquel l'Administration s'est ralliée. Depuis lors, les dépôts de garantie ne doivent pas être inclus dans les revenus fonciers. Ils ne deviennent des recettes imposables que lorsque les sommes correspondantes sont utilisées par le propriétaire pour se couvrir de loyers non acquittés à leur échéance et des frais de remise en état de locaux après le départ du locataire avec, en contrepartie, la déduction de ces frais (CE 27 janv. 2010, *M. et Mme Chenel*, n° 299250, concl. L. Olléon, note P.-Y. Di Malta, *Dr. fisc.* 2010 ; n° 17-18, comm. 296).

585 • **Le pas-de-porte ou droit d'entrée**, somme versée par le locataire au propriétaire, notamment en matière de baux commerciaux, présente le caractère de supplément de loyer et est de ce fait imposable dès lors que le versement de ces sommes constitue une des conditions de la location et trouve son origine dans l'exploitation de l'immeuble.

586 Toutefois, une jurisprudence du Conseil d'État a nuancé cette solution en admettant que le pas-de-porte n'est pas imposable si le contribuable établit que la somme versée lors de la conclusion du bail est destinée à compenser une dépréciation subie par l'immeuble, c'est-à-dire une diminution de sa valeur vénale. Ainsi jugé à propos d'un bail consenti à une caisse d'épargne pour une durée de quarante ans sans possibilité de dénonciation par le bailleur (CE 29 sept. 1989, *AJPI* 1989. 859, concl. O. Fouquet). Selon les circonstances propres à chaque affaire, le pas-de-porte peut être pour partie un supplément de loyer et pour partie un appauvrissement du patrimoine.

587 • **Les subventions**, essentiellement celles versées par l'Agence nationale de l'habitat (ANAH) aux propriétaires désirant améliorer

les conditions d'habitabilité de certains de leurs locaux sont comprises dans le revenu foncier (CGI, art. 29, al. 1er). Corrélativement, les dépenses d'entretien, de réparation et d'amélioration couvertes par les subventions sont déductibles au titre de l'année de leur paiement.

2. *Les charges déductibles*

588 Pour être déductibles les charges doivent remplir cinq conditions :

– être engagées en vue de l'acquisition ou la conservation du revenu, ce qui exclut par exemple les frais d'acte et d'enregistrement acquittés lors de l'acquisition d'un immeuble, car ils ont été exposés en vue de la constitution d'un capital ;

– avoir été payées au cours de l'année d'imposition : peu importe la date à laquelle la charge a pris naissance. Ainsi, les dépenses se rapportant à des années antérieures sont déductibles du revenu des années au cours desquelles elles sont payées ;

– être effectivement supportées par le propriétaire, ce qui exclut les dépenses remboursées au propriétaire par le locataire ;

– se rapporter à des immeubles dont les revenus sont imposables au titre des revenus fonciers ; c'est ainsi que les dépenses afférentes aux logements dont le propriétaire se réserve la jouissance ne sont pas déductibles, puisque les revenus en nature correspondants sont exonérés (v. ss 565) ;

– être appuyées de justifications essentiellement sous forme de factures.

589 Si ces conditions se trouvent remplies, les charges suivantes seront déductibles pour leur montant réel.

a. *Les dépenses d'entretien et de réparation*

590 Le montant des dépenses d'entretien et de réparation (y compris les grosses réparations) supportées par le propriétaire à condition qu'elles aient pour objet de maintenir ou de remettre l'immeuble en état sans en modifier l'agencement ou l'équipement et sans lui conférer de plus-value

591 Les dépenses d'amélioration modifiant la consistance ou l'équipement d'un immeuble ne sont en principe pas déductibles car elles ont la nature de dépenses d'investissement. Toutefois, le

législateur fiscal afin d'inciter les propriétaires à améliorer les conditions de confort de leurs immeubles autorise depuis 1967 la déduction des dépenses de cette nature mais uniquement pour les immeubles réservés à l'habitation (CGI, art. 31, I, 1° b).

592 Sont déductibles à ce titre, par exemple, l'aménagement de salles de bains, l'installation d'un chauffage central, l'installation d'un ascenseur, l'aménagement de deux appartements dans un appartement ancien sans affectation du gros œuvre ni accroissement de la surface habitable. Sont exclues de la déduction les dépenses d'amélioration se rapportant à des immeubles à usage professionnel à l'exception des dépenses destinées à l'accueil des handicapés et celles relatives au désamiantage.

Les dépenses correspondant à la construction, la reconstruction ou l'agrandissement des immeubles ne sont pas déductibles. Se pose alors la délicate question de la distinction entre travaux d'amélioration et travaux de construction. Dans un arrêt de principe maintes fois confirmé, le Conseil d'État en a donné la définition suivante : « Doivent être regardés comme des travaux de construction ou de reconstruction (...) les travaux comportant la création de nouveaux locaux d'habitation, notamment dans des locaux auparavant affectés à un autre usage, ainsi que les travaux ayant pour effet d'apporter une modification importante au gros œuvre de locaux d'habitation existants ou les travaux d'aménagement interne qui, par leur importance, équivalent à une reconstruction ; que doivent être regardés comme des travaux d'agrandissement (...) les travaux ayant pour effet d'accroître le volume ou la surface habitable de locaux existants » (CE, sect., 17 déc. 1976, n° 92159, *Dr. fisc.* 1977, n° 7, comm. 204, concl. Lobry).

593 Il est à noter ici que l'imprécision du texte laisse une place au travail de la jurisprudence, alors qu'en matière de TVA, pour l'application du taux réduit sur les travaux d'amélioration, les transformations d'aménagement et d'entretien de locaux à usage d'habitation achevés depuis plus de deux ans, l'article 279-0 *bis* du CGI définit des critères précis que le juge du revenu foncier se trouve obligé d'appliquer. Le texte exclut les dépenses qui rendent à l'état neuf le gros œuvre ou qui portent sur au moins deux tiers

de chacun des éléments de second œuvre (plancher, huisseries extérieures, cloisons intérieures, installations électriques, etc.), ou bien qui augmentent la surface de plancher des locaux existants de plus de 10 %, ou bien qui conduisent à une surélévation du bâtiment ou à une addition de constructions.

Pour ce qui est des propriétés rurales, les mêmes règles de déductibilité des charges s'appliquent aux locaux d'habitation qui en dépendent. Toutefois, s'agissant de biens autres que les locaux d'habitation (bâtiments d'exploitation, terrains) ne sont déductibles que les dépenses d'amélioration non rentables c'est-à-dire qui ne sont pas susceptibles d'entraîner un accroissement de valeur de la propriété agricole. D'un autre côté, sont également déductibles les dépenses engagées pour la construction d'un nouveau bâtiment d'exploitation à condition que celui-ci soit destiné à remplacer un bâtiment de même nature, vétuste ou inadapté aux techniques modernes de l'agriculture et que sa construction n'entraîne pas une augmentation du fermage.

Les travaux de grosse réparation engagés par le nu-propriétaire d'un immeuble ne sont déductibles que de ses propres revenus fonciers, à condition toutefois que l'immeuble soit donné en location par l'usufruitier.

b. *Les intérêts et frais accessoires des dettes contractées pour la construction, l'acquisition, la conservation et la réparation des immeubles*

594 La déduction est entendue de façon assez libérale. Ainsi elle s'étend à la fraction des intérêts qui se rapporte aux sommes utilisées pour le paiement des droits de mutation à titre onéreux. De même sont déductibles les intérêts se rapportant à un immeuble en construction, donc non loué, à condition que le contribuable manifeste clairement sa volonté auprès de l'Administration de louer l'immeuble et que cette location soit effective à compter de cet achèvement (CE 2 mars 1977, n° 99923, *Dr. fisc.* 1977, n° 40, comm. 1399, concl. Martin-Laprade).

c. *Les primes d'assurances*

595 Elles sont déductibles pour leur montant réel quel que soit le risque couvert, y compris le risque de loyer impayé.

d. *Les frais de gestion*

596 Sont déductibles pour leur montant effectif les frais de procédure et les frais correspondant à des sommes (rémunérations, honoraires et commissions) versées à un tiers pour la gestion de l'immeuble loué. S'agissant des autres frais tels les frais de correspondance, de déplacement, de communication ou de publicité, le bailleur peut opter pour une déduction forfaitaire de 20 euros par local loué et par an.

e. *Le montant de certaines impositions*

597 Les impositions sont déductibles dans la mesure où elles sont à la charge du propriétaire. Il s'agit de la taxe foncière sur les propriétés bâties et non bâties, de la taxe annuelle sur les bureaux en Île-de-France et de la contribution sur les revenus locatifs.

En revanche, ne sont pas déductibles, la taxe d'enlèvement des ordures ménagères qui est à la charge du locataire, ainsi que la taxe d'aménagement qui est considérée fiscalement comme un élément du prix de revient de la construction.

f. *Les déductions relatives aux logements neufs*

598 Pour inciter les contribuables à investir dans l'immobilier et à louer leurs biens différents régimes fiscaux ont permis ou permettent d'alléger l'impôt portant sur les revenus fonciers (CGI, art. 31, I, 1°). Ces différents dispositifs portent chacun le nom du ministre qui en a été l'initiateur : Périssol, Besson, Robien, Borloo, Duflot, Pinel, Denormandie. Leur caractéristique essentielle est d'autoriser l'amortissement des immeubles qui venait en déduction du revenu foncier. En contrepartie de cet avantage, le contribuable est tenu de respecter certains engagements tenant aux conditions de la location quant au montant du loyer et quant à la durée de la location de neuf ans au moins.

599 Ces dispositions ont été remplacées par un mécanisme où l'avantage prend la forme non plus d'un amortissement mais d'une réduction d'impôt (v. ss 773). Ce dispositif, posé par l'article 199 *tricies* du CGI, permet au contribuable de bénéficier d'une réduction d'impôt de 15 % du revenu brut du logement (35 % pour un logement affecté comme résidence principale à la location sociale, jusqu'à 65 % pour une « location très sociale ») s'il a fait l'objet

d'une convention de restauration avec l'ANAH, respectant certaines performances énergétiques, donné à bail pour 6 ans au moins à un locataire aux revenus limités.

3. *Le déficit foncier*

600 L'impôt sur le revenu étant depuis 1959 un impôt sur le revenu global du contribuable, le déficit constaté dans une catégorie s'imputait sur ce revenu global. Cette disposition ouvrait la porte à une évasion fiscale relativement facile par le biais par exemple de locations fictives ou avec des loyers faibles et des dépenses d'entretien et de réparation importantes conduisant à un déficit imputable sur le revenu global. C'est pourquoi la loi de finances pour 1977 a interdit cette imputation, les déficits fonciers ne pouvant être imputés que sur les revenus fonciers des cinq années suivantes. Le régime se révéla sévère à une époque où l'on désirait relancer l'industrie du bâtiment. D'où un certain assouplissement introduit par la loi de finances rectificative pour 1993 du 22 juin 1993 qui conduit à distinguer deux hypothèses, étant précisé que le régime du micro-foncier, en raison de son abattement forfaitaire, ne permet pas de constatation d'un déficit (v. ss 605).

a. *Les déficits fonciers résultant de dépenses autres que les intérêts d'emprunt*

601 En principe, les déficits fonciers résultant de dépenses autres que les intérêts d'emprunt sont déductibles du revenu global dans la limite annuelle de 10 700 euros. La fraction du déficit supérieure à cette limite ainsi que celle correspondant aux intérêts d'emprunt ne sont imputables que sur le revenu foncier des dix années suivantes (CGI, art. 156 I, 3). Toutefois, l'imputation des déficits sur le revenu global n'est définitivement acquise que si le contribuable donne l'immeuble en location jusqu'au 31 décembre de la troisième année qui suit celle au titre de laquelle l'imputation a été faite, sauf exception, telle l'hypothèse d'un événement qui s'est imposé au contribuable en dehors de sa volonté (décès, invalidité, perte de l'emploi). Par exception, la loi de finances pour 2023 a doublé la limite annuelle d'imputation des déficits fonciers en la portant de 10 700 euros à 21 400 euros par an lorsque ces déficits

résultent de la réalisation de travaux de rénovation (payées entre le 1er janv. 2023 et le 31 déc. 2025) permettant à des logements considérés comme des « passoires énergétiques » d'obtenir un meilleur classement de performance énergétique.

b. *Les déficits provenant de dépenses effectuées sur des immeubles historiques ou assimilés*

602 Les déficits provenant de dépenses effectuées sur des immeubles historiques ou assimilés sont imputables, sans limitation, sur le revenu global pour la partie de l'immeuble inscrite à l'inventaire (CE 5 févr. 2009, *M. et Mme Dozorme*, n° 303425, *Dr. fisc.* 2009, n° 211, comm. 236, concl. N. Escaut). Ce régime de faveur est toutefois subordonné à l'engagement du propriétaire de conserver les immeubles concernés pendant au moins quinze ans assorti d'une interdiction de mise en copropriété (CGI, art. 156, II-1 *ter*). Le non-respect de cet engagement entraîne la reprise de l'avantage fiscal.

4. *Le régime particulier du micro-foncier*

603 À l'instar du régime des micro-entreprises (v. ss 455), le législateur a institué un micro-foncier (CGI, art. 32). Ce régime s'applique de plein droit si le revenu foncier brut annuel ne dépasse pas 15 000 euros. Le contribuable se contentera d'indiquer sur une ligne spéciale de sa déclaration d'ensemble le revenu brut ; il est dispensé de remplir la déclaration spéciale n° 2044. L'administration fiscale calculera le revenu net en appliquant un abattement de 30 %. Cet abattement est représentatif des charges de la propriété. Le revenu catégoriel net est donc égal à 70 % du revenu brut.

604 Le contribuable peut renoncer au micro-foncier et opter pour le régime réel d'imposition Il y aura intérêt si les charges foncières dépassent 30 % de son revenu foncier. Ce sera le cas, notamment, lorsque des travaux importants sont réalisés sur l'immeuble loué par le propriétaire et que la location fait apparaître un déficit foncier. L'option pour le régime réel d'imposition est irrévocable pour une période de trois ans. À l'issue de cette période elle est renouvelable tous les ans par tacite reconduction.

605 Le régime du « micro-foncier » n'est applicable ni aux monuments historiques donnés en location ni aux immeubles bénéficiant des mesures de faveur prévues pour les logements neufs à savoir ceux relevant des dispositifs Robien, Borloo ou Duflot-Pinel (v. ss 598). Il ne peut à l'évidence pas non plus faire apparaître un déficit foncier.

Bibliographie

Burguburu (Julie), « Taxation de la location immobilière : le trousseau de clefs », *RJF* 2007. 1103 à 1108.

Cruvelier (Armand), « Les dispositifs fiscaux en faveur de l'investissement locatif sont-ils compatibles avec le droit de l'Union européenne ? », *Dr. fisc.* 2014, n° 19, comm. 296.

Di Malta (Pierre-Yves), « Réflexions autour de la notion de dissociation des travaux en matière de revenus fonciers », *Dr. fisc.* 2009, n° 20, comm. 310.

Di Malta (Pierre-Yves), « Revenus fonciers : le régime fiscal des monuments historiques réhabilités », *Dr. fisc.* 2009, n° 27, comm. 392.

Di Malta (Pierre-Yves), « Les mécanismes fiscaux d'incitation à l'investissement immobilier des particuliers » *Dr. fisc.* 2015, n° 9, comm. 163.

Fernoux (Pierre), *La gestion fiscale du patrimoine. Revenu et plus-values*, Revue fiduciaire, 2014, 804 p.

Fernoux (Pierre), « Location meublée : l'adoption de la "commercialité fiscale", une réforme nécessaire », *Dr. fisc.* 2016, n° 26, comm. 386.

Fernoux (Pierre) et Ivanesco (Marc), « Construction par l'usufruitier : au terme de l'usufruit quelles conséquences fiscales », *Dr. fisc.* 2016, n° 2, comm. 60.

Louveau (Paul) et Josso (Samuel), « Le statut fiscal du nu-propriétaire : mythe et réalité », *Dr. fisc.* 2009, n° 14, p. 13 à 17.

Molinier (Juliette), « Démembrement de propriété : une manne pour le nu-propriétaire », *JCP N* 2010. 1169.

Pin (Philippe), « Revenus fonciers : quelles options en 2018 », *LNF* 2018, n° 1218, p. 30 à 34.

TUROT (Jérôme), « Sur un double Janus fiscal, les deux visages du pas-de-porte et de l'indemnité d'éviction », *RJF* 1989, n° 11, p. 611 à 614.

§ 2. Les revenus de capitaux mobiliers

606 Les revenus de capitaux mobiliers sont ceux qui proviennent de placements financiers réalisés par des particuliers Ils prennent la forme d'intérêts ou de dividendes et présentent, au point de vue fiscal, deux caractéristiques fondamentales.

607 D'abord la bonne connaissance qu'en a l'administration fiscale, tout au moins pour les revenus encaissés en France. En effet, toute personne qui fait profession de payer des intérêts, des dividendes et autres produits de capitaux mobiliers est tenue d'exiger des bénéficiaires la justification de leur identité et l'indication de leur domicile. Un état des sommes payées est adressé au service des impôts dont relève le bénéficiaire. Par ailleurs, les prêts d'un montant supérieur à 5 000 euros doivent être déclarés à l'administration fiscale (CGI, art. 242 *ter*). Ce sont donc des revenus qui ne peuvent faire l'objet que d'une dissimulation limitée.

608 En second lieu, ces revenus ont vu le niveau de leur imposition évoluer en fonction de considérations contradictoires. D'abord, le développement des investissements tant publics que privés suppose que l'épargne sous toutes ses formes soit encouragée. Ensuite et surtout, en raison de la libre circulation des capitaux à l'intérieur de l'Union européenne depuis 1990, des capitaux français peuvent se sentir attirés par des pays connaissant une fiscalité plus légère en la matière. D'où, en France et dans un premier temps, une diminution des taux frappant cette catégorie de revenus. Cette diminution a posé un problème de justice fiscale, dans la mesure où les revenus de capitaux mobiliers sont moins imposés que les revenus du travail et accessoirement un problème de différence de rentabilité des investissements dans la mesure où les revenus du capital immobilier sont imposés plus fortement.

609 L'alourdissement de cette imposition est intervenu ces dernières années avec l'apparition des prélèvements sociaux (contribution sociale généralisée, contribution au remboursement de la dette

sociale, prélèvement social), dont le taux augmente pratiquement tous les ans. La période 2011-2019 s'est de surcroît caractérisée par une augmentation tangible de l'imposition proprement dite qui frappe cette catégorie. Depuis le 1er janvier 2018, une réforme d'importance est intervenue par la mise en place d'un **prélèvement forfaitaire unique (PFU)** au taux de 12,8 % auquel s'ajoutent les prélèvements sociaux de 17,2 % (v. ss 614) d'où une taxation globale de 30 %. Sur option irrévocable, le contribuable peut choisir de soumettre ses revenus de capitaux mobiliers au barème progressif de l'impôt sur le revenu. Il le fera chaque fois que le taux marginal d'imposition de son revenu global est inférieur aux 30 % du TFU.

Pour le Conseil d'État, cette réforme ne méconnaît ni le principe d'égalité devant la loi ni le principe d'égalité devant les charges publiques. En effet, la différence de traitement instituée entre les revenus du capital mobilier, soumis à une imposition à taux proportionnel, d'une part, et les autres catégories de revenu imposées selon un barème progressif d'autre part, est justifiée par la différence de nature entre ces revenus et se trouve fondée sur des critères objectifs et rationnels en rapport avec l'objectif poursuivi.

Les revenus de capitaux mobiliers sont classés, au point de vue fiscal, en trois catégories :

– les produits des placements à revenu fixe que constituent les obligations et autres titres d'emprunt négociables, créances, dépôts, cautionnements et comptes courants, bons de caisse et assimilés (A) ;

– les produits des placements à revenu variable provenant d'actions ou de parts sociales, essentiellement les bénéfices de sociétés répartis sous forme de dividendes (B) ;

– les revenus de valeurs mobilières étrangères (C).

A. Les produits de placements à revenu fixe

610 Les placements à revenu fixe se définissent comme des prêts d'argent consentis à des personnes physiques ou morales et assortis d'une rémunération revêtant en principe la forme d'un intérêt.

Ces placements donnent à celui qui les détient la qualité de créancier par opposition à celle d'associé ou d'actionnaire qui est propriétaire d'une fraction du capital d'une société.

611 L'expression « à revenu fixe » utilisée par le CGI pour caractériser ces placements doit être retenue dans un sens large. Généralement, le taux de la rémunération de ces placements est fixé dès le départ et demeure invariable durant toute la durée du placement. Mais ce n'est pas toujours le cas. Ainsi, sont fiscalement considérés comme des placements à revenu fixe, les obligations à taux variable ou révisable ainsi que les titres participatifs. De même, doivent également être retenus, non seulement les intérêts proprement dits mais également les primes de remboursement et les lots.

612 Sous le bénéfice de ces observations, constituent des produits de placements à revenu fixe :

– les revenus des obligations et autres titres négociables (1) ;

– les revenus des bons de caisse, des bons du Trésor et assimilés (2) ;

– les revenus des créances, dépôts, cautionnement et comptes courants (3).

1. *Les revenus des obligations et autres titres négociables*

613 Constituent des revenus d'obligations, les produits de titres d'emprunt négociables émis par les personnes publiques ou privées. Les revenus des emprunts non négociables sont regardés comme de simples revenus de créances ou de dépôts.

614 Les revenus des obligations et autres titres négociables sont assujettis à l'impôt sur le revenu au taux de 12,8 % auquel s'ajoutent les prélèvements sociaux, d'où une taxation globale de 30 %, constitutive du **prélèvement forfaitaire unique** (**PFU**, v. ss 609).

Les revenus à destination d'un État ou territoire non coopératif sont imposés à un prélèvement forfaitaire obligatoire au taux de 75 % (CGI, art. 238-0 A et 244 *bis*).

615 Le prélèvement est assis sur le montant brut des produits versés aux bénéficiaires sans aucune déduction de frais ou charges qui grèvent ce revenu. Il ne peut être pris en charge par la collectivité débitrice.

2. Les produits des bons de caisse

616 Les bons de caisse sont des titres représentatifs de créances émis sous la forme à ordre ou au porteur par des établissements bancaires ou des entreprises industrielles ou commerciales pour une durée de cinq ans au plus. Les intérêts produits par ces titres donnent lieu à l'application d'une retenue à la source de 12,8 % (15 % pour un bénéficiaire personne morale) opérée par l'émetteur, qui ne peut la prendre à sa charge (CGI, art. 1678 *bis*, 119 *bis* et 125 A). Elle ouvre droit à un crédit d'impôt, qui s'imputera sur l'impôt dû à raison du revenu global.

3. Les revenus de créances, dépôts, cautionnements et comptes courants

617 Cette catégorie comprend les intérêts, arrérages, primes de remboursement et autres produits de créance de toute nature, de dépôts de sommes d'argent à vue ou à échéance fixe, des cautionnements en numéraire et des comptes courants. S'agissant des comptes courants d'associés (v. ss 958) c'est-à-dire des sommes laissées à la disposition de la société par des associés, les intérêts versés ne sont considérés comme des produits de placements à revenu fixe que si les dépôts sont admis eux-mêmes en déduction du bénéfice imposable de la société. Dans l'hypothese contraire, les produits de dépôts d'associés sont considérés comme des dividendes distribués et taxés comme tels.

618 À côté du régime que l'on peut qualifier de droit commun (a), existent des régimes spéciaux relativement nombreux (b).

a. *Le régime de droit commun*

619 Les produits de créances, dépôts, cautionnements et comptes courants sont assujettis à l'impôt sur le revenu dans les conditions de droit commun, au vu de la déclaration annuelle des revenus souscrite par le bénéficiaire. Ces sommes doivent figurer dans le revenu imposable du contribuable pour leur montant net, déduction faite des frais et charges (frais de recouvrement, frais de courtage) supportés pour l'acquisition et la conservation du revenu. Elles sont dès lors soumises au barème progressif de

l'impôt sur le revenu. Il n'est pas pratiqué de retenue à la source et par conséquent aucun crédit d'impôt ne peut être appliqué.

b. *Les régimes spéciaux*

620 Afin de favoriser l'épargne populaire, ont été institués un certain nombre de régimes spéciaux qui se traduisent par des exonérations soit conditionnelles, soit limitées dans leur montant. Ainsi sont exonérés :

– **les intérêts des sommes inscrites sur le livret A d'épargne et sur le livret bleu du Crédit Mutuel**, dans la limite d'un plafond de dépôts de 22 950 euros. L'exonération ainsi accordée ne s'applique pas aux livrets supplémentaires ouverts en cas de dépassement du plafond des dépôts sur les livrets ordinaires. Les titulaires de ces livrets sont placés sous le régime de droit commun de l'impôt sur le revenu ;

– **les rémunérations des sommes déposées sur les livrets d'épargne populaire**, plafonnées à 10 000 euros ;

– **les intérêts des sommes inscrites sur un livret de développement durable**, dans la limite d'un plafond des dépôts de 12 000 euros ;

– **les intérêts et primes d'épargne versés aux titulaires des comptes d'épargne-logement ou des plans d'épargne-logement** sont exonérés de l'impôt sur le revenu, s'ils sont détenus depuis moins de douze ans mais passibles de la Contribution sociale généralisée (CSG) au taux de 8,2 %, de la Contribution au remboursement de la dette sociale (CRDS) au taux de 0,5 %, au prélèvement social de 4,5 % et ses contributions additionnelles au taux de 0,3 % et le prélèvement de solidarité au taux de 2 % ;

– **les intérêts des sommes déposées sur les livrets jeunes** (réservés aux moins de 25 ans), dont le plafond des versements est fixé à 1 600 euros ;

– **les intérêts des livrets d'épargne-entreprise**, ouverts avant le 1er janvier 2014 et à raison d'un par foyer fiscal, dans la limite d'un plafond de versements de 47 100 euros, à condition que les sommes y soient maintenues pendant cinq ans.

L'ensemble forme une palette de niches fiscales attractives.

B. Les produits des placements à revenu variable

621 L'expression « placements à revenu variable » désigne les titres qui représentent des droits d'associés et dont le rendement peut de ce fait varier en fonction des résultats et/ou des décisions de la société distributrice. Ainsi constituent des revenus variables tous les produits des actions ou parts sociales et revenus assimilés, distribués ou réputés distribués par des sociétés soumises à l'IS. Le champ d'application de l'impôt dépend donc directement pour ces revenus de l'étendue de la notion de distribution.

La forme de distribution la plus répandue consiste dans les dividendes (1). Existent toutefois des régimes spécifiques à certains produits (2).

1. *Les dividendes*

622 Il convient de rappeler ici la distinction entre sociétés soumises à l'impôt sur le revenu et celles qui le sont à l'impôt sur les sociétés (v. ss 153). Dans les premières, chaque associé est imposé directement sur la part du profit social correspondant à sa part dans le capital de la société. Peu importe que le bénéfice soit mis en réserve ou distribué aux associés. Cette part de bénéfices entre donc dans le revenu imposable de l'associé de la même façon que s'il exerçait lui-même l'activité de la société et relève par conséquent de la catégorie d'imposition correspondant à la nature de cette activité.

623 Dans les sociétés soumises à l'impôt sur les sociétés, en revanche, il faut distinguer le bénéfice mis en réserve du bénéfice distribué aux associés. Le premier, une fois payé l'impôt sur les sociétés, échappe à toute imposition ultérieure. Le second supporte outre l'impôt sur les sociétés, l'impôt sur le revenu qui vient frapper le dividende versé aux actionnaires. Une même somme est donc taxée deux fois. Pour atténuer, voire supprimer, cette double imposition économique, quatre méthodes sont concevables. Celle du **double taux** qui consiste à prévoir un taux lourd pour les bénéfices mis en réserve qui ne sont imposés qu'une fois et un taux léger pour les bénéfices distribués imposés une seconde fois dans les mains de l'actionnaire (système allemand). La France a connu

(en 1983) et certains prônent le rétablissement d'un **double taux inverse**, qui prévoit un taux léger pour les bénéfices mis en réserve et un taux lourd pour les bénéfices distribués. La troisième méthode est celle de **l'imputation** : l'impôt sur les sociétés est perçu à un taux unique mais les actionnaires peuvent ensuite imputer sur leur impôt personnel un **avoir fiscal** correspondant à une ristourne de l'impôt sur les sociétés (système français et finlandais jusqu'en 2004), supprimé à raison de l'arrêt rendu par la CJCE le 7 septembre 2004 (*Petri Manninen*, aff. C-319/02), dans lequel le juge stigmatise une atteinte à la libre circulation des capitaux. La quatrième méthode consiste à réduire la base imposable à l'impôt sur le revenu en retranchant un abattement (solution en vigueur de 2005 à 2017).

624 Ce régime s'applique aux dividendes régulièrement distribués par les sociétés françaises, mais également par les sociétés ayant leur siège au sein de l'Union ou dans un État lié à la France par une convention d'assistance administrative.

625 **Le système paraît intrinsèquement plus simple à gérer que l'avoir fiscal.** Cette réforme correspond à une double préoccupation des gouvernants : prendre en compte, d'une part, l'évolution du marché boursier français, dont l'attrait n'est plus fonction du dividende servi ni de l'avantage fiscal qui lui est attaché mais des plus-values potentielles et, d'autre part, économiser les sommes importantes consacrées au remboursement de l'avoir fiscal à des actionnaires étrangers par application, tant de la jurisprudence communautaire (CJCE 28 janv. 1986, *Comm. c/ France*, aff. 270/83, puis *Manninen, préc.*) que de nombreuses conventions bilatérales passées par la France. Ces actionnaires n'étant pas redevables de l'impôt sur le revenu en France, la perte était sèche pour le Trésor public français.

626 Les dividendes perçus depuis le 1er janvier 2018 sont soumis à un prélèvement forfaitaire non libératoire (PFNL) de 12,8 % auxquels s'ajoutent 17,2 % de prélèvements sociaux soit un taux global d'imposition de 30 %. Ils sont ensuite ajoutés aux autres revenus de l'actionnaire, pour y être soumis à l'impôt sur le revenu, sous déduction du PFNL.

2. Les régimes spéciaux

627 On en retiendra deux : les organismes de placement collectif en valeurs mobilières (a) et le plan d'épargne en actions (b).

a. *Les organismes de placement collectif en valeurs mobilières*

628 Ils sont d'une double nature : il y a d'une part les sociétés d'investissement à capital variable (SICAV) qui ont la forme de société anonyme, et les fonds communs de placement (FCP) qui ont la nature juridique de copropriété de valeurs mobilières administrée par un gérant. Créés par des établissements bancaires ou des compagnies d'assurances, ils gèrent des portefeuilles de valeurs mobilières pour le compte de leurs actionnaires ou membres qui leur confient leurs disponibilités monétaires. Ils sont dotés de la transparence fiscale : il en résulte que les actionnaires ou porteurs de parts sont imposés comme s'ils réalisaient directement les opérations effectuées par l'organisme de placement.

629 Les OPCVM de distribution répartissent chaque année les produits qu'ils ont encaissés qu'il s'agisse de dividendes, d'intérêts, de plus-values de cession. Ces produits sont imposables dans les conditions de droit commun au nom des épargnants qui les perçoivent.

630 Les OPCVM de capitalisation, en revanche, ne distribuent pas les revenus qu'ils encaissent. Ceux-ci sont capitalisés et réinvestis en valeurs mobilières. Ils échappent ainsi à l'impôt sur le revenu. La valeur des actions de SICAV et des parts de FCP augmente d'autant : un revenu détaxé est, ce faisant, transformé en capital. L'épargnant ne sera imposé que s'il revend ses actions ou parts et ce au titre des plus-values réalisées : au taux de 12,8 % (30 % avec les prélèvements sociaux).

b. *Les plans d'épargne en actions (PEA)*

631 Ils peuvent être ouverts par un résident fiscal en France auprès d'un établissement bancaire ou d'une compagnie d'assurances pour recueillir des placements, obligatoirement en numéraire (CGI, art. 163 *quinquies*). Depuis 2014 coexistent deux types de plan ; le PEA classique est limité à 150 000 euros pour une personne seule, 300 000 euros pour un couple. Les fonds doivent être investis en actions de sociétés françaises ou européennes, assujetties à l'IS

dans les conditions de droit commun. Le PEA « PME-ETI » (pour les entreprises de taille intermédiaire) est limité à 225 000 euros pour une personne seule (450 000 € pour un couple) ; les fonds doivent être investis, dans le même cadre territorial, dans une entreprise qui occupe moins de 5 000 personnes, et dont, soit le chiffre d'affaires est inférieur à 1,5 milliard d'euros, soit le total du bilan ne dépasse pas 2 milliards d'euros. Le cumul de souscription des deux catégories de PEA ne peut pas excéder le plafond du PEA-PME. Les produits (dividendes, crédits d'impôt mais aussi plus-values) que procurent les placements effectués dans les PEA ne sont pas imposables à l'impôt sur le revenu, sauf retrait avant cinq ans (CGI, art. 150-0 A, II 2°).

C. Les revenus des valeurs mobilières étrangères

632 Les revenus des valeurs mobilières étrangères perçus par des personnes physiques ou morales ayant leur domicile fiscal ou leur siège social en France sont passibles en principe de l'impôt français. Le bénéficiaire doit donc inclure ces revenus dans les bases de l'impôt pour leur montant net, la seule déduction possible étant celle de l'impôt retenu à l'étranger. Toutefois, les conventions conclues par la France avec certains pays étrangers prévoient en général que l'impôt payé à l'étranger, sous forme de retenue à la source, soit imputable sur l'impôt dû en France, dans la limite de l'impôt qui aurait été dû en France sur pareille somme. Dans ce cas, le crédit d'impôt entre également dans l'assiette imposable. Symétriquement, l'article 119 *bis* prévoit l'application d'une retenue à la source française lorsque le dividende est distribué par une société française à un actionnaire étranger. La Cour de justice est venue préciser que la liberté de circulation des capitaux s'opposait à un tel régime lorsque l'actionnaire était une société résidente d'un autre État de l'Union (CJUE 22 nov. 2018, *Sofina SA*, aff. C-575/17).

Ces revenus distribués font l'objet de la réfaction de 40 %.

Bibliographie

Assimacopoulou (Elli), *L'harmonisation de la fiscalité de l'épargne dans les pays de la Communauté*, LGDJ, 2000, 280 p.

Bissy (Arnaud de), « La notion de dividende en droit fiscal », *Dr. et patr.* 2002, n° 108, p. 34 à 61.

Daumas (Vincent), « L'insoutenable légèreté des gains issus de capitaux mobiliers », *RJF* 2009, n° 12, p. 949 à 954.

Fouquet (Olivier), « Les revenus de capitaux mobiliers peuvent-ils être qualifiés de revenus professionnels ? », *Rev. adm.* 2008, p. 496 à 499.

§ 3. Les plus-values

633 La plus-value peut être définie comme un accroissement de valeur d'un bien pendant une période donnée sans l'intervention de son propriétaire. Son imposition a été l'objet de vives controverses entre les tenants d'une conception restrictive du revenu (théorie de la source) pour qui les plus-values sont un gain en capital donc non imposables et les tenants d'une conception extensive (théorie de l'enrichissement), pour qui les plus-values sont assimilables à un revenu (v. ss 169).

634 De ce fait, les plus-values sont imposées de façon assez disparate. Deux catégories de plus-values doivent être distinguées :

– les plus-values professionnelles, c'est-à-dire celles réalisées lors de la cession de biens inscrits à l'actif du bilan d'une entreprise ou sur le registre des immobilisations (v. ss 519), que ce soit en vertu d'une obligation légale ou d'une décision de gestion du contribuable ;

– les plus-values privées, c'est-à-dire celles réalisées par des particuliers dans la gestion de leur patrimoine personnel.

635 La taxation des premières a été instituée dans l'entre-deux-guerres par le décret du 20 juillet 1934 modifié à plusieurs reprises, notamment par la loi du 12 juillet 1965. En revanche, les plus-values réalisées par les particuliers furent longtemps exonérées, à deux exceptions près. Étaient imposées en tant que BNC les plus-values réalisées par des personnes réalisant à titre habituel des opérations de bourse. Étaient frappées, en second lieu, d'un impôt depuis 1963, les plus-values réalisées sur des terrains à bâtir ainsi que celles spéculatives réalisées sur des immeubles dont l'achat et la revente avaient eu lieu dans un délai de dix ans.

636 Par la loi du 19 juillet 1976, le législateur a généralisé, du moins sur le plan théorique, l'imposition des plus-values réalisées par les particuliers en les assimilant à des revenus. Ce régime, très complexe, a été modifié à plusieurs reprises, notamment par la loi de finances pour 2021. Celle-ci continue de considérer les plus-values comme un revenu, mais leur régime d'imposition est devenu autonome par rapport à l'impôt général sur le revenu.

637 L'imposition diffère selon qu'il s'agit de plus-values réalisées sur les immeubles (A), sur des valeurs mobilières (B) ou sur des biens meubles (C).

A. Les plus-values immobilières

638 Leur imposition (CGI, art. 150 V à 150 VH) est dominée par deux principes. D'abord, ne sont imposées que les plus-values effectivement réalisées, c'est-à-dire celles constatées à l'occasion d'une cession à titre onéreux (vente, échange, apport en société) d'un immeuble. Ainsi, le fait générateur de la plus-value se situe à la date de cession c'est-à-dire, en cas de vente, à la date de l'accord sur la chose et le prix. Ne sont donc pas imposées les plus-values latentes c'est-à-dire celles résultant de la valorisation du bien immobilier dans le patrimoine du contribuable. En second lieu, depuis 2004, les plus-values taxables sont imposées à un taux proportionnel et ne sont plus soumises au barème progressif de l'impôt sur le revenu.

639 On étudiera successivement la notion de plus-value imposable (1), le calcul de la plus-value (2) et enfin les modalités d'imposition de la plus-value (3). Dans le cadre du durcissement de l'imposition, le législateur a institué, à compter du 1er janvier 2013, une taxation supplémentaire des plus-values (4).

1. *La notion de plus-value imposable*

640 En principe, le législateur de 1976 prévoyait la généralisation de l'imposition (a) mais ce principe a été assorti de nombreuses exceptions (b).

a. *Les plus-values imposables*

641 Les plus-values imposables peuvent être définies en retenant trois critères : les personnes, les biens et les opérations. S'agissant des personnes ne sont concernées que les plus-values réalisées par des particuliers dans la gestion de leur patrimoine privé. En revanche, les plus-values réalisées par les commerçants, les industriels, les agriculteurs, les membres de professions libérales sur des biens faisant partie de leur entreprise relèvent de la fiscalité professionnelle (v. ss 519).

Sont également visées par l'imposition, les sociétés transparentes de l'article 1655 *ter* du CGI, les sociétés immobilières non passibles de l'impôt sur les sociétés ainsi que les sociétés à prépondérance immobilière. Lorsque ces sociétés cèdent un immeuble leur appartenant, la plus-value réalisée est calculée et taxée comme si la cession était faite par un particulier.

642 Pour ce qui est des biens, sont visés les immeubles ce qui englobe les immeubles bâtis, les terrains, les droits immobiliers (usufruit, nue-propriété) ainsi que les parts ou actions des sociétés visées plus haut.

643 En ce qui concerne les opérations, ne sont retenues que les mutations à titre onéreux tels que vente, expropriation, apport en société, échange, dissolution de sociétés de personnes. En cas de vente de l'immeuble acquis à titre gratuit, la plus-value constatée depuis l'acquisition à titre gratuit est imposable.

b. *Les plus-values exonérées*

Elles sont nombreuses, habituellement rangées en trois catégories.

644 **Certaines exonérations sont liées à la nature des biens cédés.** À ce titre, échappe en premier lieu à l'impôt la plus-value réalisée (CGI art. 150 U II 1°) lors de la cession de la résidence principale (CE 4 juin 2012, *M. Havaux du Tilly*, n° 342469, concl. N. Escaut, note A. Lefeuvre, *Dr. fisc.* 2012, n° 43-44, comm. 495). L'appréciation de la notion de résidence principale est une question de fait qui, à ce titre, relève de l'appréciation souveraine des juges du fond. Il s'agit de l'immeuble dans lequel le contribuable réside de manière habituelle durant la majeure partie de l'année. Ainsi un immeuble vacant au moment de la vente mais qui a été occupé

comme résidence principale jusqu'à sa mise en vente ouvre droit à l'exonération si la cession intervient dans les délais normaux de vente. Ceux-ci s'apprécient en fonction des diligences accomplies par le cédant pour vendre au plus vite (CE 6 oct. 2010, *M. et Mme Griveaux*, n° 308051, *Dr. fisc.* 2011, n° 4, comm. 124 ; *LPA* 31 déc. 2010, p. 3, obs. F. Perrotin).

Les dépendances immédiates et nécessaires de la résidence principale sont également exonérées à condition que leur cession intervienne simultanément avec cette dernière. En revanche, la cession des seules dépendances de l'habitation n'ouvre pas droit à l'exonération (CE 25 nov. 2009, *M. Fitoussi*, n° 311399, *Dr. fisc.* 2010, n° 11, comm. 228).

645 En deuxième lieu, échappe à l'imposition (CGI, art. 150 U, II 1° *bis*), la plus-value réalisée sur la première cession d'une résidence ne constituant pas la résidence principale du cédant à condition d'une part, que le cédant n'ait pas été propriétaire de sa résidence principale dans les quatre ans précédant la cession et d'autre part qu'il remploie dans les vingt-quatre mois tout ou partie du prix de cession dans l'acquisition ou la construction d'un logement affecté à sa résidence principale. L'exonération est limitée à la fraction du prix de cession effectivement remployé. On tient ici compte de la situation de personnes qui cèdent une résidence secondaire alors qu'elles ne sont pas propriétaires de leur résidence principale.

646 Une troisième exonération est prévue en faveur de l'habitation en France des personnes physiques non-résidentes en France ayant la nationalité d'un État de l'Union européenne, de l'Islande de la Norvège ou d'un autre État lié à la France par une convention fiscale comportant une clause de non-discrimination. Cette exonération s'applique dans la limite d'une résidence par contribuable sous une double condition.

647 Le cédant doit avoir été fiscalement domicilié en France de manière continue pendant au moins deux ans, à un moment quelconque avant la cession, et la cession doit intervenir dans les dix années qui suivent le départ de France. L'exonération porte sur la fraction de la plus-value qui n'excède pas 150 000 euros, le surplus étant imposable.

En quatrième lieu, sont exonérées (CGI, art. 150 VC) les plus-values réalisées sur les immeubles possédés pendant une certaine durée (v. ss 662).

648 **Une deuxième série d'exonérations résulte de la nature des cessions.** Les remembrements et opérations assimilées ne constituent pas des opérations imposables. Mais le remembrement est considéré comme une opération intercalaire qui ne fait que suspendre temporairement la taxation. En effet, en cas de revente des biens remembrés, les plus-values successives sont taxées à partir du prix d'acquisition du bien originel.

649 Est exonérée ensuite la plus-value réalisée en cas d'expropriation, à la condition que l'exproprié procède au remploi intégral de l'indemnité principale dans l'achat d'un ou plusieurs biens de même nature dans un délai d'un an à compter de la date du paiement de l'indemnité (CGI, art. 150 U II-4). La condition de remploi intégral est réputée satisfaite si 90 % de l'indemnité est remployée.

Selon l'Administration, pour éviter des pratiques abusives et contraires à l'esprit de la loi, le remploi n'est pas possible en parts ou actions de sociétés dont l'actif est uniquement composé d'immeubles.

650 Enfin, les plus-values consécutives aux cessions d'immeubles ou de parts de sociétés immobilières dont le prix de vente n'excède pas 15 000 euros sont également exonérées (CGI, art. 150 U II-6°). Ce plafond s'applique bien par bien et non pas annuellement. En cas de cession par des époux soumis à imposition commune ou partenaires d'un PACS, ce seuil s'apprécie au regard de la quote-part des membres du couple. Il est donc porté à 30 000 euros.

651 Dans l'hypothèse d'une cession d'un bien démembré on retiendra non la valeur du droit démembré cédé mais la valeur de la pleine propriété du bien, rapportée à la quote-part indivise qui est cédée. En cas de cession d'un bien détenu en indivision, le seuil de 15 000 euros s'apprécie au regard de chaque quote-part indivise. Ce montant de 15 000 euros peut paraître faible, mais il trouvera à s'appliquer par exemple aux ventes portant sur des emplacements de stationnement, des locaux de petite surface ou des parts de sociétés à prépondérance immobilière.

652 **Une troisième série d'exonérations tient à la qualité du cédant.** Elles prennent en compte la nature et le montant des revenus. Ainsi, les titulaires d'une pension de retraite ou d'une carte d'invalidité non assujettis à l'impôt sur la fortune immobilière et dont le revenu fiscal de référence n'excède pas certaines limites (12 455 € pour la première part, majorés de 3 326 € pour chaque demi-part supplémentaire) sont exonérés de taxation, la situation de famille s'appréciant à la date de la cession (CGI, art. 150 U, III) Dans le même ordre d'idées, sont également exonérées les plus-values réalisées par les retraités et les invalides de condition modeste résidant en maison de retraite qui cèdent leur ancien domicile dans les deux ans après l'avoir quitté (CGI, art. 150 U, I-1er *ter*).

L'application de l'abattement pour durée de détention amène à l'exonération des plus-values de cession des immeubles détenus, plus de vingt-deux ans pour l'impôt sur le revenu ou plus de trente ans pour les contributions sociales (v. ss 662).

653 Les exonérations ainsi énumérées portent à la fois sur l'impôt dû à l'État et sur les cotisations accessoires (v. ss 810 à 819).

2. *Le calcul de la plus-value imposable*

654 Le calcul de la plus-value imposable s'opère en déduisant du prix de cession (a) de l'immeuble le prix d'acquisition par le cédant ou en cas d'acquisition à titre gratuit la valeur vénale au jour de l'acquisition sans prise en compte de l'érosion monétaire (b). Par ailleurs la plus-value ainsi calculée connaît un certain nombre d'abattements (c).

a. *Le prix de cession*

655 Le prix à retenir est, en principe, le prix réel tel qu'il est stipulé dans l'acte. Il peut faire l'objet, le cas échéant, de différentes corrections, positives ou négatives. Ainsi, il doit être augmenté de charges en capital et indemnités stipulées au profit du cédant, et il est diminué du montant des taxes acquittées et des frais supportés par le vendeur à l'occasion de cette cession (commissions versées aux intermédiaires ou **les indemnités** d'éviction versées aux locataires).

656 Posent problème certains modes particuliers de paiement du prix. Ainsi lorsque le prix est payé sous forme de rente viagère, le prix de cession retenu pour ce bien est la valeur en capital de la rente à l'exclusion des intérêts.

657 En présence d'un bien détenu en indivision, la plus-value doit être taxée au nom de chaque indivisaire sur le fondement de la fraction du prix de vente correspondant à ses droits dans l'indivision nonobstant l'existence d'arrangements privés ou pactes de famille répartissant selon une clé différente le produit de la cession.

658 Dans l'hypothèse d'une expropriation, doit être retenu l'ensemble des indemnités allouées à un même bénéficiaire à l'exclusion des indemnités accessoires non représentatives du prix destinées à compenser des préjudices distincts de la possession du bien (indemnité pour trouble de jouissance par exemple).

b. *Le prix d'acquisition*

659 Si le cédant a acquis le bien à titre onéreux, on retient, en principe, le prix d'acquisition. Lorsque le bien a été acquis moyennant le versement d'une rente viagère, le prix d'acquisition à retenir est la valeur en capital de la rente à l'exclusion des intérêts.

660 En cas d'acquisition à titre gratuit on prend la valeur vénale au jour de l'acquisition c'est-à-dire la valeur retenue par la déclaration des droits de mutation. Voilà qui incitera peut-être les héritiers à plus de sincérité au moment de déclarer la valeur des biens faisant l'objet d'une succession, car une sous-évaluation dans la déclaration de succession conduira à une augmentation de la plus-value le jour de la cession.

661 Le prix d'acquisition ou la valeur vénale sont augmentés de diverses dépenses effectuées par le contribuable et dont la prise en considération a pour effet de réduire la plus-value imposable. Il s'agit :

– des frais afférents à l'acquisition à titre onéreux que le cédant peut fixer forfaitairement, sauf option contraire du cédant, à 7,5 % du prix d'acquisition, solution généralement la plus favorable ;

– des frais afférents à l'acquisition à titre gratuit, y compris les droits de mutation, obligatoirement retenus pour leur montant réel et justifié ; le forfait de 7,5 % n'est pas applicable ;

– des dépenses de construction, de reconstruction, d'agrandissement, de rénovation ou d'amélioration lorsqu'elles n'ont pas déjà été déduites du revenu imposable et qu'elles ne présentent pas le caractère de dépenses locatives (CE 19 juill. 2011, *M. et Mme Devulder*, n° 326895, *Dr. fisc.* 2011, n° 30-34, act. 244). Elles sont prises en compte pour leur montant réel, tel que facturé par une entreprise. En cas de cession de l'immeuble plus de cinq ans après son acquisition, le contribuable peut opter entre les frais réels ou, s'agissant d'immeubles bâtis, un forfait égal à 15 % du prix ou de la valeur d'acquisition. Ce forfait s'applique sans que le cédant ait à établir la réalité des travaux c'est-à-dire même en l'absence de travaux. En pratique, le vendeur a donc intérêt à demander l'application du forfait dans tous les cas où il ne peut justifier de dépenses réelles supérieures à 15 %.

Ne peuvent être déduits ni les travaux effectués par le contribuable lui-même (le législateur craint ici une fraude trop facile) ni ceux déduits pour le calcul des revenus fonciers lorsque l'immeuble est donné en location ;

– des frais de voirie, réseaux et distribution imposés dans le cadre des plans locaux d'urbanisme (PLU) en ce qui concerne les terrains à bâtir. Peut en particulier être retenu l'ensemble des frais d'aménagement et de viabilisation engagés dans le cadre d'une opération de lotissement (CGI, art. 150 VB II 5°).

c. *Les abattements pour durée de détention*

662 Leur régime est applicable lorsque la détention a été supérieure à cinq ans, il a évolué dans le sens d'un durcissement.

L'abattement sur la plus-value brute est différent pour l'impôt sur le revenu et pour les prélèvements sociaux.

Pour l'application de l'impôt sur le revenu la plus-value brute est diminuée d'un abattement fixé à :

– 6 % par année de détention au-delà de la cinquième (de la 6e à la 21e) ;

– et à 4 % pour la vingt-deuxième année.

Pour l'application des prélèvements sociaux la plus-value brute est diminuée d'un abattement fixé à :

– 1,65 % par année de détention au-delà de la cinquième (de la 6e à la 21e) ;

– 1,60 % pour la vingt-deuxième année de détention ;

– et 9 % pour chaque année suivante, jusqu'à la trentième. En d'autres termes, la plus-value est exonérée d'impôt sur le revenu au-delà d'un délai de détention de vingt-deux ans, et de prélèvements sociaux au-delà d'un délai de détention de trente ans.

663 L'abattement est calculé par période de douze mois de détention : aucun *prorata temporis* n'est à effectuer pour l'année en cours. Le système de l'abattement, qui réduit le montant de la plus-value imposable, s'applique que l'on soit en présence d'un immeuble bâti ou non, ce qui montre bien que le système n'a rien à voir avec une technique d'amortissement. En fait il s'agit de tenir compte de l'intention spéculative. Plus la cession intervient tôt, et plus cette intention est présumée exister.

3. *Les modalités d'imposition de la plus-value*

664 Le fait générateur de l'imposition de la plus-value est constitué par le transfert de propriété, soit en principe à la date de signature de l'acte de cession, sans prise en considération de la date d'encaissement du prix de la cession. Depuis le 1er janvier 2004, la plus-value imposable n'est plus comprise dans le revenu global imposable au barème progressif de l'impôt sur le revenu. Elle est taxée, opération par opération, au taux proportionnel de 19 %. Si le cédant est domicilié en France, la plus-value immobilière est en outre assujettie aux prélèvements sociaux : CSG (9,9 %), CRDS (0,5 %) et prélèvement social (4,5 %), contribution additionnelle de 0,3 % et 2 % pour le prélèvement de solidarité, ce qui porte le taux d'imposition globale à 36,2 % (19 + 17,2). La CSG n'est pas déductible de l'assiette de l'impôt sur le revenu à taux progressif puisqu'elle est perçue en complément d'un impôt à taux proportionnel. L'imposition est établie au titre de l'année au cours de laquelle la cession est intervenue quel que soit le mode de paiement du prix (CE 9 nov. 2015, *Min. c/ Bodinat*, n° 371571, *Dr. fisc.* 2016, n° 6, comm. 156, note J.-P. Maublanc). C'est là une dérogation critiquable du principe de l'imposition du revenu disponible qui fait que le contribuable doit une imposition sur une plus-value

qu'il n'a pas encore perçue, le cas échéant. En revanche, en cas d'expropriation, l'impôt est, en principe, à la fois établi et payé au titre de l'année au cours de laquelle l'indemnité est perçue.

665 La déclaration et le paiement sont effectués par le notaire pour le compte du cédant qui perçoit un prix net, imposition de la plus-value déduite. Le notaire est chargé de payer préalablement à la formalité de publicité foncière (v. ss 1442) et dans le mois (CGI, art. 150 VG II 3) qui suit l'acte notarié, l'impôt et les contributions sociales correspondantes par prélèvement sur le prix de vente du bien. Le montant de la plus-value imposable doit être reporté sur la déclaration d'ensemble des revenus (CGI, art. 170), car il est pris en compte pour l'établissement du revenu fiscal de référence (v. ss 776). Ainsi l'impôt entre dans les caisses du Trésor l'année de la réalisation de la plus-value. Le recouvrement est de surcroît garanti par les sommes remises au notaire. Le mécanisme ainsi mis en place s'apparente à une retenue à la source d'impôt sur le revenu frappant la plus-value (v. ss 808).

666 Il faut noter que le législateur a refusé d'instituer – disposition particulièrement sévère – une éventuelle compensation entre moins-values et plus-values immobilières au cours d'une même année, sauf exception limitée (en cas de vente d'un immeuble acquis par fractions successives, constatées par le même acte). De même, une moins-value ne peut s'imputer sur le revenu global.

4. La taxation supplémentaire sur les plus-values élevées

667 Depuis le 1er janvier 2013 (CGI, art. 1609 *nonies* G), le législateur a institué une taxe spécifique sur les plus-values de cession d'immeubles d'un montant supérieur à 50 000 euros, qui s'applique dès le premier euro. La plus-value imposable est déterminée selon les mêmes règles que l'imposition générale des plus-values immobilières. Elle édicte par conséquent les mêmes exonérations, notamment celles de la plus-value résultant de la cession de l'habitation principale, ainsi que celle afférente à une cession intervenue après une longue détention (v. ss 662).

668 Particularité notable : sont exonérées les plus-values réalisées sur la cession de terrains à bâtir. En effet le Conseil constitutionnel a

censuré le nouveau régime d'imposition des terrains à bâtir prévu par l'article 15 de la loi nouvelle. Il a considéré que leur soumission à l'impôt sur le revenu et non au prélèvement forfaitaire de 19 % appliqué aux immeubles ordinaires pouvait conduire à un taux marginal maximal d'imposition de 82 %. Dès lors, il aurait eu pour effet de faire peser sur une catégorie de contribuables une charge excessive (Cons. const. 29 déc. 2012, n° 2012-662 DC).

669 Cette taxe due par le cédant est calculée selon un barème de progressivité globale (et non pas par tranche), dont les taux varient de 2 à 6 % (pour une plus-value supérieure à 260 000 €). Simplement, un lissage est institué pour le passage d'une tranche à une autre, par l'institution d'un système de décote. Elle se cumule avec l'impôt sur les plus-values et les prélèvements sociaux afférents.

B. Les plus-values sur valeurs mobilières

670 Sont imposées les plus-values réalisées sur cession de titres, cotés ou non en bourse, émis par des sociétés sous forme d'actions, de parts sociales ou d'obligations (CGI, art. 150-0 A à 150-0 F).

671 Comme en matière immobilière, seules sont prises en considération les cessions à titre onéreux. Il n'y a donc pas de plus-value taxable si la cession a lieu à titre gratuit, par succession ou donation.

672 Les plus-values imposables sont calculées par différence entre le prix de cession des titres et leur prix d'acquisition ou de souscription. Le prix de cession s'entend du prix réel stipulé entre les parties ou, en cas de cession en bourse, du cours auquel la transaction a été conclue. Le prix est diminué des frais et taxes acquittés par le cédant (commissions, courtages).

673 Le prix d'acquisition est le prix pour lequel les titres ont été acquis à titre onéreux par le cédant ou en cas d'acquisition à titre gratuit pour la valeur retenue pour la détermination des droits de mutation. Ce prix est majoré des frais correspondants (commissions, courtages à l'exclusion des droits de mutation). En cas de cession de titres de même nature acquis à des prix différents, le prix d'acquisition est la moyenne pondérée d'acquisition des titres.

674 À l'inverse de ce qui existe en matière immobilière, la loi admet une compensation entre plus-values et moins-values. La loi de finances pour 2021, conformément à la jurisprudence (CE 22 nov. 2019, n° 431867), permet dorénavant d'imputer aussi sur les plus-values imposables, les pertes résultant d'une annulation de titres dans le cadre d'une procédure collective ou d'une réduction totale du capital de la société. En cas de moins-value nette, celle-ci est reportée sur les plus-values pendant les dix années suivantes. En revanche, aucune imputation n'est possible sur le revenu global du contribuable.

675 Depuis 2011, les plus-values sont imposables dès le premier euro quel que soit le montant des cessions effectuées au cours de l'année (CGI, art. 150-0-A-I-1).

À compter du 1er janvier 2018, les plus-values de cession sur valeurs mobilières réalisées par les particuliers dans le cadre de la gestion de leur patrimoine privé sont imposées au taux de 12,8 % auquel s'ajoutent 17,2 % de prélèvements sociaux, soit un taux global d'imposition de 30 %.

676 Afin d'encourager la détention longue la loi précitée instaure trois abattements, dont le taux est respectivement égal à 50 % du montant des plus-values imposables lorsque les titres sont détenus depuis au moins un an mais moins de quatre ans à la date de la cession, à 65 % pour ceux détenus depuis au moins huit ans, et 85 % pour ceux détenus depuis plus de huit ans.

677 Il existe de nombreux régimes d'exonération. C'est le cas, entre autres, des plus-values réalisées lors de la cession d'actions inscrites au crédit d'un plan d'épargne en actions (PEA v. ss 631, CGI, art. 150 A II, 2 et 2 *bis*) et de titres acquis dans le cadre de plans d'épargne salariale (CGI, art. 163 *bis* B).

678 Les titres bénéficiant d'abattement ou d'exonération restent passibles des prélèvements sociaux au taux de 17,2 %.

Ne relèvent pas du régime que l'on vient d'exposer les plus-values réalisées sur deux catégories de titres. D'abord celles réalisées sur titres de sociétés figurant à l'actif d'entreprises qui relèvent du régime des plus-values professionnelles (v. ss 519). Ensuite, les plus-values sur titres de sociétés non cotées à prépondérance immobilière qui sont des sociétés dont l'actif est constitué pour plus de la moitié d'immeubles. Elles sont imposées comme des plus-values immobilières réalisées par des particuliers.

C. Les plus-values sur biens meubles

679 De faible ampleur et d'application peu fréquente, l'imposition des biens meubles connaît un régime de droit commun (1) et un régime spécifique aux métaux et objets précieux (2).

1. *Le régime de droit commun*

680 La taxation frappe les plus-values réalisées par des particuliers sur la cession de biens meubles entendus comme étant des biens qui ne relèvent ni de la catégorie des valeurs mobilières ni de celle des métaux et objets précieux (CGI, art. 150 UA).

681 En principe, les modalités d'imposition sont les mêmes que pour les plus-values immobilières sous réserve des précisions suivantes :

– les ventes de meubles réalisées à un prix inférieur ou égal à 5 000 euros pour une personne seule à 10 000 euros pour un couple soumis à imposition commune échappent à l'impôt. Ces seuils s'apprécient cession par cession et non pas année par année ;

– les meubles meublants, les appareils ménagers, les voitures automobiles à l'exception des voitures de collection sont exonérés (CE 6 janv. 2000, *Osenat*, n° 179492, *Dr. fisc.* 2000, n° 45-46, comm. 858, concl. G. Goulard) ;

– les frais d'acquisition, y compris les droits de mutation à titre gratuit, sont retenus pour leur montant réel et justifié ;

– la plus-value brute réalisée sur les biens meubles est réduite d'un abattement de 5 % pour chaque année de détention au-delà de la deuxième (CGI, art. 150 VC, al. 5). La plus-value est donc définitivement exonérée au bout de vingt-deux ans. L'abattement joue également pour les contributions sociales ;

– comme en matière d'imposition des plus-values immobilières, les moins-values ne peuvent faire l'objet d'aucune imputation.

682 En fait le régime se limite essentiellement aux cessions de bateaux de plaisance sur lesquels des plus-values sont constatées malgré l'usure, les ventes après vieillissement d'eau-de-vie, les cessions de chevaux de course appartenant à des propriétaires qui ne sont ni éleveurs ni entraîneurs, sinon s'applique le régime des plus-values professionnelles.

Depuis la loi de finances pour 2004, ces plus-values ne sont plus intégrées dans le revenu du contribuable mais frappées d'un prélèvement forfaitaire de 19 %, auquel il faut ajouter les prélèvements sociaux, soit un montant total de 36,2 % (CGI, art. 150 UA).

Ce régime aurait pu retrouver un regain d'intérêt avec le développement des « bitcoins » et autres cryptomonnaies. En effet, le Conseil d'État a jugé que ces « bitcoins » ont le caractère de biens meubles incorporels et qu'en conséquence, les profits tirés de leur cession par des particuliers relèvent en principe du régime des plus-values de cession de biens meubles (CE, 8e et 3e ch., 26 avr. 2018, *Rycke*, no 417809). Toutefois, la loi no 2018-1317 du 28 décembre 2018 de finances pour 2019 a écarté, de ce régime des plus-values de cession de biens meubles, les cessions d'actifs numériques. En effet, le législateur a préféré créer un régime *sui generis* permettant d'appréhender les spécificités des transactions d'actifs numériques : dorénavant, les gains de cession occasionnelle de bitcoins relèvent dorénavant du prélèvement forfaitaire unique au taux de 12,8 % et aux prélèvements sociaux au taux de 17,2 % avec une franchise d'impôt annuelle de 305 euros. Contrairement aux plus-values de cessions de valeurs mobilières et aux revenus de capitaux mobiliers, il n'était pas prévu initialement de possibilité d'option pour l'imposition au barème progressif de l'impôt sur le revenu : cet oubli a été corrigé par l'article 79 de la loi de finances pour 2022 qui donne désormais la possibilité au contribuable d'écarter l'imposition forfaitaire au taux global de 30 % pour soumettre les cessions d'actifs numériques à la progressivité du barème de l'impôt sur le revenu. Le législateur affiche sa volonté d'aligner un peu plus la fiscalité des actifs numériques sur celle des revenus de capitaux mobiliers et des plus-values mobilières.

683 Si la fiscalité des actifs numériques (entendus au sens de cryptomonnaies ou de jetons numériques par l'article 86 de la loi

n° 2019-486 du 22 mai 2019 relative à la croissance et la transformation des entreprises et qui sont par essence fongibles) semble se clarifier (CGI, art. 150 VH *bis*), tel est loin d'être le cas de celle applicable aux NFT (*non fungible tokens)* lesquels sont des jetons cryptoactifs également issus de la *blockchain* mais ne sont pas interchangeables et représentent quelque chose d'unique, comme une œuvre d'art. Cela suscite une insécurité juridique tant pour les contribuables détenteurs de NFT que pour leurs émetteurs.

2. *Le régime spécial de taxation forfaitaire des objets et métaux précieux*

684 La vente des métaux précieux, des bijoux, objets d'art, de collection et d'antiquité est soumise à une taxe mise à la charge du vendeur (CGI, art. 150 VI à VM).

685 La nature de la taxe est controversée. Pour une partie de la doctrine elle ne correspond pas à l'imposition d'un revenu mais à celle d'un prix (J. Lamarque, O. Négrin et L. Ayrault, *Droit fiscal général*, 2014, n° 1488). Pour le Conseil d'État, en revanche (CE 27 juin 2008, n° 301342, *Dr. fisc.* 2008, n° 38, comm. 501, concl. L. Olléon ; *RJF* 11/2008, n° 1213), cette taxe constitue une modalité d'imposition des plus-values et n'a pas la nature d'une taxe sur le chiffre d'affaires, étant donné qu'elle n'est due que par les personnes qui vendent dans le cadre de la gestion de leur patrimoine privé.

686 Sont exonérées les ventes d'objets précieux dont le prix pour chaque vente n'excède pas 5 000 euros pour une personne seule et 10 000 euros pour un couple, ainsi que les cessions aux musées « de France », aux bibliothèques publiques et aux archives de l'État.

687 La taxe, calculée sur le prix de vente, est due aux taux de :

- 11 % du prix de cession des métaux précieux ;
- 6 % du prix de cession des bijoux et des objets d'art, de collection et d'antiquité.

688 Cette disposition peut, le cas échéant, s'appliquer entre autres à la taxation de la vente de tableaux, de gravures, de tapisseries et de véhicules de collection.

689 Ces taux sont majorés de 0,5 % au titre de la CRDS (CGI, art. 1600-0 I ; v. ss 818).

690 Sauf pour les métaux précieux, le vendeur peut opter pour le régime de droit commun des plus-values sur biens meubles à condition de pouvoir justifier de la date et du prix d'acquisition (CGI, art. 150 VL). Il pourra, ce faisant, bénéficier de l'abattement de 5 % par année de détention et aboutir, le cas échéant, à une exonération totale pour un bien détenu depuis plus de vingt-deux ans.

691 Les plus-values imposables sont à reporter sur la déclaration d'ensemble des revenus pour être comprises dans le revenu fiscal de référence (CGI, art. 1417 IV). En vertu de l'article 1760 du CGI, tout manquement à cette obligation déclarative donne lieu à l'application d'une amende égale à 5 % des sommes non déclarées.

Bibliographie

Casimir (Jean-Pierre), « La mutation génétique des plus-values », in *Mélanges Maurice Cozian*, Litec, 2009, p. 171 à 184.

Cozian (Maurice), « La loi du 19 juillet 1976 sur l'imposition des plus-values ou la montagne accouchant d'une souris », *Dr. fisc.* 1976, n° 30, p. 750.

Cozian (Maurice), « Ruses d'un obsédé fiscal cherchant à échapper à l'imposition des plus-values immobilières », *JCP N* 2004. 1393 et 1394.

Grevet (Alexandre), « Le juge de l'impôt et l'évaluation fiscale des titres non cotés », *Dr. fisc.* 2020, n° 2, comm. 54.

Mallaret (Aurélien), « Exonération des plus-values de cession de l'habitation principale ou de la résidence secondaire : l'exclusion des non-résidents est-elle contraire aux engagements internationaux de la France ? », *Dr. fisc.* 2016, n° 12, comm. 234.

Monguilan (Rapport), « L'imposition des plus-values », *Doc. fr.* 1975, t. I, 297 p. et t. II, 279 p.

Varii auctores, « La fiscalité des NFT et du Métavers », Actes du colloque organisé le 20 juin 2022 dans le cadre du Master 2 Juriste fiscaliste de l'Université Paris Cité, *Dr. fisc.* 2022, n° 36, comm. 302 à 307.

VARNEROT (Valérie), « Le régime fiscal des NFTs artistiques », *Dr. fisc.* 2022, n° 14, comm. 176.

CHAPITRE 3

La liquidation de l'impôt

692 Pour procéder à la liquidation de l'impôt il faut déterminer le revenu global net (SECTION 1) afin de pouvoir calculer l'impôt (SECTION 2).

SECTION 1

La détermination du revenu global net

693 Les revenus réalisés au cours de l'année par le contribuable et les membres de son foyer fiscal dont les revenus sont taxés avec les siens ont été évalués suivant les règles propres à chaque catégorie de revenus. Il suffit maintenant de les totaliser pour obtenir le revenu global du foyer. Ne sont toutefois pas pris en compte les revenus qui font l'objet d'une imposition séparée (plus-values immobilières, v. ss 664), ni ceux qui font l'objet d'un prélèvement libératoire (revenus de capitaux mobiliers, v. ss 606). On peut voir dans ces exceptions une dérogation importante au principe de l'imposition du revenu global du contribuable.

694 Le total ainsi obtenu est en principe un total net, puisque les chiffres retenus dans l'addition pour chacune des catégories de

bénéfices ou revenus sont eux-mêmes des chiffres nets obtenus en déduisant du revenu catégoriel les charges imputables à ce revenu catégoriel.

695 Cependant, le total net ainsi obtenu est encore susceptible de trois corrections : d'abord, certaines charges qui n'ont pas pu être prises en compte pour l'évaluation des revenus nets des diverses catégories sont expressément déductibles du revenu global (§ 1), ensuite c'est sur le revenu global que s'imputent un certain nombre de déficits (§ 2), enfin certains revenus à savoir les revenus exceptionnels ou différés font l'objet d'une prise en compte particulière (§ 3). Par ailleurs, existent des régimes spéciaux de détermination du revenu global (§ 4).

§ 1. Les charges déductibles du revenu global

696 L'article 156 du CGI autorise la déduction de certaines charges du revenu global. En réalité ce sont moins des charges que des emplois de revenu. Elles ne correspondent pas à l'acquisition ou à la conservation de revenus mais constituent des dépenses, qui à raison de leur finalité méritent, dans la pensée du législateur, de venir en déduction du revenu global. Elles sont limitativement énumérées par la loi.

697 Depuis le début des années 1980, de nombreuses charges déductibles du revenu global ont été remplacées par des réductions d'impôt voire des crédits d'impôt. Cette transformation répond à des motifs d'équité, car avec les déductions l'économie d'impôt est d'autant plus importante que le revenu est élevé en raison de la progressivité du taux de l'impôt En revanche, la réduction d'impôt ou le crédit d'impôt reste constant quel que soit le montant du revenu (v. ss 769).

698 Parmi les charges déductibles qui subsistent on en retiendra deux, à savoir les pensions alimentaires (A) et les frais d'accueil des personnes âgées (B).

A. Les pensions alimentaires

699 Il convient de distinguer les pensions alimentaires répondant aux conditions fixées par les articles 205 à 211 du Code civil (1) de celles versées en cas de divorce ou de séparation (2).

1. *Les pensions alimentaires des articles 205 à 211 du Code civil*

700 En vertu des articles 205 à 207 du Code civil, il existe une obligation alimentaire réciproque entre ascendants et descendants et sous certaines conditions entre personnes alliées ou non parentes. Cette obligation légale est limitée : l'article 208 du Code civil précise que les aliments (au sens juridique du terme) « ne sont accordés que dans la proportion des besoins de celui qui les réclame et de la fortune de celui qui les doit ».

701 Deux conditions sont donc requises pour qu'une pension ait un caractère alimentaire. Il faut d'abord que le créancier soit dans le besoin c'est-à-dire soit démuni de ressources suffisantes pour vivre. La notion de besoin est relative : elle dépend notamment de la situation de famille du créancier et dans une certaine mesure de sa situation sociale. Il en résulte que le contribuable doit justifier l'état de besoin du bénéficiaire de ses versements. Ainsi la pension versée à un ascendant disposant de revenus suffisants est étrangère à l'obligation alimentaire, et en conséquence non déductible du revenu de celui qui la verse (CE 17 mai 1989, n° 62770, *Dr. fisc.* 1989, n° 40, comm. 1771, concl. M. Liebert-Champagne). Il faut en second lieu que le débiteur soit en état de fournir les aliments. Ses propres ressources doivent être supérieures à ce qui est nécessaire à la satisfaction de ses besoins personnels. Dans cette double limite, l'obligation de fournir des aliments comprend en fait non seulement la nourriture et le logement mais aussi tout ce qui est nécessaire à la vie.

702 Le contribuable qui verse une pension alimentaire conformément aux règles du Code civil peut la déduire de son revenu. Corrélativement, celui qui la perçoit est imposé (CE 27 avr. 1983, n° 37087, *RJF* 1983, n° 6, 355) sur son montant selon le régime des pensions (v. ss 260).

703 Si les sommes versées ne répondent pas aux conditions posées par le Code civil, elles ont le caractère de subsides, assimilés à une libéralité non déductible par la partie versante et corrélativement non imposable chez le bénéficiaire (subsides versés à une compagne ou à un compagnon).

704 Le régime fiscal des pensions alimentaires varie suivant qu'elles sont versées à des ascendants (a) ou à des descendants (b).

a. *Les pensions alimentaires versées aux ascendants*

705 Dans la mesure où sont respectés les principes posés par le Code civil, les pensions versées aux ascendants sont déductibles qu'elles soient en espèces ou en nature. Pour pouvoir opérer la déduction de son revenu global, le contribuable doit apporter la justification de la pension versée, tous les modes de preuve étant admis.

706 Toutefois aucune justification n'est requise lorsque le contribuable a recueilli un ascendant sous son toit, âgé de plus de 75 ans et qu'il se borne à déduire de son revenu global une somme correspondant à l'évaluation forfaitaire des avantages en nature fixée en matière de Sécurité sociale. Pour l'année 2025, son montant est de 4 039 euros.

b. *Les pensions versées aux descendants*

707 Sont visés ici essentiellement les enfants qu'ils soient mineurs ou majeurs.

708 **Les enfants mineurs.** Les dépenses supportées par les parents pour leurs enfants mineurs ne présentent pas en principe le caractère d'une pension alimentaire, car elles ne correspondent pas à une obligation alimentaire mais résultent du devoir d'entretien visé à l'article 203 du Code civil. L'article 156-II-2° du CGI en tient compte en précisant que « le contribuable ne peut opérer de déduction pour ses descendants mineurs sauf pour ses enfants dont il n'a pas la garde ». Il peut s'agir de sommes versées spontanément (CE 14 oct. 2009, n° 301709, *RJF* 1/10, n° 1) mais le plus souvent sur le fondement d'une décision de justice (CE 5 juill. 2021, n° 434517, *Dr. fisc.* 2021. 40, comm. 381, concl. M.-G. Merloz, note L. Chatain). De ce fait, la prise en compte de l'enfant mineur est opérée dans le cadre du système du quotient familial (v. ss 760), y compris en cas de résidence alternée. Dans

ce dernier cas, le parent ne peut corrélativement déduire de son revenu global les pensions versées pour l'entretien et l'éducation de cet enfant (Cons. const. 14 mai 2021, n° 2021-907 QPC, *Dr. fisc.* 2021. 24, comm. 282, note L. Chatain).

709 En revanche, sont déductibles les pensions versées pour l'entretien des enfants mineurs par le parent qui ne les héberge pas. En général il s'agit de pensions alimentaires versées en vertu d'une décision de justice en cas de séparation de corps ou de divorce. Mais il peut s'agir également d'une pension versée sans intervention d'une décision de justice (séparation de fait). Dans ce cas la pension sera déductible dès lors que le conjoint qui a la garde de fait de l'enfant mineur fait l'objet d'une imposition séparée et que la pension n'est pas excessive.

710 **Les enfants majeurs.** Les pensions versées aux enfants majeurs quel que soit leur âge sont déductibles si elles répondent aux principes posés par le Code civil, c'est-à-dire que l'enfant majeur doit être dans le besoin (chômage par exemple) et la pension doit être en proportion du revenu de celui qui la verse. Mais la déduction est limitée et interdite dans certaines hypothèses.

711 La loi limite la déduction (CGI, art. 156, II, 2°) à un montant, pour un enfant marié, de 6 794 euros pour les revenus de 2024. Les pensions dont le montant ne dépasse pas le plafond sont déductibles du revenu des parents mais imposables dans les mains du bénéficiaire. En fait, elles sont exonérées chez ce dernier en raison de la modicité de leur montant si le bénéficiaire de la pension n'a pas d'autres revenus.

712 Les parents peuvent verser des pensions dépassant le plafond. Mais la fraction excédentaire n'est pas déductible de leurs revenus, donc elle est imposable dans les mains des parents mais exonérée chez le bénéficiaire de la pension.

713 La déduction de la pension alimentaire n'est pas autorisée si l'enfant majeur a demandé son rattachement au foyer fiscal de ses parents (v. ss 166). Le rattachement se traduit par une augmentation du quotient familial pour les enfants célibataires et un abattement sur le revenu pour les enfants mariés (v. ss 760).

714 L'obligation alimentaire n'existant en droit civil qu'entre ascendants et descendants et non entre collatéraux, la pension alimentaire

versée à un frère ou une sœur n'est pas déductible du revenu global sauf l'exception prévue pour les personnes âgées de plus de 75 ans (v. ss 717 ; CE 28 mars 2012, *M. et Mme Cerovic*, n° 323852, *Dr. fisc.* 2012, n° 28, comm. 374).

2. *Les versements en cas de divorce ou de séparation*

715 Les versements susceptibles d'être mis à la charge d'un ex-époux peuvent revêtir deux formes. D'abord celle d'une prestation compensatoire en capital dont le régime fiscal a été sensiblement modifié par les lois du 30 juin 2000 et du 26 mai 2004, en vue de rendre plus attractive cette modalité du règlement des questions financières en cas de divorce ou de séparation. Si la prestation est versée de manière échelonnée et sur une période supérieure à douze mois elle est déductible du revenu imposable de celui qui la verse. En contrepartie elle constitue un revenu imposable pour le bénéficiaire. Si elle est versée sur une période n'excédant pas douze mois elle ouvre droit à une réduction d'impôt égale à 25 % des versements retenus dans la limite de 30 500 euros soit une réduction maximale de 7 625 euros (v. ss 773). Consécutivement à une décision du Conseil constitutionnel (31 janv. 2020, n° 2019-824 QPC), l'article 199 *octodecies* du CGI étend le bénéfice de cette réduction aux versements en capital même lorsqu'ils sont accompagnés d'une rente.

716 Le versement peut également prendre la forme d'une pension alimentaire et il y a lieu de distinguer deux situations Si les époux sont divorcés ou séparés de corps, celui qui verse la pension peut la déduire de son revenu. Si les époux sont séparés de fait, la contribution aux charges du ménage que l'un des époux doit verser à l'autre est déductible à la double condition que son versement résulte d'une décision de justice et que les époux fassent l'objet d'une imposition séparée (CGI, art. 156, II-2). Bien évidemment, dans les deux cas la pension versée est imposable dans les mains du bénéficiaire.

B. Les frais d'accueil des personnes âgées de plus de 75 ans

717 Les contribuables qui recueillent sous leur toit en dehors de toute obligation alimentaire une personne âgée de plus de 75 ans – qu'il s'agisse de collatéraux ou de personnes étrangères au groupe familial – peuvent déduire de leur revenu global le montant des avantages en nature consentis à cette personne (CGI, art. 156, II, 2°, *ter*). La déduction est limitée à 4 039 euros pour les revenus de 2024, étant précisé que le revenu imposable de la personne recueillie ne doit pas excéder le plafond des ressources fixé pour l'octroi de l'allocation de solidarité aux personnes âgées (12 411 € pour une personne seule pour 2025, 19 269 € pour un couple ; CSS, art. L. 815-9). Les avantages en nature ne sont pas imposables au nom de la personne bénéficiaire. Il s'agit en effet de libéralités et non d'une pension alimentaire.

§ 2. L'imputation des déficits

718 Il peut arriver que les charges déductibles soient plus importantes que les revenus. Le contribuable constatera donc un déficit au lieu d'un revenu. Le sort fiscal de ce déficit est régi par un principe (A) assorti d'exceptions de plus en plus nombreuses qui finissent par le vider de son contenu (B).

A. Le principe

719 Jusqu'en 1959, le déficit qui apparaissait dans une catégorie déterminée de revenus ne pouvait pas s'imputer sur le revenu global, il pouvait seulement être reporté sur les revenus de même nature des années suivantes. Il en résultait qu'il était extrêmement rare de rencontrer un revenu global négatif, mais beaucoup de contribuables traînaient des reports déficitaires pendant plusieurs années.

720 En 1959, le législateur fait de l'impôt sur le revenu un impôt unique sur le revenu global. Les cédules ayant disparu en tant que mode de taxation, les différentes catégories de revenus ne sont

plus séparées par des cloisons étanches. Dès lors, on a admis que le déficit enregistré dans une catégorie soit imputé sur le revenu global. La réforme était d'importance, car certaines catégories de revenus peuvent donner lieu à déficit (les revenus fonciers, les déficits agricoles), parfois de manière calculée puisque leur compensation avec d'autres catégories de revenu a diminué l'assiette de l'imposition. Aussi, à partir de 1959, a-t-on enregistré un plus grand nombre de revenus nuls chaque année. Mais l'Administration fiscale préfère ne pas prélever d'impôt une année et frapper de nouveau le contribuable à des taux élevés les années suivantes plutôt que de le frapper à des taux faibles pendant plusieurs années consécutives.

721 Si le revenu global n'est pas suffisant pour que l'imputation puisse être intégralement opérée, l'excédent de déficit est reporté successivement sur le revenu global des années suivantes jusqu'à la sixième inclusivement. Lorsque l'on est en présence de déficits successifs, le report se fait en commençant par les reports les plus anciens.

722 L'Administration peut utiliser son droit de contrôle pour vérifier et le cas échéant rectifier le montant du déficit imputé par le contribuable sur le revenu global. Il en est ainsi notamment lorsque le déficit remonte à une année prescrite du moment qu'il a été imputé sur le revenu global d'une année non atteinte par la prescription.

723 À signaler que la déduction des charges du revenu global ne peut jamais conduire à dégager un déficit reportable, seuls les déficits constatés sur les revenus nets catégoriels peuvent être constitutifs de déficits reportables.

B. Les exceptions

724 Afin d'interdire la déduction de déficits artificiels résultant de montages à but essentiellement fiscal, le principe selon lequel les déficits catégoriels peuvent s'imputer sur le revenu global a été assorti d'exceptions qui au fil des ans se sont multipliées.

725 Ainsi la règle de l'unité de l'impôt sur le revenu est remise en cause. On réinvente l'ancienne technique des impôts cédulaires

en n'autorisant l'imputation de certains déficits que sur des revenus de même nature.

Connaissent des règles particulières d'imputation les déficits suivants :

726 – **Les déficits agricoles** (CGI, art. 156, I, 1°) ne peuvent être déduits que des bénéfices agricoles réalisés au cours des six années suivantes dans le cas où le foyer fiscal dispose de revenus nets non agricoles dont le total excède 127 677 euros pour l'imposition des revenus de 2024 (v. ss 508).

727 – **Les déficits fonciers** ne sont, en principe, imputables sur le revenu global que dans la limite d'un plafond de 10 700 euros. La fraction des déficits fonciers excédant cette limite et celle correspondant à des intérêts d'emprunt ne sont imputables que sur les revenus fonciers des dix années suivantes (CGI, art. 156, I, 3 ; v. ss 602).

728 – **Les déficits provenant d'activités non commerciales autres que ceux qui découlent de l'exercice d'une profession libérale** ne sont imputables que sur les bénéfices de même nature réalisés au cours des six années suivantes (CGI, art. 156, I, 2° ; v. ss 447).

729 – **Les déficits des loueurs en meublé non professionnels** ne sont déductibles que des bénéfices retirés de la location au cours des dix années suivantes. Sont visés essentiellement ici les propriétaires de résidences secondaires louant leur résidence en meublé (CGI, art. 156, I, 1° *ter*).

Cette interdiction ne vise pas les loueurs professionnels qui conservent la possibilité d'imputation des déficits sur le revenu global.

730 – **Les moins-values sur valeurs mobilières** ne sont imputables que sur les plus-values de même nature réalisées au cours des dix années suivantes (v. ss 674). En revanche – solution particulièrement sévère – les moins-values immobilières ne sont imputables ni sur le revenu global ni sur des plus-values de même nature (v. ss 666).

731 – **Les déficits provenant d'activités commerciales à caractère non professionnel** ne sont imputables que sur les bénéfices tirés d'activités semblables au cours des six années suivantes (CGI, art. 156, I 1° *bis*). La mesure a été prise essentiellement pour lutter contre des montages conduisant à des minorations d'impôt en

matière de construction d'hôtels, de résidences pour personnes âgées ou pour étudiants.

§ 3. Les revenus exceptionnels ou différés

732 Au titre d'une année le contribuable peut bénéficier de revenus exceptionnels ou différés. En principe, ces revenus devraient être imposés au titre de l'année où ils sont perçus. Mais, en raison de la progressivité de l'impôt, le contribuable sera imposé très lourdement, le taux de l'impôt devenant très élevé.

Pour limiter cet effet, l'article 163-0 A du CGI a instauré le système du **quotient** (CE 28 sept 2016, *M. Tremey*, n° 384465, *Dr. fisc.* 2016, n° 51-52, comm. 669).

733 Il conviendra de définir d'abord ce qu'il faut entendre par revenus exceptionnels ou différés (A) avant d'examiner les modalités de leur imposition (B).

A. La notion de revenus exceptionnels ou différés

1. *Les revenus exceptionnels*

734 Au point de vue fiscal les **revenus exceptionnels** sont déterminés à la fois par leur nature et par l'importance de leur montant.

Quant à leur nature, sont exceptionnels les revenus qui ne sont pas susceptibles d'être recueillis annuellement par le contribuable dans l'exercice normal de ses activités. Il en va ainsi par exemple d'une indemnité de licenciement, d'un pas-de-porte ou de réserves distribuées par une société. En revanche, les gains exceptionnels provenant d'une activité habituelle ne peuvent bénéficier de l'étalement (CE 28 mai 2001, *M. Beaubois*, n° 216312, *Dr. fisc.* 2001, n° 44-45, comm. 1001, concl. S. Austry).

L'imposition annuelle est particulièrement défavorable aux écrivains ou artistes dont la vente des œuvres est très souvent irrégulière. C'est la raison pour laquelle le législateur a créé pour les contribuables qui disposent de bénéfices provenant de la propriété littéraire, artistique ou scientifique un régime spécial conduisant à les imposer sur la base de la moyenne des bénéfices de l'année d'imposition et des deux années précédentes (CGI, art. 100 *bis*)

En ce qui concerne les indemnités de départ à la retraite, le contribuable a le choix entre le système du quotient (v. ss 737) et l'étalement de l'imposition sur l'année de perception de l'indemnité et les trois années suivantes.

735 Quant à son montant, le revenu n'est considéré comme exceptionnel (CE 28 mai 2001, n° 216312, *Dr. fisc.* 2001, n° 44-45, comm. 1001, concl. S. Austry) que s'il dépasse la moyenne des revenus nets d'après lesquels le contribuable a été imposé au titre des trois dernières années (CGI, art. 163-0 A). Ainsi un contribuable ayant disposé au titre des trois dernières années respectivement de 100 000 euros, de 60 000 euros et 80 000 euros, soit au total 240 000 euros, pourra demander l'application du quotient s'il perçoit un revenu exceptionnel dépassant 80 000 euros.

2. *Les revenus différés*

736 Les revenus différés sont ceux qui, disponibles au cours d'une année donnée, se rapportent en réalité aux activités des années antérieures. Ils sont mis à la disposition du contribuable sur une année déterminée alors que leur date normale d'échéance correspond à une période de plusieurs années. Tel est le cas des rappels de traitement ou de salaires, ou bien des arriérés de loyer. Contrairement aux revenus exceptionnels, les revenus différés peuvent bénéficier du système du quotient quel que soit leur montant, aucune condition de moyenne n'est exigée.

B. Les modalités d'imposition

737 L'imposition se fait selon le système du quotient, assez proche du système du quotient familial (v. ss 760). S'appliquant aux revenus exceptionnels comme aux revenus différés, il suppose quatre opérations à savoir dans l'ordre :

– calcul de l'impôt dû sur le revenu courant ;

– calcul de l'impôt sur le revenu courant majoré du quotient ; celui-ci est obtenu en divisant le montant des revenus exceptionnels ou différés par un coefficient. S'agissant des revenus exceptionnels, ce coefficient est fixé à quatre. S'agissant des revenus différés, il est égal au nombre d'années civiles correspondant aux échéances normales de versement, augmenté de un ;

– multiplication par ce coefficient de la différence entre les deux montants d'impôt ; le résultat ainsi obtenu est la cotisation d'impôt sur le revenu supplémentaire afférente à ce seul revenu exceptionnel ou différé.

– le produit de la multiplication est ajouté à l'impôt dû sur le revenu courant.

Le mécanisme a pour objectif de ralentir la progressivité qui ne portera que sur le quart ou le tiers du revenu exceptionnel ou différé. Ceci explique qu'il ne s'applique pas aux revenus taxés à un taux proportionnel (CGI, art. 163-0 II A), telles les plus-values immobilières.

738 Le système du quotient n'est pas une obligation mais une simple faculté, le contribuable doit en faire la demande sous la forme d'une note jointe à sa déclaration.

§ 4. Les régimes spéciaux de détermination du revenu global

739 Ils ont pour ambition de soumettre à l'impôt des revenus difficiles à appréhender par le fisc, soit parce qu'ils intègrent une dose d'extranéité soit parce qu'ils sont d'une nature insaisissable. Le législateur a édicté deux régimes adaptés à cette fin : les articles 168 et 1649 *quater* 0 B *bis* et *ter* du Code imposent d'après les éléments du train de vie (A), tandis que diverses dispositions organisent une imposition des contribuables non domiciliés en France (B).

A. La détermination du revenu d'après les éléments du train de vie

740 Coexistent deux procédures : à savoir un dispositif général prévu par l'article 168 du CGI (1) et un dispositif spécifique, plus récent, institué par l'article 19 de la loi de finances rectificative du

30 décembre 2009 codifié aux articles 1649 *quater* O B *bis* et *ter* qui s'inscrit dans le cadre de la lutte contre les activités illicites (2).

1. Le dispositif de l'article 168 du CGI

741 Sous un titre explicite – « Évaluation forfaitaire minimale du revenu imposable d'après certains éléments du train de vie » – le législateur a codifié sous l'article 168 une méthode de détermination du revenu imposable – en réalité plus indiciaire que forfaitaire – qui poursuit un objectif modeste mais résolu : imposer sur une base autre que la stricte réalité le revenu présumé de ces contribuables passe-frontière, nomades de luxe qui échappent à tous les critères d'assujettissement posés par les lois nationales. Pour les assujettir à une sorte d'imposition « forfaitaire minimale » en France, la loi permet à l'administration de déclencher ce régime spécial sous certaines conditions (a) ; le processus impose alors un substitut de revenu (b), mais le contribuable dispose de moyens pour s'opposer à l'application de cette procédure (c).

a. *Les conditions d'application du régime*

742 Elles sont au nombre de deux et doivent être remplies cumulativement :

– la base forfaitaire résultant de l'application du barème retracé par cet article doit être au moins égale à 52 867 euros pour les revenus de l'année 2024 ;

– et il doit exister une disproportion marquée entre le train de vie du contribuable et ses revenus déclarés. Cette disproportion est établie si la base forfaitaire excède d'au moins un tiers, pour l'année en cause et pour l'année précédente, le montant du revenu net global déclaré (y compris les revenus exonérés ou taxés selon un taux proportionnel ou bien par retenue à la source).

743 C'est à un agent ayant au moins le grade d'inspecteur divisionnaire que revient la décision d'engager alors la procédure de l'imposition forfaitaire (LPF, art. L. 63 et art. R. 63-1).

b. *Le substitut de revenu*

744 **La détermination de la base d'imposition forfaitaire** s'appuie sur un barème qui énonce, pour chacun des éléments du train de vie, un revenu irréfragablement présumé. Que le foyer fiscal ait eu la

disposition de tel ou tel de ces éléments et il sera taxé sur le revenu correspondant que la loi a posé. Ainsi, la disposition d'une résidence principale fait présumer un revenu égal à cinq fois la valeur locative cadastrale (v. ss 1792), l'employé de maison comme le pur-sang, un revenu de 4 600 euros. Pour les bateaux de plaisance, la loi applique un barème progressif par tonneau de jauge, qui est quintuplé lorsque ledit bateau est immatriculé sous pavillon de complaisance. Pour les œuvres d'art et objets de collection, c'est la valeur d'acquisition du bien, ou sa valeur à ladite date, ou à défaut au 31 décembre de l'année d'imposition.

745 Le Conseil constitutionnel a déclaré inconstitutionnelle la majoration de 50 % qui était ensuite appliquée à cette base forfaitaire lorsqu'elle était supérieure au double du seuil et issue d'au moins six éléments de train de vie. Ce faisant, selon le Conseil, « le législateur a retenu un critère qui n'est ni objectif ni rationnel et fait peser le cas échéant sur certains contribuables une charge excessive au regard de leurs facultés contributives » (Cons. const. 21 janv. 2011, *Boisselier*, n° 2010-88 QPC).

c. *Les moyens d'opposition à l'application de cette procédure*

746 Pour s'opposer à une telle reconstitution de la base d'imposition le contribuable peut se défendre de deux façons.

Il peut d'abord contester avoir eu la disposition de tel ou tel élément de train de vie, mais le terme de « disposition » est suffisamment large pour englober les différentes formes de l'usage.

747 Le dernier alinéa de l'article lui reconnaît ensuite la possibilité de montrer « que ses revenus ou l'utilisation de son capital ou les emprunts qu'il a contractés lui ont permis d'assurer son train de vie » (CE 27 oct. 2008, *Planet*, n° 294160, *Dr. fisc.* 2008, n° 52, comm. 647, concl. E. Glaser). Il doit pouvoir également prouver que le financement des éléments de patrimoine qu'il détient n'implique pas la possession des revenus définis forfaitairement (Décis. Cons. const., *préc.*).

748 Ainsi la consommation ostentatoire n'est pas pénalisée, mais l'article 168 joue un rôle essentiellement dissuasif : utilisé quelques dizaines de fois par an il constitue en quelque sorte l'ultime moyen d'imposer pour le fisc, surtout en cas d'absence

de déclaration et de détermination délicate de la territorialité. Son barème est parfois utilisé comme référence par un vérificateur dans le cadre d'une procédure de taxation d'office (v. ss 466).

2. Le dispositif des articles 1649 quater 0 B bis et ter

749 Dans le cadre de mesures plus générales tendant à la répression des activités illicites a été institué un régime d'évaluation forfaitaire du revenu global qui est très proche dans ses principes du régime prévu par l'article 168 du CGI. Mais il ne peut trouver à s'appliquer que dans le cadre de la répression pénale des activités lucratives relevant de l'économie souterraine consistant dans des trafics illicites.

750 La disposition s'inspire de l'article 168 en retenant toutefois des indices plus conformes aux habitudes de consommation des personnes recherchées. Ainsi dans une liste comportant huit éléments, à côté de la valeur locative cadastrale de la résidence principale et des résidences secondaires, sont retenus l'adhésion à des clubs de sport et de loisirs, les voyages et séjours en hôtel, la possession d'équipements audiovisuels et de matériels informatiques. Comme pour l'application de l'article 168 à chacun de ces éléments le barème associe une valeur forfaitaire permettant de calculer le montant des revenus perçus par le contribuable. La somme forfaitaire déterminée en application du barème est majorée de 50 % lorsque le contribuable a disposé de plus de quatre éléments du train de vie figurant au barème. De même, le barème ne peut fonder une évaluation de la base taxable que si l'administration prouve une disproportion marquée entre le train de vie et les revenus déclarés. Ce point est réputé établi lorsque la base forfaitaire est égale au moins au double, pour l'année d'imposition, du revenu global déclaré ou réputé tel.

Le contribuable peut apporter la preuve qu'il assure son train de vie grâce à ses revenus, à des emprunts qu'il a contractés ou à des aliénations de capital.

B. La détermination du revenu des contribuables non domiciliés en France

751 Cette détermination est multiforme puisqu'elle dépend de l'interférence éventuelle d'une convention bilatérale (v. ss 57), de la nature du revenu et de la disposition éventuelle d'une résidence en France. Elle n'est évoquée ici que pour mémoire puisqu'elle a déjà été envisagée sous l'angle de la territorialité de l'impôt (v. ss 203).

Simplement, l'article 164 B considère comme revenus de source française certains revenus, à raison de leur nature (1) ou à raison de la localisation en France de leur débiteur (2).

1. *Les revenus de source française par nature*

752 La première catégorie englobe notamment les revenus d'immeubles sis en France, les revenus de capitaux mobiliers placés en France, les revenus d'exploitations sises en France, les revenus tirés d'activités professionnelles exercées en France, ainsi que les plus-values sur cession de biens implantés en France, voire les sommes versées pour des prestations artistiques ou sportives réalisées en France.

2. *Les revenus de sources françaises par leur localisation*

753 La seconde catégorie englobe les pensions et rentes viagères, les produits versés aux inventeurs, ainsi que les sommes payées en rémunération des prestations de toute nature fournies ou utilisées en France.

La présomption ainsi posée est vaste mais elle s'efface devant les dispositions contraires d'une convention.

Bibliographie

CASIMIR (Jean-Pierre), *Les signes extérieurs de revenus*, LGDJ, 1979, 434 p.

CHATAIN (Lise), « Fiscalité des pensions alimentaires : *quid* de l'intérêt de l'enfant ? », *Dr. fisc.* 2021, n° 24, comm. 282.

CHATAIN (Lise), « L'impensé de la taxation des pensions alimentaires », *Dr. fisc.* 2021, n° 40, comm. 381.

FOUQUET (Olivier), « Taxation d'après les signes extérieurs de richesse : le dernier dinosaure vacille », *Rev. adm.* 2008, p. 44 à 46.

FOUQUET (Olivier), « Article 168 du CGI : la preuve contraire enfin ! », *Dr. fisc.* 2011, n° 4, actu. n° 30.

PELLETIER (Marc), « L'article 168 du CGI : le dinosaure vacille mais ne tombe pas, note sous Cons. const. 21 janv. 2011, n° 2010-88 QPC, *Mme Boisselier* », *Dr. fisc.* 2011, n° 7-8, comm. 219.

SECTION 2

Le calcul de l'impôt

754 Le calcul de l'impôt suppose que l'on détermine d'abord le montant de l'impôt brut du contribuable (§ 1). Sur l'impôt brut ainsi calculé, il conviendra d'opérer des réductions et des régularisations afin d'aboutir à l'impôt net (§ 2). Il convient également de tenir compte de la contribution exceptionnelle sur les hauts revenus créée (§ 3) par le législateur en 2012, et de la contribution différentielle sur les hauts revenus, créée en 2025 (§ 4).

§ 1. L'impôt brut

755 La détermination de l'impôt brut fait intervenir deux éléments : le barème de l'impôt (A) et le quotient familial (B).

A. Le barème de l'impôt

756 L'impôt sur le revenu est un impôt progressif, selon la modalité de la progressivité par tranches qui est destinée à éviter tout effet de seuil dans l'application du barème progressif. Avec cette modalité, le revenu imposable est découpé en tranches successives, imposables l'une après l'autre à un taux qui croît de tranche en tranche

jusqu'à une dernière tranche à partir de laquelle le taux devient proportionnel, constant, de manière à éviter la confiscation à laquelle conduirait une progressivité illimitée.

Exemple théorique

Taux	Tranches	Montant de la tranche	Impôt
5 %	de 0 à 20 000	20 000 €	1 000 €
10 %	de 20 000 à 50 000	30 000 €	3 000 €
20 %	de 50 000 à 100 000	50 000 €	10 000 €
Total de l'impôt dû			14 000 €

757 Avec la méthode de la progressivité par tranches, un revenu de 100 000 euros paiera donc un impôt de 14 000 euros. Cette méthode conduit à distinguer deux taux : le taux marginal d'imposition et le taux moyen d'imposition qui dans l'opinion commune sont souvent confondus. Le **taux marginal** est celui qui s'applique à la dernière tranche de revenu, 20 % dans l'exemple cité. C'est un taux qu'il est indispensable de connaître car c'est lui qui viendra frapper tout revenu supplémentaire du contribuable. Il entrera également en ligne de compte pour exercer l'option en faveur d'un prélèvement libératoire. Le **taux moyen** d'imposition est donné par le rapport ente l'impôt dû et le montant total du revenu imposable, 14 % dans l'exemple cité.

758 La loi de finances pour 2025 a établi le barème suivant, pour l'imposition des revenus de 2024 (barème pour une part) :

Tranches	Taux (%)
N'excédant pas 11 497 €	0 %
De 11 497 € à 29 315 €	11 %
De 29 315 € à 83 823 €	30 %
De 83 823 € à 180 294 €	41 %
Au-delà de 180 294 €	45 %

759 En vérité, le montant de l'impôt brut relatif aux revenus perçus en 2024 peut être calculé à l'aide des formules ci-après, N correspondant au nombre de parts du foyer fiscal :

Revenu imposable (R) / Nombre de parts (N)	Montant de l'impôt brut :
N'excédant pas 1 497 €	0
De 11 497 € à 29 315 €	(R x 0,11) – (1 264,67 x N)
De 29 315 € à 83 823 €	(R x 0,30) – (6 834,52 x N)
De 83 823 € à 180 294 €	(R x 0,41) – (16 055,05 x N)
Au-delà de 180 294 €	(R x 0,45) – (23 266,81 x N)

Le montant ainsi obtenu doit être corrigé pour tenir compte notamment des effets du quotient familial.

B. Le quotient familial

760 Instauré par la loi du 31 décembre 1945, le système du quotient familial constitue un procédé original, quasiment inconnu dans les autres pays, de prise en considération des charges de famille afin de diminuer la progressivité de l'impôt. Il consiste à diviser le revenu imposable de chaque foyer fiscal en un certain nombre de parts. Ce nombre est fonction de la situation de famille (célibataire, marié, divorcé, veuf) et du nombre de personnes considérées comme fiscalement à charge.

761 L'application du système du quotient suppose quatre opérations successives.

762 **La détermination du nombre de parts.** Pour faire le décompte des parts, trois types de contribuables sont à envisager : le marié ou pacsé, le célibataire ou le divorcé et le veuf.

– Le **contribuable marié ou pacsé** a droit à deux parts (une pour chaque conjoint ou partenaire civil) auxquelles s'ajoute une demi-part par enfant pour les deux premiers. Une part entière est accordée par enfant à compter du troisième. Ainsi un couple marié avec deux enfants aura droit à trois parts, un couple avec quatre enfants à cinq parts.

– Le **contribuable célibataire** ou divorcé voit sa situation varier selon qu'il a ou non un enfant à charge. S'il est sans enfant à charge il n'a droit qu'à une part. Il peut toutefois bénéficier d'une part et demie s'il a élevé seul un enfant pendant cinq ans. Si le contribuable célibataire ou divorcé est chargé de famille, le premier enfant à charge ouvre doit à une part entière, à condition qu'il vive seul. Pour apprécier si le contribuable vit seul, il convient de se placer au 1er janvier de l'année d'imposition (CE 17 nov. 2000, *Mme Danthony, Dr. fisc.* 2000, nº 50, p. 1665; CE, avis, 26 mars 2001, *JO* 2 mai, p. 6940). Une cohabitation se situant après cette date ne fait donc pas perdre le bénéfice de la demi-part supplémentaire. En cas de résidence alternée des enfants chez leurs parents, le juge puis le législateur ont admis un partage du quotient familial au prorata de la charge effective des enfants.

– Le **contribuable veuf** est considéré soit comme un contribuable célibataire soit comme un contribuable marié. S'il n'est pas chargé de famille, il est assimilé à un célibataire et ne bénéficie que d'une part ou d'une part et demie s'il a élevé un enfant de manière exclusive pendant cinq ans. S'il est chargé de famille, il est assimilé au contribuable marié ayant à sa charge le même nombre d'enfants, à condition toutefois que ses enfants soient issus du mariage avec le conjoint décédé. Si les enfants ne sont pas issus de son mariage avec le conjoint décédé, il est traité comme un célibataire ayant à sa charge le même nombre d'enfants.

Les enfants ainsi visés dans ces trois hypothèses sont soit des enfants mineurs soit des enfants majeurs célibataires qui ont demandé leur rattachement au foyer fiscal de leurs parents (v. ss 166).

763 **La division du revenu global par le nombre de parts.** On obtient ce faisant un quotient, d'où l'appellation de quotient familial.

764 **L'application au quotient ainsi obtenu,** qui représente une part, du barème de l'impôt. On calcule ainsi l'impôt dû pour une part.

765 **La multiplication de l'impôt dû pour une part par le nombre de parts.** On obtient ainsi le montant de l'impôt brut dû par le foyer fiscal.

766 **Exemple.** Un exemple fondé sur le barème de l'imposition des revenus de 2024 permettra d'illustrer le système et d'en mesurer la portée.

• *Soit un revenu net imposable de 90 000 euros.*

• *S'il est le revenu d'un célibataire sans enfant à charge, il paiera l'impôt comme suit :*

- 0 % : jusqu'à 11 497 euros
- 11 % de 11 497 à 29 315 euros (soit 17 818) : 1 960
- 30 % de 29 315 à 83 823 euros (soit 54 508) : 16 352
- 41 % de 83 823 à 90 000 euros (soit 6 177) : 2 533

Total : 20 845 euros

Pour son revenu net imposable le célibataire paiera donc 20 845 euros d'impôt, soit un taux moyen de 23,16 %.

• *Si ce même revenu de 90 000 euros est celui d'un contribuable marié avec deux enfants à charge, son foyer supportera l'impôt comme suit :*

Le revenu sera divisé en trois parts (1+1+0,5+0,5) qui seront donc de 30 000 chacune. Pour chaque part il sera payé :

- 0 % : jusqu'à 11 497 euros
- 11 % de 11 497 à 29 315 (= 17 818) : 1 960
- 30 % de 29 315 à 30 000 (= 685) : 206

Soit pour les trois parts 2 166 x 3 = 6 498 euros, c'est-à-dire un taux moyen de 7,22 %.

Le contribuable marié avec deux enfants à charge paiera ainsi 6 498 euros alors que le contribuable célibataire paiera 20 845 euros.

767 L'application du quotient familial a donc pour conséquence une atténuation de la progressivité de l'impôt. L'avantage fiscal qui en résulte est donc, à charges de famille égales, d'autant plus grand que le revenu du contribuable sera élevé. Pour pallier cet inconvénient, le législateur a plafonné les avantages résultant du quotient familial. Ainsi pour les enfants mineurs tout comme pour les enfants majeurs célibataires qui ont demandé le rattachement au foyer fiscal de leurs parents la réduction d'impôt correspondant à chaque demi-part supplémentaire ne peut dépasser un certain montant fixé tous les ans dans la loi de finances. Ainsi le plafonnement des effets du quotient familial est fixé à 1 791 euros pour chaque demi-part à raison de l'imposition des revenus perçus en 2024. En d'autres termes, chaque demi-part ne peut entraîner au maximum qu'une réduction d'impôt de ce montant. Ce plafonnement s'applique à toutes les demi-parts au-delà d'une part pour les contribuables seuls et de deux parts pour les contribuables

mariés et ceux liés par un PACS. Il est porté à 4 224 euros pour le premier enfant des contribuables célibataires, divorcés ou séparés vivant seuls et qui supportent, à titre exclusif ou principal, la charge d'au moins un enfant. En cas de garde alternée cet avantage est divisé au prorata du séjour. S'agissant de l'enfant majeur marié qui a demandé le rattachement au foyer fiscal des parents ou beaux-parents, le système du quotient familial ne joue plus. L'avantage accordé à la famille de rattachement prend la forme d'une déduction du revenu imposable dont le montant est fixé tous les ans dans la loi de finances (6 794 € pour l'imposition des revenus de 2024). Si cet enfant majeur marié ou pacsé perçoit une pension alimentaire, celle-ci est déductible à hauteur de 6 794 euros des revenus du foyer versant ; si les parents des deux jeunes époux participent seuls à l'entretien du jeune ménage, la limite déductible est portée à 13 588 euros.

§ 2. L'impôt net

768 Un certain nombre de corrections doivent être apportées au montant de l'impôt brut pour aboutir au montant de l'impôt effectivement dû par le contribuable. Ces corrections prennent la forme de réductions et crédits d'impôt (A) et d'exonérations (B). Le bouclier fiscal, selon lequel les impôts directs payés par un contribuable ne peuvent être supérieurs à 50 % de ses revenus a été supprimé en 2011 (L. fin rect. 2011, n° 2011-900 du 29 juill. 2011, art. 5 et 30).

A. Les réductions et les crédits d'impôt

769 Par la technique des réductions, certaines dépenses s'imputent directement sur l'impôt exigible. Cette technique est préférée à celle de la déduction du revenu, qui, en raison de la progressivité de l'impôt, aboutit à octroyer un avantage d'autant plus important que le montant du revenu est élevé, alors que la réduction ou le crédit favorise davantage les contribuables modestes, dans la mesure où l'avantage fiscal est, à charge égale, le même quel que soit le montant du revenu imposable. Si la réduction est supérieure

à l'impôt dû, la différence ne fait pas l'objet d'un remboursement de la part du Trésor. Lorsque la loi le prévoit expressément, l'excédent peut seulement être reporté sur l'impôt sur le revenu dû au titre des années suivantes.

770 L'avantage peut aussi prendre la forme d'un crédit d'impôt qui, contrairement à la réduction d'impôt, entraîne le versement dans les mains du contribuable de la différence entre l'impôt théoriquement dû et le montant du crédit d'impôt.

771 Ces avantages, dénommés « niches fiscales » (474 en 2025, représentant un coût total d'environ 85 milliards d'euros pour l'État), sous forme soit de réduction soit de crédit d'impôt font l'objet, quant à leur prise en compte, d'un plafonnement global par foyer fiscal. Le plafond est de 10 000 euros, auxquels s'ajoutent la réduction d'impôt au titre de la souscription au capital de sociétés de financement d'œuvres cinématographiques (réduction SOFICA) et celle relative aux investissements en outre-mer, fixées globalement à 18 000 euros (CGI, art. 199 *unvicies*), dans la limite de 25 % du revenu net global.

772 De l'avis général, ces niches fiscales sont critiquables dans la mesure où elles contrarient le principe de progressivité de l'impôt et ce d'autant plus qu'elles profitent précisément à ceux dont le revenu imposable est le plus élevé, qu'elles prennent la forme de réduction d'impôt (1) ou de crédit d'impôt (2).

1. *Les réductions d'impôt*

773 Ne pouvant être exhaustif, vu leur grand nombre, on se contentera de mentionner les plus significatives, à savoir :

– **les dons à des œuvres d'intérêt général** (philanthropique, éducatif, scientifique, social, humanitaire, sportif, familial, culturel, de mise en œuvre du patrimoine, environnemental, ainsi que pour les établissements d'enseignement supérieur et les associations cultuelles) – tant en France qu'au sein de l'Union européenne – ouvrent droit à une réduction d'impôt de 66 % de leur montant dans la limite de 20 % du revenu global imposable. Lorsque les dons excèdent ce plafond, l'excédent est reporté sur les cinq années suivantes et ouvre droit à une réduction dans les mêmes conditions. Si les dons sont effectués au profit d'associations qui fournissent gratuitement des repas (Restaurants du cœur par ex.) ou le logement à des personnes nécessiteuses, ou au profit d'organismes accompagnant les victimes de violences domestiques, ou encore au profit de fondations reconnues d'utilité publique, le pourcentage est porté à 75 % dans la limite de 1 000 euros pour l'imposition des revenus de 2024.

– **les prestations compensatoires en capital en cas de divorce ou de séparation de corps** ouvrent droit à une réduction de 25 % calculée dans un plafond de 30 500 euros lorsque les versements sont effectués sur une période n'excédant pas douze mois, d'où une réduction d'impôt maximale de 7 625 euros (v. ss 715) ;

– **les dons et cotisations versés aux partis et groupements politiques** ouvrent droit à une réduction de 66 %, dans la double limite d'un plafond de versement de 15 000 euros par an et par foyer fiscal, et de 20 % du revenu imposable ; toute somme dépassant la limite de 20 % mais inférieure à 15 000 euros peut être reportée sur les cinq années suivantes ;

– **les frais de scolarisation** ouvrent droit à une réduction dont le montant est fixé forfaitairement à 61 euros pour un enfant fréquentant un collège, 153 euros pour un enfant fréquentant un lycée et à 183 euros pour un enfant fréquentant une formation d'enseignement supérieur (CGI, art. 199 *quater* F) ;

– les dons en numéraire au capital des sociétés pour le financement d'œuvres cinématographiques ou audiovisuelles (SOFICA) ouvrent droit à une réduction d'impôt de 30 % minimum, dans la double limite de 25 % du revenu net global net et de 18 000 euros ;

– le dispositif « Malraux » de déduction fiscale pour la restauration de bâtiments anciens à sauvegarder (CGI, art. 199 *tervicies*) donne dorénavant lieu à réduction d'impôt. Cette réduction se monte en principe à 22 % des dépenses engagées (30 % à l'intérieur d'un site patrimonial remarquable ou dans un quartier ancien dégradé), dans la limite de 400 000 euros sur quatre ans. Lorsque les dépenses portent sur un local à usage d'habitation, le propriétaire doit prendre l'engagement de le louer nu à usage de résidence principale pendant une durée de neuf ans (CAA Nantes,

16 juin 2016, *Min. c/ M. et Mme Hervé*, n° 14NT01739, *Dr. fisc.* 2016, comm. 599, p. 20).

774 Les réductions d'impôt s'imputent sur le montant de l'impôt après, le cas échéant, le plafonnement des effets du quotient familial. Si la réduction excède l'impôt dû, elle ne fait pas l'objet d'un remboursement.

2. *Les crédits d'impôt*

775 Le crédit d'impôt fait l'objet d'une restitution si la cotisation d'impôt sur le revenu est inférieure ou nulle. Il est plus avantageux que la réduction d'impôt pour le contribuable mais inévitablement plus coûteux pour les finances publiques.

776 On s'en tiendra à quelques exemples significatifs, à savoir :

– **un crédit d'impôt** égal à 50 % des dépenses exposées pour la garde des enfants de moins de 6 ans dans la limite d'un plafond de 3 500 euros par enfant à charge, soit un crédit d'impôt maximal de 1 750 euros par enfant (CGI, art. 200 *quater* B). Initialement réduction d'impôt, sa transformation en crédit d'impôt permet aux contribuables faiblement imposables ou non imposables de se faire rembourser l'avantage fiscal dont ils ne peuvent directement bénéficier lorsqu'il excède le montant de l'impôt au titre de l'année de versement des frais de garde ;

– **les dépenses supportées pour l'emploi d'un salarié à domicile** (art. 199 *sexdecies* ; avant 2017 elles avaient la forme de réduction d'impôt) conduisent à un crédit d'impôt égal à 50 % du salaire dans la limite d'un plafond de 12 000 euros pour les dépenses engagées soit un avantage maximal de 6 000 euros. Ce plafond peut être majoré, sans pouvoir excéder 18 000 euros, à hauteur de 1 500 euros par enfant à charge ou lorsqu'un membre du foyer fiscal a dépassé 65 ans ;

– **les cotisations versées aux organisations syndicales** initialement instituées sous forme de réduction d'impôt ont été transformées depuis 2013 en un crédit d'impôt de 66 % des cotisations versés dans la limite de 1 % du revenu brut imposable (CGI, art. 199 *quater* C). Grâce à cette modification les salariés non imposables peuvent bénéficier de l'incitation fiscale ;

– le crédit d'impôt pour la transition énergétique a été remplacé en 2021 par une prime pour la rénovation énergétique.

L'article 200 *quater* C a institué un crédit d'impôt pour l'installation d'un système de charge pour véhicule électrique dans l'habitation réalisée avant le 31 décembre 2025. Il est égal à 75 % du montant des dépenses de l'année de réalisation, et plafonné à 500 euros.

777 L'impôt ainsi calculé est diminué du montant des prélèvements forfaitaires catégoriels déjà opérés à la source (PFU pour les revenus mobiliers notamment) et majoré des prélèvements sociaux qui frappent les revenus fonciers, de même que les gains en capital (plus-values à long terme des entreprises et plus-values immobilières et mobilières des particuliers), de 17, 20 % au total.

778 Sur les salaires, ces prélèvements sont précomptés.

3. *La pertinence du revenu fiscal de référence*

779 Il est utilisé par l'administration fiscale afin de déterminer une vérité de la situation fiscale du contribuable qui soit appréhendée hors le jeu de certaines exonérations, de certaines déductions et de certains abattements. Elle va l'utiliser pour déterminer s'il est possible ou non d'appliquer une exonération (de plus-value immobilière pour une personne retraitée ou handicapée), un allègement (de taxe foncière) ou un taux zéro (pour un prélèvement à la source). Il figure sur l'avis d'imposition. Sa composition, non exhaustive, est critiquée par le Conseil supérieur des prélèvements obligatoires.

B. Les exonérations

780 En faveur de contribuables modestes, un certain nombre de mesures conduisent à une exonération soit totale soit partielle de l'impôt. On peut en citer trois : l'abandon d'impôt de faible montant (1), la décote (2) et la réfaction d'impôt en faveur des classes moyennes (3).

1. *L'abandon d'impôt de faible montant*

781 Le recouvrement d'un impôt de faible montant risquerait d'être financièrement plus onéreux et socialement plus néfaste que son abandon. Ceci explique que l'impôt n'est pas mis en recouvrement lorsqu'il est inférieur à 61 euros (CGI, art. 1657-1 *bis*). Cet abandon ne constitue pas une véritable exonération, car le contribuable redevable d'un impôt inférieur à 61 euros demeure passible de l'impôt dont le paiement ne lui est simplement pas réclamé. En d'autres termes, s'il bénéficie d'un crédit d'impôt, il sera tenu compte de l'impôt même s'il est inférieur à ce montant.

2. *La décote*

782 Elle est destinée à éviter le passage brutal de l'exonération à l'imposition, visant ainsi à diminuer la cotisation des contribuables les moins imposés (CGI, art. 197, I, 4°, a).

783 Pour l'imposition des revenus de 2024, la décote bénéficie aux contribuables individuels dont l'impôt brut est inférieur à 1 965 euros ; pour les couples soumis à imposition commune l'application de la décote minore son impôt lorsque l'impôt brut est inférieur à 3 249 euros. Autrement dit, l'avantage procuré est proportionnellement plus important pour les contribuables célibataires. Cette décote est égale à la différence entre, d'une part, 889 euros (pour un contribuable, célibataire, veuf ou divorcé) ou 1 470 euros (pour des contribuables soumis à imposition commune), et d'autre part 45,25 % du montant de la cotisation d'impôt brut résultant du barème progressif. L'excédent de la décote de l'impôt sur le revenu ne donne lieu ni à restitution ni à report. De même, la décote n'est pas applicable aux impôts calculés au taux proportionnel.

784 **Exemple**

Pour un impôt brut d'un célibataire se montant à 900 euros, la décote est égale à :

889 - 407 (= 900 x 45,25 %) = 482 euros

L'impôt après décote sera de 900 - 482 = 418 euros.

La décote a pour effet d'exonérer un contribuable seul lorsque son impôt brut n'excède pas 583 euros (en tenant compte du seuil de recouvrement de 61 euros). Pour un couple soumis à imposition commune, le chiffre est de 965 euros.

Si nécessaire, l'administration calcule le **revenu fiscal** pour déterminer, en dehors du processus d'imposition lui-même, si le contribuable peut prétendre à certains avantages extra-fiscaux (bénéficier de la couverture maladie universelle par exemple) ou fiscaux (exonération d'impôts locaux). Pour ce calcul, elle part des revenus et plus-values pris en compte pour le calcul de l'impôt sur le revenu, et elle y ajoute certains revenus exonérés d'impôt ou soumis à un prélèvement obligatoire, ainsi que certaines charges déductibles du revenu global.

3. *L'abattement pour personnes âgées ou invalides à faible revenu*

785 Les contribuables âgés de plus de 65 ans et les invalides bénéficient d'un abattement spécial lorsque leur revenu net global n'excède pas 27 670 euros (CGI, art. 157 *bis*). Il est de 2 746 euros si le revenu n'excède pas 17 200 euros et de 1 373 euros s'il est compris entre 17 200 euros et 27 670 euros.

§ 3. La contribution exceptionnelle sur les hauts revenus

786 Le législateur de 2011 a créé cette « CEHR » (CGI, art. 223 *sexies*), en prévoyant qu'elle s'appliquerait jusqu'à l'imposition des revenus de l'année au titre de laquelle le déficit public des administrations publiques sera ramené à 0. Il est donc permis de penser qu'il est d'ores et déjà assuré d'une longévité certaine.

787 Il prend en compte le revenu fiscal de référence, précité (v. ss 779).

788 La contribution va frapper le contribuable dont le revenu fiscal de référence excède 250 000 euros (contribuables célibataires, veufs, séparés ou divorcés) ou 500 000 euros s'il s'agit de contribuables mariés ou liés par un Pacs et soumis à une imposition commune. Cette contribution est calculée selon un barème progressif. Celui-ci frappe les contribuables célibataires et assimilés au taux de 3 % pour la fraction comprise entre 250 000 euros et 500 000 euros, puis à 4 % au-delà. Il frappe les contribuables mariés et assimilés à 3 % pour la fraction du revenu fiscal de

référence comprise entre 500 001 euros et 1 000 000 euros, puis à 4 % au-delà. Afin d'éviter la brutalité de l'effet de seuil, le législateur a prévu, pour le foyer fiscal qui perçoit un revenu exceptionnel, un mécanisme d'atténuation.

789 Cette contribution est déclarée, contrôlée et recouvrée comme l'impôt sur le revenu proprement dit ; elle figure d'ailleurs sur le même rôle.

§ 4. La contribution différentielle sur les hauts revenus

790 L'article 10 de la loi de finances pour 2025 (CGI, art. 224) a instauré cette « CDHR » pour instituer un taux effectif d'imposition minimum de 20 % sur les revenus les plus élevés (tous revenus confondus). Visant environ 24 300 foyers, elle s'applique au seul impôt sur le revenu dû au titre de l'année 2025. Elle est due par les contribuables domiciliés fiscalement en France, dont le revenu fiscal de référence est supérieur à 250 000 € pour les célibataires, veufs et divorcés, et à 500 000 € pour les contribuables soumis à déclaration et imposition communes.

Bibliographie

Collet (Martin), « L'exception et le principe : l'exemple des niches fiscales », *in* A. Vidal-Naquet, M. Fatin-Rouge Stefani (dir.), *La norme et ses exceptions. Quels défis pour la règle de droit ?*, Bruylant, 2014, p. 131.

Douet (Frédéric), « À la recherche des aliments perdus ! », *JCP N* 2014. 1237.

Fournier (Alice), « Le contribuable vulnérable », *Dr. fisc.* 2022, n° 15, comm. 184.

Geffroy (Jean-Baptiste) (dir.), *Finances publiques et politique familiale*, L'Harmattan, 2009, 298 p.

Lambert (Thierry), « La progressivité de l'impôt sur le revenu à refonder », *in* L. Vapaille *et alii*, *Refonder l'impôt sur le revenu ?*, L'Harmattan, 2013, p. 123 à 145.

PICHET (Éric), « Contribution à une théorie de la dépense fiscale, pour une réforme du système français des "niches fiscales" », *Dr. fisc.* 2012, n° 14, comm. 242.

VARII AUCTORES, « Fiscalité des revenus et du patrimoine : chronique de l'année 2024 », *Dr. fisc.* 2025, n° 13, comm. 170.

CHAPITRE 4

Le recouvrement de l'impôt

791 L'impôt sur le revenu est recouvré par voie de rôle c'est-à-dire sur la base d'une liste de contribuables d'une même commune indiquant pour chacun d'eux le montant du revenu imposable et l'impôt à acquitter. Le rôle reçoit force exécutoire par son homologation par le directeur général des finances publiques s'agissant des rôles généraux d'impôt sur le revenu, par le préfet s'agissant des autres rôles (CGI, art. 1658). Cette force exécutoire autorisera, le cas échéant, le recouvrement forcé de l'impôt. Le rôle est établi par les services de la direction des finances publiques chargés de l'assiette de l'impôt et transmis à leurs collègues chargés du recouvrement.

792 Le revenu doit être déclaré (SECTION 1), l'impôt doit être payé en respectant un calendrier (SECTION 2), selon des modalités (SECTION 3) qui privilégient la perception à la source.

SECTION 1

L'obligation déclarative

793 En vue de l'établissement de l'imposition, toute personne imposable doit souscrire une déclaration détaillée de ses revenus, de ses charges de famille et des autres éléments nécessaires au calcul de l'impôt sur le revenu (CGI, art. 170). Cette souscription intervient à une date fixée chaque année par l'administration, dans les mois qui suivent l'année civile en cause. À défaut d'accomplissement de cette formalité, le contribuable s'expose à une taxation d'office de ses revenus par l'administration. Toutefois, lorsque les revenus d'un contribuable sont intégralement déclarés par des tiers, le contribuable a la possibilité de remplir ses obligations déclaratives par simple validation tacite (CGI, art. 171, al. 1er). Pour la rendre possible, l'administration a l'obligation de mettre à disposition du contribuable un document récapitulatif au plus tard un mois avant la date limite de déclaration.

794 La souscription de la déclaration d'ensemble des revenus s'effectue en ligne pour les contribuables dont la résidence principale est équipée d'un accès à Internet.

SECTION 2

La date de paiement de l'impôt

795 Le comptable de la DGFiP adresse à chaque contribuable un avis d'imposition qui est la copie du rôle le concernant. Cet avis indique la date limite (§ 1) à laquelle l'impôt doit être payé, règle qui connaît toutefois certains aménagements (§ 2).

§ 1. La règle

796 L'avis d'imposition que reçoit chaque contribuable comporte en principe trois dates.

1. *La date de recouvrement du rôle*

797 Elle est déterminée par le directeur des finances publiques, une fois que le rôle est établi, c'est-à-dire une fois que l'administration fiscale a assis et calculé l'impôt. Cette date qui est fixée au trentième jour du mois suivant l'homologation du rôle est importante car elle sert de point de départ au calcul d'autres délais notamment celui de la réclamation contentieuse.

2. *La date d'exigibilité de l'impôt*

798 L'impôt est exigible trente jours après la date de mise en recouvrement du rôle (CGI, art. 1663 1°). Jusqu'à cette date le trésorier ne peut réclamer le paiement ni *a fortiori* exercer aucune poursuite.

3. *La date d'application de la majoration de 10 %*

799 La majoration de 10 % pour paiement tardif n'est encourue qu'à défaut de paiement le 45e jour suivant la date de mise en recouvrement (CGI, art. 1730). Ainsi, lorsque l'impôt est mis en recouvrement le 31 août, il sera exigible le 30 septembre et la majoration sera appliquée le 15 octobre. C'est cette dernière date qui constitue la date limite de paiement avant que le trésorier n'entame la procédure d'exécution forcée en cas de défaut de paiement. Lorsque la date limite de paiement tombe un jour de fermeture des bureaux (dimanche, jour férié, etc.), elle est automatiquement reportée au prochain jour d'ouverture.

§ 2. Les aménagements

800 La règle connaît des aménagements qui prennent la forme soit de l'exigibilité immédiate soit d'un paiement retardé de l'impôt.

801 Dans certaines hypothèses rendant aléatoire le recouvrement, l'impôt est exigible dans sa totalité dès la mise en recouvrement du rôle. Il en va ainsi notamment en cas de déménagement hors du ressort du centre des finances publiques, sauf justification du nouveau domicile, en cas de vente volontaire ou forcée des biens du contribuable, en cas d'application d'une pénalité pour

non-déclaration des revenus ou déclaration tardive ou insuffisante ainsi qu'en cas de cession ou de cessation d'entreprise ou de décès de l'exploitant s'il s'agit de BIC ou de BNC.

802 Le paiement est retardé pour certains contribuables éprouvant des difficultés pour s'acquitter de leur dette fiscale. Il en va ainsi des contribuables de bonne foi momentanément gênés (salariés au chômage, agriculteurs victimes d'intempéries, retraités lors de leur première année de retraite) qui peuvent se faire accorder par le trésorier des délais de paiement. Ce dernier est libre d'accorder, sous sa responsabilité, ou de refuser : responsable du paiement sur ses propres deniers, il est seul juge de la conduite à tenir et peut même subordonner son accord à la constitution de garanties. L'octroi de délais n'empêche pas que la majoration de 10 % soit encourue. Le contribuable pourra cependant en demander la remise qui lui est le plus souvent accordée. Pour les salariés qui subissent une baisse de leurs revenus supérieure à 30 %, l'article 357 H de l'Annexe III du CGI impose aux comptables de la DGFiP d'accorder un étalement du paiement de l'impôt. La durée de la période d'étalement doit normalement s'échelonner du mois de la demande jusqu'au 31 mars de l'année N + 1 et la majoration de 10 % fait l'objet d'une remise systématique.

803 Enfin, de façon plus générale, un sursis de paiement peut être accordé lorsque l'imposition fait l'objet d'une contestation par le contribuable (LPF, art. L. 277).

SECTION 3

Les modalités du paiement

804 La réforme de 2017, applicable depuis le 1er janvier 2019, a balayé l'ancien régime de droit commun, qui fonctionnait sur un rythme décalé d'un an entre la perception du revenu et le paiement de l'impôt, avec une possibilité de dérogation sous forme de paiement mensuel de l'impôt. Dorénavant, le prélèvement à la source est institué pour les revenus perçus ou réalisés à compter du 1er janvier 2018.

805 D'une manière générale, il faut signaler que le recouvrement peut être poursuivi, en application de la règle de la solidarité non seulement à l'encontre du contribuable, mais encore de ses représentants et ayants cause. Ainsi, quel que soit leur régime matrimonial, chacun des époux est tenu solidairement au paiement de l'impôt sur le revenu. Il en va de même pour les personnes pacsées (CGI, art. 1691 *bis* I).

806 Toutefois, en cas de disproportion marquée entre le montant de la dette fiscale et la situation financière et patrimoniale du contribuable auquel le passif fiscal est réclamé, ce dernier peut demander une décharge de cette solidarité (CGI, art. 1691 *bis* II). Cette procédure, qui ne vaut que pour les impôts se rapportant à la période de vie commune, ne joue que dans l'une des circonstances suivantes :

– le jugement de divorce ou de séparation de corps a été prononcé ;

– la déclaration conjointe de dissolution du pacte civil de solidarité a été enregistrée au greffe du tribunal d'instance ;

– les intéressés ont été autorisés à avoir des résidences séparées ;

– l'un ou l'autre des époux ou des partenaires liés par un PACS a abandonné le domicile conjugal ou la résidence commune.

807 Dans le même ordre d'idées, le cessionnaire d'une entreprise industrielle, commerciale ou artisanale peut être poursuivi en paiement de l'impôt sur le revenu dû par le cédant afférent aux bénéfices réalisés pendant l'année de cession. Autre exemple de solidarité : le propriétaire d'un fonds de commerce est responsable du paiement de l'impôt sur le revenu dû par l'exploitant à raison de l'exploitation du fonds.

808 Le législateur français a fini par adopter le système du prélèvement à la source, aux termes de la loi de finances pour 2017 (n° 2016-1917, art. 10, 60 et 112, du 29 déc. 2016, *JO* du 30). Ce prélèvement supprime le décalage d'une année existant entre la perception des revenus et le paiement de l'impôt correspondant. La loi abolit, pour les revenus perçus ou réalisés depuis le 1er janvier 2019, les acomptes provisionnels et les prélèvements mensuels. Elle les remplace par un système de prélèvement contemporain automatisé qui,

en temps réel, appréhendé chaque mois, prend la forme, soit d'une retenue à la source effectuée au profit de la DGFiP par le tiers payeur sur les traitements, salaires et revenus de remplacement, soit d'un acompte contemporain, prélevé mensuellement ou trimestriellement par l'administration fiscale sur le compte bancaire du contribuable, pour les revenus des travailleurs indépendants (BIC, BNC, BA), les revenus fonciers, les pensions alimentaires et les revenus de source étrangère. Pour les revenus de capitaux mobiliers, le prélèvement forfaitaire non libératoire (PFNL) assume un rôle comparable. Le taux du prélèvement est propre à chaque foyer fiscal ; il est calculé par l'administration en fonction des revenus perçus par le foyer au cours de l'année N-2. Il est notifié au contribuable ainsi qu'aux entités qui lui versent des revenus ; ces dernières, et notamment l'employeur, sont le redevable légal de l'impôt. Le taux est mis à jour en mai-juin, en fonction des données figurant sur la déclaration retraçant les revenus de l'année N-1. Pour des raisons de confidentialité vis-à-vis de son employeur, le salarié peut opter pour l'application de la grille de taux par défaut. Cette dernière ne mentionne pas le quotient familial, c'est un taux proportionnel applicable en fonction du montant et de la périodicité du revenu. L'employeur l'utilise pour calculer le montant mensuel de la retenue à la source, mais le salarié devra verser au fisc un montant complémentaire, au fur et à mesure de la perception des traitements et salaires, lorsque le montant de retenue à la source qui aurait été acquitté en application du taux propre au foyer, est supérieur au montant réellement prélevé par l'employeur (CGI, art. 204 H, IV, 2). Le solde est recouvré trente jours après la date de mise en recouvrement du rôle, en l'étalant sur les mois restant à courir jusqu'au 31 décembre.

809 Le prélèvement à la source se veut un système souple. Ainsi, un changement de situation du foyer fiscal (mariage ou divorce, conclusion ou rupture d'un PACS, décès de l'un des conjoints, naissance ou adoption d'un enfant mineur) doit être porté à la connaissance de l'administration dans les soixante jours de sa survenance, et l'administration devra en répercuter les conséquences sur le taux de prélèvement au plus tard le troisième mois suivant cette communication. Dans le même esprit, le contribuable peut demander une modulation à la hausse du prélèvement en cas

d'augmentation de l'assiette ; s'il sollicite une modulation à la baisse, elle ne lui sera accordée, sous sa responsabilité, que si la différence est d'au moins 10 % et 200 euros. S'il apparaît *a posteriori* que la diminution était excessive, il subira une majoration dont le taux varie en fonction du montant de l'insuffisance constatée. Quelques années après l'entrée en vigueur de ce dispositif, il faut noter que les réticences et oppositions qui avaient entravé son introduction pendant des années en France, sont complètement oubliées.

L'égalité des citoyens devant l'impôt sur le revenu français demeure un sujet de préoccupation. Dans son rapport d'octobre 2024, le Conseil des Prélèvements obligatoires formule 18 recommandations dans ce sens.

Bibliographie

LEGRAND (Gérard), *Le recouvrement de l'impôt*, Litec, coll. « Fiscal », 2014, 433 p.

MASCLET DE BARBARIN (Marie) *Le contentieux du recouvrement de l'impôt*, LGDJ, coll. « Bibliothèque de droit public », 2004, 584 p.

MIGNON (Emmanuelle), « Contentieux du recouvrement : un petit pas vers l'équité », *RJF* 1999, n° 5, p. 338 à 343.

TITRE 2

LES PRÉLÈVEMENTS ACCESSOIRES À L'IMPÔT SUR LE REVENU DES PARTICULIERS

810 Au niveau de l'Union, la Cour de justice a accueilli la requête en manquement déposée par la Commission contre la France (CJCE, plén., 15 févr. 2000, aff. C-34 et C-169/98 ; CJUE 26 févr. 2015, *de Ruyter*, aff. C-623/13) ; sans qualifier expressément la CSG ni la CRDS, la Cour relève qu'il s'agit de prélèvements affectés spécifiquement et directement au financement du régime national de Sécurité sociale, recouvrés par les organismes chargés du recouvrement des cotisations du régime général de Sécurité sociale et dont le régime est codifié dans le Code de la sécurité sociale. Les caractères et l'objet de ces prélèvements les font rentrer dans le champ d'application du règlement n° 1408/71 (remplacé par le 883/2004), lequel prohibe la double cotisation sociale pesant sur les travailleurs salariés et indépendants qui résident dans un État-membre mais perçoivent leurs revenus dans un autre : ce n'est que dans ce dernier État qu'ils peuvent être assujettis à cotisations sociales. La législation française peut qualifier ces prélèvements d'impôts, la France n'en est pas moins empêchée de les prélever

sur ses résidents frontaliers qui acquittent en France l'impôt sur leurs revenus de source étrangère. La Chambre sociale de la Cour de cassation a adopté une position balancée (Soc. 31 mai 2012, n° 11-10.762, *RJS* 8-9/12, n° 737). Sur renvoi préjudiciel de cette dernière, la Cour de justice a considéré que des revenus d'origine britannique perçus par un professionnel libéral établi en France étaient exclus de l'assiette de ces prélèvements, par application de la convention fiscale franco-britannique (CJCE 3 avr. 2008, *Derouin*, aff. C-103/06).

811 Deux prélèvements, d'un rendement largement supérieur à l'impôt sur le revenu, correspondent à cet agrandissement de la famille des impôts, la contribution sociale généralisée ou CSG (CHAPITRE 1) et la contribution au remboursement de la dette sociale ou CRDS (CHAPITRE 2). À côté, subsiste la taxe sur les salaires (CHAPITRE 3).

CHAPITRE 1

La contribution sociale généralisée (CSG)

812 Entrée en vigueur en 1991, elle présente les caractéristiques d'un impôt sur le revenu *bis*. Ce prélèvement se caractérise par l'immensité de son assiette, qui englobe les revenus d'activité (1), les revenus de remplacement (2), les revenus du capital (3) et même les produits des jeux (4).

1. *Les revenus d'activité*

813 Les revenus d'activité sont ceux perçus par un résident fiscal français ou par un résident étranger sur ses revenus de source française. S'agissant d'une pension de retraite (v. ss 815) servie par un organisme suisse, le Conseil d'État s'appuie sur le droit de l'Union pour considérer que l'État de résidence a pouvoir de prélever les cotisations sur toutes les pensions avec, comme limite, le montant des cotisations : il ne peut être supérieur au montant qui serait prélevé auprès d'une personne recevant une pension du même montant provenant de l'État de résidence (CE 25 oct. 2024, n° 473997, *Dr. fisc.* 2025. 4, comm. 21, concl. R. Victor et note F. Kessler).

Pour les salaires, l'assiette est constituée par les rémunérations brutes (avant déduction des cotisations de sécurité sociale), y compris la participation versée aux salariés et les avantages en nature, après application d'un abattement forfaitaire pour frais professionnels de 1,75 % (calculé sur une base limitée à quatre plafonds mensuels de sécurité sociale, soit 15 700 € en 2025), soit une assiette de 98,25 %. C'est l'employeur qui la retient à la source et la verse à l'URSSAF en même temps que les cotisations sociales.

814 Pour les revenus professionnels non-salariés la règle est identique ; l'assiette est constituée par le revenu professionnel après déduction des charges d'exploitation mais avant déduction des charges sociales personnelles. Elle est gérée par le contribuable lui-même. Les bases imposables sont à déclarer à l'URSSAF, laquelle calcule la contribution. Le paiement s'effectue par trimestre.

Les deux catégories de revenu sont taxées au taux de 9,2 %. La CSG est toutefois déductible du revenu imposable à concurrence de 6,8 %. En d'autres termes, les 2,4 % de CSG non déductibles sont soumis à l'impôt sur le revenu.

2. *Les revenus de remplacement*

815 Les revenus de remplacement obéissent aux mêmes règles : les pensions de retraite et d'invalidité, les allocations de chômage et de préretraite sont soumises de plein droit. En revanche, le Code de la sécurité sociale exonère, outre le revenu de solidarité active, les prestations familiales, les pensions alimentaires et l'allocation de logement. Dans la même foulée, la CSG, retenue par l'organisme versant les revenus, connaît ici un taux spécifique de 6,2 % pour les allocations-chômage et de 8,3 % pour les pensions de retraite, d'invalidité et d'allocations de préretraite, déductibles à concurrence respectivement de 3,8 % et de 5,9 %, de telle sorte que subsiste une fraction non déductible de 2,4 %.

3. *Les revenus du capital*

816 Les revenus du capital supportent tous la CSG : les revenus fonciers mais aussi les revenus de capitaux mobiliers et les plus-values réalisées par les particuliers entrent dans son assiette. Même certains revenus de l'épargne exonérés de l'impôt sur le revenu sont assujettis à cette contribution : les intérêts et les primes des comptes

et des plans d'épargne-logement, les produits des plans d'épargne populaire et des plans d'épargne en actions par exemple. En revanche, les livrets d'épargne sont exonérés.

Dans tous ces cas, l'impôt est alors recouvré par voie de rôle, au taux de droit commun de 9,9 %, déductible à hauteur de 6,8 %, de telle sorte qu'il subsiste une fraction non déductible de 3,1 %.

Par ailleurs, les revenus du capital sont frappés d'un prélèvement social de 4,5 % (au profit des Caisses nationales d'allocations familiales et d'assurance vieillesse), majoré d'une contribution de 0,3 % (affectée à la Caisse nationale de solidarité), d'une contribution additionnelle de 2 % (pour financer la généralisation du RSA). Le prélèvement se monte donc désormais à 16,7 %.

Le Conseil d'État étend à cette contribution le principe d'imposition commune des époux (CE 9 juin 2022, n° 456544, *Dr. fisc.* 2022. 40, comm. 355, concl. E. Bokdam-Tonetti).

4. *Les produits de certains jeux*

817 Les produits de certains jeux, en principe exonérés de l'impôt sur le revenu (v. ss 176), supportent la CSG au taux de 9,5 %. Ce sont les produits des sommes misées sur les jeux exploités par la Française des Jeux, les sommes engagées au Pari Mutuel Urbain ainsi que les produits de certains jeux réalisés dans les casinos (Ord. n° 96-50, 24 janv. 1996 relative au remboursement de la dette sociale, art. 18 et 19).

CHAPITRE 2

La contribution au remboursement de la dette sociale (CRDS)

818 Créée en 1996, cette contribution au taux de 0,5 % a été instituée pour dix-huit ans. Elle devait donc disparaître en 2014 mais son existence a été pérennisée par la loi du 13 août 2004 jusqu'à l'extinction de la dette sociale. Ses caractéristiques sont pratiquement jumelles de celles de la CSG : les revenus frappés par la CSG le sont également par la CRDS et dans les mêmes conditions. Son assiette est même plus vaste, dans la mesure où elle frappe également les produits de vente de métaux précieux, bijoux, objets d'art, de collection et d'antiquité, soumis par ailleurs à la taxe sur les métaux et objets précieux (v. ss 684).

819 La CRDS est exigible et mise en recouvrement en même temps que la CSG. Elle n'est jamais déductible du revenu imposable.

Au total l'évolution de ces prélèvements sera significative de la réforme de l'État et de ses recettes : leur développement signifierait une panne de la réforme et une complexité plus grande des prélèvements publics, leur disparition supposerait le contraire.

CHAPITRE 3

La taxe sur les salaires

820 Cette taxe ancienne est à la charge des employeurs non assujettis à la TVA sur 90 % au moins de leur chiffre d'affaires de l'année précédente (CGI, art. 231). Sont assujettis les médecins, les banques, les compagnies d'assurances. En sont exonérés les collectivités publiques, les employeurs de salariés à domicile et les employeurs agricoles. Son assiette est celle de la CSG et son barème est progressif. Le taux de base de 4,25 % passe en effet à 8,50 % pour la fraction des rémunérations individuelles annuelles comprise entre 8 985 euros et 17 936 euros. Il passe à 13,60 % pour la fraction dépassant 17 936 euros. La taxe est déclarée et acquittée spontanément par l'employeur, annuellement si son montant est inférieur à 4 000 euros, trimestriellement si son montant est compris entre 4 000 euros et 10 000 euros, et mensuellement si son montant est supérieur à 10 000 euros. Au plus tard le 15 janvier de l'année suivant celle du paiement des rémunérations, l'employeur doit adresser une télédéclaration annuelle de liquidation et de régularisation auprès du comptable de l'administration fiscale. Le Conseil d'État a déclaré que ce prélèvement n'avait pas le caractère d'une taxe sur le chiffre d'affaires prohibée au sens de la 6e directive (CE 21 déc. 2007, n° 295646).

Bibliographie

Bergeres (Maurice-Christian), « La CSG, la CRDS, le droit communautaire et les conventions de lutte contre les doubles impositions », *Dr. fisc.* 2008, n° 22, comm. 349.

Conseil des prélèvements obligatoires, « Impôt sur le revenu, CSG, quelles réformes ? », *JO*, févr. 2015, 240 p.

Maitrot de la Motte (Alexandre), « La liberté européenne de circulation des capitaux et l'assujettissement aux prélèvements sociaux des revenus passifs des ressortissants des "pays tiers" non affiliés à la sécurité sociale française : *Errare humanum est, perseverare diabolicum* », *Dr. fisc.* 2021, n° 15-16, comm. 227.

Quilici (Sandrine), « Les prélèvements sociaux sur les revenus du patrimoine sont des cotisations sociales au sens du droit de l'UE », *Dr. fisc.* 2015, n° 190, act. 124.

Villemot (Dominique) et Sarfati (Edgard), « La taxe sur les salaires est-elle eurocompatible ? », *Dr. fisc.* 2006, n° 26, p. 1267.

Villemot (Dominique) et Sarfati (Edgard), « Le Conseil d'État a-t-il définitivement sauvé la taxe sur les salaires ? », *Dr. fisc.* 2008, n° 39, comm. 490.

TITRE 3

L'IMPÔT SUR LE BÉNÉFICE DES SOCIÉTÉS

821 Le législateur fiscal s'intéresse à la principale forme de personne morale. Toutefois, la catégorie n'est pas homogène et le clivage principal s'ordonne autour de la distinction entre sociétés de personnes et sociétés de capitaux (CHAPITRE 1). L'accent doit être mis sur l'impôt sur les sociétés, en évoquant successivement les différents modes d'assujettissement (CHAPITRE 2), les conditions d'application territoriale de cet impôt (CHAPITRE 3), la détermination du résultat imposable (CHAPITRE 4), la maîtrise du processus d'imposition par la société (CHAPITRE 5), avant d'examiner l'imposition des bénéfices dans le cadre d'un groupe de sociétés (CHAPITRE 6).

CHAPITRE 1

La distinction entre sociétés de personnes et sociétés de capitaux

822 Dans son principe, la distinction est simple : les sociétés de personnes sont considérées comme étant fiscalement transparentes (SECTION 1) tandis que les sociétés de capitaux sont assujetties à l'impôt sur les sociétés (SECTION 2). D'autres contribuables sont assujettis à l'impôt sur les sociétés (SECTION 3). Se pose enfin la question des rémunérations des dirigeants (SECTION 4).

SECTION 1

Les conséquences de la transparence fiscale des sociétés de personnes

823 Les sociétés de personnes présentent la caractéristique commune d'associer des partenaires *intuitu personae* pour la réalisation de l'objet social : elle est société de personnes parce qu'elle est

fortement personnalisée et souvent aussi parce que son activité est davantage civile que commerciale.

824 Cette vaste famille comprend les différentes formes de sociétés civiles (immobilières, professionnelles, de moyens), les sociétés en nom collectif (SNC), les sociétés en commandite simple mais aussi les structures sociales régies par les seules dispositions du Code civil (art. 1871 à 1873) que sont les sociétés créées de fait et les sociétés en participation dont l'existence aux yeux des tiers n'est souvent que fiscale. Leur existence peut être détectée simplement parce qu'elles se conforment dans les faits aux dispositions du Code civil relatives au contrat de société : deux personnes au moins participent aux apports, au contrôle de l'entreprise et à ses résultats. Les sociétés en participation et les sociétés créées de fait n'ont pas la personnalité morale.

825 Sur le plan fiscal, ces sociétés sont considérées comme transparentes parce qu'elles n'incarnent pas une entité véritablement autonome et distincte de ses associés, à tel point que sur le plan civil ces derniers sont considérés comme indéfiniment responsables des dettes de la société, mais au prorata de leurs parts dans le capital (C. civ., art. 1857) : autrement dit, l'associé qui détient 20 % des parts d'une telle société sera responsable de 20 % des dettes, quel que soit le montant de ces dettes.

826 L'imposition des bénéfices participe de la même philosophie puisqu'en principe elles ne sont assujetties à l'impôt – sur le revenu – qu'au niveau de leurs associés (2) tandis que leurs propres obligations ne sont que déclaratives (1). Par exception, certaines d'entre elles seront imposées à l'impôt sur les sociétés (v. ss 834).

1. *Obligations*

827 Chaque société de personnes doit tenir une comptabilité puis transcrire le résultat ainsi obtenu en un résultat fiscal. L'article 60 du CGI précise que les règles applicables pour la détermination du bénéfice sont celles prévues pour les exploitants individuels de la catégorie dont relève l'activité de la société. Les résultats sont retracés sur une déclaration annuelle qui fait apparaître, outre le résultat d'ensemble, la quote-part de bénéfice ou de déficit attribuée à chaque associé.

2. *Imposition au niveau des associés*

828 Les bénéfices d'une société de personnes subissent l'imposition au niveau de l'associé, respectivement l'impôt sur le revenu si celui-ci est une personne physique, ou l'impôt sur les sociétés s'il est un contribuable assujetti à l'IS. La quote-part de bénéfice est ainsi rapportée aux autres revenus du contribuable, en revanche s'il s'agit d'un déficit il ne sera imputable sur le revenu global du foyer fiscal que sous certaines conditions, en particulier si la société de personnes n'exerce pas une activité professionnelle (v. ss 719). Elles peuvent opter pour l'assujettissement à l'IS (CE 17 févr. 2016, *Bel Halza*, n° 365943, *Dr. fisc.* 2016, n° 26, comm. 390, concl. E. Crépey, note E. Desmorieux).

La catégorie des sociétés de personnes n'est pas homogène et le régime qui vient d'être décrit correspond à la situation la plus fréquente. Les sociétés de capitaux forment au contraire une catégorie fiscale homogène.

SECTION 2

Les sociétés de capitaux constituent le champ d'élection de l'impôt sur les sociétés

829 En effet, cet impôt a été créé distinctement de l'impôt sur le revenu pour appréhender le résultat réalisé par ces personnes morales opaques que sont la société anonyme (y compris la société par actions simplifiées – SAS), la société à responsabilité limitée, la société coopérative et la société en commandite par actions. Elles ont en commun d'être des sociétés de capitaux, dans lesquelles la responsabilité des associés ou actionnaires est en principe limitée à leurs apports. La SARL représente la structure d'élection des petites entreprises mais aussi des filiales de groupes étrangers puisqu'elle ne nécessite que la présence de deux associés et elle est facile à contrôler ; la société anonyme est choisie

par la quasi-totalité des grandes entreprises, notamment celles qui sont cotées en bourse.

1. *La présomption de commercialité*

830 La présomption de commercialité tirée de leur statut même confère à l'impôt sur les sociétés un champ d'application qui englobe la totalité du résultat de ces contribuables, quelle que soit la nature de leur activité. En d'autres termes, les bénéfices d'une société de capitaux sont soumis à l'IS, même si tout ou une partie de son activité n'est pas commerciale. De façon tout à fait inhabituelle eu égard au génie de cette branche du droit pétrie de réalisme et de neutralité il faut ici considérer qu'en fonction de la forme juridique d'exercice de l'activité le mode de détermination du résultat n'obéira pas aux mêmes règles. C'est le cas d'une activité purement civile, de prestation de service médicale ou comptable par exemple, qui sera traitée et imposée comme une activité commerciale à partir du moment où elle est exercée par une société de capitaux.

2. *Des liens étroits avec l'impôt sur le revenu*

831 L'impôt sur les sociétés existe dans la plupart des États du monde mais de façon universelle il entretient des liens plutôt étroits avec l'impôt sur le revenu.

832 Il s'en démarque – et c'est presque la justification de sa création – en ce qu'il n'a pas à prendre en compte les facultés contributives du contribuable : s'agissant d'une personne morale il n'est plus question de charges de famille ni de déductions fondées sur la situation personnelle, l'impôt sur les sociétés sera par conséquent plus simple de ce point de vue et se contentera d'une taxation proportionnelle (v. ss 997).

833 Toutefois il demeure très proche de l'impôt sur le revenu pour ce qui concerne la détermination de l'assiette. L'égalité devant les charges publiques mais aussi le souci plus contemporain de la neutralité militent pour que le résultat imposable d'une activité commerciale soit déterminé selon les mêmes règles, sans

considération de la forme juridique d'exercice de l'activité et de l'impôt applicable.

Autrement dit le bénéfice d'une entreprise commerciale sera déterminé de façon identique pour une entreprise individuelle et pour une société de capitaux (v. ss 271) et seule l'imposition proprement dite changera. La grande majorité des règles envisagées sous le régime des BIC trouve par conséquent à s'appliquer dans le cadre de l'IS (v. ss 271).

SECTION 3

Les autres contribuables assujettis à l'impôt sur les sociétés

834 La loi a prévu l'assujettissement à l'IS d'autres catégories de contribuables, essentiellement parce qu'il s'agit de personnes morales développant une activité commerciale.

1. *Possibilité d'option*

835 L'article 206-3 du CGI autorise l'option pour la plupart des sociétés de personnes, y compris les sociétés créées de fait et les sociétés civiles professionnelles, il en exclut les sociétés civiles de construction-vente mais aussi les sociétés civiles de moyens, ce qui est peu logique puisque les professionnels libéraux qui les utilisent pour gérer leur plateau technique pourront tourner cet interdit en créant une simple société de fait.

2. *Irrévocabilité de l'option*

836 L'option est irrévocable et entraîne la soumission à toutes les contraintes, notamment comptables, d'une entreprise commerciale, par exemple le passage de la comptabilité de caisse à une comptabilité d'engagement. Si l'option n'est pas exercée à la création de la société mais au cours de son existence, elle impliquera

une partie des conséquences fiscales d'une cessation d'entreprise (v. ss 1672). L'intérêt de l'option peut résider dans la modicité du taux de l'IS, également dans l'uniformité du mode de gestion qui en résulte pour un groupe dont toutes les filiales seront ainsi soumises au même impôt.

Afin de ne pas pénaliser les sociétés de personnes qui constatent, ultérieurement, que l'option pour l'assujettissement à l'impôt sur les sociétés se révèle inadaptée, l'article 239 du CGI prévoit la possibilité pour elles de renoncer à cette option. Cette renonciation est irrévocable.

3. *Sociétés civiles à objet commercial*

837 Les sociétés civiles qui se livrent à une exploitation ou à des opérations commerciales sont passibles de l'IS en vertu de l'article 206-2. Cette règle apparaît comme un épouvantail destiné à éviter le détournement de structure juridique. Si une société civile patrimoniale donne en location des locaux tout équipés, elle se livre à une activité commerciale, et elle n'échappera à l'IS – par tolérance administrative – que si la part commerciale de son activité n'excède pas 10 % des recettes totales hors taxes.

4. *Bénéfices de certains associés*

838 De façon plus complexe mais selon la même logique de dissuasion la loi assujettit à l'IS la part de bénéfices des associés qui ne sont pas indéfiniment responsables ou dont les nom et adresse n'ont pas été communiqués à l'administration.

5. *Associations à activité lucrative*

839 Les associations qui se livrent à une exploitation ou à des opérations de caractère lucratif sont, par principe, soumises à l'IS, par application de l'article 206-1 du CGI, qui est une illustration du principe de l'égalité devant les charges publiques. En revanche, l'administration précise (BOI-IS-CHAMP-10-50-10-20-07/06/2017) qu'une association échappera aux trois impôts commerciaux (impôt sur les sociétés de droit, cotisation foncière des entreprises,

ainsi que le cas échéant la cotisation sur la valeur ajoutée des entreprises [CVAE] et la taxe sur la valeur ajoutée) si elle peut être considérée comme un organisme non lucratif. Pour ce faire, elle doit remplir deux conditions : être désintéressée (a) et ne pas entrer en concurrence avec le secteur commercial dans des conditions de gestion similaires (b).

a. *Une gestion désintéressée*

840 Sa gestion doit être désintéressée (CGI, art. 261, 7-1°-d), c'est-à-dire qu'elle doit être gérée à titre bénévole par des personnes dépourvues d'intérêt direct ou indirect dans les résultats de l'exploitation ; elle ne doit procéder à aucune distribution directe ou indirecte de bénéfices et ses membres ne doivent pas pouvoir être déclarés attributaires d'une part quelconque de l'actif.

b. *Son activité ne doit pas entrer en concurrence avec le secteur commercial dans des conditions de gestion similaires*

841 Il résulte de la jurisprudence et de la doctrine administrative qu'en cas de gestion désintéressée, le caractère lucratif d'un organisme ne pourra être constaté que si celui-ci concurrence des organismes du secteur lucratif et exerce son activité dans des conditions similaires à celles des entreprises commerciales. Le Conseil d'État estime ici que la concurrence paraît lorsqu'une entreprise commerciale exerce une activité identique à celle de l'association, dans la même zone géographique d'attraction et en visant le même public. Même si l'association remplit ces conditions, elle peut néanmoins échapper à la qualification de lucrative, et donc aux impôts commerciaux, à la condition toutefois de ne pas avoir recours à des procédés publicitaires excédant les stricts besoins de l'information du public (CE 13 févr. 2013, *Assoc. Groupe de plongée de Carantec*, n° 342953, *RJF* 2013, n° 5, n° 472). L'administration fait ici appel à la règle dite des « 4 P » pour apprécier si l'organisme exerce son activité dans des conditions similaires à celles d'une entreprise. Cela revient à utiliser un faisceau d'indices constitué du « Produit » proposé par l'organisme, du « Public » bénéficiaire, des « Prix » pratiqués, et de l'éventuel recours à la « Publicité » ou à d'autres pratiques commerciales.

842 L'association sera considérée comme exerçant une activité lucrative accessoire et, comme telle, exonérée d'IS, si elle remplit trois conditions : sa gestion doit être désintéressée, ses activités non lucratives doivent rester prépondérantes, et le montant des recettes d'exploitation provenant des activités lucratives ne doit pas, au titre d'une année civile, excéder 72 000 euros HT, seuil soumis à indexation annuelle.

Si l'impôt est unique, le mode d'assujettissement varie.

6. *Trusts et fiducies*

843 Une tradition juridique anglo-saxonne qui remonterait aux Croisades a développé l'institution du trust, qui s'analyse comme un acte juridique par lequel une personne physique ou morale transfère des biens à cette institution et en confie le contrôle à un tiers. À partir de ce socle commun, s'est développée une arborescence de variantes, inventées pour répondre à des besoins particuliers : le trust peut être révocable ou irrévocable, il peut être transgénérationnel pour gérer un patrimoine familial en supprimant l'étape de la succession, s'il est irrévocable il s'apparente à une donation notamment dans le domaine charitable. Sa ductilité a été mise à profit dans le domaine de l'optimisation fiscale, et le législateur fiscal français éprouve quelques difficultés à l'appréhender. L'article 792-0 *bis* du CGI donne une grille de conversion de ses concepts, notamment pour l'application des droits de mutation (v. ss 1465 s.), et l'article 792 *bis* développe des règles comparables pour la transposition nationale de l'institution qu'est la fiducie (C. civ., art. 2011 s.). Le but ainsi poursuivi est d'appréhender la réalité économique de l'institution, au-delà de l'apparence juridique. S'agissant des produits distribués par le trust, ils seront qualifiés de revenus de valeurs mobilières étrangères et taxés comme tels (v. ss 632). La fiducie est régie par un principe de neutralité, les profits sont rapportés et imposés au niveau du constituant.

SECTION 4

Les rémunérations des dirigeants de sociétés

844 Le régime fiscal de cette rémunération va dépendre directement du statut de la société dirigée. Si c'est une société de personnes, elle est fiscalement transparente (v. ss 823), par conséquent ce sont ses associés qui sont imposés au prorata des bénéfices réalisés, en revanche des collaborateurs non associés seront considérés comme salariés.

845 Si la société est une société de capitaux, elle est assujettie à l'impôt sur les sociétés (v. ss 829). Les rémunérations qu'elle verse à ses dirigeants relèvent de deux catégories, les traitements et salaires (1) et les revenus de capitaux mobiliers (2).

1. *Les traitements et salaires*

846 Sont qualifiées de salaires les rémunérations versées, dans une société anonyme, au président du conseil d'administration, au directeur général ainsi qu'aux membres du directoire. Dans une SARL, le régime est unifié depuis le 1er janvier 1997, tous les gérants ont dorénavant le régime fiscal de salariés, même s'ils sont majoritaires. Ce régime a été simultanément étendu aux gérants commandités des sociétés en commandite par actions, il est aussi celui du président d'une SAS. Toutefois cette rémunération ne doit pas être excessive et correspondre à un travail effectif : lorsque tel n'est pas le cas, la fraction excessive de la rémunération est considérée comme une distribution occulte et est imposée dans la catégorie des revenus de capitaux mobiliers. S'il perçoit des « *stock-options* », elles sont assimilées à du salaire (v. ss 217).

2. *Les revenus de capitaux mobiliers*

847 La catégorie des revenus de capitaux mobiliers n'englobe plus, hormis les jetons de présence versés aux administrateurs (v. ss 974), que les rémunérations versées au président et au vice-président du conseil de surveillance d'une société anonyme.

848 De manière pérenne, le régime des revenus professionnels est envisagé dans une logique d'entreprise, le législateur fiscal se montrant de plus en plus soucieux d'encourager au développement de celle-ci. Le développement des revenus non professionnels et la sophistication croissante des formes de placements font apparaître une technicité comparable.

Bibliographie

BELTRAME (Pierre), « L'apparition de l'impôt sur les sociétés et l'unification de l'impôt sur le revenu », in *Histoire du droit des finances publiques*, t. II, Economica, 1987, p. 91 à 154.

BORNHAUSER (Marc), « Fiscalité du trust : entre Transparence et Opacité », *Dr. fisc.* 2024. 38, comm. 333.

CHAPPERT (André), « La notion de personnalité morale en droit fiscal », *Defrénois* 2000. 37248.

COZIAN (Maurice), « Images fiscales : transparence, semi-transparence, translucidité et opacité des sociétés », *LPA* 1996, n° 11, p. 5 à 7.

COZIAN (Maurice), « Un odieux "traquenard fiscal" : l'assujettissement à l'impôt sur les sociétés des sociétés civiles à objet commercial », *Bull. Joly*, 1996, n° 2, p. 103.

COZIAN (Maurice) et PEGNELIN (Anne-Sophie), « Un "sac d'embrouilles" : le régime fiscal des sociétés de personnes relevant de l'impôt sur le revenu », *Dr. fisc.* 1994, n° 5, p. 205 à 216.

DEROUIN (Philippe), « La transparence fiscale de la société de personnes ou la fin programmée du sac d'embrouilles », in *Mélanges Maurice Cozian*, Litec, 2009, p. 355 à 374.

GROSCLAUDE (Jacques) et MARCHESSOU (Philippe), « Sur le caractère volontaire de l'assujettissement des sociétés à l'impôt », in *Mélanges Alfred Rieg*, Bruylant, 2001, p. 417 à 425.

OUDENOT (Philippe), *Fiscalité approfondie des sociétés*, Litec, 7e éd., 2024, 986 p.

OUDENOT (Philippe), *Fiscalité des sociétés et des restructurations*, LexisNexis, 4e éd. 2018, 661 p.

VARII AUCTORES, « L'insécurité fiscale des entreprises : France, Union européenne, États-Unis », *Dr. fisc.* 2013, n° 18-19, p. 10 à 38.

CHAPITRE 2

Les différents modes d'assujettissement à l'IS

849 La loi fixe un régime général (Section 1) et cinq régimes particuliers (Section 2).

SECTION 1

L'alternative entre les régimes du réel normal et du réel simplifié

850 À l'instar des BIC (v. ss 308) mais de façon plus réduite, le régime général d'imposition, qui est le régime du réel normal (§ 1), se double d'un régime simplifié (§ 2), en revanche il n'existe pas de régime micro. Pour les raisons d'égalité et de neutralité déjà évoquées (v. ss 830) ces régimes prescrivent les mêmes obligations qu'aux contribuables BIC, il est par conséquent expressément renvoyé à leur évocation (v. ss 271). L'article 218 A du CGI prévoit que l'impôt est établi au lieu du principal établissement, l'administration pouvant lui préférer le siège social ou celui de la direction effective de l'entreprise.

§ 1. Le régime du réel normal

851 Il s'applique obligatoirement aux sociétés dont le chiffre d'affaires annuel dépasse 840 000 euros hors taxes pour les entreprises de vente et de fourniture de logement et 254 000 euros hors taxes pour les autres activités, essentiellement de prestation de services. Il est offert par option aux sociétés qui réalisent un chiffre d'affaires inférieur.

§ 2. Le régime du réel simplifié

852 Il s'applique de plein droit aux petites et moyennes entreprises, c'est-à-dire celles dont le chiffre d'affaires est inférieur aux seuils précités, et il se caractérise simplement par un allègement des formalités fiscales à accomplir.

SECTION 2
Les régimes particuliers d'assujettissement

853 En fonction de la diversité des personnes morales concernées et de certaines préoccupations de politique économique cinq régimes particuliers ont été créés.

§ 1. Les sociétés à responsabilité limitée de caractère familial

854 Elles constituent la principale exception à l'irréfragable présomption d'IS que la loi attache aux sociétés commerciales. En effet l'article 239 *bis* AA leur permet d'opter pour le régime fiscal des sociétés de personnes (v. ss 823) si elles remplissent deux conditions :

– exercer une activité industrielle, commerciale, artisanale ou agricole, ce qui exclut les SARL à activité civile ou libérale ;

– et être formée uniquement entre personnes parentes en ligne directe (grands-parents, parents, enfants), et/ou entre collatéraux jusqu'au deuxième degré (frères et sœurs), ainsi que leurs conjoints, mariés ou pacsés. Toutes ces personnes peuvent être associées simultanément mais le caractère familial de la société, et corrélativement la possibilité d'option, cessent avec la présence au capital de personnes qui ne remplissent plus cette condition.

855 C'est à l'unanimité des associés que doit être exercée l'option, en vertu de laquelle chaque associé sera imposable sur sa quote-part de bénéfices dans le cadre de son revenu global ; cette option est révocable dans les mêmes formes, mais le retour dans le giron de l'IS exclut pour l'avenir toute possibilité de nouvelle option.

§ 2. Les entreprises unipersonnelles à responsabilité limitée (EURL)

856 Ce sont des SARL à associé unique.

Si cet associé est une personne physique l'EURL n'est pas soumise à l'IS, elle relève du régime fiscal des sociétés de personnes (v. ss 823). Toutefois l'option pour l'IS est possible, dans ce cas la rémunération professionnelle de l'associé unique sera traitée comme celle du gérant majoritaire de SARL, autrement dit l'article 62 du CGI lui appliquera les règles d'imposition des salaires.

857 Si l'associé unique est une personne morale la loi impose l'assujettissement de l'EURL à l'impôt sur les sociétés. Le législateur a entendu en effet prohiber la possibilité, pour un groupe, de donner à ses filiales le statut d'EURL transparente dont la société mère serait l'unique associée, et qui récupérerait ainsi le résultat de chacune de ses filiales, procéderait à une compensation entre ces résultats et ne serait imposée que sur leur synthèse. Cette formule fut très utilisée au moyen de sociétés en nom collectif (SNC), par exemple dans l'hôtellerie, elle a perdu aujourd'hui l'essentiel de son attrait avec l'édiction du régime de l'intégration fiscale (v. ss 1035).

§ 3. Les sociétés immobilières

858 Elles constituent un vaste monde, dans lequel se côtoient des structures aux ambitions variées par rapport au critère de la commercialité.

A. Les sociétés civiles immobilières de construction-vente

859 Elles ont pour objet la construction d'immeubles en vue de la vente. Si ses statuts rappellent cet objet et qu'elle n'est pas constituée en société de capitaux une telle société sera exemptée d'IS sans possibilité d'option. Comme les SNC effectuant les mêmes opérations, ce sont les associés qui sont imposés en proportion de leurs droits, respectivement à l'impôt sur le revenu ou à l'IS selon leur régime fiscal.

B. Les sociétés civiles immobilières patrimoniales

860 Elles acquièrent ou construisent des immeubles mais pour les gérer. Leur statut et leur activité, tous deux civils, en font des sociétés transparentes, dont l'obligation annuelle se limitera au dépôt d'une déclaration de résultats. Si elles exercent une activité de caractère commercial, elles relèvent de l'IS (CE 22 déc. 2021, *SCI El Khomssi*, n° 451005, *Dr. fisc.* 2022. 13, comm. 169, note J.-L. Pierre).

C. Les sociétés de copropriété immobilière

861 Elles ont pour objet l'acquisition ou la construction d'immeubles en vue de leur attribution aux associés en propriété ou en jouissance exclusive. Aux termes de l'article 1655 *ter* du CGI, elles sont réputées dépourvues de personnalité juridique et considérées par conséquent comme transparentes d'un point de vue fiscal, même si elles empruntent la forme d'une société de capitaux. Elles sont simplement astreintes au dépôt d'une déclaration annuelle qui indique la part de chaque associé dans les éventuels revenus sociaux et dans

les différentes charges supportées par la société au titre de ses immeubles (frais de gestion, d'entretien, d'emprunts, etc.).

D. Les sociétés civiles de placement immobilier (SCPI)

862 Elles ont pour objet exclusif l'acquisition et la gestion d'un patrimoine immobilier locatif, généralement en faisant publiquement appel à l'épargne. L'article 239 *septies* les exclut du champ d'application de l'IS et leur transparence aboutit à répartir leur résultat entre les associés en l'imposant chez eux dans la catégorie des revenus fonciers.

§ 4. Les groupements d'intérêt économique (GIE) et les groupements européens d'intérêt économique (GEIE)

863 Ils regroupent généralement des entreprises pour gérer leur communauté d'intérêts dans une mission temporaire (un chantier par exemple). Cette structure, qui est dotée de la personnalité morale, est considérée comme fiscalement transparente. Si jamais elle réalise des bénéfices, ce qui n'est pas sa vocation, ce bénéfice sera imposé chez chaque membre au prorata de ses droits dans le groupement, à l'instar de la situation des associés d'une société de personnes relevant de l'impôt sur le revenu (CGI, art. 239 *quater*). Le GEIE réunit des partenaires de différents États de l'Union, l'extranéité qui en résulte rendra évidemment plus complexe l'accomplissement de ses obligations fiscales et de celles de ses membres.

§ 5. Les entreprises nouvelles

864 Tout comme les entreprises individuelles soumises aux BIC sous un régime réel d'imposition, elles peuvent bénéficier d'un allègement de l'impôt dû au titre de leurs cinq premières années d'activité. Le régime varie avec le temps mais sa perpétuation

caractérise la volonté de l'État, dans un environnement néolibéral, d'inciter à la création d'entreprises. Jusqu'au 31 décembre 2027, l'article 44 *sexies* réserve ce régime de faveur aux entreprises qui ont choisi de s'implanter dans les zones dites « d'aide à finalité régionale », dans les zones de revitalisation rurale et dans les zones de redynamisation urbaine. Elles bénéficient alors d'une exonération dégressive, totale pour les bénéfices des vingt-trois premiers mois suivant celui de leur création, puis de 75 %, 50 % et 25 % pour les bénéfices réalisés respectivement au cours de chacune des périodes suivantes de douze mois.

865 Pour bénéficier de ce régime l'entreprise doit d'abord exercer une activité industrielle, commerciale ou artisanale (non commerciale si elle est exercée par une société assujettie à l'IS). Elle doit ensuite être réellement nouvelle, puisque la loi exclut les entreprises créées dans le cadre d'une concentration, d'une restructuration, d'une extension d'activités préexistantes ou qui reprennent de telles activités. L'administration fiscale développe une interprétation extensive de cette disposition pour écarter du bénéfice de la mesure les entreprises franchisées ou liées par un contrat d'exclusivité avec une société plus ancienne, le juge ne la suit pas pour une entreprise qui, après sa création, reprend un contrat, une activité ou une autre entreprise dès lors que tel n'était pas le but premier de cette création

866 Dans la mesure où l'entreprise nouvelle est une société, son capital ne doit pas être détenu, directement ou indirectement, pour plus de 50 % par d'autres sociétés, tant en ce qui concerne les droits de vote que les droits à dividende. L'article 44 *sexies* II considère comme établie cette détention indirecte, notamment dans chacun des trois cas suivants :

– un associé exerce en droit ou en fait une fonction de direction ou d'encadrement d'une autre société, à l'activité similaire ou complémentaire ;

– un associé détient avec les membres de son foyer fiscal 25 % au moins des droits sociaux dans une autre entreprise.

867 Le caractère de nouveauté de l'entreprise doit donc être particulièrement authentique mais l'abondante jurisprudence suscitée par la portée de ces dispositions a révélé que l'administration avait eu

tendance à reprendre d'une main ce que le législateur avait offert de l'autre.

868 Le bénéfice de ce régime de faveur est important pour l'entreprise parce qu'il conditionne parfois l'octroi d'une exonération de contribution économique territoriale et de taxe foncière lorsque la loi le permet et que les collectivités territoriales prennent une délibération générale en ce sens (v. ss 1849 s.). Dans le même esprit, le législateur a prévu des régimes d'exonération temporaire de bénéfices. Les sociétés créées avant le 31 décembre 2021 pour la reprise d'entreprises ou d'établissements industriels en difficulté (CGI, art. 44 *septies*), peuvent ainsi bénéficier d'une exonération d'IS à raison des bénéfices réalisés au cours de leurs vingt-quatre premiers mois d'activité. Les PME implantées en zone franche urbaine avant le 31 décembre 2020 (CGI, art. 44 *octies* A), bénéficient d'une exonération totale d'impôt sur les bénéfices pendant soixante mois puis d'un abattement dégressif de 60 % pour les bénéfices réalisés au cours des sixième à dixième année, 40 % entre la onzième et la douzième année et 20 % pour les bénéfices réalisés au cours de la treizième et de la quatorzième année suivant la date de création. Le montant du bénéfice exonéré ne peut pas dépasser 100 000 euros par période de douze mois. Les bénéfices provenant d'activités créées par les entreprises, dans les bassins d'emploi à redynamiser (pendant quatre-vingt-quatre mois) et dans les zones de revitalisation rurale (pendant huit ans) avant le 31 décembre 2020 (CGI, art. 44 *quindecies*) et dans les zones de restructuration de la défense (pendant trois ans) peuvent également bénéficier d'une exonération d'impôt sur le revenu ou d'impôt sur les sociétés.

869 Les jeunes entreprises innovantes (CGI, art. 44 *sexies*-0 A) sont des PME créées depuis moins de huit ans, elles ont réalisé un chiffre d'affaires annuel inférieur à 50 millions d'euros ou leur total de bilan est inférieur à 43 millions d'euros. Leur capital est détenu de manière continue à hauteur de 50 % au moins par des personnes physiques (dont 10 % par des étudiants ou jeunes diplômés titulaires d'un master ou d'un doctorat depuis moins de 5 ans), par certaines entreprises du secteur du capital-risque ou par des associations ou fondations reconnues d'utilité publique à caractère

scientifique ou encore par des établissements publics de recherche et d'enseignement. Elles vont bénéficier d'une exonération totale des bénéfices réalisés au titre du premier exercice ou de la première période d'imposition bénéficiaire, tandis que les bénéfices réalisés au cours de l'exercice suivant ne seront imposables que pour la moitié de leur montant. Le bénéfice de cette exonération est subordonné à l'engagement qu'elles prennent d'engager au cours de chaque exercice des dépenses de recherche et de développement représentant au moins 15 % de leurs charges fiscalement déductibles. Son application ne vaut en principe que pour les activités exercées sur le territoire français.

§ 6. Les exonérations liées à l'aménagement du territoire

870 Le législateur a institué différents régimes destinés à favoriser l'implantation d'entreprises. Ils ont en commun de privilégier l'implantation dans des zones franches urbaines (CGI, art. 44 *octies* A) ou dans des zones d'aides à finalité régionale.

871 Ces allègements fiscaux peuvent être qualifiés d'**aides d'État**, par conséquent ils doivent être compatibles avec les articles 107 et 108 du TFUE. Selon les cas et leur importance, elles bénéficient du règlement d'exemption (CE 800/2008), autrement dit ces allègements peuvent être accordés sans autorisation de la Commission ou bien, en raison de leur faible montant, lesdits allègements relèvent du règlement dit « *de minimis* ». Rares sont les allègements fiscaux qui doivent être notifiés à la Commission avant leur mise en œuvre. Tous les États de l'Union ont adopté des régimes comparables.

Bibliographie

Andrier (Thierry), *Les sociétés civiles immobilières*, LexisNexis, 2016, 287 p.

Negrin (Olivier), « Le contrôle fiscal des sociétés civiles immobilières », in *Mélanges Christian Louit*, Bruylant, 2016.

CHAPITRE 3

Les conditions d'application territoriale de l'impôt sur les sociétés

872 La délimitation du champ d'application de l'IS passe par le volet territorial, lui-même soumis à l'alternative de la présence ou de l'absence d'une convention internationale (SECTION 1). Elle s'accompagne du déploiement de mesures destinées à lutter contre l'évasion fiscale internationale (SECTION 2).

SECTION 1

L'alternative générale : présence ou absence d'une convention internationale

873 Le législateur fiscal français délimite le territoire d'application de l'impôt et les critères d'assujettissement (§ 1) mais ces règles s'effacent en présence d'une convention internationale (§ 2), conformément à l'article 55 de la Constitution (v. ss 55).

874 L'article 209-I du CGI trace les contours de cette délimitation en précisant que les bénéfices seront imposés à l'IS « en tenant compte uniquement des bénéfices réalisés dans les entreprises exploitées en France ainsi que de ceux dont l'imposition est attribuée à la France par une convention internationale relative aux doubles impositions ».

§ 1. Les règles applicables en l'absence de convention fiscale internationale

875 La règle s'applique bien entendu aux contribuables étrangers comme aux contribuables français et elle déconcerte par son originalité puisque la France est à peu près le seul État développé qui la pratique ; ses partenaires lui préfèrent une conception mondiale, qui part du contribuable établi dans l'État, et l'impose sur l'ensemble de son résultat, quel que soit le territoire de sa réalisation. La révision de la conception française et son alignement ne sont pas vraiment à l'ordre du jour, en raison de sa place subsidiaire par rapport à la conception développée par les conventions bilatérales.

876 A partir de cette seule règle législative le juge fiscal a développé les cas de figure correspondant à une imposition en France ou à une imposition à l'étranger, selon le territoire d'exercice de l'activité. Ce sont respectivement les notions d'établissement (A), de représentant (B) et de cycle commercial complet (C).

A. L'établissement

877 Il s'analyse comme une installation matérielle plutôt durable qui abrite la réalisation d'opérations économiques destinées à générer des profits. Cette structure est dépourvue d'autonomie juridique vis-à-vis de l'entreprise (à la différence d'une filiale) mais elle constitue un centre de profit autonome puisqu'elle dégage des résultats identifiables séparément de ceux réalisés par l'entreprise mère. Le vocable d'établissement recouvre ainsi un comptoir de vente, une unité de production industrielle ou un chantier. Il ne

s'applique en revanche pas à un bureau d'achat ou d'analyse d'un marché étranger qui ne sont qu'une émanation de la maison mère sans dégager des profits propres.

B. Le représentant

878 Il est un établissement à lui tout seul : préposé de l'entreprise il agit dans un État étranger pour le compte de celle-ci. Il doit être soigneusement distingué du simple collaborateur commercial, envoyé pour recueillir des commandes sans engager pour autant la société, mais aussi du représentant autonome à l'étranger – commissionnaire ou importateur – qui constitue une entreprise totalement distincte sur le plan fiscal de l'entreprise mère. Le représentant est un mandataire qui agit pour le compte de l'entreprise avec une certaine autonomie mais dont les actes engagent celle-ci.

C. Le cycle commercial complet à l'étranger

879 Il correspond à un ensemble d'opérations commerciales qui s'enchaînent pour former une activité complète dans un autre État. Cet ensemble est généralement ordonné autour de l'axe achat-revente mais doit avoir été exécuté hors de France dans son intégralité pour échapper à l'application de l'IS français. Si la gestion des opérations est assurée depuis la France, le juge de l'impôt refusera de détacher ce cycle commercial de l'orbite fiscale française, ainsi des bénéfices tirés par une société française de la revente en Afrique occidentale de vins achetés par elle en Tunisie (CE 14 mars 1979, *RJF* 5/79, p. 166), faute de quoi ces bénéfices n'auraient été imposés nulle part puisqu'aucun autre État n'aurait pu en avoir connaissance, le cycle commercial étant articulé sur au moins deux États.

Dans ces trois situations le fisc français est fondé à considérer :

– que le bénéfice est imposable en France si l'entreprise étrangère l'y a réalisé ;

– et qu'il est imposable à l'étranger si c'est là que l'entreprise française l'a réalisé.

880 S'agissant des pertes constatées à l'étranger, le juge admet que le contribuable français puisse déduire une perte réalisée par sa succursale à l'étranger, dans la mesure où l'activité qu'elle y réalisait devait permettre le développement de l'activité en France (CE 16 mai 2003, *Sté télécoise*, n° 222956, *Dr. fisc.* 2003, n° 30-35, comm. 582, concl. M.-H. Mitjaville ; CE 18 juill. 2018, *BNP*, *Dr. fisc.* 2018, n° 48, comm. 485, concl. E. Bokdam-Tognetti).

Les solutions données par les conventions bilatérales ne seront pas très différentes.

§ 2. L'incidence des conventions internationales

881 Le traité bilatéral reflète la volonté commune des parties, essentiellement pour lutter contre la double imposition juridique (v. ss 59 s.). Il n'y parviendra pas toujours et ne résoudra pas tous les cas, notamment si l'État partenaire de la France est un État fédéral (A) ; la solution des conflits consiste à privilégier une conception commune de la notion d'établissement stable (B). L'ensemble s'insère dorénavant dans le réseau supérieur créé par les conventions multilatérales (C).

A. La portée d'une convention internationale

882 Elle dépend de la volonté sous-jacente au moment de sa signature mais aussi, après sa ratification, au moment de son application quotidienne. Le texte ne peut pas résoudre tous les cas de double imposition tant l'imagination des contribuables est féconde pour créer des situations inédites, et la commission bilatérale généralement prévue par le traité éprouvera quelques difficultés pour dégager une solution.

883 Si l'État partenaire de la France est fédéral et que les collectivités fédérées y sont titulaires d'un pouvoir autonome d'imposition des bénéfices reconnu par la constitution fédérale, les dispositions de la convention ne lieront pas toujours les collectivités fédérées et ne les empêcheront pas de créer ou maintenir une imposition en

contradiction avec le principe de lutte contre les doubles impositions affiché par la convention. Ainsi de l'État de Californie qui prétendait soumettre à ses propres critères de territorialité de son propre impôt sur les bénéfices les filiales et succursales d'entreprises non américaines installées sur son sol, en contradiction avec les conventions bilatérales passées par les États-Unis avec le Japon, le Royaume-Uni, l'Allemagne et la France. En revanche, les conventions passées par la Suisse engagent les cantons et les communes.

884 Le Conseil d'État estime que ces conventions présentent un caractère subsidiaire (v. ss 70) ; en d'autres termes, leur supériorité dans la hiérarchie des normes vaut pour leur fonction de lutte contre la double imposition ; en revanche, elles ne peuvent pas fonder par elles-mêmes un régime d'imposition (CE, ass., 28 juin 2002, *Sté Schneider Electric*, *Dr. fisc.* 2002, n° 36, comm. 657). Cette compétence demeure l'apanage du législateur national, et ce n'est qu'en cas de contradiction entre les dispositions nationales et les mécanismes de lutte contre la double imposition contenus dans la convention que cette dernière prévaudra. Cette analyse du juge vaut même lorsque c'est la convention qui définit elle-même les critères d'assujettissement (pour la convention franco-belge, CE 11 avr. 2008, *Cheynel*, n° 285583, *RJF* 7/08, n° 769). En revanche, le juge lui préfère parfois une application littérale, qui débouche sur une solution plus rigoureuse pour le contribuable que celle résultant de l'application de la loi nationale (CE 12 mars 2014, *Sté Céline*, n° 362528 ; v. ss 950). Cette solution peut être justifiée par le principe de primauté du droit international, et partant de supériorité des conventions (sur la loi), mais elle est alors en contradiction avec le concept de subsidiarité (v. ss 208) de ces mêmes conventions, tel que développé par le juge fiscal (CE 7 juin 2017, *Sté LVMH*, *Dr. fisc.* 2017, n° 36, comm. 430).

885 Faute d'une réflexion globale et d'une évolution de la jurisprudence vers un ensemble plus harmonieux et plus sécurisant, le juge de l'impôt administratif semble osciller entre des positions contradictoires. Affirmer que la convention est subsidiaire et ne peut donc pas instituer de régime d'imposition satisfait au principe constitutionnel de la légalité de l'impôt. Mais si les États

conviennent d'adopter une convention qui organise le régime d'imposition, alors sa ratification devrait être précédée d'une modification de la Constitution, conformément à son article 54, afin d'abolir ce principe – ce qui semble relever de l'hypothèse d'école. Quant à l'interprétation simplement littérale de la convention, elle peut déboucher sur la mise en œuvre d'un régime plus rigoureux pour le contribuable, et dans ce cas violer le principe de non-aggravation qui n'est, objectivement, qu'un pseudo-principe. Elle peut aussi déboucher sur une double exonération, ce qui heurte le principe constitutionnel d'égalité devant les charges publiques et porte atteinte à la fonction même des conventions, qui est simplement d'éliminer la double imposition juridique. Le débat est exempt de médiocrité mais il appelle des solutions qui participent à l'édification d'une jurisprudence cohérente. Le développement des situations fiscales transnationales et la multiplication corrélative des clauses anti-abus militent en tout cas pour l'abandon du dogme de la subsidiarité (CE 13 mars 2025, *Sté Rubis*, n° 488080, *Dr. fisc.* 2025. 26, comm. 239, concl. B. Lignereux et note S. de Monès et V. Camatta).

886 Le travail d'élimination n'est donc jamais parfait mais la définition commune de critères est le gage de l'efficacité de chaque convention. Celle-ci est renforcée par l'insertion croissante du concept de **bénéficiaire effectif**, auquel sont réservés les bénéfices de la convention, dans le souci de combattre les comportements abusifs des contribuables (par ex. : CE 20 mai 2022, *Sté Planet*, n° 444451, *Dr. fisc.* 2022. 30, comm. 291, concl. C. Guibé, note Ph. Martin ; *Dr. fisc.* 2022. 24, act. 232, note D. Gutmann et S. Austry). Le juge a tendance à considérer la convention comme un de ses textes de références, qu'il articule avec la loi, sans attribuer une portée supérieure à la disposition technique. Aussi considère-t-il, en l'absence de double imposition juridique, que les crédits d'impôt conventionnels non utilisés ne peuvent être reportés sur un exercice ultérieur (CE 8 mars 2023, *Sté Natixis*, n° 456349, *Dr. fisc.* 2023, n° 11-12, act. 97). De même, dans l'arrêt *Faurecia*, il a jugé qu'un crédit d'impôt issu d'une convention n'a pas vocation à être remboursé et ne peut faire l'objet que d'une simple imputation. Enfin, dans la même logique, le Conseil d'État estime que la convention franco-luxembourgeoise n'exclut pas la possibilité,

prévue par l'article 122 du CGI, de déduire l'impôt acquitté dans l'autre État d'un revenu imposable en France (CE 15 mars 2023, n° 449723, *Dr. fisc.* 2023, n° 13, act. 108). Parfois, le juge français prend en considération les dispositions légales de l'autre État pour considérer que le bénéfice de la convention ne trouve pas à s'appliquer, par exemple si le résident fiscal de l'autre État, au sens de la convention, est exempté d'impôt par application de sa loi nationale (CAA Paris 28 juin 2024, *SAS Mega International*, n° 23PA00103, *Dr. fisc.* 2024. 42-43, comm. 355). Il estimera que si une personne a son domicile en France par application des articles 4 A et 4 B du CGI, alors la possibilité d'être considéré comme résident de l'autre État n'a aucune incidence utile (CE 5 févr. 2024, *AXA*, n° 469771).

887 L'ombre portée du droit de l'Union n'est jamais très loin et s'impose parfois pour résoudre une situation sur laquelle la convention est muette. Ainsi, le juge fiscal estime qu'une société cesse totalement d'être soumise à l'IS français lorsqu'elle transfère son siège social dans un autre État membre de l'Union. Par voie de conséquence, ses résultats doivent être immédiatement imposés en France dans la mesure où il n'y a pas poursuite de l'exploitation en France (CE 29 nov. 2024, *Sté FG Investissements*, n° 473237).

B. La notion d'établissement stable

888 Elle apparaît comme le critère attributif de la recette fiscale à son État d'implantation (CE 7 mars 2016, *Sté Cie internationale des wagons-lits et du tourisme*, n° 371435, *Dr. fisc.* 2016, comm. 591, concl. A. Bretonneau, note E. Meier, R. Torlet et A. Taifer). Toutes les conventions s'accordent sur cette règle et reprennent généralement la définition du modèle OCDE, « une installation fixe d'affaires par l'intermédiaire de laquelle une entreprise exerce tout ou partie de son activité ». L'enracinement de la structure dans le pays pour une certaine durée et avec un but de nature économique apparaît comme le socle commun. La définition s'enrichit parfois d'une liste d'exemples qui recoupe à peu près la conception développée par la jurisprudence sur le fondement de l'article 209-I, à l'exception toutefois de la notion de cycle

commercial complet. Par ailleurs, le Conseil d'État met parfois en lumière une très légère différence entre les notions d'établissement stable et d'entreprise exploitée en France en se fondant sur le critère de l'autonomie de gestion : ainsi, il a été jugé qu'une société britannique qui utilise un chalet en France pour la réalisation de séminaires n'exploite pas d'entreprise au sens de l'article 209, I du CGI car son implantation française ne révèle aucune autonomie de gestion. En revanche, elle possède un établissement stable en France car elle y dispose d'un local permanent constituant une installation fixe d'affaires qui lui permet d'exercer une partie de son activité, par l'entremise de ses salariés (CE 18 oct. 2018, *Sté Aravis business Retreats Ltd*, n° 405468, *Dr. fisc.* 2019, n° 38, comm. 374, concl. É. Crépey). Il peut y avoir établissement stable au sens conventionnel sans qu'il y ait établissement autonome au sens de l'article 209 du CGI.

889 C'est le chantier de construction ou de montage qui donne le plus lieu à variations de texte, il peut ne concerner que des opérations de génie civil ou également de machines, et sa durée minimale variera, selon les conventions, de trois mois à deux ans.

890 Les entrepôts peuvent également susciter des questionnements au regard de leur éventuelle qualification en établissement stable. Selon le paragraphe 4 de l'article 5 du Modèle OCE, il n'y a pas d'établissement stable s'il est fait usage d'installations aux seules fins de stockage, d'exposition ou de livraison de marchandises. À la suite de l'Action 7 du programme BEPS destinée à « empêcher les mesures visant à éviter artificiellement le statut d'établissement stable », le stockage de marchandises des sociétés de vente en ligne n'est plus considéré comme systématiquement accessoire. En effet, selon les nouveaux commentaires du Modèle adoptés par l'OCDE, si une entreprise américaine ou chinoise possède, dans un État (par ex. la France), un entrepôt de très grande taille où travaille un nombre important de salariés dans le but principal d'entreposer et de livrer des marchandises aux clients de cet État, « le paragraphe 4 n'a pas vocation à s'appliquer car les activités d'entreposage et de livraison effectuées par l'intermédiaire de cet entrepôt constituent une partie essentielle des activités de vente et de distribution de l'entreprise et n'ont pas, dès lors, un caractère auxiliaire ». Compte

tenu de cette évolution, un entrepôt géant d'Amazon peut être considéré comme un établissement stable selon les critères de l'OCDE, car il s'agit d'une installation fixe d'affaires utilisée de manière continue pour des activités commerciales. Ainsi, *mutatis mutandis*, certaines juridictions reconnaissent, pour l'application de la fiscalité locale, le statut d'établissement industriel d'un entrepôt géant d'Amazon (CAA de LYON, 2e ch., 21 janv. 2021, n° 18LY03110).

891 Par ailleurs, le développement des entreprises de services utilisant les possibilités d'optimisation offertes, notamment, par la législation irlandaise pour développer leurs affaires sur le continent européen donne lieu à des vives controverses. Dans chaque État où elles réalisent des affaires, elles ont recours à une filiale qu'elles privent de l'essentiel de leur base imposable en récupérant leurs recettes de manière directe ou indirecte au travers de conventions de redevances. Le Conseil d'État a mis un terme aux conséquences de cette pratique par un arrêt du 11 décembre 2020 (plén. fisc., *Conversant International*, n° 420174, *Dr. fisc.* 2021. 4, comm. 117, concl. L. Cytermann, note F. Deboissy et G. Wicker ; note B. Gouthière, *Dr. fisc.* 2021. 1, comm. 1 ; A. Maitrot de la Motte et R. Jaune, « L'invention de l'établissement stable », *Dr. fisc.* 2021. 4, comm. 116 ; G. de la Taille, « Juste imposition des services numériques : l'établissement stable peut être assez souple », *RJF* 2/21, p. 189). Le juge considère que la filiale française d'une société irlandaise, qui décide des transactions et propose l'adoption du dossier à sa mère, constitue un établissement stable en France, puisque si la mère signe le contrat c'est de manière automatique et formelle. En d'autres termes, c'est bien l'établissement stable qui engage réellement la société mère, par conséquent c'est à son niveau que réside la base imposable issue de cette activité. Cette décision marque un tournant au regard de la décision rendue par la cour administrative d'appel de Paris dans une affaire *Google Ireland*, largement comparable (CAA Paris, 25 avril 2019, n° 17PA03067, *Dr. fisc.* 2019, n° 39, comm. 408, concl. A. Mielnik-Meddah). Dans son domaine de compétence qu'est la TVA, la Cour de justice se livre aussi à une analyse fine des critères de l'établissement stable (CJUE 7 avr. 2022, *Berlin Chemie*, aff. C-333/20, *Dr. fisc.* 2022. 43-44, comm. 382, note E. Meier, M. Valeteau et H. El-Rouah).

892 L'avènement du commerce électronique, fondé sur des serveurs difficiles à localiser, tend à rendre évanescent l'établissement stable, sauf à considérer qu'un équipement électronique qui propose à la vente, formalise le contrat et déclenche le paiement et la prestation de services de téléchargement – le tout sans intervention humaine permanente – puisse être un établissement stable. La révision de la convention modèle intervenue en 2017 renforce la définition de l'établissement stable contenue dans l'article 5, afin d'englober de nouveaux schémas, notamment d'entreprises ou d'opérateurs liés (par des accords de commission notamment). D'une manière générale, elle entend réserver le bénéfice de ces dispositions aux « personnes admissibles » (art. 29), afin d'assurer une effectivité d'application et d'éviter tout détournement.

893 La convention peut aussi s'efforcer de lutter contre la non-imposition, au moyen de l'assistance administrative qu'elle organise. Mais le cadre des conventions multilatérales apparaît mieux dimensionné pour faire face à de tels phénomènes.

C. L'apport des conventions multilatérales

894 La convention OCDE-Conseil de l'Europe du 25 janvier 1988 instaurant un échange automatique d'informations entre administrations fiscales nationales, et la convention BEPS du 7 juin 2017 permettant la modernisation de tout ou partie des conventions passées par un État représentent les premières mesures de nature à contrer de manière global le phénomène de l'évaporation fiscale (v. ss 73).

SECTION 2

Les dispositions de lutte contre l'évasion fiscale internationale

895 Le départ entre la fraude et l'évasion est difficile à tracer (v. ss 24) mais les États éprouvent quelque peine à lutter de concert contre

l'excès d'optimisation fiscale qui anime parfois les entreprises multinationales. La chasse aux paradis fiscaux a d'abord été l'œuvre de législations nationales juxtaposées puis en voie de coordination (§ 1), tandis que la chasse aux prix de transfert est une œuvre partiellement coordonnée (§ 2).

§ 1. La chasse aux paradis fiscaux

896 La compétition des économies à l'échelle mondiale met les États en situation de rivalité et se joint à leur désir de souveraineté pour les distraire d'une action harmonisée contre les paradis fiscaux. L'émotion suscitée en son temps par la crise financière a renforcé la portée du classement effectué par l'OCDE, qui place en liste « grise » les États peu coopératifs en matière d'échange d'informations. L'Union européenne a, de son côté, dressé deux listes, la liste noire pour les États qui ne coopèrent pas du tout (16 États ou territoires au 21 févr. 2023), et une liste grise (en annexe 2) pour ceux qui restent peu coopératifs (20 à la même date). Si la situation évolue, au moyen d'accords destinés à effacer ces lacunes, tous les États confrontés à des voisins pratiquant un régime de sous-imposition vont adopter des mesures nationales de prévention qui sont très ressemblantes et auraient pu faire l'objet par conséquent d'une convention multilatérale. Dans la plupart des cas le texte adopté renverse la charge de la preuve, en obligeant le contribuable national à prouver que le flux financier à destination ou en provenance du paradis fiscal est en situation fiscale régulière.

897 Dans le cas de la France, la loi fiscale a prévu cinq mesures principales qui traduisent cet objectif : La présomption du caractère fictif de toute rémunération versée dans un État à fiscalité privilégiée (A), l'imposition en France des résultats d'une filiale implantée dans un paradis fiscal (B), la taxe sur la valeur vénale des immeubles possédés en France par des personnes morales (C), l'imposition en France des sociétés d'artistes (D) et le régime des États et territoires non coopératifs (E).

A. La présomption du caractère fictif de toute rémunération versée dans un État à fiscalité privilégiée

898 Cette présomption est posée par l'article 238 A du Code. La périphrase employée pour désigner un paradis fiscal vise à ne pas froisser la susceptibilité d'États qui refuseraient d'être affublés de cette étiquette désobligeante et que le fisc français entend néanmoins considérer comme tels, à raison du niveau de l'imposition de leurs bénéfices. Le caractère privilégié est avéré lorsque l'imposition est notablement moins élevée qu'en France, c'est-à-dire inférieure d'au moins 40 % à l'imposition française équivalente, il importe peu à cet égard que l'État en question soit lié à la France par une convention.

899 Aux termes de cet article la présomption de fictivité s'applique à toute rémunération de prestation de services, en particulier les intérêts, les produits d'obligations mais aussi les redevances pour cession de brevets ou pour licence d'exploitation d'une marque de fabrique. Ces montants ne seront admis en charges déductibles au regard de l'impôt français « que si le débiteur apporte la preuve que les dépenses correspondent à des opérations réelles et qu'elles ne présentent pas un caractère anormal ou exagéré ». Il appartiendra au contribuable de ruiner cette présomption en apportant ces deux séries de justifications que l'administration ne manquera pas de lui demander (CE 19 avr. 2022, *Sté Gemar Lumitec*, n° 442234 et 442236, *Dr. fisc.* 2022. 37, comm. 327, concl. L. Cyterman). La démarche est difficile pour chaque protagoniste (CE 12 déc. 2023, *Sté Pro'Confort France*, n°s 464740 et 464874, *Dr. fisc.* 2024. 9, comm. 193, concl. C. Guibé et note J.-L. Pierre).

B. L'imposition en France des résultats d'une filiale implantée dans un paradis fiscal

900 Elle est instituée par l'article 209 B, symétrique de l'article 123 *bis* pour les personnes physiques (v. ss 204). Par dérogation exceptionnelle au principe de territorialité la société mère française sera assujettie à l'IS français sur sa part des résultats d'une filiale soumise à une fiscalité privilégiée. Cette disposition déroge également

et de façon délibérée au régime d'exonération des dividendes qu'une société mère reçoit de ses filiales (v. ss 1032), ceci afin d'enlever à un tel montage l'essentiel de son attrait. La filiale installée dans un paradis fiscal a généralement une vocation purement financière, de collecte des fruits des participations (dividendes et intérêts) qui, après soumission à une imposition symbolique dans ce paradis, pourraient remonter à la société mère française en exonération. L'article 209 B s'y oppose dès lors que la filiale ou l'établissement (succursale ou toute autre entité juridique établie ou constituée hors de France) est contrôlé à hauteur d'au moins 50 % par la personne morale française. Ce seuil de détention est ramené à 5 % lorsque l'entreprise concernée agit de concert avec d'autres entreprises françaises en détenant au total plus de 50 % des actions, parts, droits financiers ou droits de vote de l'entité juridique établie hors de France.

901 Cette conception mondialiste de l'imposition s'attaque à tout montage qui aboutit à imposer un bénéfice à l'étranger moins lourdement qu'en France. Afin d'éviter une double imposition mais aussi pour ne pas encourir le reproche d'un comportement inamical vis-à-vis d'États qui réfutent l'étiquette de paradis fiscaux et sont liés à la France par des conventions, l'article 209 B prévoit l'imputation de l'impôt déjà acquitté dans l'État de la filiale sur l'impôt dû en France, « à condition d'être comparable à l'impôt sur les sociétés », et dans la proportion du capital détenu par la société mère.

902 L'ensemble ne constitue pas un piège infernal dans la mesure où les paragraphes II et III de l'article offrent la possibilité au contribuable français d'échapper à la présomption d'évasion en établissant que les opérations de la société établie hors de France « n'ont pas principalement pour effet de permettre la localisation de bénéfices dans un État ou territoire où il est soumis à un régime fiscal privilégié ». Cette condition sera réputée remplie si l'entreprise établie hors de France « a principalement une activité industrielle ou commerciale effective (...) et réalise ses opérations de façon prépondérante sur le marché local ». L'exigence est double et comme telle difficile à satisfaire : ainsi n'y satisfera pas une filiale de production établie dans un paradis fiscal de la zone caraïbe mais destinée à fournir le marché nord-américain.

903 Cette rédaction, issue de la loi de finances pour 2005, est applicable depuis le 1er janvier 2006. Elle avait été rendue nécessaire par un arrêt d'assemblée du 28 juin 2002 (*Schneider Electric*, req. 232 276, *RJF* 10/2002, n° 1080 ; v. ss 881), dans lequel le Conseil d'État avait déclaré cet article inapplicable à une situation régie par une convention fiscale bilatérale qui ne prévoyait pas expressément son application. Il n'était pas davantage conforme au principe communautaire de la liberté d'établissement ni à celui de la liberté de circulation des capitaux. Le texte nouveau n'est pas applicable si l'entité étrangère est établie dans un État de l'Union, sauf pour l'Administration à prouver le caractère artificiel du montage détecté. Parallèlement, l'Administration fiscale française a obtenu l'introduction dans plusieurs conventions bilatérales d'une clause expresse d'applicabilité de cet article. À défaut, le juge analyse les termes de la convention pour y déceler leur compatibilité avec ceux de l'article 209 B (pour la convention franco-mauricienne, CE 13 mars 2025, *Sté Rubis*, n° 488080, *Dr. fisc.* 2025. 26, comm. 239, conl. B. Lignereux et note S. de Monès et V. Camatta).

C. La taxe sur la valeur vénale des immeubles possédés en France par des personnes morales

904 Elle est posée par les articles 990 D à G du CGI. Perçue chaque année au taux de 3 % elle a pour finalité de débusquer les résidents français qui occupent un immeuble en France ou en perçoivent les loyers en échappant personnellement aux impositions françaises normalement dues : le détour par une personne morale dissimulée dans un paradis fiscal leur permet de ne pas supporter la taxe foncière, l'impôt sur la fortune immobilière (IFI) le cas échéant, ainsi que l'impôt sur le revenu foncier s'ils donnent l'immeuble en location (v. ss 1694). La taxe de 3 % ambitionne d'absorber l'essentiel du revenu potentiel de l'immeuble mais le champ d'application que lui impartissait l'administration fiscale s'est trouvé limité par la jurisprudence (CJCE 11 oct. 2007, *Sté Elisa*, aff. C-451/05). Dorénavant la société échappera à cette taxe si son activité en France n'est pas à prépondérance immobilière, ou bien si elle a son siège dans un État lié à la France par une

convention d'assistance administrative en vue de lutter contre la fraude et l'évasion fiscales et révèle l'identité véritable de ses associés. Pour une société luxembourgeoise qui avait effectué un dépôt tardif de sa déclaration alors qu'elle avait déjà dû régulariser sa situation dans le passé, la taxe est due (Com. 4 nov. 2020, n° 18-11.771, *Dr. fisc.* 2021, n° 6, comm. 146, note M. Cretté, S. Déjumné et P. Trédaniel).

905 En dehors de ces situations la taxe s'applique et l'article 990 G prend soin de préciser qu'elle n'est pas déductible de l'impôt sur le revenu ou l'impôt sur les sociétés. La sanction est alors substantielle et dissuasive.

D. L'imposition en France des sociétés d'artistes

906 Elle est organisée depuis 1972 par l'article 155 A du Code. Chaque fois que la prestation en France d'une vedette du monde de la musique, du sport ou du cinéma donne lieu à rémunération au profit d'une société étrangère, la loi présume que ce flux financier appartient en réalité au prestataire vedette, cette somme sera par conséquent imposable en France au nom de ce dernier, même s'il est domicilié hors de France. La présomption ne pourra être ruinée qu'en apportant la preuve que la personne morale étrangère exerce, « de manière prépondérante, une activité industrielle ou commerciale, autre que la prestation de services », elle est en revanche irréfragable lorsque cette personne morale est établie dans un État à fiscalité privilégiée.

907 L'artiste qui se produit en France sera ainsi imposé en France sur la totalité des sommes rémunérant ses prestations, y compris pour l'exploitation de son droit à l'image (CE 28 mars 2008, *Aznavour*, *Dr. fisc.* 2008, n° 17, comm. 293, concl. C. Landais). Le juge se montre sourcilleux face aux tentatives de l'administration de développer une application extensive de cet article (CAA Versailles, 12 mars 2019, n° 17VE01940, *Dr. fisc.* 2020. 37, comm. 365, concl. Ch. Huon, note B. Lhermet et M. Vail). Ainsi, il écarte son application à des redevances perçues par une société néerlandaise pour l'utilisation des marques et logos préalablement cédés par le contribuable, au motif qu'elles ne peuvent pas être regardées

comme la contrepartie d'un service rendu par ce dernier (CE 8 juin 2020, *Vuarnet*, n° 418962 et 418963, *Dr. fisc.* 2020. 41, comm. 401, concl. A. Iljic, note Ch. De la Mardière ; CE 5 nov. 2021, n° 433367, *Dr. fisc.* 2021. 49, comm. 449, concl. E. Bokdam-Tognetti, note O. Fouquet ; *Dr. fisc.* 2021. 6, act. 53, note J.-L. Pierre). Lorsque les conditions d'application de l'article se trouvent remplies, il exige de l'administration qu'elle détermine la catégorie de revenus dans laquelle le rehaussement doit être opéré (CE 4 nov. 2020, *Aubert*, n° 436367, *Dr. fisc.* 2021. 5, comm. 134, concl. K. Ciavaldini, note J.-L. Pierre).

Dans le même esprit de méfiance du juge, il convient de rappeler que, non seulement le Conseil constitutionnel n'a déclaré cette disposition conforme à la Constitution que sous réserve qu'elle n'aboutisse pas à une double imposition (Cons. const. 26 nov. 2010, n° 2010-70 QPC), mais qu'en outre le Conseil d'État en a sérieusement limité le champ d'application puisque celui-ci est circonscrit aux seuls montages purement artificiels (CE 20 mars 2013, *M. et Mme Piazza*, n° 346642, *Dr. fisc.* 2013, n° 20, comm. 282, concl. F. Aladjidi, note Ch. de la Mardière).

908 L'originalité de ces différentes dispositions ne vient ni de leur existence ni de leur organisation – que l'on retrouve chez tous les partenaires de la France – mais de la dimension exceptionnellement mondialiste qu'elles apportent au régime français d'imposition des bénéfices. Les clauses conventionnelles d'assistance administrative permettent d'organiser une application coordonnée de ces mesures nationales, alors que pour la chasse aux prix de transfert la coordination est multilatérale mais peine à fonctionner à raison des enjeux.

E. Le régime des États et territoires non coopératifs

909 Dans la foulée de la résolution du G 20 prise à Londres le 2 avril 2009, d'agir contre les juridictions non coopératives et la réactivation par l'OCDE des listes (noire et grise, dernière actualisation le 4 oct. 2022) établies par elle, dans le droit fil des listes dressées par l'Union (dernière mise à jour le 18 févr. 2025), le législateur a introduit en France cette notion à compter de 2010, codifiée à

l'article 238-0 A du CGI, dans un but de dissuasion. Initialement, un État ou territoire était qualifié de non coopératif lorsque trois conditions cumulatives étaient réunies :

– il n'est pas membre de l'Union européenne ;

– il a fait l'objet d'une évaluation par l'OCDE en matière d'échange d'informations à des fins de vérification de la transparence et de l'échange d'informations ;

– il n'a pas conclu avec la France une convention d'assistance administrative permettant d'échanger tout renseignement nécessaire à l'application de la législation fiscale des parties, ni signé avec au moins douze autres États ou territoires une telle convention.

910 Afin de tenir compte des travaux de l'Union européenne, l'article 31 de la loi n° 2018-898 du 23 octobre 2018 *relative à la lutte contre la fraude* étend le dispositif français aux États inscrits sur la liste de l'Union européenne des pays et territoires non coopératifs à des fins fiscales. Dorénavant, le dispositif français applicable aux ETNC est applicable à une liste regroupant les États et territoires :

– d'une part, déterminés selon les critères français ;

– d'autre part, inscrits sur la liste noire de l'Union européenne.

Par ailleurs la loi du 23 octobre supprime l'exclusion des États membres de l'Union européenne de la liste française des États et territoires non coopératifs.

La liste est établie annuellement par arrêté : celle publiée par un arrêté du 18 avril 2025 comprend treize États (Antigua-et-Barbuda, îles Turques-et-Caïques, Anguilla, Vanuatu, Fidji, Guam, îles Vierges américaines, Palaos, Panama, Russie, Samoa, Samoa américaines, Trinité-et-Tobago). Quant à la sortie de cette liste, elle s'effectue moyennant la signature d'une convention avec la France – il est aisé d'en signer une avec douze autres paradis ! – puisque ces deux séries de démarches entraîneront l'effacement de la liste grise.

911 Vis-à-vis d'un ETNC, la présomption posée par les articles déjà évoqués est alourdie. Ainsi, la preuve exigée du contribuable relativement au caractère normal de l'opération est renforcée dans le cadre des articles 209 B, 123 *bis* et 238 A, tandis que l'obligation

documentaire exigée en matière de prix de transfert est augmentée. Le Conseil constitutionnel estime que ces dispositifs poursuivent un but de lutte contre la fraude fiscale, et la différence de traitement qui en résulte pour une société établie dans un ETNC ne méconnaît pas le principe d'égalité devant la loi, à la condition que le contribuable soit admis à apporter la preuve de l'absence d'intention frauduleuse (Cons. const. 20 janv. 2015, n° 2014-437, QPC).

§ 2. La chasse aux prix de transfert

912 L'expression désigne la technique de délocalisation de la marge bénéficiaire vers un territoire moins imposé à laquelle procède un groupe multinational, soit en obligeant une filiale de production à vendre à bas prix ses produits à une société sœur installée dans un État à imposition plus légère, soit en interposant une filiale implantée dans un paradis fiscal, qui achètera bon marché à la filiale de production et revendra cher, dans un autre État, à la filiale de commercialisation.

913 L'effet recherché est ici l'optimisation fiscale, il peut parfois relever d'une autre stratégie, financière ou boursière par exemple. Pour l'administration fiscale lésée cette pratique est intolérable puisqu'elle aboutit à faire échapper à l'impôt national un flux qui avait vocation à y être soumis du fait de son origine géographique. La parade est donnée par la législation nationale (A) mais les conséquences du phénomène sont suffisamment perverses à l'échelle mondiale pour que l'OCDE s'en préoccupe (B). L'Union s'en est occupée de manière plus technique (C). L'intensification des échanges appelle des solutions d'agrément administratif (D).

A. La réintégration du transfert indirect de bénéfice

914 Ce transfert est réprimé par l'article 57 du Code, qui fournit au fisc une véritable méthodologie d'action.

Pour l'appliquer, l'administration doit établir l'existence de liens de dépendance entre une entreprise française et une entreprise étrangère qu'elle contrôle ou qui la contrôle, soit en droit soit en fait ; la preuve est inutile si la société est implantée dans un paradis fiscal. Elle doit ensuite établir que l'entreprise française a opéré, au profit de son partenaire étranger, un transfert de bénéfices. Si, au cours d'une vérification de comptabilité, elle réunit des éléments qui laissent présumer ce transfert, alors l'article L. 13 B du Livre des procédures fiscales lui permet d'interroger, de manière plus inquisitoriale, l'entreprise concernée pour déterminer la régularité de ses méthodes.

915 Le transfert peut prendre la forme d'achats à prix majorés ou de ventes à prix minorés mais aussi d'une rémunération anormale de prestations de services telles que règlement de commissions ou de redevances excessives, ou bien prestation gratuite de services (CE 23 nov. 2020, *Ferragamo France*, n° 425577, *Dr. fisc.* 2021, n° 13, comm. 198, concl. E. Bokdam-Tognetti ; CAA Paris, 6 juin 2024, n° 22PA03343 et 22PA04258, *Dr. fisc.* 2024. 47, concl. E. Jurin et note R. Desmonts et R. Dalmau).

916 Cette seconde condition donne lieu à de nombreux conflits entre administration et contribuables puisqu'il s'agit d'apprécier une situation de fait. L'administration doit apporter la preuve en comparant « avec des entreprises similaires exploitées normalement », tandis que le contribuable réfutera la pertinence de la comparaison en invoquant la spécificité de sa situation et son libre arbitre pour apprécier le contexte économique (CE 16 mars 2016, *Sté Amycel France*, n° 372372, *Dr. fisc.* 2016, comm. 639, concl. F. Aladjidi, note C. Siberztein et Ngûyen-Lapierre). Ainsi, la société française peut avoir intérêt à vendre à prix coûtant à une filiale étrangère pour permettre à celle-ci de conquérir une place sur le marché et lui fournir ainsi l'opportunité de commercialiser des pièces détachées à forte marge. La jurisprudence est extrêmement abondante sur cette question, elle révèle la difficulté pour le fisc à démêler l'écheveau des affaires transnationales pour y dégager des pratiques illicites. Le prix des produits comme la rémunération des services ne sont pas uniformes et le contribuable insistera sur la complexité des relations qu'il entretient avec ses partenaires pour justifier le montant convenu. La législation a considérablement renforcé les obligations documentaires pesant sur les sociétés, afin de donner à l'administration une connaissance plus fine

de leurs échanges et de leur politique de prix (CE 4 oct. 2021, *SAS SKF Holding et SAS RKS*, n° 443133 et 443130).

917 Si la démonstration de l'administration est fondée, elle redresse le bénéfice imposable en France du montant transféré.

B. L'intervention de l'OCDE

918 Elle se situe en deux temps successifs. Elle a d'abord été provoquée par les dangers générés par la simple juxtaposition de législations nationales en la matière. En effet la répression des prix de transfert suppose un accord des États sur la méthodologie (1) mais aussi sur les conséquences de son application (2). Et puis, depuis 2014, elle développe une méthodologie plus radicale et plus ambitieuse (3).

1. *Méthodologie*

919 Les méthodes de travail adoptées par chaque administration fiscale nationale se caractérisent par une diversité certaine, et l'appareil légal et réglementaire adopté par le Congrès des États-Unis depuis 1986 a permis le développement d'une pratique brutale de l'administration fédérale du revenu (IRS) à l'égard des filiales américaines de sociétés étrangères. L'ampleur de la présomption de fraude pesant sur elles les a conduites à saisir leurs gouvernements et c'est au sein de l'OCDE qu'un travail méthodologique important a permis de limiter les conséquences de cette offensive.

920 Le travail accompli par l'OCDE depuis 1994, et notamment en 2008, consiste d'abord à dresser le catalogue des méthodes de détermination du prix de référence pour apprécier s'il y a transfert : c'est d'abord la méthode comparative du marché de pleine concurrence, qui permet de retrouver le prix qui serait pratiqué pour des transactions comparables entre entreprises indépendantes, c'est également la méthode du prix de revente, qui part du prix de vente final pour en déduire la marge que l'opérateur aurait dû prendre, c'est encore la méthode du prix de revient majoré, qui part du coût de production pour y ajouter la marge bénéficiaire normale qui doit revenir à l'opérateur.

921 De façon pragmatique l'OCDE ajoute que la liste n'est pas exhaustive et que l'administration peut avoir recours à une autre méthode, pourvu qu'elle soit admissible. L'organisation prêche en effet la prudence vis-à-vis d'arrangements de prix anciens entre des entreprises associées. L'influence américaine oriente néanmoins les conclusions de l'OCDE en privilégiant la comparaison des profits plutôt que celle des prix et en suggérant la conclusion d'accords préalables entre l'entreprise et le fisc.

2. *Conséquences*

922 La logique de la répression des prix de transfert implique deux entreprises et deux États. Si le premier État redresse le prix de transfert il augmente le bénéfice imposable de son contribuable, corrélativement la société partenaire installée dans un autre État sera fondée à réclamer à ce dernier une réduction de sa base imposable, soit parce qu'elle est dorénavant réputée avoir acquis ses produits à un prix plus élevé soit parce qu'elle est considérée comme les ayant vendus à un prix moins rémunérateur que dans le schéma initial. En d'autres termes le groupe auquel appartiennent les deux sociétés stigmatise le phénomène de double imposition qui résulte de la répression des prix de transfert par une des administrations fiscales. L'OCDE invite les États à procéder à cet ajustement, qui suscitera quelque réticence à diminuer ainsi ses rentrées d'impôt sur les bénéfices. En poussant plus loin l'analyse l'OCDE montre que cet ajustement fiscal n'est pas suffisant puisque les fonds illégalement transférés dans un autre État n'ont pas réintégré l'entreprise qui les a irrégulièrement versés. Elle suggère de les traiter comme une distribution de bénéfices, qui subiront alors une retenue à la source imputable sur l'impôt dû dans l'État d'arrivée.

3. *De nouvelles ambitions*

923 À la demande du G 20, l'OCDE a développé, depuis 2014, un programme dénommé BEPS (pour « *Base Erosion and Profit Shifting* », v. ss 72). Il prend la forme de quinze mesures destinées à augmenter les obligations documentaires des entreprises et à organiser un

meilleur échange d'informations sur la question entre les États, notamment au moyen d'une convention multilatérale qui viendrait s'articuler sur les conventions bilatérales existantes. Le programme est impressionnant par son ambition mais ses conditions d'application suscitent de vifs débats, et l'absence des États-Unis altère l'universalité de ces travaux. Les actions entendent respectivement relever les défis posés par l'économie numérique, neutraliser les effets des dispositifs hybrides, concevoir des règles efficaces concernant les sociétés étrangères contrôlées, lutter plus efficacement contre les pratiques fiscales dommageables, en prenant en compte la transparence et la substance, empêcher l'utilisation abusive des conventions fiscales, empêcher les mesures visant à éviter artificiellement le statut d'établissement stable (CE, plén. fisc., 11 déc. 2020, *Conversant International*, n° 420174, *Dr. fisc.* 2021, n° 4, comm. 116 et 117, concl. L. Cytermann, notes F. Deboissy et A. Maitrot de la Motte et R. Jaune), mettre en place une communication obligatoire d'informations, et accroître l'efficacité des mécanismes de règlement des différends. S'agissant plus spécifiquement des prix de transfert, les actions 8 à 10 ont pour ambition de les calculer sur la création de valeur, qu'il s'agisse des actifs incorporels, des règles de partage des bénéfices et des services intra-groupe, tandis que l'action 13 contient des normes révisées de documentation de ces prix de transfert.

C. L'intervention de l'Union européenne

924 Elle est aussi intervenue, mais de manière plus modeste, en faisant ratifier par les États membres une convention multilatérale en date du 23 juillet 1990. Quoiqu'échappant au contrôle de la Cour de justice, celle-ci oblige les États de l'Union à consentir aux entreprises l'élimination de toutes les doubles impositions, au travers d'une procédure amiable entre les États ou, à défaut, au moyen d'une procédure d'arbitrage. En effet, selon les principes directeurs de l'OCDE, les autorités des deux États doivent s'efforcer de résoudre les cas de double imposition, en recourant à un ajustement corrélatif. Celui-ci est défini comme un « ajustement de l'impôt dû par l'entreprise associée dans un autre pays, effectué par l'administration fiscale de ce pays pour tenir compte d'un

ajustement primaire effectué par l'administration fiscale du premier pays, afin d'obtenir une répartition cohérente des bénéfices entre les deux pays ». Toutefois, la procédure amiable de l'article 25 du modèle OCDE d'élimination des doubles impositions présente la double faiblesse de n'être encadrée dans aucun délai et surtout de ne présenter aucun caractère contraignant pour les États qui n'ont pas d'obligation de résultat de trouver un accord. Aussi, la Convention européenne d'arbitrage du 23 juillet 1990 a mis en place une procédure amiable spécifique : elle se caractérise par une obligation renforcée pour les États de parvenir à un accord puisqu'à défaut, une commission d'arbitrage est mise en place, dont l'avis est contraignant pour les États membres concernés, sauf s'ils conviennent d'une autre solution alternative pour éliminer la double imposition.

925 Parallèlement, un Forum Conjoint sur les Prix de Transfert a été créé en 2002 de manière informelle : réuni régulièrement par la Commission et opérant par voie de consensus, ce Forum a le mérite de prévenir les litiges ou de leur trouver une solution pragmatique, laquelle donne lieu à publication, gage d'une sécurité juridique pour les opérateurs.

926 De manière plus substantielle et dans le fil du Protocole BEPS de l'OCDE, l'Union européenne a adopté une directive n° 2016/1164 UE du Conseil, du 12 juillet 2016 qui pose une règle de limitation des intérêts permettant d'appréhender les prix de transfert prenant la forme de « coûts d'emprunt ». Est ainsi mis en place, à compter du 1er janvier 2019, un niveau minimal de protection de l'assiette d'IS de chaque État membre, dans le droit fil du Protocole BEPS. Pour ce faire, la directive limite la déduction des intérêts d'emprunt à 30 % de l'EBITDA, impose la plus-value latente constatée à l'occasion de l'expatriation d'une immobilisation et limite les abus, notamment des sociétés étrangères contrôlées.

D. La possibilité d'accords préalables

927 Aux termes de l'article L. 80 B, 7° du LPF, une entreprise qui réalise des opérations transfrontalières a la possibilité de solliciter de l'administration la conclusion d'un accord préalable sur la méthode de

détermination des prix qui s'appliquera lors des futures transactions avec ses sociétés sœurs.

928 En raison d'abus constatés dans certains États de l'Union, la Commission fait application du régime des aides (TFUE, art. 107) pour renforcer son contrôle sur les accords préalables en matière de prix de transfert et autres « *rulings* » consentis par ces États membres, qui aboutissent à une délocalisation de la marge bénéficiaire des entreprises et à une sous-imposition de celle-ci. Saisie par des entreprises et des États, la CJUE a donné tort à la Commission, estimant que l'existence d'une aide d'État doit s'apprécier au regard du régime fiscal « normal » applicable dans l'État membre concerné, et non pas au regard des principes de l'OCDE (CJUE, gr. ch., 8 nov. 2022, *FIAT Chrysler Finance Europe et Irlande*, aff. C-885/19P et C-898/19P). La tâche s'avère souvent ardue pour la Commission qui a notamment échoué à convaincre le juge dans les affaires *Apple* (TUE, 7e ch., 15 juill. 2020, aff. T-778/16), *Starbucks* (TUE, 7e ch, 24 sept. 2019, aff. T-760/15 et T-636/16) et *Amazon* (12 mai 2021, aff. T-816/17 et T-318/18) mais a réussi dans une affaire impliquant le groupe *Engie* au Luxembourg (12 mai 2021, aff. T-516/18 et T-525/18). Aussi, la directive no 2015/2376 UE du Conseil, du 8 décembre 2015 relative à l'échange automatique et obligatoire d'informations dans le domaine fiscal fait obligation aux États membres, depuis le 1er janvier 2017, de communiquer entre eux tous les « *rulings* » qu'ils signent avec les entreprises en matière transfrontalière.

929 Ainsi, la globalisation et la crise financière ont entraîné une combativité plus grande des États, qui semblent désireux de coopérer davantage dans le cadre que leur offre l'OCDE. Plane aussi sur ces différents travaux l'ombre portée de la législation américaine dite « FATCA » (pour « *Foreign Account Tax Compliance Act* ») qui, en vigueur depuis le 1er juillet 2014, oblige chaque établissement financier dans le monde à communiquer à l'administration fédérale du revenu (IRS) les données relatives aux comptes ouverts par un ressortissant américain. Les États-Unis retiennent en effet le critère de la nationalité – en plus de la résidence – pour assujettir à l'impôt sur le revenu. L'application de cette mesure passe le plus souvent par des accords avec les États concernés.

SECTION 3

Le Pilier 2 : l'imposition minimale mondiale des groupes

930 Dans son programme BEPS, l'OCDE entendait moderniser le concept d'établissement stable, qui est la clé de répartition traditionnelle des bénéfices entre les États, afin de prendre en compte les particularités de l'économie numérique. Face à l'hostilité de nombreux États à reconnaître le concept d'« établissement stable virtuel » ou « établissement stable numérique » qui aurait permis d'imposer les entreprises à l'endroit où elles auraient une présence numérique significative, le Cadre Inclusif a alors élaboré une solution complexe, le Pilier 1 (v. ss 76), dont on peut douter de l'entrée en vigueur à court ou moyen terme. Toutefois, ce relatif échec du Cadre Inclusif est contrebalancé par le succès d'une réforme de grande ampleur : l'instauration d'une imposition minimale mondiale. Il s'agit du Pilier 2 qui institue un dispositif d'imposition minimale de 15 % pour les groupes internationaux dont le chiffre d'affaires est supérieur à 750 M €.

931 Son mécanisme repose sur deux règles, désignées sous le terme « GloBE » (Global Anti-Base Erosion), qui doivent être introduites dans le droit interne de chaque pays concerné. Par ailleurs, il est complété par une règle conventionnelle d'assujettissement à l'impôt (« RAI ») qui doit être introduite en droit positif au moyen d'une convention multilatérale. Présentée par l'OCDE, le 20 octobre 2023 et signée par seulement 9 États en 2024, cette « Convention multilatérale, destinée à faciliter la mise en œuvre de la règle d'assujettissement à l'impôt au titre du Pilier Deux », comporte 14 articles avec pour ambition d'aider les pays en développement en rétablissant les droits d'imposition en faveur de l'État de la source. En effet, comme l'observe l'OCDE, certains pays en développement ont renoncé à exercer leur droit d'imposer dans le cadre des conventions fiscales passées. La règle d'assujettissement à l'impôt permettra donc à l'État de la source qui a cédé des droits d'imposition sur certains paiements intragroupes (notamment des intérêts et

redevances) de récupérer une partie de ces droits lorsque les sommes en question sont imposées dans l'État du bénéficiaire (c'est-à-dire l'État de la résidence) à un taux inférieur à 9 %. À l'image de l'instrument multilatéral de 2017 qui a permis de modifier rapidement les conventions bilatérales en matière de lutte contre l'évasion fiscale, le recours à une convention multilatérale est apparu opportun pour modifier rapidement et de manière simple et uniforme les conventions fiscales liant un État de la source et un État de résidence pour y intégrer la RAI. Dans un cadre purement bilatéral, une telle modification aurait supposé un processus nettement plus long et complexe de négociation, de signature et de ratification.

932 S'agissant des règles GloBE qui sont le cœur du dispositif d'imposition minimale mondiale, elles sont mises en œuvre au niveau européen par la directive (UE) n° 2022/2523 du 15 décembre 2022. Celle-ci a été transposée en France par l'article 33 de la loi n° 2023-1322 portant loi de finances pour 2024, qui crée dans le CGI un chapitre spécialement dédié à l'imposition minimale mondiale des groupes d'entreprises multinationales, aux articles 223 VJ à 223 WY *bis* du CGI.

L'application des règles GloBE du Pilier 2 se déroule selon les étapes suivantes :

– identifier les groupes entrant dans le champ d'application de l'imposition minimale ;

– calculer le résultat réalisé dans chaque juridiction puis le montant d'impôt payé dans cette juridiction afin de déterminer le taux effectif d'imposition correspondant. Cela permet de déterminer le montant d'impôt complémentaire dû en cas de sous-imposition ;

– appliquer l'impôt complémentaire au titre de l'impôt national complémentaire.

§ 1. Le champ d'application de l'imposition minimale

933 Le Pilier 2 vise l'ensemble des groupes dont le chiffre d'affaires dans les comptes consolidés de l'entité mère ultime est supérieur à 750 millions d'euros au titre d'au moins deux exercices au cours des quatre derniers exercices réalisés. Le groupe est ici défini comme un « ensemble d'entités liées entre elles du fait de la structure de détention ou de contrôle définie par la norme de comptabilité financière qualifiée utilisée pour l'établissement des états financiers consolidés par l'entité mère ultime ». Cette dernière se présente comme l'entité tenue, conformément à une norme de comptabilité financière qualifiée, de consolider, ligne par ligne, les actifs, les passifs, les produits, les charges et les flux de trésorerie d'une autre entité dans laquelle elle détiendrait, directement ou indirectement, une participation. Au sein de ces groupes de plus de 750 millions de chiffre d'affaires, seules les entités qui ont la qualité d'« entité constitutive » sont effectivement assujetties à l'imposition minimale. Concrètement, il s'agit de toute entité intégrée dans les états financiers consolidés de l'entité mère ultime. Toutefois, certaines entités ne relèvent pas du champ d'application de l'impôt complémentaire : il s'agit des entités structurellement exonérées d'impôt sur les sociétés en raison de leur statut. Cela vise notamment les entités publiques, les organisations internationales, les organismes à but non lucratif ainsi que, sous certaines conditions, les entités qui sont exclues par contamination car détenues à 95 % ou à 85 % par ces mêmes personnes exclues du fait de leur statut (CGI, art. 223 VL *bis*).

§ 2. Le constat d'un taux effectif insuffisant subordonnant l'exigence d'un impôt complémentaire

934 Afin de savoir si le taux minimal d'imposition de 15 % d'un groupe d'entreprises multinationales est respecté ou non, le groupe doit

calculer son taux effectif d'imposition. Mais ce taux doit être calculé, pour chaque exercice et pour chaque État ou territoire dans lequel sont situées des entités constitutives. Ainsi, si un groupe a des entités en France, une entité en Allemagne et des entités en Irlande, il faut calculer un taux effectif d'imposition pour toutes les entités françaises, un autre pour l'entité allemande et un dernier pour les entités constitutives irlandaises. Chacun de ces trois taux effectifs d'imposition sera ensuite confronté au taux de 15 %.

Selon l'article 223 VY du CGI, le taux effectif d'imposition est égal au rapport, exprimé en pourcentage, entre la « somme des montants corrigés des impôts » couverts des entités constitutives situées dans un État ou territoire et le « bénéfice qualifié net » de ces entités.

S'agissant de la « somme des montants corrigés des impôts couverts », sont pris en compte, les impôts comptabilisés dus au titre des bénéfices de l'entité, les impôts sur les bénéfices distribués ou réputés distribués, les impôts perçus en lieu et place de l'impôt sur les bénéfices des sociétés généralement applicable et les impôts prélevés sur les bénéfices non distribués et sur les fonds propres.

S'agissant du bénéfice qualifié net, il correspond normalement au résultat net comptable déterminé au titre de l'exercice conformément à la norme de comptabilité utilisée pour l'établissement des états financiers consolidés de l'entité mère ultime. Ce résultat est susceptible d'ajustements extra-comptables, tantôt obligatoires, tantôt optionnels.

935 Un impôt complémentaire, qui est distinct de l'impôt sur les sociétés, sera dû lorsqu'au cours d'un exercice fiscal, le taux effectif d'imposition d'un groupe d'entreprises multinationales, dans un État ou territoire, est inférieur au taux minimum d'imposition de 15 %. Cet impôt complémentaire est calculé séparément pour chaque État ou territoire : il est éventuellement réparti entre toutes les entités constitutives ayant réalisé un bénéfice qualifié, qui sont situées dans cet État ou ce territoire. Aux termes de l'article 223 WB *bis* du CGI, le taux de cet impôt complémentaire est, conformément à la logique du Pilier 2, égal à la différence entre 15 % et le taux effectif d'imposition de la juridiction. Une fois ce taux déterminé, il est appliqué au bénéfice excédentaire moyennant quelques ajustements (comme notamment une « déduction fondée

sur la substance » dont la finalité de réduire l'impôt complémentaire lorsqu'un groupe dispose d'une présence économique réelle dans une juridiction puisqu'elle correspond à un pourcentage de la valeur comptable des actifs corporels – 8 % – et des charges de personnel – 10 %).

Exemple simplifié d'une « entité constitutive » d'un groupe multinational dans un État A

Taux d'imposition effectif : 7 %

Montant du bénéfice qualifié net : 50 millions

Masse salariale dans cet État A : 20 millions

Valeur des actifs corporels dans cet État A : 15 millions

Montant de l'impôt complémentaire : [15 % – 7 %] × [50 millions – (10 % de 20 millions + 8 % de 15 millions)], soit 8 % × [50 000 000 – (2 millions + 1,2 million)] = 3,744 millions.

§ 3. La détermination du redevable de l'impôt complémentaire

936 La dette d'impôt complémentaire étant calculée, il reste à en déterminer le redevable : dans le cadre des règles GloBE du Pilier 2 proposé par l'OCDE, cet impôt complémentaire est déterminé selon trois règles possibles : la règle d'inclusion du revenu (RIR ou RDIR), la règle relative aux profits insuffisamment imposés (RPII) qui est devenue la règle relative aux bénéfices insuffisamment imposés (RBII) dans la directive n° 2002/2523 et dans le CGI, ou enfin la règle optionnelle de l'impôt complémentaire minimum qualifié prélevé localement (ICMQL) désormais renommé en impôt national complémentaire (INC).

L'impôt national complémentaire (INC), codifié à l'article 223 WF du CGI, concerne « les entités constitutives de groupes d'entreprises multinationales ou de groupes nationaux situées en France » qui seraient sous-imposées. Il permet à la France de taxer les bénéfices qui y sont réalisés par un groupe dont le taux effectif d'imposition serait inférieur à 15 %, car en l'absence d'un tel impôt national, les règles GloBE conduiraient à ce que les recettes fiscales complémentaires soient perçues par l'État de l'entité mère du groupe. Ce dispositif est donc une option qui permet à la France d'éviter qu'un impôt complémentaire de source française ne profite au budget d'un autre État. En effet, la perception de l'INC est prioritaire sur l'application de la RIR et de la

RBII. Toutefois, en pratique, cette option offerte par la directive et retenue par la France s'appliquera peu en raison du taux d'IS français de 25 %.

Lorsque la juridiction dans laquelle l'entité constitutive faiblement imposée se situe dans un État qui n'a pas adopté d'INC, il convient d'appliquer la règle d'inclusion du revenu. Celle-ci consiste à assujettir à un impôt complémentaire l'entité mère ultime d'un groupe, située en France, dont les entités constitutives sont imposées à un taux inférieur à 15 %. Toutefois, si l'entité mère ultime d'un groupe multinational venait à être implantée dans un autre État où elle ne serait pas soumise à une RIR (cas des paradis fiscaux ou des États n'appliquant par les règles GloBE), cette dernière peut s'appliquer à une entité située à un niveau inférieur dans la chaîne de détention. En pareille hypothèse, le redevable de la RIR en France serait alors l'entité mère intermédiaire située en France : la RIR due en France ne concernerait cependant que les entités constitutives du groupe qu'elle détient, qui sont faiblement imposées, qu'elles soient situées en France ou dans un autre État ou territoire.

À titre de règle subsidiaire à la RIR, la directive GloBE renvoie à une règle des bénéfices insuffisamment imposés (RBII). Présentée comme un filet de sécurité, elle revient à considérer toute entité constitutive située en France comme redevable d'une fraction de l'impôt complémentaire des entités constitutives faiblement imposées appartenant au même groupe. Aux termes de l'article 223 WK du CGI, cette fraction est déterminée en tenant compte notamment du nombre total d'employés de toutes les entités constitutives situées en France et de la somme des valeurs nettes comptables de leurs actifs corporels.

937 Pour résumer, une juridiction à faible imposition a le droit de percevoir un impôt complémentaire au titre de l'INC. Si cette juridiction à faible imposition n'a pas adopté cette solution, c'est la juridiction dans laquelle l'entité mère ultime est située qui va appliquer la RIR au titre des bénéfices des entités constitutives faiblement imposée. Cependant si l'entité mère ultime est située dans une juridiction n'ayant pas mis en œuvre une RIR, l'impôt complémentaire sera dû par l'entité suivante dans la chaîne de détention ; c'est-à-dire une entité mère intermédiaire lorsque celle-ci est située dans une juridiction appliquant une RIR. Enfin, quand aucune RIR ne s'applique, l'impôt complémentaire est perçu par les juridictions qui ont mis en œuvre une RPII.

938 Si l'instauration d'une imposition minimale mondiale est apparue comme une formidable avancée lors de la déclaration du Cadre inclusif en octobre 2021, elle reste fragile. En effet, dès son entrée

en fonction, le président Trump a publié, en janvier 2025, des « *Executive Orders* » remettant en question tant le Pilier 1 que le Pilier 2. Sont ainsi menacés de rétorsions fiscales et douanières les États (et leurs ressortissants) qui organiseraient un prélèvement d'un impôt complémentaire fondé sur les règles GloBE et frappant les groupes étatsuniens.

Bibliographie

DIBOUT (Patrick), « L'article 209 B et les conventions fiscales internationales », *Dr. fisc.* 2001, n° 10, comm. 207.

DIEU (Frédéric), « L'imposition "anti-célébrités" définitivement confortée par le Conseil constitutionnel ?, note sous Cons. const., Décis. n° 2010-70 QPC du 26 nov. 2010, *M. Moreau* », *Dr. fisc.* 2011, n° 6, comm. 209.

FOURNIER (Alice), « La malédiction du contentieux des aides d'État en matière de *rulings* », *Dr. fisc.* 2022, n° 50, comm. 428.

JUILHARD (Philippe) et DE L'ESTOILE-CAMPI (Agnès), « Waterloo, morne plaine. L'article 209 B après l'arrêt *Schneider* », *RJF* 2003, n° 2, p. 113.

LASSERRE-CAPDEVILLE (Jérôme), « La FATCA », in *Fraude et évasion fiscale : état des lieux et moyens de lutte*, Joly Éditions, 2015, p. 61 à 69.

LOOTEN (Jean-Pierre), « Établissement stable : des délices du débat juridique au dispositif anti-abus », *LNF* 2018, n° 1234, p. 4 à 7.

MAITROT DE LA MOTTE (Alexandre) et JAUNE (Renaud), « L'invention de l'établissement stable », *Dr. fisc.* 2021, n° 4, comm. 116.

MAITROT DE LA MOTTE (Alexandre), « Les avantages fiscaux sélectifs et le droit de l'Union européenne après les arrêts Apple et ITV : enjeux et perspectives », *Dr. fisc.* 2025, n° 7-8, comm. 35.

MARDIERE (Christophe DE LA), « L'article 155 A du CGI est-il conforme au droit de l'UE ? », note sous CAA Lyon 23 nov. 2010, *M. Edmilson de Moraes*, concl. Monnier, *Dr. fisc.* 2011, n° 4, comm. 132 et 133.

MELOT (Nicolas), « Territorialité et mondialité de l'impôt : le droit américain un modèle pour la France ? », *L'Année fiscale*, PUF 2003, p. 129 à 176.

OUDENOT (Philippe), « La prise en compte des bénéfices réalisés dans un pays à fiscalité privilégié : état des lieux de l'article 209 B », *Dr. fisc.* 2014, n° 38, comm. 528.

PIERRE (Jean-Luc) « La territorialité de l'impôt sur les sociétés en droit interne pour les personnes morales étrangères », in *Mélanges Maurice Cozian*, Litec, 2009, p. 643 à 654.

PRAT (Olivier-Pierre) et JANVIER (Cyril), *Petit dictionnaire de la fraude fiscale*, Dalloz, 2011, 288 p.

RAINGEARD DE LA BLÉTIÈRE (Emmanuel) et LEROY (Valentin), « Instauration de l'imposition minimale mondiale des groupes d'entreprises multinationales et des groupes nationaux – Transposition des règles GloBE (Pilier 2) », *Dr. fisc.* n° 1-2, 2024, comm. 24.

RENOUX (Vincent) et BERNARD (Simon), « Création de valeur dans une économie multipolaire ou la face cachée des prix de transfert », *Dr. fisc.* 2018, n° 24, comm. 296.

SADOWSKY (Marilyne), « Le principe de subsidiarité des conventions fiscales internationales », *Dr. fisc.* 2018, n° 45, comm. 436.

SERFATI (Jordan) et JAEGLE (Tazio), « La notion conventionnelle de "bénéficiaire effectif" : vers un alignement des astres ? », *Dr. fisc.* 2022, n° 30, comm. 288.

SILBERZTEIN (Caroline), « La révision des principes de l'OCDE applicables en matière de prix de transfert », *Dr. fisc.* 2010, n° 39, comm. 501.

TAILLE (Guillaume DE LA), « Juste imposition des services numériques : l'établissement stable peut être assez souple », *RJF* 2021, n° 2, p. 189.

TUROT (Jérôme), « L'article 209 B est-il soluble dans le droit communautaire ? », *RJF* 1998, n° 12, p. 940.

VARII AUCTORES, « Pilier 2 : c'est maintenant ! », *Dr. fisc.* 2024, n° 15, comm. 220.

CHAPITRE 4

La détermination du résultat imposable

939 Cette détermination doit être envisagée sous l'angle de sa spécificité par rapport aux règles applicables aux BIC (v. ss 286) puisque sa trame générale est identique pour les deux impôts. Toutefois l'envergure même d'une société commerciale et les possibilités d'action qui lui sont données vont lui permettre d'amplifier la souplesse que les textes confèrent déjà à la détermination de son résultat imposable. Lorsqu'il était directeur général des impôts Dominique de la Martinière enseignait à ses étudiants que l'assujettissement à l'IS était un acte très largement volontaire !

940 Au-delà du paradoxe apparent il voulait montrer que les textes fondateurs de cet impôt se sont donnés comme ambition d'inciter au renforcement du tissu économique français, par le développement de mesures qui offrent à l'entrepreneur des possibilités d'optimisation fiscale en toute légalité, dans le dessein d'augmenter les investissements productifs dont la déductibilité limitera les rentrées de l'impôt mais qui doperont l'économie en créant un effet de levier dont les retombées finiront aussi par être fiscales. À l'intérieur de cette ambition macroéconomique chaque société pourra déterminer son résultat fiscal avec une marge de choix substantielle (CE 23 janv. 2015, *SAS Rottapharm*, n° 369214, *Dr. fisc.* 2015, n° 16, comm. 268, concl. M.-A. Nicolazo de Barmon, note A. de Massiac et R. Bagdassarian).

941 L'originalité de l'impôt sur les sociétés apparaît ici au travers de six régimes qui lui sont spécifiques ou qui connaissent avec lui leur véritable épanouissement. Ce sont respectivement les conséquences de la présomption de commercialité (SECTION 1), le régime des plus-values et moins-values (SECTION 2), le régime des participations (SECTION 3), la déductibilité des intérêts sur comptes courants d'associés (SECTION 4), le traitement des rémunérations excessives et des distributions déguisées (SECTION 5), ainsi que les régimes de participation et d'intéressement (SECTION 6).

SECTION 1
Les conséquences de la présomption de commercialité

942 Elles sont simples : puisque toutes les activités exercées par la société sont présumées commerciales, les règles présidant à la détermination du résultat y afférant seront les règles applicables aux activités commerciales, qui sont identiques aux règles en vigueur pour la détermination des bénéfices industriels et commerciaux (v. ss 286). C'est la comptabilité d'engagement qui sera seule en vigueur et le résultat sera par conséquent déterminé en tenant compte des créances acquises, sous déduction des dettes certaines.

SECTION 2

Le régime des plus-values et des moins-values

943 Il est partiellement spécifique. Alors que le régime du court terme est identique à celui applicable dans le cadre des BIC (v. ss 514) – la plus-value nette est ajoutée au résultat imposable de l'exercice (elle ne peut pas être étalée sur trois ans), tandis que la moins-value nette à court terme est imputée sur le résultat imposable – le régime du long terme est sensiblement différent.

§ 1. Les plus-values nettes à long terme

944 En application de l'article 39 *terdecies* du CGI, elles ont un domaine limité à la cession de parts de fonds communs de placement à risques, au résultat net des concessions de licences d'exploitation de brevet, d'inventions brevetables ou de procédés de fabrication et aux dividendes reçus des sociétés de capital-risque lorsque ceux-ci sont prélevés sur des produits ou plus-values réalisés au cours des quatre derniers exercices à l'occasion de la cession de titres détenus depuis au moins deux ans. Le taux d'imposition de ces plus-values à long terme est de 15 % mais il demeure un taux spécifique de 19 % pour les plus-values de cession de titres de sociétés à prépondérance immobilière cotées (ainsi qu'à certaines plus-values de cession de certains biens ou droit immobiliers) et un taux de 25 % pour certaines plus-values réalisées à l'occasion de la première cession, directe ou indirecte, de titres de sociétés titulaires d'une autorisation pour l'édition d'un service de télévision.

945 Toutefois, pour les exercices ouverts depuis le 1er janvier 2007, les plus-values nettes à long terme réalisées à l'occasion de la cession de titres de participation (représentant donc au moins 5 % du capital) sont exonérées, à l'issue d'une détention de deux ans et sous réserve de la taxation, au taux normal de l'IS, d'une quote-part de

frais et charges, qui est de 12 %. Mais surtout, s'inspirant de dispositifs existants en Allemagne et en Italie, cette loi a prévu que la détermination de cette quote-part ne serait plus opérée sur un résultat net de cession de titres de participation mais sur le montant brut des plus-values réalisées, c'est-à-dire sans déduction des moins-values. Le bénéfice de ce régime est subordonné à la détention, pendant au moins deux ans, des titres de participation et à la détention pendant au moins cinq ans des parts de fonds communs de placement à risques. S'agissant des dividendes distribués par des sociétés de capital-risque (SCR), leur distribution doit être prélevée sur des plus-values nettes provenant de certains titres détenus par la SCR depuis au moins deux ans. S'agissant des produits de la propriété industrielle, aucune durée minimale de détention n'est exigée.

946 Toutes les autres plus-values sur cession d'éléments d'actif réalisées par les entreprises soumises à l'IS sont taxées au régime des plus-values à court terme, c'est-à-dire comprises dans le résultat ordinaire de l'exercice en cours lors de leur réalisation, avec imputation des moins-values sur le bénéfice d'exploitation ou intégration au déficit reportable dans les conditions de droit commun.

§ 2. Les moins-values nettes à long terme

947 Traditionnellement, elles s'imputaient sur les plus-values à long terme réalisées au cours des dix exercices suivants. Si l'entreprise cessait son activité, ces moins-values pouvaient s'imputer sur le résultat de l'exercice, et dans la limite du rapport existant entre le taux d'imposition des plus-values à long terme et le taux de l'IS alors en vigueur.

Toutefois, avec l'exonération des plus-values nettes à long terme afférentes aux titres de participation et donc la création de régimes distincts de plus-values à long terme au titre des exercices ouverts depuis 2006, le régime des moins-values à long terme doit dorénavant être différencié.

Ainsi, la moins-value nette à long terme issue de la cession des titres de participation ne peut donner lieu à aucune déduction du résultat imposable et ne peut pas davantage être prise en compte pour compenser d'éventuelles autres plus-values à long terme réalisées à raison d'autres catégories de plus-values, notamment celles relevant du taux de 15 %. Elles ne sont donc ni déductibles, ni imputables.

Concernant, les moins-values nettes à long terme non liées à des titres de participation et donc placées dans le secteur d'imposition au taux de 15 % (voire 19 % ou 25 %), elles ne sont pas déductibles du résultat de l'exercice, mais seulement imputables sur les plus-values à long terme réalisées au cours des dix exercices suivants, quel que soit le taux applicable. Ce n'est que si l'entreprise cesse son activité que ces moins-values pourront s'imputer sur le résultat de l'exercice, mais dans la limite du rapport existant entre le taux d'imposition des plus-values à long terme et le taux de l'IS alors en vigueur. Ce rapport, initialement de 15/33,33, a évolué avec la baisse graduelle du taux d'impôt sur les sociétés. Il est de 15/25 en cas de liquidation de l'entreprise, pour les exercices ouverts depuis le 1er janvier 2022 (v. ss 995).

SECTION 3

Le régime des participations

948 Ce régime régit le portefeuille de titres que détient la société, composé d'actions ou de parts d'autres sociétés, ou bien d'obligations. La société va pouvoir bénéficier du régime de l'imputation des crédits d'impôts (§ 1) et subir un régime spécifique pour le traitement fiscal des plus-values réalisées sur la cession de ces titres (§ 2).

§ 1. Les conditions d'imputation des crédits d'impôt

949 Ces conditions sont partiellement originales (v. ss 1008). Chaque fois que la société perçoit des revenus mobiliers assortis d'un crédit d'impôt, elle a l'obligation d'intégrer ces certificats dans son

résultat imposable mais elle est autorisée à retrancher ensuite leur contre-valeur du montant de l'IS dont elle est redevable : la logique d'un crédit d'impôt est bien de s'imputer sur l'impôt dû.

950 Ce crédit d'impôt correspondra à une retenue à la source effectuée par le Trésor de l'État de la source sur le revenu mobilier au moment de sa distribution : dividende versé par une société étrangère mais aussi produits de bons de caisse ou d'obligations français. L'imputation de ces certificats ne s'effectue qu'à concurrence de l'IS dû par la société, au-delà le contribuable ne pourra pas obtenir le remboursement de l'excédent ni en obtenir le report sur l'exercice suivant. Si les dividendes sont en provenance d'une filiale c'est alors un régime dérogatoire qui s'applique (v. ss 1032). Si la convention passée par la France prévoit que ce crédit d'impôt s'impute sur l'impôt dû en France, le juge fiscal estime qu'en cas d'absence d'impôt dû pour cause de déficit, le droit à imputation est perdu, autrement dit l'application de la convention peut engendrer une situation plus rigoureuse pour le contribuable et générer une situation de double imposition, à l'encontre de ses objectifs affichés (CE 12 mars 2014, *Sté Céline*, n° 362528 ; v. ss 886).

§ 2. Le régime des plus-values sur cession de titres

951 Il s'agit d'un régime plutôt rigoureux, qui distingue selon que ces titres sont de simples placements (B) ou peuvent être qualifiés de titres de participation (A).

A. Les titres de participation

952 Ils correspondent à des titres dont la possession durable est estimée utile à l'activité de l'entreprise, notamment pour exercer une influence sur cette société ou pour en détenir le contrôle. Cette exigence d'une possession utile peut ainsi être caractérisée lorsque « les conditions d'achat des titres en cause révèlent l'intention de l'acquéreur d'exercer une influence sur la société émettrice et lui donnent les moyens d'exercer une telle influence » (CE

20 oct. 2010, *Sté Hyper Primeurs*, n° 314248, *RJF* 1/11, n° 167). En principe, la détention doit être d'au moins 10 % du capital. Toutefois, le Conseil d'État n'hésite pas à considérer qu'un faible pourcentage de titres permet en certaines circonstances d'exercer une influence sur la direction de la société et qu'il s'agit donc de titres de participation (pour une détention de seulement 2,2 % : CE 22 juill. 2022, *SA Areva*, n° 449444, *Dr. fisc.* 2022, n° 37, comm. 326, concl. É. Bokdam-Tognetti, note L. Leclercq et F. Locatelli). Sont assimilés à cette catégorie certains titres de capital-risque détenus depuis au moins cinq ans : les parts de fonds communs de placement à risques (FCPR) et les parts de sociétés de capital-risque (SCR). Si la cession de ces titres intervient plus de deux ans après l'acquisition, la plus-value générée est dorénavant exonérée (v. ss 945).

À ces titres de participation au sens strict qui correspondent à la définition comptable de l'article R. 123-184 du Code de commerce, il convient d'assimiler au plan fiscal d'une part, les actions acquises en exécution d'une offre publique d'achat ou d'échange lorsque l'entreprise en est l'initiatrice si ces actions ou titres sont inscrits en comptabilité au compte de titres de participation et d'autre part, les titres ouvrant droit au régime des sociétés mères et filiales si la société mère détient au moins 5 % des droits de vote de la société émettrice (v. ss 1032).

Bibliographie

DEYSINE (Marie-Amélie) et BLANDIN (Anne-Lyse), « La fiscalité face à la définition comptable des titres de participation », *Dr. fisc.* 2017, n° 45, comm. 531.

B. Les titres de placement

953 Ils recouvrent toutes les autres formes de détention. La plus-value réalisée à l'occasion de la cession sera considérée comme le fruit d'une activité normale de la société et imposée par conséquent comme un bénéfice ordinaire, au taux de l'impôt sur les sociétés (v. ss 996).

SECTION 4

La déductibilité limitée des charges financières

954 Pendant très longtemps, et contrairement à la majorité des législations fiscales étrangères, le principe a été celui d'une déductibilité sans limite des charges financières, sous réserve de respecter les conditions générales de déductibilité des charges à savoir qu'elles doivent diminuer l'actif net, être exposées dans l'intérêt de l'entreprise et être régulièrement comptabilisées. La générosité du régime français de déductibilité des charges financières semble avoir provoqué deux conséquences négatives. Elle a d'abord incité les entreprises à s'endetter plutôt qu'à renforcer leurs fonds propres, et elle a certainement contribué à inciter certains groupes à localiser en France l'essentiel de leur endettement. Le législateur a porté réforme pour les exercices clos à compter du 31 décembre 2012, en posant non seulement une mesure générale de plafonnement de cette déductibilité (CGI, art. 212 *bis*) mais également des mécanismes particuliers. La loi de finances pour 2019 a considérablement simplifié le système.

955 Afin de transposer la directive n° 2016/1164 du Conseil européen du 12 juillet 2016 établissant des règles pour lutter contre les pratiques d'évasion fiscale dite « ATAD » (*anti tax avoidance directive* ; v. ss 924), et simplifier le dispositif de limitation de déduction des charges financières, l'article 212 *bis,* II du CGI limite dorénavant la déductibilité des charges financières nettes au plus élevé des deux montants suivants : trois millions d'euros ou 30 % du résultat (défini par l'art. 212 bis, II, comme le résultat fiscal imposable majoré des charges financières nettes, des amortissements admis en déduction, des provisions pour dépréciation admises en déduction et des plus-values et moins-values imposées à un taux réduit). Ce dernier correspond à l'EBITDA (pour « *Earnings Before Interest, Taxes Depreciation and Amortization* »), figurant dans la directive du 12 juillet 2016 « ATAD 1 », notion proche de l'excédent brut d'exploitation (EBE) et vise les revenus d'une entreprise avant

soustraction des intérêts, impôts, dotations aux amortissements et provisions sur immobilisations. Le montant des charges financières nettes qui excède ces limites doit être réintégré au résultat imposable de l'exercice.

956 Dans ce nouveau cadre, les anciennes dispositions spécifiques à la lutte contre la sous-capitalisation ont été supprimées et remplacées par un durcissement du dispositif général ; en effet, les deux plafonds sont abaissés à respectivement 10 % de l'EBITDA fiscal et un million d'euros, en cas de sous-capitalisation de la société, au titre des dettes financières auprès d'entreprises liées.

La réforme a maintenu le mécanisme spécifique aux intérêts afférents aux sommes laissées ou mises à disposition d'une entreprise par une entreprise liée, de l'article 212, I du CGI, tant en ce qui concerne la limitation en fonction du taux pour les intérêts servis aux associés que la condition relative au niveau d'imposition (au moins égal au quart de l'impôt sur les bénéfices) du prêteur entre entreprises liées.

Du fait de ces suppressions de plusieurs dispositifs, l'ordre d'imputation des différents mécanismes est largement simplifié. Dorénavant, il convient simplement d'appliquer dans un premier temps le dispositif de l'article 212, I du CGI concernant les entreprises liées et dans un second temps, le nouveau plafonnement général de 3 millions d'euros ou de 30 % du résultat.

Dans la lignée de la directive ATAD 1, a été adoptée une directive 2017/952 du 29 mai 2017 dite « ATAD 2 » dont l'objet est de lutter spécifiquement contre les dispositifs hybrides. Ces derniers consistent à exploiter une différence de traitement fiscal entre les législations de deux ou plusieurs pays en vue d'engendrer des résultats fiscaux asymétriques ayant pour finalité la réduction de la charge fiscale globale soit par **double déduction**, soit par **double non-imposition**, soit encore par **déduction non-inclusion** (lorsqu'un paiement est déduit du résultat du payeur, sans qu'il soit inclus dans le résultat du bénéficiaire établi dans un autre État). Suite à la transposition de la directive en France par la loi de finances pour 2020, ce sont les articles 205 B à D du CGI qui constituent dorénavant l'arsenal de lutte contre ces dispositifs hybrides en prévoyant en certaines hypothèses une limitation de la déductibilité des intérêts dans le chef du débiteur faute d'imposition du créancier ou inversement une remise en cause de l'exonération du créancier en cas de déduction dans le chef du créancier.

957 En complément de ces dispositifs applicables à l'ensemble des sociétés, il existe un mécanisme spécifique en cas d'intégration fiscale. Il s'agit de l'amendement Charasse, codifié à l'article 223 B, alinéa 6 du CGI dont la finalité est de lutter contre les acquisitions à soi-même financées par endettement. Pour ce faire, il limite la déduction des charges financières supportées par une société qui acquiert, auprès d'actionnaires la contrôlant directement ou indirectement, ou auprès des sociétés que ces actionnaires contrôlent, une « cible » qui est ou devient membre du même groupe d'intégration fiscale que la société cessionnaire (v. ss. 1035).

SECTION 5

La déductibilité des intérêts sur comptes courants d'associés

958 Elle est limitée par le législateur fiscal, soucieux d'enrayer leur développement. La pratique des comptes courants fragilise en effet les entreprises (A) et l'article 212 du CGI réduit considérablement l'intérêt fiscal de cette pratique (B).

A. Les comptes courants représentent une aide aux entreprises

959 Mais cette aide est quelque peu en forme de cadeau empoisonné. La législation sur les sociétés autorise chaque associé à détenir un compte courant créditeur, alimenté au moyen de liquidités qu'il met à la disposition de la société, par exemple une fraction de ses rémunérations s'il en est dirigeant. L'intention est louable puisque ces sommes permettent de satisfaire une partie des besoins de

financement de la société mais elle est perverse pour la société (1) et dans une moindre mesure pour l'associé (2).

1. *Les risques pour la société*

960 L'avance ainsi consentie à la société se distingue de l'augmentation de capital, qui constitue le mode normal d'autofinancement de l'entreprise, par son caractère volatil : l'associé peut retirer ses fonds avec la même facilité qu'il les a déposés. La société s'en trouve fragilisée dans ses projets de développement puisqu'elle ne peut pas s'appuyer sur un financement stable, l'avance en compte courant s'analyse comme un prêt mais dont le terme est incertain. Dans la pratique, la stabilité des comptes courants dépendra de la qualité de la préoccupation que les associés entretiennent sur le devenir de la société, si toutefois cette dernière affronte des difficultés importantes il est probable que les associés chercheront à récupérer le montant de leur compte courant avant le dépôt de bilan, démarche qu'ils ne peuvent entreprendre avec les montants qu'ils ont investis directement dans le capital, en actions ou en parts sociales.

Le seul avantage que la société retire de ce mode de financement est la déductibilité, de son résultat imposable, d'une fraction de la rémunération qu'elle verse pour la mise à disposition de ces sommes, alors qu'il est exceptionnel pour elle de pouvoir déduire les dividendes qu'elle distribue.

2. *Les risques pour l'associé*

961 L'associé sera rémunéré par la société au titre des sommes qu'il met ainsi à sa disposition (ce n'est pas une obligation). Par ce montage il aide au développement de la société, sans que son épargne devienne plus captive que dans un placement financier ordinaire. Cette souplesse n'est pas exempte de défauts pour lui : les sommes ainsi mises en compte n'étant pas considérées comme du capital elles n'entreront pas en compte pour le calcul de la plus-value lorsqu'il viendra à céder ses titres, et cette plus-value sera par conséquent déterminée par rapport à une valeur d'origine très faible qui sera celle des actions ou des parts *stricto sensu*. Dans le

même esprit, au regard de l'impôt de solidarité sur la fortune les sommes mises en compte courant ne sont pas considérées comme un actif professionnel exonéré mais comme un placement financier assujetti. Le régime des intérêts est également rigoureux.

B. La déductibilité de ces intérêts est limitée par les articles 39, 1-3, et 212 du Code général des impôts

962 Ces articles traduisent clairement la volonté du législateur de cantonner ce type de concours à un supplément de financement par rapport aux besoins vitaux de l'entreprise. Pour atteindre ce but, deux limitations sont posées :

1. *La rémunération des comptes courants n'ouvre droit à déduction des résultats que si le capital social est entièrement libéré*

963 Sinon, il serait en effet tentant pour les associés de différer jusqu'au terme légal (de cinq ans pour les sociétés anonymes) le versement du solde de leur apport en capital et de le placer en compte courant : ils percevraient ainsi une rémunération plus assurée qu'un dividende et cette rémunération serait déductible pour la société.

2. *Le taux maximum des intérêts déductibles est fixé par référence au marché*

964 L'article 39, 1, 3° du CGI instaure une limitation de la déduction des intérêts « servis aux associés, [...] dans la limite de ceux calculés à un taux égal à la moyenne annuelle des taux effectifs moyens pratiqués par les établissements de crédit [et les sociétés de financement] pour des prêts à taux variable aux entreprises, d'une durée initiale supérieure à deux ans ». Calculé par la Banque de France sur une périodicité trimestrielle, le taux maximum des intérêts déductibles est publié au *Journal officiel* à l'initiative de la direction du Trésor dans la deuxième quinzaine du dernier mois de chaque trimestre civil. Le taux ainsi déterminé s'applique à l'ensemble des intérêts qui ont couru au cours de l'exercice clôturé

ce trimestre-là. Il est ainsi de 5,32 % pour un exercice clôturé au 30 juin 2025. Mais si l'avance est régulièrement comptabilisée, elle est présumée être un prêt, jusqu'à preuve du contraire (CE 8 nov. 2024, *Sté ADG Immo*, n° 470887, *Dr. fisc.* 2025, n° 7-8, comm. 37, concl. E. Bokdam-Tognetti et note M. Seraille). Quant à l'article 212, I, a du CGI applicable aux sociétés soumises à l'impôt sur les sociétés, il étend le mécanisme de limitation prévu par l'article 39, 1, 3° du CGI aux opérations entre « entreprises liées » directement ou indirectement. Toutefois, il permet de dépasser cette limite en retenant, pour nouveau plafond, le taux que l'entreprise emprunteuse « aurait pu obtenir d'établissements ou d'organismes financiers indépendants dans des conditions analogues ». La charge de la preuve pèse alors sur l'entreprise emprunteuse qui peut l'apporter par tout moyen (CE, avis, 10 juill. 2019, *SAS Wheelabrator Group*, n°s 429426 et 429428, *Dr. fisc.* 2019, n° 36, comm. 353, concl. K. Ciavaldini, note C. Lalloz et N. Vergnet).

La constitutionnalité de ces deux dispositifs de limitation des intérêts déductibles a récemment été remise en question ; toutefois, le Conseil d'État a refusé de transmettre une QPC au Conseil constitutionnel (CE 28 juin 2024, n° 482605, *Dr. fisc.* 2024, n° 41, comm. 348, concl. K. Ciavaldini, note Th. Pons).

SECTION 6

Le traitement des distributions déguisées

965 Il procède de la même logique. Le fisc veille à ce que la détermination du résultat imposable de l'entreprise ne lui permette pas de déduire des dépenses prohibées. Si une opération de contrôle lui permet d'en détecter certaines, l'administration, non seulement les réintégrera dans le résultat imposable de la société mais redressera également le revenu imposable de la personne bénéficiaire de cette dépense. Si la société refuse de lui révéler l'identité de celle-ci, la société devra assumer en outre la charge de cette

imposition sous forme d'une amende fiscale. Le coût fiscal d'une telle dépense dépasse alors sa valeur nominale, il est difficile d'être plus dissuasif.

966 Outre les intérêts excédentaires des comptes courants d'associés, cinq catégories de dépenses sont particulièrement visées. Ce sont respectivement les rémunérations excessives des dirigeants (§ 1), les dépenses de caractère somptuaire (§ 2), les jetons de présence non déductibles (§ 3), les réductions de capital consécutives au rachat de ses propres actions (§ 4), mais aussi les conséquences d'un acte anormal de gestion (§ 5).

§ 1. Les rémunérations excessives des dirigeants

967 Elles s'analysent comme un travers encore fréquent dans les entreprises dirigées par leur fondateur, qui détient de surcroît la majorité du capital. Quelles que soient ses qualités de gestionnaire celui-ci n'établit pas toujours un partage rigoureux entre la rémunération que doit lui verser sa société pour le travail de dirigeant qu'il accomplit pour elle, et la rémunération du capital que la même société doit verser à ses actionnaires, c'est-à-dire encore à lui-même. Pour peu qu'il soit imprégné de l'archaïsme selon lequel il vaut mieux que la société acquitte le moins d'impôts possible, il aura l'impression de jouer un bon tour au fisc et à ses associés minoritaires en se faisant allouer une rémunération importante, qui diminuera d'autant le bénéfice imposable. Pareille démarche est dépourvue de pertinence pour plusieurs raisons.

A. Le critère de déductibilité

968 L'article 39-1-1° du Code n'admet en déduction du résultat que les rémunérations qui « correspondent à un travail effectif et ne sont pas excessives eu égard à l'importance du service rendu ». Sur le fondement de cette disposition qui vise aussi à réprimer les rémunérations de complaisance (v. ss 352), l'administration fiscale va considérer qu'une fraction de la rémunération perçue par le

dirigeant est excessive et doit par conséquent perdre sa qualification de charge déductible pour être requalifiée en bénéfice imposable pour la société distributrice. Pour le dirigeant cette somme sera disqualifiée de la catégorie des traitements et salaires – donc elle perdra au passage le bénéfice de la déduction des frais professionnels et sera qualifiée en revenu de capitaux mobiliers.

B. Les méthodes employées par l'administration

969 L'administration doit prouver ce qu'elle allègue, elle aura pour cela recours à deux méthodes complémentaires. Elle fera d'abord référence à un échantillon de dirigeants d'entreprises qu'elle estime comparables, afin de montrer que la moyenne de leurs rémunérations est inférieure à celle qu'elle redresse. Elle s'efforcera ensuite de montrer que l'évolution des résultats de la société contrôlée ne justifie pas le montant de la rémunération versée à son dirigeant, qu'il s'agisse du niveau des profits, de la croissance du chiffre d'affaires ou du nombre des brevets déposés par le dirigeant au nom de la société.

970 C'est l'ensemble de ces points qui devront être réfutés par l'intéressé. Il s'efforcera de montrer à son tour que la spécificité de son entreprise interdit toute comparaison avec un échantillon, que le niveau de sa rémunération s'explique par l'ampleur de ses tâches et le petit nombre de cadres, ou bien qu'elle représente un rattrapage d'arriérés et d'années de sacrifices.

971 Si le dialogue ne débouche pas sur un accord, celle des parties qui estime y avoir intérêt pourra saisir du désaccord la commission départementale des impôts directs et des taxes sur le chiffre d'affaires (v. ss 141). Si la rémunération élevée s'explique par une prime de bilan créée après la clôture de l'exercice dans le dessein d'absorber l'excédent de bénéfice et minorer ainsi le résultat imposable de la société, la position du dirigeant et de la société sera délicate à justifier…

C. Le but réellement poursuivi par l'administration

972 La démarche ainsi menée par l'administration n'a pas seulement pour objets la répression et le recouvrement, elle est aussi à connotation pédagogique : il faut en effet faire comprendre aux dirigeants qu'au-delà des intérêts intrinsèques de la société qu'ils

contrôlent il est beaucoup plus intéressant de procéder à une distribution de dividendes qu'à une augmentation de salaires. Les dividendes n'ont pas la rigidité des salaires puisqu'ils ne sont distribués que si la société prospère, et le faible taux de l'impôt sur les sociétés allège le coût fiscal de l'opération en limitant la double imposition.

§ 2. Les dépenses de caractère somptuaire

973 Elles sont circonscrites par l'article 39-4 du Code, qui interdit la déduction comme charges des « dépenses et charges de toute nature ayant trait à l'exercice de la chasse ainsi qu'à l'exercice non professionnel de la pêche » ainsi que celles relatives à des résidences d'agrément (sauf si elles présentent un caractère social) ou à des bateaux de plaisance. La disqualification fiscale de ces dépenses est identique à celle appliquée pour les rémunérations excessives en ce qui concerne la société qui les a exposées. Pour le bénéficiaire, l'article 111, e du Code les considère comme une distribution occulte, même s'il n'est pas associé de la société qui les a exposées.

§ 3. Les jetons de présence non déductibles

974 Ils correspondent à la fraction de la rémunération des administrateurs de société qui excède le plafond de déductibilité fixé par l'article 210 *sexies* du CGI, à savoir « 5 % du produit obtenu en multipliant la moyenne des rémunérations déductibles attribuées au cours de cet exercice aux salariés les mieux rémunérés de l'entreprise par le nombre de membres composant le conseil ».

975 Ces jetons de présence sont versés dans les sociétés anonymes, aux membres du conseil d'administration et aux membres du conseil de surveillance si elle est administrée par un directoire et un conseil de surveillance. Dans la conception française classique les administrateurs sont réputés n'assumer qu'une tâche de représentation du capital, sans apporter un véritable concours à la gestion de la société. Leur rôle est en train d'évoluer sensiblement mais leur statut fiscal reste à la traîne.

976 En effet, l'application des dispositions législatives précitées aboutit à ne retenir comme rémunération déductible pour un administrateur qu'une somme égale à 5 % de la rémunération moyenne des cadres dirigeants : si la rémunération moyenne des salariés les mieux rémunérés est de 100 000 euros pour une année et que le nombre des administrateurs est de sept, le montant total des jetons de présence déductibles par la société sera limité à 100 000 × 5 % × 7 = 35 000 euros, soit une moyenne de 5 000 euros par administrateur et par an.

977 Dans les sociétés employant plus de deux cents salariés les rémunérations prises comme référence sont celles des dix salariés les mieux rémunérés, en deçà de ce seuil sont prises en compte les rémunérations des cinq salariés les mieux payés. Pour les sociétés anonymes employant moins de 5 personnes, les jetons de présence alloués aux membres du conseil d'administration ou du conseil de surveillance sont déductibles de l'assiette de l'impôt sur les sociétés dans la limite systématique de 457 euros par membre.

Toujours selon la même logique, la fraction des jetons de présence versée en excédent du seuil de déduction sera maintenue dans le résultat imposable de la société et imposée comme bénéfice distribué chez l'actionnaire, dans la catégorie des revenus de capitaux mobiliers.

Pour la majorité des administrateurs qui ne sont pas titulaires d'un contrat de travail la société sera tentée de leur confier des missions particulières, dont la rémunération sera considérée comme un bénéfice non commercial (v. ss 432).

§ 4. La taxation des réductions de capital consécutives au rachat de ses propres entreprises

978 Le législateur de 2025 a cherché à lutter contre un usage dévoyé de la réduction de capital. Alors que cette technique était traditionnellement utilisée pour prendre acte de pertes subies par la société en réduisant son capital social à due concurrence, elle est devenue dans le monde entier un instrument de compétition boursière. Pour retenir

des actionnaires et/ou en attirer de nouveaux, les dirigeants d'une société bénéficiaire et à la trésorerie pléthorique choisissent de ne pas poursuivre leur développement mais de redistribuer aux actionnaires une fraction de la richesse de l'entreprise sous la forme d'un rachat d'actions. Cette pratique fait fi de l'essence même du capitalisme au profit d'une logique financière à court terme. Pour combattre le phénomène, l'article 235 *ter* XB instaure une taxe qui frappe les opérations de réduction de capital réalisées par les entreprises dont le siège se trouve en France et dont le chiffre d'affaires annuel excède 1 milliard d'euros. Son taux est de 8 %, frappant une assiette constituée par la valeur nominale des titres rachetés et une fraction des primes qui ont accompagné l'émission initiale desdits titres. Le refus de prendre comme assiette la valeur réelle des titres s'explique par le souci de ne pas violer les dispositions de la directive « mères-filiales » du 30 novembre 2011 (n° 2011/96/UE du Conseil), qui interdit la double taxation des bénéfices distribués entre sociétés d'États membres différents : le rachat d'actions suivi de leur annulation s'analyse au minimum comme un mode de redistribution de valeur, si ce n'est une distribution de dividendes proprement dite. Bien entendu, le régime des mutations à titre onéreux s'applique aussi dans ce cas (v. ss 1669).

§ 5. Les conséquences d'un acte anormal de gestion

979 Elles trouvent leur sanction dans la réintégration des montants que la société a exposés, à la fois en contrariété avec l'intérêt social ou les préoccupations d'une saine gestion et avec l'intérêt du Trésor. Il en est ainsi de chaque dépense injustifiée dans son principe, ou exagérée dans son montant, mais aussi d'une renonciation à profit vis-à-vis d'une société sœur ou – pire encore – d'une société mère (v. ss 547). Si l'acte anormal a un bénéficiaire, celui-ci sera également imposé sur l'avantage qu'il a indûment retiré.

980 Dans chacun de ces cas de distribution déguisée c'est l'administration fiscale qui contribue à la détermination du résultat imposable, au travers d'un contrôle de la comptabilité de la société. La loi

fiscale sanctionne ici, par un surcroît d'imposition, des comportements de l'entreprise qu'elle juge déviants. Dans l'hypothèse où les dépenses correspondent à des détournements de fonds commis au détriment d'une société, le juge n'admet leur déductibilité que lorsque ces détournements ont été commis par des tiers, et refuse de l'admettre pour des détournements commis par des dirigeants. Si ces détournements semblent avoir été rendus possibles par une carence dans l'organisation de la société, le juge refusera cette immixtion de l'administration dans la gestion, et validera par conséquent la déductibilité (CE 12 avr. 2019, n° 410042, *Dr. fisc.* 2019, n° 25, comm. 303, concl. E. Bokdam-Tognetti, note O. Fouquet).

Dans une tout autre perspective, c'est dans une optique d'incitation que la loi a développé le régime applicable en cas de participation et d'intéressement.

Bibliographie

CASIMIR (Jean-Pierre) et CHADEFAUX (Martial), « La responsabilité fiscale des dirigeants de sociétés », *RF compt.* 1998, n° 305, p. 50 à 56.

SERLOOTEN (Patrick), *Le statut fiscal des dirigeants de sociétés*, Litec, 2007, 196 p.

VARII AUCTORES, « Financements intra-groupe : morceaux choisis – Actes du 34e colloque du CEFEP tenu le 26 juin 2023 » *Dr. fisc.* 2023, n° 40, comm. 299 s.

VARII AUCTORES, « Le traitement fiscal des charges financières ; enjeux contemporains », *L'Année fiscale* 2025, n° 13, comm. 164 à 167.

SECTION 7

Les régimes de participation et d'intéressement

981 Les régimes de participation (§ 1) et d'intéressement (§ 2) mêlent une incitation fiscale à la contrainte posée par le Code du travail.

§ 1. La participation des salariés aux résultats de l'entreprise

982 Elle est régie par les articles L. 3322-1 s. du Code du travail. Au mécanisme de base (A) sont ajoutées des possibilités de participation facultatives (B).

A. Le mécanisme de base

983 Cette participation est obligatoire pour les entreprises d'au moins 50 salariés, et facultative pour les autres. Elle est égale à 1/2 (B – 5C.100) x S/VA, étant précisé que :

– B est le bénéfice réalisé en France, assujetti au taux normal de l'IS et déduction faite de ce dernier ;

– C'est le total formé par les capitaux propres de l'entreprise, c'est-à-dire le capital social, les réserves, le report à nouveau ainsi que les provisions à caractère fiscal ; ce n'est qu'au-delà d'une rémunération de ces capitaux fixée à 5 % que se déclenchera la participation ;

– S est la masse salariale brute ;

– VA est la valeur ajoutée, déterminée à partir des frais de personnel, des charges financières, des amortissements, des provisions, des impôts et taxes à l'exclusion de la TVA et du résultat courant avant impôt ; c'est le compte de résultat qui permet de la calculer.

984 Les sommes ainsi déterminées constituent la réserve spéciale de participation des salariés que doit constituer l'entreprise. Par application de l'article 237 *bis* A-I du CGI l'entreprise les déduit du bénéfice imposable de l'exercice au cours duquel elles sont réparties entre les salariés, à la condition d'avoir déposé l'accord de participation à la section départementale de la Direction régionale de l'économie, de l'emploi, du travail et des solidarités (DREETS). Concrètement, la réserve de participation n'est pas une réserve mais une dette de la société envers ses salariés ; son montant est une charge comptable de l'exercice qui sert de référence pour son calcul mais il n'est déductible que du résultat fiscal de l'exercice suivant.

985 Les sommes ainsi réservées sont exonérées d'impôt sur le revenu pour les bénéficiaires – mais soumises à la CSG et à la CRDS – à la condition d'être bloquées pendant cinq ans sur un compte d'épargne ouvert dans l'entreprise ou à l'extérieur. Il en va de même des revenus qu'elles rapporteront. En revanche, si le salarié opte pour le versement immédiat de ses droits à participation, elles seront assujetties à l'impôt sur le revenu dans la catégorie des traitements et salaires au titre de l'année de perception.

B. Les possibilités de participation facultative

986 L'entreprise qui alloue un supplément de participation par rapport au régime obligatoire sera autorisée, par application de l'article 237 *bis* A-II.1, à constituer en franchise d'impôt une provision pour investissement égale à 50 % de ce supplément. Si elle compte moins de cinquante salariés le système de la participation étant facultatif, elle peut l'instituer et sera alors autorisée à constituer une provision égale à 25 % du montant des sommes ainsi portées au crédit de la réserve.

987 Cette provision doit, dans les douze mois suivant la clôture de l'exercice de sa création, être consacrée à l'acquisition ou à la création d'immobilisations, à défaut de quoi elle devra être rapportée au bénéfice imposable de l'exercice qui suit celui de sa naissance.

§ 2. L'intéressement

988 Il s'agit d'un régime facultatif, organisé par les articles 3311-1 s. du Code du travail. Il prend la forme d'un accord d'entreprise déposé à l'unité départementale de la DREETS, qui prévoit le versement de primes calculées en fonction des résultats mais dont le montant ne doit pas excéder 20 % des salaires bruts. Ces sommes sont immédiatement déductibles du résultat de l'entreprise, elles sont exonérées des charges sociales, soumises à la CSG et à la CRDS, et imposées chez le salarié bénéficiaire. Toutefois, si les salariés adhèrent à un plan d'épargne salariale, et affectent à ce plan tout ou partie de leur intéressement, ils bénéficient à due

concurrence d'une exonération d'impôt sur le revenu moyennant blocage pendant au moins cinq ans.

989 Ces principaux régimes ne sont pas exclusifs d'autres systèmes, tel le plan d'épargne pour la retraite collectif (PERCO) ou le plan d'épargne interentreprises (PEI), ils ont en commun de permettre le développement d'une épargne tournée vers l'entreprise, pour le bonheur de ses salariés, avec la bénédiction du législateur fiscal dont l'incitation joue le rôle de catalyseur.

990 Le résultat imposable est déterminé à l'issue de ce long cheminement, rendu complexe par la diversité des activités de la société et l'ampleur des contraintes, plus importantes que pour une entreprise individuelle. Le résultat comptable est converti en résultat imposable au moyen de la grille de conversion constituée par l'état 2058 A, et il appartient alors à la société d'assumer son obligation au regard de l'impôt.

CHAPITRE 5

La maîtrise du processus d'imposition par la société

991 Le contribuable assujetti à l'IS assume une obligation fiscale totale, puisqu'après avoir déterminé son résultat il doit le déclarer (SECTION 1) puis, selon qu'il est positif ou négatif, il doit calculer et payer l'impôt en cas de bénéfice (SECTION 2) ou gérer le déficit (SECTION 3).

SECTION 1

Les obligations déclaratives

992 Elles sont posées par l'article 223 du CGI, qui se borne à préciser que la déclaration à remplir est celle prévue en matière d'impôt sur le revenu pour les bénéfices industriels et commerciaux, en se conformant selon le cas au régime du bénéfice réel normal ou à celui du réel simplifié (v. ss 317). La déclaration à remplir est le formulaire 2065-SD, à transmettre par voie électronique selon la procédure de transfert des données fiscales et comptables (TDFC).

993 La déclaration des résultats, accompagnée des documents annexes formant la liasse fiscale, doit être souscrite dans les trois mois de la clôture de l'exercice. Si la société ne clôt pas d'exercice au cours

d'une année civile, la déclaration doit être déposée avant le 1er avril de l'année suivante. Si la société clôture au 31 décembre – comme la majorité de ses congénères – le dépôt de la déclaration est reporté à une date fixée chaque année par arrêté ministériel, généralement aux alentours du 30 avril. Ce report de délai arrange tous les opérateurs – à commencer par les experts-comptables – en contrepartie la société devra acquitter le solde de l'impôt le 15 avril au plus tard.

994 C'est lors de cette étape que vont transparaître les objectifs retenus par les dirigeants de la société : au-delà des aléas de la gestion quotidienne ils se sont probablement donné les moyens de parvenir au résultat fiscal qu'ils ont souhaité (v. ss 939), dont il est permis de penser que c'est le plus souvent un bénéfice !

SECTION 2

Le calcul et le paiement de l'impôt en cas de bénéfice

995 Ils représentent un processus plutôt complexe, parce que le tarif n'est pas uniforme (§ 1), parce que les modalités de paiement de l'IS proposent des choix au contribuable (§ 2) et parce que la distribution du bénéfice entraîne des conséquences fiscales (§ 3).

§ 1. Le tarif de l'impôt sur les sociétés

996 Il se décline de façon apparemment simple : l'impôt est proportionnel et le tarif est *a priori* unique (A). La réalité est pourtant différente puisque le taux normal côtoie des taux dérogatoires (B). Depuis 2000, s'ajoutent une contribution sociale (C), ainsi que la contribution sur les revenus locatifs (D).

A. Le taux normal de l'impôt sur les sociétés

997 Il est passé graduellement de 28 % pour les exercices ouverts à compter du 1er janvier 2020 à 25 % pour les exercices ouverts depuis le 1er janvier 2022. Il frappe tous les bénéfices réalisés par la société, qu'elle décide de les distribuer ou qu'elle les garde en réserve. Il fut pendant une trentaine d'années de 50 % puis de 33,33 %, et l'abaissement qu'il a subi le place aujourd'hui dans la moyenne des taux pratiqués par les États membres de l'OCDE. La comparaison objective des pratiques nationales commande de s'intéresser au taux pratiqué, mais aussi aux conditions de détermination de l'assiette : un taux faible appliqué à une assiette large donne une image attractive mais trompeuse.

998 Pour une parfaite compréhension de la politique fiscale des États il est utile de savoir que parfois le législateur applique un taux différent selon l'affectation des bénéfices dans un souci d'incitation : ou bien il taxe plus lourdement les bénéfices distribués (cas de la France des années 1980) ou bien il surtaxe les bénéfices non distribués (cas de l'Allemagne) : autrement dit, vérité en deçà du Rhin, erreur au-delà !

B. Les taux dérogatoires

999 Aux deux taux dérogatoires concernant les établissements publics et associations (1) et aux sociétés réalisant moins de dix millions d'euros de chiffre d'affaires et détenues pour 75 % au moins par des personnes physiques ou des PME (2), il faut ajouter le taux 0 applicable en cas d'exonération (3).

1. *Le régime de faveur accordé pour les bénéfices réalisés par les collectivités publiques ou privées dépourvues de but lucratif qui prennent la forme d'établissements publics ou d'associations (CGI, art. 206-5 et 219 bis)*

1000 Leur forme juridique est une condition nécessaire mais insuffisante pour bénéficier de ce régime, la nature de leur activité est également prise en compte. Aux termes de ce régime, leurs revenus sont taxés au taux de **10 %** (revenus d'obligations de sociétés françaises), ou au taux de **15 %** (dividendes encaissés en France), ou au taux de **24 %** (revenus fonciers et intérêts sur dépôts), voire exonérés (plus-values de cession de valeurs mobilières).

2. *Le régime des sociétés réalisant moins de dix millions d'euros de chiffre d'affaires et détenues pour 75 % au moins par des personnes physiques ou des PME (CGI, art. 219 I, b)*

1001 Celles-ci peuvent soumettre au taux de 15 % une fraction de leur bénéfice annuel égale au plus à 42 500 euros. Si l'entreprise est une société, la loi exige que son capital soit entièrement libéré et détenu de manière continue pour 75 % au moins par des personnes physiques ou par une société (répondant aux mêmes conditions) dont le capital est détenu, pour 75 % au moins, par des personnes physiques.

3. *Le taux zéro*

1002 L'exonération totale ou partielle des bénéfices s'applique aux entreprises nouvelles (v. ss 864) et aux sociétés créées pour la reprise d'entreprises en difficulté.

C. La contribution sociale de 3,3 %

1003 Elle a été instituée par la loi de financement de la Sécurité sociale pour 2000 (CGI, art. 235 *ter* ZC). Après réforme, elle s'applique aujourd'hui exclusivement aux personnes morales dont le bénéfice excède 763 000 euros, au taux de 3,3 % sur l'impôt. En tant que de besoin, l'article 235 *ter* ZC du CGI prévoit l'exonération des PME dont le chiffre d'affaires hors taxes est inférieur à 7 630 000 euros, et dont le capital est entièrement libéré et détenu de manière continue durant l'exercice pour 75 % au moins par des personnes physiques. Cette contribution, assise sur l'IS, n'est pas déductible des résultats imposables.

D. La contribution sur les revenus locatifs

1004 Prévue par l'article 234 *nonies* du CGI, la contribution sur les revenus locatifs (CRL) est due par la société bailleresse au titre d'immeubles achevés depuis au moins quinze ans au 1er janvier de l'année d'imposition. En sont exonérés les sociétés ou groupements relevant de l'article 8 du CGI (v. ss 823) dont aucun des associés n'est soumis à l'impôt sur les sociétés au taux de droit commun (sociétés en nom collectif, sociétés civiles immobilières).

1005 La CRL est assise au taux de 2,5 % sur les revenus perçus au cours de l'année civile ou de l'exercice. En sont exonérées les locations dont le montant annuel n'excède pas 1 830 euros par local, les locations qui donnent lieu à paiement de la TVA, ainsi que les locations d'immeubles appartenant à l'État et à divers organismes publics. Sont également exonérés les revenus tirés de la location de locaux qui font l'objet de travaux d'agrandissement, de construction ou de reconstruction.

La CRL est déclarée et contrôlée selon les mêmes règles et sanctions qu'en matière d'IS. La contribution doit donc être calculée par la société. Elle donne lieu au paiement d'un acompte égal à 2,5 % des recettes perçues au cours de l'exercice précédent. Cet acompte doit être versé au plus tard à la date du paiement du dernier acompte de l'IS. Le solde de la contribution est payé spontanément par la société au plus tard à la date prévue pour le versement de l'IS (v. ss 1013).

§ 2. Les modalités de paiement de l'IS

1006 Elles obéissent à trois étapes successives : sur le montant qu'elle a calculé la société impute d'abord les crédits d'impôt qu'elle détient (A), puis elle verse quatre acomptes provisionnels (B) avant d'acquitter le solde (C).

A. L'imputation des crédits d'impôt

1007 Une société qui perçoit des revenus de capitaux mobiliers bénéficie parfois d'un crédit d'impôt, attaché à ce revenu et parfois imputable sur son propre impôt. Plusieurs cas de figure sont à envisager : par exemple, le crédit d'impôt peut être attaché à des dividendes que la société perçoit au titre d'actions de sociétés étrangères (1), le crédit d'impôt sur d'autres revenus mobiliers de source française (2), le crédit d'impôt recherche (3) et le récent crédit d'impôt au titre des investissements dans l'industrie verte (4).

1. *Le crédit d'impôt attaché à des dividendes que la société perçoit au titre d'actions de sociétés étrangères*

1008 La convention bilatérale ratifiée par les deux États prévoit alors un partage de la recette fiscale entre eux (v. ss 62) : le dividende subit une retenue dans l'État de la source, l'actionnaire français perçoit le solde mais il intègre dans sa propre déclaration de bénéfices le nominal du dividende et, au moment de payer l'IS, il s'en libère à hauteur du montant du crédit d'impôt ainsi constitué, en faisant valoir l'existence de celui-ci auprès du Trésor français. Si la société française est en déficit, la convention prévoit généralement que ce crédit d'impôt ne peut pas s'imputer, ni sur l'IS par définition absent, ni sur le résultat imposable comme le prévoit l'article 39 du CGI (CE 12 mars 2014, *Sté Céline*, n° 362528). Toutefois, il existe des conventions fiscales qui n'excluent pas expressément qu'une société résidente de France déduise de son bénéfice imposable la retenue à la source supportée sur des redevances perçues à l'étranger si elle ne peut, en raison de sa situation déficitaire, imputer le crédit d'impôt : le Conseil d'État juge alors qu'un contribuable peut déduire de son bénéfice imposable les retenues à la source prélevées à l'étranger (CE 7 juin 2017, *Sté LVMH*, *Dr. fisc.* 2017, n° 36, comm. 430, concl. E. Bokdam-Tognetti, note R. Zaghdoun et Q. Philippe). Devant cette hétérogénéité et dans un souci de salutaire simplification, l'article 14 de loi de finances rectificative pour 2017 du 28 décembre 2017 a modifié l'article 39, 1, 4° du CGI en érigeant en principe la non-déductibilité quelle que soit la rédaction des conventions. Est donc exclue de manière générale la déduction des impôts prélevés par un État ou un territoire étranger conformément à une convention fiscale internationale.

2. *Le crédit d'impôt sur d'autres revenus mobiliers de source française*

1009 Ce crédit d'impôt fonctionne en des termes identiques lorsque le bénéfice de la société inclut certains produits d'obligations ou de bons de caisse (v. ss 613), qui ont subi une retenue à la source. Celle-ci s'imputera sur le montant de l'IS, sans pouvoir donner lieu à remboursement ni report en cas d'excédent.

Une société en déficit perd par conséquent le droit à imputation de ses crédits d'impôt.

3. *Le crédit d'impôt recherche (CIR)*

1010 Ce crédit d'impôt est destiné à encourager les entreprises à investir dans ce secteur (CGI, art. 244 *quater* B). Son coût étant très élevé pour les finances publiques (près de 8 milliards d'euros chaque année), le dispositif a été audité par l'Inspection Générale des Finances en mars 2024, qui a proposé des pistes de réforme pour réaliser environ 400 à 450 millions d'euros d'économies. Plusieurs articles de la loi de finances pour 2025 procèdent à un aménagement du crédit d'impôt recherche afin d'en réduire le coût (par exemple, baisse des frais de fonctionnement liés aux dépenses de personnel de 43 à 40 %, suppression du mécanisme de faveur des dépenses relatives aux jeunes docteurs, suppression des dépenses de veille technologique...).

Pour chaque année civile, le CIR est égal à 30 % de la fraction des dépenses de recherche exposées au cours de l'année (50 % dans les DOM, 35 % pour les moyennes entreprises et 40 % pour les petites entreprises de Corse). Ce taux est ramené à 5 % pour la fraction supérieure à 100 000 000 euros. L'entreprise prend en compte pour son calcul les dépenses correspondant à la recherche appliquée comme à la recherche fondamentale ; il peut s'agir des dotations aux amortissements d'immobilisations affectées à la recherche, des rémunérations versées aux chercheurs et des dépenses de fonctionnement correspondantes.

Ce crédit s'impute sur l'impôt dû par l'entreprise au titre de l'année au cours de laquelle les dépenses de recherche ont été exposées. Son excédent non imputé constitue une créance sur l'État qui est immédiatement remboursable. Son assiette large lui confère un succès certain dans un contexte mondial de compétitivité où cohabitent des régimes divers, avec un accent particulier ces dernières années sur les « *patent boxes* » qu'ont développées le Royaume-Uni, l'Espagne, l'Irlande pour soumettre à imposition réduite les produits de la propriété industrielle. La Commission veille pour éviter que ces régimes ne constituent une forme de concurrence fiscale dommageable, ce qui serait le cas s'ils s'appliquaient à des actifs immatériels dont les frais de mise au point n'ont pas été exposés dans le pays. Le texte français rappelle d'ailleurs le nécessaire respect des pratiques aux dispositions du règlement (UE) n° 2023/2832 du 13 décembre 2023 relatif à l'application des articles 107 et 108 du TFUE aux aides *de minimis* octroyées à des entreprises fournissant des services d'intérêt économique général.

1011 Dans le prolongement du précédent, l'article 244 *quater* B du CGI prévoit un crédit d'impôt pour les petites et moyennes entreprises (PME) industrielles et commerciales ou agricoles qui réalisent certaines dépenses d'innovation. Ce crédit d'impôt innovation (CII), dont profite chaque année à près 8 000 entreprises, est le complément du crédit d'impôt recherche « sur la période entre la phase de recherche et développement, et la phase de pré-commercialisation », car il permet notamment aux TPE et PME de financer une partie des opérations de prototypage réalisées en vue de la commercialisation d'un produit nouveau sur le marché. L'application du CII qui aurait dû prendre fin au 31 décembre 2024 a été prorogée de trois ans, jusqu'au 31 décembre 2027. En revanche, son taux est abaissé, passant de 30 % à 20 % pour les dépenses engagées à partir de 2025.

4. *Le crédit d'impôt au titre des investissements dans l'industrie verte (C3IV)*

1012 La loi n° 2023-1322 du 29 décembre 2023 *de finances pour 2024* a créé, à l'article 244 *quater* I du CGI, un crédit d'impôt au titre des investissements dans l'industrie verte (C3IV). Celui-ci est destiné à favoriser la production en France de technologies nécessaires à la transition énergétique. Il doit permettre aux entreprises de réaliser de nouveaux projets industriels dans des secteurs cruciaux de la transition énergétique, à savoir la production de batteries, de panneaux solaires, d'éoliennes ou de pompes à chaleur. Dans ces quatre filières, le crédit d'impôt, au taux de 20 à 40 % concerne les dépenses d'investissement en lien avec des acquisitions d'actifs corporels (terrains, bâtiments, installations, équipements et machines) ou incorporels (droits de brevet, licence, savoir-faire et autres droits de propriété intellectuelle) nécessaires à l'activité. Même si le montant total du crédit d'impôt est plafonné à 150 millions d'euros par entreprise, le Gouvernement espère générer près de 23 milliards d'investissements et la création de 40 000 emplois directs sur le territoire national d'ici 2030.

Au fil des ans le législateur a institué d'autres crédits d'impôt, ciblés chacun sur une ambition gouvernementale, parfois conjoncturelle. C'est le cas notamment des crédits d'impôt apprentissage, métiers d'art, formation du chef d'entreprise, cinéma et audiovisuel, en faveur du rachat d'une entreprise par ses salariés, ou pour dépenses de prospection commerciale.

B. Le paiement proprement dit de l'IS

1013 Il intervient d'abord sous forme de quatre acomptes provisionnels, qui doivent être acquittés au plus tard, respectivement les 15 mars, 15 juin, 15 septembre et 15 décembre de chaque année. Puisque l'IS n'est pas recouvré par voie de rôle, ces acomptes doivent être acquittés spontanément, auprès de la recette des impôts territorialement compétente, par télérèglement.

1014 Le premier acompte dû au titre d'un exercice est celui dont la date d'exigibilité suit immédiatement la date d'ouverture de cet exercice : acompte du 15 mars pour un exercice commencé le 1er janvier, acompte du 15 juin pour un exercice commencé le 1er avril. La base de calcul de ces acomptes est le bénéfice du dernier exercice clos à la date de leur échéance, imposé au taux normal. Le total des acomptes doit représenter la totalité de l'impôt dû, soit 26,5 % de ce bénéfice de référence pour le bénéfice imposable au taux de droit commun, dès lors chaque acompte est égal à un quart de ce dernier, soit 6, 625 %. Pour une grande entreprise, la loi exige que le quatrième et dernier acompte (celui du 15 décembre pour un exercice coïncidant avec l'année civile) soit calculé par référence au bénéfice estimé de l'exercice en cours, lorsque celui-ci a augmenté de manière significative. Ainsi, il doit être égal à un pourcentage compris entre 95 % (pour les entreprises dont le chiffre d'affaires est compris entre 250 millions et 1 milliard d'euros) et 98 % (pour celles dont le chiffre d'affaires est supérieur à 1 milliard d'euros) du montant de l'impôt sur les sociétés estimé au titre de cet exercice et le montant des acomptes déjà versés.

1015 Si la société est titulaire de crédits d'impôts, les acomptes sont calculés sur un impôt de référence diminué d'autant, et chaque acompte est alors égal à 25 % de celui-ci.

1016 Une société nouvelle est dispensée du versement des quatre premiers acomptes, les acomptes ne sont pas davantage exigibles lorsque le montant de l'impôt de référence n'excède pas 3 000 euros. La société peut également diminuer, sous sa responsabilité, le montant des acomptes à partir du moment où elle estime que le total des acomptes déjà versés représente le montant de l'impôt probablement dû au titre du résultat de l'exercice en cours, lorsque ce résultat sera sensiblement inférieur à celui de l'exercice de référence. Le paiement intervient sous forme électronique. Tout retard est sanctionné d'un intérêt de retard de 0,4 % par mois et d'une majoration de 5 %.

C. La liquidation de l'IS

1017 Elle intervient après la clôture de l'exercice et le solde éventuel de l'impôt doit être versé dans les trois mois et quinze jours suivants. Il inclut cette fois-ci l'impôt dû au taux réduit sur les plus-values à long terme.

1018 Si les acomptes versés excèdent le montant de l'impôt exigible, le receveur des finances publiques remboursera l'excédent versé, dans les trente jours du dépôt du bordereau-avis, à moins que la société ne préfère demander son imputation sur le premier acompte de l'exercice suivant.

1019 Ce paiement de l'IS valide la possibilité pour la société d'affecter le bénéfice à l'usage décidé par l'assemblée générale des actionnaires ou des associés.

Bibliographie

BOUCHER (Daniel), *Le crédit d'impôt recherche*, Litec, 2011, 307 p.

VARII AUCTORES, « Regards croisés sur le CIR », *Dr. fisc.* 2020, n° 10, comm. 171 à 179.

§ 3. Les conséquences fiscales de la distribution du bénéfice par la société

1020 Elles se situent dorénavant au niveau de l'actionnaire, qui va bénéficier d'abattements sur le revenu qu'il déclare à ce titre.

1021 La gestion de l'IS par la société peut être particulièrement fine puisqu'elle peut moduler ses choix en fonction des flux qu'elle maîtrise et de l'image qu'elle entend donner. Le législateur a conféré la même liberté en matière de déficits.

§ 4. L'instauration d'une contribution exceptionnelle sur l'impôt sur les sociétés des grandes entreprises

1022 Instaurée par la loi de finances pour 2025 dans la perspective de réduire le déficit budgétaire, elle s'analyse comme une surtaxe temporaire, qui est due au titre du premier exercice clos à compter du 31 décembre 2025, lorsque la société réalise en France un chiffre d'affaires supérieur ou égal à 1 milliard d'euros. Son taux est de 20,6 % de l'IS brut lorsque le chiffre d'affaires est inférieur à 3 milliards d'euros au titre de l'exercice en cause et au titre de l'exercice précédent. Il passe à 41,2 % dans les mêmes conditions lorsque le chiffre d'affaires est supérieur ou égal à 3 milliards d'euros.

SECTION 3

La gestion du déficit

1023 La loi offre deux possibilités d'imputation du déficit constaté par la société à la clôture de l'exercice, soit elle le reporte en avant (§ 1), soit elle le reporte en arrière (§ 2).

§ 1. Le report en avant

1024 Il constitue le mode traditionnel d'imputation, sur les bénéfices des exercices suivants (CGI, art. 209 I). Très favorable aux sociétés avant la crise de 2008, le régime du report a ensuite évolué dans le sens d'un durcissement même s'il reste illimité dans le temps. Son imputation s'effectue sur le bénéfice de l'exercice suivant, (CE, plén., 10 avr. 2015, *Sté Fayat*, n° 369667), dans la limite de 1 million d'euros, majorés de 50 % de la fraction du bénéfice excédant ce seuil. Si le déficit constaté au titre d'un exercice excède 1 million d'euros, alors que le bénéfice de l'exercice suivant dépasse également ce seuil, l'entreprise doit ainsi acquitter un montant d'IS calculé sur 50 % de la fraction de ce bénéfice excédant 1 million d'euros. La part de déficit qui ne peut pas être déduite à raison de l'application de cette mesure est alors reportable sur les exercices suivants, sans limitation de durée, mais dans la même limite. En revanche, si l'entreprise change de régime fiscal, d'objet ou d'activité réelle, elle est considérée comme une entreprise différente et perd par conséquent le droit au report des déficits. En cas de fusion, le transfert de déficit de la société absorbée au profit de la société absorbante doit obtenir un agrément préalable de l'administration.

Par exception et à titre temporaire, pour soutenir le redressement des finances publiques, l'article 97 de la loi de finances pour 2025 prévoit que la part excédant 2,5 milliards d'euros du déficit constaté au titre du premier exercice clos à compter du 31 décembre 2025 n'est pas considérée comme une charge des exercices suivants.

§ 2. Le report en arrière

1025 Celui-ci est directement inspiré du système américain du *carry back* (CGI, art. 220 *quinquies*). Comme lui, il permet à l'entreprise d'imputer le déficit sur le bénéfice de l'exercice précédent et aboutit ainsi à minorer rétroactivement des résultats et le montant de l'IS correspondant. La levée de l'option pour le report en arrière des déficits aboutit à la constatation d'un excédent d'impôt sur les sociétés qui fait naître une créance au profit de l'entreprise. Cette créance est, en principe, utilisée pour le paiement de l'impôt sur les sociétés dû au titre des exercices clos au cours des cinq années suivant celle de la clôture de l'exercice au titre duquel l'option pour le report en arrière a été exercée. La créance contre le Trésor ne devient donc remboursable qu'à l'expiration de ce délai : par exception, il existe une possibilité logique de remboursement anticipé lorsque la société fait l'objet d'une procédure de sauvegarde, de redressement ou de liquidation judiciaire, ou encore de conciliation. En cas de rehaussement du résultat de l'exercice d'imputation, l'option est possible jusqu'à l'expiration du délai de réclamation (CE 16 nov. 2022, *SARL Fiorim*, n° 462305, *Dr. fisc.* 2023. 10, comm. 120, concl. et note K. Ciavaldini).

Le législateur fiscal français s'est montré toutefois restrictif dans les modalités d'utilisation de la procédure dont il est venu limiter le champ d'application, en prévoyant notamment que la fraction du déficit reportable en arrière est comprise dans la limite du montant le plus faible entre, soit le bénéfice de l'exercice précédent, soit la somme de 1 million d'euros. En outre, l'option ne peut pas être exercée au titre d'un exercice au cours duquel intervient une cession ou une cessation totale d'entreprise, une fusion de sociétés ou une opération assimilée, ou un jugement prononçant la liquidation judiciaire de la société. Si l'instauration du plafond en valeur absolue de 1 million d'euros a supprimé, de fait, l'intérêt du report en arrière pour les plus grandes entreprises, il demeure une opportunité pour les petites et moyennes entreprises (PME).

A. Les conditions posées par la loi

1026 L'article 220 *quinquies* du Code pose dorénavant quatre conditions à respecter :

– le déficit ne peut être imputé que sur le bénéfice imposable au taux normal ;

– ce bénéfice doit avoir donné lieu au paiement effectif de l'impôt, ce qui exclut les bénéfices exonérés ;

– seul peut être retenu le bénéfice non distribué, le législateur souhaitant manifestement dissuader les sociétés de distribuer des dividendes.

– la décision d'opter pour le report en arrière ne peut être prise qu'au titre de l'exercice constatant le déficit, elle ne peut pas être prise ultérieurement.

1027 Le déficit est alors imputé sur le bénéfice de l'exercice précédent, et corrélativement cette imputation fait naître une créance sur le Trésor, qui est égale au montant du déficit imputé, multiplié par le taux de l'IS.

B. L'utilisation de ce droit à déficit

1028 Cette créance fiscale va constituer un produit non imposable de l'exercice déficitaire. Elle est utilisée par la société pour acquitter l'IS exigible au cours des cinq exercices suivants. Le solde qui subsisterait à ce terme peut être imputé sur les autres impôts dus par la société, ou bien il sera remboursé par le Trésor public. En attendant la société peut la mobiliser auprès d'un établissement bancaire pour obtenir des liquidités.

1029 L'ensemble n'a pas vocation à résoudre instantanément les difficultés de trésorerie des sociétés malades, il leur offre toutefois un secours moins incertain que la technique du report en avant puisque cette dernière est un pari sur les bénéfices de l'avenir.

La souplesse de gestion fiscale offerte à l'entreprise va trouver son expression la plus achevée dans un groupe de sociétés.

Bibliographie

Fumenier (Patrick) et Maignan (Claire), « Le nouveau cadre fiscal de constitution et d'utilisation des déficits », *Dr. fisc.* 2013, n° 14, p. 11 à 21.

Schmidt (Jean), « L'allègement constant de l'impôt sur les sociétés », in *Mélanges Maurice Cozian*, Litec, 2009, p. 401 à 405.

CHAPITRE 6

L'imposition des bénéfices dans le cadre d'un groupe de sociétés

1030 La restructuration de secteurs entiers de l'économie passe souvent par la création de groupes qui sont consubstantiels à la vie des affaires contemporaine. Ces regroupements sont inspirés par une logique économique qui ne peut laisser indifférent le législateur fiscal. Celui-ci est préoccupé par le souci d'assurer une neutralité fiscale (v. ss 10) qui empêchera toute interférence négative avec les choix juridiques ou commerciaux des entrepreneurs : c'est l'instauration du régime des sociétés mères et filiales (SECTION 1).

1031 Le législateur ira plus loin dans la compréhension, en acceptant la possibilité de concevoir une intégration fiscale (SECTION 2). Mais il reste vigilant à l'égard des relations internes à un groupe (SECTION 3).

SECTION 1

Le régime des sociétés-mères et filiales

1032 Il s'agit d'une option offerte par l'article 145 du CGI, à toute société assujettie à l'IS en France : *a contrario,* les sociétés de personnes non soumises à l'impôt sur les sociétés sont exclues du bénéfice de l'option (CE, 24 nov. 2014, *Sté Artemis*, n° 363556). Ce régime des sociétés mères et filles permet à une société, qui détient une participation d'au moins 5 % dans le capital d'une autre depuis au moins deux ans (ou 2,5 % du capital mais 5 % des droits de vote), de considérer cette dernière comme sa filiale. Afin de lever l'option, la société mère doit détenir les titres en pleine propriété ou en usufruit pour l'appréciation de ce seuil, il a été précisé que les titres dépourvus de droits de vote sont pris en considération (CE 5 nov. 2014, *Sté Sofina*, n° 370650) mais surtout dans ses décisions du 3 février 2016 (*Sté Metro Holding SA*, n° 2015-520 QPC) et du 8 juillet 2016 (*Sté Natixis*, n° 2016-553 QPC), le Conseil constitutionnel a déclaré contraire à la Constitution l'exclusion de l'application du régime mère-fille aux titres sans droit de vote.

En conséquence de la levée de l'option, les dividendes reçus par la mère de sa filiale seront exonérés d'IS au niveau de la mère, à l'exception d'une quote-part de frais et charges fixée forfaitairement à 5 % du total de ces dividendes, ou crédits d'impôt compris. Avec la disparition de l'avoir fiscal en 2005, la société mère les redistribue à son tour, sans avoir à acquitter de précompte.

1033 Si les dividendes proviennent d'une filiale étrangère, ils bénéficieront de la même exonération quasi totale d'IS français au niveau de la mère. La retenue à la source qu'ils ont éventuellement subie dans l'État d'implantation de la filiale pourra être imputée par la mère sur l'IS dont elle est redevable en France, à la condition toutefois qu'une convention bilatérale passée entre les deux pays l'ait prévue. La loi exclut les produits des titres d'une société établie dans un ETNC (v. ss 909) pour des raisons de lutte contre la fraude, ainsi que ceux correspondant à des bénéfices déductibles du résultat imposable de la société distributrice, dans le dessein d'éviter une double non-imposition, stigmatisée par les directives n° 2014/86/UE du Conseil du 8 juillet 2014 (*JOUE* L. 219, 40) et n° 2016/1164/UE du 12 juillet 2016 (*JOUE* L. 193, 1). Toutefois, depuis une décision n° 2014-437 QPC du 20 janvier 2015, *Assoc. française des entreprises privées (AFEP)*, le Conseil constitutionnel a considéré que devait être laissée au contribuable la faculté de démontrer l'absence de motif principalement fiscal de l'implantation à l'étranger. C'est pourquoi, le régime mère fille s'appliquera lorsque la société mère apporte la preuve que les opérations, de la société établie hors de France dans laquelle est prise la participation, correspondent à des opérations réelles qui n'ont ni pour objet, ni pour effet de permettre, dans un but de fraude fiscale, la localisation de bénéfices dans un État ou territoire non coopératif.

1034 Ce régime d'apparente faveur est inspiré par un souci de cohérence : en effet l'absence d'exonération des dividendes de la filiale chez la mère aboutirait à une situation de double imposition puisque le dividende redistribué par la mère n'est que le dividende que sa filiale lui a distribué après avoir acquitté l'impôt. Et si le schéma d'organisation du groupe était plus complexe, avec trois ou quatre étages de filiales, le bénéfice réalisé par la filiale de base et distribué comme dividende subirait une triple ou une quadruple imposition. Ainsi, la loi fiscale française ne pénalise pas les groupes nationaux organisés en cascades de sociétés, au nom du principe de non-discrimination. Les institutions de l'Union européenne ont également veillé à ce que le bénéfice de ce régime soit également accordé aux groupes implantés dans différents États de l'Union. Cette non-discrimination est prévue par la directive du Conseil du 23 juillet 1990 (n° 90/435, *JOCE* L. 225, 20 août 1990), améliorée par la directive n° 2003/123/CE du 22 décembre 2003 (*JOCE* L. 007, 13 janv. 2003) et la directive précitée du 8 juillet 2014 (CJUE 3 avr. 2025, *Nordcurrent*, aff. C-228/24, *Dr. fisc.* 2025. 24, act. 267, note F. Deboissy). Le législateur français a dû ajuster également sa définition de l'intégration fiscale pour incorporer le droit de l'Union. Dans le cadre plus large de la fiscalité internationale, le Conseil d'État estime qu'une société mère française est fondée à imputer, sur l'IS français, l'impôt supporté à l'étranger qui est afférent à la plus-value à long terme réalisée à l'occasion de la cession des titres d'une société filiale (CE 15 nov. 2021, *Sté L'Air Liquide*, n° 454105, *Dr. fisc.* 2022. 11, comm. 147, concl. K. Ciavaldini, note J.-L. Pierre et CE 18 févr. 2025, *Sté Legrand*, n° 490792, *Dr. fisc.* 2025. 26, comm. 238, concl. K. Ciavaldini, note E. Meier, M. Valeteau et S. Roucher).

SECTION 2

L'intégration fiscale

1035 La mise en place de l'intégration fiscale est l'une de ces réformes discrètes dont l'impact réel est substantiel. Les articles 223 A et suivants du CGI ont en effet mis en place un régime qui permet de compenser les bénéfices et les déficits des différentes sociétés membres du groupe pour acquitter simplement l'IS sur le résultat de cette compensation annuelle. Il est soumis à des conditions d'application plutôt strictes (§ 1) mais les avantages accordés sont tangibles (§ 2), tandis que le régime de sortie redevient rigoureux (§ 3).

§ 1. Les conditions d'application du régime de l'intégration

1036 Elles tiennent au statut de la société tête de groupe (A) et à la formation du périmètre d'intégration (B).

A. La tête de groupe

1037 C'est nécessairement une société imposable en France à l'IS qui opte pour l'intégration fiscale et son capital ne doit pas être détenu, directement ou indirectement, à 95 % au moins par une autre personne morale passible de l'IS en France. *A contrario* il est donc possible de considérer que la tête de groupe pourrait être elle-même filiale à moins de 95 % d'une ou de plusieurs autres sociétés françaises, ou bien filiale d'une société étrangère sans seuil maximum de détention. Elle doit notifier sa décision d'opter à l'administration au plus tard dans les trois mois de l'ouverture de l'exercice.

B. Le périmètre d'intégration

1038 Il comprend toutes les sociétés filiales que la société mère souhaite inclure et dont elle détient 95 % au moins du capital, soit directement soit indirectement mais dans ce second cas les sociétés intermédiaires doivent également être incorporées dans le périmètre (CE 26 janv. 2021, *Sté Biomnis*, *Dr. fisc.* 2021. 5, comm. 76). La détermination du seuil de 95 % doit prendre en compte les participations croisées (CE 1er mars 2023, *Sté AXA*, n° 464552). Une sous-filiale française détenue par l'intermédiaire d'une filiale étrangère peut faire l'objet de l'intégration (CJCE 27 nov. 2008, *Sté Papillon*, aff. C-418/07). Poussant plus loin les implications de la liberté d'établissement, la Cour de justice estime que deux sociétés sœurs implantées dans un même État peuvent bénéficier d'une intégration horizontale, lors même que leur mère est établie dans un autre État de l'Union (CJUE 12 juin 2014, *X AG*, aff. C-39 et 41/13 ; CGI, art. 223 A). La jurisprudence communautaire critique également les mesures discriminatoires qui, à l'intérieur du régime d'intégration, favorisent les dividendes distribués par les filiales intégrées, au contraire de ceux distribués par des filiales étrangères (CJUE 2 sept. 2015, *Groupe Steria*, aff. C-386/14). La succession des réformes liées à la jurisprudence de la Cour de justice de l'Union européenne rendait nécessaire une refonte plus globale de l'intégration fiscale : celle-ci est intervenue avec la loi de finances pour 2019.

1039 L'option d'intégration est exercée par la mère pour une durée de cinq exercices avec l'accord formel de ses filiales. Leurs exercices devront être ouverts et clos aux mêmes dates. La société mère déposera alors une déclaration unique, retraçant la synthèse des opérations effectuées par les différentes sociétés membres du groupe intégré.

§ 2. Les avantages qui résultent de l'intégration fiscale

1040 Ils sont de nature financière (A) et stratégique (B).

A. L'intérêt financier

1041 L'intérêt financier qui résulte de l'intégration est évident puisque le résultat imposable sera instantanément diminué du montant des déficits subis par certains membres du groupe. En effet la logique de l'intégration fiscale implique qu'au sein du périmètre d'intégration, les sociétés sont censées ne former qu'un seul redevable, et comme le résultat fiscal d'ensemble est déterminé en faisant la somme algébrique des résultats des sociétés membres, cela permet la compensation des pertes et des bénéfices. Toutefois, les opérations réalisées entre les différentes sociétés intégrées ne sauraient avoir d'incidence sur le résultat d'ensemble et le fausser, méconnaissant ainsi la neutralité de l'IS au regard des choix d'organisation des entreprises. C'est pourquoi, afin d'éviter certaines doubles déductions ou doubles impositions liées aux opérations intragroupe, il doit être procédé à des retraitements ou neutralisation.

L'économie d'impôt réalisée chaque année est ainsi notable. Comme la loi ne précise pas la manière dont les impôts dus par la société mère au nom du groupe doivent être répartis entre les sociétés, c'est aux sociétés du groupe de décider elles-mêmes de cette répartition en établissant une convention à cet effet. La convention d'intégration peut notamment prévoir :

- soit que la société mère conserve pour elle les économies d'impôt ;
- soit qu'elle fasse bénéficier provisoirement les filiales bénéficiaires des économies d'impôt générées au niveau du groupe par les déficits des filiales déficitaires, mais que ces dernières récupèrent les économies d'impôt auxquelles elles ont contribué lorsqu'elles redeviennent bénéficiaires (CE, 12 mars 2010, *Min. c/ Sté Wolseley Centers France*, n° 328424) ;

– soit enfin que la société mère fasse profiter immédiatement les filiales déficitaires des économies d'impôt générées au niveau du groupe issues de leurs déficits (CE 24 nov. 2010, *Sté Océ NV*, n° 334032 ; CE 24 nov. 2010, *Sté Saga*, n° 333867 et *Sté Saga Air Transport*, n° 333868).

1042 Suite à la profonde réforme de déductibilité des charges financières par la loi de finances pour 2019 (v. ss 954), le nouvel article 223 B *bis* du CGI prévoit que le dispositif de limitation des charges financières nettes s'étend aux groupes fiscalement intégrés mais avec certaines particularités. Ainsi, si chaque société membre du groupe détermine son résultat propre, sans application de la mesure de plafonnement de ses charges financières nettes, c'est au niveau du groupe que sont appréciés les plafonds de déductibilité de 3 millions d'euros ou 30 % de l'EBITDA fiscal (coïncidant avec le résultat fiscal imposable majoré des charges financières nettes, des amortissements admis en déduction, des provisions pour dépréciation admises en déduction et des plus-values et moins-values imposées à un taux réduit). Concernant la lutte contre la sous-capitalisation, celle-ci ne s'apprécie plus au niveau de chaque société membre du groupe mais elle doit être recherchée au niveau du groupe fiscal et si celui-ci est sous-capitalisé, seront appliqués les plafonds renforcés de déductibilité d'un million d'euros ou 10 % de l'EBITDA.

S'agissant des pertes finales subies par une filiale d'un autre État de l'Union, l'ombre portée de la jurisprudence de la Cour de justice provoque une jurisprudence hésitante du juge fiscal français. L'arrêt *Marks & Spencer* (CJCE 13 déc. 2005, aff. C-446/03) avait admis la possibilité d'imputer, dans l'État de résidence de la société mère, les pertes devenues définitives d'une filiale européenne. Dans son dernier état, la cour administrative de Versailles a refusé d'admettre la déductibilité des pertes d'une filiale belge, et refusé de poser une question préjudicielle à la Cour de justice (CAA Versailles, 23 juin 2020, *Gpe Lucien Barrière*, n° 19VE01012, *Dr. fisc.* 2020, n° 42, comm. 320, note L. Leclercq et P. Trédaniel).

B. D'un point de vue stratégique

1043 Le régime de l'intégration est également intéressant car il va permettre au groupe de faire financer des acquisitions de sociétés par les bénéfices de cette société : en effet l'emprunt contracté pour financer cette acquisition sera supporté par le groupe et les intérêts pourront être déduits des bénéfices réalisés par la nouvelle acquisition, sous réserve du plafonnement précité.

1044 En revanche, le choix de l'intégration est contre-indiqué pour une filiale qui a subi un déficit avant son éventuelle entrée dans ce périmètre, car ce déficit ne peut être imputé que sur les bénéfices réalisés ultérieurement par cette société et non par le groupe. L'intégration entraînerait des conséquences encore plus négatives si ce déficit était comblé par la société mère au moyen d'un abandon de créance : parce qu'il s'agit d'une relation financière interne au groupe intégré elle est neutralisée, autrement dit la créance continuera d'être imposée chez la mère et la filiale ne pourra pas en compenser le montant avec son déficit. Le législateur fiscal a ainsi voulu réserver les avantages de ce régime aux sociétés qui, au jour de leur intégration, se trouvent en bonne santé financière.

Dans ce cadre, la distribution de dividendes aux actionnaires peut subir un régime différent – absence de précompte pour les sommes en provenance de l'Union, application du précompte aux sommes issues de l'extérieur de l'Union – sans que cette différence de régime constitue une discrimination contraire aux stipulations combinées des articles 14 de la CEDH et 1er du premier protocole additionnel à cette convention (CAA Versailles, 7 juill. 2020, n° 14VE02786, *Dr. fisc.* 2020, n° 37, comm. 366, concl. Ch. Huon). En revanche, la CJUE, interrogée par le Conseil d'État, a conclu à l'incompatibilité de ce précompte mobilier au regard de la directive mère-fille (CJUE, 2e ch., 12 mai 2022, *Schneider Electric SE*, aff. C-556/20).

§ 3. Les conditions de sortie de l'intégration

1045 Elles sont évidemment rigoureuses, comme toujours pour un régime dérogatoire et de faveur : le législateur veut en effet éviter que le contribuable n'use du régime que dans une perspective de profit à court terme. La sortie globale ne peut intervenir qu'à l'issue du délai de cinq ans, tandis que la sortie d'une filiale sera subordonnée à une déclaration préalable au commencement de l'exercice, à défaut de quoi elle sera réputée intervenir au premier jour de l'exercice au cours duquel est survenue la cause de la sortie (cession, abaissement du taux de détention, etc.). Toutes les mesures de neutralisation internes au groupe pourront alors être remises en cause de façon rétroactive. La même vigilance se retrouve pour toutes les relations que peuvent entretenir les sociétés d'un même groupe. La non-intégration éveille les soupçons de l'administration fiscale.

Anticipant notamment le retrait du Royaume-Uni de l'Union européenne, la loi de finances pour 2019 a opéré un assouplissement du cadre juridique des sorties et cessations de groupe : plusieurs mesures permettent dorénavant d'éviter cette cessation. Ainsi la transformation d'un groupe horizontal en un groupe vertical, ou inversement l'option d'une société mère d'un groupe vertical pour la formation d'un groupe horizontal n'entraînent plus la cessation du groupe préalablement constitué. Il en va de même pour l'absorption de la société mère du groupe par une société absorbante qui, elle-même, est membre du groupe fiscal. Enfin, les conséquences fiscales du *Brexit* en mars 2019 ont été anticipées lorsque l'entité mère non résidente (pour l'intégration fiscale horizontale) ou la société intermédiaire (détenant une sous-filiale française, hypothèse visée par la jurisprudence « Papillon ») sont situées au Royaume-Uni. En effet, même si la sortie du Royaume-Uni de l'Union européenne implique la disparition d'une des conditions requises pour la formation du groupe en France, celui-ci pourra, sous certaines conditions, être maintenu temporairement sans que soient immédiatement appliquées les conséquences d'une cessation du groupe.

SECTION 3

Le régime fiscal des relations entre sociétés d'un même groupe

1046 Un groupe peut être structuré sans choisir pour autant l'intégration fiscale, généralement parce que la plupart des filiales ne sont pas contrôlées à 95 %, qui constitue un seuil particulièrement élevé. L'administration fiscale vérifiera toujours avec une extrême vigilance que les conditions du marché sont respectées par les relations inter-groupe, qui prennent essentiellement deux formes :

- les transactions commerciales (§ 1) ;
- et les aides financières (§ 2).

§ 1. Les transactions commerciales intergroupe

1047 Elles doivent respecter les prix du marché (A), et l'application de ce principe entraîne la prohibition des prix de transfert (B).

A. Le respect des prix du marché

1048 Il constitue une règle de portée générale, que doivent respecter les sociétés d'un même groupe dans leurs relations commerciales, et chacune d'entre elles devra être en mesure de justifier par des raisons commerciales normales les rabais qu'elle a pu consentir à une société sœur. Par le respect de cette règle chaque société échappera à la requalification de ses opérations intergroupe en acte anormal de gestion, que le fisc réintégrerait dans le résultat imposable sans pour autant les déduire du résultat de la société bénéficiaire. Hormis le cadre tracé par l'intégration fiscale chaque contribuable à l'IS est considéré comme une entité autonome, mue par le souci d'une gestion objective destinée à dégager des profits.

S'agissant des intérêts intragroupes, le juge admet dorénavant l'utilisation de logiciels de notation automatique pour justifier les taux admissibles (CE 22 déc. 2022, *SAS Wyllinck*, n° 446669, *Dr. fisc.* 2023, n° 9, comm. 115, concl. M.-J. Merloz, note J. Serfati et T. Jaegle, act. 74).

1049 Cette règle va toutefois connaître quelques tempéraments pour la société mère. Le juge de l'impôt a en effet admis qu'elle puisse facturer à prix coûtant des produits ou des services à ses filiales (CE 25 nov. 2009, *Cie Rhénane de raffinage*, n° 307227, *Dr. fisc.* 2010, n° 7, comm. 186, concl. É. Geffray, note R. Schneider). Pour la justification des taux de marché dans le cadre d'un financement intragroupe, il admet des logiciels de notation automatique (CE 22 déc. 2022, *Sté Willinck*, n° 446669, *Dr. fisc.* 2023, n° 9, comm. 114, concl. M.-G. Merloz, note J. Serfati et T. Jaegle, act. 74). Le cadre redevient rigoureux lorsque ces opérations se situent dans un cadre transnational.

B. Les opérations intergroupe effectuées dans un cadre transnational

1050 Elles sont marquées du soupçon de **prix de transfert** (v. ss 912). L'article 57 du CGI permettra au fisc de rapatrier la marge imposable en France, sauf agrément intervenu au préalable sur le fondement de l'article L. 80-B, 7°, du LPF (v. ss 929). Le Conseil d'État (23 juill. 2024, *SAS Howmet*, n° 474666) et la Cour de justice (4 oct. 2024, aff. C-585/22) s'accordent pour considérer qu'un montage est artificiel, le premier parce qu'il participe de l'abus de droit, la seconde au regard du principe de pleine concurrence. Pour le Conseil d'État, la liberté d'établissement, envisagée notamment au travers de la jurisprudence *Marks & Spencer*, n'empêche pas d'interdire l'imputation, par une société française, des pertes définitives de ses établissements stables étrangers (CE 26 avr. 2024, *SPIE Batignolles*, n° 466062, *Dr. fisc.* 2024. 24, comm. 283, concl. R. Victor, note Th. Pulcini, J. Mas et A. Goujon).

Le soupçon d'acte anormal pèse de manière plus nuancée sur les aides financières. C'est dans ce cadre que la Cour de justice a validé la réglementation française qui institue un butoir en plafonnant un crédit d'impôt, destiné à compenser la double imposition de dividendes perçus, au montant de l'impôt qu'aurait perçu l'État du siège, sans compenser en totalité le prélèvement acquitté dans un autre État membre. Elle considère en effet que ce dispositif respecte la libre circulation des capitaux posée par l'article 63 du TFUE (CJUE 25 févr. 2021, *Société Générale SA*, aff. C-403/19). L'entreprise qui consent un prêt sans intérêt à une société liée à l'étranger doit démontrer que le taux d'intérêt retenu par l'Administration pour le calcul du bénéfice transféré indirectement est excessif (CE 20 déc. 2024, n° 470557). Par application de la convention franco-britannique, le juge français considère qu'un crédit d'impôt correspondant à une retenue à la source étrangère doit être déclaré dans l'assiette de l'impôt français, avec le revenu étranger (CE 9 oct. 2024, *Sté BNP Paribas*, n° 472947, *Dr. fisc.* 2024. 49, Act. 473, note B. Gouthière).

§ 2. Les aides

1051 Celles-ci sont soumises à contrôle par la loi fiscale mais aussi par le droit des sociétés. Ainsi l'aide apportée par une filiale à sa mère est illicite et constituera un acte anormal de gestion, la réciproque n'est pas vraie car il est de l'intérêt de la mère de veiller à la bonne santé de ses filles. À l'intérieur de ce cadre c'est le régime des abandons de créances qui est particulièrement contrôlé, en distinguant selon qu'il est à caractère commercial ou à caractère financier.

A. L'abandon de créance à caractère commercial

1052 Il est accordé par une société à une autre dans le dessein de conserver des relations privilégiées ou, plus crûment, permettre la survie d'un client générateur de débouchés pour l'entreprise qui consent cet abandon. Pour les exercices clos depuis le 4 juillet 2012, cette aide est déductible si elle est vraiment à caractère commercial ou si elle est consentie à une entreprise en difficultés financières soumise à une procédure collective ou de conciliation (CGI, art. 39, 13). C'est le cas des abandons de créances, des subventions, des renonciations à recettes consentis dans le cadre d'une gestion normale.

1053 S'il est consenti au sein d'un groupe ce sont les mêmes caractéristiques qui devront être vérifiées pour permettre la déduction de son montant comme charge de la société qui le consent et corrélativement son intégration dans les recettes de la bénéficiaire.

B. L'abandon de créance à caractère financier

1054 Il s'analyse à peu près comme une subvention que la société mère verse à sa filiale. Elle se situe hors du cadre des relations commerciales et peut s'analyser comme une recapitalisation, déguisée pour bénéficier de la déduction en charges du concours ainsi versé. Ainsi, l'aide financière apportée par une société à sa filiale est présumée augmenter la valeur de sa participation dans le capital de la filiale lorsqu'elle a pour effet de rendre l'actif net comptable de celle-ci positif : toutefois, la société mère peut apporter la preuve contraire (CE 21 juin 2022, *Sté Ixcore*, n° 447084, *Dr. fisc.* 2022, n° 39, comm. 342, concl. C. Guibé, note M. Verban, A. Rocchi et M. Gerald). Cette déductibilité pour la mère des aides à caractère financier n'est plus possible depuis 2012, à l'exception de celles accordées dans le cadre d'une procédure de sauvegarde ou de redressement ou de liquidation judiciaire (CGI, art. 39-13). Dans ces hypothèses, la déductibilité est limitée car elle s'opère uniquement « à hauteur de la situation négative de l'entreprise qui en bénéficie » et cesse dès que la situation nette de la filiale devient positive.

1055 Concernant la filiale bénéficiant d'un abandon de créance non commerciale, elle doit en principe l'intégrer dans ses résultats imposables. Toutefois, il résulte de l'article 216 A du CGI que la fraction non déductible des résultats imposables de la mère n'est pas pris en compte pour la détermination des résultats imposables de la société débitrice, à la condition qu'elle s'engage à augmenter sous deux ans son capital au profit de la société créancière, pour un montant égal à celui de l'abandon qui lui était consenti. La dimension capitaliste de l'opération est ainsi reprise en compte dans des conditions fiscales intéressantes. Cette bienveillance fiscale accompagne aussi les mutations de l'entreprise.

Bibliographie

Chadefaux (Martial), *Les fusions de sociétés. Régime juridique et fiscal*, Groupe Revue fiduciaire, 8e éd., 2017, 630 p.

Cozian (Maurice), « Les abandons de créance », *Dr. fisc.* 1995, n° 47, p. 1653 à 1662.

Cozian (Maurice), « Les risques d'abus de droit dans les opérations de restructuration », *BF Lefevbre*, 1997, p. 93 à 97.

Dauchez (Olivier), « Financement intra-groupe et abus de droit », *Dr. fisc.* 2025, n° 13, p. 8 à 16.

Daumas (Vincent), « Traitement fiscal des conventions d'intégration : l'âge de raison », *RJF* 2020, n° 3, p. 370 à 376.

Dibout (Patrick), « Le périmètre des groupes de sociétés et la liberté d'établissement », *Dr. fisc.* 2008, n° 52, étude 640.

Fouquet (Olivier), « Le principe de neutralité fiscale des fusions », *Rev. adm.* 2013, p. 282 à 284.

Fouquet (Olivier) et Durand (Philippe), « La cohérence du régime de l'intégration fiscale en question », note sous CE 11 déc. 2009, *Sté GE Healthcare Clinical Systems*, n° 301341, *Dr. fisc.* 2009, n° 52, comm. 603.

Haj Taieb (Mohamed), « La pratique relative à la détermination d'un taux d'intérêt de pleine concurrence », *Dr. fisc.* 2025, n° 13, p. 17 à 21.

Hannecart-Weyth (Wanda), « Holding animatrice : une définition pragmatique du Conseil d'État », *LNF* 2018, n° 1228, p. 5 à 9.

Melot (Nicolas), « Fiscalité et multinationales : les groupes de sociétés, ces enfants terribles », in *Mélanges Maurice Cozian*, Litec, 2009, p. 553 à 593.

Monsonego (Jérôme), « L'utilité des règles ciblées relatives à la limitation de la déduction des charges financières », *Dr. fisc.* 2025, n° 13, p. 3 à 7.

Oudenot (Philippe), « Fiscalité des sociétés et des restructurations », LexisNexis, 2024, 986 p.

Pons (Thierry), « Le contrôle fiscal et le contentieux dans les groupes intégrés », *Dr. fisc.* 2018, n° 11, comm. 216.

Renoux (Vincent) et Billet (Damien), « Le traitement fiscal des abandons de créance consentis par une société mère à sa filiale », *JCP* 2010. 548.

SERAILLE (Marien), « Non-conformité du traitement des dividendes dans les groupes non intégrés par choix : le Titanic coule-t-il encore ? », *Dr. fisc.* 2023, comm. 310.

VARII AUCTORES, « Gestion fiscale des groupes de sociétés », *Dr. fisc.* 2012, n° 50, p. 17 à 60.

VARII AUCTORES, « Le régime des sociétés mères : état des lieux et perspectives », *Dr. fisc.* 2014, n° 41, comm. 564 à 572.

VARII AUCTORES, « La gestion fiscale des groupes de sociétés. Actualité et perspectives », *Dr. fisc.* 2016, n° 49, comm. 621 à 634.

VARII AUCTORES, « L'intégration fiscale : un régime menacé ? », Actes du 29e colloque annuel du CEFEP tenu le 22 juin 2016, *Dr. fisc.* 2016, n° 39, comm. 510 à 513.

VILLEMOT (Dominique), *Fiscalité des fusions-acquisitions*, EFE, 4e éd., 2010, 396 p.

CHAPITRE 7

Les règles applicables aux mutations de l'entreprise

1056 La vie économique est faite de mutations et il appartient à la législation fiscale de s'adapter pour accompagner ces mutations. Cette démarche est imprégnée de neutralité bienveillante, c'est-à-dire que l'État n'hésitera pas à adopter des mesures de faveur s'il trouve son intérêt à ces mutations et dans la mesure seulement où le droit de l'Union ne prohibe pas une démarche normative qui contreviendrait aux libertés du Traité, parce qu'elle établirait une discrimination au profit des entreprises françaises.

1057 Ces régimes évoluent en même temps que l'économie. C'est ainsi que la loi a supprimé le régime dérogatoire des reprises d'entreprises industrielles en difficulté, qui ne s'applique plus pour les exercices ouverts depuis le 1er janvier 2022. Le régime fiscal des restructurations, lui, est davantage pérenne.

1058 La législation française comme celle de nombreux États partenaires soumet les fusions, scissions et apports partiels d'actif à deux régimes possibles, le régime général étant beaucoup plus rigoureux que le régime spécial (§ 1). Le régime de faveur (§ 3) est soumis à des conditions d'application (§ 2).

§ 1. La distinction entre régime général et régime spécial

1059 Le droit positif conserve un régime général qui aborde les restructurations comme un phénomène envisagé exclusivement sous l'angle de la rentabilité pour le Trésor. Il consiste à décomposer les opérations de fusion et de scission en deux temps. Le premier temps est qualifié de dissolution des sociétés concernées. Sa qualification entraîne la nécessité d'acquitter l'impôt sur les sociétés, non seulement sur le dernier bénéfice d'exploitation, mais aussi sur les provisions puisqu'elles sont censées avoir perdu leur justification et sur les plus-values d'actifs puisqu'elles sont considérées comme ayant cessé d'être latentes. Dans un second temps, les biens de la société sont considérés comme apportés à la société absorbante ou à la société nouvelle. L'apport partiel d'actifs est traité dans le même esprit, puisque la société apporteuse est imposée sur les plus-values d'apport et sur les provisions qui deviennent sans objet en raison de l'apport.

1060 Un tel régime est économiquement dissuasif et empêche en pratique toute restructuration. C'est la raison pour laquelle le législateur a mis en place un régime de faveur qui envisage l'opération de restructuration dans son unité et la qualifie simplement d'opération intercalaire. Le coût fiscal en devient alors dérisoire.

1061 Une directive (dite « fusion ») du Conseil du 23 juillet 1990 (n° 90/435), aménagée par une directive du 17 février 2005 (n° 2005/19/CE) et réécrite par une directive n° 2009/133 du 19 octobre 2009, oblige les États membres à appliquer leur régime de faveur même lorsque l'une des sociétés impliquées dans la restructuration est issue d'un autre État membre. La Cour de justice, dans un arrêt de 1997 (17 juill. 1997, *Leur-Bloem*, aff. 28/95) est venue préciser que les principes de la directive s'appliquaient même à des opérations réalisées entre des sociétés implantées dans un même État, à partir du moment où le législateur national, à l'occasion de la transposition en droit interne de cette directive, avait entendu appliquer le même traitement aux situations purement internes et à celles régies par la directive. Une directive du 27 novembre 2019 (n° 2019/2121) relative aux fusions et scissions transfrontalières a fait l'objet d'une transposition en droit français par une ordonnance n° 2023-393, du 24 mai 2023 (ratifiée par l'art. 4 de la loi n° 2024-364 du 22 avril 2024). L'innovation prend notamment la forme d'un nouveau cas de fusion, sans échange de titres, et la possibilité d'une scission partielle, applicables aussi sur le terrain purement interne. Leur traitement fiscal par la loi de finances pour 2025 leur étend le bénéfice du régime de faveur.

§ 2. Les conditions d'application du régime spécial

1062 Les articles 210-0 A et suivants du CGI proposent ce régime spécial aux fusions, scissions et apports partiels d'actifs réalisés par des sociétés soumises à l'impôt sur les sociétés. Les conditions posées ont trait aux caractéristiques de chaque opération, mais si toutes les conditions n'en sont pas réunies, il est possible néanmoins de prétendre à leur bénéfice en sollicitant un agrément auprès de la direction générale des finances publiques. Cet agrément est de droit lorsque l'opération est justifiée par un motif économique et qu'elle n'a pas comme objectif principal la fraude ou même l'évasion fiscales.

La loi de finances rectificative pour 2017 (du 28 déc. 2017) a aménagé le dispositif pour le mettre en conformité avec le droit de l'Union européenne puisqu'avait été jugée contraire à la liberté d'établissement et à la directive « fusions », la condition subordonnant à agrément préalable l'application du sursis d'imposition aux restructurations réalisées au profit d'une personne morale étrangère (CJUE, 1re ch., 8 mars 2017, *Euro Park Service*, aff. C-14/16, *Dr. fisc.* 2017, n° 20, comm. 306). Est donc supprimée cette obligation d'agrément préalable, qui est remplacée par une obligation déclarative permettant à l'administration d'avoir connaissance des opérations transfrontalières : si le défaut de souscription de cette déclaration n'emporte pas la remise en cause du sursis d'imposition, il entraîne cependant une amende forfaitaire de 10 000 euros (CGI, art. 1760 *bis*).

§ 3. L'économie du régime spécial

1063 Le caractère simplement intercalaire de l'opération de fusion au sens large entraîne des conséquences pour la société apporteuse (A) et pour la société bénéficiaire des apports (B).

A. Conséquences pour la société apporteuse

1064 Celle-ci est soumise à l'impôt sur les sociétés au titre de son bénéfice d'exploitation et, le cas échéant, des provisions devenues réellement sans objet.

1065 Les plus-values nettes afférentes à l'ensemble des éléments de l'actif apportés sont exonérées. Les provisions qui conservent leur objet ne sont pas davantage soumises à l'impôt et seront reprises au bilan de la société bénéficiaire des apports. Ces écritures peuvent être opérées avec un effet rétroactif, le plus souvent au premier jour de l'exercice en cour de la société apporteuse.

B. Conséquences pour la société bénéficiaire des apports

1066 Ces conséquences sont au nombre de trois qui ont trait respectivement à l'actif du bilan (1), au calcul des amortissements (2) et au transfert des déficits (3).

1. *Nouvelles inscriptions à l'actif du bilan*

1067 Elle doit inscrire à l'actif de son bilan les éléments autres que les immobilisations pour la valeur fiscale qu'ils avaient dans les écritures de la société apporteuse. Si elle inscrivait une valeur supérieure, elle devrait comptabiliser la différence comme profit. S'agissant des éléments d'actif immobilisés, elle doit les inscrire à son bilan pour la valeur nette comptable qu'ils avaient chez la société apporteuse et elle devra alors poursuivre leur amortissement d'après les valeurs d'origine. Elle doit réintégrer dans ses bénéfices imposables au taux de droit commun les plus-values constatées sur les éléments amortissables lors de la fusion ou assimilée. S'agissant des immobilisations non amortissables, leur cession ultérieure donnera lieu à imposition de l'éventuelle plus-value, calculée d'après la valeur de ces biens au bilan de la société apporteuse, et non pas au regard de leur valeur d'apport.

2. *Nouvelle base de calcul des amortissements*

1068 La société bénéficiaire des apports peut dorénavant calculer les amortissements correspondants d'après la valeur d'apport de ces éléments, en contrepartie de la réintégration des plus-values sur les éléments amortissables. Bien qu'ils soient par définition usagés, les éléments apportés pourront faire l'objet d'un amortissement dégressif s'ils relèvent de ce régime et leur durée probable d'utilisation sera appréciée à la date de l'opération de fusion. Dans le même esprit, s'agissant des plus-values sur cessions ultérieures, elles seront calculées d'après la valeur d'apport des biens amortissables.

3. *Transfert des déficits*

1069 Les déficits antérieurs subis par la société absorbée sont transférés au profit de la société absorbante sans limitation de durée. Ce transfert permet à la société absorbante de procéder à une compensation immédiate avec les éventuelles plus-values résultant de la fusion.

1070 Bien entendu, ce régime de faveur se prolonge en matière de droits d'enregistrement (v. ss 1670).

Bibliographie

VARII AUCTORES, « Fiscalité des entreprises : chronique de l'année 2024 », *L'Année fiscale* 2025, n° 13, comm. 171.

TROISIÈME PARTIE

L'IMPOSITION DE LA DÉPENSE

1071 La tradition fiscale française fait la part belle à ces prélèvements qui sont perçus par les professionnels sur des consommateurs puis versés au Trésor. Le coût de gestion de ces impôts est faible pour la collectivité bénéficiaire puisque le nombre de collecteurs à contrôler est réduit à quelques dizaines de milliers d'agents économiques, et l'impôt n'est pas impopulaire puisque son incorporation dans le prix de vente du produit ou du service le rend indolore.

1072 L'impôt sur la dépense n'est pas un modèle de justice fiscale, en raison de son caractère « réel », assis sur des actes de consommation sans égard pour les charges personnelles du contribuable consommateur, il ne respecte pas davantage l'éthique de la démocratie puisqu'il ne fait pas appel au consentement éclairé du contribuable qui l'acquitte comme c'est le cas avec l'impôt sur le revenu ou l'impôt sur les sociétés. Son poids prépondérant n'est donc pas à inscrire à l'actif de l'État français puisqu'il amène à le ranger, aux termes de la typologie dressée par l'OCDE, au rang des États en voie de développement, dans lesquels la faiblesse des structures publiques, l'imparfaite monétarisation de l'économie et le poids de l'oligarchie empêchent l'instauration d'un système fiscal conciliant justice et rentabilité.

1073 La brutalité de cette observation doit être aussitôt tempérée par deux remarques complémentaires : l'impôt prédominant du système français qu'est la TVA représente l'archétype de l'impôt neutre et de l'impôt difficilement fraudable. Ces deux qualités tangibles valent peut-être mieux que les vertus de l'impôt sur le revenu, dont la supériorité théorique ne résiste pas à l'expérience française. Les gouvernants contemporains font en outre valoir que cet impôt est le seul qui permette d'imposer les importateurs, notamment ceux de produits fabriqués à faible coût social. Il y a là matière à un débat technique et politique exempt de médiocrité.

1074 Aujourd'hui le rôle éminent est dévolu à la TVA, qui s'analyse comme un impôt général sur la dépense (Titre 1), tandis que subsistent quelques impositions particulières (Titre 2).

Bibliographie

Lambert (Thierry), « L'impôt sur la dépense peut-il fonder une politique fiscale ? », *RFFP* 2014, n° 126, p. 39 à 49.

TITRE 1

L'IMPÔT GÉNÉRAL SUR LA DÉPENSE : LA TVA

1075 La TVA apparaît pour la première fois en France en 1954, le champ de son application est alors limité à la production et au commerce de gros ; il est étendu au commerce de détail et aux prestations de services à compter de 1968. Cet impôt connaît alors un succès international qui, à partir de la Communauté, va essaimer dans le monde entier, à tel point que seul un grand État incarne encore le refus de l'adopter : les États-Unis, dont la plupart des États fédérés pratiquent une taxe sur les ventes (« *sales tax* »). Si les dénominations varient (taxe sur les produits et services au Canada et en Australie, taxe sur la valeur agrégée en Amérique latine, taxe sur la consommation au Japon), Pour comprendre cet extraordinaire engouement il est essentiel d'analyser les caractéristiques de cet impôt en les confrontant à celles de ses concurrents et prédécesseurs (CHAPITRE PRÉLIMINAIRE), avant d'examiner successivement son champ d'application (CHAPITRE 1), les conditions de son exigibilité (CHAPITRE 2), le régime des déductions (CHAPITRE 3), les obligations fiscales de ses redevables (CHAPITRE 4) et certains régimes particuliers d'assujettissement (CHAPITRE 5).

CHAPITRE PRÉLIMINAIRE

Les caractéristiques d'une imposition sur la dépense

1076 L'histoire fiscale fait apparaître différentes modalités d'imposition de la dépense (SECTION 1), dont la confrontation laisse émerger la supériorité de la TVA (SECTION 2).

SECTION 1

Les différentes modalités d'imposition de la dépense

1077 Schématiquement elles sont au nombre de trois, la taxe cumulative (§ 1), la taxe unique (§ 2) et la taxe unique à paiement fractionné ou TVA (§ 3). Une illustration chiffrée permettra de mieux saisir le génie de chacune d'elles.

§ 1. La taxe cumulative

1078 Pratiquée autrefois en France et plus longtemps en Allemagne, elle s'analyse comme un impôt qui est perçu à chacune des étapes successives du processus de production, à l'occasion de la revente du produit par le fournisseur à son client. Plus le processus de production est long et plus le produit sera imposé. Elle est aussi dénommée taxe en cascade.

§ 2. La taxe unique

1079 Comme son nom l'indique l'impôt est ici perçu à l'occasion d'une seule étape du processus économique. Ce peut être au début du processus – et on parlera alors de taxe unique à la production – ou tout à la fin de celui-ci, et il s'agira alors d'une taxe unique à la consommation. La taxe sur les ventes américaines appartient à cette dernière catégorie, elle est perçue par le détaillant sur le consommateur final.

1080 Dans la mesure où elle n'est perçue qu'une seule fois les opérateurs peuvent être tentés de la frauder en essayant d'éluder l'étape de perception.

§ 3. La taxe unique à paiement fractionné ou TVA

1081 Empruntant certaines caractéristiques à ses deux prédécesseurs la TVA est perçue à chaque étape du processus de production (comme la taxe cumulative), mais sous déduction de la taxe acquittée aux étapes précédentes, de telle sorte qu'elle se présente, au terme du schéma économique, comme une taxe unique.

1082 **Exemple**

Prenons par hypothèse un schéma de production doté de la configuration suivante :

- il comprend trois étapes successives, assumées respectivement par les agents économiques A, B et C ;

– chacun de ces agents ajoute une valeur de 100 au produit que lui a vendu son fournisseur ;

– le taux de l'impôt sur la dépense est de 10 % ;

– l'impôt est calculé sur une base hors taxe.

L'utilisation de chacune des trois taxes donne les résultats suivants :

1° Avec la taxe cumulative :

– 1re étape : A crée 100 de valeur ; il revend le produit à B 110 (100 + 10) et verse au Trésor 10.

– 2e étape : B crée 100 de valeur ; il revend le produit à C 230 (200 + 20 + 10) et verse au Trésor 20.

– 3e étape : C crée 100 de valeur ; il revend le produit au consommateur final 360 (300 + 30 + 20 + 10) et verse au Trésor 30.

Le Trésor a perçu au total 60 de taxe.

2° Avec la taxe unique :

Selon qu'elle est à la production ou à la consommation, à taux égal son rendement ne sera évidemment pas le même puisque l'assiette sera substantiellement différente. Pour garder son caractère probant à la comparaison, supposons que la taxe est à la consommation :

– 1re étape : A crée 100 de valeur ; il revend le produit à B 100 et ne verse rien au Trésor.

– 2e étape : B crée 100 de valeur ; il revend le produit à C 200 et ne verse rien au Trésor.

– 3e étape : C crée 100 de valeur ; il revend le produit au consommateur final 330 (300 + 30) et verse au Trésor 30.

Le Trésor a perçu au total 30 de taxe.

3° Avec la TVA :

– 1re étape : A crée 100 de valeur ; il revend le produit à B 110 (100 + 10) et verse 10 au Trésor. Le génie propre de la TVA apparaît dès l'étape suivante :

– 2e étape : B crée 100 de valeur ; il revend le produit à C 220 (200 + 20). Il est juridiquement tenu de verser au Trésor les 20 de TVA facturés à C. Mais s'il détient une facture de son fournisseur A qui fait apparaître que 10 ont déjà été versés au Trésor lors de l'étape d'amont, B est fondé à déduire ces 10 de TVA d'amont de la TVA qu'il a lui-même collectée, de telle sorte qu'il ne versera que 10 (20 - 10) au Trésor.

– 3e étape : C crée 100 de valeur ; il revend le produit au consommateur final 330 (300 + 30). Il est juridiquement tenu de verser au Trésor les 30 de TVA qu'il a facturés à son client, mais s'il détient une facture de B faisant apparaître que 20 ont déjà été acquittés en amont, il ne lui en versera que 10 (30 - 20).

1083 Au travers de ce simple exemple la TVA apparaît supérieure à ses concurrentes, en ce qu'elle est plus neutre que la taxe cumulative et plus difficile à frauder que la taxe unique.

SECTION 2

Les facteurs de supériorité de la TVA

1084 La neutralité (§ 1) et le caractère difficilement fraudable (§ 2) de cet impôt lui assurent un succès contemporain et à peu près universel.

§ 1. La neutralité de la TVA

1085 Cette caractéristique est considérée comme une vertu de l'impôt dans un État moderne (v. ss 10) ; elle se mesure dans deux séries de domaines, quant à la longueur du circuit économique (A) et pour les échanges internationaux (B).

A. La TVA est indifférente à la longueur du circuit économique

1086 Elle ne pèse par conséquent pas sur la réflexion et n'influence pas la décision des opérateurs qui détermineront l'organisation de leur schéma de production en fonction de la rationalité économique et non pas de considérations purement fiscales ; en d'autres termes le montant de l'impôt sera directement et uniquement fonction de la valeur globale du produit et non pas du nombre d'étapes que comprend son processus de production. L'intégration verticale ne bénéficiera d'aucune faveur fiscale par rapport à un schéma éclaté de production, à valeur globale créée identique bien entendu.

1087 **Exemple.** Le prolongement de l'exemple permet de mesurer cette vertu de la TVA par rapport à la taxe cumulative :

Deux variations seront opérées sur le schéma de base : respectivement un allongement puis un raccourcissement du circuit économique, dans une enveloppe de valeur créée qui demeure de 300.

1. L'allongement du processus de production résulte de l'abandon d'une partie de son activité par B qui la confie à B', respectivement pour une valeur de 50 :

1° Avec la taxe cumulative :

- 1re étape : A crée 100 de valeur, il revend le produit à B 110 (100 + 10) et verse 10 au Trésor.

- 2e étape : B crée 50 de valeur, il revend le produit à B' 175 (150 + 10 + 15) et verse 15 au Trésor.

- 3e étape : B' crée 50 de valeur, il revend le produit à C 245 (200 + 10 + 15 + 20) et verse 20 au Trésor.

- 4e étape : C crée 100 de valeur, il revend le produit au consommateur final 375 (300 + 10 + 15 + 20 + 30) et verse 30 au Trésor.

À valeur ajoutée identique, le Trésor a perçu 75 soit 15 de plus, simplement parce que le processus de production comprenait une étape de plus. L'impôt pénalise donc les circuits longs puisque l'adjonction de cette étape supplémentaire aboutit à majorer le prix du produit de 15.

2° Avec la TVA :

1. Il suffit de refaire les calculs pour constater que la logique de cet impôt est indifférente à l'allongement du schéma de production : la dose de TVA incorporée dans le prix de vente au consommateur final sera toujours de 30.

2. Le raccourcissement du processus de production résulte de la fusion qui intervient entre B et C ; la nouvelle entreprise ainsi constituée crée 200 de valeur.

1° Avec la taxe cumulative :

- 1re étape : A crée 100 de valeur, il revend le produit à BC 110 (100 + 10) et verse 10 au Trésor.

- 2e étape : BC crée 200 de valeur, il revend le produit au consommateur final 340 (300 + 10 + 30) et verse 30 au Trésor.

À valeur ajoutée identique, le Trésor n'a perçu ici que 40, soit 20 de moins que dans le schéma à 3 étapes et 35 de moins que dans le schéma à quatre étapes. La taxe cumulative favorise donc les circuits économiques courts, elle incite donc artificiellement à la concentration verticale des producteurs.

2° Avec la TVA :

Là encore, les calculs montrent que la dose de TVA incorporée au prix de vente sera toujours de 30.

1088 La neutralité suppose une assiette la plus large possible ; en effet, si un opérateur est exonéré, de manière apparemment paradoxale, cette exonération va alourdir le poids de la TVA grevant le produit puisqu'elle va rompre la chaîne des déductions, en interdisant aux opérateurs situés en aval de l'exonéré de déduire la TVA supportée par l'agent exonéré, celui-ci ne pouvant ni la déduire ni même la faire apparaître sur sa facture. La reprise de l'un des exemples ci-dessus avec exonération de l'agent économique intermédiaire permettra de constater cet alourdissement indésirable.

1089 Cette forme de neutralité est considérée comme essentielle dans une économie néolibérale, elle correspond aussi à l'intérêt bien compris de l'État qui y gagne une meilleure qualité de prévision de ses recettes fiscales, puisqu'elles dépendront pour cet impôt de l'activité économique et non des restructurations des entreprises. Cette vertu de la TVA se retrouve pour les échanges internationaux.

B. Pour les échanges transnationaux

1090 La TVA présente une supériorité décisive due à sa transparence et à sa neutralité parfaitement adaptée au commerce international, d'où son succès depuis son instauration. Certes, on aurait pu considérer que le droit d'imposer doit être attribué à l'État dans lequel se trouve le vendeur du bien ou le prestataire du service ; c'est le principe d'imposition dans l'État de production ou d'origine, là où la valeur ajoutée est réalisée. Toutefois, presque tous les États ont logiquement estimé que le droit d'imposer doit être attribué à l'État dans lequel se situe le consommateur ou client ; c'est alors le principe d'imposition dans l'État de consommation ou de destination, qui traduit l'idée que la TVA est une imposition de la dépense, de la consommation. Si la coexistence de ces deux conceptions pourrait engendrer d'inextricables difficultés lorsque le vendeur est situé dans un État appliquant le principe d'origine et que son acquéreur est situé dans un État appliquant le principe de destination, il n'en a rien été puisque le principe de destination s'est clairement imposé (comme le rappellent les principes directeurs de l'OCDE).

1091 Un tel standard du droit fiscal international, respecté par la quasi-totalité des États, permet au produit exporté de quitter l'État exportateur en exonération d'imposition sur la dépense, de traverser les États de transit en suspension de taxe et de subir cette imposition uniquement dans l'État de destination, c'est-à-dire l'État de consommation finale.

L'universalité de cette règle (v. ss 59) permet de faire l'économie de dispositions conventionnelles spécifiques mais sa mise en œuvre avec une taxe cumulative pose problème dans un système d'intégration qui prohibe les discriminations et les atteintes à la libre concurrence. En effet, pour que la marchandise parte hors taxes du pays exportateur il est deux solutions.

Ou bien le produit est le fruit d'un processus de production totalement hors taxes, aucun remboursement n'est alors à opérer par le Trésor du pays exportateur, mais force est de constater que cette hypothèse est plus idyllique que réaliste. Elle ne peut s'appliquer qu'à des produits clairement destinés à l'exportation dès le début du processus de production, et même pour un Airbus produit dans de telles conditions le fabricant sera toujours en droit de réclamer remboursement d'un impôt sur la dépense qui a grevé une partie de son activité.

Ou bien, comme dans la généralité des cas, le produit est fabriqué dans un schéma soumis à imposition, et c'est ici que le processus de remboursement achoppe, avec la taxe cumulative, sur la dose d'impôt que recèle le produit. Son montant dépend en effet de la longueur du circuit économique, que l'État ignore et qui peut varier pour deux produits identiques. Dans un schéma aussi imprécis le remboursement ne peut être qu'approximatif et surtout l'État va en profiter pour subventionner discrètement ses entreprises exportatrices en leur remboursant un montant supérieur à celui de la taxe réellement perçue. Ainsi ces entreprises pourront pratiquer un certain dumping et fausser les règles de concurrence.

1092 C'est en constatant ce travers que la Commission des Communautés, inspirée par le rapport Neumark de 1962, a décidé d'imposer aux États membres de la Communauté, non seulement un système unique d'imposition sur la dépense mais la TVA : avec cette dernière il suffit de connaître le prix TTC départ frontière pour connaître au centime près le montant de la TVA qu'il faut rembourser, quel qu'ait été le nombre d'étapes du circuit de production.

1093 La TVA est donc l'archétype de l'impôt neutre, elle est également difficile à frauder.

§ 2. La difficulté de frauder la TVA

1094 Cette caractéristique rend la TVA rentable pour l'État mais permet aussi de compenser son insensibilité intrinsèque à la justice sociale en assurant une certaine égalité devant l'impôt.

1095 Cette vertu naît de la possibilité de déduire la taxe d'amont à chaque étape du processus de production : pour déduire, l'agent économique doit détenir une facture en bonne et due forme de son fournisseur, sur laquelle apparaît le montant de la TVA déjà acquittée et par conséquent déductible. La déductibilité de la taxe d'amont est l'élément gratifiant du système, qui va inciter chaque contribuable à exiger de ses fournisseurs qu'ils lui remettent des factures régulières. Ainsi s'opère une surveillance mutuelle des contribuables, qui aboutit à limiter considérablement la fraude, puisque tous la déclarent et l'acquittent.

1096 Certes la fraude existe et elle prend même deux formes différentes : une fraude banale, qui consiste à essayer d'échapper à cet impôt comme à n'importe quel autre, par exemple au moyen de ventes ou de prestations délivrées sans facture à des particuliers non assujettis. Le fraudeur plus sensible à la logique de la TVA va dévoyer le système en multipliant au contraire la création de fausses factures de fournisseurs, qui constitueront autant de crédits de TVA déductibles sur la TVA collectée en aval auprès de ses clients. Cette pratique, qui se rencontre dans le secteur des matières premières, des déchets neufs et des produits semi-finis aboutit également à minorer abusivement le bénéfice imposable par comptabilisation de charges fictives, tandis que le montant de la fausse facture récupéré auprès de son éditeur (appelé aussi « taxi ») permettra d'alimenter une caisse noire, pourvoyeuse par exemple d'avantages en nature non déclarés à l'impôt sur le revenu pour les dirigeants de l'entreprise. Il s'agit d'une fraude « intelligente » puisqu'elle suppose une compréhension parfaite de l'impôt, elle est fort logiquement réprimée avec une particulière sévérité par les tribunaux correctionnels. À ces deux types de fraude s'ajoute dorénavant la fraude intracommunautaire (v. ss 1156) et surtout internationale, dont les effets sont si pervers qu'ils mettent en péril le devenir même de cet impôt. Ainsi, un rapport de l'Inspection Générale des Finances (Claude Wendling et Florence Gomez, « Sécurisation du recouvrement de la TVA », *Rapport IGF* 2019) constate une fraude massive à la TVA en France sur les plateformes de e-commerce, notamment des vendeurs asiatiques puisqu'au 31 décembre 2017, 98 % des vendeurs étrangers actifs contrôlés sur les plateformes contrôlées n'étaient pas immatriculés à la TVA en France (seuls 538 vendeurs sont immatriculés sur un total de 24 459).

1097 L'ultime avantage présenté par la TVA est le caractère général de son champ d'application.

Bibliographie

BERNIER (Gwenaëlle), COURTOIS-FINAZ (Armelle) et CHETCUTI (Laurent), *La TVA racontée aux dirigeants et à leurs conseils*, Litec, 3e éd., 2016, 554 p.

BOUCHARD (Jean-Claude) et MILLER (Justin Hayden), « La TVA : une question de principes. Analyse des grands principes communautaires », *Dr. fisc.* 2009, n° 7, p. 9 à 14.

BOUCHET (Delphine), HABIBOU (Nathalie), JOSEPH (Jean-Baptiste), LUMBROSO (Élise) et MARX (Jessica), « TVA : soixante questions-clés », *Dr. fisc.* 2014, n° 45, comm. 599, n° 48, comm. 648 et 2015, comm. 112.

CHARLET (Alain) et OWENS (Jeffrey), « Une perspective internationale sur la TVA », *Dr. fisc.* 2010, n° 39, comm. 399.

Conseil des impôts, « Dix-neuvième rapport au président de la République relatif à la taxe sur la valeur ajoutée », *JO* 2001, 380 p.

DROUIN (Évelyne), « Les fondements juridiques de la TVA en droit des obligations », *Dr. fisc.* 1999, n° 14, p. 561 à 570.

FALCO (Damien), « Procédures fiscales et lutte contre la fraude à la TVA », *REIDF* 2021, n° 1, p. 153.

HABIBOU (Nathalie) et VIVALDI (Audrey), « Paquet TVA et E-commerce – la théorie confrontée à la réalité opérationnelle (1re partie) », *Dr. fisc.* 2020, n° 49, comm. 451.

LAMBERT (Thierry), « L'impôt sur la dépense peut-il fonder une politique fiscale ? », *RFFP* 2014, n° 126, p. 39 à 49.

LAMBERT (Thierry), « La concurrence et l'assujettissement des personnes publiques à la TVA », *RFFP* 2014, n° 128, p. 53 à 63.

LAURE (Maurice), *La taxe sur la valeur ajoutée*, Sirey, 2e éd., 1953.

LEVOYER (Loïc), « L'assujettissement des collectivités territoriales à la TVA », *JCP* 2006, étude 1027.

MORAINE (Armand) et MEDIEBAR (Lydia), « La TVA sociale, une vieille idée moderne », *Dr. fisc.* 2019, n° 47, comm. 444.

NGANHOU (Jean-Bosco), « La caractérisation de l'activité économique en matière de TVA – Qu'est-ce qu'une activité économique en matière de TVA ? », *Dr. fisc.* 2025, n° 6, comm. 29.

PHILIPPE (Jean-Jacques), « Cinquante ans de TVA : de sa préhistoire à son actualité », *Dr. fisc.* 2005, n° 7, p. 382 à 386.

PHILIPPE (Jean-Jacques), *La TVA à l'heure européenne*, Litec, 1993, 383 p.

PILLET (Patrice), « L'avenir de la TVA dans le cadre du plan d'action de la Commission européenne pour une fiscalité équitable et simplifiée », *Dr. fisc.* 2021, n° 6, comm. 138.

PLAGNET (Bernard), *La taxe sur la valeur ajoutée*, LGDJ, 1990, 172 p.

VILLEMOT (Dominique), *La TVA européenne*, PUF, 1994, 192 p.

SERANDOUR (Yolande), « La notion d'assujetti à la TVA », *Dr. fisc.* 2015, n° 22, comm. 325.

VARII AUCTORES, « La TVA a cinquante ans », *Dr. fisc.* 2004, n° 44-45, p. 1590 à 1593.

VARII AUCTORES, « La TVA : 60 ans après », *RFFP* 2014, n° 128.

VARII AUCTORES, « La TVA /Quel avenir ? », *REIDF* 2015, n° 3, p. 345 à 435.

VARII AUCTORES, « Taxe sur la valeur ajoutée, chronique de l'année 2024 », *L'Année fiscale* 2025, n° 13, comm. 172.

WALTER (Roland), « Vers un espace TVA unique », *LNF* 2019, n° 1243, p. 29 à 34.

CHAPITRE 1

Le champ d'application de la TVA

1098 Le domaine dévolu à la TVA est délimité par des critères d'assujettissement qui ont évolué avec le temps (SECTION 1), au-delà des opérations imposables de plein droit il comprend aussi des opérations assujetties en vertu d'une disposition expresse de la loi (SECTION 2). Corrélativement certaines opérations sont exonérées (SECTION 3), qui peuvent parfois être assujetties à la TVA si le contribuable le souhaite (SECTION 4) ! L'incidence de la territorialité doit également être mesurée (SECTION 5).

SECTION 1

Définition générale de l'opération imposable

1099 Au temps où la TVA était un impôt exclusivement français, le législateur national avait développé des critères qu'il est intéressant d'évoquer (§ 1) pour mieux analyser la définition du droit positif (§ 2).

§ 1. La définition en vigueur jusqu'au 31 décembre 1978

1100 Elle était issue d'une loi de 1966, elle appliquait la TVA aux « affaires » relevant d'une « activité de nature industrielle ou commerciale », quels qu'aient été :

- les buts ou les résultats de ces affaires : lucratifs ou non ;
- la situation juridique des personnes qui les réalisaient : qu'ils aient ou non le statut de commerçants ;
- la forme ou la nature de leur intervention et son caractère habituel ou occasionnel.

1101 C'est donc la nature commerciale de l'activité, même occasionnelle, qui commandait son assujettissement à la TVA. Corrélativement se trouvaient exclues du champ d'application les opérations relevant d'une activité de nature libérale, agricole ou civile. Le juge de l'impôt avait toutefois considéré que l'exercice d'une telle activité dans le cadre d'une société commerciale entraînait son assujettissement. L'introduction du droit communautaire va bouleverser les critères.

§ 2. Les critères du droit positif

1102 Ils ont été posés par la sixième directive du 17 mai 1977 (remplacée par Dir. CE n° 2006/112 du 28 nov. 2006), transposés dans le droit positif français par une loi du 29 décembre 1978 et codifiés aux articles 256 et suivants du Code. Deux critères alternatifs permettent de délimiter le champ d'application de la TVA, un critère réel (A), qui prend en compte la nature de l'opération, et un critère personnel (B).

A. Le critère réel

1103 Il est énoncé par l'article 256-I, qui prévoit que : « Sont soumises à la TVA les livraisons de biens et les prestations de services (1) effectuées à titre onéreux (2) par un assujetti agissant en tant que tel. » La généralité de ces termes choisis permet d'assujettir toute activité.

1. *Les opérations imposables*

1104 Si, tant les **livraisons de biens** que les prestations de services sont soumises à TVA, cette distinction n'en présente pas moins un intérêt majeur pour de nombreuses modalités d'application de la TVA comme, notamment, la détermination du lieu d'imposition, ou encore l'exigibilité et le taux de la taxe.

a. *Les livraisons de biens*

1105 Cette notion est précisée par le deuxième alinéa, qui l'analyse comme « le transfert du pouvoir de disposer d'un bien corporel comme un propriétaire ». Il s'agit de biens meubles comme de biens immeubles (depuis la loi de finances rectificative pour 2010, n° 2010-237 du 9 mars 2010, l'article 256 qui a conduit à réincorporer les immeubles dans les livraisons de bien). Si l'article 256 ne fait que citer le concept de bien corporel sans le définir, il prend soin d'y assimiler expressément certains biens ou opérations : sont ainsi considérés comme des biens meubles corporels, l'électricité, le gaz, la chaleur, le froid et les biens similaires. *A contrario,* s'agissant des opérations sur biens meubles incorporels, elles relèveront, selon les cas, des droits d'enregistrement (cessions de fonds de commerce) ou de la TVA sur prestations de services (opérations sur brevets).

1106 Concernant la notion de livraison, le transfert du pouvoir de disposer correspond le plus souvent à une opération de vente. Toutefois, il n'est pas nécessaire que la livraison donne lieu à un transfert de la propriété juridique du bien : il suffit qu'une des parties à la transaction habilite l'autre partie à disposer en fait du bien comme si elle en était le propriétaire, ce qui est le cas lors d'un simple transfert de la « propriété économique » du bien (en ce sens CJCE 8 févr. 1990, *Staatssecretaris van Financiën et Shipping and Forwarding Enterprise Safe BV / Safe Rekencentrum BV,* aff. C-320/88, *Rec.* I. 285, points 7 et 8). Pour la Cour, cette conception est conforme à la finalité de la directive, qui vise, entre autres, à fonder un système commun de TVA sur une définition uniforme des opérations taxables. Or, cet objectif pourrait être compromis si la constatation d'une livraison de biens était soumise à la réalisation de conditions qui varient d'un État membre à l'autre, comme c'est le cas de celles relatives au transfert de propriété en droit civil. Ainsi, lorsque la vente est assortie d'une clause de réserve de propriété, aux termes de laquelle la marchandise reste la propriété du vendeur jusqu'à son complet paiement, ce différé dans le transfert de la propriété demeure sans incidence sur l'assujettissement dès le jour de la livraison. De même, un apport en société, l'échange d'un bien contre un autre sont des livraisons de biens.

b. *Les prestations de services*

1107 En raison de leur extrême hétérogénéité, les prestations de services ne sont pas définies de manière positive mais de manière à la fois englobante et non limitative. Ainsi selon, l'article 256-IV du Code, ce sont les opérations autres que la livraison de biens, notamment la cession ou la location de biens meubles incorporels, le transport, les consultations, les ventes à consommer sur place, les travaux immobiliers ou encore les opérations portant sur les devises et autres moyens de paiement légaux ou portant sur les actions, et parts de sociétés

La distinction entre livraison de biens et prestations de services est importante car elle subordonne notamment la date d'exigibilité ou encore les règles de territorialité et parfois le taux de TVA applicable. Toutefois, elle est parfois malaisée, comme l'atteste la jurisprudence de la Cour de Justice qui a développé une méthodologie consistant à prendre en considération toutes les circonstances dans lesquelles se déroule l'opération pour en rechercher les éléments caractéristiques (CJCE 2 mai 1996, *Faaborg-Gelting Linien*, aff. C-231/94) à dissocier ou prestations distinctes et prestation unique (CJCE 27 oct. 2005, *Levob Verzekeringen et OV Bank*, aff. C-41/04) et dans ce dernier cas, identifier les éléments prépondérants de l'opération (CJUE 11 févr. 2010, *Graphic Procédé*, aff. C-88/09).

2. *Des opérations à titre onéreux*

1108 Il ne suffit pas que l'assujetti livre un bien meuble corporel ou effectue une prestation de service pour que la TVA soit exigible.

Encore faut-il que l'opération soit effectuée à titre onéreux. Ce caractère onéreux est une composante intrinsèque de la vie des affaires mais pas un paramètre décisif de la fiscalité, puisque la loi fiscale impose les mutations à titre gratuit (v. ss 1465) mais considère que l'absence de contrepartie onéreuse empêche d'appliquer la TVA. Aussi en cas de prestations sans contrepartie directe, il n'existe pas de base d'imposition et le prestataire doit alors être assimilé à un consommateur final puisque c'est à son niveau que s'achève le circuit économique de production et distribution (CJCE 1er avril 1982, *Hong Kong Trade Developpement Council*, aff. 89/81, *Rec.* I. 1277).

1109 C'est dans le droit fil de cette logique que la Cour de justice de l'Union et le juge national ne soumettent les subventions à la TVA que dans la mesure où ces sommes ont pour contrepartie directe une prestation servie par l'entreprise subventionnée à l'entité qui verse la subvention. Cette exigence du lien direct pour soumettre à TVA ne présente pas que des avantages, puisqu'il a pour effet d'exclure à due concurrence la déduction de la TVA d'amont. C'est dans son arrêt *Apple and Pear Development Council* du 8 mars 1988 (aff. 102/86, *Dr. fisc.* 1989, n° 15, comm. 813) que la CJCE a posé cette exigence, qui est implicite dans le caractère onéreux. Cette notion de lien direct a été précisée par la Cour de Luxembourg au sens qu'il faut un lien juridique direct entre le service rendu ou le bien livré et la contre-valeur reçue par le vendeur ou le prestataire : selon elle, une prestation de services n'est effectuée à titre onéreux que « s'il existe entre le prestataire et le bénéficiaire un rapport juridique au cours duquel des prestations réciproques sont échangées, la rétribution perçue par le prestataire constituant la contre-valeur effective du service fourni au bénéficiaire » (CJCE 3 mars 1994, *Tolsma / Inspecteur der Omzetbelasting*, aff. C-16/93, *Rec.* I. 743, point 14).

Deux conditions caractérisent le **lien direct** :

– d'une part, le service doit être rendu directement à un bénéficiaire déterminé, autrement dit il doit être individualisé. Cela n'est pas incompatible avec le fait que le service rendu puisse être collectif dès lors que cette condition d'individualisation du bénéficiaire est satisfaite et que le service n'est pas fourni à un ensemble indéterminé de bénéficiaires. Si le service est collectif, il suffit que les contributeurs en retirent un avantage direct ;

– d'autre part, il doit exister une « relation nécessaire » entre le niveau des avantages retirés par le bénéficiaire du service et la contre-valeur qu'il verse au bénéficiaire (CE 6 juill. 1990, *Codiac*, *RJF* 8-9/90, n° 989).

1110 En revanche, peu importe la forme ou la nature de la contrepartie : l'opération est à titre onéreux que la contrepartie soit une somme d'argent, un échange de biens, voire une fourniture d'un service. Le prix peut même être acquitté sous forme de rabais (CJCE 23 nov. 1988, *Naturally Yours Cosmetics*, aff. 230/87, *Rec.* I. 6365). Par ailleurs, le montant de la contrepartie importe peu : que l'opération soit réalisée à perte, à prix coûtant ou avec profit, elle entre dans le champ d'application de la TVA s'il y a contrepartie. Le fait qu'une opération économique soit effectuée à un prix supérieur ou inférieur au coût de revient, et donc à un prix supérieur ou inférieur au prix normal du marché, est sans pertinence quant au caractère onéreux (CJCE 20 janv. 2005, *Hotel Scandic Gåsabäck*, aff. C-412/03, *Rec.* I. 743). Toutefois, lorsque le prix est purement symbolique, car fixé à un niveau très inférieur à celui du marché, le fournisseur ou prestataire ne peut pas être considéré comme exerçant une activité économique : il s'agit alors d'une libéralité qui doit être exclue du champ d'application de la TVA (en ce sens, CJCE 21 sept. 1988, *Commission c/ France*, aff. 50/87, *Rec.* I. 4797).

B. Le critère personnel

1111 Il est posé par l'article 256 A du Code, aux termes duquel sont assujetties les personnes qui effectuent de manière indépendante une activité économique de producteur, de commerçant ou de prestataire de services quels que soient leur statut juridique, leur situation au regard des autres impôts et la forme ou la nature de leur intervention.

1. *La notion d'assujetti*

Les assujettis ne sont pas tant définis par leur statut que par l'activité qu'ils réalisent.

a. *Un opérateur économique*

1112 Pour le législateur, l'assujetti est la personne qui déploie une activité économique, entendue comme « toute activité de producteur, de commerçant ou de prestataire de services, y compris les activités extractives, agricoles et celles des professions libérales ou assimilées ». La loi précise également qu'est « considérée comme activité économique une opération comportant l'exploitation d'un bien meuble corporel ou incorporel en vue d'en retirer des recettes ayant un caractère de permanence ». Si l'article 256 A assigne un champ d'application très large à la TVA (puisqu'il englobe quasiment tous les stades de la production, de la distribution tant de biens que de services), cette exigence d'une activité économique permet cependant de refuser la qualité d'assujetti à certains opérateurs.

1113 En premier lieu, ne peuvent pas être considérées comme provenant d'activités économiques, les recettes qui proviennent de la simple propriété du bien et qui seraient obtenues sans diligences particulières du propriétaire des biens. Par opposition à une simple gestion patrimoniale, la notion d'activités économiques implique que l'assujetti exerce une action, un travail qui sera la source des recettes. Dans cet esprit, la Cour de justice a été amenée à se pencher sur les conditions d'assujettissement des sociétés holdings. Elle a entériné le fait qu'une telle société ne peut pas être considérée comme un agent économique assujetti lorsque son activité se borne à encaisser les dividendes de ses filiales (CJCE 14 nov. 2000, *Floridienne et Berginvest*, aff. C-142/99). Il en va de même d'un syndicat de copropriétaires qui n'est pas assujetti à la TVA au titre de sa mission de gestion patrimoniale privée (CE, sect., 7 déc. 2001, *Syndicat de copropriétaires des Réaux*, n° 212273, *BDCF* 2/02, n° 19) ou de l'activité d'achat et de vente d'action dans le cadre de la gestion des biens d'un trust caritatif (CJCE 20 juin 1996, *Wellcome Trust*, aff. 155/94). En revanche, la société holding exerce une activité économique assujettie lorsqu'elle s'immisce dans la gestion de ses filiales puisqu'elle met alors en œuvre des transactions soumises à TVA. Elle peut même déduire la TVA grevant les services acquis dans le cadre de la prise de participations dans le capital de ses filiales, car il existe un lien direct et immédiat entre ces frais et l'ensemble de son activité économique (CJCE 27 sept. 2001, *Cibo Participations*, aff. C-16/00).

1114 En deuxième lieu, l'activité économique doit être susceptible d'entrer dans un circuit économique licite relevant du marché. En effet, la Cour de justice estime que les opérations économiques portant sur des produits prohibés ou soumis à des restrictions, comme le commerce de stupéfiants (CJCE 5 juill. 1988, *Mol*, aff. 269/86, *Rec.* 3627 ; CJCE 5 juill. 1988, *Vereniging Happy Family Rustenburgerstraat*, aff. 289/86, *Rec.* I. 3655) ou de fausse monnaie n'étaient pas assujetties à la TVA (CJCE 6 déc. 1990, *Max Witzemann*, aff. C-343/89, *Rec.* I. 4477) dès lors qu'il n'y a aucune concurrence entre un secteur économique licite et un secteur illicite. Toutefois, toute activité illicite ne fait pas systématiquement échapper l'assujetti à la TVA : « le principe de neutralité fiscale s'oppose effectivement, en matière de perception de la TVA, à une différenciation généralisée entre les transactions licites et les transactions illicites » (CJCE 29 juin 1999, *Coffeeshop « Siberië »*, aff. C-158/98, *Rec.* I. 3971, point 14). Dans cette affaire, le juge estime que la mise à disposition d'une table pour la vente de stupéfiants est soumise à TVA car la location d'un emplacement destiné à accueillir des activités commerciales constitue en principe une activité économique et relève donc du champ d'application de la sixième directive ; peu importe que les activités poursuivies dans l'emplacement loué soient pénalement répréhensibles. Les transactions relatives à des produits de contrefaçon sont une autre illustration de cette neutralité (CJCE 28 mai 1998, *Goodwin et Unstead*, aff. C-3/97, *Rec.* I. 3257) : certes les importations ou livraisons de contrefaçons enfreignent les droits de propriété intellectuelle mais elles ne sont pas pour autant considérées comme exclues du circuit économique : elles sont en concurrence avec des produits légaux et s'intègrent donc dans un circuit légal.

1115 Demeure en dernier lieu, la question de l'assujettissement des personnes publiques à la TVA. Celle-ci est abordée par l'article 13 de la directive 2006/112/CE selon lequel « les États, les régions, les départements, les communes et les autres organismes de droit public ne sont pas considérés comme des assujettis pour les activités ou opérations qu'ils accomplissent en tant qu'autorités publiques, même lorsque, à l'occasion de ces activités ou opérations, ils perçoivent des droits, redevances, cotisations ou rétributions ». Concernant la notion d'activités exercées « en tant qu'autorités publiques », ce sont celles accomplies par les organismes de droit public dans le cadre du régime juridique qui leur est particulier, sauf lorsqu'elles exercent leurs activités dans des conditions juridiques identiques à celles des opérateurs économiques privés (CJCE 17 oct. 1989, *Ufficio distrettuale delle imposte dirette di Fiorenzuola d'Arda*, aff. C-231/87, *Rec.* I. 3233). Si l'avocat général Mischo dans ses conclusions sous cet arrêt a proposé quatre critères alternatifs d'identification de cette condition d'activité en tant qu'autorité publique (à savoir l'exercice du pouvoir de souveraineté, le caractère obligatoire de l'activité, l'utilisation de prérogatives exorbitantes du droit commun et le caractère de monopole légal de l'activité en question), la Cour de justice se réfère principalement, mais pas exclusivement à l'usage de prérogatives de puissance publique (CJUE, 4e ch., 29 oct. 2015, *Saudaçor – Sociedade Gestora de Recursos e Equipamentos da Saúde dos Açores SA*, aff. C-174/14). En d'autres termes, ce qui importe n'est pas l'objet ou le but de l'activité mais l'existence de prérogatives de puissance publique. Ainsi, la location d'emplacements destinés au stationnement des véhicules par une personne publique est une activité accomplie en tant qu'autorité publique, dès lors qu'il y a usage de prérogatives de puissance publique notamment du fait d'autoriser ou de limiter le stationnement sur une voie ouverte à la circulation publique ou encore de sanctionner par une amende le dépassement du temps de stationnement autorisé (CJCE 14 déc. 2000, *Fazenda Publica*, aff. C-446/98, *Rec.* I. 11435).

1116 Par ailleurs, même lorsque des organismes de droit public exercent leur activité en tant qu'autorité publique, celle-ci est soumise à TVA, ils doivent être considérés comme des assujettis pour ces activités ou opérations dans la mesure où leur non-assujettissement conduirait à des « distorsions de concurrence d'une certaine importance ». Sur ce point, la Cour de justice a jugé que ces distorsions de concurrence doivent être évaluées « *in abstracto* », c'est-à-dire par rapport à l'*activité en cause, en tant que telle,* sans que cette évaluation porte sur un marché local particulier et sans avoir à rechercher l'existence de réels concurrents

(CJCE, gr. ch., 16 sept. 2008, *Commissioners of Her Majesty's Revenue & Customs c/ Isle of Wight Council*, aff. C-288/07). L'assujettissement s'applique ou non « indépendamment de l'existence d'une concurrence effective ou potentielle au niveau de certains marchés locaux ». Si le Conseil d'État s'inscrit dans la même logique et tient compte de « la nature de l'activité en cause », ce qui permet d'appréhender la concurrence effective mais aussi potentielle, il retient également les « conditions dans lesquelles l'exploitation est conduite » (CE 23 déc. 2010, *Cne de Saint-Jorioz,* n° 307856, *Dr. fisc.* 2011, n° 13, comm. 287, concl. C. Legras). Cette référence lui permet de considérer qu'une commune gérant une cantine scolaire n'est pas soumise à TVA lorsque les tarifs ne peuvent excéder le prix de revient des repas (CE, 8e et 3e ch., 28 mai 2021, *Cne de Sarlat-la-Canéda,* n° 441739, *Dr. fisc.* 2021, n° 28, comm. 314, concl. R. Victor, note Th. Lamulle). Il en va de même d'une commune exploitant en régie une piscine lorsque les faibles droits d'entrée et la gratuité au profit des publics scolaires ne couvrent que très partiellement les charges de fonctionnement. Dans les deux cas un opérateur privé ne pourrait pas offrir un service équivalent sans l'aide de subventions publiques et il n'y a donc pas de distorsion de concurrence (CE, 8e et 3e ch., 28 mai 2021, *Cne de Castelnaudary,* n° 442378, *Dr. fisc.* 2021, n° 28, comm. 314, concl. R. Victor, note Th. Lamulle).

b. *Un opérateur indépendant*

1117 Une fois définie l'activité économique, encore faut-il préciser comment s'exerce cette activité pour que son auteur soit considéré comme un assujetti. Si le statut de l'assujetti importe peu puisqu'il peut s'agir d'une personne physique ou morale, d'une personne de nationalité française ou étrangère, d'un organisme de droit privé ou de droit public (indifférence qui permet d'assurer la neutralité de la TVA en permettant d'éviter que certains échappent à la TVA en se constituant sous des formes particulières), encore faut-il que l'assujetti agisse de manière indépendante. L'article 256 A donne quelques indications : ainsi, ne sont pas considérés comme agissant de manière indépendante, d'une part, les salariés et autres personnes qui sont liés par un contrat de travail et, d'autre part, les travailleurs à domicile. Quant aux critères caractérisant cette exigence d'indépendance, ils sont au nombre de trois à savoir les conditions de travail (soumission à des obligations en ce qui concerne les horaires et lieux de travail, faible liberté concernant l'organisation et l'exécution du travail), les conditions de rémunération et enfin les conditions d'engagement de la responsabilité (CJCE 25 juill. 1991, *Ayuntamiento de Sevilla*, aff. C-202/90, *Rec.* I. 4247). Si la démarche du juge s'apparente au faisceau d'indices, il semble néanmoins que l'élément principal pour la Cour réside dans le régime de responsabilité (pour un exemple relatif à l'absence indépendance d'un membre du conseil de surveillance d'une fondation, faute de supporter non seulement la responsabilité mais aussi le risque économique découlant de son activité : CJUE 13 juin 2019, *IO c/ Inspecteur van de rijksbelastingdienst,* aff. C-420/18).

2. *La notion d'assujetti agissant en tant que tel*

1118 Il ne suffit que l'opération soit réalisée par un assujetti exerçant une activité économique à titre indépendant pour qu'elle entre dans le champ d'application de la TVA : encore faut-il que l'opérateur économique agisse comme tel et non à titre privé. Cette exigence *a priori* superfétatoire a pour objectif d'éviter qu'une personne effectuant une activité économique de manière indépendante soit écartée du champ d'application de la TVA lorsqu'elle agit comme un simple particulier. La jurisprudence *Armbrecht* donne une illustration parfaite de cette exigence (CJCE 4 oct. 1995, aff. C-291/92, *Rec.* I. 2775, points 25 à 29). : la Cour rappelle qu'un assujetti doit agir « en tant que tel » pour qu'une opération puisse être soumise à la taxe sur la valeur ajoutée et que tel n'est pas le cas d'un assujetti qui effectue une opération à titre privé. Tel est également le cas d'une société ayant acquis des lingots d'or et procédant à leur revente plusieurs années après non pas dans le cadre de son activité économique mais dans un cadre patrimonial (CE 29 déc. 1995, *Sté Sudfer*, n° 118754, *Dr. fisc.* 1996, comm. 221, concl. Ph. Martin).

3. *L'assujetti unique et l'apparition d'un régime optionnel de groupe de TVA*

1119 L'article 162 de la loi de finances pour 2021, codifié dans un nouvel article 256 C du CGI, reconnaît la possibilité (prévue par l'art. 11 de la directive TVA) de lever une option pour un groupe TVA. À l'image de l'intégration fiscale existant en matière d'impôt sur les sociétés, cette option permet à des personnes assujetties qui ont en France le siège de leur activité économique ou un établissement stable [...] et qui sont étroitement liées entre elles sur les plans financier, économique et de l'organisation de demander à constituer un seul assujetti. Ce mécanisme de l'assujetti unique, entré en vigueur le 1er janvier 2023, conduit donc à neutraliser les flux internes au groupe TVA.

1120 De prime abord, le périmètre du groupe TVA peut sembler large car aucun type de personne assujettie à la TVA n'est exclu du moment qu'elles ont en France le siège de leur activité économique ou un établissement stable et qu'il est même possible de concerner des succursales françaises de sociétés étrangères. L'affirmation doit aussitôt être relativisée. D'une part, une personne assujettie ne peut être membre que d'un seul groupe TVA et, d'autre part, les assujettis doivent être étroitement liés entre eux, non seulement lors de l'exercice de l'option pour le régime du groupe TVA mais aussi pendant toute la période couverte par celle-ci. Contrairement à l'intégration fiscale de l'article 223 A du CGI qui se contente d'un lien capitalistique, l'article 256 C pose trois conditions cumulatives pour établir un lien suffisamment étroit pour désigner un assujetti unique. Tout d'abord, il est exigé que les assujettis soient contrôlés en droit, directement ou indirectement, par une même personne, cette condition étant satisfaite lorsqu'un assujetti ou une personne morale non assujettie détient soit plus de 50 % du capital d'un autre assujetti, soit plus de 50 % des droits de vote. Il faut ensuite des liens économiques qui résultent soit d'activités principales de même nature, soit d'activités interdépendantes ou complémentaires, soit d'activités réalisées au bénéfice des autres membres du groupe. Enfin, d'un point de vue organisationnel, il est nécessaire que les assujettis agissent sous une direction commune ou organisent leurs activités totalement ou partiellement en concertation.

1121 L'existence de liens aussi étroits ne crée cependant pas d'obligation d'intégrer dans le périmètre du groupe toutes les entités qui satisfont ces conditions : en effet, l'option ne peut être exercée qu'avec l'accord de chacun des membres de l'assujetti unique et les entités sont donc libres de ne pas vouloir être incluses dans le groupe. Couvrant obligatoirement une période de 3 années civiles, cette option pour la création du groupe doit être formulée au plus tard le 31 octobre de l'année qui précède son application et prend effet au 1er janvier de l'année qui suit celle au cours de laquelle elle a été exprimée. Si le périmètre du groupe est figé pour cette période de 3 ans, il est par exception possible d'intégrer un assujetti qui ne remplissait pas initialement les conditions de liens. Quant à une sortie du mécanisme de l'assujetti unique, elle n'est possible que pour les seuls membres ne respectant plus ces mêmes conditions de liens étroits. En raison de ces évolutions possibles, dès lors que le groupe est constitué, son représentant doit communiquer chaque année à l'administration fiscale, au plus tard le 10 janvier, la liste des entités qui, au 1er janvier, sont membres du groupe.

1122 Le mécanisme de l'assujetti unique implique la désignation par les membres du groupe d'une « tête de groupe » qui s'engage d'une part, à accomplir l'ensemble des obligations déclaratives et autres formalités en matière de TVA et d'autre part, à acquitter la taxe ou, le cas échéant, à obtenir le remboursement de crédit de taxe. En effet, le groupe de TVA est considéré comme un assujetti unique par rapport aux tiers : les livraisons de biens et prestations de services effectuées par ses membres sont donc réputées effectuées par lui. Aussi, comme toutes les obligations en matière de TVA incombent au groupe TVA et non plus à ses membres, ces derniers ne sont plus considérés comme un assujetti en leur nom propre mais constituent un secteur d'activité de l'assujetti unique. Toutefois, chaque membre du groupe est tenu solidairement au paiement de la TVA dont l'assujetti unique est redevable, à hauteur des droits et pénalités dont il serait redevable s'il n'était pas dans le périmètre du groupe. Quant à celui-ci, il est soumis aux mêmes droits et obligations que tout autre assujetti : c'est pourquoi, en tant qu'assujetti unique, il doit être identifié par un numéro individuel d'identification à la TVA.

SECTION 2

Les opérations soumises à la TVA en vertu d'une disposition expresse de la loi

1123 L'article 257 du CGI dresse cette liste des opérations qui « sont également soumises à la taxe sur la valeur ajoutée ». Initialement longue d'une quinzaine de rubriques, cette liste s'est sensiblement simplifiée au fil du temps : pour l'essentiel, n'y subsistent que la cession d'aéronefs ou d'éléments d'aéronefs par les compagnies de navigation aérienne, la contribution à l'audiovisuel public, certaines opérations immobilières qui seront évoquées au sein des régimes particuliers (v. ss 1325) et surtout les livraisons à soi-même de biens ou services.

1124 Une mention particulière doit être faite à ces livraisons à soi-même, dont l'assujettissement exprès traduit le souci du législateur d'éviter une consommation finale en exonération de TVA (CGI, art. 257, II). Chaque fois qu'un assujetti distrait pour sa consommation personnelle des produits que son entreprise détient en stock ou des prestations de services qu'il rend, il est normal, au regard de la TVA, de l'obliger à reverser cet impôt qu'il avait initialement déduit sur les fournitures achetées pour exercer son activité professionnelle.

1125 Mais le législateur va plus loin en exigeant également l'assujettissement des opérations qu'une entreprise réalise pour elle-même, avec le concours de son personnel et en utilisant ses propres fournitures. C'est le cas de la machine qui sera utilisée pour l'activité de production ; l'assujettissement a pour objet de préserver la neutralité de l'impôt puisque l'opérateur ne sera pas tenté pour des raisons fiscales de produire lui-même ce qu'il pourrait commander à une entreprise extérieure. Le résultat est le plus souvent limité à une écriture comptable, qui rend la TVA exigible au titre du mois de livraison à soi-même du bien ; l'impôt sera immédiatement et intégralement déductible au titre du même mois, sauf s'il s'agit d'un bien n'ouvrant pas droit à déduction ou si l'entreprise n'est que partiellement assujettie.

1126 Toutes les activités professionnelles effectuées à titres indépendant et onéreux dans le domaine de l'industrie, du commerce et des prestations de services sont assujetties à la TVA, à l'exception des opérations que la loi exonère expressément.

SECTION 3

Les opérations exonérées

1127 Ces opérations qui relèvent du champ d'application de l'impôt en ont été expressément écartées par le législateur communautaire, pour des raisons variées. Les articles 261 à 263 du Code énoncent une longue liste en forme de dépôts sédimentaires, d'où se détachent sept catégories principales d'activités : les activités de service public (1), les opérations effectuées au bénéfice de toutes personnes par des œuvres sans but lucratif (2), les prestations médicales et paramédicales (3), Les prestations d'assurances (4), les opérations bancaires et financières (5), les exportations vers les pays tiers et les livraisons de biens dans le cadre intracommunautaire (6) et enfin les locations (7).

1. *Les activités de service public*

1128 Ainsi qu'évoquée précédemment, elles sont exonérées à partir du moment où cette exonération n'introduit pas de distorsion de concurrence. Il en est ainsi des services administratifs (justice, police) mais aussi des prestations de services effectuées dans le cadre de l'enseignement (scolaire et universitaire, leçons particulières dispensées par des personnes physiques ; v. ss 1107).

2. *Les opérations effectuées au bénéfice de toutes personnes par des œuvres sans but lucratif*

1129 Elles bénéficient de l'exonération de la TVA dans les conditions générales d'exonération posées par l'article 261, 7-1°-d du CGI. En outre, existe une exonération pour les établissements de santé au titre des prestations consécutives à une prescription médicale.

3. *Les prestations médicales et paramédicales*

1130 Elles sortent du champ d'application de la TVA par une volonté commune des États ; ils ont en effet estimé que l'assujettissement s'apparenterait à un non-sens, puisque l'état préoccupant du budget des régimes de protection sociale ne leur permettrait pas de faire face à ce surcroît de remboursement et il faudrait par conséquent que le budget de l'État leur reverse sous forme de dotations le montant de la TVA collectée.

1131 L'exonération concerne toutes les prestations, qu'elles soient servies dans un cadre hospitalier ou dans un cadre libéral, mais à la condition qu'elles interviennent sur le fondement d'une prescription. La gymnastique non rééducative d'un kinésithérapeute, les actes de chirurgie esthétique non pris en charge par une caisse d'assurance maladie mais aussi les prestations d'un vétérinaire seront soumises à TVA.

4. *Les prestations d'assurances*

1132 Elles sont exonérées parce qu'elles sont soumises à une autre imposition qui est la taxe sur les conventions d'assurance (CGI, art. 991). Les compagnies préféreraient l'assujettissement, qui leur permettrait de déduire la TVA d'amont qui grève leurs dépenses d'investissement et d'exploitation, et de ne pas acquitter la taxe sur les salaires qui est due par tous les employeurs non assujettis à la TVA.

5. *Les opérations bancaires et financières*

1133 Elles obéissent à un régime plus complexe. Le champ de leur exonération est posé par l'article 261 C, qui énumère les activités exonérées, ceci dans le dessein d'alléger le coût du crédit pour les clients non assujettis. Toutes les activités qui ne sont pas retenues par cette liste rentreront dans le champ d'application de l'impôt. La liste comprend sept rubriques, qui toutes retiennent la nature de l'activité, sans se préoccuper du statut bancaire ou non de l'opérateur. Ce sont respectivement l'octroi et la négociation de crédits, la négociation d'engagements, cautionnements et autres sûretés, les opérations sur dépôts de fonds, comptes courants, paiements, virements, créances, chèques et autres effets de commerce, les opérations sur devises, les opérations, autres que celles de garde et de gestion portant sur les actions et les obligations, la gestion des fonds communs de placement et de créances et, enfin, les opérations relatives à l'or, autre que l'or à usage industriel, à condition que ce soit une activité principale.

Toutes les activités bancaires ou financières qui ne rentrent pas dans cette énumération ont vocation à rentrer dans le champ d'application de la TVA.

6. Les exportations vers les pays tiers et les livraisons de biens dans le cadre intracommunautaire

1134 Elles sont exonérées (ou assujetties au taux zéro), de même que les services qui se rattachent au trafic international de biens et la plupart des opérations sur navires et aéronefs. Dans son principe la TVA n'est ici qu'un impôt sur la dépense comme les autres, mais son exonération est d'une exactitude scrupuleuse (v. ss 1196).

7. Les locations

1135 Elles sont exonérées lorsqu'elles portent sur des terrains non aménagés et des locaux nus, qu'ils soient à usage d'habitation ou à usage professionnel. Dans ce dernier cas toutefois ils pourront être assujettis sur option. Les locations de logements meublés sont exonérées lorsqu'elles ne sont pas effectuées à titre professionnel, c'est-à-dire dans des conditions similaires à celles des établissements d'hébergement à caractère hôtelier.

Bibliographie

HABIBOU (Nathalie), SÉGURA (Jessica), « Création d'un régime de groupe de TVA et modification du champ du régime du groupement autonome de personnes », *Dr. fisc.* 2021, n° 1-2, comm. 45.

LAMBERT (Thierry), « La concurrence et l'assujettissement des personnes publiques à la TVA », *RFFP* 2014, n° 128, p. 53 à 63.

MORAINE (Arnaud) et MEDJEBARL (Lydia), « TVA – Exonération des actes de médecine à but thérapeutique », *Dr. fisc.* 2020, comm. 159.

SECTION 4

Les opérations imposables sur option

1136 Les articles 260 à 260 CA du Code tracent le champ de ce paradoxe apparent, qui consiste à proposer l'assujettissement à un impôt à des professionnels exonérés. Bien entendu c'est la déductibilité de la TVA d'amont qui incitera à cette option, à condition que les clients soient eux-mêmes assujettis pour que l'impact de l'impôt sur les prix réels pratiqués par celui qui opte soit nul. La liste des bénéficiaires de l'option mêle des activités hors champ et des activités normalement exonérées (§ 1), tandis que le régime de l'option en tempère les avantages (§ 2).

§ 1. Les bénéficiaires de l'option

1137 Ils s'ordonnent en quatre groupes, certains loueurs d'immeubles (A), les collectivités territoriales (B), certaines activités bancaires et financières (C), ainsi que certains exploitants agricoles (D).

A. Les loueurs d'immeubles nus à usage professionnel

1138 Ils peuvent soumettre leurs locations à TVA si le local est destiné à abriter l'activité d'un preneur lui-même assujetti (CGI, art. 260-2). L'option est possible même si le preneur est un professionnel non assujetti, mais dans ce cas le bail doit mentionner l'option du bailleur. L'option est intéressante pour une construction neuve :

en contrepartie de la TVA collectée sur les loyers le bailleur pourra récupérer toute la TVA qui a grevé la construction de l'immeuble loué, puis celle afférente aux dépenses d'entretien et de réparation.

B. Les collectivités locales

1139 Les collectivités locales, leurs groupements ou leurs établissements publics peuvent exercer l'option pour certains de leurs services ; l'article 260-A du CGI vise la distribution d'eau dans les communes ou sur le territoire des établissements publics de coopération intercommunale de moins de 3 000 habitants, l'assainissement, les abattoirs publics, les marchés d'intérêt national ou l'enlèvement et le traitement des ordures ménagères lorsque ce service est financé par redevance. Ce sont là des services gourmands en investissements et dont la gestion est comparable à celle d'une entreprise (elle est d'ailleurs souvent déléguée). L'assujettissement à la TVA rendra certes les prestations publiques plus coûteuses pour l'usager mais sans risque de fuite vers la concurrence puisqu'elles sont en position de monopole de fait. Par ce biais la collectivité récupérera directement la TVA sur investissements et n'aura pas à en solliciter le remboursement par l'État – avec un décalage de deux ans – au moyen du Fonds de compensation de la TVA. En cas de délégation, le droit à déduction pourra être transféré par la collectivité au délégataire assujetti.

C. Certaines activités bancaires et financières sont éligibles à l'option lorsqu'elles sont exonérées

1140 Parmi les sept catégories exonérées (v. ss 1127), les professionnels de la finance peuvent opter pour toutes les activités de prestation sauf les intérêts des opérations de crédit, les agios d'escompte et commissions sur effets de commerce et autres opérations expressément exclues de l'option par l'article 260-C du CGI. Il s'agit des opérations de crédit, des commissions sur ordres de bourse, des opérations sur comptes et des opérations d'affacturage.

1141 Pour d'autres activités, en revanche, l'assujettissement est obligatoire pour ne pas altérer la concurrence, telles les opérations de recouvrement de créances, de location de matériels et les consultations juridiques ou fiscales. Lorsqu'une banque élabore un schéma complexe avec le concours de filiales spécialisées pour réaliser une opération ouvrant droit à déduction de la TVA, un tel schéma est constitutif d'abus de droit (CJCE 21 févr. 2006, *Halifax*, aff. C-255/02).

D. Les exploitants agricoles

1142 Ils sont tous considérés comme assujettis, mais ils ne sont réellement redevables de la TVA que si le montant moyen de leurs recettes d'exploitation, calculé sur les deux années civiles précédentes, dépasse 46 000 euros. Il s'agit du montant hors taxes des recettes encaissées. Toutefois, même si leurs recettes demeurent en deçà de ce seuil, sont également assujettis à TVA les exploitants qui utilisent des méthodes commerciales ou des procédés industriels, ainsi que les éleveurs de bovins et les exploitants qui développent parallèlement une activité commerciale portant sur des animaux de boucherie et de charcuterie.

1143 Lorsque l'exploitant n'est pas redevable de la TVA, il bénéficie d'un remboursement forfaitaire, sous forme d'un versement que l'État effectue chaque année en fonction des encaissements perçus l'année précédente (au taux de 5,59 % pour le lait, les animaux de basse-cour, les œufs, les animaux de boucherie et de charcuterie ainsi que les céréales, les graines oléagineuses et les protéagineux et au taux de 4,43 % pour les autres produits). Toutefois, cet exploitant a la possibilité d'opter pour une période de trois ans (CGI, art. 298 *bis*). Celle-ci est renouvelable par tacite reconduction pour des périodes successives de cinq ans. Cette option sera globale, c'est-à-dire qu'elle couvrira l'ensemble des opérations agricoles. L'exploitant est alors soumis au régime du réel simplifié (v. ss 1315).

§ 2. Les conséquences de l'option

1144 Elles ne sont pas toutes gratifiantes. Certes le nouvel assujetti peut déduire la TVA d'amont et, le cas échéant, obtenir remboursement d'un crédit de TVA (v. ss 1293). Mais l'option a pour finalité de retenir durablement le contribuable dans les filets de l'impôt : l'option est prise pour cinq ans (dix ans pour les immeubles) et elle est automatiquement reconduite pour une égale durée dès que le contribuable a obtenu remboursement d'un crédit ; pour les immeubles l'option passe alors à vingt ans. Le but est d'obtenir un champ d'application maximum de l'impôt, car l'interposition d'une phase d'exonération de TVA dans un processus de production présente l'inconvénient de rompre la chaîne des déductions et, au bout du processus, d'alourdir ainsi la dose de taxe grevant le prix du produit. L'Union conjure également, par le développement de l'option, le spectre d'une consommation finale en exonération de taxe !

SECTION 5

L'incidence de la territorialité

1145 Malgré sa définition d'origine communautaire la TVA demeure un impôt national – l'Union peut être définie comme la juxtaposition de vingt-sept TVA nationales – et son champ d'application territorial sera par conséquent limité. Les contours du territoire fiscal français doivent être cernés (§ 1) avant d'analyser l'économie du régime intracommunautaire applicable tant aux ventes de biens qu'aux prestations de services (§ 2). Le régime du commerce international extracommunautaire suscite un nouvel intérêt, compte tenu du développement du commerce électronique (§ 3).

§ 1. Le territoire fiscal français

1146 Ce territoire est loin d'être homogène. Sa composante essentielle est la France continentale, à laquelle il faut ajouter la Corse sous réserve de certaines règles particulières (v. ss 1355), ainsi que les eaux territoriales et enfin la principauté de Monaco même s'il s'agit d'un État indépendant.

1147 Par ailleurs, trois départements d'outre-mer sont des territoires soumis à TVA, la Réunion, la Guadeloupe et la Martinique. Néanmoins, le département de l'Océan indien d'une part, les deux départements caraïbes d'autre part constituent chacun un territoire fiscal unique, distinct par rapport à la métropole et à ses homologues (v. ss 1355).

1148 En revanche, selon l'article 294 du CGI, la taxe sur la valeur ajoutée n'est provisoirement pas applicable dans les départements de la Guyane et de Mayotte. Il en va de même des collectivités d'outre-mer régies par l'article 74 de la Constitution (Saint-Pierre-et-Miquelon, la Nouvelle-Calédonie, les îles Wallis et Futuna et la Polynésie française).

§ 2. L'économie du régime intracommunautaire

1149 L'architecture du régime de TVA au sein de l'Union est le fruit d'une longue évolution encore inachevée et résulte d'une succession de directives du Conseil issues d'âpres discussions (A). Celles-ci se sont efforcées de définir les régimes applicables, aux livraisons de biens (B), aux acquisitions (C) et aux prestations de services (E) tout en s'efforçant d'appréhender certaines réalités économiques dérogatoires (D).

A. Les incidences du marché unique sur la TVA

1150 Avec l'Acte **unique** européen, définitivement signé le 28 février 1986, est organisé l'achèvement du marché unique, lequel implique l'abolition des frontières fiscales au 1er janvier 1993 et partant des contrôles. Du projet initial ambitieux, cohérent et simple de la Commission (1) qui s'est heurté aux intérêts étatiques, a résulté un régime provisoire insatisfaisant sans cesse prorogé (2) dont les nombreuses carences ont conduit la Commission a récemment renouvelé son approche (3).

1. *Le projet initial de la Commission*

1151 En bonne logique la Commission a proposé l'instauration d'un système dans lequel les produits partiraient dorénavant toutes taxes comprises de l'État de production vers l'État de consommation : ainsi serait matérialisé l'avènement du Marché unique et, avec lui, la disparition des concepts d'exportation et d'importation ainsi que leur cortège de formalités. Cette proposition n'a pas manqué de se heurter à deux obstacles.

1152 Tout d'abord l'absence d'unification des taux nationaux aurait entraîné des distorsions de concurrence provoquées par l'impôt, ce qui eût été un comble pour un impôt réputé neutre ! En effet, deux véhicules de tourisme, d'un prix hors taxes identique, expédiés respectivement d'Allemagne et de France, arriveraient sur le marché portugais à un prix TTC différent puisque le taux de la TVA allemande est plus faible que celui de la TVA française. Les États n'ont pas souhaité perdre cette liberté de fixation des taux.

1153 L'autre obstacle, plus structurel, est formé par la différence des balances commerciales intracommunautaires des différents États membres. L'impôt sur la consommation doit en effet tomber dans l'escarcelle de l'État consommateur ; s'il frappe le produit au départ du pays producteur ce dernier devra reverser la TVA ainsi collectée au Trésor de l'État consommateur. Concrètement, une compensation entre les flux devait être opérée car certains États sont plus importateurs qu'exportateurs ; elle devait l'être sous l'égide de la Commission, qui aurait assuré la redistribution des excédents dus aux États plus consommateurs que producteurs. Les États membres ont marqué une extrême défiance à l'endroit de cette solution, qui consacrerait un transfert de compétences au profit de la Commission. La TVA est déjà une ressource propre du budget communautaire, mais versée par les États, si la Commission en recouvre directement une fraction elle inverse le processus et se voit reconnaître un certain pouvoir fiscal qui est l'apanage traditionnel de l'État. La dérive vers un État fédéral n'est pas loin !

2. *Un régime provisoire « à bout de souffle »*

1154 La solution finalement retenue est marquée au coin du compromis, son caractère bancal est toléré dans la mesure où elle est provisoire, mais force est de constater qu'elle est beaucoup plus complexe à gérer que le système antérieur, tant par les administrations que par les contribuables. En effet, si cette suppression des frontières fiscales s'est traduite par la disparition des importations et exportations au sein de l'Union, elle n'a pas abouti à l'adoption de l'imposition des échanges intracommunautaire dans l'État de production du bien ou du service entre assujettis.

1155 Les règles posées par les directives n° 911/680/CE du 16 décembre 1991 n° 92/111/CE du 14 décembre 1992 déclinent les principes suivants.

a. *Livraisons et acquisitions*

1156 Une révolution sémantique – mineure – consiste à substituer dans le commerce intracommunautaire le terme de **livraison** à celui d'exportation, tandis que les importations deviennent des **acquisitions**. Les marchandises continueront de partir hors taxe du pays livreur pour être imposées dans l'État d'acquisition. Quant au régime des prestations de services, il n'a pratiquement pas été modifié dans un premier temps, mais a été refondu plus tardivement avec un « paquet TVA » de 2008.

b. *Le numéro d'identification et de déclaration d'échange*

1157 Les contrôles aux frontières permettaient de s'assurer que la marchandise quittait réellement le territoire de l'État exportateur et par conséquent de conjurer le risque d'une consommation finale hors TVA sur le territoire de cet État au moyen d'une fraude à l'exportation. Ces contrôles permettaient aussi de dresser des statistiques fiables pour le commerce extérieur, le tout dans le cadre d'un système rodé qui mettait en présence les douaniers de l'État et les transitaires mandatés par l'expéditeur. Le système fonctionnait avec la même efficacité pour les importations, et c'est au passage de la frontière qu'était perçue la TVA.

1158 Dorénavant chaque assujetti se voit attribuer un numéro d'identification intracommunautaire par son administration fiscale nationale. Il devra le faire figurer sur ses factures et il peut vérifier l'identité de ses cocontractants communautaires en recherchant leur propre numéro sur une base de données. C'est la clef de voûte du contrôle du système.

1159 Pour assurer un minimum de fiabilité aux statistiques du commerce extérieur chaque assujetti était traditionnellement tenu de remplir une déclaration d'échanges de biens (DEB) ou une déclaration européenne de service (DES) qui retrace, au titre du mois écoulé, les livraisons, acquisitions et prestations de services intracommunautaires qu'il a réalisées. Cette déclaration doit être déposée auprès de l'administration des douanes, à peine d'amende. Suite à l'abrogation du règlement « Intrastat » relatif aux statistiques communautaires des échanges de biens entre États membres et afin de mettre en conformité le droit interne, la loi de finances pour 2022 a supprimé la DEB pour la remplacer par une déclaration d'enquête statistique.

c. *La coexistence de deux logiques*

1160 Dans le cadre du régime transitoire est opérée une importante distinction entre, d'une part, les opérations réalisées entre assujettis et, d'autre part, les opérations effectuées en faveur du consommateur final.

S'agissant des livraisons de biens, le régime transitoire consiste à continuer à appliquer provisoirement le taux et les conditions d'imposition de l'État membre de destination, l'acquéreur payant la TVA à son administration fiscale nationale. Au contraire, pour les livraisons de biens entre entreprises et particuliers, on applique la logique de l'imposition dans l'État d'origine puisque, sauf exceptions concernant notamment les ventes à distance (v. ss 1175), la TVA est due dans l'État membre où s'effectue la transaction.

S'agissant des prestations de service, cette distinction entre « *Business to business* », soit entre professionnels, et « *Business to consumer* », soit d'un professionnel vers un consommateur non assujetti, est issue d'une directive 2008/8/CE du 12 février 2008. Pour les premières, l'imposition est due à l'endroit où le preneur a établi le siège de son activité économique, tandis que pour les secondes, l'imposition est due à l'endroit où le prestataire a établi le siège de son activité économique ou de son établissement stable voire, à défaut d'un tel siège ou d'un tel établissement, de son domicile ou de sa résidence habituelle. Toutefois, il existe encore de nombreuses exceptions notamment pour les prestations localisables matériellement ou pour l'économie numérique (v. ss 1222).

1161 Le paradoxe est réel et insatisfaisant si l'on songe que cette réforme est censée traduire une intégration plus poussée des États membres. De manière plus globale, elle montre les limites de la règle de l'unanimité en matière fiscale qui, faute d'une réécriture de la sixième directive par le Conseil – la directive n° 2006/112 CE du 28 novembre 2006 n'est qu'une compilation des textes existants – oblige la Cour de justice à développer des solutions prétoriennes pour adapter la signification de cette norme plus que quadragénaire aux situations contemporaines de la vie des affaires. Le résultat en est une extrême complexité des solutions.

1162 Seul le passage au régime définitif permettrait de mettre un terme à la fraude que provoquent les failles du régime provisoire et une insuffisante coopération des administrations fiscales nationales, le tout mis en exergue par les cas de **fraude carrousel**. Pour des produits à forte valeur unitaire dans un petit volume, un réseau de sociétés complices organise le schéma suivant : la société 1 installée dans un État A vend ce produit (voitures, téléphones portables, etc.) à une société 2 installée dans un État B. Cette dernière ne va pas acquitter la TVA auprès de son administration fiscale nationale au titre de son acquisition intracommunautaire mais elle revendra le produit à une société 3 – probablement installée dans le même État B – en facturant la TVA, tout en omettant de la reverser. Le système peut ainsi tourner à l'infini ; le maillon frauduleux que constitue la société 2 disparaît rapidement pour être remplacé par une autre comparse, qui ne reversera pas davantage une TVA qu'elle a elle-même facturée et collectée. Il se peut que la société 3 soit ignorante du caractère frauduleux des agissements de son fournisseur. Dans ce cas, la CJCE exonère ce professionnel de l'obligation de reverser une TVA, à partir du moment où il apparaît qu'il a pris toute mesure raisonnable en son pouvoir pour éviter la fraude (CJCE 27 sept. 2007, *Teleos e. a.*, aff. C-409/04, *RJF* 12/07, n° 1511).

3. *La transformation du régime provisoire en régime définitif*

1163 L'ambition de basculer dans un régime définitif de taxation dans le pays d'origine a été abandonnée par la Commission dans une communication du 6 décembre 2011 sur l'avenir de la TVA. En effet, maintenir cet engagement sans avancées politiques majeures dans ce sens depuis des décennies nuisait à la crédibilité du processus décisionnel européen. Dans son Livre vert du 1er décembre 2010 sur l'avenir de la TVA, la Commission mettait en avant certains avantages du régime transitoire car il garantit aux État « un certain degré de liberté d'action et de souveraineté fiscale dans la gestion de la TVA » et ne pose pas de problèmes sérieux au développement des opérations transfrontalières d'entreprise à entreprise.

1164 Toutefois, bien que ce système (dorénavant) définitif demeure fondé sur le principe de la taxation dans le pays de destination des biens, d'importantes réformes doivent être menées, en raison des lacunes d'un dispositif conçu pour n'être que temporaire : la Commission a lancé une réflexion sur l'avenir de la TVA, en mettant notamment en place Groupe sur l'avenir de la TVA (GFV), un Groupe d'experts sur la TVA, qui s'est concrétisée par l'adoption d'un plan d'action par la Commission dans une communication du 7 avril 2016, intitulée « Vers un espace TVA unique dans l'Union », complétée par la présentation, le 4 octobre 2017, de quatre principes fondamentaux destinés à servir de « fondements » au nouvel espace TVA de l'Union, unique et définitif, à savoir la lutte contre la fraude, le guichet unique (permettant aux entreprises qui réalisent des ventes transfrontières de déposer leurs déclarations et effectuer leurs paiements au moyen d'un portail unique en ligne dans leur propre langue et selon les mêmes règles et modèles administratifs que dans leur pays d'origine), une cohérence accrue et une simplification des formalités administratives. C'est dans ce cadre qu'ont été déposées (et pour certaines d'ores et déjà adoptées) entre 2016 et 2018 plusieurs propositions de directives concernant par exemple « l'introduction de mesures techniques détaillées pour le fonctionnement du système de TVA définitif pour la taxation des échanges entre les États membres » (COM2018/329 final) ou encore la généralisation du mécanisme d'autoliquidation (COM2016/811 final) notamment en cas de risque de fraude (COM2018/298 final).

1165 L'ampleur des changements envisagés est substantielle, non seulement en raison du grand nombre de textes à adopter, mais surtout en raison de la philosophie générale de ce système de TVA définitif qui ambitionne d'appliquer aux transactions intracommunautaires le même régime de taxation qu'aux transactions domestiques, avec toutefois application du taux de TVA du pays de destination. Il s'agit donc de remplacer les notions qualifiées d'obsolète par la Commission de livraisons et acquisitions intracommunautaires par une notion unique de livraison intra-Union. Si actuellement les ventes entre assujettis de biens expédiés d'un État membre à destination d'un autre État de l'Union sont considérées comme formant deux opérations simultanées, à savoir une « livraison intracommunautaire » exonérée de TVA dans l'État membre de départ et une « acquisition intracommunautaire » taxable dans l'État membre de destination, le projet est de considérer dans le futur de telles ventes sous une qualification unique de « livraison intra-Union » de biens assujettie à la TVA dans l'État membre de destination. Ainsi, le **vendeur sera en principe redevable de la TVA due dans l'État membre de destination** : une entreprise française livrant des biens vers un autre État membre ne facturera plus en exonération de TVA française mais devra mentionner sur sa facture la TVA de l'État de destination des biens (au taux applicable dans celui-ci et non au taux français). Afin de simplifier les démarches des entreprises et qu'elles ne soient contraintes de s'immatriculer dans tous les États membres de destination (et verser la TVA aux services fiscaux de cet État), est envisagée la généralisation d'un **guichet unique TVA** (« *One-Stop Shop* » ou « *OSS* »). Celui-ci permettra de satisfaire aux formalités déclaratives et au paiement de la TVA de manière centralisée dans un seul État membre. Programmée pour entrer en vigueur en 2022, cette proposition de directive du 25 mai 2018 sur l'introduction du système de TVA définitif pour la taxation des échanges entre les États membres (COM2018/329 final) est toujours en discussion. En attendant la mise en place de cette réforme et pour tenter de réduire les risques de fraude, l'Union a adopté une série de mesures provisoires dites « *Quick Fixes* » pour tenter de réduire les risques de fraude. Preuve des difficultés d'adoption de cette profonde refonte du système et des oppositions rencontrées, certaines mesures temporaires qui devaient prendre fin en 2022 ont été prolongées jusqu'au 31 décembre 2026 par la directive (UE) 2022/890 du 3 juin 2022 relative au mécanisme d'autoliquidation facultatif concernant les livraisons de biens et prestations de services présentant un risque de fraude et au mécanisme de réaction rapide contre la fraude à la TVA.

C'est donc toujours le régime transitoire, certes déjà partiellement rénové qui reste le cadre général, lequel est précisé pour chaque catégorie d'opérations.

B. Le régime des livraisons de biens intracommunautaires

1166 À l'instar des exportations qui sont exonérées en application du principe d'imposition dans l'État de consommation et non dans l'État de production, les livraisons intracommunautaires sont exonérées (directive 2006/112CE, art. 138). Le régime des livraisons intracommunautaires de biens met en jeu au minimum deux opérateurs et deux États : l'entreprise venderesse facture sa livraison hors taxes à son client communautaire, en faisant figurer sur sa facture leurs deux numéros d'identification.

1167 L'acquéreur doit donc être un assujetti ou une personne morale non assujettie, qui ne bénéficie pas dans son État-membre du régime dérogatoire l'autorisant à ne pas soumettre à la TVA ses acquisitions intracommunautaires. Cette condition sera satisfaite, dès lors que l'acquéreur a fourni son numéro d'identification à la TVA dans un autre État-membre : il ne pourra être reproché au fournisseur l'absence de vérification de la validité du numéro de TVA intracommunautaire de son client s'il n'était en possession d'aucun élément lui permettant de douter du statut de son acheteur et de la validité de son numéro d'identification (CE 25 févr. 2011, *Sté Abacus Équipement Électronique*, n° 312290 et CJCE, 3e ch., 27 sept. 2007, *Teleos e.a*, aff. C-409/04). Toutefois, et fort logiquement, l'article 139 de la directive exclut l'exonération pour les livraisons de biens effectuées par des assujettis qui bénéficient de la franchise au profit des petites entreprises. Ainsi en France, les assujettis profitent de cette franchise lorsqu'ils n'ont pas réalisé un chiffre d'affaires supérieur à 85 800 euros l'année civile précédente ou 94 300 euros l'année civile précédente si le premier seuil n'est pas atteint.

1168 Enfin, l'entreprise venderesse doit justifier de l'expédition du produit par tous moyens de preuve (corroborés par les pièces et documents comptables) qu'ils soient directs (documents de transports, facture du transporteur, bons de livraisons ou d'enlèvement, etc.) ou indirects (doubles des factures revêtues du cachet de l'entreprise destinataire, avis de règlement des établissements bancaires étrangers, etc.) ; elle portera cette livraison sur sa déclaration mensuelle de chiffre d'affaires (CA 3). Dans le cas où l'expédition des biens a été effectuée l'acheteur lui-même avec ses propres moyens, il appartient au vendeur de prendre auprès de son client toutes les garanties qui lui semblent nécessaires afin de pouvoir prouver la réalité de l'expédition ou du transport des biens (CE 27 juill. 2005, *Sté Fauba France*, n° 273619 et 273620, *Dr. fisc.* 2006, n° 12, comm. 268, concl. L. Olléon).

Ce régime fonctionne pour le reste comme celui des exportations (si ce n'est que le fait générateur n'est plus le franchissement de la frontière mais la livraison) avec, notamment, la possibilité d'effectuer ses achats de fournitures en franchise et d'obtenir remboursement de ses crédits de TVA (v. ss 1293).

C. Le régime des acquisitions intracommunautaires

1169 Selon l'article 40 de la directive 2006/112/CE, « le lieu d'une acquisition intracommunautaire de biens est réputé se situer à l'endroit où les biens se trouvent au moment de l'arrivée de l'expédition ou du transport à destination de l'acquéreur », ce qui traduit parfaitement le maintien du principe de taxation dans l'État de consommation qui a été opéré en 1991 dans le cadre du régime transitoire, dorénavant devenu permanent. Il oblige le client à déclarer la livraison reçue aux services fiscaux de son État d'implantation et à acquitter la TVA correspondante. Dans un souci d'assurer la neutralité de la TVA, sont assimilées à des acquisitions intracommunautaires des opérations qui ne comportent pas de livraison au sens jurisprudentiel d'un transfert du pouvoir de disposer du bien mais qui sont caractérisées par un mouvement physique du bien : cela concerne principalement les mouvements de stocks et de biens d'investissement effectués par une entreprise entre ses succursales ou établissements, lorsqu'ils sont situés dans plusieurs États membres différents.

1170 Avec la disparition des frontières au 1er janvier 1993, le fait générateur de l'imposition ne peut plus être le franchissement de la frontière mais est constitué par la livraison du bien. Ceci pose le problème de l'efficience du système car la suppression des frontières a entraîné celle des contrôles qui s'y déroulaient. Aussi, en contrepartie, les assujettis européens ont dorénavant l'obligation de satisfaire à de nouvelles obligations déclaratives. D'une part, la facture doit comporter le numéro d'identification TVA sous lequel l'assujetti a effectué la livraison de biens ainsi que le numéro d'identification TVA de l'acquéreur sous lequel il a reçu une livraison de biens ; d'autre part, il y a obligation de remplir une déclaration d'échange de biens (dite DEB), qui incombe à toute personne physique ou morale qui réalise des acquisitions de biens en provenance d'un autre État-membre au-delà d'un seuil fixé à 460 000 euros et qui retrace l'ensemble des mouvements de marchandises de l'opérateur qui circulent entre son État d'immatriculation et tout autre État-membre. Le système est enfin bouclé par la réexpédition, aux services fiscaux de l'État de livraison, d'un exemplaire du bordereau d'expédition. Suite à la suppression de la DEB par la loi de finances pour 2022 et à son remplacement par une nouvelle déclaration d'enquête statistique, a été concomitamment mis en place un état récapitulatif des clients pour les besoins de la TVA. Transmis par voie électronique dès le premier euro (à l'exception des assujettis bénéficiant d'une franchise en base qui sont exemptés), cet état concerne tous opérateurs réalisant des opérations intracommunautaires.

1171 Si un producteur français expédie une marchandise à un façonnier italien aux fins de transformation, la TVA française sera due sur la valeur ajoutée par le façonnier, en revanche l'expédition et la réexpédition ne seront pas assujetties si le donneur d'ordre est demeuré propriétaire de la marchandise.

D. Les régimes dérogatoires

1172 Ils sont au nombre de quatre et concernent respectivement les achats des particuliers (1), les ventes à distance (2), les véhicules de transport neufs (3) et les achats des personnes bénéficiant d'un régime dérogatoire (4).

1. *Les achats des particuliers*

1173 Ils obéissent à un régime qui fut destiné à leur montrer la pleine signification du marché unique et qui devrait préfigurer le régime définitif. Il consiste tout simplement à leur permettre d'effectuer leurs achats dans l'État de leur choix, en y acquittant la TVA locale, moyennant quoi ils pourront transporter ce bien et le consommer où ils voudront, sans avoir à accomplir d'autres formalités. Avec ce régime c'en est fini du frisson qui accompagnait chaque franchissement de frontière.

2. *Les ventes à distance*

1174 Elles correspondent essentiellement aux ventes par correspondance (y compris par Internet), c'est-à-dire à un secteur de l'économie qui croît plus rapidement que celui des ventes au détail classiques tout en les concurrençant. Pour éviter l'évasion sans freiner leur développement le législateur communautaire avait prévu que leur assujettissement s'effectuerait dans l'État d'expédition si le volume des ventes de l'entreprise à destination de l'État du client n'excédait pas au cours de l'année précédente un seuil que les États avaient la liberté de fixer à 35 000 ou 100 000 euros. Au-delà c'est la TVA du pays de destination qui devait être facturée, à charge pour le vendeur de désigner dans cet État un représentant fiscal pour accomplir à sa place les obligations déclaratives et procéder au paiement de l'impôt facturé auprès des résidents de cet État.

1175 Le système se voulait compréhensif puisqu'il ne pénalisait pas par un coût excessif le développement des ventes vers un autre État membre et, ce faisant, il stimulait la concurrence. Le seuil de 100 000 euros avait été choisi par l'Allemagne, l'Autriche, le Luxembourg, les Pays-Bas et le Royaume-Uni : c'était le plus libéral à l'égard des entreprises étrangères. Au contraire, depuis la loi de finances pour 2016, les ventes à distance de biens par un fournisseur d'un État-membre de l'Union européenne à destination de la

France étaient soumises à la TVA française dès 35 000 euros hors taxe, contre 100 000 jusqu'alors.

1176 Le régime des ventes à distance a évolué avec l'adoption de la directive (UE) 2017/2455 du Conseil du 5 décembre 2017, complétée par une directive du 21 novembre 2019 (2019/1995/UE). Sont prévues la suppression des seuils nationaux et l'instauration d'un seuil unique de 10 000 euros par an, qui va s'apprécier pour l'ensemble des transactions effectuées dans l'UE.

En France, les mesures ont été transposées par la loi de finances pour 2020 entrée en vigueur au 1er juillet 2021 : ainsi, le lieu d'une vente à distance intracommunautaire de biens expédiés ou transportés depuis la France à destination d'un autre État membre est réputé ne pas se situer en France, mais dans l'État membre de destination des biens, lorsque la valeur totale des ventes à distance intracommunautaires dépasse le seuil de 10 000 euros (soit pendant l'année civile en cours ou pendant l'année civile précédente). En revanche, tant que ce seuil n'est pas atteint, la TVA reste due en France qui est l'État membre de départ des biens. Par symétrie le lieu de livraison de biens expédiés ou transportés à partir d'un autre État membre à destination de la France est situé en France lorsque la valeur totale des prestations de services des ventes à distance intracommunautaires de biens effectuées par l'assujetti dépasse ce seuil de 10 000 euros. Contrairement à la situation antérieure, le nouveau régime des ventes à distance n'écarte plus les ventes d'alcools, boissons alcooliques, huiles minérales et tabacs manufacturés ; toutefois, est maintenue l'exclusion des ventes portant sur des moyens de transport neufs. Dans le but d'éviter une immatriculation à la TVA dans chaque État membre de livraison des biens, le nouveau dispositif est simplifié concernant les formalités administratives et la perception de la TVA par l'extension d'un « mini guichet unique TVA » jusqu'alors limité au seul commerce électronique. Ce nouveau guichet « *One Stop Shop* » (OSS) doit permettre aux entreprises de déclarer et payer dans un seul État la TVA due sur les opérations de ventes à distance dans l'ensemble des autres États membres. Aussi, cet État membre d'enregistrement en charge du recouvrement doit ensuite reverser à l'État membre de taxation la TVA qui lui revient.

3. *Les moyens de transport neufs*

1177 Ils sont soumis au régime traditionnel de la vente hors taxes, afin d'éviter des distorsions de concurrence générées par les différences de taux de TVA selon les États. Le véhicule partira hors taxes du territoire de vente et sera taxé dans l'État d'immatriculation.

1178 Ainsi il devient moins tentant d'acquérir un véhicule au Luxembourg puisque ce n'est pas la TVA luxembourgeoise qui s'appliquera, en revanche il peut être intéressant de l'acquérir dans un État qui pratique un taux élevé (le Danemark par exemple), dans la mesure où la stratégie commerciale des constructeurs automobiles tend vers un prix TTC comparable sur les différents marchés nationaux, ce qui aboutit à minorer dans ce cas le prix de vente hors taxes.

1179 Un moyen de transport neuf est un véhicule terrestre à moteur vieux de moins de six mois ou qui a parcouru moins de 6 000 kilomètres, un bateau de moins de trois mois ou qui a navigué moins de cent heures, voire un avion de moins de six mois ou qui a volé moins de quarante heures. Si l'un de ces deux seuils est franchi l'engin sera vendu assorti de la TVA de l'État de première immatriculation. Le véhicule immatriculé au Luxembourg retrouve alors son attrait.

4. *Les personnes bénéficiaires du régime dérogatoire*

1180 Par dérogation au régime général de taxation des acquisitions intracommunautaires dans le pays d'arrivée, certaines personnes sont autorisées à ne pas soumettre à la TVA les acquisitions de biens en provenance d'autres États membres de l'UE si leur montant ne dépasse pas un certain seuil annuel. Sont concernées par ce régime dérogatoire, d'une part, les personnes morales non assujetties, à raison de l'activité pour laquelle l'acquisition est réalisée (c'est-à-dire notamment les personnes publiques), d'autre part les assujettis qui réalisent exclusivement des livraisons de biens ou des prestations de services ne leur ouvrant aucun droit à déduction (les médecins par exemple ou les assujettis bénéficiant d'une franchise en base), et enfin les exploitants agricoles placés sous le régime de remboursement forfaitaire.

1181 En tant que telle, les personnes bénéficiaires du régime dérogatoire (PBRD) ne sont pas assujetties à TVA et ne peuvent donc pas transmettre leur numéro de TVA en cas d'acquisition intracommunautaires : elles devraient être considérées comme des particuliers et voir leurs achats être soumis à la TVA dans le pays de départ des marchandises. Toutefois, si ces acquisitions dépassent le seuil de 10 000 euros en France au cours d'année précédente, l'acquisition sera soumise à la TVA française. En effet, en cas de dépassement du seuil d'acquisition, le régime de droit commun des acquisitions intracommunautaires retrouve matière à s'appliquer (livraison exonérée dans le pays de départ et taxe due par l'acquéreur dans le pays d'arrivée du bien).

1182 Le régime des ventes prend la forme d'une mosaïque de sous-régimes qui n'a pas vocation à être définitive. L'avenir semble se résumer à une alternative : ou bien la dynamique de l'euro obligera les États à développer l'harmonisation de leur politique fiscale comme soutien de la politique budgétaire, harmonisée elle-même pour soutenir l'harmonisation de la politique monétaire, ou bien la TVA sera remplacée par une simple taxe sur les ventes.

E. Le régime des prestations de services

1183 Les prestations de services constituent une matière imposable très diverse et souvent immatérielle, donc difficile à localiser pour l'appréhender. Le régime mis en place est le fruit d'un compromis intervenu en 1977 entre les États membres, substantiellement modifié par la directive n° 2008/8/CE du 12 février 2008, applicable depuis le 1er janvier 2010. Renonçant à un principe unique confiant la taxation à l'État de production ou d'origine, assorti d'une multitude d'exceptions, le nouveau texte pose deux règles différentes, selon que les prestations de service sont fournies à des assujettis ou à des personnes non assujetties. Ce régime se caractérise donc par les composantes suivantes.

1. *L'importance du statut du preneur*

1184 Si le preneur (client) est assujetti (autrement dit, pour les opérations B to B), la TVA applicable sera celle de son territoire d'établissement. Ainsi, la TVA est due en France si le preneur est un assujetti TVA établi en France. C'est un processus d'autoliquidation par le preneur qui est mis en œuvre ; sa fiabilité est garantie par l'obligation, pour le prestataire, de déposer, sur le portail de son administration des douanes, une déclaration européenne des services (DES) qui retrace les services qu'il a rendus au cours du mois écoulé à des preneurs assujettis établis dans un autre État de l'Union.

1185 Si le preneur n'est pas assujetti (autrement dit, pour les opérations B to C), alors c'est l'État d'implantation du prestataire qui sera le créancier de la TVA, à partir du moment où le preneur est établi dans un État de l'Union. L'imposition est donc localisée à l'endroit où le prestataire a établi le siège de son activité économique ou de son établissement stable, voire à défaut d'un tel siège ou d'un tel établissement, de son domicile ou de sa résidence habituelle.

2. *Des règles dérogatoires*

1186 Des règles dérogatoires ont été posées pour certaines catégories de prestations :

1187 **La location de moyens de transport.** Elle déroge à la règle générale lorsque la location est de courte durée. La TVA sera alors due dans l'État où le moyen de transport est effectivement mis à la disposition du preneur, que celui-ci soit assujetti ou non assujetti.

1188 **Les opérations sur immeubles (travaux, frais de gestion, expertises).** Elles sont imposables dans l'État d'implantation de celui-ci : c'est la transposition de la règle de compétence de la *lex rei sitae* posée par le droit international privé.

1189 **Les prestations matériellement exécutées sur le territoire d'un État.** Elles sont imposables dans cet État. C'est d'abord le cas des prestations culturelles, artistiques, sportives ou récréatives : un groupe musical qui se produit dans un autre État de l'Union y sera imposé. C'est ensuite le cas des travaux et des expertises effectués sur des biens meubles corporels mais aussi des opérations d'hébergement et de vente à consommer sur place.

1190 **Les transports de personnes.** Ils doivent être imposés sur le territoire de chaque État pour la fraction de la prestation accomplie sur son territoire. En réalité cette règle ne peut utilement s'appliquer qu'au transport ferroviaire, et elle heurte de plus en plus le principe de l'exonération totale des transports internationaux.

3. *Le régime des prestations immatérielles*

1191 Ce régime est posé par les articles 259 B et D du Code, qui dressent d'abord la liste des services concernés (a), avant de définir le régime dérogatoire de leur assujettissement (b).

a. *Les services concernés par le régime des prestations immatérielles*

1192 Sont considérés comme prestations immatérielles les travaux à base de matière grise qui interviennent dans les registres suivants : la propriété intellectuelle (droits d'auteur) et industrielle (marques, modèles, brevets et logiciels), la publicité, l'ingénierie (des bureaux d'études mais aussi des experts-comptables et des avocats), la finance, l'assurance, la mise à disposition de personnel et la location de biens meubles corporels autres que les moyens de transport.

b. *Un régime dérogatoire*

1193 Le régime applicable tient compte des paramètres suivants : l'implantation du prestataire dans un État de l'Union ou en dehors, l'assujettissement du client à la TVA ou non ainsi que son implantation dans ou hors l'Union. La combinaison de ces différents éléments donne les solutions suivantes :

– si le prestataire et le client sont tous deux assujettis et tous deux installés dans l'Union, la TVA sera due dans l'État du client ; la prestation part en conséquence hors taxes de l'État du prestataire ;

– si le prestataire et le client sont tous deux installés dans l'Union mais que le client n'est pas assujetti, la TVA applicable sera alors celle de l'État du prestataire. Si tel n'était pas le cas la consommation finale du service interviendrait en exonération de taxe et, deuxième inconvénient, surviendraient des distorsions artificielles de concurrence : le particulier, mais aussi le médecin ou la compagnie d'assurances, seraient tentés de payer moins cher leur commande de prestation immatérielle en s'adressant à un prestataire d'un autre État de l'Union si ce dernier avait la faculté de la leur facturer hors taxes ;

– si le client est installé hors de l'Union la prestation lui sera facturée hors TVA communautaire, libre à son État d'implantation de l'imposer à son propre impôt sur la dépense : c'est la règle de la libre concurrence internationale, qui aboutira souvent à la non-imposition de la commande passée par un particulier ;

– si le prestataire est installé hors de l'Union, c'est la TVA de l'État du client communautaire qui s'applique. Elle sera difficile à appliquer si le client est un particulier puisqu'il ne déclare pas l'opération. Le prestataire extra-communautaire est obligé de se déclarer dans un État de l'Union, où il assumera la totalité de ses obligations fiscales vis-à-vis de ses différents clients communautaires. Il déclarera et versera à cette administration chaque TVA nationale qu'il aura facturée à un client communautaire, à charge pour ladite administration fiscale de transmettre la déclaration et les montants à son homologue du lieu de résidence du client communautaire.

1194 Le champ d'application territorial de la TVA est donc délimité avec un bonheur différent selon qu'il s'agit de ventes ou de prestations de services : s'il est toujours possible d'expliquer les motifs qui ont présidé à l'adoption d'un critère, l'ensemble ne procède pas d'une cohérence globale.

1195 L'ampleur de la fraude carrousel (v. ss 1154), mais aussi sur les quotas d'émission de gaz à effet de serre entraîne une érosion des ressources fiscales des États. En l'état de l'harmonisation, seule une auto-liquidation de la TVA pour ces livraisons et prestations présentant un risque de fraude permettrait d'enrayer le phénomène. Dans le cadre d'un mécanisme d'auto-liquidation, le fournisseur/prestataire ne facture pas la TVA à l'acquéreur/preneur, ce dernier devenant le redevable de la taxe qu'il peut, s'il est un assujetti complet, déduire simultanément. La nécessité d'un paiement effectif de la TVA au Trésor est donc supprimée, ainsi que la possibilité théorique de commettre ce type de fraude. L'adoption de ces propositions de la Commission modifierait substantiellement les principes fondamentaux du système de TVA et altérerait ses qualités intrinsèques, au point de la réduire à une sorte de taxe unique à la consommation, à l'instar de la *Sales Tax* des États-Unis. À ce jour le Conseil ne s'y est pas résolu, malgré la proposition formulée par l'Autriche de servir de cobaye pour une expérimentation en vraie grandeur.

§ 3. Le régime du commerce international extracommunautaire

1196 La mondialisation des échanges menée notamment sous l'égide de l'Organisation mondiale du commerce (OMC) suppose une fiscalité simple et des démarches réduites, tant pour les exportations (A) que pour les importations de marchandises (B) avec application du principe d'imposition dans l'État de consommation ou de destination. Ce régime de taxation appréhende avec plus de difficultés les services rendus dans un cadre transnational (C), et il peine franchement pour appréhender le commerce électronique (D).

A. La taxation des exportations

1197 Si l'article 258 du CGI dispose que le lieu de livraison de biens meubles corporels est réputé se situer en France lorsque le bien se trouve en France au moment de son expédition par le vendeur et postule *a priori* que les exportations entrent dans le champ d'application de la TVA française, il faut en relativiser la portée, car le principe est celui de l'exonération en application de l'article 262-I du Code. Cela vaut tant pour les exportations commerciales (1) ou les exportations réalisées par les touristes (2).

1. *Les exportations commerciales*

1198 La TVA ne s'applique que dans le pays d'arrivée de la marchandise, autrement dit les marchandises expédiées de France vers un État extérieur à l'Union sont exonérées de TVA française, et ce quel que soit le statut fiscal du destinataire. Cette exonération est subordonnée à la preuve de la sortie des marchandises du territoire. Non seulement, l'opérateur doit tenir une comptabilité spéciale en application de l'article 74, annexe III du CGI, mais surtout l'exportation des marchandises donne lieu à la souscription d'une déclaration auprès du service des douanes, laquelle comporte différentes énonciations relatives à l'identité du déclarant, de l'expéditeur, du destinataire, à la nature et à la valeur des marchandises, au règlement financier, ainsi que le détail des droits et taxes éventuellement applicables.

1199 Traditionnellement, cette déclaration était établie sur un formulaire dénommé D.A.U. (document administratif unique), utilisé dans l'ensemble de l'Union européenne et qui se présente sous la forme d'une liasse constituée de huit exemplaires dont un exemplaire, visé par le service des douanes au point de sortie de l'Union européenne, est ensuite restitué à l'exportateur pour valoir justificatif de sortie du territoire douanier. Actuellement la déclaration en douane d'exportation est essentiellement effectuée auprès du bureau de douane d'exportation via une procédure de dédouanement en ligne par transmission automatisée (Delt@), dont les données sont transmises automatiquement au système ECS (Export Control System) qui permet une certification de sortie des marchandises du territoire douanier de l'UE. À l'issue d'une période transitoire qui s'est achevée, le 31 décembre 2020, il n'est plus possible d'effectuer les formalités douanières par courrier et en version papier, et le DAU est désormais nécessairement généré par le système de téléprocédure Delt@.

1200 La marchandise partant ainsi frappée d'un taux zéro, l'exportateur peut déduire la TVA qui a grevé les éléments du prix de cette marchandise exportée. Toutefois les entreprises fortement exportatrices étant structurellement en situation de crédit de TVA, leur trésorerie pouvait être impactée par cet excédent de TVA déductible mais non imputable : c'est pourquoi, le législateur avait mis en place une procédure spéciale « exportateurs » leur permettant de bénéficier de remboursements mensuels de leur crédit de TVA. Mais comme depuis 2009, toutes les entreprises, quelle que soit leur activité, peuvent bénéficier d'un remboursement mensuel de leur crédit de TVA, si elles déposent mensuellement leurs déclarations de TVA, la procédure spéciale des exportateurs est devenue sans intérêt et a fort logiquement été supprimée.

2. *Les exportations à caractère touristique*

1201 L'exportation est également exonérée lorsqu'elle est l'œuvre d'un touriste qui emporte dans ses bagages les objets achetés dans une boutique hors taxes de port ou d'aéroport, ou qui fait viser par le bureau de douane un bordereau de vente établi par le commerçant. La détaxe n'est accordée à l'acheteur que s'il remplit trois conditions cumulatives : il doit avoir 16 ans au minimum, avoir sa résidence habituelle hors de l'Union européenne à la date de l'achat et être de passage en France pour une durée inférieure à 6 mois.

1202 Dès lors que l'achat correspond à une vente au détail (puisqu'il y a une limite fixée à 15 exemplaires d'un même article) et que la valeur globale excède 100 euros (175 € avant 2021), un commerçant peut faire profiter son client non-résident dans l'UE de l'exonération de TVA deux manières. Soit il accorde la remise immédiate (dans le cadre des boutiques hors taxes de port ou d'aéroport), soit il encaisse la taxe et délivre à son client un bordereau qui lui permettra d'en obtenir le remboursement en procédant au visa du bordereau auprès du bureau de douane compétent lors de sa sortie du territoire de l'Union, sous réserve qu'elle intervienne avant la fin du 3e mois suivant la date d'achat. Quel que soit son choix, le vendeur doit vérifier la qualité de résident hors de l'Union européenne de son client, l'informer de la procédure à suivre et conserver un exemplaire du bordereau en cas de contrôle. Dans un souci de simplification, les commerçants peuvent adhérer à un service en ligne PABLO-Indépendants (PABLO-I) : dans ce cadre, le vendeur édite par voie informatique un bordereau de vente sous un format papier qui comporte un code-barres à charge pour le client de présenter le code-barres du bordereau à une borne équipée d'un lecteur optique, située à proximité du guichet de la douane, lorsqu'il quitte par la France le territoire de l'Union européenne.

B. Le régime des importations

1203 Il est rigoureusement symétrique : en application du principe d'imposition dans l'État de consommation ou de destination, le bien en provenance d'un pays tiers subit l'imposition à la TVA lors de son arrivée sur le territoire français, tandis que son dédouanement s'effectue dans l'État d'entrée sur le territoire de l'Union.

C'est pourquoi le fait générateur de la TVA intervient au moment où l'importation de biens est effectuée : c'est à ce même moment que la TVA devient exigible. Toutefois, l'importation ne se résume pas à un simple phénomène physique de franchissement de la frontière. En effet, des biens peuvent pénétrer dans le territoire d'un État membre sans y être mis en libre pratique : ils sont alors soumis à un régime douanier dit économique, d'ordinaire suspensif, qui les dispense d'acquitter les droits de douane et donc la TVA. Cela vise notamment les livraisons de biens destinés à être conduits en douane et placés en dépôt temporaire ; les livraisons de biens destinés à être placés dans une zone franche ou un entrepôt franc ; les livraisons de biens destinés à être placés sous un régime d'entrepôt douanier ou sous un régime de perfectionnement actif ou encore les biens bénéficiant d'un régime d'admission temporaire en exonération totale de droits à l'importation ou de transit externe. Ainsi en cas de placement, lors de l'entrée sur le territoire de l'Union européenne, sous un tel régime suspensif, les biens ne sont pas considérés comme importés. Ce n'est qu'à une sortie du régime consécutive à une mise en libre pratique à une mise à la consommation en France, que le fait générateur sera constitué et que la TVA deviendra exigible.

1204 L'assiette de l'impôt est constituée, aux termes de l'article 292 du CGI, par la **valeur en douane**, c'est-à-dire la valeur transactionnelle du bien (entendue au sens prix effectivement payé ou à payer pour les marchandises qui correspond en général au prix facturé) majorée de tous les frais de transport et d'assurance qui ont grevé son acheminement, ainsi que les droits de douane. Toutefois (à l'image des prix de transfert), le recours à cette valeur transactionnelle peut susciter des suspicions lorsqu'il existe des liens entre l'acheteur et le vendeur. C'est pourquoi, il est possible de faire appel à d'autres méthodes, comme, notamment, la valeur transactionnelle de marchandises identiques entre entreprises non liées, la valeur transactionnelle de marchandises similaires ou encore une valeur égale à la somme des coûts de fabrication et des marges habituellement pratiquées.

1205 La loi exonère l'importation si elle porte sur certains produits (sang, organes humains, devises, déchets neufs d'industrie) ou si elle concerne des biens destinés à être réexportés après transformation ou réparation, ou encore des biens destinés à séjourner en franchise de taxe dans un entrepôt fiscal. Les biens contenus dans les bagages des voyageurs en provenance de pays tiers à l'Union sont exonérés jusqu'à concurrence d'une valeur de 430 euros (en cas de transport aérien ou maritime), ou 300 euros (dans les autres cas) par personne et 150 euros pour les enfants de moins de quinze ans, sans préjudice des limites quantitatives qui frappent les boissons alcoolisées, les tabacs, le café, le thé et les parfums (CGI, art. 50 *octies*, ann. IV). Dans le même esprit, les petits colis expédiés entre particuliers sont également exonérés si leur valeur unitaire n'excède pas 45 euros.

1206 L'acquisition de biens peut s'effectuer en franchise de TVA chaque fois que cette marchandise fera l'objet, soit après transformation soit en l'état, d'une réexpédition à l'exportation (ou en livraison intracommunautaire exonérée). Le montant des acquisitions en franchise est limité à un contingent annuel déterminé par référence au montant des ventes effectuées par l'entreprise en exonération vers l'extérieur du territoire français au cours de l'année précédente (CGI, art. 275 et 276).

1207 Classiquement, la TVA à l'importation est perçue comme en matière de douane : c'est pourquoi le principe est celui de la déclaration et du paiement auprès des services de la Direction générale des douanes et des droits indirects (DGD) de la TVA due sur les opérations d'importation de biens en provenance de pays tiers. En revanche, s'agissant de la déduction de cette même TVA à l'importation, la Direction générale des finances publiques (DGFiP) reste compétente. Si l'intervention de ces deux administrations permet de croiser les informations et *a priori* de renforcer les contrôles, elle est surtout source de complexité et nuit à l'attractivité du territoire français. Aussi, le législateur a multiplié ces dernières années, les possibilités de recourir au mécanisme de l'autoliquidation. Ce dernier consiste à inverser la logique en matière de recouvrement de la TVA ; si, en principe, la TVA est facturée par le prestataire de service ou le vendeur qui la collecte et la reverse au Trésor public, avec l'autoliquidation, le vendeur ou le prestataire facture hors taxe et c'est le client assujetti qui a la charge de payer la TVA aux impôts. Ce dispositif permet donc aux assujettis à la TVA, sur autorisation du service des douanes, de déclarer et de déduire la TVA due au titre des importations sur leur déclaration périodique de chiffre d'affaires (CA3).

1208 Alors que les lois de finances successives ont assoupli et multiplié les cas d'autoliquidation, la loi de finances pour 2020 apparaît comme un véritable aboutissement ; en effet, elle prévoit, qu'à compter du 1er janvier 2022, l'autoliquidation de la TVA deviendra la règle pour quasiment toutes les importations. Dans ce contexte, la Direction générale des finances publiques (DGFiP) est devenue compétente, à la place de la Direction générale des douanes et des droits indirects (DGD), pour assurer la gestion et le recouvrement de la TVA due à l'importation par les assujettis. En permettant aux assujettis de déclarer, acquitter et, le cas échéant, déduire la TVA due à l'importation sur leur déclaration de chiffre d'affaires déposée auprès de la DGFiP, comme pour leurs autres opérations, cette généralisation de l'autoliquidation doit permettre d'alléger les charges administratives et de trésorerie des assujettis importateurs. Ainsi, la déclaration et le paiement de la TVA due lors des importations sont effectués directement sur la déclaration de TVA, et non plus à l'appui de la déclaration en douane.

C. Les services

1209 Ils sont exonérés de TVA s'ils se rapportent à des opérations du commerce international. C'est bien entendu le cas des prestations directement liées à l'exportation de biens meubles corporels : frais de transport, de manutention ou de gardiennage. L'exonération couvre également les prestations accomplies pour des biens importés, tout au moins jusqu'à leur premier lieu de destination sur le territoire fiscal français et à la condition que leur valeur soit comprise dans la base d'imposition de cette importation (CGI, art. 262-II-14°). La TVA française ne s'applique pas non plus aux opérations portant sur les navires et les aéronefs utilisés pour le trafic international, qu'il s'agisse de la livraison proprement dite de ces engins et de leur ravitaillement ou des prestations de réparation, d'entretien, d'affrètement, de remorquage, de manutention.

D. Le régime d'imposition de l'économie numérique

1210 L'imagination des internautes et la volatilité des structures commerciales sont difficiles à suivre par le législateur fiscal international, mais l'analyse exige de bien distinguer ici deux phénomènes : la vente à distance (2) et les prestations de services effectués exclusivement *via* Internet et la vente de produits par téléchargement, communément appelées commerce électronique (1). Si ces deux types d'activité ont pendant longtemps relevé de deux régimes différents, un rapprochement partiel a été opéré suite à l'adoption de la directive (UE) n° 2017/2455 du Conseil du 5 décembre 2017 concernant certaines obligations en matière de taxe sur la valeur ajoutée applicables aux prestations de services et aux ventes à distance de biens. Dans un souci de constante adaptation du régime de la TVA, le Conseil de l'UE a adopté, le 11 mars 2025, trois textes qui composent le paquet VIDA « *VAT In the Digital Age* » (3).

1. *La prestation de services totalement assumée dans le cadre d'Internet, ainsi que la vente de produits par téléchargement (logiciels, livres)*

1211 Au sens de la directive 2002/38/CE du Conseil du 7 mai 2002, le commerce électronique vise l'ensemble des services fournis par voie d'Internet ou de réseaux électroniques, largement automatisés et impossibles à assurer en l'absence de réseau informatique. Cela ne vise pas toutes les activités du secteur de l'économie numérique, mais concerne uniquement la fourniture et l'hébergement de sites informatiques, la maintenance à distance de programmes et d'équipement, la fourniture de logiciels et la mise à jour de ceux-ci ; la fourniture d'images, de textes et d'informations, et la mise à disposition de bases de données ; la fourniture de musique, de films et de jeux, y compris les jeux de hasard ou d'argent, et d'émissions ou de manifestations politiques, culturelles, artistiques, sportives, scientifiques ou de divertissement ; la fourniture de services d'enseignement à distance.

1212 Il résultait de ce texte que pour les opérations intracommunautaires, le lieu des prestations fournies par un opérateur de l'Union était celui dans lequel l'entreprise cliente assujettie à la TVA était établie et qu'inversement le lieu de prestation était celui où le prestataire est établi lorsque le service électronique était fourni à un particulier établi dans l'UE. Concernant les opérations internationales, lorsque les services procurés par voie électronique étaient fournis par un opérateur établi dans un pays tiers à un client résidant dans l'UE, le lieu d'imposition était réputé se trouver dans l'UE. Si la directive de 2002 a permis de corriger toute distorsion de concurrence fiscale entre opérateurs européens et ceux de pays tiers, elle s'est traduite par l'apparition d'une nouvelle distorsion de concurrence au sein de l'Union puisque les principaux opérateurs économiques du secteur numérique se sont implantés dans les États pratiquant les taux de TVA les plus bas. C'est pourquoi, suite au conseil Ecofin du 4 décembre 2007, la directive 2008/8/CE du 12 février 2008, a prévu qu'à compter du 1er janvier 2015 (avec une période transitoire jusqu'au 1er janv. 2019), le lieu des prestations de services fournis par voie électronique à une personne non assujettie est le lieu où cette personne est établie ou a son domicile ou sa résidence habituelle. Par ce principe simple, selon lequel les prestations de services électroniques, rendues à des consommateurs particuliers sont imposables dans l'État-membre où le consommateur final est domicilié et non plus au lieu d'établissement du prestataire de services, l'Union s'est efforcée de garantir l'égalité entre les différents opérateurs et de limiter la concurrence fiscale (tant loyale que déloyale) entre les États.

1213 Afin de simplifier le mécanisme pour les opérateurs et ne pas les contraindre à s'identifier dans chaque État où ils ont des clients pour y déclarer et y payer la TVA, la directive du 7 mai 2002 transposée en France aux articles 298 *sexdecies* F et G du CGI, a créé deux régimes (un « régime non-UE » réservé aux seuls assujettis non établis sur le territoire de la Communauté fournissant des services par voie électronique, et un « régime UE » concernant les prestataires établis dans l'UE mais dans un État membre autre que celui de consommation des services), permettant de s'identifier sur un mini-guichet unique.

Ce dernier (*Mini One-Stop Shop* ou « MOSS ») est un système informatisé permettant aux entreprises qui fournissent des services procurés par voie électronique à des preneurs situés dans un autre État-membre de s'acquitter de la TVA sur ces services par l'intermédiaire d'un portail électronique situé dans leur propre État-membre. Il permet donc d'éviter une immatriculation à la TVA dans chaque État-membre dans lequel résident des particuliers consommant leurs services, car la TVA facturée est collectée par le biais d'une déclaration unique, établie dans l'État-membre d'identification. C'est ensuite à l'administration de l'État-membre du guichet unique qui transmet les éléments déclarés aux États-membres de consommation, de répartir la TVA collectée et de la reverser.

1214 Toutefois, malgré ces avancées et à l'instar du rapport Colin-Collin sur la fiscalité du secteur numérique (du 18 janv. 2013, commandé par le ministère du Redressement productif), la Commission reconnaît que le système de TVA applicable au commerce électronique transfrontière demeure non seulement complexe et onéreux mais surtout que les entreprises de l'Union sont en situation de désavantage concurrentiel car le non-respect des obligations dans le cadre du commerce électronique transfrontière se traduit par des pertes de recettes fiscales pour les États. Aussi dans son plan d'action sur la TVA, présenté dans une communication du 7 avril 2016 et concrétisé dans plusieurs propositions de directive, la commission a envisagé d'importantes réformes : dans cette optique, elle a déjà fait adopter une directive (UE) 2017/2455 du Conseil du 5 décembre 2017, dont le principal apport est de fondre, à compter du 1er janvier 2021, le guichet unique applicable aux assujettis qui réalisent des ventes à distance intracommunautaires de biens, avec le régime de guichet unique déjà applicable aux assujettis qui fournissent des services électroniques ou des services de télécommunication, de radiodiffusion et de télévision à des non-assujettis. Par ailleurs, toujours, au titre des simplifications du régime pour les jeunes entreprises et les PME, il est prévu qu'en dessous de 10 000 euros de prestations transfrontalières intra-UE de services de télécommunications, de radiodiffusion et de télévision et de services électroniques par an, une entreprise pourra continuer d'appliquer les règles de son pays d'origine en matière de TVA. En effet, jusqu'à 10 000 euros, ces prestations resteront soumises aux règles de TVA de l'État-membre du fournisseur.

1215 L'article 72 de la loi de finances pour 2019 transpose les mesures de la directive du 5 décembre 2017 : elle introduit donc le seuil de 10 000 euros en deçà duquel les services électroniques fournis par un prestataire communautaire doivent être taxés dans l'État-membre d'établissement de ce dernier, et non pas dans celui du preneur. En conséquence, les prestations de service relevant du commerce électronique fournies à des preneurs non assujettis établis en France sont en principe imposées en France. Par dérogation, ne seront pas situées en France, les prestations réalisées par un prestataire établi dans un autre État membre de l'Union européenne au profit de personnes non assujetties établies en France, lorsque la valeur totale des prestations n'a pas dépassé, pendant l'année civile en cours au moment de la prestation et pendant l'année civile précédente, un seuil de 10 000 euros hors TVA. Le régime des prestations de services électroniques ainsi réformé se rapproche du régime des ventes à distance, applicables aux livraisons intracommunautaires de biens matériels. Cela explique d'ailleurs que le système du « mini-guichet unique TVA » existant pour ces prestations de télécommunications et services assimilés (MOSS) soit étendu au 1er juillet 2021 dans le cadre d'un nouveau guichet unique « *One Stop Shop* » (OSS) à toutes les ventes à distance intracommunautaires de biens effectuées par un assujetti.

La même ambition explique que le champ du régime de guichet unique, pour les assujettis établis hors de l'UE réalisant des prestations de services fournis par voie électronique à destination des personnes non assujetties, est étendu, au 1er juillet 2021, à tous les services fournis par les assujettis non établis au sein de l'Union européenne à des non-assujettis établis dans l'Union. Parallèlement, il y a également extension du régime UE de guichet unique à tous les services, puisque pourront s'en prévaloir tous les prestataires de services qui ont établi en France le siège de leur activité économique qui fournissent des prestations de services à des personnes non assujetties dont le lieu d'imposition est situé dans un autre État membre que la France.

2. *La vente à distance de biens importés*

1216 S'il existait, de longue date, un régime particulier des ventes à distance intracommunautaire, la directive 2006/112 CE ne prévoyait aucun dispositif spécifique pour les ventes à distance de biens importés de pays ou territoires tiers. Or, dans le cadre de l'économie numérique, la localisation de la vente à distance de biens corporels peut soulever d'importantes difficultés parce qu'il est souvent difficile de déterminer le lieu d'implantation de l'établissement du vendeur situé hors de l'Union, notamment quand il n'est pas immatriculé et qu'il n'a pas désigné de représentant fiscal. Pourtant, le régime des ventes à distance de produits importés par le biais d'Internet ne se différenciait pas de celui des ventes à distance classiques. En effet, si la vente à distance, amorcée par une annonce sur la Toile emprunte à Internet sa phase d'annonce publicitaire, le processus de traitement de la commande, ses modalités de livraison et de paiement ne faisait pas l'objet de particularisme : dès lors les règles applicables conduisent à ce que la TVA soit uniquement prélevée au moment de l'importation. Toutefois, en pratique, la directive 2009/132/CE du 19 octobre 2009 ayant introduit un régime dérogatoire en faveur des importations de valeur négligeable, il existe une exonération de TVA à l'importation lorsque la valeur de l'envoi est inférieure à 22 euros ainsi qu'une exonération des droits de douane lorsque la valeur est inférieure à 150 euros.

1217 Face aux abus et fraudes (notamment par le biais d'envois sous-évalués, non déclarés ou déclarés comme de simples cadeaux ou échantillons), la directive 2017/2455 du 5 décembre 2017 a mis en place un nouveau dispositif plus adapté et dérogeant à la TVA à l'importation de droit commun. Outre la suppression de la franchise de TVA à l'importation pour les envois d'une valeur inférieure à 22 euros, est créé un guichet unique dénommé « IOSS » (pour « *Import One Stop Shop* ») qui doit faciliter la perception de la TVA due sur les ventes à distance de biens importés de territoires ou de pays tiers contenus dans des envois d'une valeur intrinsèque ne dépassant pas 150 euros.

1218 Codifié à l'article 258 IV du CGI, ce nouveau dispositif d'imposition en France des ventes à distance de biens importés est entré en vigueur au 1er juillet 2021 et concerne trois hypothèses.

C'est tout d'abord le cas lorsque le bien (quelle que soit sa valeur) se trouve en France au moment de l'arrivée de l'expédition ou du transport des biens à destination de l'acquéreur si le bien a été importé dans un autre État membre.

C'est ensuite l'hypothèse d'un bien importé en France et se trouvant également en France lors de l'arrivée de son expédition ou de son transport. C'est dans ce cadre que la déclaration et paiement de la TVA pourront se faire via le guichet unique IOSS : pour en bénéficier, le vendeur doit disposer d'un numéro d'identification à la TVA dédié à ce régime et, s'il est établi hors de l'UE, il doit désigner un « intermédiaire » qui agira pour son compte et sera redevable de la TVA dans le cadre de l'IOSS. Cette hypothèse ne concerne toutefois que les envois dont la valeur intrinsèque ne dépasse pas 150 euros. Pour ces derniers, contrairement aux importations classiques, le fait générateur et l'exigibilité de la TVA interviennent au moment de la livraison des biens, laquelle est réputée avoir lieu au moment de l'acceptation du paiement. En contrepartie, afin d'éviter une double taxation, l'article 291, II-11° du CGI prévoit que l'importation sera exonérée de la TVA. En revanche, demeurent soumis à la TVA à l'importation, tous les envois d'une valeur inférieure à 150 euros effectués en dehors du dispositif du guichet IOSS ou dont la valeur est supérieure à 150 euros.

C'est enfin le cas quand les biens sont importés en France à destination d'une personne non assujettie, qu'ils ont une valeur inférieure à 150 euros et que la livraison a été facilitée par une interface électronique (à savoir une place de marché, une plateforme, un portail ou un dispositif similaire). Pour la Commission, afin de lutter contre la fraude à la TVA sur les ventes à distance facilitées par l'utilisation d'internet et de réduire la charge administrative pour les vendeurs, l'administration fiscale et les consommateurs, il était, en effet, nécessaire d'associer les assujettis qui facilitent les ventes à distance de biens par l'utilisation d'une telle interface électronique à la perception de la TVA sur ces ventes, en prévoyant qu'ils sont les personnes réputées avoir effectué ces ventes. Donc, par dérogation au principe selon lequel la TVA due à l'importation doit être acquittée par la personne désignée comme destinataire réel des biens sur la déclaration d'importation, les entreprises d'interfaces électroniques de vente en ligne deviennent redevables de la TVA lorsqu'elles facilitent les ventes à distance de biens importés de territoires ou pays tiers contenus dans des envois d'une valeur intrinsèque ne dépassant pas 150 euros. Dans cette optique, les plateformes ou places de marché « facilitatrices » peuvent utiliser le système du guichet unique. En France, cette innovation va de pair avec l'instauration (par la loi n° 2018-898 du 23 oct. 2018 relative à la lutte contre la fraude) d'un régime de solidarité des opérateurs de plateforme en ligne puisque, désormais, ces opérateurs sont solidaires de la TVA due par certains vendeurs et prestataires, lorsque leur activité dépasse 5 millions de connexions.

1219 À l'issue des réformes, trois guichets coexistent donc : un « régime non-UE » applicable aux prestations de services fournies par des assujettis non établis sur le territoire de l'Union européenne (CGI, art. 298 *sexdecies* F), un « régime UE » applicable aux ventes à distance intracommunautaires de biens, aux livraisons de biens effectuées dans un État membre par des plateformes et aux services fournis par des assujettis établis sur le territoire de l'Union européenne, mais non dans l'État membre de consommation (CGI, art. 298 *sexdecies* G) et enfin le régime particulier applicable aux ventes à distance de biens importés de pays ou territoires tiers (CGI nouv., art. 298 *sexdecies* H).

1220 Toutefois, dans un souci de constante adaptation du droit aux nouveaux usages, la loi de finances pour 2024 a complété le dispositif pour y insérer des mesures spécifiques au dropshipping. Cette pratique consiste pour un intermédiaire (appelé le « dropshipper ») à acheter un bien situé dans un territoire tiers de l'Union et à ensuite le revendre en ligne à des clients établis en France, sans jamais disposer physiquement de ce bien car c'est le fournisseur qui fait acheminer le bien directement en France auprès des clients du « dropshipper ». Comme ce dernier ne participe pas à la livraison du bien, il n'est pas légalement redevable de la TVA due à l'importation du bien puisqu'il n'apparaît pas lors des opérations de dédouanement. Aussi, l'article 112 de la loi n° 2023-1322 du 29 décembre 2023 considère désormais comme redevables de la

TVA due à l'importation, le « dropshipper » qui réalise des ventes à distance de biens importés en France, lorsqu'il est constaté une différence entre la base d'imposition déclarée à l'importation et la valeur commerciale réelle de la marchandise importée. En d'autres termes, sont visées les situations dans lesquelles le bien importé est dédouané en France pour une valeur inférieure au prix de vente au client final. Est ainsi territorialisée en France toute vente à distance de biens importés, quelle que soit la valeur de l'envoi, qui n'est pas facilitée par une plateforme, pour laquelle le vendeur ne recourt pas au guichet unique « IOSS » et pour laquelle il est établi, *a posteriori*, que la base d'imposition de la TVA due à l'importation est inférieure à celle qui serait déterminée pour une vente à distance qui serait localisée en France.

3. *Le Paquet ViDA de 2025*

1221 Ce paquet comporte trois textes du 11 mars 2025 (Dir. n° 2025/516, Règl. n° 2025/517, Règl. d'exécution n° 2025/518) dont les mesures vont entrer en vigueur progressivement jusqu'en 2035. Celui-ci comporte principalement trois apports.

Le Paquet ViDA prévoit tout d'abord d'ici à 2028 la facturation électronique obligatoire pour les transactions transfrontalières au sein de l'UE et surtout qu'à compter de 2030, les obligations de déclaration en matière de TVA seront entièrement numériques pour les entreprises qui vendent des biens et des services à des entreprises d'un autre État membre de l'UE. Afin notamment de faciliter le contrôle par les administrations fiscales, ces entreprises qui opèrent au-delà de leurs frontières devront déclarer en ligne leurs transactions, au demeurant, en temps réel et de manière normalisée. En revanche, les transactions internationales hors UE ne sont pas concernées et continueront d'être transmises sous différents formats selon les réglementations locales. Concernant la France, l'obligation d'émettre des factures électroniques avait été anticipée puisque la loi de finances pour 2020 avait posé le principe du recours obligatoire à la facturation électronique (e-invoicing) entre opérateurs assujettis à la TVA à compter de 2024 pour les grandes entreprises et de 2026 pour toutes les entreprises. En raison des difficultés de mise en œuvre et « afin de donner le temps nécessaire à la réussite de cette réforme structurante pour l'économie », la loi de finances pour 2024 a retardé la généralisation de la facturation électronique. Elle s'appliquera à compter du 1er septembre 2026 pour les factures émises par les grandes entreprises et les entreprises de taille intermédiaire (ETI) et à compter du 1er septembre 2027 pour les petites et moyennes entreprises (PME) et les microenterprises.

Le paquet ViDA opère ensuite une amélioration et une extension du système de guichet unique. Par exemple, les fournitures B to C (Business to consumer) de gaz, électricité, chauffage et refroidissement deviennent des ventes à distance entrant dans le dispositif du guichet unique.

Enfin, les nouvelles règles vont permettre d'exiger des plateformes en ligne qu'elles paient la TVA sur les services de location de logements de courte durée et les services de transport de voyageurs, dans la plupart des cas où les prestataires de ces services ne facturent pas la TVA. En effet, ces services de transport et d'hébergement (principalement rendus par des particuliers *via* une mise en relation par des plateformes) sont actuellement non assujettis : la concurrence est ainsi faussée avec les entreprises assujetties. Afin de rétablir des conditions de concurrence équitable, les plateformes devront donc collecter la TVA auprès de particuliers qui n'y sont pas soumis, et la reverser.

Bibliographie

BOUCHARD (Jean-Claude) et COURJON (Odile), « Le prorata et le principe de neutralité », *Dr. fisc.* 2006, n° 48, p. 2058 à 2064.

CORNU (Michel) et TOUITOU (Laura), « La fiscalité face au défi du e-commerce », *RF compt.* 2013, p. 12.

DEMANGEL (Stéphanie), « Le lien direct est-il encore le critère de détermination du champ d'application de la TVA ? », *Dr. fisc.* 2002, n° 7, p. 329 à 336.

FOUQUET (Olivier), « L'administration fiscale a-t-elle les moyens juridiques de lutter contre la fraude "carrousel" à la TVA communautaire ? », *Rev. adm.* 2006, n° 349, p. 44 à 47.

HADIBOU (Nathalie), CHABASSIER (Carlotta) et GILLET (Adrien), « Facturation électronique : dynamiques françaises et comparaisons internationales », *Dr. fisc.* 2025, n° 29, comm. 231.

LAMARQUE (Jean), « La TVA et la distinction entre services publics administratifs et services publics industriels et commerciaux », in *Mélanges Jean Waline*, Dalloz, 2002, p. 283 à 300.

PEZET (Fabrice), « Bien mal acquis… est quand même soumis à TVA », *Dr. fisc.* 2023, n° 27, comm. 237.

PHILIPPE (Jean-Jacques), « Le champ d'application de la TVA ; quelques problèmes essentiels », *Dr. fisc.* 1993, p. 2068 à 2071.

SERANDOUR (Yolande), « La TVA sur les opérations complexes » *Dr. fisc.* 2017, n° 5-6, comm. 146.

VARII AUTORES, « Facturation électronique : enjeux fiscaux et déontologiques pour l'avocat », Actes du colloque organisé le 17 avril 2024 à l'université Lumière Lyon 2, *Dr. fisc.* 2024, n° 35, comm. 317.

WOLF (Marc), « Éradiquer la fraude carrousel à la TVA », *Dr. fisc.* 2014, n° 51, comm. 696.

• ***Pour aller plus loin :***

Rapport du Conseil des prélèvements obligatoires, *La TVA, un impôt à recentrer sur son objectif de rendement pour les finances publiques*, 2022.

WENDLING (Claude) et GOMEZ (Florence), Rapport de l'Inspection générale des Finances, *La Sécurisation du recouvrement de la TVA*, 2019.

CHAPITRE 2

La détermination de la TVA exigible

1222 Comme pour tout impôt la recherche du moment de son application amène à se pencher sur les concepts de fait générateur et d'exigibilité (SECTION 1), son application pratique suppose de déterminer son assiette (SECTION 2) et d'inventorier ses taux (SECTION 3).

SECTION 1

La distinction entre fait générateur et exigibilité

1223 Ces deux concepts doivent être définis (§ 1) avant de mesurer leurs implications respectives en matière de livraisons de biens (§ 2) et de prestations de services (§ 3).

§ 1. Définition des deux concepts

1224 Le fait générateur se définit comme l'événement dont la survenance donne naissance à la créance du Trésor sur le contribuable.

L'exigibilité peut être définie comme l'événement dont la survenance permet au Trésor d'obtenir paiement.

1225 Même si le fait générateur permet de déterminer la législation applicable et plus spécifiquement le taux de l'impôt, il apparaît comme un phénomène à connotation théorique, tandis que le chef comptable de l'entreprise et le receveur des impôts seront bien davantage préoccupés par l'exigibilité. À l'analyse pourtant il ne peut y avoir d'exigibilité sans fait générateur, pourtant la TVA vient ici brouiller les pistes puisque l'article 269 du Code localise les deux événements en entraînant des conséquences parfois paradoxales.

§ 2. Les implications de la distinction en matière de livraisons de biens

1226 Elles sont posées par l'article précité, qui situe les deux phénomènes dans la livraison même du bien (ou l'acquisition intracommunautaire) : lorsque la machine est livrée par le fournisseur dans la cour de son client survient le fait générateur de la TVA, mais elle devient aussi exigible chez le fournisseur qui devra l'acquitter le même mois, quelle que soit la date à laquelle son client lui réglera le prix puisqu'il est astreint à une comptabilité d'engagement et doit verser l'impôt sur ses créances acquises. La loi prévoit d'ailleurs et symétriquement que cette TVA sera déductible à compter du même événement par le client, quelle que soit la date de son règlement puisqu'il comptabilise ses dettes certaines.

1227 En pratique c'est l'émission de la facture qui va représenter l'événement-clé puisqu'elle accompagne la délivrance du bien, subordonne la période au titre de laquelle le montant des opérations imposables doit faire l'objet d'une déclaration et qu'elle fait apparaître le prix, donc le montant de la TVA due.

1228 Affirmer que le paiement de la livraison n'a pas d'incidence sur les obligations en matière de TVA signifiait habituellement que le paiement d'un acompte du prix avant la livraison ne constituait ni le fait générateur ni le moment de l'exigibilité. Si toutefois la créance demeurait impayée par le client, le vendeur lui adressait une facture rectificative, qui obligeait le client à reverser la TVA déduite au vu de la facture initiale, et qui permettait au vendeur de déduire la TVA qu'il avait acquittée au titre de cette livraison en l'imputant sur la TVA dont il était redevable au titre de ses nouvelles livraisons.

1229 Le problème est que l'article 269 était en contradiction avec l'article 65 de la directive 2006/112 CE selon lequel « en cas de versements d'acomptes avant que la livraison de biens ou la prestation de services ne soit effectuée, la taxe devient exigible au moment de l'encaissement, à concurrence du montant encaissé » (CAA Nantes, 28 mai 2021, *Min. c/ SAS Technitoit*, n° 19NT03579, *Dr. fisc.* 2021, n° 39, comm. 379, concl. L. Chollet). Afin de supprimer cette incompatibilité, l'article 30 de la loi de finances pour 2022 prévoit, qu'à compter du 1er janvier 2023, en cas de versement préalable d'un acompte, la TVA devient exigible au moment de son encaissement, à concurrence du montant encaissé. Commentant cette nouveauté et s'appuyant sur la jurisprudence de la Cour de justice (CJUE 21 févr. 2006, *BUPA Hospitals et Goldsborough Developments*, aff. C-419/02), l'administration précise toutefois qu'afin que la TVA puisse devenir exigible, il faudra que tous les éléments pertinents du fait générateur (c'est-à-dire de la future livraison) soient déjà connus au moment du versement de l'acompte, et en particulier, que les biens ou les services soient désignés avec précision (BOI-TVA-BASE-20-10). Ainsi le versement d'un acompte dans le cadre d'une vente sous condition suspensive exclut l'exigibilité de la TVA car cette conditionnalité rend l'opération incertaine.

Le système est plus rustique pour les prestations de services car le fait générateur de la taxe et son exigibilité ne coïncident pas.

§ 3. Les implications de la distinction en matière de prestations de services

1230 Elles sont tracées par le régime de comptabilité de caisse qui s'applique ici. En effet, le fait générateur et l'exigibilité n'ont pas vocation à se confondre dans un même événement. Si le premier est constitué par l'accomplissement du service, le second est matérialisé par « l'encaissement des acomptes, du prix, de la rémunération ».

1231 Il en résulte que chaque encaissement d'acompte rendra la TVA exigible à due concurrence, alors même que le fait générateur ne sera pas encore intervenu puisque la prestation de service n'aura pas encore été rendue. La logique du processus fiscal est ici quelque peu perturbée. Bien entendu le droit à déduction coïncidera toujours avec l'exigibilité.

1232 La loi permet au prestataire d'acquitter la TVA sur les débits (CGI, art. 269, 2), c'est-à-dire lorsque la créance devient acquise parce que le service est rendu et la facture émise pour le client. Ce système cumule tous les inconvénients sur le plan fiscal puisqu'il oblige néanmoins le contribuable à verser la TVA sur chaque acompte encaissé. Son seul intérêt est de permettre une simplification comptable pour le prestataire qui est en même temps vendeur (le garagiste par exemple), il n'aura à tenir qu'une seule comptabilité en alignant celle de ses prestations de services sur celle de ses ventes. L'indication de cette option sur ses factures permettra à ses clients de déduire immédiatement la TVA.

1233 L'exigibilité étant déterminée, la préoccupation suivante des acteurs du jeu fiscal est la détermination de l'assiette.

SECTION 2
L'assiette de la TVA

1240 La combinaison des articles 266 et 267 du Code permet de résumer la base imposable comme étant « tout le prix, mais rien que le prix ». Une approche pratique consiste à rechercher les éléments qui sont compris dans la base imposable (§ 1) et ceux qui ne le sont pas (§ 2).

§ 1. Les éléments compris dans la base imposable

1234 Ils correspondent à « toutes les sommes, valeurs, biens ou services reçus ou à recevoir par le fournisseur ou le prestataire (...) y compris les subventions directement liées au prix de ces opérations ». Au prix hors taxes (A) il faut ajouter, le cas échéant, tous les accessoires de celui-ci tels que les frais d'affranchissement, de transport (lorsqu'ils ne sont pas dissociés du montant de la vente et soumis au régime propre aux opérations de transport) ou d'assurance, mais aussi certains frais financiers (B), le prix de l'emballage (C) ainsi que les impôts, droits et taxes (D).

A. Le prix hors taxe

1235 Pour résumer la philosophie de l'article 266 du CGI, la taxe s'applique au prix hors taxe du produit ou du service et plus précisément elle frappe objectivement le prix effectivement encaissé. Lorsqu'un prix convenu est mentionné sans indication de la TVA, le problème est de savoir si ce silence doit être interprété comme « taxe comprise » ou « hors taxe ». Cette problématique a donné lieu à une jurisprudence contrastée. En effet, selon le Conseil d'État (CE 14 déc. 1979, *Comité de propagande de la banane*, n° 11798, *RJF* 2/80, n° 99 et CE 28 juill. 1993, *SA Mitsukoshi France*, n° 62865, *RJF* 8-9/93, n° 1140), le prix est réputé TTC. En revanche, pour la Cour de cassation (Com. 9 janv. 2001, *Sté Méditerranée poids lourds*, n° 46 FP-P, *RJF* 4/01, n° 476) s'inspirant de l'usage constant entre commerçants, les prix s'entendent hors taxe. Aussi, le Conseil d'État a maintenu sa jurisprudence à propos d'une clause d'intéressement d'un marché public qui ne stipulait que l'intéressement était calculé « hors taxe » (CE 29 juin 2021, *Sté des mobiliers urbains pour la publicité et l'information*, n° 442506) : en effet, si le prix stipulé sans mention de la taxe doit être réputé inclure la taxe, c'est qu'en l'espèce l'administration pouvait difficilement être considérée comme liée à un usage commercial constant. D'ailleurs, la CJUE rejoint largement la position du Conseil d'État (CJUE 7 nov. 2013, *Corina-Hrisi Tulica et Calin Ion*

Plavosin, aff. 249/12 et 250/12, *RJF* 1/14, n° 109) : le prix convenu sans mention de la TVA doit être considéré comme incluant déjà cette taxe dans le cas où le fournisseur n'a pas la possibilité de récupérer auprès de l'acquéreur la TVA réclamée par l'administration fiscale.

1236 Des termes très généraux de l'article 266 du CGI, il résulte que plusieurs éléments sont sans incidence sur cette assiette. C'est tout d'abord le cas de l'échelonnement dans le temps du versement des contreparties : peu importe que les versements de prix interviennent avant, concomitamment ou après la conclusion du contrat ou la réalisation de l'opération. C'est ensuite le cas de la forme ou de la nature de la contrepartie, car les modalités de paiement sont sans influence sur la base d'imposition. Le prix peut ainsi être acquitté sous forme de somme d'argent, en nature (CJCE 3 juill. 1997, *Goldsmiths*, aff. C-330/95, *RJF* 10/1997, n° 1001), de fourniture d'un service (CJCE 2 juin 1994, *Empire Stores Ltd*, aff. 33/93, *RJF* 7/1994, n° 868), d'échange de biens ou même sous forme de rabais (CJCE 23 nov. 1988, *Naturally Yours Cosmetics*, aff. 230/87, *RJF* 3/1989, n° 294). Lorsque le paiement s'opère en nature, l'assiette tient alors compte de la valeur de tous les biens ou services qui constituent la contrepartie des prestations de services ou des livraisons de bien. C'est enfin le cas d'un prix fixé à un niveau anormalement bas (CE 19 févr. 1975, *Bonnafous*, n° 93262, *RJF* 4/75, n° 183). En effet, la TVA étant due sur les sommes effectivement, encaissées, le fait que l'entreprise assujettie consente des prix anormalement bas ne permet pas de réintégrer l'écart dans la base imposable. Toutefois, si l'opération présente le caractère d'une libéralité, elle ne sera pas assujettie à la taxe (v. ss 1108).

B. Les frais financiers

1237 Ils rentrent traditionnellement dans l'assiette de la TVA, dans la mesure où ils sont facturés par le vendeur en raison du paiement tardif de la livraison. La Cour de justice de l'Union estime en revanche qu'ils doivent être exonérés s'il s'agit d'une prestation distincte, de nature financière, par exemple lorsque le fournisseur a passé avec son client une convention de prêt (arrêt *Maurizio*

Balocchi et Ministero delle finanze dello Stato, du 20 oct. 1993, aff. C-10/92).

C. Les frais d'emballage

1238 Ils rentrent dans l'assiette s'ils correspondent à un emballage perdu. En revanche les emballages consignés suivent une destinée fiscale différente. Les bouteilles, caisses et autres containers donnent lieu à la perception d'une consigne auprès du client, cette consigne n'est pas soumise à TVA. Si l'emballage n'est pas restitué par l'acquéreur le vendeur est alors obligé de considérer la consigne comme le prix TTC d'une vente de l'emballage, au titre de laquelle il devra alors reverser la TVA collectée.

D. Les impôts, taxes et prélèvements

1239 Selon l'article 267 du CGI, la base d'imposition comprend également les impôts, taxes, droits et prélèvements de toute nature. Cela vise notamment les contributions et cotisations tant sur les boissons non alcooliques qu'alcooliques, les taxes d'urbanisme éventuellement exigibles, la taxe générale sur les activités polluantes ou encore la contribution pour la collecte et l'élimination des déchets d'équipements électriques et électroniques ménagers. Par dérogation, et de manière fort logique, est exclue de la base d'imposition la TVA elle-même (ainsi que les octrois de mer).

§ 2. Les éléments exclus du prix imposable

1241 Ils sont au nombre de six, les rabais (A), les reprises (B), les dépôts de garantie (C), les débours (D), les indemnités (E) et les subventions (F).

A. Les rabais

1242 Ristournes, escomptes de caisse ou réductions représentent une diminution du prix hors taxes, donc de l'assiette de l'impôt, et la facture doit faire apparaître l'ancien prix, le prix réduit et la TVA afférente.

Si la ristourne est accordée *a posteriori* comme il est fréquent dans les relations commerciales, le vendeur devra alors adresser une facture rectificative à son client, et ce dernier devra reverser la fraction de la TVA qu'il a déduite et qui correspond à la ristourne.

B. Les reprises

1243 Elles permettent à un garagiste de vendre un véhicule neuf à un prix réduit de la valeur du véhicule repris ou à un marchand d'électroménager de diminuer le prix de vente du cadeau de la fête des pères de la valeur du rasoir qui lui est rapporté. Si l'objet repris est dépourvu de valeur et va partir au rebut, la reprise s'analyse comme un rabais. S'il a une valeur, l'opération s'analysera comme une double vente, chacune soumise à la TVA (véhicules de transport ou engins de travaux publics).

C. Les dépôts de garantie et les cautionnements

1244 Ils ressemblent beaucoup aux emballages consignés (v. ss 1238) en ce qu'ils connaissent une destinée alternative. Le créancier prestataire (loueur d'immeuble commercial ou de véhicules) les perçoit sans en devenir propriétaire et pour la durée du contrat. À l'issue de ce contrat, ou bien la garantie ainsi offerte par le client n'a pas lieu de jouer et le dépôt sera restitué par le prestataire, hors de toute TVA. Ou bien le prestataire l'utilise à la réparation de certains manquements de son client, et dans ce cas la somme représente une recette TTC du prestataire, pour laquelle il devra acquitter la TVA.

D. Les débours

1245 Ils correspondent aux sommes qu'un mandataire expose pour le compte de son client et qu'il lui refacture exactement. Elles ne rentrent pas dans l'assiette de l'impôt si elles correspondent au mandat donné par le client et si le mandataire peut justifier de leur consistance auprès du fisc.

E. Les indemnités

1246 Elles ne rentrent dans le champ de la TVA que si elles correspondent à un substitut de chiffre d'affaires.

Ainsi, une indemnité versée par une compagnie d'assurances à la suite d'un sinistre ne sera pas soumise à TVA. C'est également le cas des arrhes conservées par un prestataire lorsque le client n'honore pas sa commande car leur seul objet est de réparer un préjudice (CJCE 18 juill. 2007, *Sté thermale d'Eugénie-les-Bains*, aff. C-277/05, *Dr. fisc.* 2007, n° 36, étude 794) : ces arrhes ne constituent pas la « contrepartie effective d'un service autonome et individualisable ». Une solution inverse a toutefois été retenue par le Conseil d'État à propos de la pratique des hôteliers consistant, en cas de « *no show* » (réservation non annulée et client non présent), à utiliser l'empreinte de carte bancaire du client en prélevant le montant de la première nuitée lorsque ce client ne se présente à la date convenue et n'a pas annulé au préalable sa réservation dans les délais (CE 9 oct. 2024, *SAS Paris Hôtel Eiffel Suffren* et *Société AccorInvest*, n°s 472257 et 489947, *Dr. fisc.* 2024, n° 45, comm. 370). En effet, le montant prélevé par l'hôtelier apparaît clairement comme la contre-valeur d'une prestation d'hébergement que le client s'est engagé à régler lors de sa réservation, alors même qu'il ne bénéficie pas effectivement de la prestation.

Classiquement, n'entrait pas davantage dans ce champ une indemnité qui réparait un préjudice clairement identifié résultant de la résiliation unilatérale d'un contrat car elle n'était pas considérée comme la contrepartie d'aucun service rendu à titre onéreux (CE 28 mai 2004, *Magneti Marelli*, *RJF* 8-9/04, n° 916). Toutefois, depuis quelques années le droit a évolué suite à de nombreux arrêts de la CJUE dans le sens d'une imposition quasi-systématique à la TVA des indemnités de résiliation contractuelles. En effet, la Cour de justice de l'Union européenne a estimé dans deux arrêts (CJUE, 5e ch., 22 nov. 2018, *Meo – Serviços de Comunicações e Multimédia*, aff. C-295/17, *Europe* 2019, comm. 38, note F. Péraldi-Leneuf ; CJUE, 1re ch., 3 juill. 2019, *« UniCredit Leasing » EAD*, aff. C-242/18, *Dr. fisc.* 2019, n° 30-35, act. 363) qu'il y a assujettissement à la TVA de ces indemnités de résiliation contractuelles car « du point de vue de la réalité économique, laquelle constitue un critère fondamental pour l'application du système commun de la TVA, le montant dû à l'occasion de la résiliation anticipée du contrat vise à assurer à l'opérateur une rémunération contractuelle minimale de la prestation effectuée ». Par cette nouvelle approche plus économique que juridique, la Cour de Luxembourg ne se contente plus de rechercher la présence exclusive d'un préjudice subi que l'indemnité a pour vocation de réparer. Dans un arrêt (CJUE, 9e ch., 11 juin 2020, *Vodafone Portugal et Comunicacoes Pessoais SA*, aff. C-43/19, *Dr. fisc.* 2020, n° 25, act. 202) elle poursuit cette évolution en précisant que même si le calcul du montant (des indemnités de résiliation d'un contrat d'abonnement) est encadré par des dispositions législatives et réglementaires, « il est néanmoins constant que le paiement du même montant intervient dans le cadre d'un rapport juridique caractérisé par un échange de prestations réciproques entre le prestataire de services et son client et que, dans ce cadre, ce paiement constitue une obligation contractuelle pour ce dernier ». Aussi le montant contractuellement dû en cas de résiliation anticipée est considéré par la Cour comme faisant partie intégrante du prix que le client s'est engagé à verser. S'inscrivant dans cette lignée prétorienne, la Cour de justice de l'Union européenne a jugé qu'une indemnité, prévue par la loi, due à un entrepreneur suite à la résiliation unilatérale d'un contrat d'entreprise par le maître de l'ouvrage est soumise à la TVA. En effet, le versement de cette indemnité de résiliation présente un lien direct avec l'exécution de la prestation due, alors même qu'elle serait inachevée (CJUE, 7e ch., 28 nov. 2024, aff. C-622/23, *Dr. fisc.* 2025, n° 9, comm. 44, note G. Lamouroux).

Au final, seules les indemnités qui sont de véritables dommages-intérêts, c'est-à-dire qui réparent la lésion d'un intérêt ou sanctionnent l'inexécution d'une obligation ne constituent pas la contrepartie d'opérations imposables à la TVA.

F. Les subventions

1247 Elles représentent un des aspects les plus complexes du régime actuel de la TVA, et sans doute susceptible de réforme à brève échéance. Si son versement a pour contrepartie la livraison d'un bien ou une prestation de services au profit de la partie versante, la subvention représente alors le prix payé et sera soumise à TVA chez le vendeur ou prestataire. Le même régime s'applique lorsque la subvention est versée par un organisme à un opérateur comme complément du prix facturé au client : cas des subventions allouées par un fabricant à son concessionnaire pour faciliter la commercialisation d'un produit nouveau sur un marché fortement concurrentiel.

1248 En revanche la subvention constituera une recette échappant à la TVA chaque fois qu'elle sera allouée sans exiger de contrepartie directe et proportionnelle au montant versé. Compte tenu du développement de cette catégorie de flux le contentieux relatif à cette question est abondant, tant national que communautaire. Il est largement initié par une administration fiscale soucieuse de maximiser le champ d'application de l'impôt, mais qui constate aussi que l'exonération de la taxe a pour contrepartie une limitation du droit à déduction de la taxe d'amont par les contribuables. Cette situation est empreinte de paradoxes qui obligeront les institutions de l'Union à procéder à une clarification législative. Précisons que le taux applicable à la subvention imposable est celui de l'opération à laquelle elle se rattache (vente ou prestation de services).

Sur la base d'imposition ainsi déterminée il faut ensuite appliquer un taux.

SECTION 3
Les taux de TVA

1249 Si la TVA est un impôt largement harmonisé, simplement les États demeurent partiellement libres de fixer leurs taux d'imposition sous réserve que le taux normal et le taux réduits ne puissent être respectivement inférieurs à 15 et 5 % : quant à d'éventuelles dérogations, elles ont récemment été réaménagées par une directive 2022/542 du Conseil du 5 avril 2022.

1250 La multiplicité des taux permet d'introduire une certaine dose de justice en pondérant le poids de l'impôt en fonction de la nature des consommations, un taux réduit sera pratiqué sur les consommations de première nécessité, tandis qu'un taux élevé frappera la consommation des produits considérés comme luxueux ou à pénaliser. Une telle multiplicité présente l'inconvénient de créer des conflits de frontière entre les taux, dans la mesure où des produits ou des services peuvent indifféremment relever de deux taux. Aujourd'hui coexistent trois taux, le taux réduit (§ 1), le taux intermédiaire (§ 2), et le taux normal (§ 3) auxquels il faut ajouter quelques taux particuliers (§ 4).

§ 1. Le taux réduit

1251 Fixé à 5,5 % par la loi de finances rectificative du 29 décembre 2012, il est resté inchangé depuis. Son champ d'application, codifié à l'article 278-0 *bis* du Code général des impôts couvre des produits (A) et des services (B).

A. Les produits

1252 Ce sont d'abord des produits, les produits alimentaires, de l'eau aux boissons non alcooliques en passant par tous les aliments susceptibles d'être consommés en l'état. Les exceptions ont une valeur symbolique (le caviar) ou bien trouvent leur justification dans la transformation que les produits ont subie pour être commercialisés : ainsi le cacao ou le chocolat ordinaire présenté en tablette relèvent du taux réduit, alors que le taux normal s'applique au même chocolat s'il est conditionné en pralinés mais aussi aux produits plus sophistiqués tels que le chocolat au lait ou le chocolat fourré.

1253 Dans la même logique il faut ajouter à cette liste les produits utilisés dans la filière agroalimentaire, tels les engrais et les aliments du bétail. Les appareillages pour handicapés, les abonnements au gaz et à l'électricité et les livres (quel qu'en soit le support) sont également soumis au taux réduit. Enfin concernant les biens culturels, les livres, quel que soit leur support, y compris ceux qui sont vendus en téléchargement, bénéficient également d'un taux de 5,5 % : toutefois, dans un arrêt du 5 mars 2015 (aff. C-479/13,

Commission c/ France), la Cour de justice de l'Union européenne a condamné en manquement la France pour avoir maintenu un taux réduit de taxe sur la valeur ajoutée pour la fourniture de livres numériques ou électroniques, au motif qu'il s'agit juridiquement non pas d'une livraison d'un livre mais d'une prestation de service. Paradoxalement, quelques semaines plus tard, la Commission faisait amende honorable en proposant un alignement des taux de TVA des livres électroniques sur ceux des supports papier. La situation a donc radicalement changé avec la directive (UE) 2018/1713 du 6 novembre 2018 relative aux taux de taxe appliqués aux livres, journaux et périodiques qui donne finalement raison à la France.

B. Les services

1254 Il s'agit des services d'aide aux personnes âgées dépendantes et aux personnes handicapées, des fournitures de repas dans les cantines scolaires, et des abonnements au gaz et à l'électricité de petite puissance. Par ailleurs, certaines activités de nature culturelle bénéficient également du taux de 5,5 % : il s'agit notamment des activités de spectacles (théâtres, cirques, concerts) et des droits d'entrée dans les salles de spectacles cinématographiques, et plus récemment des droits d'entrée pour la visite d'un parc zoologique. À compter du 1er janvier 2021, le taux de TVA réduit à 5,5 % bénéficiera également aux prestations de collecte séparée, de collecte en déchetterie, de tri et de valorisation matière des déchets ménagers, dans le but de favoriser l'économie circulaire.

§ 2. Le taux intermédiaire

1255 Initialement fixé à 7 %, ce taux intermédiaire (dont le champ d'application est principalement délimité par les art. 278 bis à 279-0 bis A du CGI) est de 10 % depuis le 1er janvier 2014.

1256 Il s'applique aux médicaments non remboursables, aux produits d'origine agricole, de la pêche, de la pisciculture et de l'aviculture qui ne constituent pas des produits alimentaires, au bois de chauffage, à certains produits destinés à l'alimentation animale ainsi qu'aux ventes à emporter de produits alimentaires à consommation immédiate.

1257 Les prestations de services qu'il recouvre sont les transports de voyageurs, la fourniture de logement en hôtel ou en meublé voire en camping, les ventes à consommer sur place, les prestations relatives à la fourniture et à l'évacuation de l'eau, la collecte et le tri sélectifs et le traitement des déchets ménagers, les services d'aides à la personne, les travaux portant sur des locaux d'habitation ainsi que les abonnements à des télévisions privées. Enfin, on retrouve ce taux intermédiaire pour des prestations de nature culturelle comme notamment les droits d'entrée pour la visite des parcs botaniques, des musées, monuments, etc.

§ 3. Le taux normal

1258 Fixé à 19,6 % depuis avril 2000, il est passé à 20 % le 1er janvier 2014. Il est le taux de principe et s'applique par conséquent à tous les produits et prestations qui ne relèvent ni du taux réduit ni du taux intermédiaire. Cette affirmation doit toutefois être tempérée par la survivance de quelques taux particuliers.

§ 4. Maintien de quelques taux particuliers

1259 Pour l'essentiel, ils sont applicables en Corse et dans les départements d'outre-mer (v. ss 1355) ; en France continentale seul demeure le taux de 2,1 %, qui s'applique aux publications de presse (y compris celles qui sont numérisées et totalement en ligne depuis une loi du 27 février 2014 harmonisant les taux de la TVA applicables à la presse imprimée et à la presse en ligne), à la contribution à l'audiovisuel public (redevance télévision), aux médicaments remboursables par la sécurité sociale, aux produits sanguins et aux cent quarante premières représentations théâtrales ou de cirques.

L'application du taux à l'assiette de la TVA ne met pas un terme au processus d'imposition. En effet, la spécificité de cet impôt ajoute une séquence supplémentaire qui est la déduction de la taxe d'amont.

Bibliographie

FREMINET (Patrice DE), « Taux de la TVA ; cohérence ou incohérence européenne », *Dr. fisc.* 2003, n° 6, p. 242.

MAÏA (Jean), « Indemnités et TVA : affirmation et portée d'un changement de logique », *RJF* 2001, n° 3, p. 191 à 198.

MEDJEBAR (Lydia), « TVA – Indemnités et subventions : la doctrine administrative faite peau neuve (ou presque) », *Dr. fisc.* 2022, n° 28, comm. 270.

SERANDOUR (Yolande), « Les critères d'identification de la subvention à inclure dans l'assiette de la TVA », *Dr. fisc.* 2003, n° 3, p. 84.

SERANDOUR (Yolande) et SERANDOUR (Isabelle), « Les arrhes, hors du champ d'application de la TVA », *Dr. fisc.* 2007, n° 36, p. 11.

CHAPITRE 3

Le régime des déductions

1260 Comme le rappelle systématiquement la Cour de justice, « à chaque transaction, la TVA n'est exigible que déduction faite du montant de la TVA qui a grevé directement le coût des divers éléments constitutifs du prix » (CJCE 5 mai 1982, *Schul*, aff. 15/81, *Rec.* I. 1409). En effet, la TVA frappe la « valeur ajoutée » à chaque étape du processus de production et de la commercialisation tout en étant neutre par rapport à la longueur du circuit économique. Pour atteindre cet objectif de neutralité, à chaque stade du circuit économique, le redevable calcule et facture une taxe correspondant au prix de vente qu'il pratique, mais, au moment de procéder au paiement, ce même redevable va imputer sur cet impôt le montant de la taxe (dite taxe « d'amont ») qui a grevé les éléments de son prix de revient (matières premières achetées, marchandises en stock, immobilisations, prestations de services, etc.) : il ne va donc verser que la différence entre la taxe facturée à son client et la taxe qu'il entend déduire.

L'article 271 du Code résume cette spécificité de la TVA : « La taxe sur la valeur ajoutée qui a grevé les éléments du prix d'une opération imposable est déductible de la taxe sur la valeur ajoutée applicable à cette opération. » Déduction et exigibilité sont synchronisées.

1261 Ce principe général est gratifiant pour le contribuable assujetti, il rend attractive l'option pour l'assujettissement (v. ss 1136) et contribue aussi au caractère difficilement fraudable de cet impôt.

Le régime des déductions assure la neutralité du système de TVA, en libérant chaque opérateur du poids de cet impôt. C'est donc un « élément de base du système de TVA » (CJCE 4 févr.1985, *D.A. Rompelman et E.A. Rompelman-Van Deelen*, aff. 268/83, *Rec.* I. 655). Ce rappel du rôle central du droit à déduction par le juge de Luxembourg n'est pas qu'une simple déclaration de principe : la Cour prend garde à ce que les États ne restreignent pas excessivement ce droit à déduction : ainsi, « toute limitation du droit à déduction doit s'appliquer de manière similaire dans tous les États membres, de sorte que des dérogations ne sont permises que dans les cas expressément prévus par la directive » (CJCE 6 juill. 1995, *BP Soupergaz*, aff. C-62/93, *Rec.* I. 1883).

L'exercice de la déduction est subordonné à certaines conditions (Section 1), qui ne sont pas suffisantes pour permettre la déduction de certains éléments (Section 2). Les modalités de déduction (Section 3) constituent le processus normal d'imputation de la taxe d'amont, mais si le montant de celle-ci excède celui de la taxe collectée en aval, le contribuable peut prétendre au remboursement du crédit de taxe dont il est titulaire (Section 4). Un certain nombre d'événements peuvent obliger le contribuable à procéder à une régularisation de ces déductions (Section 5).

SECTION 1
Les conditions générales de déduction

1262 Le droit à déduction est subordonné à l'acquisition d'un bien ou d'un service affecté à l'exploitation de l'entreprise par un assujetti agissant en tant que tel et faisant apparaître un lien direct et immédiat entre ces biens ou services et une ou plusieurs opérations ouvrant droit à déduction, ou, à défaut, l'ensemble de l'activité économique de l'assujetti. Puisque le droit à déduction n'est reconnu qu'aux seuls opérateurs ayant la qualité d'assujetti, ne peuvent exercer ce droit les sociétés holdings (dites « pures »), dont l'objet unique est la prise de participations dans d'autres entreprises sans s'immiscer directement ou indirectement dans la gestion de ces entreprises (CJCE 20 juin 1991, *Polysar Investments Netherlands BV*, aff. 60/90, *RJF* 10/91, n° 1324). De même, encore faut-il que cet assujetti agisse en tant que tel lorsqu'il acquiert les biens ou services : ceci exclut la possibilité de déduire la TVA ayant grevé l'acquisition de biens ensuite utilisés pour une consommation privée et non pour une activité économique (CJCE 11 juill. 1991, *Lennartz*, aff. C-97/90, *Rec.* I. 3795).

D'une manière générale, la lecture des dispositions légales permet de déterminer quatre conditions à remplir pour que la TVA d'amont soit déductible. Elle doit correspondre à des biens ou services utilisés pour la réalisation d'opérations soumises (A), et ceci à hauteur de la proportion d'activité soumise (B), sauf si le bien ou service fourni est interdit de déduction (C). En tout état de cause, la déduction est subordonnée à l'inscription de cette TVA d'amont sur la facture du fournisseur (D). En revanche, certains éléments sont indifférents quant à ce droit à déduction (E).

A. La première condition : un lien direct et immédiat avec l'activité d'aval

1263 Pour que le droit à déduction apparaisse, il faut que les biens ou services acquis par l'assujetti soient utilisés par l'assujetti pour les besoins de ses opérations soumises à TVA. Il faut donc non seulement une affectation des biens et services à l'activité mais également que cette activité soit taxable (CGI, art. 271-II-1). Pour la Cour de justice, cela se traduit par l'existence d'un lien direct et immédiat des biens ou services en cause avec les opérations taxées (CJCE 6 avr. 1995, *BLP Group*, aff. 4/94, *RJF* 6/95, n° 804). Selon elle, cela « présuppose que les dépenses effectuées pour acquérir ceux-ci fassent partie des éléments constitutifs du prix des opérations taxées en aval et ouvrant droit à déduction » (par ex. : CJCE 8 juin 2000, *Midland Bank*, aff. 98/98, *RJF* 9-10/00, n° 1187 ; ou plus récemment CJUE 22 oct. 2015, *« Sveda » UAB*, aff. 126/14, *RJF* 1/16, n° 108). Toutefois, même en l'absence d'un tel lien direct et immédiat entre la dépense et les opérations en aval, un droit à déduction peut être reconnu si la dépense est considérée comme relevant des frais généraux de l'entreprise (CJUE 27 sept. 2001, *Cibo Participations SA*, aff. 16/00, *RJF* 12/01, n° 1611). Tel est le cas si l'assujetti peut démontrer par des « éléments objectifs, que les dépenses liées à l'acquisition de tels biens ou services font partie du coût des divers éléments constitutifs du prix de l'opération d'aval ».

1264 L'exigence d'un lien direct et immédiat est d'autant moins absolue qu'il existe des opérations exonérées qui permettent néanmoins de déduire la TVA grevant les éléments acquis pour leur réalisation ; c'est le cas des exportations et des prestations de services connexes, qu'il vaut mieux qualifier d'activités assujetties au taux zéro.

Le droit à déduction n'est pas subordonné à une utilisation exclusive des biens ou services pour la réalisation d'opérations imposables. En revanche, le droit ne se justifie qu'à proportion de l'utilisation desdits biens ou services pour la réalisation de telles opérations. La rectification passe alors par l'application du coefficient d'assujettissement (v. ss 1281) qui permet d'apprécier le pourcentage d'affectation d'un bien ou d'un service à la réalisation d'opérations imposables.

B. La deuxième condition : une déduction à proportion de l'activité assujettie

1265 Le droit à déduction ne se justifiant qu'à **proportion de l'utilisation** des dépenses pour la réalisation d'opérations imposables, il faut pouvoir apprécier la proportion d'affectation d'un bien ou d'un service à la réalisation de telles opérations taxables.

Le droit a été substantiellement réformé à compter du 1er janvier 2008. Un décret du 16 avril 2007 est en effet venu réécrire les articles 205 à 210 de l'annexe II du CGI, en unifiant les règles applicables aux immobilisations ainsi qu'aux autres biens et services, et en posant la primauté du principe de l'affectation. Dorénavant, la TVA qui grève un bien ou un service est déductible à proportion de son **coefficient de déduction**. Il permet de tenir compte du pourcentage d'utilisation d'un bien ou d'un service pour des opérations ouvrant droit à déduction, mais aussi d'éventuelles exclusions de déduction prévues par la loi ou le règlement.

Ce dernier est propre à chaque acquisition et peut varier au fil de l'utilisation de celle-ci par l'entreprise. Ainsi, il est fixé sous forme de coefficient provisoire lors de l'acquisition et prendra sa valeur définitive avant le 25 avril de l'année suivante. En effet, une éventuelle différence entre le montant définitif de la taxe déductible et le montant de la déduction opérée de façon provisoire au titre de l'année fait l'objet d'une déduction complémentaire ou d'un reversement.

1266 Pour appréhender l'ensemble des situations (affectation des biens à des services à des activités non assujetties, exonérées ou encore en cas d'exclusion expresse du droit à déduction), le **coefficient** de déduction est lui-même égal au produit des coefficients **d'assujettissement**, de taxation et d'admission.

1267 Selon l'article 206 ann II du CGI, le **coefficient d'assujettissement** est égal, pour chaque bien ou service, à la proportion d'utilisation de ce bien ou de ce service pour la réalisation d'opérations imposables. Si le bien ou service est utilisé exclusivement pour la réalisation d'opérations imposables, ce coefficient est égal à 1 ; s'il est utilisé exclusivement pour la réalisation d'opérations non imposables, le coefficient est égal à 0. En cas d'utilisation partielle, le coefficient d'assujettissement est égal à la proportion d'utilisation de ce bien ou de ce service pour la réalisation d'opérations imposables et d'opérations placées hors du champ d'application de la TVA. C'est l'assujetti qui détermine, sous sa responsabilite, cette proportion d'utilisation et le chiffre afférent à la part d'affectation, compris entre zéro et un, est arrondi à la deuxième décimale. Ainsi, si un entrepreneur acquiert un immeuble neuf de 300 m² pour 400 000 euros HT, dont il affecte 100 m² à son usage privatif et le reste pour l'exercice de son activité professionnelle, le coefficient d'assujettissement de l'immeuble, au titre de l'année d'acquisition, est égal à (300 - 100)/300, soit 0,66.

Si, en principe, l'assujetti doit calculer un coefficient d'assujettissement pour chacun des biens et services qu'il acquiert, l'article 206-V de l'annexe II au CGI prévoit qu'il peut toutefois, sous réserve d'être en mesure d'en justifier, retenir un coefficient d'assujettissement unique pour l'ensemble des biens et des services utilisés à la fois pour des opérations imposables et pour des opérations non-imposables.

1268 Le **coefficient de taxation** traduit la reprise de l'exigence selon laquelle la déduction n'est possible que pour des biens ou des services utilisés pour la réalisation d'opérations ouvrant droit à déduction. Si le coefficient d'assujettissement appréhende la déduction de la TVA grevant des biens et services utilisés pour des opérations n'entrant pas dans le champ d'application de la TVA, le coefficient de taxation vise l'hypothèse d'opérations entrant dans le champ d'application de la taxe, mais qui en sont exonérées. Toutefois, il faut rappeler que pour les exportations et livraisons intracommunautaires, des dispositions expresses prévoient que malgré leur exonération, l'exercice du droit à déduction demeure possible. En conséquence, le coefficient de taxation d'un bien ou d'un service est égal à 1 lorsque les opérations imposables auxquelles il se rapporte ouvrent toutes droit à déduction. Inversement, il est de 0 lorsque les opérations n'ouvrent aucun droit à déduction

Mais si le bien ou service est utilisé concurremment pour la réalisation d'opérations imposables ouvrant droit à déduction pour la réalisation d'opérations imposables n'ouvrant pas droit à déduction, le coefficient de taxation forfaitaire est alors égal au rapport entre le montant total annuel du chiffre d'affaires afférent aux opérations ouvrant droit à déduction, et le montant total annuel du chiffre d'affaires afférent aux opérations imposables (y compris par conséquent celles qui n'ouvrent pas droit à déduction).

À l'image du coefficient d'assujettissement, le contribuable peut déroger au principe de la détermination d'un coefficient de taxation pour chacun des biens et services qu'il acquiert : il peut, par année civile, retenir pour l'ensemble des biens et services acquis un coefficient de taxation unique, calculé de manière forfaitaire.

1269 Le **coefficient d'admission** traduit la réglementation applicable au bien ou service considéré en ce qui concerne l'ampleur du droit à déduction : contrairement aux coefficients précédents, il n'est pas lié à l'activité de l'assujetti ou à l'affectation des biens et services acquis par lui. Le coefficient d'admission a pour seule finalité de prendre en compte l'existence de dispositifs particuliers d'exclusion ou de restriction du droit à déduction. Il est égal à 1 lorsque le bien ou service ne fait l'objet d'aucune restriction normative, il est nul en cas d'exclusion du droit à déduction, il est compris entre 0 et 1 en cas de restriction.

1270 Au final, il suffit que l'un des trois coefficients soit égal à 0 pour que le coefficient de déduction soit nul ; dans ce cas, l'opérateur n'a droit à aucune déduction. Inversement si l'application des trois coefficients fait apparaître un résultat égal à l'unité, la déduction sera intégrale.

1271 Toutefois, même si les principes de déduction sont respectés, et que le coefficient de déduction n'est pas nul, le droit à déduction ne peut être exercé en cas de fraude ou d'abus de droit. En effet, l'article 272, 3, prévoit que la TVA afférente à une livraison de biens ne peut faire l'objet d'aucune déduction lorsqu'il est démontré que l'acquéreur savait ou ne pouvait ignorer que, par son acquisition, il participait à une fraude consistant à ne pas reverser la taxe due à raison de cette livraison. C'est notamment le cas des fraudes carrousel qui se caractérisent par une livraison effective des biens, mais aucun reversement, par le fournisseur, de la TVA due.

C. Non déductibilité en cas de prohibition expresse

1272 Elle est négative : la déduction n'est possible que pour des biens ou services qui ne sont pas expressément exclus du droit à déduction (v. ss 1276).

D. Déductibilité subordonnée à la présence d'une facture régulière

1273 Elle est formelle. Pour être déductible, la TVA déductible doit figurer sur la facture d'achat délivrée par le fournisseur (CGI, art. 271-II, a), sur le document douanier d'importation ou sur une déclaration de l'entreprise en cas de livraison à soi-même. Les factures établies ou reçues sur support papier peuvent être numérisées en vue de leur conservation. Toutefois, il faut rappeler que si les États peuvent subordonner l'exercice du droit à déduction à certaines conditions de forme, leur nombre ou leur technicité ne doivent pas le rendre pratiquement impossible ou excessivement difficile (CJCE 14 juill. 1988, *Léa Jeunehomme et Société anonyme d'étude et de gestion immobilière « EGI »*, aff. C-123 et 330/87).

E. Les éléments indifférents pour la reconnaissance d'un droit à déduction

1274 Ils sont au nombre de trois ; il s'agit de l'affectation comptable, de la condition de propriété et de la condition de nécessité aux besoins de l'exploitation.

Tout d'abord, l'affectation comptable, qui a une importance cruciale pour les BIC et les bénéfices assujettis à l'IS, est ici sans incidence : peu importe que le bien figure ou non au bilan. Il est possible de déduire la TVA de biens ne figurant pas au bilan pour peu qu'ils soient nécessaires à l'exploitation.

Il en va de même de la condition de nécessité aux besoins de l'exploitation. Traditionnellement, l'article 230 de l'annexe II du CGI subordonnait l'exercice de la déduction de la TVA afférente à une dépense supportée par un assujetti à la circonstance que cette dépense soit nécessaire à son exploitation (pour un exemple célèbre de l'ancien droit : CE 26 sept. 2001, *SA Rocadis*, n° 219825, *Dr. fisc.* 2002, n° 24, comm. 490, concl. G. Bachelier et CE 6 mars 2006, *Sté Disvalor*, n° 281034, *Dr. fisc.* 2007, n° 19, comm. 490, note J.L. Rossignol). Cette exigence a disparu avec le décret n° 2007-566 du 16 avril 2007, puisque, dorénavant, il est seulement exigé que les biens ou les services soient utilisés pour les besoins d'opérations imposables et à la condition que ces opérations ouvrent droit à déduction. Il suffit donc que la dépense d'acquisition du bien ou du service soit affectée par l'assujetti à son activité économique, c'est-à-dire qu'elle réponde aux besoins de son exploitation.

1275 Enfin, la propriété du bien dont est demandée la déduction de la TVA qui le grève est également sans conséquence. Certes, les redevables sont généralement propriétaires de leurs biens, toutefois, l'administration reconnaît que la circonstance qu'un redevable ne soit pas propriétaire, au sens juridique du terme, des biens qu'il utilise n'interdit pas la déduction de la TVA y afférente (BOI-TVA-DED-40-30).

SECTION 2

Les éléments exclus du droit à déduction

1276 Dans un souci de lutte contre l'évasion fortement teinté de morale et parfois de pure volonté de rentabilité de la ressource budgétaire, la loi est venue proscrire la déduction pour plusieurs catégories de biens et de services (CGI, art. 206, ann. 2). Concrètement, ces exclusions sont concrétisées par le coefficient d'admission qui sera alors nul. Toutes ces dépenses seront par conséquent comptabilisées TTC par l'entreprise, qui les déduira ainsi de son bénéfice imposable.

A. Les biens ou services utilisés à plus de 90 % à des fins étrangères à l'entreprise

1277 En application de l'article 206, IV, de l'annexe II au CGI, le coefficient d'admission est nul lorsque le bien ou le service est utilisé par l'assujetti à plus de 90 % à des fins étrangères à l'entreprise. C'est l'hypothèse d'une acquisition détournée, dès la première année, de l'affectation de l'entreprise, au profit d'une utilisation privée pour plus de 90 %. La TVA qui aura été initialement déduite par l'entreprise devra être reversée intégralement par celle-ci.

B. Les dépenses de logement, de restaurant, de réception et de spectacles

1278 Ces dépenses n'ouvraient pas droit à déduction dans tous les cas de figure, qu'il s'agisse d'un logement de fonction du dirigeant, une note d'hôtel d'un cadre en déplacement professionnel ou des frais de réception d'un prospect important. La déduction n'était permise que pour les dépenses de logement du personnel de gardiennage dans les locaux de l'entreprise.

1279 Par un arrêt du 19 septembre 2000 (CJCE *Ampafrance et Sanofi*, aff. C-177/99 et C-181/99, *Dr. fisc.* 2000, n° 43, comm. 812, note

J. Turot, p. 1404), la Cour de justice est venue mettre à néant cette prohibition, en annulant la décision du Conseil (n° 89/487) qui autorisait la République française à la réinstaurer malgré l'arrêt *Alitalia* rendu par le Conseil d'État le 3 février 1989. L'administration fiscale a persisté à considérer que l'interdiction du droit à déduction valait toujours pour les dépenses exposées au profit des dirigeants et des salariés de l'entreprise, sur le fondement d'un décret du 27 juillet 1967 qui aurait été en quelque sorte « ressuscité » par la survenance de l'arrêt *Ampafrance*. Le Conseil d'État a annulé pour excès de pouvoir l'instruction du 13 novembre 2000 qui contenait cette interprétation (CE 27 mai 2002, n°s 205634 et 229133, *RJF* 8-9/2002, n° 924 et chron. L. Olléon, p. 650). Aujourd'hui, seule demeure prohibée la déduction de la taxe grevant les dépenses de logement lorsque ces dépenses sont exposées au bénéfice des salariés ou des dirigeants de l'entreprise, sauf s'il s'agit de dépenses relatives à la fourniture à titre gratuit du logement sur un chantier ou pour les locaux du personnel de surveillance, ou bien si le logement est fourni à titre onéreux.

C. Les véhicules de transport de personnes

1280 Les véhicules ou engins conçus pour transporter des personnes n'ouvrent pas davantage droit à déduction : leur coefficient d'admission est donc nul. L'exclusion est large en ce qu'elle vise les véhicules terrestres mais aussi les bateaux et les aéronefs et elle s'étend aux services qui s'y rapportent, d'entretien notamment.

1281 En revanche l'entreprise peut déduire la TVA afférente aux autocars qu'elle utilise pour le ramassage de son personnel. Il en est de même pour le loueur de véhicules, le transporteur de personnes et le constructeur. Si le véhicule n'est pas mixte mais peut être qualifié de véhicule de société (dépourvu de banquette à l'arrière) il ouvrira droit à déduction.

D. Les opérations de transport de personnes

1282 En vertu de l'article 206, IV-2-5° de l'annexe II, elles sont exclues du droit à déduction. Cette exclusion englobe par conséquent les frais de déplacement des collaborateurs de l'entreprise : peu importent les moyens utilisés (routier, ferroviaire, aérien, etc.).

E. Les cadeaux et libéralités

1283 Il s'agit des biens cédés sans rémunération ou moyennant une rémunération très inférieure à leur prix normal ; ils peuvent fort bien correspondre à une gestion normale de l'entreprise, pour stimuler les ventes de ses collaborateurs ou pour obtenir l'exclusivité d'approvisionnement d'un client. L'article 206, IV-2-3° de l'annexe II les écarte du droit à déduction, sauf s'il s'agit de biens de faible valeur, par exemple des cadeaux publicitaires dont la valeur unitaire n'excède pas 73 euros TTC (CGI, art. 28-00 A, ann. IV), ou des biens destinés à assurer la promotion, la vente, le rangement ou la présentation des produits du fabricant ou de l'entreprise (présentoirs, enseignes lumineuses).

F. Les carburants

1284 Classiquement, ils n'ouvraient pas droit à déduction. Toutefois le législateur est venu ouvrir quelques brèches : l'article 298- 4.1° du CGI se contente dorénavant de restreindre le droit à déduction sur les essences, les gazoles et le superéthanol E85 utilisés comme carburants. Si la déductibilité est totale, pour le gazole et le superéthanol E85 lorsque le véhicule ouvre droit à déduction (camion, taxi ou tracteur), elle est limitée à 80 % pour les véhicules exclus du droit à déduction, c'est-à-dire essentiellement les véhicules de tourisme. Concernant, l'essence, le droit était encore moins favorable puisque jusqu'en 2016, la déduction était impossible. Toutefois, le législateur a opéré un alignement progressif pour mettre fin à la fiscalité plus avantageuse du gazole. Ainsi, pour les véhicules exclus du droit à déduction, la TVA y afférente est déductible à hauteur de 10 % en 2017, 20 % en 2018, 40 % en 2019, 60 % en 2020 et 80 % à partir de 2021. Pour les véhicules qui ouvrent droit à déduction de la TVA, le calendrier a été différent : 20 % à compter de 2018, 40 % en 2019, 60 % en 2020, 80 % en 2021 et en totalité à compter de 2022.

Au final, pour les essences, gazole et superéthanol E85, le coefficient d'admission est de 0,8 s'agissant des véhicules ou engins exclus du droit à déduction et de 1 pour les véhicules et engins ouvrant droit à déduction. Pour le gaz de pétrole liquéfié (GPL) et le gaz naturel véhicule (GNV), le coefficient d'admission de ces produits est égal à 1 sans qu'il y ait lieu de distinguer selon le type de véhicule.

G. Les biens et services utilisés par les publicités prohibées par le Code de la santé publique

1285 Il s'agit des biens ou services visant à faire la propagande ou la publicité, directe ou indirecte, en faveur des boissons alcooliques dont la fabrication et la vente ne sont pas interdites : ils ne peuvent ouvrir droit à déduction. Cette prohibition posée par l'article 206, IV-2-4° de l'annexe II correspond à une volonté nette de sanction et de dissuasion.

H. La location des biens exclus, de même que les services qui s'y rattachent

1286 Ils n'ouvrent pas davantage droit à déduction, en bonne logique.

I. Les biens liés à une fraude

1287 L'article 272, 3 du CGI prohibe une telle déduction lorsque l'administration démontre que l'acquéreur ne pouvait ignorer que par son acquisition, il participait à une fraude consistant à ne pas reverser la taxe due à raison de cette livraison. C'est la transposition de la jurisprudence communautaire relative à la fraude de type « carrousel » ; la Cour de justice reconnaît que cette prohibition ne s'étend pas à l'assujetti qui a participé à son insu à un tel circuit de fraude (CJCE 12 janv. 2006, *Optigen*, aff. C-354/03, *RJF* 4/06, n° 488), mais elle a étendu la prohibition à une situation constitutive d'un abus de droit (CJCE 22 févr. 2006, *Halifax*, aff. C-255/02, *RJF* 5/06, n° 648).

1288 Hors de cette liste les biens et services vont ouvrir droit à déduction, dans le respect d'un certain nombre de modalités.

SECTION 3

Les modalités de déduction

1289 Le droit à déduction naît chez le client au moment même où la TVA devient exigible chez son fournisseur (art. 271-I-2) (v. ss 1223). En conséquence, pour les achats de biens meubles corporels, le droit à déduction prend corps à sa livraison ; si l'assujetti achetant un bien verse des acomptes, il ne peut déduire la TVA correspondante avant la livraison du bien, même si ces acomptes ont fait l'objet d'une facturation. Inversement, en cas de délai de paiement après la livraison, l'acheteur peut procéder à la déduction de la taxe avant d'avoir réglé la facture. S'agissant des prestations de services, le droit à déduction intervient lors du paiement du prix sauf option pour le paiement de la TVA sur les débits.

1290 La déduction de la TVA s'opère par imputation sur la TVA qui est due par le contribuable au titre du mois au cours duquel le droit à déduction a pris naissance. Tout d'abord, l'exercice effectif du droit à déduction est subordonné à la détention de la facture, mais seulement si le vendeur était légalement autorisé à la faire figurer sur cette facture (art. 271-II-1-a). S'il l'a collectée indûment il devra la reverser au Trésor (art. 283-3) alors que son client ne pourra pas la déduire (CJCE 15 mars 2007, *Reemtsma Cigarettenfabriken GmbH*, aff. C-35/05).

1291 Parallèlement, le redevable doit mentionner le montant de la taxe déductible sur la déclaration qu'il souscrit pour le paiement de la TVA. Si le contribuable omet de procéder à cette déduction il peut réparer cette omission en la faisant figurer sur une déclaration ultérieure, ceci jusqu'au 31 décembre de la seconde année qui suit celle de l'omission. Passé cette date, la survenance de la prescription lui fait perdre le droit à déduction (CGI, art. 208-I, ann. II). Ce délai de péremption qui peut sembler relativement bref, mais il a été jugé compatible avec les règles communautaires (CE 31 déc. 2008, *Sté Colas Centre-Ouest*, n° 305517 et 307142, *RJF* 4/2009, n° 326). Pour la Cour de justice, les États peuvent instituer un délai de forclusion du droit à déduction sanctionnant les négligences du contribuable qui a omis de l'exercer, dès lors que ce délai ne rend pas en pratique impossible ou excessivement difficile l'exercice du droit à déduction (CJUE 28 juill. 2016, *Giuseppe Astone*, aff. 332/15, *RJF* 11/16, n° 1041).

1292 Dans l'hypothèse où la TVA déductible est supérieure au montant de la TVA collectée ou facturée, le crédit de TVA peut donner lieu à remboursement.

SECTION 4

Les possibilités de remboursement de la TVA déductible

1293 Un contribuable peut se trouver en situation de crédit de TVA dans plusieurs cas.

Ou bien il est confronté à une situation de butoir conjoncturel, soit parce qu'il exerce une activité saisonnière (le fabricant de jouets qui travaille toute l'année mais livre sa production sur deux mois), soit parce qu'il a réalisé un investissement productif dans une immobilisation coûteuse. Le crédit de TVA sera long à résorber par simple imputation sur la TVA d'aval.

Ou bien il est confronté à une situation de butoir structurel, parce qu'il collecte moins de TVA qu'il n'en acquitte auprès de ses fournisseurs. C'est bien entendu le cas des exportateurs mais aussi des fabricants de produits à faible valeur ajoutée qui facturent de surcroît avec un taux de TVA plus faible que celui pratiqué par leurs fournisseurs (les fabricants d'engrais par exemple).

1294 Pour résoudre ces cas plus ou moins dramatiques le législateur a mis en place une procédure de remboursement annuel (§ 1) et prévu deux exceptions (§ 2).

§ 1. Le principe : le remboursement annuel

1295 Il s'applique de plein droit au terme de l'année civile. Chaque contribuable peut obtenir remboursement du crédit dont il est titulaire, à partir du moment où il est égal à au moins 150 euros. S'il est de droit, ce remboursement n'est pas automatique : en effet les assujettis doivent adresser à l'administration une demande spéciale en ce sens au cours du mois de janvier de l'année suivante.

§ 2. La possibilité de remboursement mensuel ou trimestriel

1296 Afin d'améliorer la trésorerie des entreprises, le législateur a complété en 2009 la possibilité jusqu'alors existante d'un remboursement trimestriel par un remboursement mensuel. Ainsi, depuis cette date, les redevables qui souscrivent des déclarations trimestrielles peuvent bénéficier d'un remboursement trimestriel à condition que le remboursement demandé soit au minimum de 760 euros, mais par ailleurs, les redevables qui souscrivent des déclarations mensuelles de chiffre d'affaires peuvent également obtenir un remboursement mensuel à la même condition que leur demande de remboursement porte sur un montant minimum de 760 euros. Ce remboursement mensuel est possible pour tout contribuable au titre de l'un quelconque des onze premiers mois de l'année civile ; quelle que soit l'hypothèse, la demande doit être souscrite au cours du mois suivant le mois (ou selon le cas le trimestre) considéré, en même temps que la déclaration CA 3 afférente aux opérations du mois (ou du trimestre) concerné.

1297 Ce remboursement peut être subordonné à la présentation d'une caution solidaire par le contribuable, si le receveur des impôts éprouve des doutes sur la solvabilité future du redevable. L'exigence est d'importance et quelque peu paradoxale : le contribuable est bien créancier du Trésor au titre de cette somme dont il réclame remboursement et c'est pour améliorer sa trésorerie qu'il demande à la percevoir.

1298 L'ensemble de ce schéma demeure simple si la déduction est définitive. Il se complique singulièrement chaque fois que l'entreprise doit procéder à une régularisation.

SECTION 5

La régularisation des déductions

1299 Les règles ici posées traduisent le souci du législateur d'empêcher une consommation, même partielle, en exonération de taxe (CGI, art. 271-III et art. 207, ann. II). Si la taxe initialement déduite est en principe définitivement acquise, il existe en effet un certain nombre de cas où la déduction initiale doit être régularisée : soit par un reversement d'une fraction de la TVA déjà déduite, soit inversement par une déduction complémentaire. Ces régularisations correspondent à des préoccupations distinctes pour les immobilisations, c'est-à-dire les biens et valeurs acquis ou créés par l'entreprise, pour être utilisés durablement dans l'entreprise (§ 1) et pour les valeurs d'exploitation et les services (§ 2).

§ 1. La régularisation des déductions sur immobilisations

1300 Elle est rendue nécessaire chaque fois qu'une entreprise cède une immobilisation peu de temps après l'avoir acquise : alors que la loi lui permet de déduire la totalité de la TVA dès le mois de l'acquisition elle doit être contrainte d'en reverser une fraction si elle revend prématurément cet instrument de travail.

1301 Cette taxe initiale est retraitée en fonction de la variation dans le temps de la valeur des trois éléments qui composent le coefficient de déduction (issu de la combinaison des coefficients d'assujettissement, de taxation et d'admission), à partir du coefficient historique ou coefficient de référence. Ces variations interviennent pendant la période de régularisation, soit vingt ans pour les immeubles, et cinq ans pour les autres immobilisations.

À l'intérieur de cette période, la **régularisation annuelle** de la taxe initialement déduite sur les biens immobilisés doit intervenir lorsque l'opérateur constate une différence supérieure à 1/10e entre, d'une part, le produit des coefficients d'assujettissement et de taxation de l'année et, d'autre part, le produit des coefficients d'assujettissement et de taxation de référence. Pour un immeuble immobilisé, la régularisation opérée au titre d'une année sera égale au vingtième du produit de la taxe initiale par la différence entre le coefficient de déduction de ladite année et le coefficient de déduction de référence ; pour les biens immobilisés autres que les immeubles, la régularisation sera égale au cinquième de ce produit. Selon le sens de la variation, cette régularisation est une déduction complémentaire – lorsque le coefficient de déduction de l'année est supérieur au coefficient de référence – ou un reversement de taxe lorsque ce coefficient de déduction est inférieur au coefficient de référence.

1302 Cette régularisation annuelle intervient avant le 25 avril de l'année suivante, lors du dépôt de la déclaration CA-3 afférente aux opérations de mars ou du premier trimestre.

Une entreprise acquiert, le 2 juillet de l'année N, une machine pour un prix hors taxes de 80 000 euros, soit une TVA correspondante de 15 680 euros. Le coefficient d'assujettissement de cette dépense est de 1, son coefficient de taxation est de 0,5 et le coefficient d'admission est de 1. Le coefficient de déduction de référence est donc égal à 0,5 (1 x 0,5 x 1).

À l'issue de l'année N + 1, l'entreprise constate que le coefficient de taxation à retenir pour les dépenses mixtes est égal à 0,70. L'écart entre le produit des coefficients d'assujettissement et de taxation de l'année (1 x 0,70) et le produit des coefficients d'assujettissement et de taxation de référence (1 x 0,5) étant supérieur à 1/10e, l'entreprise doit opérer une déduction complémentaire égale à [1 x 0,7 x 1] – [1 x 0,5 x 1] x 15 680/5, soit 627 euros.

1303 Cette régularisation de la taxe initialement déduite sur les biens immobilisés peut être **globale**, notamment en cas de cession, d'apport, de transfert entre secteurs distincts d'activités, de modifications législatives ou réglementaires des règles d'exclusion du droit à déduction, ou de changement des conditions d'utilisation des biens, dans des conditions qui ouvrent dorénavant droit à déduction ou, au contraire, cessent de le rendre possible (art. 207, III-1, ann. II).

1304 Si une entreprise revend en janvier 2021 un immeuble qu'elle avait acquis neuf en décembre 2014, et pour lequel elle avait déduit 30 000 euros de TVA, elle devra reverser la TVA initialement déduite (30 000), diminuée d'autant de vingtièmes qu'il s'est écoulé d'années civiles ou de fractions d'années civiles depuis l'acquisition (2014, 2015, 2016, 2017, 2018, 2019, 2020, 2021), soit 8 vingtièmes, c'est-à-dire 12 000 euros.

1305 Elle devra donc reverser 12 vingtièmes, soit 18 000 euros, que son acquéreur pourra déduire au titre du même mois s'il remplit les conditions : être assujetti et utiliser l'immeuble comme immobilisation.

§ 2. La régularisation des déductions sur valeurs d'exploitation et services

1306 Elle est nécessaire si le bien sort du circuit de la TVA, par exemple s'il est donné ou bien récupéré par l'exploitant au titre de sa consommation personnelle. Contrairement au cas des immobilisations où est prévue une période de régularisation, il n'existe pas de date limite au-delà de laquelle la régularisation ne serait plus obligatoire. La régularisation doit être effectuée quelle que soit la date de l'événement qui la justifie se produit. Sont visées trois hypothèses :

– celle de biens qui deviennent utilisés à des opérations ouvrant droit à déduction ;

– celle de l'utilisation des biens ou services pour une opération n'ouvrant pas droit à déduction (par exemple des prélèvements sur stocks, effectués pour des besoins privés étrangers à l'exploitation de l'entreprise) ;

– et enfin celle de la disparition des marchandises. Ainsi, si le bien est volé ou détruit il appartiendra à l'entreprise de prouver qu'elle est la victime de cette consommation finale en franchise, par exemple en produisant copie de la plainte qu'elle a déposée. À défaut, les biens ayant disparu avant d'avoir reçu l'utilisation en vue de laquelle ils avaient été acquis, l'entreprise devra reverser l'intégralité de la taxe dont la déduction avait été opérée.

1307 Ce régime s'applique de manière autonome à chacun des secteurs d'activité distincts que l'entreprise a éventuellement constitués ; il régit de manière plus simple que naguère le cas des entreprises partiellement soumises à la TVA.

Bibliographie

MIGNON (Emmanuelle), « Disparition de marchandises : faut-il régulariser la TVA », *RJF* 2000, n° 5, p. 395 à 399.

SERANDOUR (Yolande), « Le délai d'exercice du droit à déduction de la TVA en cas d'omission », *Dr. fisc.* 2009, n° 29, étude 416.

TUROT (Jérôme), « Déduction des frais de représentation : attention, ne jamais recongeler un produit décongelé », *Dr. fisc.* 2000, n° 43, p. 1404 à 1414.

TUROT (Jérôme), « Produits financiers et prorata de TVA : la grande évasion », *Dr. fisc.* 1996, n° 45-46, p. 1384 à 1391.

CHAPITRE 4

Les obligations fiscales des redevables de la TVA

1308 Tout contribuable assujetti à la TVA doit assumer des obligations qui portent sur la présentation des factures (SECTION 1), les conditions de déclaration et de paiement (SECTION 2), ainsi que sur certaines modalités de présentation comptable (SECTION 3).

SECTION 1

Les mentions obligatoires des factures

1309 Les factures (en principe, émises dès la réalisation de la livraison ou de la prestation de services) qu'un assujetti a l'obligation de délivrer (CGI, art. 289) doivent être datées et numérotées, et comporter les mentions suivantes :

– le nom du vendeur ou du prestataire et celui du client ainsi que leurs adresses respectives ;

– la quantité et la dénomination de chaque bien livré ou service rendu ;

– le prix unitaire hors taxe et le taux de la TVA.

S'y ajoutent bien entendu le montant total hors TVA de la facture et le montant total de la TVA correspondante. Par ailleurs, l'assujetti doit conserver un double de toutes les factures émises. Si l'opération présente un caractère intra-communautaire il faut ajouter le numéro d'identification du vendeur et celui du client.

1310 Les factures électroniques peuvent présenter les mêmes caractéristiques que les factures papier.

SECTION 2

Les conditions de déclaration et de paiement

1311 Comme pour l'imposition des bénéfices (v. ss 308), la loi adapte les obligations du contribuable en fonction de l'ampleur de ses résultats (§ 1) tout en prévoyant des régimes de franchise en base (§ 2).

§ 1. Les régimes réel et normal

1312 La distinction opérée est similaire à celle en vigueur pour l'imposition des bénéfices : le régime du réel existe en version normale (A) et en version simplifiée (B). Le mode d'imposition appliqué à un contribuable étant le même pour chacun des deux impôts, l'analyse de chacun d'eux restera sommaire, en renvoyant aux plus amples développements consacrés aux BIC (v. ss 308).

A. Le régime du réel normal

1313 Il s'applique de plein droit lorsque le chiffre d'affaires annuel hors taxe de l'année précédente a dépassé 840 000 euros pour les ventes ou 254 000 euros pour les prestations de services (CGI, art. 302 *septies* A). Il en va pareillement pour les structures qui déclarent plus de 15 000 euros de TVA par année civile, même si elles ne dépassent pas les limites de chiffre d'affaires ci-dessus.

Il oblige le contribuable à déposer une déclaration mensuelle de chiffre d'affaires (par exception, lorsque la taxe exigible annuellement est inférieure à 4 000 €, les assujettis sont admis, sur demande expresse, à déposer leurs déclarations par trimestre civil). Ce formulaire « CA-3 » fait apparaître le chiffre d'affaires réalisé au cours du mois écoulé, ventilé par taux, ainsi que la TVA déductible. Les opérations donnent par conséquent lieu à une globalisation.

1314 Si le produit de cette soustraction est positif le contribuable doit accompagner cette déclaration d'un chèque du montant dû ; en revanche si la TVA déductible excède la TVA facturée ou collectée, le contribuable se trouve titulaire d'un crédit reportable ou remboursable (v. ss 1293). Le dépôt de la déclaration et le paiement de l'impôt sont effectués auprès du service des impôts compétent. Si l'entreprise relève de la Direction des grandes entreprises (DGE), elle est soumise à l'obligation de télédéclaration et de télérèglement.

B. Le régime du réel simplifié

1315 Sous réserve que le montant annuel de la TVA exigible de l'année précédente ne dépasse pas 15 000 euros, le régime simplifié d'imposition, s'applique de plein droit lorsque le chiffre d'affaires annuel hors taxe, sans excéder les limites du réel normal, dépasse 188 700 euros pour les ventes et 77 700 euros pour les prestations de services. En cas de dépassement des seuils respectifs de 840 000 euros et 254 000 euros de chiffre d'affaires en cours d'année, le régime simplifié est maintenu, si le chiffre d'affaires ne dépasse pas 287 000 euros pour les prestations de services et 925 000 euros pour les livraisons de biens, vente à consommer sur place et prestations d'hébergement.

Le contribuable n'est astreint qu'au dépôt d'une déclaration annuelle de régularisation et au règlement d'acomptes trimestriels fixes en avril, juillet, octobre et décembre. Ces acomptes sont calculés par référence à la taxe due au titre de l'année précédente ou de l'exercice précédent, avant déduction de la TVA afférente aux biens constituant des immobilisations.

§ 2. Les régimes de franchise en base

1316 Classiquement, l'article 293 B du CGI organisait un régime national de franchise en base de droit commun qui dispensait les assujettis réalisant un chiffre d'affaires inférieur à un certain plafond de collecter la TVA aux titres des livraisons de biens et prestations de services qu'ils réalisaient : corrélativement et fort logiquement, aucune déduction de la TVA n'était autorisée. Ce plafond faisait l'objet d'une revalorisation tous les trois ans et dépendait de la nature des opérations effectuées par l'assujetti : étaient ainsi distinguées d'une part, les livraisons de biens, ventes à consommer sur place et prestations d'hébergement, d'autre part, les autres prestations de service. Par ailleurs, le législateur avait mis en place des régimes de franchise spécifiques applicables aux avocats, auteurs d'œuvre de l'esprit et artistes interprètes. Ce régime des petites entreprises ne permettait d'accorder une franchise qu'aux seules entreprises établies dans l'État membre dans lequel la TVA était due, d'où une distorsion de concurrence pour les entreprises non établies dans ledit État membre. C'est pourquoi, la directive (UE) n° 2020/285 du 18 février 2020 a complété le dispositif en créant un régime de franchise européenne. Afin de différencier les deux régimes de franchise, la loi de finances pour 2024 a pris soin de préciser la notion d'assujetti établi en France. Elle a inséré dans le Code général des impôts un article 293-0 B qui considère comme assujetti établi en France non seulement « tout assujetti dont le siège de l'activité économique est situé en France » mais également « tout assujetti dont le siège de l'activité économique est situé en territoire tiers, qui dispose d'un établissement stable en France et choisit d'être rattaché à la France ».

1317 **La création d'une franchise en France au profit d'assujettis établis dans d'autres États membres**

Afin de transposer la directive, l'article 82 de loi de finances pour 2024 a inséré un nouvel article 293 B *bis* permettant aux entreprises, établies dans un État membre de l'Union européenne autre que la France, de bénéficier du régime de franchise pour leurs livraisons de biens et prestations de services réalisées en France. Cette franchise est subordonnée à la condition de ne pas dépasser un plafond de chiffre d'affaires global européen de 100 000 euros. Ainsi, un assujetti établi en Allemagne qui réalise un chiffre d'affaires de 40 000 € en Allemagne, 20 000 € en Belgique et 30 000 € en France, et qui réalise des livraisons domestiques de biens taxables en France, pourra bénéficier de la franchise et facturer ses clients sans TVA dès lors que son chiffre d'affaires dans l'UE est en deçà du plafond de 100 000 €.

1318 **La refonte contestée de la franchise nationale**

Si la loi de finances de 2024 était restée fidèle à une différenciation du plafond selon la nature des opérations réalisées par l'assujetti, tel n'a pas été le cas de la loi de finances pour 2025 qui a procédé à une unification. En effet, le plafond national permettant de bénéficier de la franchise de l'article 293 B est non seulement uniformisé mais également sensiblement abaissé à 25 000 € de chiffre d'affaires (au lieu de 93 500 € pour les activités commerciales et d'hébergement et 41 250 € pour les activités de prestation de services). Contestée par des députés comme contraire aux principes d'égalité devant la loi et les charges publiques, l'adoption de ce seuil unique a été déclarée conforme à la Constitution par le Conseil constitutionnel (Cons. const. 13 févr. 2025, nº 2025-874 DC) car elle n'institue par elle-même, aucune différence de traitement entre les contribuables et surtout correspond à l'objectif du législateur de simplifier le régime de franchise de TVA et lutter contre les distorsions de concurrence. En revanche, cette mesure, dont la conséquence est de rendre redevables de la TVA plusieurs centaines de milliers d'entreprises et notamment des auto-entrepreneurs, a suscité de vives réactions du monde économique qui ont conduit le Gouvernement à suspendre la mesure. En effet, dans un communiqué de presse nº 434 du 30 avril 2025, le ministère de l'Économie et des Finances a suspendu la mise en œuvre de la réforme jusqu'à la fin de l'année 2025, afin de permettre un « débat apaisé et approfondi » dans le cadre de l'élaboration du projet de loi de finances pour 2026. En l'attente, les assujettis dont le chiffre d'affaires de

2024 n'a pas dépassé 85 000 € pour les activités de vente de marchandises, restauration ou fourniture de logement ou 37 500 € pour les autres activités de prestations de services, peuvent bénéficier du maintien de la franchise pendant toute l'année 2025 dès lors que leur chiffre d'affaires 2025 n'excède pas, respectivement, 93 500 € ou 41 250 €.

SECTION 3

Les obligations comptables particulières

1319 Tous les assujettis doivent tenir une comptabilité régulière qui doit permettre au fisc de déterminer *a posteriori* leur chiffre d'affaires, de façon détaillée, en distinguant les opérations taxables aux différents taux et celles qui se trouvent, soit hors champ, soit exonérées. La comptabilité devra également permettre de justifier les différentes déductions de la TVA qui a grevé les achats de biens et de services ainsi que d'immobilisations.

1320 À côté de ce cadre général, qui régit la grande majorité des contribuables, le législateur a édicté un certain nombre de régimes particuliers.

Bibliographie

FALCO (Daniel), « Obligation de recourir à la facturation électronique pour les assujettis à la TVA : le préalable à un nouveau dispositif de lutte contre la fraude ? », *Dr. fisc.* 2020, n° 22, comm. 246.

FRACKOWIAK (Céline), « Facturation électronique : patience et longueur de temps... », *Dr. fisc.* 2022, n° 41, comm. 359.

CHAPITRE 5

Les régimes particuliers de la TVA

1321 L'inspiration du législateur est ici diverse, il éprouve la nécessité de soumettre une activité à des règles spécifiques, parce que la logique économique le commande, ou bien en raison de considérations politiques ou d'aménagement du territoire, ou encore pour lutter contre une évasion avérée. Parmi les nombreux régimes institués au fil des ans, cinq méritent une attention particulière : les objets d'occasion (SECTION 1), les activités de presse (SECTION 2), certaines activités immobilières (SECTION 3), ainsi que le régime de la Corse (SECTION 4) et celui des départements d'outre-mer (SECTION 5).

SECTION 1

Le régime des objets d'occasion

1322 Les objets d'occasion interpellent la logique du système TVA puisqu'il s'agit là de biens qui ont fait l'objet d'une consommation finale, à l'occasion de laquelle ils sont censés avoir quitté définitivement le champ d'application de cet impôt. Leur réapparition dans le circuit économique risque de perturber la concurrence et de conférer des avantages fiscaux indus si leur réinsertion fiscale n'est pas ordonnée (CGI, art. 297 A à G). Une fois défini l'objet d'occasion (§ 1) il faut envisager les règles posées pour les ventes effectuées par les utilisateurs de ces biens (§ 2), pour les ventes effectuées par les négociants en biens d'occasion (§ 3), pour les emballages (§ 4) et pour les véhicules automobiles (§ 5).

§ 1. Définition de l'objet d'occasion

1323 Il se définit comme un bien qui, après être sorti du cycle d'assujettissement à la TVA par suite d'une livraison, va faire l'objet d'une utilisation, puis être réinséré dans le circuit commercial en tant qu'objet usagé. Son destin doit être soigneusement distingué de celui de l'objet rénové ou reconditionné après usage, qui est assimilé à un bien neuf.

1324 Le législateur a renforcé la cohérence du régime en considérant que ce bien devait être considéré comme réintégrant le circuit de la TVA s'il avait donné lieu à une consommation, provisoirement finale, en franchise de taxe. Tel est le clivage qui ordonne les cas d'application de la TVA.

§ 2. Les biens d'occasion vendus par leurs utilisateurs

1325 Ils supportent la TVA sur cette revente, à partir du moment où ces utilisateurs avaient déduit la TVA qui avait grevé leur acquisition initiale. Si le bien n'a pas donné lieu à déduction, soit parce que l'utilisateur n'était pas assujetti, soit parce que le bien était interdit de déduction, la revente du bien ne sera pas soumise à TVA.

§ 3. Les biens d'occasion vendus par des négociants spécialisés

1326 Ils connaissent un régime différent. En effet ces professionnels sont pleinement redevables de la TVA mais, compte tenu de la spécificité de cette activité économique le législateur leur offre la possibilité d'être imposés sur la marge, c'est-à-dire sur la différence entre le prix de vente et le prix d'achat (CGI, art. 297 A).

1327 Le choix entre les deux régimes peut être exprimé pour chaque opération, et il va dépendre de deux paramètres, le statut du client au regard de la TVA (A), et les conditions d'achat (B). En effet, la taxation sur la marge s'applique aux livraisons par un assujetti-revendeur de biens d'occasion (mais aussi d'œuvres d'art, d'objets de collection ou d'antiquité) qui lui ont été procurés soit par un non-redevable de la TVA, soit par une personne qui n'est pas autorisée à facturer la TVA au titre de cette livraison (cas notamment de l'assujetti bénéficiant de la franchise en base). En revanche, ce régime de la marge n'est pas applicable lorsque le bien vendu par le négociant lui a ouvert droit à déduction au moment son acquisition.

A. Le statut du client au regard de la TVA

1328 S'il est assujetti il appréciera de recevoir une facture sur laquelle figure la TVA déductible, alors que ce ne serait pas le cas si le négociant avait choisi pour cette opération d'être assujetti sur la marge : ce dernier est dans ce cas autorisé à éditer une facture où apparaît simplement le prix global, sans isoler la TVA, sinon le client aurait connaissance de sa marge. C'est pourquoi l'article 297 C du CGI prévoit-il que pour chaque livraison de biens d'occasion, les assujettis revendeurs peuvent appliquer les règles de taxe sur la valeur ajoutée applicables aux autres assujettis au lieu du régime particulier de la marge : cette option pour le régime général, qui s'effectue opération par opération sans formalité particulière permet à l'assujetti-revendeur d'exercer son droit à déduction.

Si le client n'est pas assujetti, le prix du négociant devra, pour être compétitif, n'intégrer qu'une TVA calculée sur la marge.

B. Les conditions d'achat

1329 Si le négociant achète l'objet avec TVA, il devra le revendre en appliquant la TVA sur le prix de vente total afin de pouvoir déduire la TVA d'amont. À défaut, seule serait déductible la TVA qui a grevé les éléments constitutifs de sa marge (travaux de réparation de l'objet ou frais de publicité pour assurer sa commercialisation).

1330 S'il achète l'objet sans TVA, c'est-à-dire à un vendeur qui ne l'a jamais déduite, il choisira le régime de sa revente en fonction du statut de son client.

1331 Ce régime, souple, bénéficie également aux antiquaires.

§ 4. Le régime des emballages

1332 Si l'emballage est consigné parce qu'il est récupérable, sa mise à la disposition du client s'effectue moyennant versement d'une somme qui est demandée pour garantir son retour, elle demeure par conséquent hors du champ de l'impôt. Ce n'est qu'en cas de non-retour que la somme change de nature et devient le prix TTC de l'emballage, qui est alors considéré comme vendu au client, à charge pour le livreur de reverser au Trésor la TVA ainsi collectée.

1333 Si l'emballage est un emballage perdu, sa valeur s'incorpore au prix du produit qu'il contient et rentre par conséquent dans l'assiette de la TVA. Le taux applicable à l'ensemble est celui qui gouverne la valeur la plus élevée – celle du contenu ou celle du contenant – avec parfois de douloureux problèmes de choix, tel celui du pot de moutarde décoré : il est intrinsèquement justiciable du taux normal mais subira le taux réduit applicable à son contenu parce que sa valeur économique est considérée comme faible !

§ 5. Le régime des véhicules automobiles d'occasion

1334 Il reflète la particularité d'un objet qui ne permet que rarement la déduction de la TVA afférente à son achat. Pour les véhicules de tourisme il résume toutes les possibilités qui viennent d'être évoquées :

– s'il est vendu par un utilisateur qui n'a pas pu déduire la TVA initiale, la vente s'effectuera sans TVA ;

– s'il est vendu par un utilisateur qui a déduit la TVA (cas d'une société de location ou d'un taxi), cette revente sera assujettie à la TVA sur la totalité du prix. Toutefois, compte tenu de l'ampleur de la fraude constatée dans le cadre intracommunautaire, l'administration peut remettre en cause l'application de ce régime, en démontrant que l'assujetti-revendeur ne pouvait ignorer que son fournisseur communautaire n'était pas autorisé à appliquer lui-même le régime de la marge puisqu'il avait déduit la TVA à son niveau (CE 29 oct. 2008, n° 292894 et 292895, *RJF* 1/09, n° 20). L'article 283, 4 *bis* du CGI a été modifié par la loi du 29 décembre 2012 pour instituer un dispositif spécial de solidarité qui permet à l'administration de réclamer le paiement de la TVA frauduleusement éludée à tout assujetti intervenant dans le circuit de distribution, et par conséquent au revendeur final. Pour cela, il lui faut établir que la livraison antérieure du véhicule a bénéficié indûment du régime de la marge, et que l'assujetti ne pouvait ignorer que ce régime de la marge n'était pas applicable. L'administration pourra notamment se prévaloir du faible coût d'achat du véhicule ;

– si la vente est effectuée par un négociant en biens d'occasion, celui-ci aura le choix de l'assiette de l'impôt, sur la marge ou sur la totalité du prix.

SECTION 2
Le régime des activités de presse

1335 Le législateur prolonge en matière de TVA le régime fiscal de faveur destiné à protéger cette traduction de la liberté – constitutionnelle – de la presse. L'économie du régime va consister à maintenir ce secteur d'activité dans le champ d'application de l'impôt, parce que c'est une activité économique et pour lui permettre de déduire la TVA d'amont, mais à un taux très réduit qui pèsera peu sur la compétitivité des produits. Toutefois, afin de lutter contre la pratique des services de presse en ligne compris dans une offre composite soumettant au taux super réduit un prix forfaitaire comprenant non seulement l'accès à la presse en ligne mais aussi au téléphone, à Internet et à la télévision, les récentes lois de finances et notamment celle pour 2021 ont encadré les modalités d'application du taux de 2,1 %.

1336 Le taux super réduit, de 2,1 %, bénéficie aux publications qui, aux termes de l'article 72 de l'annexe III, remplissent simultanément les conditions suivantes :

– présenter un caractère d'intérêt général quant à la diffusion de la pensée ;
– satisfaire aux obligations de la loi sur la presse ;
– paraître régulièrement, au moins une fois par trimestre ;
– être effectivement offertes au public à un prix marqué ou par abonnement ;
– ne pas avoir plus des deux tiers de leur surface consacrés à la publicité ;
– ne pas être assimilables à certains écrits tels que : prospectus, catalogues, almanachs ou annonces légales.

1337 L'article 72 de l'Annexe III étend ce régime aux publications de programmes télévisés, aux publications syndicales et aux périodiques de l'État.

1338 Tout autre périodique sera soumis au taux normal, à moins qu'il ne réponde à la définition fiscale du livre, soumis au taux réduit.

SECTION 3

Le régime des opérations complexes uniques et des offres composites

1339 Selon la directive 2006/112/CE du 28 novembre 2006, chaque opération doit en principe être considérée comme distincte et indépendante et donc suivre le régime qui lui est propre (notamment pour ce qui est des règles de territorialité, de taux ou de régime d'exonération). Toutefois, selon la Cour de justice, une opération constituée de plusieurs éléments doit être considérée comme une opération unique : tel sera le cas quand deux ou plusieurs éléments ou actes sont si étroitement liés qu'ils forment, objectivement, une seule prestation économique indissociable dont la décomposition revêtirait un caractère artificiel (CJUE 2 juill. 2020, *Blackrock Investment Management*, aff. C-231/19 ; CJUE 18 janv. 2018, *Stadion Amsterdam*, aff. C-463/16). La détermination de ce caractère unique de l'opération s'effectue dans le cadre d'une appréciation d'ensemble en se plaçant du point de vue du consommateur moyen et en tenant compte de l'importance tant qualitative que quantitative des différents éléments (CJUE 10 oct. 2016, *Pavlina Bastova*, aff. C-432/15).

1340 La loi de finances pour 2021, qui crée un nouvel article 257 ter du CGI, met en œuvre ces principes communautaires. Aux termes de celui-ci, chaque opération imposable à la taxe sur la valeur ajoutée est considérée comme étant distincte et indépendante : elle suit alors son régime propre qui est déterminé en fonction de son élément principal ou de ses éléments autres qu'accessoires. En revanche, et reprenant quasiment à la lettre la jurisprudence de la Cour, relèvent d'une opération unique « les éléments qui sont si étroitement liés qu'ils forment, objectivement, une seule prestation économique indissociable dont la décomposition revêtirait un caractère artificiel ». De même, il y aura aussi opération unique lorsqu'il apparaît qu'un des éléments est principal et que les autres éléments lui sont accessoires. Dans cette hypothèse, l'élément accessoire est taxable (ou inversement exonéré) dans les mêmes conditions que l'élément principal : ainsi, si l'opération unique comprend un élément principal et d'autres accessoires, le taux applicable à l'opération sera celui de l'élément principal. Au contraire, lorsque l'opération unique comprend des éléments indissociables équivalents, obéissant à des taux différents, le taux applicable à l'opération est le taux le plus élevé parmi ceux applicables.

1341 Tenant compte des spécificités des services numériques, la loi de finances pour 2021 instaure des règles d'assiette particulières pour les offres composites : sont visées les offres d'abonnement comprenant plusieurs services, dont au moins un service de télécommunication, un service de radiodiffusion ou de télévision ou un service électronique, qui sont fournis en contrepartie d'un prix forfaitaire. La base d'imposition d'une offre d'abonnement est dorénavant constituée, lorsqu'il existe une offre identique ne comprenant pas tout ou partie des services de cette opération et commercialisée par le fournisseur dans des conditions comparables, par la différence entre le prix forfaitaire et le prix de l'offre identique. Cette règle dite du « supplément de prix » permet d'isoler la partie du prix correspondant à une ou plusieurs options exclues de l'offre unique d'abonnement et donc d'éventuellement appliquer un taux particulier TVA (2,1 %, 5,5 % 10 %) en fonction du type de services fournis en complément de l'abonnement. En conséquence, les factures devront mentionner distinctement cette répartition de la TVA en fonction du taux des différentes prestations de l'offre composite.

SECTION 4

Le régime de la TVA immobilière

1342 Ce régime avait été substitué initialement aux droits d'enregistrement pour alléger le coût de production, puisque la TVA offre l'intérêt d'être immédiatement déductible. Toutefois, son champ d'application partiel l'avait exposé aux critiques de l'Union, de telle sorte que le régime a été substantiellement modifié par la loi 2010-237 du 9 mars 2010, et ceci avec effet à compter du 11 mars 2010. En effet, dans l'ancien régime de TVA immobilière, étaient soumises de plein droit à la TVA l'acquisition de terrains à bâtir, les ventes d'immeubles neufs et certaines livraisons à soi-même d'immeubles sans que soit recherchée la qualité d'assujetti agissant en tant que tel du vendeur ou de l'acquéreur des biens et indépendamment de toute notion d'activité économique. Au demeurant, contrairement aux principes généraux de la TVA, c'était l'acquéreur qui était le redevable de la TVA immobilière. La Commission européenne n'avait pas engagé de procédure d'infraction à l'encontre de la France, après lui avoir demandé de modifier sa TVA immobilière, par un avis motivé du 20 novembre 2009.

C'est pourquoi dans le cadre de l'importante refonte de 2010, l'article 257 du CGI assimile largement le régime de la TVA immobilière aux grands principes de la TVA. Dorénavant, il convient de distinguer selon que l'opération est réalisée dans le cadre d'une activité économique (§ 1) ou plus exceptionnellement hors d'une activité économique (§ 2).

§ 1. Les opérations réalisées dans le cadre d'une activité économique

1343 Ces opérations sont de deux ordres : le régime général (1) et les livraisons à soi-même (2).

1. *Le régime général*

1344 Il s'agit de toutes les opérations qui réalisent un transfert du pouvoir de disposer d'immeubles comme un propriétaire, à savoir les ventes mais aussi les apports en société, les fusions, les expropriations ou les échanges, du moment que ces opérations sont réalisées à titre onéreux.

Pendant très longtemps, le droit de la TVA immobilière a connu un régime très dérogatoire. En effet, il ne s'intéressait pas à la qualité d'assujetti ou non du vendeur et de l'acquéreur car étaient soumises de plein droit à la TVA l'acquisition de terrains à bâtir ainsi que les ventes d'immeubles neufs. Par ailleurs, en contradiction avec le droit de l'Union, c'était l'acquéreur qui était redevable de cette TVA immobilière. Afin de supprimer cette incompatibilité, la loi de finances rectificative pour 2010, n° 2010-237 du 9 mars 2010 a procédé à une réécriture complète du droit de la TVA immobilière. S'il convient de distinguer les opérations immobilières réalisées dans le cadre d'une activité économique de celles réalisées dans le cadre d'une simple gestion patrimoniale, la nature de l'immeuble demeure toutefois importante. En effet, les livraisons d'immeubles réalisées **par un assujetti** à titre onéreux entrent dans le champ d'application de la TVA, soit de plein droit, soit sur option.

Sont ainsi imposables de plein droit à la TVA les livraisons à titre onéreux de terrains à bâtir et celles portant sur des immeubles neufs.

À l'inverse, les livraisons de terrains qui ne répondent pas à la définition des terrains à bâtir et les cessions d'immeubles anciens sont en principe exonérées, sauf option expresse pour l'imposition à la TVA.

1345 Un terrain à bâtir s'entend dorénavant d'un terrain sur lequel une construction peut être autorisée par application des dispositions d'urbanisme applicables à la zone (PLU, carte communale, etc.). Pour caractériser ce terrain, il n'est plus nécessaire que l'acquéreur indique dans l'acte d'achat qu'il entend l'affecter à la réalisation d'une construction : seuls sont pris en compte des éléments objectifs.

1346 L'immeuble neuf s'entend de toute construction nouvelle, même effectuée sur un immeuble existant : cela concerne donc « les immeubles qui ne sont pas achevés depuis plus de cinq années, qu'ils résultent d'une construction nouvelle ou de travaux portant sur des immeubles existants qui ont consisté en une surélévation ou qui l'ont rendu à l'état neuf ». Quant aux droits immobiliers assimilés à ces biens, il s'agit des droits réels, mais aussi des titres dont la possession assure, en droit ou en fait, la propriété ou bien la jouissance d'un immeuble.

1347 Si la livraison ne porte pas sur un terrain répondant à la définition de terrain à bâtir, de même que si elle porte sur un immeuble achevé depuis plus de cinq ans, l'opération est exonérée de TVA. Mais les opérateurs concernés peuvent opter (expressément dans l'acte constatant la mutation) pour l'assujettissement à la TVA d'une telle livraison, en l'indiquant dans l'acte d'acquisition.

1348 Quelle que soit l'hypothèse (imposition de plein droit ou sur option), la TVA est due par le vendeur, sauf si le cédant n'est pas établi en France et que l'acquéreur dispose d'un numéro d'identification à la TVA en France. Elle est, en règle générale, exigible à la date du fait générateur, c'est-à-dire au moment de la livraison de l'immeuble : sont ici sans incidence la date de paiement du prix, ainsi que le fait qu'un acte ait été établi puis présenté à la formalité. Quant à l'assiette (à laquelle s'applique généralement le taux normal de 20 %), elle est constituée par le prix de cession hors taxe, ou par la valeur vénale réelle des biens lorsque l'administration est en mesure d'établir que le prix convenu était trop faible et que la différence de prix résulte de la fraude ou de l'évasion fiscale Par exception, aux termes de l'article 268 du CGI, si l'acquisition par le cédant n'a pas initialement ouvert droit à déduction de la taxe sur la valeur ajoutée, la base d'imposition est constituée de la marge du cédant en cas de livraison d'un terrain à bâtir ou d'un immeuble bâti achevé depuis plus de 5 ans, lorsque l'option pour la TVA a été levée. En pareil cas, la marge servant d'assiette est issue de la différence entre, d'une part, le prix exprimé majoré des charges et, d'autre part, les sommes versées par le cédant, à quelque titre que ce soit, pour l'acquisition du bien.

2. *Les livraisons à soi-même*

1349 Lors de la refonte de la TVA immobilière issue de loi n° 2010-237 du 9 mars 2010, l'article 257 I-3-1-a du Code avait posé un principe d'imposition systématique des livraisons à soi-même d'immeubles neufs lors de leur achèvement, et quelle que soit la destination de cet immeuble, à l'exception de l'hypothèse où l'immeuble neuf était vendu dans les deux ans de son achèvement : concrètement, l'assujetti devait automatiquement déclarer une livraison à soi-même pour tous les immeubles invendus depuis plus de 2 ans. Toutefois, conscient qu'obliger un assujetti, bénéficiant d'un coefficient de déduction de 100 %, serait très probablement contraire à la directive 2006/112 CE, le législateur a, par la loi n° 2014-1545 de simplification de la vie des entreprises du 20 décembre 2014, supprimé cette obligation de constater la livraison à soi-même d'un immeuble pour les assujettis déducteurs intégraux. Le dispositif de la livraison à soi-même d'un immeuble est en revanche maintenu pour les assujettis dont le droit à déduction de la TVA n'est que partiel.

1350 Dorénavant, selon le droit commun des livraisons à soi-même issu de l'article 257, II-1-2°, l'imposition à la TVA d'une livraison à soi-même des immeubles neufs n'est plus systématique mais est seulement exigée lorsque les immeubles sont construits en vue de leur affectation à l'exploitation et que l'assujetti réalisant l'opération ne peut déduire intégralement la TVA qui le grève. Tel sera souvent le cas de professionnels ayant construit des immeubles et décidant de les louer, puisque l'activité de location immobilière comporte beaucoup de cas d'exonération de TVA (locations de locaux nus à usage professionnel ou d'habitation selon l'article 261 D-2° du CGI ou locations meublées à usage d'habitation selon l'article 261 D-4° du CGI). L'activité de location étant exonérée de TVA, il y aura obligation pour l'assujetti de constater une livraison à soi-même.

1351 Par définition, le redevable de cette TVA (dont le fait générateur et l'exigibilité interviennent à la date de livraison de l'immeuble, avec le dépôt à la mairie de la déclaration attestant l'achèvement et la conformité des travaux) est le professionnel assujetti qui construit l'immeuble. Il doit alors retenir pour base imposable, le prix de revient total des immeubles (lequel comprend notamment le coût des terrains, les frais financiers et les frais généraux supportés pour la construction) et lui appliquer le taux normal de TVA, sauf hypothèse particulière d'application des taux réduit de 5,5 % de 10 % s'agissant des livraisons à soi-même d'immeubles relevant du secteur du logement social.

§ 2. Les opérations réalisées en dehors d'une activité économique

1352 Même s'il ne s'agit pas d'activité économique, certaines opérations entrent dans le champ de la TVA en vertu d'une disposition expresse de la loi. Si antérieurement au 31 décembre 2012, les livraisons, dans les cinq ans de leur achèvement, d'immeubles qui avaient été acquis comme immeuble à construire étaient soumises à la TVA, le champ d'application de la TVA dorénavant est réduit à l'hypothèse de livraisons à soi-même intervenant dans le cadre d'opérations d'accession sociale à la propriété à usage de résidence principale, dans une zone ciblée par la politique de la ville, par un non-assujetti à la TVA (CGI, art. 278 *sexies* I).

1353 Le souci du législateur est ici d'assurer une étanchéité parfaite au champ d'application de l'impôt.

Bibliographie

BOUCHARD (Jean-Claude), *La TVA appliquée aux immeubles*, EFE, 2012, 384 p.

SERANDOUR (Yolande), « Les mystères de la TVA immobilière », in *Mélanges Maurice Cozian*, Litec, 2010, p. 899 à 910 ; « La TVA sur les opérations complexes », *Dr. fisc.* 2017, n° 5-6, comm. 146.

STEMMER (William) et CORABOEUF (Melinda), « Réforme de la TVA applicable aux opérations immobilières », *Dr. fisc.* 2011, n° 6, comm. 203.

SUQUET-COZIC (Muriel), « Cession d'immeuble locatif et dispense de TVA : de la théorie à la pratique », *BF Lefebvre* 2008, n° 12, p. 935 à 938.

SECTION 5

Le régime de la Corse

1354 Le régime appliqué considère l'insularité comme un handicap et en tire deux conséquences. Tout d'abord, aux termes de l'article 297 du CGI, les taux pratiqués seront plus nombreux et plus légers, de 0,9, 2,1, 10 et 13 %. Ensuite, le législateur essaie de créer une continuité territoriale en exemptant de TVA la fraction de prix de transport qui n'est pas effectuée sur le continent : les transports maritimes échappent à la TVA, tandis que les transports aériens ne sont imposables que pour la fraction effectuée au-dessus du continent. Cette exemption est en réalité un assujettissement au taux 0 puisque la taxe d'amont demeure intégralement déductible.

SECTION 6

Le régime des départements d'outre-mer

1355 Trois départements sont concernés : la Martinique, la Guadeloupe et la Réunion, mais pas la Guyane ni Mayotte. Le régime se singularise par la territorialité de l'impôt et par l'ampleur des allègements.

1356 Les deux départements caraïbes forment ensemble un territoire fiscal distinct, de même que la Réunion, de telle sorte que les produits destinés à l'un d'eux ou en provenance de l'un d'eux partent toujours hors taxes, que ce soit de la métropole ou de l'un de ces départements. L'opération s'analyse comme une exportation ou une importation, par conséquent les règles du commerce intracommunautaire ne trouvent pas à s'appliquer ici, mais tous les services afférents à ces opérations commerciales sont exonérés.

1357 Selon l'article 296 du CGI, l'application de la TVA dans les départements de la Guadeloupe, de la Martinique et de la Réunion s'effectue avec des taux plus faibles que ceux de métropole (avec un taux normal de 8,5 % et un taux réduit de 2,1 %), elle est de surcroît assortie d'un certain nombre d'allègements qui bénéficient notamment aux transports, aux produits pétroliers et à certaines importations de matières premières. Par ailleurs, dans ces trois départements, les ventes d'animaux vivants de boucherie et de charcuterie bénéficient d'un taux particulier de 1,75 %, tandis que les publications de presse ont un régime encore plus favorable, avec un taux de 1,05 %.

1358 Au-delà de cette dimension marginale et presque folklorique de certains régimes particuliers, la TVA apparaît comme le grand impôt moderne, dont les qualités intrinsèques de rationalité mais aussi d'efficacité et de simplicité ont amené les gouvernants à lui donner une place devenue probablement excessive dans le paysage fiscal français. Le souhait constant de la Commission est de redonner à la TVA intracommunautaire sa simplicité et sa fiabilité d'antan. Il s'agit pour le moment d'un vœu pieux puisque seule une refonte de la sixième directive a été acceptée par le Conseil (Cons. 28 nov. 2006, dir. n° 2006/112/CE, modifiée Cons. 12 févr. 2008, dir. n° 2008/8/CE), alors que la complexité du régime actuel et la lourdeur de ses procédures provoquent un effet dissuasif sur les opérateurs tentés de commercer dans un autre État membre. L'opprobre est à ce point tangible que l'hypothèse d'un remplacement de cet impôt par une taxe unique sur les ventes – à l'instar des États-Unis – fait surface, à l'initiative notamment de l'Allemagne, des Pays-Bas et de l'Autriche, qui souhaitent généraliser l'auto-liquidation afin de lutter contre la fraude carrousel (L. n° 2006-1771 du 30 déc. 2006, art. 93). Certes, le débat est intense, il faut toutefois noter que les progrès de la coordination entre États ont permis d'accélérer les remboursements de TVA d'un autre État (sur demande de remboursement électronique), avec obligation pour le contribuable de déposer une déclaration européenne de services pour les prestations de services.

Le plan d'action présenté le 7 avril 2016 par la Commission propose de lutter contre la fraude en annonçant une proposition de directive destinée à mettre en place un système de TVA définitif qui reposerait sur le principe de taxation dans le pays de destinations des biens ; la marchandise partirait TTC du livreur, qui facturerait à son client la TVA au taux du pays de consommation, avec gestion des flux au moyen d'un guichet unique.

1359 Même si la TVA demeure le grand impôt sur la consommation, sa dimension universelle n'a pas empêché quelques contributions particulières de subsister.

TITRE 2

LES IMPÔTS PARTICULIERS SUR LA DÉPENSE

1360 Ces contributions s'analysent comme des impôts indirects. Ils frappent des consommations, par conséquent leur existence nationale n'est possible que dans la mesure où ils respectent les principes communautaires de libre concurrence et de libre circulation, en évitant d'apparaître comme des taxes d'effet équivalent à des droits de douane.

1361 Sur le plan technique ces impôts apparaissent archaïques dans la mesure où ils sont plus fréquemment assortis d'un taux spécifique que d'un taux *ad valorem* (v. ss 36). En tant qu'impôts sur la consommation ils ne satisfont pas à l'idéal de justice fiscale, mais les États les apprécient en raison de leur rusticité même : ils sont souvent anciens, donc acceptés, ils sont indolores puisqu'incorporés au prix du produit et ils constituent par conséquent des « recettes de poche » dont la majoration est efficace pour aider à combler ponctuellement le déficit budgétaire.

1362 Pris ensemble ils représentent plus de 10 % des recettes fiscales de l'État, mais leur hétérogénéité et leur dimension exclusivement productiviste rendent difficile leur présentation. Schématiquement il est possible de distinguer les accises (CHAPITRE 1), les taxes environnementales (CHAPITRE 2), les taxes sur les prestations de divertissement (CHAPITRE 3), les taxes d'urbanisme (CHAPITRE 4) et plus récemment la taxation des entreprises du numérique (CHAPITRE 5).

CHAPITRE 1

Les accises

1363 Cette dénomination est privilégiée par les institutions de l'Union (la France préfère la dénomination de contributions indirectes). Ces impôts n'étant pas des taxes sur le chiffre d'affaires, le Traité de l'Union permet par conséquent aux États qui les pratiquent de les conserver, en cohabitation avec la TVA. L'harmonisation intervenue au niveau communautaire s'applique bien entendu dans la perspective de la non-discrimination des produits acquis dans l'Union par rapport aux produits d'origine nationale. Ce sont des impôts sur la consommation, exigibles dans l'État où la marchandise est consommée. Leur régime est codifié dans le Code des impositions sur les biens et services (CIBS, art. L. 300-1 à L. 314-37) sous la rubrique « Énergies, Alcools et Tabacs ». Leur rendement diminue de manière continue car les consommateurs sont sensibles aux différentes formes de danger véhiculées par la consommation de ces produits.

1364 Trois familles de produits faisaient l'objet d'une imposition dans tous les États membres et ont fait l'objet d'une harmonisation. Dans le cadre fiscal français ce sont aussi les trois principales accises, qui portent respectivement sur l'alcool (SECTION 1), sur les tabacs manufacturés (SECTION 2) et sur les produits énergétiques et l'électricité (SECTION 3). Leur gestion est traditionnellement assurée par la Direction générale des Douanes et des droits indirects.

SECTION 1

Les droits sur l'alcool

1365 Les articles L. 313-1 à 45 du CIBS distinguent trois catégories de produits, l'alcool proprement dit (1), les vins et cidres (2) et la bière (3).

1. *L'alcool*

1366 L'alcool éthylique est, selon sa destination, soumis à un droit de consommation ou à un droit de fabrication.

Le droit de consommation est fixé à un droit spécifique (x euros par hectolitre de produit) qui varie en fonction du titrage et de la qualité du produit. C'est le cas du rhum, du whisky ou du cognac mais aussi des vins doux naturels ou des liqueurs.

1367 Le droit de fabrication va frapper, selon le même principe, l'alcool qui n'est pas utilisé directement comme boisson mais comme composante d'une préparation alimentaire, pharmaceutique ou cosmétique.

1368 Lorsqu'elle est mise en circulation, la boisson alcoolique supportera également un droit de circulation, également calculé en euros par hectolitre à un tarif qui varie selon la catégorie de produit.

2. *Les vins et cidres*

1369 Les vins et cidres ont essentiellement posé un problème de définition, la définition communautaire y assimile tous les produits à base de fruits fermentés, l'impôt est essentiellement un droit de circulation, matérialisé par l'apposition d'un « congé » sur la capsule lorsque ce produit voyage en bouteilles.

3. *Les bières*

1370 Les bières ont été déclarées substituables aux vins par la Cour de justice, elles supportent pourtant un droit spécifique qui dépend de leur titre alcoométrique.

SECTION 2
Les droits sur les tabacs manufacturés

1371 Les droits appliqués sont élevés puisque l'impôt poursuit ici également une finalité dissuasive, destinée à limiter les conséquences d'une consommation excessive sur la santé des consommateurs et, au-delà, sur l'équilibre des régimes de sécurité sociale. Il s'agit de tout produit susceptible d'être fumé (CIBS, art. L. 314-4).

1372 L'accise est ici perçue selon un tarif *ad valorem*, qui distingue simplement entre les catégories de produits (les cigares, les cigarettes) et ne pénalise par conséquent pas les produits bon marché (les cigarettes brunes) comme le ferait une tarification spécifique de x euros par cigarette. Le juge de l'Union a conscience de la multiplicité des enjeux posés par cette fiscalité, il montre par conséquent une compréhension certaine à l'égard des mesures prises par les États lorsqu'elles sont justifiées par une préoccupation de santé publique ou de lutte contre la fraude, simplement il exige que la mesure soit proportionnée au but recherché (CJUE 29 juin 2017, *Comm. c/ Portugal*, aff. C-126/15).

SECTION 3
Les droits sur les produits énergétiques

1373 La fiscalité française de l'énergie s'inscrit dans le cadre du régime général des produits soumis à accise issu de la directive 2008/118/CE du Conseil du 16 décembre 2008 relative au régime général d'accise telle que modifiée par une directive (UE) 2020/262 du Conseil du 19 décembre 2019 à compter du 13 février 2023 et complétée par une directive 2003/96/CE du 27 octobre 2003 spécifique à la taxation des produits énergétiques et de l'électricité.

Cette dernière fixe notamment les niveaux minima de taxation applicables et, sous certaines conditions, prévoit des exonérations ou des taux de taxation différenciés. Jugée par la commission comme trop favorable aux énergies fossiles et donc contraire aux objectifs climat de l'UE car ne tenant pas compte des émissions de CO_2, cette directive est vainement en cours de refonte dans le cadre d'un paquet « Ajustement à l'objectif 55 » visant à réduire les émissions nettes de gaz à effet de serre d'au moins 55 % d'ici à 2030. D'ailleurs, dans cette perspective de politique environnementale, la Cour de justice a récemment estimé possible pour un État d'exonérer d'accise sur l'énergie les entreprises participant au système européen d'échange des quotas (CJUE 31 mars 2022, *Commission c/ Pologne*, aff. C-139/20).

1374 Classiquement, la plupart des « taxes énergétiques » figuraient dans le Code des douanes car c'est ce service qui était compétent en matière de recouvrement. Tel était le cas de la taxe intérieure sur les produits pétroliers, devenue Taxe intérieure de consommation sur les produits énergétiques (TICPE) perçue selon un barème issu de l'article 265 du Code des douanes. Il était complété par un article 266 *quinquies* du Code des douanes instaurant une Taxe intérieure de consommation sur le gaz naturel (TICGN) et par un article 266 *quinquies* B instaurant une Taxe intérieure de consommation sur le charbon (TICC).

L'ensemble de ces droits représente une recette de près de 50 milliards d'euros d'autant plus intéressante pour l'État et les régions (puisqu'il leur est affecté une fraction du tarif applicable aux carburants vendus aux consommateurs finals sur leur territoire avec même une possibilité de majorer d'une deuxième tranche la TICPE) que son coût de recouvrement est faible. De plus ils comprennent une composante carbone mise en place par la loi de finances pour 2014. En effet, après l'échec de sa première tentative de « taxe carbone », censurée par le Conseil constitutionnel dans sa décision n° 2009-599 DC du 29 décembre 2009, le législateur a préféré renoncer à créer une taxe spécifique pour plutôt introduire une composante carbone dans les taxes intérieures de consommation existantes, ce qui devait théoriquement permettre d'appréhender efficacement les émissions de CO_2 des différents produits énergétiques dans le cadre d'une trajectoire constante à la hausse. Toutefois, en 2018 c'est le projet de rehaussement de cette composante carbone, à la suite de la loi n° 2015-992 du 17 août 2015 relative à la transition énergétique pour la croissance verte qui a entraîné la crise des Gilets jaunes et le gel actuel de son barème.

1375 Suite à l'adoption de la loi n° 2019-1479 du 28 décembre 2019 de finances pour 2020 prévoyant un dispositif de recodification pour consolider, au sein d'un texte unique au niveau national, le régime général d'accise, a été adopté un nouveau Code des impositions sur les biens et services (CIBS). Ses articles L. 312-1 à 107 évoquent désormais une accise sur les énergies décomposée en cinq fractions. L'unité du dispositif est garantie par le fait que les articles L. 312-25 et L. 312-26 du CIBS prévoient que les tarifs appliqués à l'ensemble des énergies sont exprimés en euros par mégawattheure (suite à une conversion tenant compte du contenu énergétique de chaque produit). De même, la gestion et le recouvrement des différentes fractions ont été largement unifiés et transférées à la DGFiP, à l'exception des fractions d'accise perçues en métropole et en outre-mer sur les produits énergétiques, autres que les gaz naturels et les charbons qui demeurent temporairement de la compétence de la Direction générale des douanes et droits indirects.

1376 • **Fraction perçue sur l'électricité.** Il s'agit de la nouvelle dénomination de la TICFE (taxe intérieure de consommation finale sur l'électricité) qui avait intégré la contribution au service public de l'électricité (CSPE) en 2016. Elle est due par les fournisseurs d'électricité pour toute livraison d'électricité à un consommateur final ou toute consommation finale d'électricité. La TICFE était complétée par une taxe départementale sur la consommation finale d'électricité (CGCT, art. L. 3333-2 à L. 3333-3-3) et une taxe communale sur la consommation finale d'électricité (CGCT, art. L. 2333-2 à L. 2333-5), d'où une modulation en contradiction avec le droit de l'Union. Aussi les taxes départementales et communales ont été respectivement intégrées en 2022 et en 2023 à l'accise sur l'électricité. Son taux d'imposition est dorénavant arrêté par le Parlement et non plus par le ministre en charge de l'Énergie : fixé à 22,5 €/MWh pour les entreprises dite « Haute puissance », à 25,6875 €/MWh pour les PME et à 32,0625 €/MWh pour les ménages avant la crise énergétique liée à la guerre en Ukraine, ce tarif normal est exceptionnellement passé à 0,5 €/MWh en vertu d'un bouclier tarifaire qui a pris fin en février 2025 : par exception, l'article 20 de la loi de finances pour 2025 a prévu la prolongation du bouclier jusqu'à la fin 2025 pour les seules entreprises industrielles électro-intensives. Le même texte a réformé le tarif normal de l'accise qui est désormais fixé à 20,90 €/MWh pour les entreprises (opérant ainsi un alignement entre entreprise « Haute puissance » et PME) et à 25,09 €/MWh pour les ménages. Toutefois, cette diminution du tarif n'est qu'apparente car en raison d'un mécanisme de péréquation tarifaire en faveur des zones non-interconnectée, a été mis en place une majoration (dite brique ZNI) fixée à 4,89 €/MWh en 2025.

1377 • **Fraction perçue sur les charbons.** Elle succède à la TICC et frappe, lors de la livraison ou d'une importation, les fournisseurs de houilles, de lignites ou de coke à tout utilisateur final avec pour assiette la quantité de produit effectivement livré, exprimée en équivalent mégawattheures (MWh). À compter du 1er août 2025, le tarif normal de cette « fraction charbon » est de 10,54 €/MWh auquel il faut ajouter la « brique ZNI » fixée 4,89 €/MWh pour 2025 soit un tarif global de 15,43 €/MWh.

1378 • **Fraction perçue sur les gaz naturels.** Il s'agit de la nouvelle dénomination de la TICGN (taxe intérieure de consommation sur le gaz naturel) et s'applique au gaz naturel utilisé comme combustible car elle est due par le fournisseur de gaz naturel sur les livraisons qu'il effectue auprès de consommateurs finals en France ou par le consommateur final lorsque celui-ci a lui-même importé ou produit le gaz naturel qu'il utilise. En vertu de l'article 61 de la loi de finances pour 2021, son taux était minoré à hauteur du rapport entre la quantité de biométhane injectée en France dans les réseaux de gaz naturel et la consommation de gaz fournie en France par les réseaux de gaz naturel. C'est pourquoi, compte tenu de l'augmentation des quantités de biométhane injectées dans le réseau et des dispositifs transitoires liés à la crise énergétique consécutive à l'invasion de l'Ukraine, le taux de cette fraction Gaz a baissé, passant de 8,45 €/MWh en 2018 à 8,37 €/MWh en 2023. Toutefois, la fin des dispositifs liés au bouclier tarifaire et la fin du mécanisme de réduction du tarif plein à due proportion du biogaz injecté ont entraîné une augmentation sensible de la taxe. En effet, à l'instar du tarif de l'électricité et du charbon, la loi de finances pour 2025 a prévu un tarif normal de 10,54 €/MWh assorti de la nouvelle brique additionnelle « ZNI » à 4,89 €/MWh.

1379 • **Fraction perçue en métropole sur les produits énergétiques, autres que les gaz naturels et les charbons.** De loin la plus rentable et la plus impopulaire, il s'agit de la nouvelle dénomination de la TICPE (taxe intérieure de consommation sur les produits énergétiques). Elle porte sur les différents produits pétroliers utilisés tant comme carburant que combustible de chauffage. S'agissant des produits à usage de combustible, on retrouve le même tarif que celui applicable aux gaz naturels et les charbons. En revanche, le droit est nettement différent s'agissant de l'usage de ces produits énergétiques en tant que carburant : à compter du 1er août 2025, les tarifs sont de 60,75 €/MWh pour les gazoles, de 76,826 €/MWh pour les carburéacteurs, de 77,647 €/MWh pour les essences et enfin de 16,208 €/MWh pour les gaz de pétrole liquéfiés. Par ailleurs, depuis la loi de finances pour 2010 (actuellement codifiée dans le CIBS, art. L. 312-38), les conseils régionaux peuvent majorer les taux normaux de cette accise sur les gazoles et les essences utilisés. Toutefois, l'article L. 312-39, qui précisait que cette majoration s'applique dans les limites de 1,35 €/MWh pour les gazoles et de 0,821 €/MWh pour les essences, a été abrogé.

1380 • **Fraction perçue en outre-mer sur les produits énergétiques, autres que les gaz naturels et les charbons.** Il s'agit de la nouvelle dénomination de la taxe spéciale de consommation (TSC) applicable dans les cinq départements et régions d'Outre-mer.

Bibliographie

MARCHESSOU (Philippe), « Les accises », *Rép. Droit communautaire*, Encyclopédie juridique Dalloz, 2018.

CHAPITRE 2

La fiscalité environnementale

1381 La prise de conscience des exigences environnementales s'est traduite par la création d'une fiscalité environnementale s'inspirant essentiellement du principe du pollueur-payeur. L'objectif des taxes environnementales n'est pas seulement budgétaire : elles visent surtout à renchérir le coût des activités génératrices de pollution ou d'atteintes à l'environnement, afin d'incitation vers des choix de production et de consommation plus respectueux de l'environnement. Cette fiscalité environnementale, qui regroupe plusieurs dizaines de taxes, est, pour près des trois quarts, assise sur les consommations énergétiques. Parmi les principaux exemples de telles taxes environnementales, outre la taxe intérieure de consommation sur les produits énergétiques méritent notamment d'être évoquées la taxe générale sur les activités polluantes (SECTION 1), la taxation des véhicules polluants (SECTION 3) et des biocarburants (SECTION 2). En revanche, la fiscalité de l'eau qui était traditionnellement fondée sur l'idée de pollution a été largement redéployée pour être surtout considérée comme une fiscalité de la consommation d'eau (SECTION 4).

SECTION 1

La taxe générale sur les activités polluantes (TGAP)

1382 Adopté en France dans les années 1990, le principe pollueur-payeur s'est dans un premier temps traduit par une multitude de taxes sectorielles aux assiettes et aux régimes les plus disparates.

Cet ensemble de prélèvements manquant d'homogénéité, la France s'est résolue à mettre en œuvre le principe pollueur-payeur au sein d'une taxe générale en constante évolution. En effet, à la fin des années 1990, ces taxes ponctuelles ont été regroupées par l'article 45 de la loi n° 98-1266 du 30 décembre 1998 de finances pour 1999 au sein d'une nouvelle taxe globale codifiée à l'article 266 *sexies* du Code des douanes. Son but était d'appliquer le principe pollueur-payeur et d'inciter les pollueurs à changer de comportement. Présentée à l'époque comme préfigurant une future éco-taxe, la TGAP avait une vocation universelle vis-à-vis de l'ensemble des activités polluantes. Toutefois, sa généralisation se heurte à une difficulté importante liée à la délicate définition de la pollution. En effet, l'article L. 124-2 du Code de l'environnement se contente de dresser une liste de nuisances sans réelle précision. C'est une juxtaposition d'éléments disparates qui ne présente aucune unité conceptuelle. Bien que critiquée, cette ambiguïté présente toutefois l'intérêt de permettre une adaptation constante aux nouvelles formes de pollution. Cela explique ainsi les nombreuses évolutions de la TGAP, certaines pollutions échappant à la TGAP. Concernant initialement essentiellement les installations de stockage de déchets ménagers, l'exploitation d'aéronefs, la livraison des lubrifiants et certaines pollutions de l'air, la TGAP a été étendue en 2000 à trois nouvelles activités polluantes : la fabrication de préparations pour lessives, les extractions de minerais et les installations classées à la production de produits antiparasitaires (ultérieurement supprimée dès 2008). À l'inverse, en 2005 la TGAP, supportée par les exploitants d'aéronefs et relative au bruit, a été remplacée par une taxe sur les nuisances sonores aériennes. Puis en 2007, a été brièvement mis en place la TGAP à la charge des fabricants d'imprimés publicitaires. En 2021, la composante « Lubrifiants » de la TGAP a été supprimée et enfin en 2024 la TGAP « déchets » a été étendue aux déchets radioactifs métalliques. Si ce souci de constante adaptation aux nouvelles formes de pollution peut sembler satisfaisant, il n'en demeure pas moins un sentiment d'instabilité, d'absence de prévisibilité et de sécurité juridique.

À l'issue de cette évolution, la TGAP comporte actuellement quatre composantes.

1383 **1re composante : la TGAP relative au stockage et au traitement des déchets.** La taxe est due par les exploitants des installations de stockage ou de traitement thermique de déchets (dangereux ou non dangereux) soumises à autorisation au titre des installations classées pour la protection de l'environnement (ICPE) et par les personnes qui transfèrent ou font transférer des déchets vers un autre État. À l'inverse, la taxe ne s'applique ni aux installations exclusivement utilisées pour les déchets que l'exploitant produit ni aux opérations de réceptions ou transferts de déchets vers un autre État lorsqu'ils sont destinés à faire l'objet d'une valorisation comme matière. Cette taxe est assise sur le poids des déchets reçus ou transférés avec un tarif par tonne qui varie en fonction de la nature et des caractéristiques des installations (installation de stockage de déchets non dangereux ; installation de traitement thermique de déchets non dangereux et assimilés ; installation de traitement thermique de déchets dangereux et enfin installation de stockage de déchets dangereux).

1384 **2e composante : la TGAP relative aux émissions de substances polluantes dans l'atmosphère.** Cette composante de la TGAP est un des instruments permettant à la France d'atteindre les objectifs de réduction d'émission dans l'atmosphère des substances polluantes, conformément à la directive n° 2008/50/CE du Parlement européen et du Conseil du 21 mai 2008 concernant la qualité de l'air ambiant et un air pur pour l'Europe. En effet, la taxe est due par tout exploitant d'une installation soumise à autorisation ou enregistrement au titre des installations classées protection de l'environnement (ICPE) dont la puissance thermique maximale est supérieure ou égale à 20 MW ou dont la capacité de traitement thermique d'ordures ménagères est supérieure à 3 tonnes par heure. La taxe est assise sur le poids de certaines substances (notamment les oxydes de soufre, l'acide chlorhydrique, le protoxyde d'azote, les oxydes d'azote, les hydrocarbures non méthaniques, solvants et autres composés organiques volatiles, l'arsenic, le sélénium, le mercure, le benzène, les hydrocarbures aromatiques polycycliques, le plomb, le zinc, le chrome, le cuivre, le nickel, le cadmium, le vanadium, etc.) émises dans l'atmosphère et son taux varie selon la nature de ces substances.

1385 **3e composante : la TGAP relative à la livraison ou à l'utilisation de matériaux d'extraction.** Elle s'applique aux entreprises qui procèdent à la livraison ou à l'utilisation de matériaux d'extraction. Ces derniers se définissent à l'aune de quatre critères cumulatifs tenant à leur dimension (ainsi la loi prévoit un critère de taille maximum en application duquel seuls les matériaux dont la plus grande dimension n'excède pas 125 millimètres sont soumis à la composante de la TGAP ; au contraire, les matériaux d'extraction dont l'une des dimensions est supérieure à 125 millimètres ne sont pas dans le champ de la taxe), leur origine, leur caractéristique et leur usage. L'assiette de la composante de la TGAP est constituée par la masse, exprimée en tonnes, des produits faisant l'objet d'une livraison ou d'une utilisation selon un barème unique fixé par tonne.

1386 **4e composante : la TGAP relative à la livraison ou l'utilisation de préparations pour lessives.** Afin de lutter contre la pollution des nappes phréatiques et des cours d'eau (en raison de la prolifération des algues qui peuvent détruire toute autre forme de vie aquatique par étouffement) issue des phosphates, a été créée une composante « lessive » de la TGAP. Cette taxe est due par toute personne qui, pour les besoins de son activité économique, livre en France ou y utilise des préparations pour lessives, y compris des préparations auxiliaires de lavage, ou des produits adoucissants ou assouplissants pour le linge. La taxe est assise sur le poids net des préparations ou des produits concernés et son taux (par tonne) varie en fonction de la teneur en phosphate de ces préparations et produits. Pour les industriels, cette taxe est toutefois loin d'être dissuasive car elle ne pèse que 50 millions d'euros et surtout elle peut être répercutée dans les prix facturés aux clients. Dès lors, on comprend que le « jurislateur » a préféré recourir à l'interdiction partielle de ces phosphates, cette mesure étant plus efficace que le recours à la fiscalité.

1387 S'il existe plusieurs composantes de la TGAP, il convient d'observer qu'elles obéissent à un régime largement harmonisé. En effet, la TGAP est déclarée, contrôlée et recouvrée selon les règles, garanties, privilèges et sanctions prévus pour les taxes sur le chiffre d'affaires. Elle est ainsi déclarée et liquidée par les redevables par voie électronique sur une déclaration annuelle, auprès du service des impôts soit concomitamment à la déclaration CA 3 déposée en avril pour les redevables de la TVA soumis au régime réel normal trimestriel d'imposition, soit concomitamment à la déclaration CA 3 déposée en mai pour les redevables de la TVA soumis au régime réel normal mensuel d'imposition, soit enfin concomitamment à la déclaration CA 12 ou CA 12 A déposée en mai, ou dans les trois mois de la clôture de l'exercice comptable si celui-ci ne coïncide pas avec l'année civile. Pour les redevables de la TVA soumis au régime réel simplifié de déclaration, soit au plus tard le 25 avril dans tous les autres cas (non redevables de la TVA). Par ailleurs, depuis 2021, la TGAP est recouvrée par la Direction Générale des Finances Publiques (DGFiP) du fait de cet alignement sur le fonctionnement de la TVA. Cette réforme a permis une simplification notable des démarches déclaratives. Enfin, à compter de 2024, les tarifs de la TGAP sont indexés sur l'inflation, entraînant une augmentation annuelle (C. douanes, art. 266 *nonies*, 1 *bis*). Au final, il résulte de ce bref panorama que la TGAP illustre parfaitement le principe pollueur-payeur et sanctionne les entreprises les plus polluantes. Les recettes qu'elle procure, près de 1,3 milliard d'euros, sont loin d'être symboliques. Toutefois, son impact est négligeable quant à l'essor de l'économie circulaire. En effet, outre qu'elle peut être répercutée sur le client final, elle présente la faiblesse de ne plus être affectée à des projets environnementaux, mais intégrée au budget général. Cette absence d'affectation spécifique constitue une régression par rapport au dispositif initial d'avant 1999.

SECTION 2

La taxe incitative relative à l'utilisation d'énergie renouvelable dans les transports (TIRUERT)

1388 La loi de finances pour 2019 a remplacé la composante « carburant » de la taxe générale sur les activités polluantes par une nouvelle taxe incitative relative à l'incorporation de biocarburants qui vise à encourager les entreprises produisant ou important des carburants à y incorporer une quantité minimale de biocarburants. Fixé initialement à 7,9 % pour l'ensemble des véhicules, le taux de cette taxe (C. douanes, art. 266 *quindecies*) a progressivement augmenté la proportion d'énergie renouvelable pour atteindre 10,50 % pour la filière essences et 9,4 % pour la filière gazoles en 2025. Ainsi l'opérateur proposant de l'essence ou des gazoles est imposé à raison de l'écart entre ce pourcentage national cible d'incorporation d'énergie renouvelable et la proportion d'énergie renouvelable contenue dans le carburant qu'il commercialise. Si le taux d'incorporation est atteint, le montant de taxe à payer est nul : en cas contraire, le tarif de la TIRUERT est de 140 euros par hectolitre pour les essences et les gazoles. Pour atteindre les objectifs d'incorporation, les distributeurs peuvent soit incorporer physiquement des biocarburants dans leurs produits, soit acquérir des certificats attestant de l'utilisation d'énergies renouvelables. Un décret n° 2025-226 du 10 mars 2025 a, d'une part, précisé les justificatifs que devront apporter les redevables pour pouvoir bénéficier de l'avantage fiscal, et a d'autre part complété les modalités de contrôle pour les carburants contenant des biocarburants notamment lorsqu'ils présentent des enjeux spécifiques en termes de fraudes.

Concernant les biocarburants considérés comme durables ou renouvelables, le Conseil constitutionnel a validé, dans une décision du 11 octobre 2019 (décision n° 2019-808 QPC, *Sté Total Raffinage France*), le refus du législateur de considérer comme tels l'huile de palme en raison des particularités de sa production, et notamment parce que l'importante extension des surfaces cultivées implique la déforestation et l'assèchement des tourbières. De même, le Conseil constitutionnel ne remet pas en question une différence de traitement favorisant les distributeurs de gazole qui incorporent des biocarburants produits à partir de plantes oléagineuses par rapport à ceux qui incorporent des biocarburants produits à partir de certaines matières animales et végétales (Cons. const. 19 nov. 2021, nº 2021-946 QPC).

Si la TIRUERT a permis de renforcer les filières de production de biocarburants, elle ne répond plus efficacement à la nécessité d'accélérer la décarbonation des transports, d'autant que la directive nº 2023/2413 du 18 octobre 2023 relative à la promotion des énergies renouvelables, dite RED 3, revoit à la hausse les objectifs de décarbonation en fixant un objectif de 14,5 % de réduction de l'intensité carbone, soit de 29 % d'énergie renouvelable sur l'ensemble du secteur des transports en 2030. Aussi, la Direction générale de l'Énergie et du Climat (DGEC) a lancé en mai 2025 une consultation pour recueillir l'avis des parties prenantes et du public sur un remplacement de la TIRUERT par une Incitation à la Réduction de l'Intensité Carbone des Carburants (IRICC).

SECTION 3

La fiscalité appliquée aux véhicules polluants

1389 Jusqu'à la loi de finances pour 2021, la lutte contre la « pollution automobile » reposait sur le quatuor suivant :

Une taxe annuelle de 160 euros sur les véhicules polluants. Créée par l'article 1011 *ter* du CGI, elle fonctionne depuis le 1er janvier 2009. Elle est due au tarif de 160 euros au 1er janvier de chaque année par les propriétaires des véhicules immatriculés pour la première fois en France à compter du 1er janvier 2009 et dont le taux d'émission de dioxyde de carbone (CO_2) excède, l'année de la première immatriculation, un seuil, fixé à 190 grammes pour une immatriculation intervenue depuis 2012.

Un malus CO_2 sur les voitures d'occasion de 10 CV. En vertu l'article 1010 *bis* du CGI, une taxe additionnelle en cas d'achat d'un véhicule d'occasion de tourisme déjà immatriculé en France lorsque sa puissance fiscale est supérieure à 10 CV.

Une taxe additionnelle à la taxe sur les certificats d'immatriculation des véhicules. Elle est perçue à l'occasion de la délivrance du premier certificat d'immatriculation délivré en France pour une voiture particulière (CGI, art. 1011 *bis*). Elle est assise sur le nombre de grammes de dioxyde de carbone émis par kilomètre. Elle se veut un malus pour les véhicules les plus polluants avec un barème progressif, qui débute à 50 euros pour un taux d'émission de 138 g de CO_2/km jusqu'à 20 000 euros pour les véhicules émettant plus de 212 g de CO_2/km à compter du 1er mars 2020, suite à la prise en compte de la procédure d'homologation mondiale WLTP.

Une surtaxe sur les véhicules de grosse cylindrée. Prévue par l'article 1010 *ter* du CGI, elle est perçue lors de l'immatriculation des véhicules de tourisme de 36 CV et plus. Son montant est de 500 euros par cheval-vapeur à partir du trente-sixième, avec un plafond de 8 000 euros applicable dès 51 CV.

1390 Les lois de finances pour 2020 et 2021 ont complètement réformé le droit en la matière. Le nouveau dispositif, désormais intégré aux articles L. 421-58 à L. 421-70-1 du Code des impositions sur les biens et services, est articulé autour d'un malus progressif en fonction des grammes de dioxyde de carbone émis par kilomètre qui fera l'objet d'une augmentation continue entre 2021 et 2023. Ainsi, son **seuil de déclenchement** (entraînant une taxation de 50 €) initialement fixé à 133 g de CO_2/km en 2021 a été abaissé à 113 g pour 2025 (loi n° 2025-127, 14 févr. 2025, art. 27) puis 108 g pour 2026 avec une cible de 103 g en 2027. Dans la même logique de sévérité, la taxation maximale est passée de 29 070 euros en 2021 au-delà de 218 g de CO_2/km, à 70 000 euros en 2025 au-delà de 193 g de CO_2/km : la cible pour 2027 sera de 90 000 euros lorsque les émissions de CO_2 seront supérieures à 189 g CO_2/km.

1391 Parallèlement, pour donner corps aux préconisations de la Convention Citoyenne pour le Climat, l'article 171 de la loi de finances pour 2021 complète, à compter de 2022, le malus CO_2 sur les véhicules de tourisme par une nouvelle taxe assise sur la **masse en ordre de marche** du véhicule (déjà qualifiée « malus au poids ») codifiée aux articles L. 421-71 à L. 421-81-1 du Code des impositions sur les biens et services. Jugé conforme à la Constitution par le Conseil constitutionnel dans sa décision n° 2020-813 DC du 28 décembre 2020, ce second malus est assis sur la masse en ordre de marche (MEOM) avec un tarif de 10 euros par kg s'appliquant au-delà d'un seuil minimal qui était primitivement de 1 800 kg. Suite aux nombreuses évolutions, a été établi pour 2026 un barème progressif comportant six tranches allant de 10 euros par kg au-delà d'un seuil de 1 500 kg pour atteindre 30 euros par kg pour la dernière tranche supérieure à 2 tonnes. Il existe toutefois de nombreuses hypothèses d'exonérations liées soit à la source d'énergie (véhicules fonctionnant à l'électricité, à l'hydrogène, voire hybride rechargeable), soit à certaines personnes (personnes invalides ou assumant la charge effective et permanente d'au moins trois enfants, etc.).

SECTION 4

La fiscalité de l'eau

1392 En France, la protection de l'eau et des milieux aquatiques est essentiellement confiée à des agences de l'eau (anciennement appelée agence de bassin), qui régulent et protègent les milieux aquatiques. Ces agences sont des établissements publics de l'État à caractère administratif, dont le rôle, défini à l'article L. 213-8-1 du Code de l'environnement, est de favoriser une gestion équilibrée et durable de la ressource et des milieux aquatiques, l'alimentation en eau potable, la régulation des crues et le développement durable des activités économiques. Les six agences existant en métropole sont financées par des redevances, dont le rendement atteint environ 2,2 milliards d'euros par an. Codifiées aux articles

L. 213-10 et suivants du Code de l'environnement, ces redevances concernaient essentiellement les pollutions tant d'origine domestique que d'origine non domestique (industrie et agriculture) ainsi que les prélèvements et stockages de l'eau.

1393 Apparemment, ces redevances semblent correspondre à une logique de pollueur-payeur mais il faut relativiser cette affirmation. En effet, **la consommation d'eau est davantage fiscalisée que la pollution réelle**. Ainsi, les ménages contribuent, à travers la redevance pollution domestique, à hauteur de 48 % du total des redevances. Or cette redevance est fonction de la seule consommation d'eau indépendamment d'une éventuelle pollution. Prenant acte de cette situation, la loi n° 2023-1322 du 29 décembre 2023 a prévu que la redevance pour pollution d'origine domestique est renommée la redevance sur la consommation d'eau potable par l'article L. 213-10-4 du Code de l'environnement et qu'elle demeure assortie à deux redevances pour performance, à savoir la performance des réseaux d'eau potable et celle des systèmes d'assainissement collectif. Cette nouvelle dénomination prend acte du fait que la redevance pour pollution d'origine domestique n'a en réalité qu'un lien faible avec la pollution de l'eau : en effet, son assiette est fonction du seul volume d'eau facturé à la personne. Cette redevance due par les abonnés au service d'eau potable est complétée, dans la même logique, par deux autres redevances relatives d'une part, à des prélèvements de la ressource en eau dépassant un certain seuil et d'autre part, au stockage d'eau en période d'étiage. En revanche, s'agissant de l'usage industriel ou agricole de l'eau, la réforme conserve l'idée de pollution qui reste au cœur du dispositif. En effet, en application du principe pollueur-payeur, son assiette est déterminée directement en fonction de l'ensemble des rejets de certaines substances mentionnées à l'article L. 231-10-2 du Code de l'environnement.

Bibliographie

CAUDAL (Sylvie), *La fiscalité de l'environnement*, LGDJ, coll. « Systèmes », 2014, 234 p.

KALLERGIS (Andreas), *Concessions d'autoroutes : une taxe non spécifique ?*, *Dr. fisc.* 2024. 48, comm. 379.

PEZET (Fabrice), « Du "serpent de mer" au "serpent de vert" : la refonte de la directive sur la fiscalité de l'énergie », *Dr. fisc.* 2021, n° 6, comm. 144.

PEZET (Fabrice), « Le "verdissement" de la directive relative à la fiscalité de l'énergie – Mutation ou prétexte », *Dr. fisc.* 2022, n° 25, comm. 254.

REDON (Denis), BÉNICHOU (Jean-René) et CHIFFERT (Vanessa), « Fiscalité environnementale – Une fiscalité environnementale à plusieurs facettes dans le paysage fiscal et douanier français », *Dr. fisc.* 2019, n° 30-35, comm. 342.

VARII AUCTORES, « Fiscalité environnementale : chronique de l'année 2024 », *L'Année fiscale* 2025, n° 13, comm. 180.

• ***Pour aller plus loin :***

CARUANA (Nicolas), *Fiscalité environnementale : Entre impératifs fiscaux et objectifs environnementaux, une approche conceptuelle de la fiscalité environnementale*, L'Harmattan, 2015, 514 p.

DAO (Claude), *La* fiscalité *environnementale unifiée*, Bruylant, 2021, 420 p.

CHAPITRE 3

Les taxes sur les prestations de divertissement

1394 Le catalogue de ces impositions communales s'est réduit comme peau de chagrin : la TVA impose l'essentiel des prestations de services, y compris dans le domaine des spectacles.

1395 **La taxe sur les cercles et maisons de jeux.** C'est une taxe annuelle, perçue selon un barème progressif (10, 30, 40, 55 et 70 %) assis sur la cagnotte, c'est-à-dire le prélèvement opéré par l'établissement sur les mises des joueurs (CGI, art. 1559 à 1566). Son produit est affecté aux communes. Dans le cadre d'une politique de suppression de taxes à faible rendement, cet impôt progressif sur les maisons de jeux a été abrogé par l'article 26 de la loi de finances pour 2025.

La taxe sur les spectacles cinématographiques. Dans la même logique, a été supprimée la majoration de taxe sur les spectacles cinématographiques à caractère pornographique ou d'incitation à la violence qui consistait à multiplier par 1,5 le taux de la taxe sur les spectacles cinématographiques (issue des art. L. 452-1 à L. 452-13 du CIBS). En revanche, cette dernière (due par les exploitants d'établissements de spectacles cinématographiques, assise sur le prix des entrées aux séances effectivement acquittées par les spectateurs et imposée au taux de 10,72 % sur le prix des entrées) est maintenue par la loi de finances pour 2025.

1396 **Les prélèvements sur les jeux et paris. La fiscalité des jeux en ligne est fixée par les articles 302 *bis* ZG et suivants du Code général des impôts et profite soit aux communes (si elles disposent d'un casino ou d'un hippodrome), soit à l'État. Ainsi, pour le pari mutuel organisé et exploité par les sociétés de courses, i** l est institué un prélèvement de 20,2 % du produit brut des jeux. Concernant les jeux de cercle en ligne, le prélèvement de 1,8 % sur les sommes engagées par les joueurs. Enfin, pour les paris sportifs en ligne, le prélèvement s'opère au taux de 27,9 % du produit brut des jeux au titre des paris sportifs commercialisés en réseau physique de distribution et 33,7 % du produit brut des jeux au titre des paris sportifs en ligne. Parallèlement, les articles 1609 *novovicies* à 1609 *tertricies* du CGI prévoient des prélèvements de même type au profit de l'Agence nationale du sport (ANS), France Galop et Le Trot. Si on ajoute les prélèvements issus des articles L. 2333-54 et suivants du CGCT frappant les machines à sou et les casinos, il existe une trentaine de prélèvements épars en matière de jeux d'argent et de hasard. Cette situation crée donc un environnement fiscal complexe et peu lisible nécessitant une rationalisation, comme l'a préconisé le Conseil des prélèvements obligatoires en 2024.

Bibliographie

Conseil des prélèvements obligatoires, « Rationaliser la fiscalité des jeux d'argent et de hasard », décembre 2024, note n° 10.

« Fiscalité et football », Actes du colloque organisé le 12 juin 2018, à l'Université Paris-Descartes, *Dr. fisc.* 2018, n° 36, comm. 368.

MARDIERE (Christophe DE LA), « La taxe sur les spectacles ou la plaie des compétitions sportives », in *Le stade et le droit*, Dalloz, 2008, p. 125 à 130.

CHAPITRE 4

Les taxes relatives à l'urbanisme

1397 La fiscalité de l'urbanisme occupe le terrain des opérations d'aménagement (construction, reconstruction, etc.) lorsque la loi ou le contrat passé par un opérateur avec la collectivité publique ne prévoient pas une participation personnalisée de cet opérateur au financement des équipements publics que sa construction va générer (voirie, aires de stationnement, écoles, etc.). La législation a été réformée en ce sens en 2012, puis en 2022 afin de clarifier le cadre juridique de ces prélèvements, qui relèvent dorénavant en intégralité de la DGFiP. Aujourd'hui, coexistent un prélèvement principal, la taxe d'aménagement (SECTION 1) et un certain nombre de prélèvements accessoires (SECTION 2).

SECTION 1

La taxe d'aménagement

1398 Traditionnellement codifiée aux 35 articles L. 331-1 à L. 331-34 du Code de l'urbanisme, la taxe d'aménagement est depuis une ordonnance n° 2022-883 du 14 juin 2022 principalement régie par les articles 1635 *quater* A et suivants du CGI. Cet impôt a pour fait générateur l'autorisation de construire ou d'aménager, ou, en cas de constructions ou d'aménagements sans autorisation, la date d'achèvement des constructions ou des aménagements en cause. Sa finalité est de contribuer au financement par les collectivités locales des équipements publics (essentiellement les réseaux et la voirie) nécessaires aux futures constructions.

1399 La taxe d'aménagement est composée d'une part communale, destinée à financer les équipements publics induits et d'une part départementale, destinée à financer la gestion des espaces naturels sensibles ainsi que les dépenses du conseil d'architecture, d'urbanisme et de l'environnement (CAUE). La taxe est calculée à partir de la surface créée (étant précisé que ne sont pas prises en compte les surfaces sous une hauteur de plafond inférieure ou égale à 1,80 mètre) sur la base d'une valeur forfaitaire au m² de la surface de plancher taxable qui est révisée au 1er janvier de chaque année en fonction du dernier indice du coût de la construction publiée par l'INSEE. Ainsi, l'indice du coût de la construction ayant progressé de 1,76 %, la valeur forfaitaire passe pour l'année 2025 de 914 € par m² à 930 € par m² (et 1 036 € à 1 054 € en Île-de-France). Sont cependant exonérées de plein droit les constructions dont la surface est inférieure ou égale à 5 m². Cette logique forfaitaire par m² de surface de plancher se retrouve pour les piscines (258 € par m²) ou encore les panneaux photovoltaïques (10 € par m²). Par exception, certaines installations obéissent à des assiettes forfaitaires unitaires indépendamment de leur surface : ainsi, pour les éoliennes de plus de 12 mètres, la plupart des aires stationnement et les emplacements de caravanes ou de résidences mobiles de loisirs sont affectés d'une valeur forfaitaire de 3 000 euros. S'il faut regretter que les installations productrices d'énergie renouvelables soient taxées, il faut, en revanche, se réjouir que fort logiquement soient exonérées les constructions et aménagements destinés à un service public ou d'utilité publique, les aménagements prescrits par un plan de prévention des risques naturels prévisibles ou un plan de prévention des risques technologiques. De même, certaines constructions ouvrent droit à un abattement de 50 % comme notamment les 100 premiers m² d'un local à usage d'habitation principale ou encore les locaux à usage industriel ou artisanal et leurs annexes ou encore les locaux à usage d'habitation et d'hébergement aidés.

1400 Le taux voté par la commune est compris entre 1 et 5 %, mais il peut atteindre 20 % dans les secteurs nécessitant des travaux substantiels. La part départementale ne peut excéder 2,5 %, taux le plus généralement pratiqué. En Île-de-France la taxe d'aménagement comprend aussi une part régionale, perçue au taux de 1 % pour financer les infrastructures de transport.

À compter de 2023, le dispositif de paiement, qui était précédemment fondé sur la date de délivrance de l'autorisation d'urbanisme (avec une taxe exigible en deux versements, exigibles respectivement 12 et 24 mois après la délivrance de l'autorisation d'urbanisme), s'appuie dorénavant sur la date d'achèvement des travaux. En effet, la taxe est maintenant exigible 90 jours après la date d'achèvement des opérations imposables alors même que le fait générateur reste la délivrance de l'autorisation d'urbanisme. Au-delà de 1 500 euros, le contribuable reçoit deux titres de perception d'égal montant, le premier dans les 90 jours de la date d'achèvement des travaux puis le second six mois après. Par exception, lorsque le projet dont la surface de construction est au moins égale à 5 000 m^2, la taxe donne lieu au versement d'un premier acompte égal à 50 % du montant de la taxe qui doit être versé le 9e mois suivant celui de la délivrance de l'autorisation d'urbanisme et un second acompte, égal à 35 % du montant de la taxe, qui doit être versé le 18e mois suivant celui de la délivrance de cette autorisation.

SECTION 2
Les prélèvements accessoires

1401 Les prélèvements fiscaux de cette famille ont varié avec le temps. Ils ont presque tous disparu. Parmi les prélèvements qui subsistent, certains sont dus par les personnes qui projettent d'exécuter certains travaux affectant le sous-sol en vue de financer le service public de l'archéologie préventive. En fonction de la nature des travaux réalisés, le prélèvement prend la forme soit d'une taxe d'archéologie préventive, soit d'une redevance d'archéologie préventive.

S'agissant de la taxe d'archéologie préventive issue de l'article 235 *ter* ZG du CGI, elle est due au taux de 0,4 % par toute personne se voyant octroyer une autorisation ou à une déclaration préalable en application du Code de l'urbanisme. De ce fait, elle emprunte de nombreuses caractéristiques à la taxe d'aménagement. Non seulement son assiette est constituée par la valeur de l'ensemble immobilier servant d'assiette à la taxe d'aménagement mais elle est également déclarée et recouvrée selon les mêmes modalités.

S'agissant de la redevance d'archéologie préventive, elle est due en complément de la taxe précédente dès lors que les travaux affectent le sous-sol, quelle que soit leur profondeur, et nécessite une étude d'impact en application du Code de l'environnement. Son montant est fixé à 0,71 € par mètre carré de terrain pour la période du 1er janvier au 31 décembre 2025.

Bibliographie

BRIOUDE (Elizabeth), « La fiscalité peut-elle décourager l'artificialisation des terres ? », *Dr. fisc.* 2022, n° 25, comm. 255.

DONNEAUD (Philippe), « La taxe sur la cession à titre onéreux de terrains nus rendus constructibles est-elle constitutionnelle ? » *Dr. fisc.* 2022, n° 51-52, comm. 467.

STREBLER (Jean-Philippe), « Le transfert de la gestion de la taxe d'aménagement et de la taxe d'archéologie préventive à la direction générale des finances publiques », *RDI* 2022, p. 562.

CHAPITRE 5

Les taxes relatives au numérique

1402 Si l'OCDE (lors de la conférence ministérielle sur le potentiel du commerce électronique mondial d'octobre 1998), l'Union européenne (avec notamment la directive 2000/31/CE du 8 juin 2000 sur le commerce électronique) et les États (exemple des États-Unis avec l'*Internet freedom tax act* de 1998) se sont rapidement intéressés au développement de l'économie numérique, c'était surtout pour défendre le dogme d'une fiscalité technologiquement indifférente, afin de ne pas entraver le développement de cette nouvelle économie. Cette volonté de neutralité entre les formes conventionnelle et électronique de commerce a conduit à refuser toute création d'une nouvelle fiscalité propre à ce modèle économique, et au contraire à prendre le parti de pouvoir simplement adapter les règles existantes.

1403 Toutefois, cette vision un peu naïve n'a pas résisté devant l'essor des géants de la nouvelle économie que sont les GAFAM, qui non seulement profitent des limites de la notion traditionnelle d'établissement stable, mais, en outre, exploitent les failles existantes entre les différents systèmes fiscaux pour diminuer artificiellement leurs bénéfices imposables ou les transférer vers des pays à faible fiscalité. Suite à la crise économique de 2008, est apparue la nécessité de repenser la fiscalité de l'économie numérique : si l'OCDE semble être le cadre le plus approprié pour créer de nouvelles règles fiscales adaptées à cette économie sans frontière, force est de constater que son action est pour l'instant décevante. Ainsi, ont été avancés de nombreux projets visant d'une part, à imposer le revenu tiré des ventes de produits et de services numériques par des fournisseurs étrangers n'ayant pas d'établissement stable, mais ayant une « présence économique significative » au sens de présence numérique, et, d'autre part, à instaurer la retenue d'impôt sur certains types de transactions numériques. Toutefois, pour l'instant aucune de ces tentatives ne s'est concrétisée ainsi que le reconnaît la déclaration finale commune des chefs d'État et de gouvernement du G20 de Riyad du 22 novembre 2020, même si elle espère parvenir « à une solution globale consensuelle d'ici à la mi-2021 ».

Aussi, certains États ont décidé de prendre l'initiative et de pallier les actions temporisatrices des États-Unis au sein de l'OCDE et du G20 en adoptant des taxations nationales spécifiques. Tel est le cas de la France, avec notamment plusieurs taxes spécifiques à l'économie numérique : celles-ci se sont multipliées au fur et à mesure des nouveaux usages du numérique : en voici une présentation succincte selon un ordre chronologique d'apparition dans notre ordonnancement juridique.

§ 1. La taxe sur les services de communications électroniques

1404 Pour assurer un financement des chaînes publiques suite à la suppression de la publicité après 20 heures, l'article 33 de la loi n° 2009-258 du 5 mars 2009 *relative à la communication audiovisuelle et au nouveau service public de la télévision* a institué une taxe sur les services fournis par les opérateurs de communications électroniques (CIBS, art. L. 453-1). Cette taxe est due par les opérateurs de communications électroniques qui fournissent un service en France et qui ont fait l'objet d'une déclaration préalable auprès de l'Autorité de régulation des communications électroniques et des postes. La taxe est calculée en appliquant un taux de 1,3 % du montant des encaissements annuels taxables (diminué du montant de certains investissements déductibles) qui excède 5 M €.

§ 2. La taxe « YouTube »

1405 Suite à un amendement parlementaire initialement rejeté lors des débats sur la loi de finances pour 2017, puis réintroduit dans le cadre de l'examen du projet de loi de finances rectificative pour 2016, a été adopté un article 1609 *sexdecies* B du CGI créant une taxe sur les revenus publicitaires des sites mettant à disposition des vidéos en ligne, communément appelée taxe « YouTube » ou taxe « Dailymotion ». Elle a été recodifiée aux articles L. 454-16 et suivants du CIBS à compter du 1er janvier 2024 : elle est due par toute personne, établie en France ou à l'étranger, qui se livre à des opérations de mise à disposition du public en France de services donnant accès, à titre onéreux ou gratuit, à des œuvres cinématographiques ou audiovisuelles par un procédé de communication électronique. Initialement fixé à 2 %, son taux est actuellement de 5,15 % (et 15 % lorsque les opérations imposables concernent des œuvres et documents cinématographiques ou audiovisuels à caractère pornographique ou d'incitation à la violence), avec pour assiette le montant hors TVA des sommes versées par les annonceurs et les parrains pour la diffusion de leurs messages publicitaires ou de parrainage sur ces services.

1406 Toutefois, le rendement de l'imposition demeure faible : d'une part, les sommes versées par les annonceurs et les parrains font l'objet d'un abattement de 66 % « pour les services donnant ou permettant l'accès à des contenus audiovisuels créés par des auteurs privés à des fins de partage et d'échanges au sein de communautés d'intérêt » ; d'autre part, pour les opérateurs donnant accès à titre gratuit à des contenus audiovisuels en ligne ainsi que pour les régies publicitaires, la taxe est calculée après un abattement de 100 000 euros, afin d'exonérer les entreprises réalisant un chiffre d'affaires modeste en France. Ceci explique probablement que le gouvernement de l'époque n'ait été que faiblement enthousiaste pour sa création.

§ 3. La taxe « Netflix »

1407 Dès 2003 et dans le but de financer la création française, le législateur avait instauré une taxe sur les ventes et locations en France de vidéogrammes destinés à l'usage privé du public. Actuellement codifiée aux articles L. 452-28 et suivants du CIBS, elle a pour assiette les sommes encaissées au titre des vidéogrammes commercialisés en France sous forme de support matériel (DVD, Blu-ray, etc.). Son taux a été abaissé de 3,3475 % à 1,8025 % au 1er janvier 2024.

1408 Devant l'essor des plateformes de diffusion en ligne et des services de vidéo à la demande, le législateur s'est adapté à cette nouvelle économie numérique et l'imposition a été étendue aux opérations de mise à disposition du public en France de services donnant ou permettant l'accès à titre gratuit à des contenus audiovisuels. Cette taxe dite « Netflix » qui concerne la diffusion de contenus audiovisuels par abonnement (actuellement codifiée aux articles L. 453-25 s. du CIBS) s'applique au taux de 5,15 % à la somme des prix hors taxe payés par les utilisateurs en contrepartie de l'accès aux contenus audiovisuels sur la plateforme au cours d'une année civile.

§ 4. La taxe « Google »

1409 Autrement plus ambitieuse est la taxe codifiée aux articles 299 à 300 du CGI, issue de la loi n° 2019-759 du 24 juillet 2019 portant création d'une taxe sur les services numériques, communément appelée taxe « Google ». Cette loi fait suite à deux tentatives infructueuses de 2010 et 2016 pour taxer les multinationales du numérique à raison de leur activité en France. Son existence n'est toutefois que temporaire, car la France s'est engagée à l'abroger en cas d'adoption de nouvelles normes internationales au niveau de l'OCDE ou à défaut au niveau de l'Union, comme initié par la décision (UE, EURATOM) 2020/2053 du conseil du 14 décembre 2020 relative au système des ressources propres de l'Union européenne. Toutefois, suite à l'adoption le 8 octobre 2021 de l'accord du Cadre inclusif OCDE/G20 sur le Pilier 1 (v. ss 1410) et au G20 de Venise du 9 juillet 2021, la commission a décidé de surseoir à sa proposition de taxation sur le numérique. En revanche, par une résolution 23 novembre 2022, le Parlement européen a tenu à rappeler qu'en cas d'absence manifeste de progrès des négociations sur ce Pilier 1 d'ici à la fin 2023, la Commission devrait relancer une proposition législative de redevance numérique destinée à devenir une ressource propre de l'Union.

Contrairement à la taxe « YouTube », dont l'objet est nettement circonscrit, les services numériques taxables sont plus variés et comprennent la « vente de données des internautes collectées en ligne aux fins du ciblage, les services de gestion des données relatives aux utilisateurs ainsi que les services d'achat, de stockage et de diffusion de messages publicitaires, de contrôle publicitaire et de mesures de performance ». Toutefois, on retrouve aussi l'idée de ne pas imposer les acteurs du secteur réalisant un chiffre d'affaires modeste, que ce soit au niveau mondial ou national. La nouvelle taxe sur les services du secteur numérique ne concerne donc que les grandes entreprises, puisque n'y sont assujettis que les opérateurs établis ou non en France atteignant seulement un « seuil mondial » de 750 millions d'euros de sommes taxables au titre des services numériques taxables fournis, mais également un « seuil national » de 25 millions d'euros de sommes taxables au titre des services numériques taxables en tant qu'ils sont rattachables à la France.

1410 Bien que créée pour lutter contre l'optimisation fiscale des GAFAM en matière d'imposition des sociétés, la nouvelle taxe sur les services numériques n'est pas assise sur leurs bénéfices mais, dans un souci d'efficience, sur le chiffre d'affaires réalisé en France par ces grandes entreprises. En effet, la taxe, dont le taux est de 3 % et dont le recouvrement est effectué comme en matière de TVA sous forme d'acomptes normalement dus en avril et octobre, porte sur le montant hors TVA des sommes encaissées par le redevable, lors de l'année au cours de laquelle la taxe devient exigible, en contrepartie d'un service taxable fourni en France.

1411 En dépit de son jeune âge, cette taxe a déjà une histoire complexe du fait des réactions hostiles qu'elle a suscitées de la part du gouvernement américain : si elle a été effectivement recouvrée en

2019, les deux premiers acomptes d'avril et octobre 2020 avaient été suspendus par un communiqué de presse du 10 février 2020 de la DGFiP dans l'attente des résultats des négociations au sein de l'OCDE et du G20 sur une nouvelle fiscalité internationale numérique, avant d'être finalement mis en recouvrement en décembre 2020.

1412 Toutefois, les jours de cette taxe semblent comptés à la suite de l'accord historique du 8 octobre 2021 des États participant au cadre inclusif sur le BEPS (*Base erosion and profit shifting*) au sein de l'OCDE. Cet accord repose sur une solution en deux piliers dont le premier concerne les entreprises multinationales (EMN) dont le chiffre d'affaires mondial dépasse 20 milliards d'euros et dont la rentabilité est supérieure à 10 % : même si l'accord ne vise pas exclusivement les géants du numérique, ils sont les principaux visés car son objectif est d'attribuer une partie des bénéfices à la juridiction de marché. Qualifié de **montant A**, ce nouveau droit d'imposition peut s'appliquer indépendamment de l'existence d'une présence physique et notamment d'établissement stable. Toutefois, l'attribution aux États de marché d'un droit d'imposer suppose qu'un lien suffisant qualifié de « **nexus** » soit établi entre ces États et les entreprises multinationales. Ainsi, en l'état actuel des discussions, une entreprise multinationale serait réputée satisfaire à cette exigence si elle réalise au moins 1 000 000 euros de recettes dans cet État ; par exception pour les petites juridictions dont le PIB est inférieur à 40 milliards d'euros, le seuil serait fixé à 250 000 euros.

En contrepartie de cette avancée permettant aux juridictions de marché de profiter d'une partie de l'imposition des bénéfices des GAFAM et autres géants du numérique, la négociation sur le premier pilier comporte l'engagement des États de supprimer toutes les taxes sur les services numériques et autres mesures similaires. En l'attente de l'entrée en vigueur du Pilier 1, cette taxe existe toujours et a été recodifée aux articles L. 453-45 à L. 453-85 du CIBS.

§ 5. La taxe sur la mise en relation par voie électronique en vue de fournir certaines prestations de transport

1413 Afin de financer l'Autorité des relations sociales des plateformes d'emploi (ARPE) qui est un établissement public national à caractère administratif chargé d'assurer la représentativité des travailleurs recourant aux plateformes, la loi de finances pour 2022 a créé une taxe sur les exploitants de plateformes de mise en relation par voie électronique en vue de fournir certaines prestations de transport (CIBS, art. L. 453-35 à L. 453-44). Elle concerne les opérations de transport de passagers ainsi que la livraison de marchandises lorsqu'elles sont réalisées par un travailleur indépendant recourant à l'intermédiation d'une plateforme de mise en relation déterminant les caractéristiques et le prix des opérations. Due à un taux (fixé par arrêté conjoint des ministres chargés du Budget, des Transports et du Travail) ne pouvant excéder 0,5 %, par toute entreprise qui exploite le service de mise en relation, cette taxe est assise sur sa marge brute. Cette dernière est égale à la différence entre d'une part, les sommes encaissées par l'exploitant du service de mise en relation au titre de l'année civile au cours de l'année et d'autre part, les sommes qu'il a versées aux utilisateurs du service au cours de cette même année.

1414 Il convient de constater la réactivité du législateur français qui s'efforce de s'adapter toujours davantage aux nouveaux types d'activité. Toutes les tentatives n'aboutissent cependant pas systématiquement. Ainsi, lors de l'adoption de la loi de finances pour 2025, la commission mixte paritaire a supprimé un article, introduit par amendement au Sénat contre l'avis du gouvernement, qui visait à instituer une nouvelle taxe à la charge des plateformes électroniques de mise en relation pour la location touristique de courte durée. Cette taxe (affectée au Fonds d'aide pour l'érosion du littoral) avait vocation à frapper au taux de 1 % les sommes perçues par les plateformes en contrepartie de la fourniture de services d'hébergement de courte durée sur les communes littorales en France au sens de l'article L. 321-1 du Code de l'environnement.

Bibliographie

CHETCUTI (Laurent), BENOIST (Anne-Laure) et MALAURIE (Esther), « Les opérateurs de plateforme sont-ils les nouveaux meilleurs partenaires de l'État ? », Dr. fisc. 2020, n° 49, comm. 422.

DOUET (Frédéric), *Fiscalité 2.0, Fiscalité du numérique*, LexisNexis, 4e éd., 2023, 403 p.

EL ARJOUN (Alexandre), « Réforme de la fiscalité du numérique : quelques réflexions sur le Pilier Un du projet OCDE », *Dr. fisc.* 2021, n° 11, comm. 177.

MAITROT DE LA MOTTE (Alexandre), « La redevance numérique du plan "Next Generation EU" : le premier impôt européen se matérialise », *Dr. fisc.* 2021, n° 6, comm. 142.

TAILLE (Guillaume DE LA), « Juste imposition des services numériques : l'établissement stable peut être assez souple », *RJF* 2021, n° 2, p. 189.

QUATRIÈME PARTIE

L'IMPOSITION DU PATRIMOINE

1415 Le législateur fiscal ambitionne d'imposer la propriété quels que soient les revenus que le contribuable en tire.

1416 Première possibilité, l'impôt est dû parce qu'un bien vient à changer de mains ou de statut. C'est la survenance d'un tel événement qui déclenche l'imposition occasionnelle du patrimoine (TITRE 1).

Seconde possibilité, l'impôt frappe de manière permanente, c'est-à-dire chaque année la détention du bien. Il s'agit alors de l'imposition annuelle du patrimoine (TITRE 2).

Bibliographie

AICARDI (Maurice), *La fiscalité du patrimoine*, *Doc. fr.*, 1988, 122 p.

ALBERT (Jean-Luc), « La fiscalité du patrimoine », in *Mélanges H. Jacquot*, Presses universitaires d'Orléans, 2006, p. 17.

BRUNEAU (Philippe) et CHOUVELON (Thierry), *Ingénierie fiscale du patrimoine*, Litec, 13e éd., 2009, 526 p.

Conseil des impôts, « Seizième rapport au président de la République, L'imposition du patrimoine », *JO*, 1998, 288 p.

Conseil des prélèvements obligatoires, « Le patrimoine des ménages », *Journal officiel* 2009, n° 13.

DROUIN (Philippe) *et al.*, « Les aspects internationaux de la fiscalité du patrimoine », *Dr. fisc.* 2011, n° 13, comm. 283.

FERNOUX (Pierre), « La gestion fiscale du patrimoine », *Revue Fiduciaire* 2024, 29ᵉ éd., 828 p.

FRULEUX (François), « La très confuse réforme de la fiscalité du patrimoine », *JCP N* 2011. 1242.

LUCET (Frédéric), « Regards sur la fiscalité du patrimoine », *Dr. fisc.* 2012, n° 14, p. 81 à 84.

MANGIAVILLANO (Alexandre), *Le contribuable et l'État. L'impôt et la garantie constitutionnelle de la propriété (France-Allemagne)*, Dalloz, coll. « Nouvelle Bibliothèque de Thèses », 2013, 676 p.

MARDIERE (Christophe DE LA) « Retour sur l'imposition du travail et du capital en France depuis la Révolution », *Dr. fisc.* 2013, n° 9, p. 8 à 12.

REBATTET (Philippe) et MARMOZ (Franck), *Fiscalité internationale du patrimoine*, LexisNexis, 2016, 335 p.

TITRE 1

L'IMPOSITION OCCASIONNELLE DU PATRIMOINE

1417 L'imposition est occasionnelle dans la mesure où elle dépend de la survenance d'événements susceptibles de se produire une ou plusieurs fois dans l'existence d'une personne physique ou morale. Dans le droit positif français, cette modalité d'imposition prend dans la très grande majorité des cas le nom de **droits d'enregistrement**.

1418 L'enregistrement est, au sens propre, l'inscription sur un registre. Il s'agit d'une formalité, accomplie à titre obligatoire ou facultatif, à l'occasion de laquelle est perçu un impôt appelé droits d'enregistrement. Ces droits sont des impôts sur le patrimoine du contribuable dont le fait générateur est l'accomplissement d'actes ou d'opérations juridiques.

1419 Ces droits d'enregistrement ont pour origine des droits seigneuriaux du Moyen-Âge. Au XVIe siècle, ces droits deviennent des impôts royaux sous le nom de droit de contrôle et de droit d'insinuation. Le contrôle est l'ancêtre de l'enregistrement moderne : la transcription des actes notariés sur un registre pour donner date certaine fut l'occasion de percevoir un impôt calculé sur la valeur des biens mentionnés dans les actes enregistrés. L'insinuation, quant à elle, préfigure la publicité foncière en autorisant l'inscription des hypothèques sur un registre public afin d'en assurer la publicité auprès des créanciers. Ces droits furent remaniés sous la Révolution et surtout codifiés par la loi du 22 frimaire an VII (mercredi 12 décembre 1798) qui constitue toujours le texte fondamental en matière d'enregistrement. C'est dire le caractère un peu archaïque de ces impôts, malgré les réformes qui ont été apportées par la loi n° 63-254 du 15 mars 1963 assujettissant certaines opérations auparavant passibles des droits d'enregistrement à la TVA immobilière et par la loi n° 69-1168 du 26 décembre 1969 créant la formalité fusionnée d'enregistrement et de publicité foncière. La DGFiP a mis en place un système de « e-enregistrement », qui permet à tous les intéressés d'effectuer directement en ligne les formalités d'enregistrement (accessible depuis le portail impôts.gouv.fr).

1420 De manière à peu près unanime, ces droits ont fait l'objet de critiques qui ont amené le législateur à les réformer de manière sensible : ils étaient critiqués, notamment, pour leur complexité, pour leur absence de neutralité (les taux variaient selon la nature juridique des opérations à effets économiques pourtant équivalents), pour le frein qu'ils constituaient à la mobilité des biens et, enfin, pour leur poids excessif en comparaison des droits applicables dans les autres pays de l'Union européenne. Un certain nombre de ces travers demeurent. De surcroît, les droits d'enregistrement sont d'un faible rendement et rapportent à peine 5 % des recettes fiscales de l'État.

1421 Après avoir exposé le régime général des droits d'enregistrement (CHAPITRE 1), seront examinés les droits qui frappent les mutations à titre gratuit (CHAPITRE 2), ceux qui sont relatifs aux mutations à titre onéreux (CHAPITRE 3) et, enfin, ceux qui portent sur les actes des sociétés (CHAPITRE 4).

CHAPITRE 1

Le régime général des droits d'enregistrement

1422 L'enregistrement est une formalité fiscale, mais il emporte des effets juridiques. Tout d'abord, l'enregistrement donne date certaine aux actes sous seing privé à l'égard des tiers (C. civ., art. 1377) et peut constituer pour les parties un commencement de preuve par écrit (CE 28 janv. 2019, n° 407305, *Dr. fisc.* 2019. 20, comm. 264, concl. E. Bokdam-Tognetti). L'enregistrement est parfois le préalable à une formalité de publicité : ainsi la vente d'un fonds de commerce ne peut être publiée dans un journal d'annonces légales que si elle est préalablement enregistrée. Exceptionnellement, le défaut d'enregistrement peut être sanctionné par la nullité de l'acte. C'est ainsi que les promesses unilatérales de ventes d'immeubles ou de fonds de commerce doivent être enregistrées dans les dix jours de leur acceptation à peine de nullité. La même sanction frappe les cessions portant sur des promesses si elles n'ont pas été enregistrées dans les dix jours de la cession (C. civ., art. 1589-2).

1423 L'étude du régime général permet de déterminer le champ d'application des droits d'enregistrement (SECTION 1), permet de classer les droits en diverses catégories (SECTION 2) et définit le mode de liquidation de ces droits (SECTION 3), ainsi que leur recouvrement (SECTION 4).

SECTION 1

Le champ d'application des droits d'enregistrement

1424 Avant la réforme introduite par la loi du 26 décembre 1969, il existait deux formalités distinctes : la formalité de l'enregistrement proprement dite, exercée à la recette des impôts et donnant lieu à la perception de droits d'enregistrement, et la formalité de **publicité foncière** effectuée à la Conservation des hypothèques (aujourd'hui, le Service de la publicité foncière) et subordonnée au paiement de la taxe de publicité foncière.

1425 Depuis le 1er octobre 1970 (date d'entrée en vigueur de la loi du 26 décembre 1969) ces deux formalités sont **fusionnées** mais uniquement pour les actes qui constatent la transmission à titre onéreux entre vifs de droits réels immobiliers (ventes, échanges, apports en société d'immeubles). En d'autres termes, existent désormais trois formalités différentes : la formalité de l'enregistrement proprement dite, la formalité fusionnée et la formalité de la publicité foncière.

§ 1. La formalité de l'enregistrement proprement dite

1426 Le CGI distingue les actes proprement dits et les mutations de certains biens soumises à la formalité même en l'absence d'actes.

1427 Certains actes sont soumis obligatoirement à la formalité de l'enregistrement du seul fait de leur rédaction, en raison de la qualité des personnes qui les rédigent et quelle que soit la nature des conventions qu'ils contiennent. Il en est ainsi des actes notariés, des actes de marchands de biens et des actes d'huissiers. D'autres doivent être enregistrés en considération de la nature des conventions qu'ils renferment : il en est ainsi des actes portant cession de parts sociales, des actes constatant la formation ou la dissolution d'une société, des actes portant partage de biens à quelque titre que ce soit, etc. En outre, même lorsqu'elles ne sont pas constatées par un acte c'est-à-dire par un écrit, les mutations de propriété entre vifs (vente, donation, échange) d'immeubles, de fonds de commerce, de clientèle doivent être présentées à la formalité de l'enregistrement.

1428 Par ailleurs, toute opération non assujettie obligatoirement à l'enregistrement peut y être présentée volontairement par une personne intéressée à condition d'être constatée par un écrit. Cet enregistrement volontaire permettra aux intéressés de se prévaloir des effets juridiques découlant de l'enregistrement.

1429 La formalité de l'enregistrement doit être effectuée à la recette des finances publiques dont dépend le rédacteur de l'acte, dans le délai d'un mois à compter de l'acte ou de la mutation. Depuis 2021 il est possible de présenter une copie d'acte sous seing privé, signé électroniquement, en deux exemplaires, au service des impôts qui en effectuera l'enregistrement et mentionnera la quittance des droits sur ces copies (CGI, art. 658, I 2° et 859). La télédéclaration et le télépaiement doivent être généralisés à compter de 2025.

§ 2. La formalité fusionnée

1430 En principe, la formalité fusionnée est obligatoire pour les actes soumis à la double obligation de l'enregistrement et de la publicité foncière. Il en résulte que les actes les plus courants soumis à la formalité fusionnée sont ceux qui portent ou constatent transmission à titre onéreux des droits réels immobiliers tels que la vente, l'adjudication, l'échange, l'apport en société, dès lors qu'ils ont pour objet exclusif des immeubles ou des droits immobiliers. Avec la loi de finances pour 1999, le champ d'application de la formalité fusionnée a été étendu aux actes dits « actes mixtes », qui comportent à la fois des dispositions soumises à la publicité foncière et d'autres qui ne le sont pas, telles les mutations à titre onéreux d'immeubles garnis de meubles meublants ou d'immeubles à usage commercial cédés avec le fonds de commerce. Elle peut aussi être accomplie pour des actes qui sont admis facultativement à la formalité de la publicité foncière (promesse unilatérale de vente ou de bail de plus de douze ans).

1431 Certaines catégories d'actes sont expressément écartées de la formalité fusionnée et subissent séparément la formalité d'enregistrement et, le cas échéant, celle de la publicité foncière selon les modalités propres à chacune d'elles. Il en est ainsi notamment des mutations à titre gratuit et des actes relatifs à des immeubles situés dans les départements du Haut-Rhin, du Bas-Rhin et de la Moselle qui restent soumis à la formalité de l'enregistrement à la recette des impôts et à la publication au Livre foncier. La formalité fusionnée qui donne lieu à une imposition unique est accomplie au Service de la publicité foncière de la situation des immeubles, quelle que soit la résidence du rédacteur de l'acte. Elle doit être requise dans le délai de deux mois à compter de la date de l'acte.

§ 3. La formalité de la publicité foncière autonome

1432 La publicité foncière a pour objet d'informer les tiers de la transmission de propriété ou de la constitution de droits réels immobiliers. Elle est généralement effectuée en même temps que l'enregistrement (formalité fusionnée), si bien que son champ d'application spécifique s'est réduit.

1433 La formalité de publicité foncière distincte est requise pour les actes exclus de la formalité fusionnée mais qui doivent cependant être publiés : mutations à titre gratuit, baux de plus de douze ans, décisions judiciaires comportant des dispositions sujettes à publication, actes concernant les immeubles situés dans les départements de la Moselle et du Rhin (CGI, art. 249, ann. III). Elle s'applique aussi aux actes dont la publication est facultative (promesses unilatérales de vente, servitudes légales, etc.) et pour lesquels le bénéfice de la formalité fusionnée n'est pas réclamé.

1434 Les modalités d'exécution de la formalité de publicité foncière (bureau, délais) sont identiques à celles de la formalité fusionnée.

SECTION 2

Les diverses catégories de droits d'enregistrement

1435 On peut classer les différents droits d'enregistrement selon leur fait générateur (§ 1), selon leur tarif (§ 2) et enfin selon la collectivité bénéficiaire de ces droits (§ 3).

§ 1. La classification selon le fait générateur

1436 Cette classification, valable uniquement pour les opérations dont l'enregistrement est obligatoire, oppose droits de mutation et droits d'actes. Lorsque l'on est en présence de droits de mutation c'est la mutation elle-même, qu'elle soit constatée ou non dans un acte qui est le fait générateur. En revanche, pour les droits d'acte, le fait générateur est la rédaction de l'acte et non l'opération qu'il constate. Ces deux catégories de droits se recouvrent en partie. Ainsi il est rare qu'une vente d'immeubles, par exemple, ne fasse pas l'objet d'un écrit. Aussi bien ne peut-elle avoir de portée à l'égard des tiers que si elle est constatée dans un acte notarié soumis à la formalité de publicité foncière.

§ 2. La classification selon le tarif applicable

1437 C'est la classification la plus utile et la plus intéressante. Elle repose sur la distinction entre les droits fixes, les droits proportionnels et les droits progressifs.

A. Les droits fixes

1438 Ce sont des droits dont la quotité est invariable pour tous les actes présentant une même nature juridique, quelle que soit la valeur des biens concernés. Le tarif usuel est de 125 euros (CGI, art. 680). Il s'applique aux actes innommés c'est-à-dire à ceux qui ne sont pas expressément désignés par la loi fiscale comme relevant d'un autre taux et qui sont souvent présentés volontairement à l'enregistrement. Les actes de la vie de la société (apports, augmentations de capital, fusions) supportent un droit fixe de 375 ou 500 euros selon la taille de celle-ci. Enfin, le droit fixe de 25 euros constitue le minimum de perception (CGI, art. 674) applicable aux opérations passibles de taux proportionnels ou progressifs. Il s'applique notamment à certains baux présentés volontairement à l'enregistrement.

B. Les droits proportionnels

1439 Leur quotité varie d'après un pourcentage constant eu égard à la valeur des biens concernés par les actes ou les mutations. Ils frappent généralement les mutations à titre onéreux d'immeubles et les apports en société proportionnellement à la valeur des biens ou des intérêts en cause. Ainsi, à titre d'exemple, les cessions de parts de sociétés à prépondérance immobilière sont taxées au taux de 5 % (v. ss 1681).

C. Les droits progressifs

1440 Ils s'appliquent sur l'ensemble d'un patrimoine à un taux qui croît par tranches successives, en fonction de l'augmentation de la valeur taxable. Les droits progressifs concernent les donations ou successions en ligne directe ou entre époux, dans une moindre mesure les transmissions entre frère et sœur (v. ss 1540), ainsi que les cessions de fonds de commerce (v. ss 1653).

§ 3. La classification selon les collectivités bénéficiaires

1441 Depuis le 1er janvier 1984, en vertu des lois sur la décentralisation certains droits sont perçus au profit du budget des départements, d'autres au profit du budget de l'État. Ainsi, pour faire face aux transferts de compétence réalisés dans le cadre de la réforme de la décentralisation ont été transférés aux départements les droits d'enregistrement et la taxe de publicité foncière, exigibles sur les mutations à titre onéreux d'immeubles ou de droits immobiliers situés sur leur territoire, ainsi que la taxe de publicité foncière exigible sur les inscriptions d'hypothèques judiciaires ou conventionnelles. Ces droits portent depuis lors le nom de droit départemental d'enregistrement et de droit départemental de publicité foncière et constituent, d'une certaine manière, une nouvelle fiscalité immobilière locale.

1442 Les taux de principe des droits et taxes départementaux peuvent être modifiés par chaque conseil départemental dans certaines limites (entre 1,20 et 4,5 %, CGI, art. 1594 D). Du 1er avril 2025 au 31 mars 2028, ces taux peuvent être modifiés, portés jusqu'à 5 % ; ils peuvent aussi faire l'objet d'une réduction, voire d'une exonération, pour les premières acquisitions d'un bien immobilier, que l'acquéreur s'engage à affecter à sa résidence principale pendant 5 ans à compter de sa date d'acquisition. À ces droits perçus par le département s'ajoutent une taxe communale (1,20 %) et un prélèvement d'État pour frais d'assiette et de recouvrement assis sur le droit départemental et liquidé au taux de 2,37 % (CGI, art. 1647, V- a). Presque tous les départements, jusqu'en 2025, ont choisi le taux de 4,5 %. Le taux global est alors de 5,80 %.

1443 De son côté l'État continue à percevoir tous les autres droits tels que les droits sur les mutations à titre gratuit, les droits sur les échanges, les droits sur tous les actes des sociétés ainsi que les droits sur les actes et mutations passibles d'un droit fixe.

SECTION 3

L'assiette des droits d'enregistrement

1444 La détermination des opérations imposables rend nécessaire de préciser la territorialité des droits d'enregistrement (§ 1). Par ailleurs, l'opération d'assiette se heurte parfois à des difficultés, lorsqu'il s'agit d'actes complexes (§ 3) ou d'actes affectés de conditions (§ 2).

§ 1. La territorialité des droits d'enregistrement

1445 Sous réserve des conventions internationales d'ailleurs relativement peu nombreuses en la matière, la territorialité diffère selon que les droits sont relatifs à des mutations à titre gratuit ou non.

A. La territorialité des droits de mutation à titre gratuit

1446 Ils sont dus en principe en raison du domicile du défunt ou du donateur. Si ce dernier est domicilié en France selon l'article 4 B du CGI, l'impôt français s'applique sur tous les biens (meubles ou immeubles) situés en France et hors de France sous réserve de la déduction de l'impôt acquitté à l'étranger sur les biens qui y sont situés. S'il n'est pas domicilié en France, l'impôt français porte seulement sur les biens situés en France. Si une convention existe, ce sont ses dispositions qui s'appliquent. Le régime fiscal est ici indépendant des règles civiles posées par le Règlement UE n° 650/2012 du Parlement européen et du Conseil du 4 juillet 2012.

1447 De plus, les donations et parts d'héritage de biens meubles ou immeubles étrangers sont passibles de l'impôt en France, quel que soit le domicile du donateur ou du défunt, dès lors que le bénéficiaire est résident de France au jour de la transmission et l'a été pendant au moins six ans au cours des dix dernières années. Les biens situés à l'étranger n'échappent donc aux droits de mutation à titre gratuit que si les deux parties (défunt et héritier, donateur et donataire) ont leur domicile fiscal à l'étranger.

1448 D'un autre côté, pour lutter contre l'évasion fiscale, la loi soumet aux droits de mutation à titre gratuit, les immeubles situés sur le territoire français et détenus par des non-résidents au moyen de tout organisme (*trust* anglo-saxon, *Anstalt* liechtensteinois) ou personne morale interposée dans lequel ils sont majoritaires.

B. La territorialité des autres droits d'enregistrement

1449 S'agissant des droits d'enregistrement, le principe de territorialité dépend soit de la situation du bien (mutations à titre onéreux) soit du lieu de passation de l'acte (droits d'acte soumis à des droits fixes).

1450 Toutefois, pour les mutations à titre onéreux d'immeubles pour lesquels acte et mutation coïncident généralement, on peut distinguer deux situations. Si la mutation porte sur un immeuble situé en France, mais constatée par un acte passé à l'étranger, elle devra être soumise à la formalité fusionnée en France, dans le mois de l'entrée en possession, à la recette des finances publiques de la situation du bien. S'agissant d'une mutation d'un immeuble sis à l'étranger constatée par un acte passé en France, si l'acte est soumis à l'enregistrement en raison de sa forme (acte notarié), il est assujetti à un droit spécial de 5 % (CGI, art. 714).

Si elles résultent d'un acte passé en France, les mutations à titre onéreux de biens mobiliers, corporels ou incorporels, situés hors de France sont imposables en France (CGI, art. 718).

§ 2. L'acte affecté de conditions

1451 Lorsque l'acte est affecté d'une condition suspensive qui fait dépendre la réalisation d'une convention d'un événement futur et incertain, l'acte ne peut être enregistré que comme un acte innommé soumis au droit fixe de 125 euros. Tant que la condition est en suspens, l'opération n'est pas formée et par conséquent le droit proportionnel n'est pas exigible. Ce droit sera dû au moment où se réalisera la condition, et au tarif en vigueur au moment de sa réalisation. Mais le droit fixe perçu sur l'acte conditionnel ne pourra être imputé sur l'imposition définitive.

1452 Lorsqu'au contraire, l'acte est affecté d'une condition résolutoire qui ne suspend pas l'effet de la convention mais la rend simplement annulable si les circonstances de la résolution surviennent, le droit est immédiatement exigible. Si la condition résolutoire se réalise, les droits payés ne seront pas rendus, sauf toutefois si la résolution résulte d'une disposition prévue par le législateur (ex. : C. civ., art. 960 portant révocation d'une donation, qui le prévoit, pour cause de survenance d'enfant).

1453 Les droits sont dus même si l'acte est nul, car l'administration qui n'a qu'un rôle fiscal n'est pas juge de la validité des actes. Si la nullité est invoquée par la suite, les droits ne sont pas rendus. En revanche, les droits ne sont pas exigibles en cas d'acte imparfait, c'est-à-dire l'acte auquel fait défaut de manière évidente un élément essentiel de fond (prix ou consentement) ou de forme (absence de signature).

§ 3. Les actes complexes

1454 Il arrive qu'on présente à l'enregistrement des actes contenant chacun plusieurs dispositions (A) ou bien plusieurs actes ayant trait à une même opération (B). Le problème est alors de savoir comment seront liquidés les droits.

A. Plusieurs dispositions dans un même acte

1455 Lorsqu'un acte contient plusieurs dispositions, la solution pour le calcul des droits varie selon que ces dispositions sont dépendantes ou indépendantes. Le caractère de dépendance d'une disposition par rapport à une autre s'apprécie en tenant compte à la fois de l'intention des parties et de la nature objective des dispositions. Ainsi dans une donation avec charges, les charges sont dépendantes de la donation, dans une donation-partage, le partage est dépendant de la donation.

1456 Lorsque les dispositions sont dépendantes, un seul droit est perçu. La disposition qui sert de base à la perception est celle qui donne lieu au taux le plus élevé ou lorsque les tarifs sont de nature différente – et donc non comparables – la disposition qui est la plus importante pour les parties.

1457 Lorsque les dispositions sont indépendantes, chacune d'elles donne ouverture à un droit particulier : cas d'un acte portant à la fois cession d'un immeuble et d'un fonds de commerce.

B. Plusieurs actes pour une même opération

1458 En vertu de la règle *non bis in idem* ou règle du non-cumul, une même opération ne peut pas être frappée deux fois du droit proportionnel quel que soit le nombre d'actes qui le constate. Le droit proportionnel est perçu sur l'un des actes, et des droits fixes sur les autres.

SECTION 4

Le recouvrement des droits d'enregistrement

1459 Il s'agit d'analyser ici les modalités de paiement (§ 1) et de déterminer les débiteurs du paiement (§ 2).

§ 1. Les modalités de paiement

1460 Le paiement des droits est préalable à la formalité de l'enregistrement. Ce principe est assorti d'une exception pour les officiers publics ou ministériels (notaires par exemple) pour lesquels existe un enregistrement sur états qui est un paiement global à intervalles réguliers des droits afférents à l'ensemble des actes dressés. Le paiement différé (CGI, art. 1722 *bis*) ou fractionné (CGI, art. 1717) des droits de succession est possible notamment en cas de mutation d'entreprise.

1461 Le paiement s'effectue par tous les moyens d'extinction de la dette fiscale habituellement reconnus. La dation en paiement de valeurs du Trésor ou d'œuvres d'art est admise, sous certaines conditions, pour le règlement des droits de succession (v. ss 1550).

§ 2. Les débiteurs du paiement

1462 On retrouve ici la distinction classique entre l'obligation au paiement et la contribution au paiement.

Sont tenues de payer les droits deux catégories de personnes. D'abord, les officiers publics ou ministériels (notaires, huissiers, greffiers de tribunaux de commerce) qui doivent faire l'avance des droits. La raison d'être de cette obligation au paiement s'explique par le fait que l'officier public ou ministériel est obligé de faire enregistrer l'acte. En second lieu, sont solidairement tenues de payer les droits toutes les parties à un acte sous seing privé auquel elles participent.

1463 La contribution au paiement fixe la quotité pour laquelle chaque intéressé doit rester personnellement et définitivement débiteur de l'impôt. À ce titre, les officiers publics ou ministériels qui ont fait l'avance des droits en tant que redevables légaux peuvent en poursuivre le recouvrement contre les parties. De même, si une des parties a fait l'avance des droits, elle pourra demander aux autres parties à l'acte la part incombant à chacune d'elles.

1464 Le débiteur définitif de l'impôt est le nouveau possesseur pour les actes translatifs de propriété ou d'usufruit de meubles ou immeubles, et la ou les parties auxquelles l'acte profite dans tous les autres cas. Mais les parties peuvent déroger à cette règle.

Bibliographie

BELTRAME (Pierre) et AIME (Charles), *Les droits d'enregistrement*, PUF, coll. « Que sais-je ? », 1989, 127 p.

BRILLANT-DESVAGES (Édith) et RIVIERE (Guy), *Fiscalité pratique des donations, successions et testaments*, Litec, 4e éd., 2013, 216 p.

DAVID (Cyrille), *Droit de l'enregistrement et taxe de publicité foncière*, Dalloz, coll. « Mémentos », 1997, 208 p.

VARII AUCTORES, « Les droits d'enregistrement : quel avenir ? », colloque organisé le 7 oct. 2016 à Aix Marseille Université, *Dr. fisc.* 2017, n° 1, comm. 269 à 282.

CHAPITRE 2

Les droits de mutation à titre gratuit

1465 Les mutations à titre gratuit sont celles qui ne comportent en principe, la fourniture d'aucune contrepartie par leur bénéficiaire. Lorsqu'elles sont l'effet de la volonté des intéressés, elles procèdent d'une intention de libéralité (donations). Elles peuvent également résulter du décès (transmission *ab intestat* ou testamentaire). Les droits perçus ne représentent qu'environ 1 % des rentrées fiscales de l'État. Ces droits offrent aujourd'hui matière à débat. Les partisans de leur augmentation font valoir, selon leur parti idéologique, qu'un montant élevé, soit supprimerait la perpétuation des inégalités sociales au travers de l'héritage, soit garderait intacte la volonté d'entreprendre chez les héritiers de parents fortunés. Les défenseurs du *statu quo* font notamment valoir que le patrimoine transmis permet aux parents d'aider leurs enfants et petits-enfants à disposer d'une situation économique équivalente à la leur. Le débat est ouvert, sachant que la palette des choix politiques est large, entre la taxation lourde pratiquée par le Japon (55 % en ligne directe) et l'exonération (en vigueur notamment en Suisse, au Portugal, en Suède).

1466 Le régime fiscal des transmissions à titre gratuit a été largement unifié par la loi du 14 mars 1942. L'augmentation de l'espérance de vie et l'aisance économique des générations âgées ont incité le législateur à développer l'incitation à la donation, comme antichambre de la succession, voire à développer les transmissions transgénérationnelles. Toutefois des différences subsistent entre les deux régimes, ce qui implique l'exposé successif des droits venant frapper les successions (SECTION 1) et de ceux venant frapper les donations (SECTION 2).

SECTION 1

Les droits de succession

1467 Il conviendra d'étudier successivement l'assiette (§ 1), la liquidation (§ 2) et le recouvrement (§ 3) des droits de succession.

§ 1. L'assiette des droits de succession

1468 Les droits de succession frappent tous les biens qui font partie du patrimoine du défunt lors de son décès et qui sont transmis par ce décès à ses héritiers ou légataires. Deux conséquences découlent de ce principe. D'abord est assujetti au paiement des droits de mutation par décès tout bénéficiaire d'une part successorale lorsque la valeur de cette part dépasse le minimum imposable. La seconde conséquence concerne le fait générateur des droits qui est en principe le décès, exceptionnellement l'absence. C'est à cette date que l'on se place pour évaluer l'actif successoral (A) et pour déterminer, le cas échéant, le passif déductible (B).

A. L'actif successoral

1469 Déterminer l'actif revient à dire quels sont les biens à déclarer (1) et à énumérer les biens exonérés (2).

1. *Les biens à déclarer*

1470 Sont imposables, donc à déclarer, les biens dont le défunt était propriétaire. Ce principe est toutefois aménagé par des règles de territorialité (a) d'une part et par des règles de preuve de la propriété (b) d'autre part.

a. *Les règles de territorialité*

1471 Deux hypothèses sont à envisager. Lorsque le défunt est domicilié en France, au jour de la transmission et l'a été pendant au moins six ans au cours des dix dernières années, tous les biens meubles et immeubles – y compris ceux situés à l'étranger – sont imposables en France, ainsi que les créances ou valeurs mobilières étrangères.

1472 De même, sont imposables en France les biens meubles ou immeubles situés à l'étranger, quel que soit le domicile du défunt, dès lors que le bénéficiaire réside en France (v. ss 1446). À défaut de convention internationale, la double imposition est évitée par l'imputation des droits acquittés à l'étranger sur l'impôt exigible en France à raison des meubles et immeubles situés hors de France, dans la limite de l'impôt français (CGI, art. 784 A).

1473 Lorsque le défunt est domicilié hors de France, seuls les biens et droits situés en France peuvent être imposés. À ce titre l'article 750 *ter* 2° du CGI vise « les biens meubles et immeubles situés en France, et notamment les fonds publics français, parts d'intérêts, créances et valeurs mobilières françaises ». Le même article donne la définition des créances et valeurs mobilières françaises. Sont considérées comme françaises les créances sur un débiteur qui est établi en France ou y a son domicile. Les valeurs mobilières françaises sont celles « émises par l'État français, une personne morale de droit public français ou une société qui a en France son siège social statutaire ou le siège de sa direction effective ».

1474 Par exception à la règle ainsi posée le dernier alinéa de l'article 750 *ter* du CGI dispose que « sont également considérées comme françaises les actions et parts de sociétés ou personnes morales non cotées en bourse dont le siège est situé hors de France et dont l'actif est principalement constitué d'immeubles ou de droits immobiliers situés sur le territoire français ». Cette disposition qui vise les sociétés dites à prépondérance immobilière s'explique par le désir de lutter contre une évasion fiscale relativement facile par l'interposition d'une personne morale dont le siège est situé à l'étranger.

1475 Ces règles de territorialité peuvent être modifiées par des conventions fiscales internationales, relativement rares à vrai dire en la matière.

b. *Les règles de preuve du droit de propriété*

1476 En cas de déclaration incomplète il incombe à l'administration d'apporter la preuve du droit de propriété du défunt. À cet effet, elle peut invoquer soit des règles du droit civil, soit différentes présomptions de propriété prévues par le CGI.

1477 **Preuve par des règles du droit civil.** Cette preuve peut résulter de l'application de la théorie de la propriété apparente, de l'article 2276 du Code civil ou encore de la théorie de l'accession.

1478 En vertu de la théorie de la propriété apparente, l'administration peut tenir pour propriétaire véritable d'un bien celui qui apparaît comme tel aux yeux des tiers, en vertu de clauses formelles de titres, de la loi ou de ses agissements.

1479 La preuve du droit de propriété des biens peut résulter également de l'application de l'article 2276, alinéa 1er, du Code civil selon lequel « en fait de meubles, la possession vaut titre ». C'est ainsi que sont présumés appartenir au défunt les meubles meublants trouvés dans son logement, les titres et autres objets trouvés à son domicile ou dans un coffre-fort loué dans une banque.

1480 Enfin, l'administration peut recourir à la théorie de l'accession (C. civ., art. 546) selon laquelle la propriété d'une chose soit mobilière, soit immobilière, donne droit à ce qui s'y unit accessoirement, soit naturellement, soit artificiellement.

1481 **Preuve par des présomptions du droit fiscal.** Pour faire obstacle à certaines formes de fraude ou d'évasion, le législateur a fixé aux articles 751 à 754 B du CGI différentes présomptions de propriété qui jouent jusqu'à preuve contraire pour la liquidation et le paiement des droits sans avoir d'effet au regard du droit civil.

1482 Ainsi en vertu de l'article 751, tout bien dont le défunt possédait l'usufruit, et dont la nue-propriété appartient à l'un de ses héritiers présomptifs, est inclus dans le patrimoine du défunt, sauf donation régulière consentie par acte authentique plus de trois mois avant le décès. Par cette disposition, le législateur veut lutter contre une évasion fiscale qui peut résulter de la réglementation relative au démembrement de propriété. En effet, le droit d'usufruit s'éteint au décès de celui qui en est titulaire (C. civ., art. 617) de sorte que la réunion de l'usufruit à la nue-propriété par le décès de l'usufruitier ne donne ouverture à aucun droit. Pour échapper à tout droit, il suffisait donc à un propriétaire d'acquérir un bien en usufruit à son propre nom et en nue-propriété au nom d'un héritier ou d'un légataire qu'il désirait avantager.

1483 Selon l'article 752 sont présumés appartenir au défunt les valeurs mobilières, les biens placés dans un trust et tous titres de créance dont il a eu la propriété ou dont il a perçu les revenus ou sur lesquels il a effectué une opération quelconque moins d'un an avant le décès. Cette disposition permet de présumer appartenir au défunt les sommes que les héritiers ont pu, grâce à une procuration par exemple, prélever sur un compte bancaire quelques semaines avant le décès, les retirant ce faisant de l'actif successoral. Toutefois, la Cour de cassation dans un arrêt de principe (Com. 30 oct. 1989, *Braque, JCP N* 1990. jurispr. 25, note Martin) a apporté des limites à cette disposition en considérant que le retrait de fonds transforme la créance en espèces et que dès lors la présomption n'est plus applicable. L'administration a en conséquence abandonné sa doctrine antérieure et n'applique plus l'article 752 du CGI aux prélèvements en question, tout en se réservant le droit d'apporter la preuve qu'il y a eu fraude.

1484 De même, les titres, sommes ou valeurs faisant l'objet des comptes indivis ou collectifs avec solidarité (CGI, art. 753) ou les sommes, titres ou objets trouvés dans un coffre-fort loué conjointement à plusieurs personnes (CGI, art. 754) sont réputés être la propriété conjointe de ces personnes et dépendre pour une part virile (portion d'une masse indivise obtenue en divisant cette masse par le nombre d'ayants droit) de la succession du défunt.

1485 Par ailleurs, selon l'article 754 B-I du CGI, certains dirigeants de sociétés peuvent être considérés comme propriétaires de titres non vendus au jour du décès.

1486 Enfin, selon les articles 1881 et 1882 du Code général des impôts, les immeubles ou fonds de commerce pour lesquels le défunt a acquitté la taxe foncière sont présumés lui appartenir.

1487 Ces présomptions prévues par le CGI ne sont pas irréfragables, le redevable peut apporter la preuve contraire.

2. *Les biens exonérés*

1488 Les exonérations sont de diverses natures : elles peuvent être ou totales ou partielles, avec ou sans plafond, voire temporaires. Il est possible de les classer selon qu'elles sont relatives aux personnes (a) ou aux biens (b).

a. *Les exonérations tenant aux personnes*

1489 Depuis 2007, les successions entre conjoints et partenaires d'un PACS sont entièrement exonérées (CGI, art. 796-0 *bis*). La loi a, ce faisant, également établi, pour cette imposition, l'égalité entre les couples mariés et les couples pacsés.

L'exonération s'applique aussi aux successions entre frères et sœurs, lorsque le bénéficiaire est âgé de plus de cinquante ans ou atteint d'une infirmité le mettant dans l'impossibilité de subvenir aux besoins de l'existence et qu'il a été constamment domicilié avec le défunt pendant les cinq années précédant le décès (CGI, art. 796-0 *ter*).

1490 Sont également exonérées de droits de mutation en considération de la qualité du défunt, entre autres les successions des victimes de faits de guerre (1914-1918, 1939-1945, Afrique du Nord) ainsi que les successions de personnes décédées du fait d'actes de terrorisme commis depuis le 1er janvier 1982, de sapeurs-pompiers décédés en mission et cités à l'ordre de la Nation ou de forces de l'ordre dans l'exercice de leur mission. Sont aussi exonérées les **indemnités** versées ou dues aux personnes victimes du Sida ou de la maladie de Creutzfeld-Jacob lorsque la contamination entre dans les cas prévus à l'article 775 *bis* du CGI, ainsi que celles versées aux victimes de l'amiante ou d'actes de terrorisme.

1491 Par ailleurs sont exonérées (CGI, art. 796-0) les personnes dispensées de déclaration de succession (v. ss 1511), à savoir le conjoint ou partenaire survivant, ainsi que les ayants droit en ligne directe, lorsque l'actif brut est inférieur à 50 000 euros, et 3 000 euros pour les autres successibles. L'exonération est ici subordonnée à la condition que ces personnes n'aient pas bénéficié antérieurement d'une donation de la part du défunt.

1492 La solution est identique pour les rentes et indemnités versées ou dues au défunt en réparation de dommages corporels ou à une maladie. **Les indemnités** sont déductibles pour leur valeur nominale de l'actif de la succession (CGI, art. 775 *bis*).

1493 D'un autre côté sont exonérés en considération de la qualité du successeur notamment les dons et legs faits à des collectivités publiques, à des établissements charitables, ainsi qu'à des établissements scientifiques et d'enseignement.

b. *Les exonérations tenant aux biens*

1494 Les exonérations en raison de la nature du bien sont plus nombreuses.

Bénéficient d'une exonération les réversions de rentes viagères entre parents en ligne directe de même que les dons et legs d'œuvres d'art à des personnes morales, à condition que ces œuvres soient destinées à figurer dans les collections publiques.

1495 La loi exonère les monuments historiques, sous la réserve que les héritiers concluent une convention avec l'administration précisant notamment les modalités d'accès du public et les conditions d'entretien des biens exonérés (CGI, art. 795 A).

1496 Sont exonérés de droits, sous certaines conditions et limites, les bois et forêts ainsi que certains biens ruraux (CGI, art. 793, 2-2°). Les bois et forêts sont exonérés à concurrence des trois quarts de leur valeur vénale et de la moitié au-delà de cette limite à la double condition que leur propriétaire s'engage à les soumettre pendant trente ans à un régime d'exploitation normale et qu'il produise un certificat du directeur départemental des territoires attestant que ces bois et forêts sont susceptibles d'aménagement ou d'exploitation régulière. Cette exonération existe à l'identique pour l'IFI (v. ss 1750). En cas de rupture de l'engagement, le droit non acquitté est exigible ainsi qu'un droit supplémentaire égal à la moitié de la réduction consentie plus l'intérêt de retard de 0,4 % par mois. Les parts de groupements forestiers bénéficient en principe de la même exonération.

1497 Les biens ruraux à condition d'être loués par un bail à long terme bénéficient d'une exonération partielle à concurrence des trois quarts si la valeur totale des biens loués n'excède pas 300 000 euros et pour la moitié seulement au-delà de cette limite (CGI, art. 793 *bis*). L'exonération, qui s'applique également aux parts de groupements fonciers agricoles, ne vaut que si le bien reste la propriété de l'héritier pendant cinq ans. Elle est portée à 500 000 euros si le donataire, héritier ou légataire conserve le bien pendant une durée supplémentaire de cinq ans.

1498 Les transmissions d'entreprises bénéficient d'une exonération des trois-quarts de la valeur des biens, à condition d'observer les conditions complexes posées par les articles 787 B et 787 C du CGI. Sont concernées à la fois les parts ou actions de sociétés et les entreprises individuelles (v. ss 1604).

Deux exonérations méritent des explications plus détaillées.

1499 **L'assurance décès.** La première concerne les sommes versées en cas d'assurance décès. En vertu de l'article 67 de la loi du 13 juillet 1930 (C. assur., art. L. 132-23) relative au contrat d'assurance « les sommes stipulées payables lors du décès de l'assuré à un bénéficiaire déterminé ou à ses héritiers ne font pas partie de la succession de l'assuré ». Conformément à la loi civile qui les exclut de l'actif successoral ces capitaux ne sont donc pas imposables. D'où la mise en place par certaines compagnies d'assurances de contrats d'assurance à prime unique où le capital versé en cas de décès correspondait à celui versé en début de contrat majoré des intérêts capitalisés. La formule autorisant la transmission de capitaux en franchise de droits, le législateur fiscal est intervenu pour en limiter les conséquences. Ainsi, l'article 990 I du CGI soumet à un prélèvement de 20 % la fraction des sommes qui excède 152 500 euros et à 31,25 % au-delà de 700 000 euros, par bénéficiaire d'une assurance-vie au décès de l'assuré. Toutefois, les sommes correspondant aux primes versées après le 70e anniversaire de l'assuré échappent à ce prélèvement parce qu'elles sont soumises aux droits de succession dans les conditions de droit commun pour la fraction des primes excédant 30 500 euros (CGI, art. 757 B). Ces deux dispositions mises à part, les contrats d'assurance-vie restent un moyen commode de transmission de capitaux en franchise de droits.

1500 **La tontine.** La deuxième exonération concerne le pacte tontinier. Les parties peuvent insérer dans un contrat d'acquisition, le plus souvent d'un immeuble, une clause de tontine ou d'accroissement. Cette clause consiste à prévoir qu'au décès de chaque acquéreur sa part reviendra aux survivants, si bien que le dernier sera réputé seul propriétaire de la totalité du bien. Jusqu'en 1980 la transmission de la part du prédécédé aux survivants était considérée comme une mutation à titre onéreux.

1501 Cette règle favorable aux contribuables a été modifiée par l'article 69 de la loi du 18 janvier 1980 (CGI, art. 754 A). Les biens recueillis en vertu d'une clause de tontine sont depuis lors « au point de vue fiscal réputés transmis à titre gratuit à chacun des bénéficiaires de l'accroissement », donc taxés au taux de 60 % si les parties au pacte ne sont pas parentes. Toutefois cette disposition ne s'applique pas à l'habitation commune à deux acquéreurs lorsque celle-ci a une valeur globale inférieure à 76 000 euros au moment du premier décès. Dans cette hypothèse la part transmise est exonérée de droits de succession mais passible des droits de vente d'immeuble, en principe au taux de 5,09 %. Au-delà du seuil de 76 000 euros, les droits de mutation à titre gratuit sont exigibles au taux de 60 % dès le premier euro.

B. Le passif déductible

1502 Le patrimoine imposable étant un patrimoine net, il convient de déduire de l'actif brut, le passif.

1503 Avant 1901, le passif successoral n'était pas déductible. C'est la loi du 25 février 1901 qui admet pour la première fois l'idée d'un passif déductible afin de compenser la progressivité des droits que l'on venait d'instaurer. Mais le législateur ne l'admet qu'avec réticence à raison des perspectives de fraude que l'administration tient pour importantes. Ceci explique d'une part que les dettes ne sont déductibles (1) que si elles remplissent un certain nombre de conditions, et d'autre part que des dettes soient déclarées non déductibles (2).

1. Les dettes déductibles

1504 Pour que les dettes soient déductibles de l'actif successoral, **trois conditions** doivent être remplies (CGI, art. 768) : elle doit exister à la charge personnelle du défunt (a) au jour du décès (b) et doit être justifiée par tous modes de preuve compatibles avec la procédure écrite (c).

a. *La dette doit exister à la charge personnelle du défunt*

1505 Cette condition exclut les dettes qui sont liées à la succession telles que les frais de partage ou les droits de succession eux-mêmes. Une autre conséquence en découlait à savoir que les frais de funérailles n'étaient pas déductibles.

1506 C'était là une conséquence logique mais que l'on pouvait, à juste titre, considérer comme draconienne. Aussi l'article 775 du CGI a précisé par dérogation, que les frais de funérailles pouvaient être déduits jusqu'à un plafond, fixé à 1 500 euros. Aucune justification n'est demandée à l'appui de cette déduction.

b. *La dette doit exister au jour du décès*

1507 C'est là une condition évidente puisque c'est le moment où la succession s'ouvre. Ainsi, une dette litigieuse ou sous condition suspensive est incertaine et ne peut être déduite. Mais le titre de la dette pourra être postérieur au décès à condition qu'il soit justifié que la dette est antérieure au décès. Ainsi les frais de dernière maladie sont déductibles sans limitation. Il en va de même pour les impôts dus, notamment l'impôt sur le revenu, mis en recouvrement postérieurement au décès.

c. *La dette doit être justifiée par tous modes de preuve compatibles avec la procédure écrite*

1508 Cette justification pourra résulter non seulement d'un acte ou d'un écrit mais encore de présomptions suffisamment graves, précises et concordantes. En revanche, ne pourront être retenus ni la preuve testimoniale ni l'aveu. En d'autres termes sont retenus les actes notariés, les actes sous seing privé, les jugements, les factures et autres documents constatant en termes suffisamment explicites l'existence d'une dette.

2. *Les dettes non déductibles*

1509 Certaines dettes théoriquement contractées par le défunt font l'objet d'une suspicion particulière, parce qu'elles s'analysent comme étant un moyen tentant de fraude fiscale. Aussi le législateur (CGI, art. 773) en interdit la déduction en les présumant fictives ou éteintes. Il en va ainsi des :

– **dettes échues depuis plus de trois mois** lors de l'ouverture de la succession. Elles sont présumées éteintes, mais la preuve contraire est possible par l'attestation du créancier, l'existence de la dette devant être justifiée dans les conditions habituelles ;

– **dettes consenties par le défunt au profit de ses héritiers**. La preuve de la sincérité de la dette est possible lorsque « la dette a été consentie par un acte authentique ou un acte sous seing privé ayant date certaine avant l'ouverture de la succession » (art. 773-2°, al. 1er) ;

– **dettes reconnues par testament** sauf si leur existence est prouvée par un autre moyen que le testament ;

– **dettes hypothécaires** garanties par une inscription périmée depuis plus de trois mois lors de l'ouverture de la succession ;

– **dettes prescrites** au sens de la loi civile à moins qu'il ne soit justifié que la prescription a été interrompue.

1510 Enfin, lorsque la dette a été contractée pour l'acquisition de biens exonérés, elle s'impute en priorité sur la valeur du bien exonéré (CGI, art. 769).

§ 2. La liquidation des droits de succession

1511 La loi fait obligation aux héritiers et légataires ou à leurs représentants, notamment s'il s'agit d'héritiers mineurs, de souscrire une déclaration indiquant à l'administration les biens qui se trouvent transmis par décès (CGI, art. 800).

1512 Cette déclaration doit contenir une évaluation des biens qui servira à la détermination des droits à payer. Elle doit être souscrite dans un délai de six mois à compter du jour du décès lorsque le défunt est décédé en France, dans un délai d'un an dans les autres cas (CGI, art. 641).

1513 La déclaration n'est pas à souscrire par le conjoint ou partenaire survivant ni les ayants cause en ligne directe lorsque l'actif brut successoral est inférieur à 50 000 euros et à 3 000 euros dans tous les autres cas (CGI, art. 800, I, 1°). Les agents de l'administration peuvent demander aux héritiers toutes précisions sur la consistance et la valeur des biens héréditaires.

1514 Des sanctions sont prévues en cas de déclaration tardive. Une majoration de 10 % des droits est applicable à partir du septième mois suivant le délai de six mois prescrit pour le dépôt de la déclaration, en d'autres termes un an après le décès. Cette majoration est portée à 40 % si la déclaration n'est pas déposée dans les 90 jours suivant une mise en demeure notifiée par lettre recommandée. Par ailleurs, des intérêts de retard de 0,4 % par mois sont perçus à compter du septième mois après le décès.

1515 Pour liquider les droits, il convient tout d'abord d'évaluer les biens (A) pour pouvoir dans un deuxième temps leur appliquer le tarif de l'impôt (B).

A. L'évaluation des biens

1516 L'évaluation des biens résulte de la déclaration détaillée et estimative fournie par les héritiers ou les légataires. En règle générale, les biens transmis sont évalués à leur valeur vénale réelle au jour du décès (CGI, art. 761), date du fait générateur de l'impôt. En cas de divergence d'appréciation entre le contribuable et l'administration, c'est à celle-ci d'apporter la preuve de l'insuffisance d'évaluation par rapport à la valeur vénale. Les litiges portant sur l'évaluation des biens pourront être soumis à la Commission départementale de conciliation (v. ss 143).

1517 En vue de faciliter l'évaluation de certains biens qui est techniquement difficile, voire aléatoire, et de permettre à l'administration de s'opposer efficacement à la sous-évaluation de certains actifs, le législateur a fixé un ensemble de règles et de présomptions qui diffèrent selon qu'il s'agit d'immeubles (1), de meubles corporels (2) ou de titres de sociétés (3). D'un autre côté, un mode d'évaluation spécifique est prévu pour les biens transmis en usufruit ou en nue-propriété (4).

1. *L'évaluation des immeubles*

1518 L'évaluation retient la valeur vénale réelle, qui est établie soit par la méthode de comparaison avec des immeubles similaires, soit par la méthode de capitalisation du revenu que l'immeuble peut produire. Cette règle selon laquelle est retenue la valeur vénale réelle est assortie de deux aménagements.

En premier lieu, si dans les deux années qui ont précédé ou suivi le décès, les immeubles ont fait l'objet d'une adjudication publique, les droits de succession ne peuvent être calculés sur une somme inférieure au prix de l'adjudication. Ce prix d'adjudication n'est pas retenu s'il est justifié que la consistance des immeubles a subi, dans l'intervalle, des transformations susceptibles d'en modifier la valeur. Il y a transformation lorsque la consistance matérielle de l'immeuble ou son régime juridique sont modifiés. Il y a modification par exemple si l'immeuble est partiellement occupé à la date du décès et libre de location à la date de l'adjudication. Dans cette hypothèse, l'administration admet que les héritiers ou légataires puissent réclamer la restitution des droits perçus en trop lorsque le prix est inférieur à la valeur déclarée.

1519 Le second aménagement concerne la résidence principale du défunt. En partant de la constatation qu'un immeuble loué a une valeur vénale inférieure à celle d'un immeuble libre de toute occupation, se pose la question de la valeur d'un immeuble occupé par son propriétaire. La Cour de cassation, en matière d'ISF d'abord (Com. 13 févr. 1996, *J. Fleury*, *D.* 1996. jurispr. 367, note Le Calvez) (v. ss 1754) et de droits de succession ensuite (Com. 16 déc. 1997, *Mme Grunberg*, *JCP* 1998. 718 à 720, note David), a estimé que l'immeuble occupé par son propriétaire devait « être évalué en fonction de cette circonstance » et ce faisant connaître une minoration de sa valeur. Comme cette décision risquait d'entraîner des pertes de recettes fiscales, à compter de 1999 l'article 761 du CGI est venu limiter cette jurisprudence en posant le principe selon lequel la valeur vénale réelle d'un immeuble dont le propriétaire a l'usage est réputée égale à sa valeur libre de toute occupation.

Toutefois, un abattement de 20 % peut être pratiqué sur cette valeur à condition que l'immeuble constitue au jour du décès la résidence principale du défunt et qu'il soit également occupé à titre de résidence principale soit par le conjoint survivant, soit par le partenaire lié au *de cujus* par un PACS, soit par un ou plusieurs enfants. Ces deux conditions étant cumulatives, l'immeuble ne peut être considéré comme occupé lorsque son propriétaire était le seul occupant au moment de son décès. L'immeuble doit alors être évalué comme un immeuble libre de toute occupation (Com. 11 févr. 2003, *M. d'Albis de Filcquemont*, *Dr. fisc.* 2003, n° 17, comm. 320).

2. *L'évaluation des meubles corporels*

1520 Les modalités d'évaluation des meubles corporels varient suivant qu'il s'agit de meubles meublants (a), de bijoux, pierreries, objets d'art ou de collection (b) ou d'autres meubles corporels (c).

a. *Les meubles meublants*

1521 Pour les meubles meublants c'est-à-dire « les meubles destinés à l'usage et à l'ornement des appartements » (C. civ., art. 534), trois bases d'évaluation sont possibles, qui sont par ordre de priorité :

– le prix obtenu par vente publique intervenue dans les deux ans du décès ;

– à défaut, l'estimation contenue dans les inventaires notariés dressés dans les formes légales dans les cinq années du décès ;

– à défaut, la déclaration détaillée et estimative des héritiers.

Dans cette dernière hypothèse, la valeur imposable des meubles meublants ne peut être inférieure à 5 % de l'ensemble des autres biens de la succession. Ce forfait de 5 % est une présomption d'existence et d'évaluation des meubles meublants. Il ne dispense pas les héritiers de souscrire une déclaration estimative des meubles, mais l'administration n'exige pas cette dernière, en pratique, si les redevables déclarent expressément s'en tenir au forfait de 5 %. Il se calcule sur l'ensemble des biens, autres que les meubles meublants, composant l'actif successoral avant déduction du passif.

1522 La preuve contraire dans les formes compatibles avec la procédure écrite est possible par exemple si le défunt a toujours vécu à l'hôtel ou dans une communauté religieuse excluant la possession d'un mobilier personnel.

b. *Les bijoux, pierreries, objets d'art ou de collection*

1523 Là aussi existent trois bases d'évaluation qui sont par ordre de priorité :

– le prix net obtenu par une vente publique intervenue dans les deux ans du décès ;

– à défaut l'évaluation contenue dans tout acte estimatif dressé dans les cinq ans du décès. Mais pour les bijoux et œuvres d'art, cette évaluation ne peut être inférieure à la valeur totale figurant dans les contrats d'assurance contre le vol ou l'incendie (CGI, art. 764, II) en cours au jour du décès et conclus par le défunt moins de dix ans avant l'ouverture de la succession ;

– à défaut la déclaration détaillée et estimative des parties, le forfait de 5 % n'étant pas applicable.

c. *Les autres meubles corporels (voitures, bateaux, avions, chevaux, etc.)*

1524 Les autres meubles corporels sont évalués comme les bijoux et objets précieux sans application du forfait de 5 % ni du minimum d'évaluation fondé sur une police d'assurance.

3. *Les valeurs mobilières et les créances*

1525 S'agissant de valeurs mobilières cotées, est retenu le cours moyen de bourse au jour de la transmission ou la moyenne des trente derniers cours qui précèdent la transmission, le contribuable choisissant la solution la plus favorable (CGI, art. 759). Les valeurs mobilières non cotées sont imposées d'après la déclaration estimative des héritiers ou légataires. Cette valeur qui est soumise au contrôle de l'administration doit être déterminée d'après l'ensemble des éléments qui permettent d'obtenir un chiffre aussi voisin que possible de celui qu'aurait entraîné le jeu normal de l'offre et de la demande. Pour l'évaluation des titres non cotés ou des actifs incorporels, en cas de transmission d'une entreprise par décès, l'article 764 A du CGI prévoit la prise en compte de la dépréciation résultant du décès de la personne qui a occupé une place déterminante dans l'entreprise.

Les créances dues au défunt au jour de son décès sont prises en compte pour leur montant nominal, en ajoutant les intérêts échus et non encore payés ainsi que ceux courus à la même date (CGI, art. 760).

4. *Les biens transmis en usufruit ou en nue-propriété*

1526 Dans cette hypothèse, l'usufruit et la nue-propriété supportent les droits de mutation mais seulement sur leur valeur respective au moment de la transmission. Cette valeur respective est une fraction légale forfaitaire de la valeur en pleine propriété. Étant par hypothèse viager, la valeur de l'usufruit est d'autant plus importante que l'usufruitier est jeune. Cette valeur est déterminée en appliquant le barème ci-dessous de l'article 669 II du CGI.

Fraction de la pleine propriété		
Âge de l'usufruitier	**Valeur de l'usufruit**	**Valeur de la nue-propriété**
moins de 21 ans révolus	90 %	10 %
31	80 %	20 %
41	70 %	30 %
51	60 %	40 %
61	50 %	50 %
71	40 %	60 %
81	30 %	70 %
91	20 %	80 %
plus de 91 ans	10 %	90 %

1527 Inchangé depuis la loi du 25 février 1901, le barème a été actualisé par l'article 19 de la loi de finances du 30 décembre 2003 afin de tenir compte de la nouvelle espérance de vie sans prendre toutefois en compte le sexe de l'usufruitier. Il s'applique tant pour les actes à titre gratuit que pour les actes à titre onéreux iorsque, par exemple, une vente s'effectue avec réserve d'usufruit.

B. Le calcul des droits de succession

1528 Les droits sont calculés sur « la part nette revenant à chaque ayant droit » (CGI, art. 777) et non sur l'ensemble de la masse successorale. Ainsi, on ne tient pas compte de l'importance de la succession mais du montant de l'héritage reçu par chacun. Il a semblé plus logique de retenir la capacité contributive de celui qui reçoit le bien plutôt que celle du défunt. D'un autre côté, le calcul est conçu pour privilégier les héritiers en ligne directe par rapport aux collatéraux et aux non-parents.

1529 L'actualisation annuelle du barème pour tenir compte de l'érosion monétaire est supprimée depuis le 1er janvier 2013.

1530 Le calcul des droits suppose trois opérations qui doivent être effectuées successivement sur la part successorale imposable pour obtenir l'impôt exigible : le retranchement des abattements (1), l'application du taux (2), la soustraction des réductions (3).

1. *Les abattements*

1531 Les abattements ont un caractère strictement personnel, ce qui veut dire que si un abattement n'est pas utilisé intégralement par un héritier ou légataire, il ne peut pas être reporté sur la part d'autres héritiers. Différentes hypothèses sont à envisager :

1532 **Les transmissions en ligne directe.** Un abattement de 100 000 euros est opéré sur la part de chacun des ascendants et de chacun des enfants vivants ou représentés (CGI, art. 779 I).

1533 **Les transmissions entre frère et sœur.** Un abattement de 15 932 euros est effectué sur la part de chacun des frères et sœurs.

1534 **L'abattement en faveur des neveux et nièces.** Un abattement de 7 967 euros est pratiqué pour la part revenant à chacun des neveux et nièces (CGI, art. 779 V).

1535 **L'abattement en faveur des handicapés.** Un abattement de 159 325 euros s'applique à la part de tout héritier incapable de travailler dans des conditions normales de rentabilité, en raison d'une infirmité physique ou mentale (CGI, art. 779 II). Cet abattement se cumule avec les autres abattements et s'applique quel que soit le lien de parenté avec le défunt.

1536 **L'abattement à défaut d'autre abattement.** Un abattement de 1 594 euros est opéré sur chaque part successorale à défaut d'autre abattement, quel que soit le lien de parenté avec le défunt et même en l'absence de parenté (CGI, art. 788 IV).

Sur la part recueillie par chaque héritier, il convient donc de pratiquer l'abattement adéquat : les droits ne frapperont que le montant dépassant l'abattement prévu.

1537 La loi n'a rien prévu pour les concubins qui sont par conséquent considérés comme des tiers l'un vis-à-vis de l'autre.

2. *Les taux*

1538 Les taux sont progressifs pour les transmissions en ligne directe et en ligne collatérale en deçà du deuxième degré de parenté. Ils sont proportionnels dans les autres cas (CGI, art. 777).

1539 **Transmissions en ligne directe.**

N'excédant pas	8 072 €	5 %
Comprise entre	8 072 et 12 109 €	10 %
	12 109 et 15 932 €	15 %
	15 932 et 552 324 €	20 %
	552 324 et 902 838 €	30 %
	902 838 et 1 805 677 €	40 %
Au-delà de	1 805 677 €	45 %

1540 **Transmission en ligne collatérale et entre non-parents**

Entre frères et sœurs		
N'excédant pas	24 430 €	35 %
Supérieure à	24 430 €	45 %
Entre parents jusqu'au 4e degré inclusivement (oncles, tantes, neveux, nièces, cousins germains)		55 %
Entre parents au-delà du 4e degré et entre personnes non parentes		60 %

1541 Les successions autres qu'en ligne directe sont donc substantiellement imposées, à l'exception toutefois de la transmission de l'entreprise faite à un cadre compétent sans lien de parenté avec le défunt, elle bénéficie en effet d'un régime favorable sous condition, que l'on retrouve également en matière de donations (v. ss 1604).

3. *Les réductions d'impôt*

1542 Sur le montant de l'impôt déterminé par l'application du taux à la part nette imposable, une réduction de 50 % des droits, dans la limite de 305 euros est accordée aux mutilés de guerre frappés d'une invalidité d'au moins 50 % (CGI, art. 782).

§ 3. Le recouvrement des droits de succession

1543 En principe, les droits doivent être acquittés avant l'enregistrement. Les héritiers, mais non les légataires, sont solidaires pour le paiement des droits. Le receveur des impôts peut donc réclamer le montant total des droits à l'un quelconque des héritiers.

1544 Ces droits représentent parfois des sommes importantes et leur paiement peut obliger les héritiers à liquider une partie de l'actif reçu. D'où l'institution de paiements fractionnés (A), de paiements différés (B) voire de modalités particulières de paiement (C).

A. Le paiement fractionné

1545 Le paiement des droits peut être acquitté en trois versements sur une période maximale d'un an.

1546 Ce délai est porté à trois ans lorsque l'actif héréditaire comprend à concurrence de 50 % au moins des biens non liquides (immeubles, fonds de commerce, matériel agricole, etc.). Toutefois les droits deviennent exigibles dès la vente d'un bien de la succession.

B. Le paiement différé

1547 Le paiement peut être différé, si la succession comporte dévolution des biens en nue-propriété, et ceci jusqu'à l'expiration d'un délai de six mois à compter de la date de réunion de l'usufruit et de la nue-propriété ou pendant cinq ans en cas de transmission d'entreprise avec un paiement fractionné sur dix ans.

1548 En cas de paiement fractionné ou différé, le contribuable doit offrir des garanties (hypothèques, engagement solidaire) et payer des intérêts pour les sommes en question.

1549 En cas de paiement fractionné ou différé l'État perçoit des intérêts qui, depuis le 1er janvier 2015, correspondent au taux moyen des prêts immobiliers à taux fixe pratiqués par les établissements de crédit au cours du quatrième trimestre de l'année précédente, ce taux étant réduit d'un tiers et retenu jusqu'à la première décimale. Il est encore réduit des deux tiers pour les demandes effectuées dans le cadre d'une transmission d'entreprise. Ainsi, pour les demandes de paiement fractionné ou différé présentées en 2025, le taux d'intérêt de base est fixé à 2,3 %, et le taux d'intérêt réduit à 0,7 %.

C. Les modalités particulières de paiement

1550 Le paiement peut se faire par « la remise d'œuvres d'art, de livres, d'objets de collection, de documents de haute valeur artistique ou historique » (CGI, art. 1716 *bis*). La procédure, qualifiée de dation en paiement, est subordonnée à un agrément ministériel. On évite par-là que les objets en question soient vendus ou quittent, le cas échéant, le territoire national. C'est selon cette procédure qu'ont été réglées, entre autres, les successions de Picasso et de Chagall.

1551 La même procédure est applicable à la remise d'immeubles situés dans les zones d'intervention du conservatoire de l'espace littoral et des rivages lacustres dont la situation ainsi que l'intérêt écologique ou paysager justifient la conservation de l'état naturel. Par là le législateur fiscal vient au secours de la protection de l'environnement. Depuis 2001, la liste des biens comprend aussi les immeubles en nature de bois, forêts ou espaces naturels pouvant être incorporés au domaine forestier de l'État. Les conditions de transmission ont été précisées par un décret n° 2003-281 du 24 mars 2003.

1552 La procédure de dation en paiement a fait l'objet de plusieurs aménagements afin d'empêcher une utilisation abusive du dispositif

(CGI, art. 1716 *bis*). Ainsi seul un montant minimal de droits fixé à 10 000 euros peut être acquitté par dation. Sont exclus les biens détenus depuis moins de cinq ans et ceux ayant fait l'objet de deux refus d'agrément, sauf s'ils ont été acquis à titre gratuit.

1553 Le paiement peut également s'effectuer à concurrence d'une proportion variable selon la nature des titres par la remise de valeurs d'État.

1554 Des modalités spécifiques de paiement sont prévues pour les transmissions d'entreprises (v. ss 1604).

La conjonction du rôle redistributif des droits de succession et de leur impopularité provoque des débats sur le bien-fondé de leur structure. Dans un communiqué du 25 septembre 2024, la Cour des comptes suggère une réforme pour les rendre plus justes sans réduire les recettes fiscales globales.

Bibliographie

CAMELO CASSAN (Pierre), « Du bon usage de la roulette russe dans le contrat de société : tontine, aléa et abus de droit », *Dr. fisc.* 2016, n° 28, comm. 408.

COZIAN (Maurice) « La clause tontinière », *Dr. et patr.* 1994, p. 22.

COZIAN (Maurice), « Les droits de succession ou de donation constituent-ils des charges déductibles ? », *LPA* 1996, n° 8, p. 5 à 7.

DOUET (Frédéric), « Aspects fiscaux de la réforme des successions et libéralités », *Dr. fisc.* 2007, n° 6, p. 10 à 17.

FOURRIQUES (Michel), « Tontine et concubins », *LNF* 2005, n° 931, p. 23 à 26.

FOURRIQUES (Michel), « Les présomptions des articles 750 *ter* et 752 du CGI en matière de successions », *Dr. et patr.* 2007, p. 36 à 39.

FRULEUX (François), « Le paiement différé ou fractionné des droits de succession du conjoint : un régime de faveur contraignant », *JCP N* 2005. 1365 à 1370.

HATOUX (Bernard), « L'évaluation des biens en matière d'enregistrement », *RJF* 2002, n° 2, p. 117.

HUBLOT (Guillaume), « De l'opportunité d'une réforme ou d'une suppression de la fiscalité successorale », *Dr. fisc.* 2007, suppl. au n° 25, p. 19 à 25.

LEHERISSEL (Hervé) et CAPELLE (Marion), « Droits de succession : réforme ou suppression », *Dr. fisc.* 2008, suppl. au n° 25, p. 16 à 18.

MORTIER (Renaud), « L'odieux traquenard de l'article 751 du CGI : le nu-propriétaire taxé aux droits d'une succession fictive », in *Mélanges Maurice Cozian*, Litec, 2009, p. 819 à 851.

QUILICI (Sandrine), « La présomption pas si simple de l'article 751 du CGI, note Com. 23 mars 2010, n° 09-68 820, *Mme de Rancourt* », *Dr. fisc.* 2010, n° 20, comm. 310 et *RFN* 2010, comm. 72.

QUILICI (Sandrine), « Le casse-tête du contentieux de l'évaluation », *Dr. fisc.* 2010, n° 28, comm. 417.

STEICHEN (Alain), « Faut-il enterrer les impôts de succession », *Dr. fisc.* 2008, suppl. au n° 25, p. 2 à 15.

VARII AUCTORES, « La réforme des successions et libéralités : quels enjeux pour la transmission de l'entreprise familiale », *JCP N* 2006. 1296 à 1308.

SECTION 2

Les droits de donation

1555 Les donations, également dénommées mutations à titre gratuit entre vifs, connaissent un régime fiscal général (§ 1) assorti de dispositions spécifiques à certaines formes de donations (§ 2).

§ 1. Le régime fiscal général des donations

1556 D'une manière générale, les donations sont soumises à un régime fiscal proche de celui applicable aux successions. Mais l'assimilation des deux régimes n'est pas complète, car existent des conditions particulières quant à l'exigibilité des droits (A), quant à leur assiette (B), quant à leur liquidation (C) et quant à leur recouvrement (D).

A. Les conditions d'exigibilité des droits

1557 La donation est un contrat par lequel une personne (le donateur) « se dépouille actuellement et irrévocablement » (C. civ., art. 894) sans contrepartie et avec intention libérale, de la propriété d'un bien à une autre (le donataire) qui l'accepte. L'exigibilité des droits de donation est ainsi soumise à trois conditions : le contrat doit être gratuit (1), le donateur doit être dessaisi des biens donnés (2) et la donation doit être expressément acceptée par le donataire (3).

1. *Un contrat à titre gratuit*

1558 Un acte ne s'analyse en une donation que s'il révèle clairement l'intention du donateur de consentir une libéralité au donataire. Il ne peut y avoir donation sans *animus donandi*. Les charges imposées, le cas échéant, au donataire (obligation de loger le donateur par exemple) n'enlèvent pas au contrat son caractère gratuit dès lors qu'elles sont inférieures à la valeur des biens donnés. Si les charges sont d'une valeur égale à celle des biens donnés, le contrat s'analyse en une vente. Si les charges sont supérieures, il y a donation en sens inverse, du prétendu donataire au prétendu donateur. Le point de savoir si une donation avec charges constitue ou non une mutation à titre gratuit relève de l'appréciation d'une situation de fait et du contrôle des tribunaux.

1559 L'exécution d'une obligation naturelle ne constitue pas une libéralité mais un paiement. Les droits de mutation à titre gratuit ne sont donc pas exigibles. Il en va différemment lorsque l'obligation est purement morale. En effet, celui qui exécute une telle obligation consent une véritable donation soumise à l'impôt.

1560 Grâce à la procédure de la répression des abus de droit, l'administration peut requalifier l'acte dans le cas où les parties ont dissimulé une donation sous l'apparence d'une vente.

2. *Le dessaisissement du donateur*

1561 Pour qu'une donation soit taxable, il faut que, conformément à la règle « donner et retenir ne vaut », elle entraîne le dessaisissement actuel et irrévocable du donateur. Mais la transmission immédiate des biens donnés n'est pas nécessaire : elle peut, en effet, n'intervenir qu'à terme. Les donations sous condition suspensive et les donations à cause de mort ne donnent ouverture qu'au droit fixe, le droit de mutation à titre gratuit n'étant dû que lors de la réalisation de la condition ou lors du décès du donateur.

3. *L'acceptation du donataire*

1562 En vertu de l'article 932 du Code civil, la donation doit être expressément acceptée par le donataire. À défaut d'acceptation, il y a seulement offre de donation, passible du seul droit fixe des actes innommés (v. ss 1438). L'acceptation constituant le fait générateur de l'impôt, les droits sont perçus sur la valeur des biens à la même date.

B. L'assiette des droits

1563 L'assiette des droits de donation reprend le régime des droits de succession mais diverge sur un certain nombre de points, en ce qui concerne les règles de territorialité (1), l'évaluation des biens (2), le sort des charges (3) et la prise en charge des droits par le disposant (4).

1. *Les règles de territorialité*

1564 S'appliquent ici *mutatis mutandis* les règles applicables en matière de droits de succession. Les donations sont imposables en France lorsque le donateur ou le donataire est domicilié en France quels que soient la nature du bien transmis et le lieu de passation de l'acte (France ou étranger). Lorsque le donateur ou le donataire n'est pas domicilié en France (v. ss 1446), seules sont imposables en France, les transmissions à titre gratuit de biens français même opérées par des actes passés à l'étranger (CGI, art. 750 *ter*). Là aussi ces dispositions ne s'appliquent que sous réserve de conventions internationales conclues par la France.

2. *L'évaluation des biens*

1565 Les règles d'évaluation sont, en principe, les mêmes que celles applicables en matière de droits de succession. Il existe toutefois quelques différences notables.

1566 Ne s'appliquent ni l'abattement de 20 % pour l'évaluation de la résidence principale (v. ss 1518) ni le forfait mobilier de 5 % s'agissant des meubles meublants.

1567 Pour ce qui est des **bijoux, pierreries, objets d'art ou de collection**, leur valeur imposable ne peut être inférieure à 60 % (CGI, art. 776, II), au lieu de 100 % pour les successions, de l'évaluation faite dans les contrats d'assurance contre le vol ou l'incendie en cours à la date de la donation, et conclus par le donateur, son conjoint ou ses auteurs depuis moins de dix ans (CGI, art. 776, II).

1568 L'évaluation des **valeurs mobilières cotées** est faite selon le cours moyen de la bourse au jour de la donation et non pas selon la moyenne des trente des derniers jours qui précèdent la donation.

1569 S'agissant de **donations d'entreprise**, les dirigeants d'entreprises individuelles ou de sociétés non cotées qui envisagent de donner tout ou partie de l'entreprise ou des titres qu'ils possèdent, peuvent consulter l'administration sur la valeur de ces biens. Cette procédure, dite de « **rescrit de valeur** », est prévue par l'article 18 du LPF. Elle est réservée aux projets de donation portant sur des entreprises ou titres de sociétés non cotées répondant à la définition des biens professionnels au sens de l'IFI (v. ss 1718). Elle n'est donc pas utilisable quand la donation projetée porte sur des biens non professionnels. Si la donation intervient dans les trois mois de l'accord exprès de l'administration, lequel doit intervenir dans un délai de six mois au maximum à compter du dépôt d'un dossier complet, l'évaluation ne pourra plus être remise en cause. Le silence de l'administration ne vaut pas acceptation.

3. *Le sort des charges*

1570 À la différence du régime des successions, où le passif successoral est déductible de l'actif brut, les dettes du donateur ne sont, sauf exceptions limitées, pas déductibles des biens donnés, le donataire, qui est un ayant-cause à titre particulier, ne pouvant être considéré comme le continuateur de la personne du donateur.

1571 Ainsi, ne sont pas déductibles les charges afférentes au bien donné et qui sont, éventuellement, imposées au donataire. N'affectant pas la transmission de l'intégralité du bien donné elles ne sont pas déductibles de la valeur imposable. C'est donc la valeur brute des biens donnés qui est soumise aux droits.

1572 En revanche, les réserves faites par le donateur diminuent l'objet de la donation et les droits de mutation à titre gratuit ne peuvent être perçus que sur la valeur et la fraction en nature du bien transmis. Ainsi, lorsque le donateur se réserve l'usufruit des biens donnés, les droits ne sont perçus que sur la valeur de la nue-propriété transmise au donataire. C'est là une façon souple de transmettre tout ou partie de son patrimoine en conservant la gestion et les revenus éventuels de celui-ci tout en n'acquittant les droits de mutation que sur la valeur vénale de la nue-propriété des biens transmis, ce qui constitue un avantage pécuniaire non négligeable.

1573 Par ailleurs, une exception notable à la non-déduction des dettes a été apportée par l'article 15-I de la loi de finances n° 2004-1484 pour 2005 codifié à l'article 776 *bis* du CGI. Ainsi, s'agissant de la donation d'entreprises industrielles ou commerciales, le donataire peut déduire les dettes contractées par le donateur pour l'acquisition ou dans l'intérêt des biens objets de la donation. Par-là, le législateur a voulu faciliter la transmission à titre gratuit d'entreprises en autorisant la déduction du passif de l'assiette des droits de mutation.

4. *La prise en charge des droits par le disposant*

1574 Il résulte d'une doctrine et d'une jurisprudence constante que la prise en charge par le donateur des droits et frais incombant normalement au donataire ne s'analyse pas en une libéralité additionnelle de la libéralité principale. Il n'y a donc pas lieu d'ajouter à la valeur des biens donnés le montant de ces frais et droits pour calculer l'impôt exigible.

1575 Cette prise en charge peut permettre aux parties, lorsque la donation porte sur des espèces, de diminuer le montant de la donation dans l'exacte mesure des droits qui grèveront la valeur ainsi minorée. De ce fait, le donateur qui prend les droits à sa charge peut se borner à faire figurer dans l'acte de donation une somme égale à la valeur obtenue en appliquant à la valeur totale des biens donnés le rapport 100/100 + tx (tx étant le taux des droits). Ainsi, à raisonner sur une donation en espèces de 100 000 euros à un non-parent taxable au taux de 60 %, le donataire aura à payer des droits se montant à 60 000 euros (60 % de 100 000 euros). Lui restera après paiement des droits 40 000 euros. Si le donateur prend en charge les droits, il fera figurer dans l'acte de donation la somme de 62 500 euros obtenue en appliquant au montant de la donation soit 100 000 euros le rapport 100/100 + tx soit 100/160. Les droits à payer seront de 60 % de 62 500 euros soit 37 500 euros au lieu de 60 000 euros. Le donateur s'est ainsi dessaisi de la même somme (62 500 + 37 500 = 100 000 euros) mais le donataire reçoit 62 500 euros au lieu de 40 000 euros.

C. La liquidation des droits

1576 La liquidation des droits donne lieu aux mêmes opérations qu'en matière de succession, avec toutefois quelques particularités s'agissant de la détermination de la part nette taxable (1) et du calcul de l'impôt (2).

1. *La détermination de la part taxable*

1577 Lorsque la donation est faite à plusieurs bénéficiaires, les droits sont liquidés sur la part revenant à chacun d'eux (CGI, art. 777). Dans l'hypothèse où la donation est consentie par plusieurs personnes, la perception des droits est établie comme si chaque personne avait consenti une libéralité par acte distinct. Il en va ainsi, notamment, en cas de donation simultanée par le mari et la femme. À cet égard, lorsque la donation comprend des biens de communauté, ceux-ci doivent être considérés comme donnés, par parts égales, par chacun d'eux et les abattements et droits sont calculés distinctement sur les biens donnés par chacun.

1578 **Exemple.** Deux époux mariés sous un régime de communauté transmettent un bien de la communauté conjugale à leur enfant.

- Valeur du bien de communauté : 120 000 euros
- Fraction donnée par le père : 60 000 euros
- Abattement : 50 000 euros
- Part taxable du père : 10 000 euros
- Fraction donnée par la mère : 60 000 euros
- Abattement : 50 000 euros
- Part taxable de la mère : 10 000 euros

Les droits sont dus sur le total de : 20 000 euros.

2. *Le calcul des droits*

1579 Pour le calcul de l'impôt, les donations sont soumises au même régime que les successions en ce qui concerne les tarifs applicables, les abattements et les réductions de droits édictés pour tenir compte de la situation de famille. Quelques particularités sont toutefois à signaler.

1580 Contrairement aux dispositions en matière de succession (v. ss 1489), s'agissant des conjoints ou des partenaires d'un PACS, les donations sont imposables. Elles bénéficient toutefois d'un abattement de 80 724 euros (CGI, art. 790 E et F) le surplus étant soumis au barème (v. ss 1539). L'abattement accordé aux partenaires d'un PACS est remis en cause lorsque le pacte est rompu durant l'année de sa conclusion ou au cours de l'année qui suit, sans que cette rupture ait pour cause un mariage ou un décès (CGI, art. 790 F). En cas de partage entre cohéritiers (comme pour les copropriétaires et les coassociés), le droit dû sur les biens meubles et immeubles est de 2,5 %. S'il s'agit d'un partage provoqué par une séparation de corps, un divorce ou la rupture d'un PACS, le droit est de 1,1 % (CGI, art. 746).

1581 Les donations des grands-parents, quel que soit leur âge, à leurs petits-enfants (CGI, art. 790 B) sont exonérées à hauteur de 31 865 euros, celles des arrière-grands-parents, quel que soit leur âge à leurs arrière-petits-enfants (CGI, art. 790 D) le sont pour un montant de 5 310 euros. Ces trois abattements ne peuvent jouer chacun qu'une fois tous les quinze ans (v. ss 1595).

1582 De même les dons familiaux en pleine propriété de sommes d'argent consentis par un donateur âgé de moins de 65 ans au profit d'un donataire majeur ou mineur émancipé (enfant, petit-enfant, arrière-petit-enfant ou à défaut neveu, nièce) sont exonérés (CGI, art. 790 G) à hauteur de 31 865 euros.

1583 Contrairement aux dons manuels (v. ss 1598), les présents d'usage tels les sommes remises à l'occasion d'un anniversaire ou d'un mariage sont exonérés à la condition de ne pas être hors de proportion avec les ressources du donateur. À titre de règle pratique, la Cour de cassation apparaît retenir une limite de 2,5 % du revenu annuel du donateur pour la qualification du présent d'usage.

1584 Ces abattements ou réductions s'appliquent sans établir de distinction fondée sur la nature de la donation (donations-partages, donations à un enfant unique, autres donations). L'âge du donateur s'apprécie à la date de l'acte de donation.

1585 Les réductions sont effectuées sur le montant des droits dus en dernier lieu par chaque donataire après application des abattements et autres réductions de droits pour charges de famille notamment.

1586 Enfin, dernière particularité, les actes de donation portant sur des immeubles demeurent assujettis à la double formalité de l'enregistrement et de la publicité foncière. En conséquence, ils supportent distinctement les droits de donation et la taxe départementale de publicité foncière au taux de 0,715 %.

D. Le recouvrement des droits

1587 Les règles exposées pour le paiement des droits de succession s'appliquent également aux droits de donation à l'exception des régimes de paiement fractionné et différé. Toutefois, le régime spécifique de paiement différé et fractionné applicable à certaines transmissions d'entreprise vaut également pour les donations (v. ss 1653).

§ 2. Les régimes particuliers à certaines donations

1588 Des dispositions fiscales particulières régissent les donations-partages (A), les donations en avancement de part successorale (B), les dons manuels (C), ainsi que les transmissions d'entreprises (D).

A. Les donations-partages

1589 Aux termes de l'article 1075 du Code civil, la donation-partage ou partage d'ascendant est l'acte par lequel les père et mère et autres ascendants font donation à leurs enfants et descendants de leurs biens en opérant la distribution et le partage de ces biens.

1590 La donation-partage comporte à la fois donation et partage. Mais au regard des droits d'enregistrement (théorie des dispositions dépendantes et indépendantes) (v. ss 1455), de ces deux dispositions dépendantes, la donation constitue la disposition principale. En conséquence, seuls les droits de mutation à titre gratuit sont exigibles à l'exclusion du droit proportionnel de partage. Pour le reste, les règles d'assiette et de liquidation sont identiques à celles applicables aux donations (v. ss 1576). Généralement les parents donnent à leurs enfants la nue-propriété de leur patrimoine, en s'en réservant l'usufruit. Les droits sont calculés uniquement sur ce qui est transmis, c'est-à-dire la nue-propriété, dont la valeur est d'autant plus faible que les parents consentent cette donation quand ils sont jeunes.

1591 Les bénéficiaires d'une donation-partage peuvent être les héritiers mais également des descendants de générations différentes (donation-partage trans-générationnelle prévue par les lois du 23 juin 2006 et du 29 décembre 2010, modifiant l'article 776 A du CGI) voire des tiers quand les biens transmis comportent une entreprise individuelle ou une société dans laquelle le donateur exerce des fonctions de dirigeant.

1592 La donation-partage se voit appliquer le même barème, les mêmes abattements et les mêmes réductions de droits que la donation ordinaire.

B. Les donations en avancement de part successorale

1593 Les donations en avancement de part successorale, également dénommées en avancement d'hoirie, sont les donations faites à un héritier présomptif avant le décès du *de cujus*. Elles sont taxées au moment de la donation selon le régime général, mais soumises à une règle spécifique dite du rappel (1) des donations antérieures. Toutefois, une exception a été apportée à cette règle (2).

1. *Le principe*

1594 L'article 784, alinéa 1er du CGI prescrit de rapporter à la succession au moment de son ouverture les donations antérieures. Il est fait masse de ces donations avec la succession. Cette règle comporte une triple conséquence. D'abord quant au taux : étant donné la progressivité du tarif, la succession sera frappée à un taux plus élevé. Toutefois les droits payés au moment de la donation seront déduits. En deuxième lieu l'abattement accordé à chaque redevable ne sera utilisable qu'une seule fois sur l'ensemble de la succession et de la donation. Enfin la réduction pour enfants à charge ne jouera qu'une fois.

2. *L'exception*

1595 L'alinéa 2 de l'article 784 du CGI exclut du rapport fiscal les donations régulièrement enregistrées depuis plus de quinze ans avant la succession. Il en résulte que si la donation a été effectuée plus de quinze ans avant l'ouverture de la succession, l'actif successoral sera frappé des taux prévus pour les premières tranches du barème. Le calcul est en quelque sorte repris à zéro. De surcroît, les abattements seront à nouveau applicables. Enfin, les héritiers avec trois enfants à charge pourront à nouveau bénéficier des réductions.

1596 Est ainsi possible une transmission, en franchise d'impôt, d'une partie du patrimoine du contribuable à condition que la part donnée ne dépasse pas l'abattement applicable et que la donation soit effectuée à quinze ans d'intervalle. L'abattement est accordé pour les donations consenties par chaque parent ou chaque grand-parent.

1597 Les donations consenties aux petits-enfants dans le cadre d'une donation-partage trans-générationnelle (v. ss 1591) n'ont pas à être rapportées dans la succession de leur père ou mère (CGI, art. 776 *ter*).

C. Les dons manuels

1598 À l'origine, le don manuel est une donation qui s'opère par simple tradition de la main à la main. L'exigence primitive d'une transmission de la main à la main s'est toutefois notablement assouplie avec la naissance de formes nouvelles de transmission de biens. C'est ainsi que la jurisprudence a admis la validité des dons manuels par chèques, des dons manuels de titres, de bons de caisse. Dès lors que l'opération a entraîné un dessaisissement réel et immédiat au profit du donataire le don manuel peut donc porter sur des biens corporels et incorporels et même se réaliser par un simple jeu d'écriture.

1599 Les dons manuels échappent en principe à toute taxation. La solution est fort contestable sur le plan théorique mais semble imposée pour des raisons pratiques, l'administration étant fort démunie pour connaître leur existence. Ce principe de non-taxation doit toutefois être nuancé en distinguant suivant que le don manuel est fait à un successible ou non.

1600 Si le don manuel est consenti à un successible, ce don doit être rapporté, au moment de la succession du donateur, comme toute donation en avancement de part successorale (Com. 31 mars 2004, *D.* 2004. 1068, n° 15). Les dons manuels sont alors taxés par le biais du rapport fiscal (CGI, art. 784). Encore faut-il, pour qu'il y ait taxation, que l'administration puisse apporter la preuve du don manuel, laquelle sera difficile en cas d'entente entre les héritiers.

1601 Les dons manuels régulièrement enregistrés ne sont pas rapportables à la succession si un délai de quinze ans s'est écoulé entre l'enregistrement et l'ouverture de la succession (v. ss 1595).

1602 En revanche, si le don manuel est fait à un non successible, il est, selon l'article 757 du CGI, taxable dans trois hypothèses. D'abord lorsqu'il est déclaré par le donateur dans un acte soumis à l'enregistrement quelle que soit sa nature. En deuxième lieu, lorsqu'il fait l'objet d'une reconnaissance judiciaire (Com. 21 févr. 2012, *Sequera*, n° 10-27.914, *RJF* 2012, n° 5, 531). Enfin, il sera taxable, lorsque le donataire révèle un don manuel à l'administration fiscale. Cette disposition, qui procède de l'article 15-II de la loi du 30 décembre 1991 pour former le deuxième alinéa de l'article 757, mérite quelques explications. Il faut ici envisager l'hypothèse de la procédure prévue à l'article L. 16 du LPF, où l'administration peut demander des justifications au contribuable lorsqu'elle a réuni des éléments permettant d'établir qu'il a des revenus plus importants que ceux qu'il a déclarés. Le contribuable peut justifier cette différence par un don qui lui a été consenti. C'est la révélation de ces dons manuels que vise la disposition adoptée en 1991. Elle est valablement faite par l'avocat du donataire (Com. 19 janv. 2010, n° 08-21.471, *Dr. fisc.* 14/2010, comm. 263). Les dons ainsi révélés à l'administration doivent être déclarés ou enregistrés dans le délai d'un mois à compter de la révélation (CGI, art. 635 A). Lors de cet enregistrement, le droit de donation, liquidé dans les conditions de droit commun, est perçu (Com. 5 oct. 2004, *RJF* 2/05, n° 190).

La découverte d'un don manuel résultant de la réponse apportée par le contribuable à une question du vérificateur est constitutive d'une révélation de ce don, de nature à rendre exigibles les droits de mutation (Com. 25 janv. 2023, n° 20-16.700).

1603 La valeur imposable des biens donnés est, dans tous les trois cas ainsi cités, celle au jour de la révélation qui constitue, selon l'administration, le fait générateur.

D. Les règles gouvernant la transmission d'entreprises

1604 Dans le souci de favoriser la pérennité des entreprises (industrielles, artisanales, commerciales, agricoles ou libérales) lors de la relève des générations, le législateur a prévu un régime allégé, applicable également aux donations entre vifs, qu'il s'agisse de la transmission d'une entreprise individuelle (1) ou d'une activité exercée par une société (2). Se pose parfois le cas des libéralités déguisées (3).

1. *La transmission d'une entreprise individuelle*

1605 S'agissant des entreprises individuelles, la transmission à titre gratuit de l'ensemble des biens affectés à l'exploitation bénéficie d'un abattement sur les droits de succession ou de donation, à hauteur de 500 000 euros (CGI, art. 790 A). Cette exonération suppose la réunion de quatre conditions : si le défunt ou le donateur avait acquis l'entreprise à titre onéreux, il devra l'avoir détenue pendant trois ans au moins, cette entreprise doit exercer une activité industrielle, commerciale, artisanale, agricole ou libérale ; chacun des héritiers ou donataires doit être titulaire d'un contrat de travail à durée indéterminée depuis deux ans au moins et exercer ses fonctions à temps plein dans cette entreprise et s'engager à poursuivre pendant cinq ans, l'un d'entre eux assumant la direction effective de cette entreprise.

1606 Lorsque le patrimoine transmis à titre gratuit est supérieur à cette somme, l'article 787 C du CGI prévoit que l'exonération porte sur 75 % de la valeur des biens. Il est alors nécessaire que le défunt ou le donateur ait détenu l'entreprise pendant deux ans au moins après son acquisition à titre onéreux, chacun des héritiers ou donataires doit prendre l'engagement de conserver pendant quatre ans l'ensemble des biens affectés à l'exploitation de l'entreprise, et l'un d'eux devra effectivement poursuivre cette exploitation pendant au moins trois ans.

2. *La transmission d'une activité exercée par une société*

1607 Ce régime est qualifié de « pacte Dutreil ». Si l'activité est exercée par une société, l'exonération est accordée avec la même étendue et sous les mêmes conditions pour les parts ou actions représentatives de celle-ci. L'exonération porte sur 75 % de leur valeur, moyennant le respect de quatre conditions (CGI, art. 787 B). Tout d'abord, le défunt ou le donateur et un ou plusieurs autres associés ont dû prendre un engagement collectif de conservation des titres pour une durée minimale de deux ans, en cours au jour de la transmission. L'engagement de conservation des titres doit porter sur au moins 10 % des droits financiers et 20 % des droits de vote, s'il s'agit de titres de sociétés cotées, et sur au moins respectivement 17 et 34 %, s'il s'agit de sociétés non cotées. Le régime profite aussi à une société holding véritablement animatrice d'une société qui exerce principalement une activité industrielle, commerciale, artisanale, agricole ou libérale (Dans les mêmes termes : CE 23 janv. 2020, *Bardin et Mehrad*, n° 435562, *RJF* 202, n° 405, *Dr. fisc.* 2020, n° 8, comm. 155, concl. R. Victor, note B. Lignereux ; Com. 14 oct. 2020, n° 18-17.955, *Dr. fisc.* 2020, n° 51-52, comm. 472, note J.-F. Desbuquois et J. Kozolwski, note F. Fruleux, *Dr. fisc.* 2021, n° 13, comm. 195). Pour le Conseil d'État, la notion d'activité commerciale peut inclure, sous certaines conditions, les activités de gestion d'un patrimoine immobilier (CE 29 sept. 2023, n° 473972, *Dr. fis.* 2023, n° 47, comm. 345, concl. K. Ciavaldini et note Fr. Fruleux). Lors du décès ou de la donation, chaque héritier ou donataire doit à son tour s'engager à conserver les titres reçus pendant une nouvelle période de quatre ans, qui court à compter de l'expiration de l'engagement collectif de conservation des titres. Enfin, l'un des héritiers ou l'un des associés ayant souscrit l'engagement collectif de conservation doit exercer la direction de la société pendant les trois ans suivant le décès ou la donation (Com. 24 janv. 2024, n° 22-10.413, *Dr. fisc.* 2024, n° 9, comm. 191, note L. Bénoudiz). Depuis 2019, l'exonération ne sera pas remise en cause en cas de cession ou de donation de titres « pactés » si l'engagement collectif est conservé. Depuis 2022, la loi exige que l'engagement de conservation soit respecté pendant toute la période de conservation des titres, soit au moins six ans ; la cessation d'activité à l'intérieur de cette période remettrait en cause l'exonération.

3. *Le traitement de la libéralité déguisée*

1608 En cas de libéralité consentie par une société à son dirigeant par le biais d'une vente d'actif à prix minoré, l'administration peut choisir de requalifier ainsi l'opération pour la taxer au taux de 60 % applicable dans ce cas. En validant cette démarche, la Cour de cassation respecte l'intention des parties, mais choisit de ne pas appliquer les textes normalement applicables, qui considèrent qu'un tel avantage doit être requalifié en distribution occulte imposable comme revenu distribué (CGI, art. 111 c), soit à un taux inférieur. Ce faisant, elle s'aventure sur un terrain qui relève de la compétence du Conseil d'État (Com. 7 mai 2019, *Sté Harmonie*, n° 17-15.621).

1609 Le Conseil supérieur du Notariat, dans un rapport de juillet 2023, a proposé les bases d'une réforme de la fiscalité des donations. La matière des droits de succession et de donation est susceptible d'être modifiée substantiellement, notamment à la lumière d'un rapport de l'OCDE du 11 mai 2021 (https://www.oecd.org/fr/fiscalite/politiques-fiscales/impot-sur-les-successions-dans-les-pays-de-l-ocde-33d40568-fr.htm) qui note l'ampleur des dissemblances de régime entre États membres et l'effet régressif d'impôts faibles couplés à des abattements substantiels et à une articulation étroite des donations envisagées comme antichambre de la succession. Ce débat, exempt de médiocrité, est ainsi ouvert par une approche scientifique. L'évolution démographique de la société française lui donne une acuité croissante.

Bibliographie

GUILLENCHMIDT (Michel DE), « La révélation de dons manuels ou l'apocalypse fiscale », *RJF* 2000, p. 905 à 908.

JADAUD (Bernard), « Du paiement des droits par le donateur. À propos de Com. 28 févr. 2006 », *Defrénois* 2006, p. 1482 à 1486.

• ***Pour aller plus loin :***

Rapport de l'OCDE, *Impôt sur les successions dans les pays de l'OCDE*, 2021.

CHAPITRE 3

Les droits de mutation à titre onéreux

1610 Les droits de mutation à titre onéreux sont une imposition occasionnelle puisqu'ils s'appliquent lors de la mutation d'un bien ou d'un droit. Acquittés par l'acquéreur, ils sont largement critiqués pour être une entrave à la circulation des biens et par là un obstacle à la modernisation économique.

1611 Les mutations à titre onéreux supposent la réunion de deux éléments : la transmission d'un bien ou d'un droit, moyennant une contrepartie fournie par le nouveau possesseur à l'ancien. Il importe peu que la mutation ait été ou non constatée par un acte. L'impôt frappe la mutation (*negotium*) et non l'acte (*instrumentum*).

1612 Des doutes sont émis quant à leur nature économique. Pour certains, selon une conception ancienne, ce sont des impôts sur le patrimoine, plus exactement sur la mutation de ce dernier. Pour d'autres, ce sont des impôts sur la dépense, conception plus moderne et probablement plus conforme à la réalité. Pour preuve, certaines mutations immobilières naguère soumises aux droits d'enregistrement sont aujourd'hui passibles de la TVA.

Quoi qu'il en soit, les mutations imposables portent sur la propriété d'immeubles (Section 1) ou sur la propriété de meubles (Section 2). Existent des opérations mixtes dans la mesure où elles ont pour partie un effet déclaratif et pour partie un effet translatif (Section 3).

SECTION 1

Les mutations de propriété d'immeubles

1613 La fiscalité des mutations immobilières, qui se caractérisait par une juxtaposition de régimes particuliers et par une disparité de taux, a été profondément modifiée par la loi de finances pour 1999, dans le sens d'un allègement sensible des droits et d'une simplification.

1614 Les mutations à titre onéreux de propriété d'immeubles peuvent s'effectuer par le truchement de la vente (§ 1), convention par laquelle une des parties s'oblige à livrer une chose et l'autre à la payer (C. civ., art. 1582) ou d'un échange (§ 2), contrat par lequel des parties se donnent respectivement une chose pour une autre (C. civ., art. 1702), ou bien encore par l'apport en société. Cette dernière modalité sera étudiée dans le chapitre 4 du présent titre, consacré aux actes afférents à la vie des entreprises (v. ss 1659).

§ 1. Les ventes d'immeubles

1615 La vente immobilière est une convention par laquelle le vendeur transfère la propriété de son immeuble moyennant un prix. Peuvent être assimilées à la vente immobilière du point de vue de leur nature juridique et de leur régime fiscal les conventions transférant d'autres droits réels immobiliers tels que servitude ou usufruit. On étudiera le champ d'application des droits (A) et leur calcul (B).

Bibliographie

Molinier (Juliette), « L'assujetti et la vente d'immeuble », *Dr. fisc.* 2020, n° 22, comm. 247.

A. Le champ d'application des droits

1616 Le champ d'application se détermine par les conventions taxables (1) et par les biens imposables (2).

1. *Les conventions taxables*

1617 Le droit de vente d'immeuble est applicable à toutes les conventions à titre onéreux quel que soit le nom donné par les parties. **Deux conditions** sont requises pour que la vente soit taxable. D'abord la vente doit être **parfaite** ce qui implique qu'il y ait accord des parties, accord sur la chose et accord sur le prix. Si l'une de ces conditions n'est pas remplie, l'acte constitue un acte imparfait non soumis à la formalité. En revanche, dès lors que le contrat est apparemment valide, l'impôt est en principe exigible même si la vente est susceptible d'annulation ou de résolution.

1618 Ensuite la vente doit être **certaine et actuelle**. Les droits ne peuvent être perçus tant que subsiste une incertitude sur la réalisation de la mutation, c'est le cas des ventes sous condition suspensive. Les ventes sous condition résolutoire sont, en revanche, immédiatement assujetties à l'impôt, qui n'est pas restituable en cas de réalisation de la condition (v. ss 1451).

1619 On notera que la promesse unilatérale de vente est nulle si elle n'est pas constatée par un acte authentique ou par un acte sous seing privé enregistré dans le délai de dix jours à compter de la date d'acceptation par le bénéficiaire. Il en va de même des cessions de promesses de vente. En revanche la promesse synallagmatique de vente est considérée comme une vente.

2. *Les biens imposables*

1620 Sont imposables les mutations de tous les biens qui ont la qualification d'immeubles d'après le Code civil, qu'il s'agisse :

– **des immeubles par nature** tels que fonds de terre, bâtiments, récoltes non recueillies, arbres vendus par acte distinct à l'acquéreur du sol, etc. ;

– **des immeubles par destination** : ce sont des biens meubles par leur nature affectés par le propriétaire de l'immeuble au service de l'exploitation de cet immeuble tels que glaces, statues, matériel d'usine, cheptel agricole, etc. ;

– **des immeubles par l'objet auquel ils s'appliquent** : il s'agit de droits réels tels l'usufruit, l'usage et l'habitation, les servitudes réelles voire le droit d'usage des eaux attaché à un moulin ;

– **des immeubles par détermination de la loi** telles les redevances tréfoncières versées au propriétaire du sol par le titulaire d'une concession minière.

1621 Lorsqu'une vente porte à la fois sur des meubles et sur des immeubles, le droit d'enregistrement est perçu sur la totalité du prix au taux fixé pour les immeubles à moins qu'un prix particulier ne soit stipulé pour les meubles qui devront être désignés, article par article, dans le contrat (CGI, art. 735).

B. Le calcul des droits

1622 Les actes constatant des conventions immobilières sont soumis en principe à la formalité fusionnée (v. ss 1430) et assujettis à un impôt unique, appelé taxe de publicité foncière, tenant lieu de l'ancien droit d'enregistrement et de l'ancienne taxe de publicité foncière. Si, pour quelque raison que ce soit, la formalité unique ne peut être accomplie, l'impôt unique reste un droit d'enregistrement perçu lors de l'enregistrement à la recette des finances publiques. Depuis son transfert aux départements, cet impôt unique de mutation a pris le nom de taxe départementale de publicité foncière (formalité fusionnée) ou de droit départemental d'enregistrement (formalité non fusionnée).

1623 La taxe est liquidée soit sur le prix exprimé en y ajoutant toutes les charges en capital ainsi que toutes **les indemnités** stipulées au profit du cédant à quelque titre que ce soit (CGI, art. 683) – sans y inclure l'éventuelle commission d'agence que l'acquéreur s'engage contractuellement à acquitter – soit sur la valeur vénale de l'immeuble lorsqu'elle est supérieure au prix indiqué.

La liquidation des droits se caractérise par un régime de droit commun (1), des régimes spéciaux (2) et des exonérations de droit (3).

1. *Le régime de droit commun*

1624 Sauf exceptions limitativement énumérées, sont visées toutes les mutations d'immeubles quelle que soit leur nature. Le taux applicable est de 4.5 % depuis le 1er janvier 2015 (CGI, art. 1594 D). Ce taux peut être modifié tous les ans par les conseils départementaux, sans pouvoir être supérieur à 4,5 % ni inférieur à 1,2 %. Toutefois, la loi de finances pour 2025 autorise le conseil départemental, pour une période courant jusqu'au 31 mars 2028, à augmenter ce taux jusqu'à 5 %, ou bien à le réduire ou en exonérer les primo-accédants de leur résidence principale qui s'engagent à lui conserver ce statut pendant 5 ans. Au taux applicable dans la grande majorité des cas, celui de 4,5 %, s'ajoutent la taxe communale de 1,2 % et le prélèvement perçu par l'État pour frais d'assiette et de recouvrement, égal à 2,37 % du droit départemental, ce qui donne en totalisant un taux de 5,80665 %.

2. *Les régimes spéciaux*

1625 Un nombre relativement important (CGI, art. 1594 F *ter*) d'acquisitions concourant à l'aménagement du territoire ou concernant l'urbanisme ou l'aménagement foncier peut bénéficier d'un taux réduit de la part départementale. Parmi ces opérations, il faut citer les acquisitions de terrains destinés à être exploités par de jeunes agriculteurs, les acquisitions d'immeubles donnés en crédit-bail, les opérations de rénovation urbaine, etc.

1626 Des régimes spéciaux existent par ailleurs, en faveur du commerce et de l'industrie, qui seront étudiés dans le chapitre 4 du présent titre (v. ss 1650).

3. *Les exonérations*

1627 Les exonérations de droits bénéficient aux immeubles bâtis achevés depuis moins de cinq ans, aux terrains à bâtir et droits réels assimilés. Cette exonération trouve son fondement dans l'imposition à la TVA des opérations concernées (v. ss 1342). En contrepartie de leur assujettissement à la TVA, les ventes de ces immeubles supportent la taxe départementale de publicité foncière au taux de 0,715 % appliquée à la base hors taxe. Les cessions de droits sociaux, qui sont exclues du champ d'application de la publicité foncière, échappent à cette imposition.

§ 2. Les échanges d'immeubles

1628 Selon l'article 1702 du Code civil, l'échange est un contrat par lequel les parties se donnent respectivement une chose pour une autre. Seuls sont tarifés par la loi fiscale les échanges d'immeubles, tandis que les échanges de meubles entre eux, de meubles contre des immeubles sont assimilés à des ventes. Ils connaissent un régime particulier plus favorable que le régime des ventes qui conduit à distinguer l'échange pur et simple (A) et l'échange avec soulte ou plus-value (B).

A. L'échange pur et simple

1629 Est pur et simple l'échange portant sur des immeubles d'égale valeur. Cet échange est passible d'un droit sur la valeur d'une des parts échangées seulement et non sur chacune des deux parts comme dans le cas d'une double vente. Le droit exigible, au taux de 5 %, est perçu au profit de l'État sans taxe ni prélèvements additionnels (CGI, art. 684).

1630 L'assiette du droit est la valeur vénale de l'immeuble à la date de la transmission. Cette valeur est appréciée d'après la déclaration estimative des parties, sauf redressement éventuel. Si l'un des immeubles échangés a fait l'objet d'une adjudication dans les deux années qui ont précédé ou suivi l'acte d'échange, l'imposition exigible ne peut être calculée sur une somme inférieure au prix de l'adjudication.

B. L'échange avec soulte ou plus-value

1631 Les immeubles échangés ont des valeurs différentes. L'opération comporte alors soit une soulte c'est-à-dire une somme d'argent remise par l'un des échangistes à l'autre pour compenser la différence soit une plus-value d'un lot sur l'autre dans le cas où aucune soulte n'est stipulée malgré l'inégalité de valeur.

1632 L'échange avec soulte ou plus-value a une nature mixte. Il est échange à concurrence de la valeur du lot le plus faible et connaît le même régime fiscal que l'échange pur et simple et est taxé au taux de 5 %. Il est une vente immobilière à concurrence de la soulte ou de la plus-value qui est soumise aux droits d'enregistrement concernant les ventes d'immeubles au taux de la taxe départementale majorée de la taxe communale et du prélèvement d'État (v. ss 1624).

1633 Les redevables peuvent renoncer à l'application du taux du droit d'échange dans tous les cas où le régime des ventes se révèle pour eux moins onéreux. Compte tenu de l'abaissement général des taux, la portée de cette mesure est désormais limitée aux échanges d'immeubles dont la vente bénéficie du taux de 0,715 % ou d'une exonération.

1634 Par ailleurs, les échanges individuels d'immeubles ruraux remplissant certaines conditions ainsi que ceux résultant de remembrements ruraux ou urbains sont en principe exonérés. Enfin, il existe un régime spécial lorsque les immeubles échangés relèvent de la TVA.

SECTION 2

Les mutations de propriété de meubles

1635 Sont mobiliers les droits réels portant sur des meubles (droits de propriété sur un meuble) ainsi que les droits personnels s'exerçant contre une personne tels que les droits de créance, les actions, les parts sociales. Depuis la loi du 15 mars 1963, les mutations de droits mobiliers ne sont plus, en principe, soumises à l'enregistrement. Mais cette dispense comporte des exceptions, pour certaines soumises à droit fixe (A), tandis que d'autres sont soumises à droit proportionnel (B).

A. Les mutations soumises à droit fixe

1636 Il est d'abord des mutations de droits mobiliers qui sont assujetties au droit fixe de 125 euros soit facultativement lorsqu'elles sont constatées par un acte sous seing privé présenté volontairement à l'enregistrement, soit obligatoirement, en raison de leur forme quand elles sont constatées par un acte notarié, ou en raison de leur objet lorsqu'elles portent par exemple cession de promesse unilatérale de vente d'un fonds de commerce ou même d'un immeuble.

B. Les mutations soumises à droit proportionnel

1637 Il est ensuite des mutations de droits mobiliers qui sont assujetties à un droit proportionnel soit en raison de leur forme (1) soit en raison de leur objet (2).

1. *Les mutations soumises à droit proportionnel en raison de leur forme*

1638 C'est le cas par exemple des ventes aux enchères publiques faites soit par des officiers publics (notaires, huissiers, commissaires-priseurs) soit par des autorités administratives (administration des Douanes ou administration des Domaines) Elles donnent lieu à la rédaction d'un procès-verbal qui doit être enregistré dans le mois de sa date. À ce titre, doivent être obligatoirement enregistrées au taux de 1,20 % (CGI, art. 733), les ventes publiques portant sur des meubles incorporels tels que créances, obligations négociables, brevets, marques de fabrique, etc. Il en va de même des ventes publiques de meubles corporels, notamment d'occasion, sauf si le vendeur est assujetti à la TVA.

2. *Les mutations soumises à droit proportionnel en raison de leur objet*

1639 Certaines mutations sont ensuite assujetties à un droit proportionnel en raison de leur objet lorsqu'elles portent sur certains meubles limitativement énumérés, ainsi les cessions de fonds de commerce (v. ss 1653).

SECTION 3

Les opérations mixtes

1640 Pour le droit fiscal, certaines opérations sont considérées comme mixtes dans la mesure où elles sont à la fois translatives et déclaratives. L'acte translatif est l'acte juridique transférant un ou plusieurs droits ou une universalité de droits à une personne. Est déclaratif l'acte constatant une situation juridique préexistante. Dans certaines hypothèses les partages (§ 1) et les licitations (§ 2) sont des opérations mixtes.

§ 1. Les partages

1641 Le partage transforme les droits indivis appartenant à chaque propriétaire ou cohéritier sur les biens communs en droits exclusifs portant uniquement sur les biens qui lui sont attribués. Il fait normalement cesser l'indivision sur les biens partagés. En droit privé, le partage a un effet déclaratif (C. civ., art. 883). Chaque copartageant est censé avoir acquis dès l'origine la propriété divise des biens qui lui sont attribués. Le partage n'a aucun effet translatif. Le droit fiscal (CGI, art. 746) conduit à nuancer cette solution pour distinguer le partage pur et simple (A) et le partage avec soulte ou plus-value (B).

A. Le partage pur et simple

1642 Un partage est pur et simple lorsque chaque coïndivisaire reçoit un lot d'une valeur correspondant exactement à celle de ses droits indivis. Il a un effet simplement déclaratif et est soumis à un droit spécial dit droit de partage de 2,5 % qui porte sur l'actif net partagé (CGI, art. 746). Ce taux est réduit à 1,1 % pour les partages consécutifs à une séparation de corps, un divorce ou une rupture d'un PACS.

B. Le partage avec soulte ou plus-value

1643 Il y a partage avec soulte lorsque l'un ou plusieurs des copartageants reçoit des attributions supérieures à ses droits, à charge de verser aux autres une somme d'argent. Il y a partage avec plus-value si la valeur d'un lot excède les droits de l'attributaire sans que ce dernier ait à fournir des compensations.

1644 Le partage avec soulte ou plus-value a une nature mixte en droit fiscal. Il est en principe déclaratif (comme le partage pur et simple) dans la mesure où le lot reçu par le coïndivisaire débiteur de la soulte correspond à ses droits dans la masse indivise. Il est au contraire translatif à concurrence de la soulte payée ou de la plus-value réalisée, laquelle donne lieu à taxation comme une mutation à titre onéreux.

1645 Ce régime mixte était applicable à tous les partages avec soulte ou plus-value avant le 1er juillet 1970. La loi du 26 décembre 1969 en a réduit la portée en décidant que les partages de succession ou de communauté conjugale obéissent en principe au régime du partage pur et simple taxé au taux de 2,5 %. Ce régime mixte connaît deux exceptions. Les partages de succession ou de biens indivis issus d'une donation-partage obéissent au régime du partage pur et simple, taxé au taux de 2,5 %. Les partages de communauté conjugale ou de biens indivis acquis par des partenaires ayant conclu un PACS ou par des époux avant ou pendant le pacte ou le mariage, supportent un droit de 1,1 % (CGI, art. 748).

1646 Le régime mixte reste en vigueur, essentiellement, pour le partage de société et le partage entre acquéreurs de biens indivis. Dans ces deux cas, les soultes ou les plus-values donnent ouverture à concurrence de leur montant aux droits de mutation à titre onéreux. Ces derniers sont perçus aux taux prévus selon la nature des biens compris dans le lot grevé de la soulte ou bénéficiant d'une plus-value. L'actif net après déduction du passif et des soultes ou plus-values supporte le droit de partage de 2,5 %.

§ 2. Les licitations

1647 La licitation est la vente aux enchères de biens indivis (C. civ., art. 1686 et CGI, art. 750). Il faut distinguer les licitations de biens dépendant d'une succession ou d'une communauté conjugale et les autres licitations.

1648 Si les biens ne dépendent pas d'une succession ou d'une communauté conjugale, deux hypothèses sont à envisager. La licitation peut se faire au profit d'un étranger à l'indivision, dans ce cas elle est taxée au tarif des ventes ordinaires sur la totalité du prix. Si elle se fait au profit d'un indivisaire, le droit de vente n'est exigible que sur les parts acquises, c'est-à-dire sur la fraction qui excède la part de l'adjudicataire dans l'objet licité à son profit et non sur la totalité des biens indivis lui revenant.

1649 Pour les biens dépendant d'une succession ou d'une communauté conjugale, seul un droit de 2,5 % sera dû. Il en est de même depuis le 1er janvier 2008, pour les biens indivis issus d'une donation-partage, ou acquis par des partenaires ayant conclu un PACS ou par des époux avant ou pendant le pacte ou le mariage.

Bibliographie

CHAPPERT (André), « Variations fiscales sur le partage », *Defrénois* 1999. 35988.

COZIAN (Maurice), « Variations fiscales sur un prix de vente », document n° 8, in *Les grands principes de la fiscalité des entreprises*, Litec, 4e éd., 2015.

DONSIMONI (Patrick), « L'échange de biens », *JCP E* 1997. I. 712.

CHAPITRE 4

Les droits afférents aux actes de la vie des entreprises

1650 Les entreprises sont des contribuables à part entière au regard des droits d'enregistrement. Certes l'entreprise individuelle n'a pas à acquitter de droits lors de sa création mais toutes les étapes de son existence seront rythmées par l'accomplissement de la formalité de l'enregistrement, à l'instar des sociétés.

1651 L'évolution de ces vingt dernières années est linéaire en ce domaine : le poids de cet impôt est allé diminuant parce que l'État a pris conscience du caractère paradoxal de ce prélèvement : alors que son poids est faible dans les recettes fiscales de l'État (moins de 5 %) la charge qu'il représentait pour les contribuables était dissuasive, à tel point qu'une liquidation de société était éludée ou une cession de titres dissimulée. Aujourd'hui la plupart des opérations sont exonérées ou soumises à un tarif raisonnable, qui permet la toilette des entreprises et leur mise à niveau statutaire sans avoir à se préoccuper du coût des droits d'enregistrement afférents à une telle opération.

1652 Ces droits frappent les grandes étapes de la vie des entreprises, d'où l'évocation successive des droits afférents à la cession de l'entreprise individuelle (SECTION 1), à la création de la société (SECTION 2), puis à son existence (SECTION 3), avant d'envisager le régime des cessions d'actions et de parts sociales (SECTION 4).

SECTION 1

Les droits afférents à la cession de l'entreprise individuelle

1653 Le fonds de commerce de l'entreprise individuelle, qu'elle soit commerciale, industrielle ou libérale, comprend souvent un stock de marchandises qui correspondent à l'exercice même de l'activité. Leur cession sera soumise à la TVA. La cession d'une entreprise individuelle ayant opté pour l'IS est soumise, depuis 2023, aux droits de mutation applicables aux cessions de droits sociaux (CGI, art. 726 I *bis*).

1654 Les autres composantes de ce fonds individuel sont des éléments incorporels (la clientèle, le droit au bail, les brevets) et des éléments corporels (le matériel, le mobilier, les immeubles). Fiscalement ils forment un ensemble dont la cession sera soumise aux droits d'enregistrement par application d'un barème progressif à deux tranches : 0 % pour la fraction du prix n'excédant pas 23 000 euros, 2 % pour la fraction comprise entre 23 000 et 107 000 euros, 0,6 % pour la fraction comprise entre 107 000 et 200 000 euros, et 2,6 % pour la fraction du prix supérieure à 200 000 euros (CGI, art. 719).

1655 Ce barème s'applique quelle que soit la qualification employée par le cédant et le cessionnaire pour la cession : cession de droit de présentation de la clientèle pour un professionnel libéral, cession de droit au bail par exemple. Il est notablement réduit lorsque la cession porte sur un fonds ou une clientèle implantée dans une zone franche urbaine ou de revitalisation rurale (CGI, art. 722 *bis* : réduction à 0 % de la tranche imposable à 2 %) moyennant engagement d'exploitation de 5 ans minimum.

1656 Ces droits sont acquittés par le cessionnaire, tandis que le cédant devra se préoccuper de l'imposition de la plus-value qu'il réalise à l'occasion de cette cession (v. ss 514).

1657 À l'époque où le coût de la transformation en société était prohibitif, l'entreprise était fréquemment mise en **location-gérance** (CE, plén. fisc., 9 mars 2016, *Hachette Filipacchi Presse*, n° 374893, *Dr. fisc.* 2016, n° 46, comm. 586, concl. E. Bokdam-Tognetti, note O. Fouquet) par son créateur, par exemple à une société d'exploitation créée pour la circonstance avec ses enfants. C'était reculer pour mieux sauter car la société d'exploitation développait, par ses diligences, la valeur du fonds qu'elle exploitait, rendant ainsi son acquisition plus coûteuse encore pour elle.

1658 L'évolution du régime fiscal des transformations d'entreprises individuelles en sociétés a diminué sensiblement l'intérêt de cette pratique. Aujourd'hui la location-gérance est utilisée comme mode de gestion, voire comme antichambre de la cession du fonds : le contrat de location est enregistré gratis, et au moment de la cession du fonds, si l'activité a été exercée pendant au moins cinq ans au moment de la mise en location, l'exploitant sera exonéré de l'imposition sur la plus-value, en totalité si la valeur du fonds n'excède pas 500 000 euros ou si la cession intervient dans le cadre du départ à la retraite de l'exploitant, ou partiellement si la valeur du fonds n'excède pas 1 million d'euros. Dans ce dernier cas, l'article 238 *quindecies* prévoit que le montant exonéré de la plus-value est déterminé en appliquant à celle-ci un taux égal au rapport entre, au numérateur, la différence entre le montant de 1 million d'euros et la valeur des éléments transmis et, au dénominateur, le montant de 500 000 euros (v. ss 533 s.).

SECTION 2

Les droits afférents à la création de la société

1659 La création d'une société, commerciale ou civile, intervient à l'initiative de ses fondateurs. Son capital social sera formé de leurs apports, qui peuvent prendre trois formes : soit des apports à titre pur et simple (1), soit des apports à titre onéreux (2), soit l'apport entier d'une entreprise individuelle (3).

1. *Le régime des apports à titre pur et simple*

1660 Ce régime privilégie les apports en espèces puisque la société bénéficiaire peut en faire l'usage que bon lui semble. La loi distingue trois cas.

1661 Sont exonérés de droits d'enregistrement (CGI, art. 810 *bis*) les apports effectués en espèces, ou bien sous forme de valeurs mobilières ou de créances, à des sociétés quelconques. L'exonération s'applique aussi aux apports purs et simples d'immeubles, de fonds de commerce, de droits au bail effectués à des sociétés non passibles de l'IS, ou bien entre sociétés passibles de l'IS.

1662 Lorsqu'ils sont effectués au profit d'une personne morale passible de l'IS par une personne (physique ou morale) qui n'y est pas assujettie, les apports purs et simples d'immeubles ou de droits immobiliers sont soumis au droit de mutation de 5 % (CGI, art. 810). Les apports de fonds de commerce ou de droit au bail sont soumis à un taux de 3 % sur la fraction comprise entre 23 000 et 200 000 euros, puis de 5 % sur la fraction excédant 200 000 euros. L'apport sera toutefois exonéré si l'apporteur s'engage à conserver pendant trois ans les titres remis en contrepartie de l'apport.

1663 Sont exonérés de droit d'enregistrement les apports qui entrent dans le champ d'application de la TVA, tels les apports d'immeubles neufs soumis à la TVA immobilière.

2. *Le régime des apports à titre onéreux*

1664 Il est beaucoup plus sévère et dissuasif, car le législateur les considère comme de faux apports, qui handicapent le devenir de la société. En effet, l'apport à titre onéreux met à la charge de celle-ci, en contrepartie du bien apporté, une charge de même valeur : ainsi l'apport d'un immeuble se double du remboursement d'un prêt de même montant à la charge de la société bénéficiaire de l'apport. Dans ce cas l'apport est taxé comme une vente et supporte les droits afférents à la mutation à titre onéreux de ce bien avec toutefois une taxation spécifique de 5 % pour les immeubles.

1665 L'apport peut être **mixte**, c'est-à-dire qu'il sera onéreux à hauteur du montant de la charge mise corrélativement à la charge de la société, tandis qu'il sera à titre pur et simple pour le solde. Ainsi l'apport d'un immeuble de 100 000 euros, grevé de la charge du remboursement d'un prêt de 40 000 euros, sera considéré comme un apport à titre onéreux à hauteur de 40 000 euros et considéré comme un apport à titre pur et simple pour 60 000 euros.

3. *L'apport de l'entreprise individuelle à une société*

1666 Cet apport bénéficie d'un régime intégralement favorable : les apports seront exonérés, même s'ils sont à titre onéreux. En contrepartie, l'entrepreneur doit s'engager à conserver pendant au moins trois ans les titres qu'il a reçus en rémunération de son apport, ledit apport devant porter sur la totalité des éléments qui composent cette entreprise individuelle. À défaut d'engagement de conservation, l'apport à titre onéreux sera soumis au droit de 5 %. Si le contribuable prend soin d'en exprimer le désir dans l'acte d'apport, le régime de faveur s'étendra, par application de l'article 151 *octies* du Code, aux plus-values constatées sur les immobilisations de l'entreprise à l'occasion de cet apport (v. ss 535). Si elles portent sur des immobilisations non amortissables (clientèle par exemple), elles seront simplement constatées mais ne seront imposées que si la société revend ces biens ou si l'apporteur revend tout ou partie des titres qu'il a reçus en rémunération de son apport. Si les plus-values constatées sont afférentes à des immobilisations amortissables, la société pourra étaler l'imposition correspondante, tandis qu'elle amortira sur la base de la valeur d'apport.

SECTION 3

Les droits afférents à la vie de la société

1667 Les étapes qui rythment la vie d'une société donnent lieu à la perception de droits d'enregistrement : ils sont dus lors de l'augmentation de capital (1), de la réduction de capital (2), des opérations de fusion ou de scission (3), ou de la liquidation (4).

1. *L'augmentation de capital*

1668 Cette augmentation correspond au souci des associés de doter la société de moyens supplémentaires, le législateur a par conséquent compris qu'il ne devait pas dissuader une telle démarche, c'est la raison pour laquelle l'opération n'a plus à être enregistrée depuis le 1er janvier 2021. Le tarif reste à 5 % pour les apports à titre pur et simple d'immeubles, fonds de commerce et droits au bail. Pour les apports à titre onéreux, le tarif est de 5 % sur les immeubles, et ce sont les droits de mutation ordinaires qui s'appliquent pour les autres biens.

2. *La réduction de capital*

1669 Elle n'a plus besoin d'être soumise à l'enregistrement depuis la même date ; toutefois, si le bien est restitué à l'apporteur initial, par application de **la théorie de la mutation conditionnelle** il n'est perçu aucun droit. Selon cette théorie bicentenaire, les biens apportés par les associés doivent leur faire retour, lors de la dissolution de la société, en exonération de droits. La raison en est que le lien initial entre l'apporteur et le bien n'a jamais été rompu. Si le bien distribué est un acquêt social ou est restitué à un autre associé que l'apporteur initial, cette distribution est considérée comme une **mutation à titre onéreux** et supportera par conséquent les droits correspondants. Le législateur de 2025 a aussi décidé de taxer l'usage dévoyé de cette procédure en instituant une taxe spécifique (v. ss 918).

3. Les opérations de fusion ou de scission

1670 Schématiquement, la fusion est réalisée par une société qui en absorbe une autre, ou bien deux sociétés existantes sont absorbées par une société créée pour les absorber. Le droit d'enregistrement est un droit fixe de 375 euros (ou 500 euros), ce n'est pas lui qui dissuadera les associés de réaliser l'opération. En revanche, il sera intéressant pour eux de prétendre au régime dit de faveur de l'article 210-0- A pour l'imposition sur les bénéfices (v. ss 1062), avec exonération des plus-values nettes et des profits dégagés sur l'ensemble des éléments d'actifs apportés et exonération des provisions demeurées nécessaires, à la condition que la société absorbante s'engage, dans l'acte de fusion, à reprendre à son passif lesdites provisions et à se substituer à la société absorbée pour la réintégration des résultats dont la prise en compte avait été différée.

1671 La scission, qui fait disparaître une société en tant que telle, avec attribution de ses actifs à deux ou plusieurs autres, sera soumise au même droit fixe.

4. La liquidation de la société

1672 Si elle est prononcée par le tribunal de commerce pour insuffisance d'actif, aucun droit n'aura à être acquitté. En revanche, la liquidation amiable décidée par les associés débouche généralement sur un boni de liquidation, à partager entre les associés. Cet ultime résultat bénéficiaire va supporter l'impôt sur les sociétés, puis être distribué aux associés en suivant le régime des dividendes, assorti de l'avoir fiscal. Elle doit acquitter alors un droit fixe de 375 euros ou 500 euros, selon le montant de son capital social.

1673 Le partage proprement dit supporte un droit de 2,5 %, sauf s'il porte sur des biens, auquel cas se retrouve la distinction entre théorie de la mutation conditionnelle pour l'apporteur et application des droits de mutation à titre onéreux dans les autres cas.

1674 Cette liquidation répond à une volonté des associés de mettre un terme à une aventure commune. Ils préfèrent parfois opter pour la cession des titres.

SECTION 4

Les cessions de titres

1675 Le régime des droits applicables aux ventes de titres distingue selon qu'il s'agit de parts sociales (1), d'actions (2) ou de titres de sociétés à prépondérance immobilière (3).

1. *La cession de parts d'une SARL ou d'une société civile*

1676 Elle est justiciable d'un droit de 3 %, calculé sur le montant de la transaction, que celle-ci donne lieu ou non à la rédaction d'un écrit. Mais la loi (CGI, art. 726) instaure un abattement sur la valeur de chaque part cédée, il est égal au rapport entre la somme de 23 000 euros et le nombre total de parts cédées.

Ainsi, dans une société au capital divisé en 1 000 parts, si un associé cède 400 parts pour un montant de 100 000 euros, le montant des droits dus est déterminé comme suit : 100 000 euros - (23 000 x 500 parts cédées/1 000 parts de capital total) x 3 % = 2 655 euros.

2. *La cession d'actions d'une société anonyme*

1677 Elle obéit à un régime d'imposition plus subtil qui s'énonce ainsi : si la société est cotée, la cession n'est pas imposable aussi longtemps qu'elle n'est pas constatée par un acte, sinon elle est soumise à un droit de 0,1 %. Si la société anonyme n'est pas cotée, le droit de 0,1 % s'applique à toutes les mutations, même non constatées par un acte (CGI, art. 726 I).

1678 Cette complexité s'est longtemps expliquée par le fait que la cession d'actions des sociétés cotées ne devait pas être alourdie par le poids d'un droit d'enregistrement. Comme elle n'était pas constatée par un écrit, elle était exonérée. Cette règle profitait par ricochet aux mutations réalisées par rédaction d'un simple bordereau de transfert. Longtemps le tarif applicable aux mutations constatées par écrit était de 4,80 %, son montant dissuadait par conséquent de rédiger les actes des mutations importantes. Les agents économiques et leurs conseils étaient alors obligés de déployer des trésors d'ingéniosité pour matérialiser dans des échanges de correspondance le transfert de propriété qu'ils voulaient opérer. L'opération était acrobatique et malheur à eux si l'administration venait à retrouver les deux écrits dont la juxtaposition lui permettait de montrer qu'il y avait eu mutation à titre onéreux constatée par écrit : le droit de 4,80 % trouvait alors à s'appliquer !

1679 Le législateur est devenu raisonnable en instaurant la réduction drastique du tarif puisque les opérateurs économiques débourseront sans difficulté une somme plutôt modique pour obtenir la sécurité juridique de leur transaction.

1680 Longtemps l'administration fiscale a essayé de prétendre qu'une cession massive de droits sociaux devait s'analyser comme une cession de fonds de commerce et non pas comme une cession de titres – avec, à la clé, un quadruplement du tarif applicable à l'époque – la Chambre commerciale de la Cour de cassation a ruiné cette prétention par un arrêt du 7 mars 1984 (*Beauvallet-Natura, JCP E* 1984. II. 14354, note C. David).

3. *La cession de parts de sociétés à prépondérance immobilière*

1681 La cession de parts de sociétés à prépondérance immobilière est soumise à un droit de 5 %, qu'il s'agisse d'actions ou de parts sociales (CGI, art. 726, I,2°). C'est une quasi-assimilation à la cession d'immeubles (v. ss 1624). En revanche, la cession de l'usufruit de ces parts n'emporte pas mutation de la propriété des droits sociaux, elle est par conséquent soumise au droit fixe de 125 euros (Com. 30 nov. 2022, n° 20-18.884, *Dr. fisc.* 2022, n° 49, act. 449).

1682 Dans ce paysage lucratif et onéreux que constituent les mutations de l'entreprise, le législateur a fait une place à l'acte gratuit : la réduction de tarif de la donation-partage (v. ss 1589) profite également à un tiers lorsqu'il s'agit pour le donateur de lui transmettre tout ou partie d'une entreprise individuelle (C. civ., art. 1075, al. 3).

1683 Dans le même esprit, le paiement des droits de mutation à titre gratuit afférents à une transmission d'une entreprise industrielle, commerciale, artisanale, agricole ou libérale peut bénéficier d'un régime d'étalement : qu'il s'agisse d'une entreprise individuelle ou d'une société non cotée le paiement des droits peut être différé pendant cinq années au cours desquelles ne seront dus que les intérêts du crédit ; à l'issue de cette période le paiement des droits sera fractionné sur dix ans.

Bibliographie

CONTIN (Raphaël) et DESLANDES (Michel), « L'évolution des droits d'enregistrement sur cessions de droits sociaux depuis la première édition du Précis de fiscalité de Maurice Cozian », in *Mélanges Maurice Cozian*, Litec, 2009, p. 427 à 442.

DEJOIE (Antoine) et PHAN THAN (Frédéric), « Les aspects fiscaux de la cession de fonds de commerce », *Defrénois* 2009, n° 11, p. 1097 à 1108.

DELFOSSE (Alain), « La fiscalité dérogatoire de la transmission à titre gratuit d'une entreprise individuelle », in *Mélanges Maurice Cozian*, Litec, 2009, p. 443 à 457.

GAUDEL (Jean-Pierre), « L'évaluation fiscale des titres de sociétés », in *Mélanges Maurice Cozian*, Litec, 2009, p. 473 à 482.

JUDEAU (Yann), *Fiscalité de la cession d'entreprise*, Litec, 2018, 362 p.

TITRE 2

L'IMPOSITION ANNUELLE DU PATRIMOINE

1684 Cette famille d'impôts est hétérogène puisqu'elle juxtapose une imposition récente, l'IFI (CHAPITRE 1), et une série d'impositions nées pour l'essentiel au XIXe siècle, la fiscalité directe locale (CHAPITRE 2).

CHAPITRE 1

L'impôt sur la fortune immobilière

1685 Pendant des décennies objet de vives critiques (« Droits sur les fruits sont impôts, droits sur le fonds sont pillage », selon le mot de Mirabeau), l'imposition annuelle du patrimoine a été instituée en France sous l'appellation d'impôt sur les grandes fortunes (IGF) à compter de 1982 par la loi du 30 décembre 1981. Présenté comme l'innovation fiscale majeure du premier septennat de François Mitterrand, le nouvel impôt avait, selon l'exposé des motifs, une triple finalité : mieux adapter l'impôt aux facultés contributives de chacun, concourir à la réduction des inégalités excessives et combler certaines insuffisances du système fiscal français. L'impôt ainsi institué à compter de 1982 connaîtra une évolution mouvementée.

1686 À la suite du changement de majorité à l'Assemblée nationale en mars 1986, l'IGF fut supprimé par la loi de finances rectificative du 11 juillet 1986. Pour certains, ce fut là une erreur politique majeure expliquant dans une large mesure l'échec de Jacques Chirac à l'élection présidentielle de 1988. Il est vrai que les propositions de suppression se sont faites ensuite plus rares.

1687 Dans sa « Lettre à tous les Français » (1988), François Mitterrand, candidat au renouvellement de son mandat de président de la République prévoit « le retour dans notre législation de l'impôt sur les grandes fortunes (...) Il frappera (...) comme en 1985, quelques personnes les plus riches, son produit servant à financer une large part du revenu minimum d'insertion que recevront les nouveaux pauvres. » L'impôt change ainsi de finalité, car délié de tout examen de ses effets économiques et financiers sur le propriétaire d'un patrimoine d'un certain montant, il a pour objet unique de faire jouer la solidarité, obligeant ceux qui disposent de grandes facultés contributives à venir en aide aux plus démunis.

1688 Conformément à l'engagement pris par le président de la République, l'article 26 de la loi de finances pour 1989 du 23 décembre 1988 remet en vigueur les dispositions abrogées en 1986 avec la dénomination significativement nouvelle d'impôt de solidarité sur la fortune (ISF) et y apportant quelques modifications de nature essentiellement technique pour remédier à des critiques formulées par le Conseil des impôts dans son rapport de 1986 sur l'imposition du capital.

1689 Sous la présidence de Nicolas Sarkozy, le gouvernement de François Fillon fit adopter la loi du 29 juillet 2011 conduisant à limiter la portée de l'ISF, notamment par un abaissement très sensible du barème avec un taux maximum de 0,50 %, un allègement des conditions d'exonération des biens professionnels et une simplification des obligations déclaratives. Avec le changement de majorité en 2012, cette loi fut remplacée par loi du 29 décembre 2012 qui, entre autres, rétablit le barème progressif allant jusqu'à 1,50 %, limite la déduction du passif et supprime la réduction d'impôt pour personne à charge. À quelques aménagements près, on est revenu à la situation antérieure à 2011.

L'élection d'un nouveau président de la République et d'une nouvelle majorité à l'Assemblée nationale en 2017 ont provoqué une réforme d'envergure, caractérisée par la suppression de l'ISF et son remplacement par l'IFI (impôt sur la fortune immobilière), dont l'assiette est réduite à ce qu'Emmanuel Macron qualifie de fortune improductive.

1690 La France reste un des derniers pays à taxer la fortune avec la Grèce, la Suisse et l'Espagne qui l'avait suspendu en 2008 mais l'a rétabli pour d'impérieuses raisons budgétaires en 2010. En effet, dans la période récente, pratiquement tous les pays européens ont supprimé l'imposition de la fortune, ainsi l'Autriche en 1993, la

République fédérale d'Allemagne en 1995, le Danemark en 1997, les Pays-Bas en 2001 et, enfin, la Suède en 2007. En France, chaque élection nationale ravive le débat sur sa pertinence ou le bien-fondé de sa suppression ; il provoque en effet des sentiments partagés, il est d'ailleurs d'autant plus populaire que peu de contribuables y sont assujettis !

Il rapporte quelque 5 milliards d'euros, soit 2 % des recettes fiscales de l'État, payés par 312 000 foyers fiscaux.

1691 La réglementation relative à l'IFI a été codifiée aux articles 964 à 983 du CGI soit, avec les subdivisions propres à chaque article, au total une bonne vingtaine d'articles.

1692 L'ensemble de la matière est dominé par un grand principe selon lequel, sauf dispositions particulières, l'IFI est assis, recouvré et acquitté selon les mêmes règles et sous les mêmes sanctions que les droits de mutation par décès (CGI, art. 973). Ce faisant, dans une géométrie réduite, l'IFI reprend le régime général de l'ISF, pour l'essentiel c'est simplement son champ d'application qui se trouve réduit. En conséquence, les solutions appliquées à l'ISF par la jurisprudence peuvent être transposées à l'IFI.

Bibliographie

COLLET (Martin), « Un plafond pour l'ISF », in *L'impôt confisqué*, Odile Jacob, 2014, p. 57 à 67.

Commission d'étude d'un prélèvement sur les fortunes (commission Blot-Méraud-Ventejol), 3 vol., *La Doc. fr.*, 1979.

CROUY-CHANEL (Emmanuel DE), « L'impôt sur la fortune, le mal-aimé du système fiscal français », *Rev. pol. parl.*, oct.-déc. 2005, p. 25.

CROUY-CHANEL (Emmanuel DE) et LE BRIS (Anne-Sophie), « La décision n° 2010-44 du Conseil constitutionnel. Réflexions sur la notion de faculté contributive », *Dr. fisc.* 2011, n° 9, comm. 320.

DEDIEU (Pierre), « IFI, questions choisies », *Dr. fisc.* 2018, n° 9, comm. 190.

DESBUQUOIS (Jean-François) et LEBRUN (Xavier), *L'impôt sur la fortune immobilière*, EFE, 2018, 464 p.

DIDIER (Michel) et OUVRARD (Jean-François), *L'impôt sur le capital au XXIe siècle. Une coûteuse singularité française*, Economica, 2016, 158 p.

FOUQUET (Olivier), « L'assiette de l'ISF est-elle constitutionnelle ? », *Dr. fisc.* 2010, n° 42-43, act. 198.

FRULEUX (François) et DESBUQUOIS (Jean-François), « IFI et immobilier sociétaire : quel régime d'exclusion ou d'exonération », *Dr. fisc.* 2018, n° 29, comm. 338.

GERBINO (Elie), « Location meublée et IFI ou l'entente cordiale entre droit fiscal et droit civil », *LNF* 2020, n° 1267, p. 24 à 30.

GROSCLAUDE (Jacques), *L'impôt sur la fortune*, Berger-Levrault, 1976, 225 p.

GROSCLAUDE (Jacques), « Les projets d'imposition de la fortune de 1914 à 1950 et l'impôt de solidarité sur la fortune », Comité pour l'histoire économique et financière de la France, Études et Documents XI, 1999, p. 243 à 254.

GROSCLAUDE (Jacques), « L'impôt de solidarité sur la fortune. Genèse et problématique », *J.-Cl. Impôt sur la fortune*, fasc. 15.

GROSCLAUDE (Jacques), « De l'inconstitutionnalité de l'imposition de la fortune en Allemagne et en France », in *Mélanges Jean Waline*, Dalloz, 2002, p. 49 à 58 et *Dr. fisc.* 2002, n° 24, p. 879 à 883.

HANNECART-WEYTH (Wanda) et PONIN (Delphine), « Que reste-t-il de l'assurance-vie pour l'IFI », *Dr. fisc.* 2018, n° 21, comm. 280.

HANNECAT-WEYTH (Wanda), « Immobilier détenu en société : l'IFI va-t-il changer les stratégies ? », *LNF* 2018, n° 1217, p. 4 à 9.

HOVASSE (Henri), « L'IFI à l'épreuve des sociétés patrimoniales », *Dr. fisc.* 2020, n° 6-7, comm. 132.

LUPPI (Philippe), NOËL (Gilles) et LAROCHE (Christian), *L'imposition du capital. Entre mythes et réalités. Quels enjeux pour demain ?*, Presses universitaires d'Aix-Marseille, 2016, 253 p.

MASTOR (Wanda), « L'impôt de solidarité sur la fortune à travers l'épreuve de la Constitution », *D.* 2005. 1257 à 1260.

MAUBLANC (Jean-Pierre), « Propositions choc du Conseil des prélèvements obligatoires pour une réforme de l'imposition du capital des ménages », *Dr. fisc.* 2018, n° 9, comm. 191.

PICHET (Éric), *L'IFI 2020 : Théorie et pratiques*, Les Éditions du siècle, 22e éd., 2021, 470 p.

PICHET (Éric), « Les conséquences économiques de l'impôt sur la fortune », *Dr. fisc.* 2007, n° 14, p. 10.

PICHET (Éric), « Holdings animatrices de groupe : théorie et pratiques », *Dr. fisc.* 2014, n° 13, comm. 237.

PIERRE (Jean-Luc), « La Cour de Cassation examine l'ISF au regard de la jurisprudence du Conseil constitutionnel et l'article 1er du premier protocole additionnel de la Convention EDH, note sous Com. 25 janv. 2005, n° 03-10068, *Épx Imbert de Trémiolles* », *JCP E* 2005. 837 à 839.

PIKETTY (Thomas), *Le capital au XXIe siècle*, Seuil, 2013, 969 p. (contient un chapitre intitulé « Un impôt mondial sur le capital », pp. 835 à 883).

SIERACZEK-ABITAN (Manon), « Pour une fusion de l'ISF et des droits de mutation à titre gratuit : un impôt unique sur le capital », *Dr. fisc.* 2007, n° 13, étude 336.

VAN HASSEL (Frank), « Mise en place d'un mécanisme anti-abus en matière de plafonnement de l'ISF », *Dr. fisc.* 2017, n° 1, comm. 33.

SECTION 1
Le champ d'application de l'IFI

1693 L'IFI est un impôt annuel dû par le foyer fiscal (§ 1) après application des règles de territorialité (§ 2).

§ 1. L'imposition par foyer

1694 Seules les personnes physiques disposant, le 1er janvier de l'année d'imposition, d'un patrimoine imposable d'une valeur supérieure à un certain seuil (1 300 000 euros) sont assujetties à l'impôt.

1695 Échappent donc à l'IFI les personnes morales tant privées que publiques quelle que soit leur forme. Ce faisant, la législation française se différencie des législations étrangères qui connaissent ou ont connu l'imposition sur la fortune. Par ailleurs, il faut rappeler (v. ss 904) qu'a été instituée une taxe sur la valeur vénale des immeubles possédés en France (CGI, art. 990 D à 990 G) qui a pour objectif d'éviter qu'échappent à l'imposition du patrimoine des personnes qui, sous couvert de personnes morales fictives ayant en général leur siège social dans des paradis fiscaux, détiennent des immeubles en France (v. ss 904).

1696 L'IFI est établi par foyer fiscal qui comprend le contribuable, son conjoint ou partenaire et les enfants mineurs non émancipés (CGI, art. 964). La composition s'apprécie au 1er janvier, qui constitue la date du fait générateur de l'impôt.

Il n'existe pas de mécanisme neutralisant équivalent à celui du quotient familial en matière d'impôt sur le revenu (v. ss 760), ce qui pénalise les époux ou partenaires d'un PACS par rapport aux célibataires. En effet, le point de savoir si le seuil d'imposition est atteint, est déterminé non pour chaque propriétaire de biens imposables considérés isolément mais pour tous les membres du foyer fiscal. Pour le Conseil constitutionnel, il n'en résulte aucune atteinte au principe d'égalité devant les charges publiques, estimant « qu'il est de fait que le centre de disposition des revenus à partir duquel peuvent être appréciées les ressources et les charges du contribuable est le foyer familial » (Cons. const. 30 déc. 1981, n° 81-133 DC, point 7). La seule hypothèse où le contribuable bénéficie de l'imposition par foyer est celle où le patrimoine de l'un des membres du foyer est négatif.

Sont retenus les biens appartenant aux deux époux ou partenaires quel que soit leur régime matrimonial. Ce principe connaît toutefois deux exceptions. Font l'objet d'une imposition distincte les époux séparés de biens et ne vivant pas sous le même toit ainsi que les époux en instance de divorce ou de séparation de corps lorsqu'ils ont été autorisés à avoir des résidences séparées. En revanche et contrairement aux dispositions concernant l'impôt sur le revenu, l'imposition est commune en cas d'abandon du domicile conjugal par l'un des époux.

1697 Les biens des enfants mineurs sont imposés avec ceux de leurs parents qui ont l'administration légale même si ces enfants font l'objet d'une imposition distincte au titre de l'impôt sur le revenu (v. ss 165).

1698 Les personnes vivant en concubinage notoire (relations stables et continues entre personnes de sexe différent ou de même sexe) sont également soumises à une imposition commune (CGI, art. 964). Cette disposition a été adoptée dès la création de l'ISF pour éviter qu'un divorce suivi de la reprise de la vie commune ne permette de fractionner le patrimoine en deçà du seuil d'imposition et d'éluder ainsi l'impôt.

1699 Les personnes vivant en concubinage doivent également déclarer les biens des enfants vivant avec elles. Toutefois si un concubin est par ailleurs marié, ses biens et ceux de ses enfants mineurs sont rattachés à son foyer légal. L'administration a la charge de la preuve du concubinage laquelle, comme en matière de droits de succession, ne peut être apportée que par des moyens de preuve compatibles avec la procédure écrite.

1700 Les partenaires liés par un PACS font l'objet d'une imposition commune à compter du 1er janvier suivant l'année au cours de laquelle le pacte a été enregistré au greffe du tribunal d'instance.

§ 2. Les règles de territorialité

1701 Le patrimoine à prendre en compte pour l'exigibilité de l'IFI est plus ou moins étendu selon que son propriétaire a son domicile fiscal en France ou à l'étranger. Les règles applicables s'inspirent de celles en vigueur pour l'impôt sur le revenu (v. ss 197).

1702 Les personnes physiques ayant leur domicile fiscal en France sont imposables sur tous leurs biens y compris (sous réserve de conventions fiscales) ceux situés à l'étranger. Mais, les contribuables domiciliés en France et propriétaires de biens situés à l'étranger peuvent imputer sur l'IFI dû en France l'impôt sur la fortune acquitté à l'étranger pour des biens non exonérés en France et situés hors de France. Est ainsi évitée la double imposition des biens situés à l'étranger.

1703 Les personnes physiques n'ayant pas leur domicile fiscal en France ne sont imposables qu'à raison des biens situés en France, dans la mesure où leur valeur nette excède le seuil d'imposition.

1704 La définition du domicile fiscal à retenir au regard de l'IFI est la même que celle retenue pour l'impôt sur le revenu c'est-à-dire celle prévue à l'article 4-B du CGI (v. ss 199) ou, pour les ressortissants de pays liés à la France par une convention internationale, la définition retenue par cette convention. Le but de cette disposition est d'éviter qu'une même personne soit considérée comme domiciliée en France au regard de l'IFI et dans un autre État en matière d'impôt sur le revenu.

1705 Pour ce qui est de la question de savoir si l'immeuble est situé ou non en France, il conviendra de se reporter soit aux règles applicables en matière de droits de succession (CGI, art. 750 *ter*) (v. ss 1445) soit à la convention internationale s'il en existe une.

1706 D'un autre côté et d'une manière similaire aux droits de mutation à titre gratuit (v. ss 1470), les non-résidents sont imposés à raison de la détention personnelle ou par un groupe familial interposé, de titres de sociétés françaises ou étrangères dont l'actif est directement ou indirectement constitué d'immeubles en France.

1707 La loi de modernisation de l'économie du 4 août 2008 a prévu une mesure en faveur des impatriés (CGI, art. 155 B) en disposant que les personnes qui transfèrent leur domicile fiscal en France après avoir été fiscalement domiciliées à l'étranger pendant les cinq années précédentes ne sont provisoirement imposées pendant cinq ans que sur leurs bien situés en France.

SECTION 2

L'assiette de l'IFI

1708 L'assiette de l'IFI est à première vue très large car la loi ne procède pas par énumération. Sont visés tous les « actifs immobiliers » (CGI, art. 964) appartenant aux personnes imposables. De surcroît, le législateur donne un sens extensif à la notion de propriété aboutissant, ce faisant, à une notion compréhensive des biens imposables (§ 1). Mais ce principe est tempéré par un certain nombre d'exonérations (§ 2).

§ 1. Les biens imposables

1709 Sous réserve des exonérations étudiées plus loin, les biens et droits immobiliers qui sont la propriété du contribuable au 1er janvier de l'année d'imposition sont soumis à l'IFI. Comme en matière de droits de succession (v. ss 1476), la preuve du droit de propriété résulte de l'application de règles de droit civil telles que la théorie de la propriété apparente, la théorie de l'accession et la présomption de propriété établie par l'article 2276 du Code civil en faveur du possesseur de meubles. Par ailleurs s'appliquent également les présomptions légales de propriété, de portée purement fiscale, prévues par les articles 752 à 754 B et 1881 à 1882 (v. ss 1476).

1710 De surcroît existent un certain nombre de règles propres à l'IFI concernant certaines catégories de biens.

A. L'étendue de la notion de fortune immobilière

1711 L'assiette de l'impôt est d'abord constituée par tous les immeubles, bâtis et non bâtis, qui sont la propriété du foyer fiscal au 1er janvier de l'année d'imposition. Elle comprend également les parts ou les actions de sociétés pour la fraction de leur valeur représentative de biens ou droits immobiliers détenus – directement ou indirectement – par la société.

B. Les biens grevés d'un droit d'usufruit, d'usage ou d'habitation

1712 En cas de démembrement de propriété, l'usufruitier ou le titulaire d'un droit d'habitation ou d'un droit d'usage accordé à titre personnel doit comprendre les biens dans son patrimoine pour leur valeur en pleine propriété (CGI, art. 968) sans que puisse être appliqué un quelconque abattement au titre du démembrement. Le nu-propriétaire est en principe exonéré, ce qui n'est pas sans poser problème en matière de déduction des dettes (v. ss 1763). Il s'agit ici d'une présomption irréfragable de propriété.

1713 Cette règle a une double justification. D'abord, elle met l'impôt à la charge de celui qui perçoit les revenus à savoir l'usufruitier, le nu-propriétaire ne tirant aucun revenu ou avantage immédiat du bien. Ensuite, elle permet de lutter contre les démembrements de propriété qui visent à éluder l'IFI en transférant, pour tomber sous le seuil d'imposition, la nue-propriété des biens à des héritiers présomptifs non imposables.

1714 Toutefois, l'imposition de l'usufruitier sur la pleine propriété est écartée au profit d'une répartition avec le nu-propriétaire :

– lorsque la constitution de l'usufruit résulte des articles 757 et 767 ancien (usufruit légal du conjoint survivant avant le 1er juillet 2002) du Code civil ;

– lorsque le démembrement de propriété résulte de la vente d'un bien dont le vendeur s'est réservé l'usufruit et que l'acquéreur n'est ni héritier ni donataire du vendeur ;

– lorsque l'usufruit a été réservé par le donateur d'un bien ayant fait l'objet d'un don à l'État ou à certaines personnes publiques énumérées à l'article 968 du CGI.

1715 Dans les trois cas cités, à condition que l'usufruit ne soit ni vendu ni cédé à titre gratuit, les biens grevés d'usufruit sont compris respectivement dans les patrimoines de l'usufruitier et du nu-propriétaire suivant les proportions de droit commun fixées par l'article 669 du CGI (v. ss 1526). Si l'administration apporte la preuve que la transmission est fictive ou réalisée exclusivement dans un but fiscal, elle est en droit de restituer le véritable caractère de l'opération sur le fondement de la procédure de l'abus de droit (v. ss 146).

Saisi en 1981 du problème de l'imposition de l'usufruitier, le Conseil constitutionnel a déclaré cette imposition conforme à la Constitution en posant le principe selon lequel « la capacité contributive se trouve entre les mains non du nu-propriétaire mais de ceux qui bénéficient des revenus ou avantages afférents aux biens dont la propriété est démembrée », en d'autres termes entre les mains de l'usufruitier (Cons. const. 31 déc. 1981, n° 81-133 DC, *Dr. fisc.* 1982, n° 2-3, comm. 90). C'est ce même principe qui a conduit le Conseil constitutionnel à invalider une disposition du projet de loi de finances pour 1999 qui tendait à déclarer imposable la personne qui a constitué un usufruit, en d'autres termes le nu-propriétaire. Pour la Haute Assemblée l'impôt de solidarité sur la fortune (à l'époque) ne saurait être assis « sur un bien dont le contribuable nu-propriétaire ne tirait aucun revenu alors que serait prise en compte dans le calcul de l'impôt la valeur en pleine propriété dudit bien » (Cons. const. 29 déc. 1999, n° 98-405 DC, *JO* 1er déc. 1998, p. 20138). Cette décision a conduit certains commentateurs à soutenir que les biens non productifs de revenu devraient être exonérés de l'ISF (et aujourd'hui de l'IFI ; v. ss 1778).

§ 2. Les biens exonérés

1716 Comparativement aux législations étrangères, les biens exonérés sont nombreux et de nature diverse (CGI, art. 975 s.). L'IFI est de ce fait éloigné d'un impôt général devant frapper l'ensemble du patrimoine immobilier du contribuable.

Sont exonérés, en premier lieu, les biens faisant partie d'un patrimoine n'excédant pas le seuil d'imposition ainsi que les biens possédés en nue-propriété, dans la mesure où l'usufruitier est imposé pour leur valeur en pleine propriété (v. ss 1712).

1717 D'un autre côté, la caractéristique essentielle de l'IFI quant à son assiette consiste dans l'exonération des biens professionnels (A). Sont également exonérés, un certain nombre de biens non professionnels (B) dont l'énumération a considérablement diminué avec la substitution de l'IFI à l'ISF.

A. Les biens professionnels

1718 S'agissant de la définition des biens professionnels la loi distingue suivant que la profession est exercée à titre individuel (1) ou dans le cadre d'une société (2).

1. *Les biens ou droits immobiliers dépendant d'une exploitation individuelle*

1719 Les biens immobiliers professionnels des exploitants individuels sont définis par l'article 975 du CGI comme étant « les biens ou droits immobiliers (...) affectés à l'activité principale industrielle, commerciale, artisanale, agricole ou libérale ». Quatre conditions doivent donc être remplies pour que l'on soit en présence d'un bien professionnel : il doit être nécessaire (d) à l'exercice d'une activité professionnelle (a) exercée à titre principal (c) par son propriétaire ou son conjoint (b). Les précisions données sont issues de la jurisprudence relative à l'ISF sur ces questions.

a. *L'affectation des biens à l'exercice d'une activité professionnelle*

1720 En principe, cette activité doit présenter un caractère industriel, commercial, artisanal, agricole ou libéral et constituer une véritable profession (CA Chambéry, 20 sept. 2016, *B. c/ DGFiP*, n° 14/02747, *Dr. fisc.* 2016, n° 45, comm. 575). Pour l'administration, « la profession consiste dans l'exercice à titre habituel et constant d'une activité de nature à procurer à celui qui l'exerce les moyens de satisfaire aux besoins de l'existence ». À vrai dire la définition de la profession n'est pas sans difficultés, l'Administration tentant de faire adopter une conception restrictive pour limiter les exonérations.

1721 D'une manière générale, sont activités professionnelles celles dont les résultats sont imposés dans la catégorie des BIC, des BA et des BNC, encore que ce principe ne soit pas toujours respecté.

1722 Ainsi nonobstant l'imposition des revenus dans la catégorie des BNC, l'administration considère que n'exercent pas une profession les personnes réalisant des opérations de bourse, les propriétaires de chevaux de course non-éleveurs et non-entraîneurs ainsi que les titulaires de revenus innommés. De même, une activité de loueur de fonds de commerce ne constitue pas en règle générale une profession pour le loueur, bien que ce dernier soit imposé dans la catégorie des BIC.

1723 D'un autre côté, les activités de location d'immeubles nus étant des activités de nature civile ne présentent pas un caractère professionnel, quand bien même le bailleur d'immeuble y consacrerait tout son temps, emploierait du personnel à cet effet et quelle que soit l'importance de l'activité exercée.

1724 Enfin, les salariés n'exercent pas une activité professionnelle au sens de l'ISF-IFI. Toutefois l'Administration a fini par admettre – *contra legem* ? – comme biens professionnels les biens nécessaires à l'exercice d'une profession salariée lorsque ce lien de nécessité découle intrinsèquement et directement des conditions de fait d'exercice de la profession et non d'un choix individuel ou d'une simple commodité (Rép. min. n° 1818, *JOAN Q* 29 janv. 2008, p. 772).

b. *L'exercice par le propriétaire ou son conjoint de l'activité professionnelle*

1725 L'article 964 vise le foyer fiscal, par conséquent les biens appartenant au concubin notoire, au partenaire lié par un PACS ou à un enfant mineur de l'exploitant ont un caractère professionnel. Un même foyer pourra donc comprendre plusieurs patrimoines professionnels exonérés.

En cas de démembrement de propriété, peut se prévaloir du régime des biens professionnels, celui qui est imposable à l'IFI c'est-à-dire en général l'usufruitier à la condition bien entendu qu'il soit aussi l'exploitant.

1726 La condition relative à la propriété fait que les biens donnés en location ne peuvent pas, en principe, être regardés comme des biens professionnels pour leur propriétaire, même s'ils sont affectés à l'exercice d'une activité professionnelle. Il n'en va autrement que si les opérations de location constituent elles-mêmes une activité professionnelle, ou dans le cas de biens ruraux (v. ss 1746).

1727 D'un autre côté, l'Administration admet, dans une interprétation libérale, que la condition relative à l'exercice de la profession par le propriétaire lui-même est remplie lorsque le bien est loué, soit par lui-même directement, soit par l'intermédiaire d'une société dont il détient les parts, dès lors que cette location ne le prive pas d'utiliser l'immeuble pour les besoins exclusifs de son activité professionnelle. Ce cas relativement fréquent est, par exemple, celui des médecins travaillant dans des cliniques dont ils possèdent les immeubles par l'intermédiaire d'une société civile immobilière qui loue les locaux à une société d'exploitation de la clinique. Cette solution, peu compatible avec la lettre du texte, est fondée sur une certaine transparence fiscale, malgré l'interposition d'une ou deux sociétés.

c. *L'exigence d'une profession exercée à titre principal*

1728 L'activité principale s'entend normalement de celle qui constitue pour le redevable, l'essentiel de ses activités économiques, même si elle ne dégage pas la plus grande part du revenu. Lorsque les diverses activités professionnelles sont d'égale importance, il convient de considérer que l'activité principale est celle qui procure à l'intéressé la plus grande part de revenus.

1729 Par ailleurs, il y a lieu de considérer que constituent une seule activité les diverses activités professionnelles exercées par la même personne, lorsqu'il existe soit un lien de similitude, soit un lien de connexité et de complémentarité entre les diverses professions en cause (CGI, art. 975-II). Il en va ainsi d'un pharmacien exploitant une officine et un laboratoire d'analyses médicales ou d'un concessionnaire d'automobiles exploitant un garage. En revanche, un agriculteur ne peut considérer comme un bien professionnel le terrain affecté à l'exploitation d'un camping classé.

d. *Le caractère nécessaire du bien à l'exercice de la profession*

1730 Cette condition implique selon l'Administration l'existence d'un lien de causalité directe avec l'exploitation, une utilisation effective pour les besoins de celle-ci, et l'impossibilité d'utiliser les biens en cause pour un autre usage. La Cour de cassation a confirmé la doctrine administrative selon laquelle l'inscription d'un bien à l'actif du bilan d'une entreprise fait seulement présumer le caractère professionnel d'un bien ; mais l'Administration est en droit d'apporter la preuve que le bien en cause n'est pas nécessairement et effectivement affecté à l'exercice de la profession.

1731 Est donc retenu le critère de l'affectation réelle : sera considéré comme bien professionnel un bien affecté à l'exploitation, même s'il n'est pas inscrit à l'actif du bilan. La solution est ici la même qu'en matière de TVA et de contribution économique territoriale.

2. *Les parts ou actions de sociétés*

1732 Malgré la personnalité morale des sociétés, il est admis que certaines parts ou actions ont le caractère professionnel pour leur titulaire. En application de l'article 975, les conditions nécessaires pour que ces titres aient le caractère de biens professionnels ne sont pas identiques selon que la société est soumise à l'impôt sur le revenu (a) ou à l'impôt sur les sociétés (b) encore que des dispositions soient communes aux deux formes de sociétés (c).

a. *Les parts des sociétés soumises à l'impôt sur le revenu (CGI, art. 8 et 8 ter)*

1733 Ces parts sont considérées pour leur détenteur comme des biens professionnels lorsque ce dernier exerce dans la société son activité principale (CGI, art. 975-I). La détermination de ce caractère principal s'effectue selon le même critère que pour l'exercice de la profession dans le cadre de l'entreprise individuelle (v. ss 1720). Il n'est pas exigé que l'associé exerce dans ces sociétés des fonctions de direction ou de gestion, ni même qu'il détienne une participation minimale. En revanche l'associé doit participer effectivement à l'activité sociale qui constitue son activité professionnelle principale (cas d'une société civile professionnelle par exemple). Les immeubles possédés par la société doivent, bien entendu, être affectés à l'exercice de l'activité professionnelle ; l'exonération vaut aussi lorsqu'ils sont détenus au travers d'une société intermédiaire, une SCI par exemple.

b. *Les parts et actions de sociétés soumises à l'impôt sur les sociétés*

1734 Pour qu'un associé bénéficie de l'exonération des biens immeubles à raison des parts et actions qu'il détient dans une société soumise à l'impôt sur les sociétés et affectataire de ces immeubles, il doit remplir deux conditions, l'une relative à l'exercice de fonctions de direction dans la société, l'autre relative à la détention d'une participation minimale.

1735 S'agissant de la première condition, la loi énumère limitativement les fonctions de direction dont l'exercice permet de bénéficier de l'exonération de biens professionnels. Pour les sociétés de personnes soumises à l'impôt sur les sociétés par option, il n'est pas nécessaire que l'associé soit gérant, mais il doit participer effectivement à l'activité sociale, en exerçant dans la société des fonctions professionnelles à titre principal. Pour les SARL et les sociétés en commandite par actions, sont professionnelles les parts dont disposent les gérants à condition qu'ils soient nommés conformément aux statuts, qu'ils exercent effectivement leurs fonctions et qu'ils perçoivent une rémunération normale.

1736 Quant aux sociétés anonymes, les fonctions ouvrant droit à la qualification de biens professionnels sont, dans les sociétés anonymes de type classique, celles de président de conseil d'administration, de directeur général et de directeurs généraux délégués (cinq au maximum) ; dans les sociétés anonymes à directoire, celles de membres du directoire et celle de président du conseil de surveillance (art. 975).

Ces fonctions doivent être effectivement exercées et donner lieu à une rémunération normale et principale au regard des rémunérations versées au titre des fonctions analogues dans l'entreprise ou dans des entreprises similaires. Cette rémunération doit représenter plus de la moitié des revenus professionnels de l'intéressé à l'exclusion des revenus non professionnels (CGI, art. 975, III.-1,1°). Ne sont donc pas exonérés les dirigeants qui exercent leurs fonctions à titre bénévole ou moyennant une rémunération peu élevée.

La fonction professionnelle éligible s'apprécie distinctement au niveau de chaque conjoint, partenaire ou concubin notoire, et non au niveau du foyer fiscal (Com. 26 févr. 2008, n° 07-10.515).

Le logement de fonction d'un dirigeant n'est pas un bien professionnel (Com. 3 févr. 2015, *M. et Mme Journel*, n° 13-25.263, FD, *Dr. fisc.* 2015, n° 11, comm. 205).

1737 S'agissant du seuil de participation dans le capital, la loi exige que le propriétaire des actions ou parts possède directement ou indirectement 25 % au moins des droits de vote attachés aux titres émis par la société (CGI, 975-III, 2°). Ce pourcentage s'apprécie compte tenu des actions appartenant au redevable, à son conjoint ou concubin notoire, au partenaire d'un PACS, à leurs ascendants ou descendants et à leurs frères et sœurs. Le taux de participation de 25 % se calcule en tenant compte des droits détenus par le redevable et les membres de sa famille directement dans une société, mais aussi des droits détenus par l'intermédiaire d'une société dont ils sont associés ou actionnaires.

1738 Cette règle de la participation minimale de 25 % dans le capital comporte trois tempéraments. Tout d'abord, ce seuil ne s'applique pas aux gérants et associés mentionnés à l'article 62 du CGI. Il s'agit essentiellement des gérants majoritaires de SARL et des gérants des sociétés en commandite par actions. En deuxième lieu, il en va de même lorsque la valeur des titres possédés excède

50 % de la valeur brute des biens imposables du redevable y compris les actions ou parts en cause. Cette disposition vise principalement un dirigeant qui a investi l'essentiel de sa fortune dans la société qu'il dirige sans pour autant en posséder 25 % du capital. En troisième lieu, selon l'article 975-III, 2° du CGI, afin que le seuil de détention fixé à 25 % pour bénéficier du régime des biens professionnels ne soit pas un obstacle à la croissance des entreprises ce seuil est réduit à 12,5 %, à l'issue d'une augmentation de capital, à la condition que le seuil de 25 % ait été respecté pendant les cinq années précédentes et que le redevable ait conclu un pacte avec d'autres associés afin de représenter au moins 25 % des droits de vote et d'être en mesure d'exercer un pouvoir d'orientation dans la société.

c. *Les dispositions communes aux deux catégories de titres*

1739 On peut recenser cinq catégories de dispositions communes.

1740 **Le domaine d'activité de la société.** De la même manière que pour les exploitants individuels, l'activité exercée par la société doit être de nature industrielle, commerciale, artisanale, agricole ou libérale (CGI, art. 975-V). Dès lors, les parts ou actions de sociétés purement civiles n'ont pas le caractère de biens professionnels. Tel est notamment le cas des sociétés ayant pour activité principale la gestion d'un portefeuille de valeurs mobilières ou la gestion de leur patrimoine immobilier. Cette règle comporte toutefois deux dérogations.

1741 La première concerne certaines sociétés holdings dont les titres peuvent ouvrir droit au régime des biens professionnels à condition que ces sociétés soient les animatrices effectives de leur groupe. Le détenteur des parts doit, soit posséder, avec son groupe familial, 25 % au moins du capital de la société, soit détenir directement une participation représentant plus de 50 % de son patrimoine taxable. L'intéressé doit en outre exercer l'une des fonctions de direction ouvrant droit à la qualification de biens professionnels, pour les droits qu'il détient dans la société holding. Si la société est une holding pure, le redevable peut néanmoins bénéficier de l'exonération à raison des immeubles qu'il donne en location aux filiales de ladite holding, pourvu que les conditions de rémunération et de direction soient remplies.

1742 La seconde est relative aux sociétés immobilières. Constituent des biens professionnels, les titres de sociétés immobilières qui ont pour objet, même non exclusif, la location ou la mise à disposition d'immeubles professionnels au profit d'une société d'exploitation dont les parts ou actions sont elles-mêmes des biens professionnels pour le redevable.

1743 Les titres ainsi détenus sont exonérés dans la limite du produit de la quote-part du capital de la société d'exploitation détenue par l'associé par la valeur des immeubles loués à cette société par la SCI.

1744 **Les activités similaires, ou connexes et complémentaires.** Les redevables sont fondés à considérer comme un bien professionnel unique les participations qu'ils détiennent dans des sociétés qui exercent une activité similaire ou des activités connexes ou complémentaires.

1745 Il suffit alors que le montant total des rémunérations perçues de ces sociétés représente plus de 50 % des revenus professionnels de l'intéressé.

3. *Les biens ruraux*

1746 On est ici en présence d'une dérogation à la règle selon laquelle l'exonération des biens professionnels est réservée au propriétaire.

1747 Sont visés les immeubles ruraux loués par un bail à long terme dans les conditions prévues par le Code rural (CGI, art. 976). Ils sont assimilés à des biens professionnels lorsque le bail, d'une durée minimum de 18 ans, a été consenti par le propriétaire du fonds à son conjoint, à leurs ascendants ou descendants ou à leurs frères et sœurs, ainsi qu'à leurs conjoints respectifs, et à condition que les biens loués soient utilisés par le preneur dans l'exercice de sa profession principale.

B. Les autres biens exonérés

1748 En dehors des biens professionnels, la seule exonération spécifique qui demeure avec l'IFI concerne les bois et forêts ainsi que les biens ruraux loués par bail à long terme.

1749 Les bois et forêts exonérés des droits de mutation à titre gratuit (v. ss 1496) bénéficient d'une exonération aux mêmes conditions que celles posées en matière d'ISF.

1750 Les biens ruraux donnés à bail à long terme peuvent bénéficier de l'exonération au titre des biens professionnels (v. ss 1746). S'ils ne remplissent pas toutes les conditions pour être exonérés à ce titre, ils peuvent, comme en matière de droits de succession, bénéficier d'une exonération partielle à concurrence des trois quarts si la valeur totale des biens loués n'excède pas 101 897 euros ; au-delà, l'exonération est limitée à la moitié de ce montant (CGI, art. 976).

1751 L'exonération partielle est toutefois subordonnée à la condition que le bail, d'une durée minimum de 18 ans, ne prive pas les descendants du preneur de la faculté de poursuivre la location après le départ de leurs parents.

SECTION 3

La liquidation de l'IFI

1752 La liquidation implique l'évaluation de la fortune immobilière imposable (§ 1) suivie du calcul de l'impôt (§ 2).

§ 1. L'évaluation de la fortune imposable

1753 La fortune imposable étant la fortune immobilière nette au 1er janvier de l'année d'imposition, il conviendra de partir de la fortune brute (A) dont il faudra déduire les dettes (B).

A. L'évaluation de la fortune brute

1754 D'une manière générale, la valeur servant de base à l'impôt est déterminée par la déclaration détaillée et estimative souscrite par le contribuable. Sauf cas particuliers, la valeur à déclarer est la valeur vénale au 1er janvier de l'année d'imposition. Les règles d'évaluation prévues en matière de mutation par décès trouvent normalement à s'appliquer en matière d'IFI (CGI, art. 973) s'agissant de l'évaluation des immeubles (v. ss 1516). Existent toutefois un certain nombre de règles spécifiques à l'IFI.

1755 Un abattement de 30 % (il n'est que de 20 % en matière de droits de succession) (v. ss 1519) peut être pratiqué sur la valeur vénale réelle de l'immeuble à condition qu'il soit occupé au 1er janvier de l'année d'imposition à titre de résidence principale par son propriétaire, et ceci sans plafond. En cas d'imposition commune, l'abattement ne vaut que pour un seul immeuble même si les époux ont une résidence séparée.

1756 Malgré cet abattement, la résidence principale constitue une part importante dans le patrimoine imposable du moins pour les contribuables imposés dans les premières tranches. D'où les demandes réitérées de la part de parlementaires d'obtenir son exonération totale, refusée en raison des enjeux budgétaires trop importants.

1757 Pour les entreprises, dans un premier temps il est possible de retenir la valeur de l'actif net (ou valeur mathématique), la valeur de rendement (en fonction du bénéfice distribué), la valeur de productivité (moyenne annuelle du résultat courant avant impôt), la marge brute d'autofinancement ou bien celle dite du *goodwill* qui prend en compte la survaleur de l'entreprise due à la notoriété de sa marque ou à sa réputation. Dans un second temps le contribuable doit appliquer le coefficient de taxation correspondant au ratio immobilier de la société.

1758 S'agissant des valeurs mobilières cotées en Bourse, le contribuable a le choix, comme en matière de droits de succession *mutatis mutandis*, entre le dernier cours connu au jour du fait générateur, c'est-à-dire le 1er janvier de l'année d'imposition et la moyenne des trente derniers cours qui précèdent la date d'imposition pour retenir la solution qui lui est la plus favorable. On veut par-là éviter que le contribuable soit imposé sur une valeur artificiellement majorée résultant des transactions boursières de fin d'année. Les valeurs mobilières non cotées sont évaluées comme en matière de droits de succession (v. ss 148). Aucun abattement n'est admis en cas de démembrement de propriété (Com. 20 mars 2007, *Vrillaud*, n° 05-16.751, *RJF* 7/2007, n° 858).

1759 D'un autre côté, la Cour de cassation, dans une jurisprudence constante, a posé en principe que l'évaluation des biens doit prendre pour référence des biens de nature intrinsèquement similaire et qui se situent à une date antérieure au fait générateur. Ce principe a permis à la Cour de développer une jurisprudence sur certains points favorables au contribuable.

1760 Ainsi, s'agissant de droits indivis, la Cour suprême refuse à l'administration le droit d'appliquer à la valeur totale de l'immeuble la fraction correspondant à la quote-part indivise détenue par le redevable. En effet, il incombe à l'Administration d'établir le bien-fondé de ses évaluations par le recours à « des éléments de comparaison tirés de la cession de biens intrinsèquement similaires et spécialement de droits immobiliers indivis dont la valeur propre diffère de la valeur vénale totale du bien correspondant à la proportion des droits indivis » (Com. 19 juin 1990, *Fayard*, n° 867, *Dr. fisc.* 1990, n° 32-33, comm. 1677). Il n'y a pas lieu de distinguer selon que cette indivision résulte d'un choix délibéré des indivisaires ou d'une succession (Com. 22 févr. 2000, *Ferrière*, n° 97.17-821, *Bull. civ.* IV, n° 37).

1761 De même, l'usufruitier est en droit d'appliquer un abattement sur la valeur théorique des biens pour tenir compte de la dépréciation qui affecte les biens grevés d'usufruit notamment en raison du fait que la cession globale du bien suppose l'accord du nu-propriétaire et de l'usufruitier.

Comme en matière d'enregistrement, les litiges portant sur l'évaluation pourront être soumis à la Commission départementale de conciliation (v. ss 143) qui est en revanche incompétente si le litige porte sur le caractère professionnel d'un bien.

B. L'évaluation de la fortune nette

1762 Tout comme en matière de droits de succession (v. ss 1502 s.), seule est imposable la fortune nette après déduction des dettes (CA Aix-en-Provence, 20 sept. 2016, *B. c/ DGFiP*, n° 15/07262, *Dr. fisc* 2016, n° 45, comm. 575). Sont déductibles les dettes à la charge du foyer fiscal au 1er janvier de l'année d'imposition dès lors qu'elles sont à la charge personnelle du redevable, qu'elles sont afférentes à des actifs imposables, le cas échéant à proportion de la fraction de leur valeur imposable et qu'elles sont justifiables par tous modes de preuve compatibles avec la procédure écrite (CGI, art. 974, I). C'est le cas du capital des emprunts (Com. 27 mai 2015, *M. Patenotre*, n° 14-14.257, F-D, *Dr. fisc.* 2015, n° 37, comm. 546, note J.-L. Pierre), contractés pour l'acquisition ou pour le financement de travaux, sauf si l'administration est en mesure de montrer qu'ils ont été contractés dans un objectif principalement fiscal. Il en est de même pour les sommes restant dues, au 1er janvier de l'année d'imposition, pour des travaux de réparation, d'amélioration, de construction ou d'agrandissement. C'est aussi le cas de la taxe foncière.

1763 Pour les biens partiellement imposables, la déductibilité de la dette est partielle à concurrence de la fraction taxable. Ainsi les bois et forêts bénéficient d'une exonération partielle égale à 75 % de leur valeur (v. ss 1749). La dette éventuellement contractée pour leur achat n'est déductible qu'à raison de 25 % (CGI, art. 976).

1764 Les biens pour lesquels la loi autorise le redevable à pratiquer un abattement sur la valeur imposable (abattement de 30 % sur la résidence principale par exemple) ne sont pas visés. En effet, l'abattement ne constitue pas une exonération partielle mais une modalité particulière de détermination de la valeur d'un bien qui reste, sur le principe, totalement imposable.

1765 Depuis un arrêt de principe de la Cour de cassation (Com. 9 oct. 1990, *Consorts Houssiaux*, n° 89-15.447, *Dr. fisc.* 1990, n° 51, comm. 2429), le dépôt de garantie versé en début de bail par le locataire constitue une dette certaine, déductible du patrimoine du bailleur mais imposable en tant que créance chez le preneur s'il est assujetti à l'IFI.

1766 À signaler que l'IFI dû au titre de chaque année constitue une dette déductible de la déclaration correspondante. En d'autres termes le contribuable devra dans un premier temps rédiger sa déclaration, calculer l'impôt qu'il pourra ensuite déduire pour recalculer l'impôt effectivement dû.

1767 Pour ce qui est des dettes non déductibles, ce sont celles qui, *mutatis mutandis*, ne peuvent être déduites en matière de droits de succession (v. ss 1509). L'article 974, IV est venu plafonner la déduction pour les titulaires de patrimoines importants : si la valeur vénale du patrimoine excède 5 millions d'euros et que le montant des dettes afférentes dépasse 60 % de cette valeur, le montant des dettes excédant ce seuil n'est déductible qu'à hauteur de la moitié de cet excédent, sauf si le contribuable est en mesure de montrer que l'ampleur de cette dette s'explique par des motifs extra-fiscaux.

§ 2. Le calcul de l'impôt

1768 L'application du barème (A) déterminera le montant de l'impôt qui connaîtra le cas échéant des réductions (B). Le plafonnement de l'ISF (C) à un certain montant, supprimé par la loi de finances rectificative du 29 juillet 2011, a été rétabli par l'article 13 de la loi de finances pour 2013 du 29 septembre 2012 (CGI, art. 885 V *bis* nouveau). Enfin, il convient de noter que la constitutionnalité de l'ISF a fait débat (D).

A. Le barème de l'impôt

1769 Le barème tel que fixé par la loi du 30 décembre 2017, comportant une progressivité par tranches, s'établit comme suit :

Fraction de la valeur nette taxable du patrimoine	Taux
– n'excédant pas 800 000 €	0 %
– entre 800 001 et 1 300 000 €	0,50 %
– entre 1 300 001 et 2 570 000 €	0,70 %
– entre 2 570 001 et 5 000 000 €	1 %
– entre 5 000 001 et 10 000 000 €	1,25 %
– supérieure à 10 000 000 €	1,50 %

1770 Il faut préciser que le seuil d'imposition est fixé à 1 300 000 euros, mais l'imposition s'applique dès 800 000 euros. C'est donc la fraction de patrimoine qui excède 800 000 euros et non pas 1 300 000 euros qui est soumise à imposition. Pour limiter les effets de seuil, un dispositif de décote a été institué pour les patrimoines nets taxables compris entre 1 300 000 et 1 400 000 euros.

Pour les autres contribuables c'est une progressivité globale qui s'applique, ce qui est un phénomène rare.

1771 Le mécanisme d'actualisation annuelle du tarif, qui neutralisait l'érosion monétaire, est supprimé depuis 2013. Est prévu un mécanisme de plafonnement de l'imposition (v. ss 1773).

B. Les réductions de l'impôt

1772 Elles étaient substantielles sous l'empire de l'ISF, la loi créant l'IFI en a supprimé l'essentiel, voulant éviter un effet de niche. L'article 978 autorise l'imputation sur l'impôt, dans la limite de 50 000 €, de 75 % du montant des dons en numéraire et dons en pleine propriété de titres de sociétés cotées, effectués au profit d'établissements de recherche, fondations d'utilité publique, entreprises d'insertion et fondations universitaires. Cette réduction s'applique aussi aux dons effectués au profit d'institutions homologues établies dans l'Union ou l'Espace économique européen, compte tenu de la jurisprudence de la CJUE.

C. Le plafonnement de l'impôt

1773 Le Conseil des impôts, dans son rapport de 1986 consacré à l'imposition du capital, avait constaté qu'environ un millier de contribuables payait une cotisation d'impôt supérieure à leurs revenus. Tel est en particulier le cas de contribuables dont le revenu d'activité ou de retraite est faible et dont le patrimoine est important tout en étant d'une rentabilité médiocre. D'où l'institution par le législateur de 1988 du mécanisme du plafonnement (Com. 27 mai 2015, *M. Patenotre*, n° 14-14.257, F-D, *Dr. fisc.* 2015, n° 37, comm. 346, note J. Pierre), qui a été supprimé en 2011 mais rétabli par l'article 13 de la loi de finances pour 2013 (n° 2012-1509 du 29 déc. 2012), codifié aujourd'hui à l'article 979 du CGI.

1774 Ce faisant, le législateur s'est rallié à la décision du Conseil constitutionnel qui estime que « le législateur ne saurait établir un barème de l'impôt de solidarité sur la fortune tel que celui qui était en vigueur avant l'année 2012, sans l'assortir d'un dispositif de plafonnement ou produisant des effets équivalents destiné à éviter une rupture caractérisée de l'égalité devant les charges publiques» (Cons. const. 9 août 2012, n° 2012-645 DC).

1775 Conformément à cette décision, la loi de finances pour 2013 a rétabli le plafonnement, selon lequel l'imposition globale (impôt sur le revenu de l'année antérieure plus aujourd'hui l'IFI de l'année en cours) susceptible d'être réclamée au contribuable fiscalement domicilié en France ne peut excéder 75 % des revenus nets du contribuable en y ajoutant les revenus exonérés en application des dispositions du CGI ou d'une convention internationale.

En se fondant sur le plafonnement, certains contribuables ont eu recours à la technique dite de « l'encapsulage » des dividendes. Elle consistait à interposer des sociétés holdings dans lesquelles les revenus étaient capitalisés. Les revenus ainsi « encapsulés » n'étaient pas pris en compte dans le second terme du plafonnement. Les contribuables assuraient par ailleurs leur train de vie par le recours à l'emprunt.

Le *Canard enchaîné* du 8 juin 2016, dans un article intitulé « Le palmarès secret des artistes du bouclier fiscal », révélait que onze des cinquante plus grandes fortunes françaises n'acquittaient pas l'ISF grâce à ce mécanisme.

Cette pratique a amené le législateur à intervenir, en introduisant une clause anti-abus permettant à l'Administration de réintégrer dans le calcul du plafonnement les revenus ainsi artificiellement soustraits au calcul (CGI, art. 979, al. 2). Il appartient à l'administration de montrer que l'existence de la holding écran et le choix d'y recourir ont pour objet principal d'éluder tout ou partie de l'IFI.

En cas de désaccord sur les rectifications notifiées sur ce fondement, le litige pourra être soumis à l'avis du Comité de l'abus de droit (CGI, art. 979, al. 3). Pour l'ISF le Conseil constitutionnel a déclaré la disposition conforme à la Constitution, en formulant toutefois une réserve d'interprétation selon laquelle seule la part des revenus distribués correspondant à une distribution artificielle des revenus pris en compte pour le calcul du plafonnement est réintégrée (Cons. const. 29 déc. 2016, n° 2016-744 DC, point 12).

Par ailleurs ne sont pas déductibles les déficits interdits de déduction en matière d'impôt sur le revenu (v. ss 724).

Si le total de l'IFI et des impôts sur les revenus dus au titre de l'année précédente excède 75 % des revenus, l'IFI est réduit de cet excédent. Ce faisant le mécanisme du plafonnement limite la somme de l'IFI et des impôts sur le revenu de l'année précédente à 75 % des revenus du redevable.

Le plafonnement fait l'objet d'une auto-liquidation par le contribuable qui doit calculer lui-même la réduction d'IFI à laquelle il a droit. Le législateur a voulu ainsi éviter toute restitution au redevable par l'administration fiscale. Ce mécanisme avait conduit à la mauvaise image de l'ISF et à l'abrogation du bouclier fiscal (v. ss 768).

D. Le débat sur la constitutionnalité de l'ISF et de l'IFI

1776 Ce débat a été alimenté par le contexte d'ambiguïté qui a accompagné l'élaboration de l'ISF. En effet, l'exposé des motifs de la loi du 30 décembre 1981 créant l'IGF avançait trois motivations dans sa création :

– c'était un moyen supplémentaire d'imposition de la faculté contributive,

– c'était un moyen de réduire les inégalités de patrimoine jugées excessives ;

– et cet impôt annuel devait compenser les insuffisances des taxes existantes qui imposaient peu les revenus du capital et fournir, d'autre part, un moyen de contrôle des autres impôts.

1777 En d'autres termes, c'est la faculté contributive qui était mise en avant, par référence à l'article 13 de la Déclaration des droits de l'homme et du citoyen.

1778 La question s'étant posée de savoir où résidait cette faculté contributive, le Conseil constitutionnel a apporté deux réponses. Dans sa décision du 31 décembre 1981 (n° 81-133 DC), il estime que la capacité contributive se trouve non pas entre les mains du nu-propriétaire mais de ceux qui bénéficient des revenus. Se pose dès lors la question de savoir si seuls « ceux qui bénéficient des revenus » voient leurs biens imposés à l'ISF. Dans sa décision du 29 décembre 1998 (n° 98-405 DC), il reprend la règle posée en 1981 et lui donne cette fois-ci une formulation positive, en reconnaissant que le législateur a méconnu la règle de l'égalité devant l'impôt en assujettissant à l'ISF celui qui ne perçoit pas les revenus des biens ou droits taxables (v. ss 1715).

1779 Il s'agissait dès lors de savoir si seuls les biens productifs de revenus pouvaient être frappés par l'ISF. Très controversée dans la doctrine, la question posée a reçu une réponse dans la décision du Conseil constitutionnel (29 sept. 2010, *Épx Mathieu*, n° 2010-44 QPC, *Dr. fisc.* 2010, act. 379 ; *D.* 2010. 2620, note J.-P. Feldmann), qui estime qu'avec l'ISF « le législateur a entendu frapper la capacité contributive que confère un ensemble de biens ou de droits ; que la prise en compte de cette capacité contributive n'implique pas que seuls les biens productifs de revenus entrent dans l'assiette de l'ISF ».

1780 La décision ainsi rendue ne manque pas, comme le fait remarquer Olivier Fouquet (« L'assiette de l'ISF est-elle constitutionnelle ? », *Dr. fisc.* 2010, n° 42-43, act. 398), « d'avoir des conséquences imprévues sur le régime de nombreuses exonérations totales ou partielles de l'ISF. Dès lors qu'il n'existe plus de lien entre l'ISF et le revenu produit par les biens entrant dans son champ d'application, les exonérations respectent-elles le principe d'égalité devant la loi et devant les charges publiques ? » Il en va ainsi de l'exonération qui vise les biens professionnels. La conséquence ultime de la jurisprudence du Conseil serait un élargissement considérable de l'assiette de l'ISF, et aujourd'hui de l'IFI.

La décision déjà citée (v. ss 1774) du Conseil constitutionnel de 2012 (n° 2012-654 DC du 9 août) précise (cons. 33) que, « pour ne pas entraîner de rupture caractérisée de l'égalité devant les charges publiques, le législateur a depuis la création de l'impôt de solidarité sur la fortune par la loi du 23 décembre 1988, inclus dans le régime de celui-ci des règles de plafonnement (…) qui limitent la somme de l'impôt de solidarité sur la fortune et des impôts dus au titre des revenus et produits de l'année précédente à une fraction totale des revenus nets de l'année précédente. » Le Conseil établit ainsi un lien entre l'impôt sur la fortune et les revenus du contribuable. Pour Martin Collet (*L'impôt confisqué*, p. 67), « L'ISF ne pourra donc plus, dorénavant, être prélevé sans tenir compte du montant des revenus disponibles du contribuable. La crainte souvent manifestée que ce prélèvement puisse conduire à une aliénation du patrimoine n'a plus lieu d'être». Par ailleurs, plafonner le total d'un impôt sur la fortune et d'un impôt sur le revenu en fonction du revenu, c'est admettre que la détention d'une fortune n'est pas un critère autonome pertinent de la mesure de la capacité contributive.

Le Conseil constitutionnel semble rejoindre la Cour de cassation, qui a considéré que l'ISF ne doit conduire ni « à l'absorption intégrale des revenus disponibles des demandeurs ni à l'aliénation forcée d'une partie de leur patrimoine ni même à une diminution de celui-ci (...) ni à une expropriation quelconque » (Com. 6 févr. 2007, *Binet*, n° 05-11.246, *RJF* 6/07, n° 762).

Le débat reste ouvert aujourd'hui sur la question de savoir si l'IFI est un impôt sur le capital ou en capital ; c'est seulement dans le premier cas que seront exonérés les biens non productifs de revenus.

SECTION 4
Le recouvrement de l'impôt

1781 **Les redevables de l'impôt** remplissent une déclaration spécifique annexée à la déclaration globale de revenus 2042. Ils y font figurer le détail et l'estimation de leur patrimoine, ainsi que des éventuelles dettes qui lui sont afférentes, sa valeur brute puis la base nette.

1782 Se posera au contribuable le problème de savoir s'il a franchi ou non le seuil d'imposition, ce qui peut constituer soit un encouragement à la dissimulation soit la cause d'une sous-évaluation de bonne foi. Le problème est d'autant plus aigu que l'administration peut, en l'absence de déclaration, exercer son contrôle pendant six ans.

Comme en matière de droits de succession (v. ss 1550) le paiement peut être proposé par remise d'œuvres d'art et d'objets de collection ou d'immeubles situés dans les zones d'intervention du

Conservatoire de l'espace du littoral et des rivages lacustres, ou bien des bois et forêts pouvant être incorporés dans le domaine forestier de l'État.

1783 L'administration peut adresser au contribuable une demande d'éclaircissements et de justifications spécifique à l'IFI (LPF, art. L. 23 A). Cette demande assigne au contribuable un délai de réponse qui ne peut être inférieur à deux mois. En l'absence de réponse ou en cas de réponse insuffisante l'administration peut rectifier la déclaration en se conformant à la procédure de redressement contradictoire de l'article L. 55 du LPF.

1784 Le défaut ou le retard de déclaration entraîne l'application d'un intérêt de retard de 0,40 % par mois et d'une majoration de 10 % portée à 40 % quand la déclaration n'est pas effectuée dans les trente jours d'une mise en demeure, et à 80 % en cas d'exercice d'une activité occulte.

1785 Le délai de reprise est de trois ans si le contribuable a déposé une déclaration (LPF, art. L. 180), il est de six ans en cas d'absence de déclaration. On notera qu'il est assez fréquent que ce droit de reprise soit exercé par l'administration après l'ouverture d'une succession, pour constater que le patrimoine du défunt dépassait le seuil d'imposition à l'IFI. Il incombera aux héritiers de payer la dette fiscale correspondante.

1786 Tout comme en matière de droits d'enregistrement, le contentieux relatif à l'IFI relève de la juridiction judiciaire.

1787 L'IFI ne véhicule pas la charge symbolique forte qui s'attachait à l'ISF et semble lui survivre.

Bibliographie

VARII AUCTORES, « Fiscalité des revenus et du patrimoine : chronique de l'année 2024 », *L'Année fiscale* 2025, n° 13, comm. 170.

CHAPITRE 2

La fiscalité directe locale

1788 Les collectivités territoriales bénéficient de ressources fiscales directes qui traduisent le principe de la libre administration des collectivités territoriales dans le cadre d'un État unitaire mais décentralisé. Ces impôts locaux sont apparus à la fin du XIXe siècle pour accompagner l'émergence de la commune et du département, ils étaient alors des impôts additionnels à des impôts d'État. Ils représentent aujourd'hui un tiers des ressources des collectivités locales et 10 % de la fiscalité d'État.

1789 Malgré quelques réformes substantielles leur structure apparaît archaïque : s'ils ne sont plus des impôts de répartition ils sont toujours assis sur des bases qui n'entretiennent pas des relations adéquates avec la réalité économique ni avec la justice fiscale. La foule des acteurs concernés – la France, avec quelque 34 000 collectivités territoriales et établissements publics de coopération, en compte presque autant que tous les autres États de l'Union réunis – ne facilite pas le travail de réforme.

1790 Ces impôts sont aujourd'hui au nombre de quatre, régis par des principes communs (SECTION 1) qu'il faut examiner avant d'analyser successivement les deux taxes foncières (SECTION 2), la taxe d'habitation sur les résidences secondaires (SECTION 3) et la contribution économique territoriale (SECTION 4).

SECTION 1

Les principes communs gouvernant la fiscalité directe locale

1791 Trois principes structurent aujourd'hui la fiscalité directe locale : l'assiette de chaque impôt est la même pour chaque collectivité bénéficiaire (1), à charge pour chacune de fixer son taux (2), le recouvrement étant assuré par les services fiscaux de l'État (3).

1. *Une assiette commune sert de base à chacune des quatre taxes locales*

1792 Son processus de détermination part d'une notion qui est la valeur locative, c'est-à-dire le revenu théorique potentiel du bien. Elle va subir des retraitements et adjonctions différents selon l'impôt, pour donner l'assiette de l'impôt. La valeur locative de chaque bien immeuble est fixée par les services fiscaux de manière plutôt approximative, en considération de ses caractéristiques physiques, de son implantation, de son affectation et de son état. Hormis la prise en compte des changements physiques qui l'affectent (édification d'une nouvelle construction sur un terrain ou destruction d'une maison) cette valeur locative n'a pas été révisée depuis 1970, hormis les locaux professionnels, pour lesquels, depuis 2017, l'imposition est fondée sur la valeur locative au 1er janvier 2013. L'État a souvent lancé le processus de révision mais toujours différé sa mise en œuvre, par crainte des transferts de charge que celle-ci induirait entre catégories de contribuables. Le dernier programme en date, de simple actualisation des valeurs locatives des locaux professionnels, a vu son intégration reportée aux bases d'imposition de l'année 2025. Le calendrier de révision des valeurs locatives des locaux d'habitation a été décalé de deux ans, pour une prise en compte pour l'établissement des bases d'imposition de 2028 (L. n° 2022-1726 du 30 déc. 2022, art. 103 et 106). Le législateur se contente d'une actualisation annuelle pour tenir compte de l'inflation. Pour 2025, elle est de 1,7 %. Les contribuables sont beaucoup plus sensibles que les élus locaux aux injustices que provoque une assiette aussi archaïque. L'exécutif en a pris conscience, en faisant adopter par le Parlement une abolition progressive, de 2018 à 2023, de la taxe d'habitation, que l'État compense par une dotation versée aux collectivités locales.

2. *Les collectivités territoriales fixent elles-mêmes le taux de l'impôt*

1793 L'organe délibérant de chaque collectivité détermine chaque année, en fonction de ses besoins budgétaires, le montant des impôts directs locaux qui lui paraît nécessaire et adéquat pour assurer l'équilibre sincère des deux sections de son budget (fonctionnement et investissement). À l'aide des simulations établies pour lui par les services fiscaux de l'État il pourra fixer le taux de chacun des quatre impôts en connaissance de cause puisqu'il aura connaissance du montant des quatre assiettes et, partant, des conséquences en impôt de la fixation de chaque taux.

1794 Cette démarche est celle de la commune, du département et de la région, mais aussi de leurs établissements publics de regroupement s'ils sont dotés d'une fiscalité propre : c'est le cas de la communauté urbaine, de la communauté d'agglomération ou de communes, du district, le cas échéant des syndicats intercommunaux. Le résultat prend la forme d'un empilage d'impôts locaux perçus sur une même assiette, qui nuit à la compréhension et à l'acceptation dudit impôt par le contribuable : seule une lecture attentive de son avis d'imposition lui apprendra que la cotisation de taxe foncière qu'il lui est demandé d'acquitter se ventile en réalité en trois, quatre ou davantage d'impôts différents, à raison d'un par collectivité bénéficiaire. Une réforme de la fiscalité locale devrait passer par l'attribution à chaque collectivité d'un impôt distinct.

1795 La fixation des taux est libre pour la collectivité, à quelques limites près : en particulier le taux ne peut pas excéder un taux plafond qui est égal à deux fois et demie le taux moyen national, ou deux fois le taux moyen de l'année précédente pour la contribution économique territoriale ; à l'intérieur de ce cadre la variation proportionnelle des quatre taxes est possible, tandis que la variation différenciée du taux d'un impôt par rapport à celui des trois autres est très encadrée (CGI, art. 1636 B *sexies*). Le produit global a beaucoup augmenté et suscite, outre la critique des contribuables, des réflexions et des propositions de réforme. L'autonomie dont bénéficient les collectivités territoriales dans l'exercice de leur pouvoir fiscal est un gage de la décentralisation et entraîne mécaniquement des différences importantes dans le poids de l'impôt : selon la commune d'implantation un contribuable, sur des bases comparables, verra l'imposition varier dans des proportions considérables. L'autonomie est synonyme de différences.

3. *Le recouvrement des impôts directs locaux*

1796 Il est assuré par les agents de la direction générale des finances publiques (v. ss 116) qui assument parallèlement l'exécution du budget de chaque collectivité territoriale. Le recouvrement s'effectue à partir du rôle établi par les services de la direction départementale des finances publiques, chaque contribuable reçoit l'extrait de rôle le concernant sous forme d'un avis d'imposition. L'ensemble de cette démarche accomplie par les services de l'État au profit des collectivités locales est rémunéré par un prélèvement pour frais de gestion réclamé à chaque contribuable, au taux de 1 % calculé sur les impositions mises en recouvrement.

1797 Ces règles générales gouvernent chacun des quatre impôts directs locaux.

Bibliographie

Benard (Yohann), « Valeurs locatives foncières : panorama de la jurisprudence », *RJF* 2007, n° 1, p. 95.

Bouvier (Michel), *Les finances locales*, LGDJ, 19e éd., 2022, 336 p.

Chatel (Laurent), « Une réforme de la fiscalité locale, 10 ans après la suppression de la taxe professionnelle », *Dr. fisc.* 2021, n° 10, comm. 161.

Conseil des prélèvements obligatoires, *La fiscalité locale*, *La Doc. fr.*, 2010, 641 p.

Dosière (René), *La fiscalité locale*, PUF, coll. « Que sais-je ? », 1997, 127 p.

Esclassan (Marie-Christine), « 1982-2012 : Quelles grandes évolutions de la fiscalité locale ? » *RFFP* 2012, n° 119, p. 125 à 132.

Michel (Christophe), « Le Parlement européen est-il exonéré d'impôts locaux ? », note ss TA Strasbourg, 23 déc. 2013, *Dr. fisc.* 2014, n° 19, comm. 307.

Quinart (Émilien), « Réforme de la fiscalité locale : quelles conséquences sur les finances locales », *Dr. fisc.* 2021, n° 10, comm. 160.

Ralkos (A.), « Évaluation des locaux selon l'appréciation directe », *Dr. fisc.* 2017, n° 46, comm. 539.

SECTION 2
Les deux taxes foncières

1798 Tout propriétaire d'un immeuble bâti ou non est soumis en principe à la taxe foncière Suivant le cas, il s'agit soit de la taxe foncière sur les propriétés bâties (§ 2) soit de la taxe foncière sur les propriétés non bâties (§ 3). Si ces deux taxes ont leur réglementation propre, il existe cependant sur plusieurs points des dispositions qui leur sont communes (§ 1).

§ 1. Les dispositions communes

1799 Les dispositions communes concernent le champ d'application de la taxe et la qualité du contribuable. Qu'il s'agisse de propriétés bâties ou non bâties, la taxe est établie au nom de celui qui est propriétaire au premier janvier de l'année d'imposition. En cas de vente de l'immeuble après le premier janvier de l'année d'imposition, le vendeur ne peut obtenir la réduction de l'impôt au prorata du nombre de mois pendant lequel il a été propriétaire. Mais rien n'empêche le vendeur et l'acquéreur de prévoir dans l'acte de vente le partage entre eux de cet impôt. Cette clause n'a d'effet qu'entre les parties et n'est pas opposable à l'administration qui ne connaît que le propriétaire au premier janvier de l'année d'imposition.

1800 Ce critère d'assujettissement permet de ranger les deux taxes au nombre des impôts sur le patrimoine, mais l'assiette établie à partir de la valeur locative, et non de la valeur vénale, introduit une réserve dans cette classification.

1801 Trois cas particuliers sont à signaler. Le premier concerne l'immeuble grevé d'usufruit ou d'un droit d'usage et d'habitation. L'usufruitier percevant les revenus sera redevable de la taxe foncière. En cas de vente en viager, avec réserve du droit d'usage et d'habitation au profit du vendeur, l'acheteur est passible de la taxe. Le deuxième cas est relatif aux sociétés immobilières visées à l'article 1655 *ter* du CGI (v. ss 837). La taxe foncière est établie non pas globalement au nom de la société mais au nom de chaque associé pour la part qui lui revient. En troisième lieu, il convient de signaler que, en cas d'occupation temporaire du domaine public, c'est le titulaire de l'autorisation qui est redevable de la taxe (CGI, art. 1400 II).

1802 S'agissant du calcul de l'impôt les services fiscaux partent de la **valeur locative** du bien, ils lui appliquent un abattement pour frais de gestion qui est de 50 % pour les biens soumis à la taxe foncière sur les propriétés bâties et 20 % pour ceux soumis à la taxe foncière sur les propriétés non bâties. Le résultat ainsi obtenu est le **revenu net cadastral** qui constitue l'assiette proprement dite, sur laquelle s'appliquera le taux de chaque collectivité bénéficiaire.

§ 2. La taxe foncière sur les propriétés bâties

1803 Compte tenu de la large disparition de la taxe d'habitation les collectivités locales font de cette recette fiscale un usage croissant. À côté de propriétés imposées (A) existent des propriétés exonérées (B) et des propriétés dégrevées (C).

A. Les propriétés imposées

1804 Sauf exonération expresse, toute propriété bâtie située sur le territoire français est soumise à la taxe foncière (CGI, art. 1399). Est considérée comme propriété bâtie toute construction fixée au sol à perpétuelle demeure. En d'autres termes l'ouvrage doit être implanté dans le sol de telle façon qu'il n'est pas possible de le déplacer sans le démolir. Sont exclues de l'imposition des constructions de faible dimension comme les abris de jardin et les kiosques. Mais hormis ces rares exceptions, toutes les constructions sont retenues. Ainsi en est-il des piscines privées et des constructions en sous-sol, telles des champignonnières. Pour être imposable, l'immeuble doit être achevé. Selon la jurisprudence du Conseil d'État, l'achèvement est une situation de fait : l'immeuble est achevé lorsqu'il peut être utilisé conformément à sa destination.

1805 Certains terrains sont assimilés à des bâtiments et imposés en tant que tels. Il s'agit d'abord des « sols des bâtiments et des terrains formant une dépendance indispensable et immédiate des constructions » telles que cours, passages et petits jardins entre autres. Il en va de même des « terrains non cultivés employés à usage industriel et commercial » tels que dépôts de marchandises ou chantiers. Sont également imposables les terrains cultivés ou non utilisés pour la publicité commerciale et établis au-delà d'une distance de 100 mètres de toute agglomération. Enfin sont assimilés à des bâtiments « les bateaux utilisés en un point fixe et aménagés pour l'habitation, le commerce ou l'industrie même s'ils sont retenus seulement par des amarres ».

Depuis 2007, les communes peuvent instituer une taxe forfaitaire sur la première cession à titre onéreux de terrains rendus constructibles du fait de leur classement par un plan local d'urbanisme (PLU). Le taux de cette taxe est fixé à 10 % du prix de cession. Elle est due par le cédant (CGI, art. 1529).

B. Les propriétés exonérées

1806 Les exonérations peuvent être ventilées en deux catégories, les exonérations permanentes (1) et les exonérations temporaires (2).

1. *Les exonérations permanentes*

1807 Ces exonérations profitent d'abord aux propriétés appartenant à une collectivité publique, affectées à un service public et non productives de revenu (CGI, art. 1382). Ainsi l'État sera exonéré pour sa cité administrative implantée sur le territoire d'une commune et d'un département, en revanche il sera redevable de la taxe auprès de ces deux collectivités pour un immeuble de rapport. De même un département acquittera la taxe auprès de son homologue et d'une commune pour le bâtiment d'une colonie de vacances implanté sur leur territoire.

1808 L'exonération bénéficie aux biens spécifiques aux activités industrielles ou assimilées (CE, plén. fis., 11 déc. 2020, *SA GKN Driveline*, n° 422418, *Dr. fisc.* 2021, n° 7-8, comm. 147 et 151, concl. M.-G. Merloz, notes A. Bussac, D. Barreau et S. Rudeaux). Sont également exonérés les bâtiments ruraux servant à loger ou élever des bestiaux ou à stocker des récoltes ainsi que les bâtiments des centres équestres et entraîneurs de chevaux. N'est pas exonérée l'habitation de l'exploitant agricole.

1809 En troisième lieu sont exonérés de la taxe les édifices affectés à l'exercice public du culte lorsqu'ils appartiennent à l'État, à une collectivité territoriale, à une association cultuelle ou diocésaine (CGI, art. 1382, 4°). Ainsi, pour le Conseil d'État, dans un arrêt qui a suscité la polémique, les édifices du culte des associations locales des Témoins de Jéhovah sont exonérés si ces associations ont un caractère exclusivement cultuel et exercent des activités qui ne portent pas atteinte à l'ordre public (CE 23 juin 2000, *Assoc. locale pour le culte des Témoins de Jéhovah de Riom*, n° 215152, *Dr. fisc.* 2000, n° 30-35, comm. 615, concl. G. Bachelier). En revanche, les chapelles et églises privées, appartenant à des particuliers et utilisées dans l'exercice public du culte, sont imposables.

1810 Enfin sont exonérés les immeubles diplomatiques et les bâtiments des organisations internationales par application de la Convention de Vienne de 1969 relative aux immunités diplomatiques.

2. *Les exonérations temporaires*

1811 Elles traduisent une volonté politique d'orienter les comportements par une incitation fiscale. D'origine très ancienne, elles correspondent à plusieurs exemptions de nature et de durée différentes.

1812 La plus importante de ces exonérations temporaires est celle prévue en faveur de constructions nouvelles. Une exonération de deux ans est prévue pour les constructions nouvelles, reconstructions et additions de constructions quelle que soit leur nature (CGI, art. 1383, I). L'exonération est limitée à la part de taxe prélevée au profit du département ou de la région. Pour la taxe perçue au profit des communes et de leurs groupements, l'exonération est maintenue pour les seuls logements, sauf délibération contraire des collectivités et groupements concernés qui peuvent décider de supprimer l'exonération. L'exonération est portée à quinze ans pour les logements qui ont fait l'objet d'un prêt selon le régime propre aux habitations à loyer modéré.

1813 Une exonération temporaire de 50 % ou 100 % est prévue en faveur des logements neufs économes en énergie qui ne peut être inférieure à cinq ans.

1814 D'un autre côté, les entreprises nouvelles peuvent être exonérées de taxe foncière pour les établissements qu'elles ont créés ou repris à une entreprise en difficulté au titre des deux années suivant celle de leur création (CGI, art. 1383 A I). Dans la même logique, les collectivités territoriales peuvent exonérer de la taxe foncière les jeunes entreprises innovantes pour une durée limitée à sept ans (CGI, art. 1383 D-I).

1815 Cette exonération ne vaut bien entendu que pour l'impôt revenant à la collectivité qui a décidé l'exonération : ainsi l'entreprise sera peut-être exonérée au titre de la part communale de la taxe ; mais cette exonération n'impliquera pas pour autant celle de la part départementale ni de la part régionale.

1816 À côté de ces exonérations de constructions ou d'entreprises nouvelles, existent des exonérations à caractère social. Ainsi sont exonérés de la taxe foncière sur les propriétés bâties, afférente à leur habitation principale, les redevables titulaires de l'allocation de solidarité aux personnes âgées ou de l'allocation supplémentaire d'invalidité. Sont également exonérées les personnes âgées de plus de 75 ans sous réserve que leurs revenus de l'année précédente n'excèdent pas la limite fixée tous les ans par le pouvoir réglementaire. Pour l'appréciation de cette condition de ressources, c'est le revenu fiscal de référence (v. ss 779) qui est retenu.

C. Les propriétés dégrevées

1817 Le dégrèvement qui aboutit à une atténuation ou à une suppression de l'impôt ouvre droit pour la collectivité territoriale à une compensation de la part de l'État.

1818 Les contribuables peuvent obtenir le dégrèvement de leur imposition en cas de vacance d'une habitation normalement destinée à la location ou en cas d'inexploitation d'un immeuble qui était utilisé par le contribuable lui-même à usage industriel ou commercial (CGI, art. 1389). Cette situation doit être indépendante de la volonté du contribuable, d'une durée de trois mois au moins, et affecter soit la totalité de l'immeuble, soit une partie susceptible de location ou d'exploitation séparée. Le Conseil d'État apprécie de façon rigoureuse les conditions posées. Ainsi les difficultés d'ordre économique ou d'ordre technique rencontrées par une entreprise n'ouvrent pas droit à un dégrèvement (CE 20 juill. 1988, *Sté Radio et Sté industrielle Grundig Radio, Dr. fisc.* 1988, n° 45, comm. 2085, concl. M. de Saint-Pulgent ; CE 11 mai 2021, n° 440044, *Dr. fisc.* 2021. 44, comm. 412, concl. K. Ciavaldini).

§ 3. La taxe foncière sur les propriétés non bâties

1819 Selon l'article 1393 du CGI « la taxe foncière est établie annuellement sur les propriétés non bâties de toute nature sises en France à l'exception de celles qui sont expressément exonérées ». D'une façon générale, les biens imposables sont constitués par des parcelles ne supportant aucune construction. Selon le cas, les terrains peuvent être ou non exploités (terrains agricoles, terrains à bâtir, friches, landes, terrains occupés par un étang, carrières, terrains ferroviaires) ou être utilisés pour des plantations (vignes, vergers, bois), ou être affectés à la pratique du golf.

En 2010, la loi a créé, au profit des communes et de leurs établissements publics de coopération, une taxe additionnelle à la taxe foncière sur les propriétés non bâties, qui est assise sur les terrains à bâtir, les carrières, les chemins de fer et les canaux (CGI, art. 1519 I).

1820 Des exonérations (A) bénéficient à certaines propriétés. Des dégrèvements (B) sont accordés à certains contribuables.

A. Les exonérations

1821 Le CGI exonère certaines propriétés non bâties, soit de manière permanente (1) soit de manière temporaire (2).

1. *Les exonérations permanentes*

1822 Elles concernent, à l'instar de la taxe foncière sur les propriétés bâties, essentiellement les propriétés publiques appartenant à l'État ou autres collectivités territoriales dès lors qu'elles sont affectées à un service public ou d'utilité générale et qu'elles sont improductives de revenus. Bénéficient également d'une exonération permanente les routes nationales, départementales et communales, les différentes places publiques, les fleuves et rivières navigables ou flottables ainsi que les sols et terrains passibles de la taxe foncière sur les propriétés bâties (v. ss 1807). Quant aux autoroutes elles sont assimilées aux routes nationales et sont exonérées sauf pour leurs dépendances telles que les plates-formes à péage et autres locaux administratifs (CE 29 juin 2005, *Communauté urbaine de Lyon*, n° 262697, *Dr. fisc.* 2005, n° 46, comm. 732, concl. L. Olléon). La loi exonère à concurrence de 30 % les terrains agricoles autres que les champs (CGI, art. 1394 B *bis*).

2. *Les exonérations temporaires*

1823 Elles sont accordées en contrepartie de la mise en valeur de certaines terres. Les conseils régionaux et les conseils départementaux peuvent, sur délibération, exonérer totalement sur la part qui leur revient les terrains nouvellement plantés en noyers pour une durée de huit ans ou les terrains plantés en arbres truffiers pendant quinze ans, que de leur côté les conseils municipaux peuvent exonérer de façon permanente sur leur propre part (CGI, art. 1395 A). Les terrains ensemencés, plantés ou replantés en bois sont exonérés de plein **droit** pendant trente ans. Les vergers d'oliviers peuvent bénéficier d'une exonération permanente (CGI, art. 1394 C).

1824 Dans le cadre de la loi n° 2005-157 du 23 février 2005 relative au développement des territoires ruraux, des exonérations temporaires renouvelables sont prévues en faveur des terrains situés en zone humide (50 % pendant cinq ans) ou dans les zones Natura 2000 (100 % pendant cinq ans).

B. Les dégrèvements

1825 Des dégrèvements peuvent être obtenus sur réclamation du contribuable en cas de disparition d'un immeuble non bâti (inondation, avalanche, etc.), en cas de perte de récoltes sur pied (grêle, gelée, incendie, etc.) ou en cas de perte de bétail par suite d'épizootie. La charge de ces dégrèvements est supportée par l'État.

D'un autre côté la collectivité territoriale peut accorder un dégrèvement – à sa charge – au profit de jeunes agriculteurs venant de s'installer pendant cinq ans au maximum (CGI, art. 1647-00 *bis* I).

Bibliographie

BOKDAM-TOGNETTI (Émilie) « Taxe foncière sur les propriétés bâties : c'est dans les vieux pots qu'on fait les meilleures soupes ! », *RJF* 01/2013, p. 3.

LABRUNE (Nicolas) « Qu'est-ce qu'une propriété bâtie ? » *RJF* 6/2015, p. 371.

SECTION 3

La taxe d'habitation sur les résidences secondaires

1826 Après avoir été l'impôt direct local le plus important, qui était acquitté par le plus grand nombre de contribuables, la taxe d'habitation disparaît à compter de 2023 pour les locaux affectés à l'habitation principale. Elle était due en principe par toute personne physique ou morale disposant d'une habitation meublée à titre privatif que ce soit en qualité de propriétaire ou de locataire ou à tout autre titre (occupation à titre gratuit par exemple d'un logement de fonction). Tous les habitants étaient en principe frappés par la taxe, même le préfet en sa préfecture ou le président de la République en son palais, toutefois exclusivement pour la partie privative des locaux. Dorénavant, elle ne s'applique plus qu'aux résidences secondaires et autres locaux meublés non affectés à l'habitation principale. Son champ d'application (§ 1) mérite d'être précisé, de même que les modalités de son calcul (§ 2).

§ 1. Le champ d'application de la taxe d'habitation sur les résidences secondaires

1827 Le champ d'application peut être défini en fonction des locaux et des personnes qui les occupent.

A. Les locaux

1828 À côté des locaux imposables (1) existent des exonérations (2) limitativement énumérées. De surcroît, a été instituée une taxe spécifique, la taxe sur les logements vacants (3).

1. *Les locaux imposables*

1829 La taxe d'habitation sur les résidences secondaires frappe essentiellement deux types de locaux. Il s'agit d'abord des locaux meublés affectés à une habitation secondaire. Sont considérés comme locaux meublés les locaux qui contiennent un ameublement suffisant pour permettre l'habitation. Pour apprécier si cette condition est remplie il faut considérer les locaux imposables dans leur ensemble et non pas pièce par pièce. Ainsi la taxe est due même pour les pièces dégarnies de meubles. En revanche les locaux professionnels ne sont pas en principe soumis à la taxe d'habitation sur les résidences secondaires mais à la contribution économique territoriale.

1830 La taxe est assise non seulement sur l'habitation mais également sur les dépendances. Il en va ainsi des garages et emplacements de parking réservés à l'usage privatif du contribuable, même s'ils sont seulement matérialisés par une délimitation sur le sol. Sont également passibles de la taxe les jardins et parcs d'agrément lorsqu'ils constituent une dépendance de l'habitation secondaire et ne servent pas à une exploitation agricole.

1831 Une autre catégorie de locaux imposables est constituée par les locaux meublés occupés par des collectivités privées ou publiques. Sont visés les locaux administratifs où le public n'a pas accès, tels les bureaux ou les salles de réunion des dirigeants. Pour ce qui est des collectivités publiques sont également imposables les locaux meublés occupés par les organismes de l'État, des départements et des communes s'ils ne sont pas aménagés en vue de l'exercice d'une activité industrielle et commerciale, si le public n'y a pas accès.

2. *Les locaux exonérés*

1832 La liste limitative des locaux exonérés figure à l'article 1407-II du CGI. Ce sont les locaux destinés à l'hébergement de personnes en difficulté gérés par des personnes publiques, au logement des élèves dans les pensionnats, et aux étudiants dans des résidences universitaires publiques.

3. *La taxe annuelle sur les logements vacants.*

1833 Sont soumis à une taxe spécifique, la taxe sur les logements vacants (CGI, art. 232), les logements vacants depuis au moins un an dans les agglomérations de plus de 50 000 habitants où existe un déséquilibre marqué entre l'offre et la demande de logements dont la liste est fixée par décret. Cette taxe a été instituée en vue d'inciter les propriétaires à céder ou à louer leurs biens immobiliers. Elle est assise sur la valeur locative du logement telle que calculée en matière de taxe d'habitation (v. ss 1826). La taxe n'est pas due lorsque le propriétaire peut justifier que le logement a été occupé plus de quatre-vingt-dix jours consécutifs pendant l'année considérée. De même ne sont pas redevables de la taxe les dépendances du domaine public, les organismes HLM ainsi que les sociétés d'économie mixte à raison des logements destinés à être attribués sous conditions de ressources (CGI, art. 232, II). Son taux est de 17 % de la valeur locative la première année d'imposition, et de 34 % à compter de la seconde. Le produit de la taxe est affecté à l'Agence nationale de l'habitat (CGI, art. 232, VIII). Le Conseil constitutionnel, dans sa décision du 29 juillet 1998 (DC n° 98-403), a émis des réserves d'interprétation en estimant que la différence de traitement fiscal instaurée entre les personnes assujetties à la taxe n'est conforme à la Constitution que si les critères d'assujettissement sont en rapport avec le but poursuivi, à savoir inciter les propriétaires privés à mettre en location des logements susceptibles d'être loués. La taxe ne peut donc concerner que des logements habitables, vacants et dont la vacance tient à la seule volonté de leur détenteur. Le Conseil constitutionnel a réitéré ces réserves d'interprétation dans sa décision n° 2012-662 DC du 29 décembre 2012.

Dans la mesure où aucune obligation déclarative n'incombe aux contribuables, la loi de programmation pour la cohésion sociale (L. n° 2005-32 du 18 janv. 2005) est venue prévoir la possibilité pour les collectivités locales d'obtenir de l'administration fiscale la liste des logements vacants recensés l'année précédente pour l'établissement de la taxe d'habitation.

Le contrôle, le recouvrement et le contentieux sont régis comme en matière de taxe foncière sur les propriétés bâties.

B. Les personnes

1834 Selon l'article 1408-I du CGI, « la taxe est établie au nom des personnes qui ont, à quelque titre que ce soit, la disposition ou la jouissance des locaux imposables ». Cela vise les personnes physiques ou morales qui ont, au 1er janvier de l'année d'imposition, la disposition ou la jouissance à titre privatif d'une habitation meublée. La qualité de l'occupant (propriétaire, locataire ou occupant à titre gratuit) est sans influence pour déterminer les personnes imposables. Sont donc imposables à la taxe d'habitation sur les résidences secondaires :

- les propriétaires qui occupent leur résidence secondaire ;
- toute personne ayant momentanément son domicile à l'étranger, mais disposant en France d'une habitation meublée qu'elle peut occuper à tout moment ;
- tout locataire ou occupant à titre gratuit de locaux meublés non affectés à l'habitation principale, dès lors que l'occupation privative des lieux revêt un caractère suffisant de permanence.

§ 2. Le calcul de la taxe d'habitation sur les résidences secondaires

1835 La taxe d'habitation sur les résidences secondaires est calculée pour l'année entière d'après les faits existants au 1er janvier de l'année d'imposition, date du fait générateur de l'impôt.

1836 L'impôt est calculé à partir de la valeur locative de l'immeuble qui est par définition la même que celle prise en compte pour la taxe foncière de cet immeuble, simplement elle ne subit aucune réfaction comme en matière de taxes foncières (v. ss 1802), et servira directement d'assiette pour l'application du taux de chaque collectivité territoriale bénéficiaire.

1837 Le dégrèvement n'était accordé qu'à la double condition que le local soit l'habitation principale du contribuable et que le contribuable l'occupe lui-même.

1838 Enfin, il faut signaler qu'en raison de la solidarité fiscale existant entre propriétaires et locataires, les propriétaires peuvent être recherchés pour le paiement de la taxe d'habitation de leurs locataires qui n'ont pas acquitté la taxe. Toutefois les propriétaires peuvent dégager leur responsabilité en informant le comptable du Trésor du déménagement de leurs locataires.

En raison notamment des dégrèvements que la loi prévoit sur les différentes taxes, l'État est devenu le premier contributeur de ces impositions locales. Pour conserver une connaissance précise des propriétés perdue avec le rétrécissement du champ de la taxe d'habitation, il a créé la déclaration de biens immobiliers, à remplir par le contribuable à l'occasion de chaque modification de son patrimoine.

SECTION 4
La contribution économique territoriale

1839 L'impôt le plus rentable pour les collectivités bénéficiaires était aussi le plus critiqué par ses contribuables mais aussi par la plupart des partis de gouvernement qui ont beaucoup brocardé le caractère antiéconomique de la taxe professionnelle, successeur de la contribution des patentes. Depuis 2010, elle a été remplacée par la contribution économique territoriale qui est composée de la cotisation foncière des entreprises et de la cotisation sur la valeur ajoutée des entreprises (CGI, art. 1447-0). La cotisation foncière des entreprises (CFE) est la principale, et reprend l'essentiel du régime de la taxe professionnelle. Cet impôt rapporte davantage aux collectivités territoriales que l'IS ne rapporte à l'État.

1840 Sa description part du champ d'application (§ 1), passe par l'analyse de l'assiette (§ 2), se poursuit par l'étude du calcul de la CFE (§ 3), la cotisation sur la valeur ajoutée des entreprises (§ 4) et s'achève par les dégrèvements applicables à la contribution économique territoriale (§ 5).

§ 1. Le champ d'application de la cotisation foncière des entreprises

1841 Il est défini, de manière plutôt négative, par l'article 1447 du Code : elle « est due chaque année par les personnes physiques ou morales qui exercent à titre habituel une activité professionnelle non salariée ». Elle est perçue par les communes et leurs établissements publics de regroupement.

A. Les critères

1842 Sur le fondement de ce critère l'impôt est dû par toute personne physique ou morale qui exerce une activité industrielle, commerciale, artisanale ou libérale. Le caractère habituel de l'activité est apprécié par le juge en fonction du contexte du dossier, en d'autres termes c'est la répétition d'actes lucratifs qui permettra de considérer qu'ils entrent dans le champ d'application de la taxe professionnelle.

1843 Bien entendu le critère de la territorialité permet d'imposer toute activité dépendant d'un établissement installé en France, en revanche l'impôt n'est pas dû au titre de la première année civile d'activité.

B. Les exonérations permanentes

1844 Elles sont nombreuses et viennent sensiblement limiter le champ réel de l'impôt. Leur énumération défie la cohérence car elle reflète l'ampleur des interventions du législateur pour répondre à la demande de catégories socioprofessionnelles. La liste est impressionnante car elle reprend nombre d'exonérations en vigueur à l'époque de la patente !

1845 L'article 1449 exonère les collectivités publiques pour leurs activités exercées dans le secteur culturel ou éducatif, mais aussi pour les activités du secteur sanitaire ou social, quel que soit leur statut au regard de la TVA, ainsi que les grands ports maritimes.

1846 Aux termes de l'article 1450 sont exonérées les activités agricoles *stricto sensu*, comme le sont, en vertu de l'article 1452, les activités artisanales au sens médiéval du terme, c'est-à-dire celles qui n'impliquent qu'un professionnel travaillant seul, ou avec le concours d'une main-d'œuvre familiale et d'un simple manœuvre. La loi est venue également exonérer les chauffeurs de taxi ou d'ambulance, les pêcheurs et les sociétés coopératives maritimes ainsi que les patrons bateliers.

1847 Les exploitants agricoles bénéficient de cette exonération, ainsi que certaines activités industrielles ou commerciales. Ce sont principalement les entreprises de presse (art. 1458), les sociétés coopératives ouvrières de production lorsque les coopérateurs détiennent au moins 50 % du capital et qu'elles ne font pas appel à l'épargne (art. 1456), ainsi que les concessionnaires de mines qui sont, en contrepartie, astreints au versement de la redevance départementale et communale des mines.

1848 La loi exonère certaines activités non commerciales, tels les artistes, auteurs et compositeurs qui vivent du produit de leur art, les sportifs mais aussi les professeurs de lettres, sciences et arts d'agrément ainsi que les sage-femmes et les garde-malades. Tout le secteur de la presse est exonéré, de même que les établissements d'enseignements privés, lorsqu'ils sont sous la tutelle pédagogique de l'État au moyen d'un contrat d'association ou d'une reconnaissance d'utilité publique. Dans les bassins urbains à dynamiser, les entreprises éligibles à l'exonération d'IS prévue à l'article 44 *sexdecies* du CGI bénéficient également d'une exonération de CFE pour leurs établissements créés entre le 1er janvier 2018 et le 31 décembre 2023 (CGI, art. 1463 A).

C. Les exonérations temporaires

1849 Elles traduisent de façon plus pertinente la même volonté d'incitation que pour la taxe foncière sur les propriétés bâties, avec une tendance marquée pour l'aménagement du territoire (CGI, art. 1464 B à G, 1465, 1465 A, 1465 B, 1466 A, B et D, 1478 *bis*).

1850 **Création d'emplois.** Sur délibération préalable de la collectivité territoriale et sur sa demande une entreprise pourra bénéficier d'une exonération totale ou partielle, pour cinq ans au maximum, à partir du moment où elle crée des emplois et réalise des investissements à l'occasion d'une création, d'une extension ou d'une décentralisation d'établissement industriel ou de recherche scientifique et technique ainsi que les entreprises participant à un pôle de compétitivité.

1851 **Reprise d'entreprise en difficulté.** Sur agrément de la direction générale des finances publiques, une exonération comparable sera accordée pour les opérations de reconversion ou de reprise d'établissements industriels en difficulté.

1852 **Entreprises nouvelles.** Comme pour la taxe foncière, une entreprise nouvelle peut bénéficier d'une exonération temporaire de contribution foncière des entreprises au titre de la reprise d'un établissement en difficulté, et ce pour deux à cinq années, sur délibération préalable et générale de la collectivité territoriale.

1853 **Certaines zones urbaines et rurales.** Dans les zones franches urbaines, dans les zones de redynamisation urbaine, dans les zones urbaines sensibles, dans les quartiers prioritaires de la politique de la ville (QPV), dans les zones de revitalisation rurale et dans les pôles de compétitivité, une exonération de cinq ans est accordée, sauf délibération contraire des collectivités locales, aux entreprises qui se développeront ou changeront d'exploitant. L'exonération est toutefois plafonnée.

1854 **Jeunes entreprises.** Si l'entreprise bénéficie du statut de jeune entreprise innovante (ou de jeune entreprise universitaire), à condition d'avoir moins de sept ans d'âge au 1er janvier de l'année d'imposition et qu'elle a été créée avant le 31 décembre 2013, elle peut bénéficier d'une exonération pour une durée de sept ans.

1855 **Zones de restructuration de la défense.** Dans les zones de restructuration de la défense, les collectivités territoriales peuvent accorder une exonération d'une durée de cinq ans. Si le contribuable est une micro-entreprise (chiffre d'affaires inférieur à 2 000 000 euros et effectif salarial maximal de dix personnes) à différents titres, elle bénéficie d'un crédit d'impôt de 750 euros par salarié pendant trois ans à partir du classement de la commune en zone de restructuration de défense. Ce crédit d'impôt vient en diminution de la cotisation de contribution foncière des entreprises, ou bien il est remboursé à l'entreprise s'il lui est supérieur.

1856 **Zones rurales.** Dans les communes de moins de 2 000 habitants ou celles situées dans une zone de revitalisation rurale, les collectivités territoriales et leurs groupements dotés d'une fiscalité propre peuvent instituer une exonération – comprise entre deux et cinq ans – en faveur des médecins, des auxiliaires médicaux et des vétérinaires ruraux qui viennent s'installer à titre libéral ou se regrouper. Dans toutes les communes, la collectivité bénéficiaire peut exonérer de la CFE les établissements de vente de livres neufs au détail qui disposent, au 1er janvier de l'année d'imposition, du label de librairie indépendante de référence.

Comme toutes les mesures d'incitation fiscale, l'efficacité réelle de ces exonérations est discutée.

§ 2. L'assiette de la cotisation foncière des entreprises

1857 Elle est constituée, aux termes de l'article 1467 du CGI, par la valeur locative des biens passibles d'une taxe foncière, et ceci même s'ils bénéficient d'une exonération au regard de ce dernier impôt. L'important est qu'ils soient affectés à l'activité professionnelle du contribuable, peu importe qu'il en soit propriétaire, locataire, utilisateur à titre gratuit, ou au travers d'un contrat de crédit-bail. La période de référence est la valeur locative de la pénultième année précédant celle de l'imposition ou le dernier exercice de douze mois clos au cours de cette même année s'il ne coïncide pas avec l'année civile. Autrement dit, pour l'établissement de la cotisation foncière des entreprises en 2023, ce sont les immobilisations immobilières de 2021, déclarées en 2022, qui sont utilisées.

1858 La loi est venue prévoir des réductions et des abattements au profit de certaines activités : réduction d'un tiers pour les aéroports, de moitié pour les installations antipollution et les matériels destinés à économiser l'énergie ou à réduire le bruit, réduction *prorata temporis* pour les immobilisations d'entreprises saisonnières (hôtels, restaurants et établissements thermaux).

§ 3. Le calcul de la cotisation foncière des entreprises

1859 Il s'effectue bien entendu en appliquant à l'assiette précitée le taux fixé par le conseil municipal. Chaque entreprise doit acquitter une cotisation minimum qui est calculée à partir d'une base dont le montant est fixé par le conseil municipal entre 227 et 7 046 euros. Si l'entreprise a réalisé un chiffre d'affaires inférieur à 5 000 euros, elle est exonérée (CGI, art. 1647 D).

1860 L'impôt est acquitté en deux fois lorsque le montant de l'année précédente a excédé 3 000 euros (CGI, art. 1679 *quinquies*). Le contribuable doit alors acquitter, au plus tard le 15 juin, un acompte égal à 50 % de la cotisation de l'année précédente. L'obligation déclarative est annuelle.

§ 4. La cotisation sur la valeur ajoutée des entreprises

1861 Cet impôt constitue la seconde composante de la contribution économique territoriale. Elle est due par les entreprises redevables de la CFE, dont le chiffre d'affaires hors taxes est supérieur à 500 000 euros. Le législateur devait la supprimer sur deux ans, 2023 et 2024. La loi de finances pour 2025 reporte cette échéance finale à 2030. De 2026 à 2029 elle est appliquée avec un barème progressif, de 0,094 % à 0,28 %, destiné à diminuer graduellement jusqu'à 2029 (CGI, art. 1586 *quater*). Pour respecter le principe de non-rétroactivité en 2025 – la loi de finances n'a été adoptée qu'après le fait générateur –, l'article 1586 *ter* instaure pour la seule année 2025 une contribution complémentaire à la CVAE afin d'assurer la continuité de l'imposition.

1862 Dans une première étape, l'impôt frappe donc les entreprises importantes, sur une assiette égale à une fraction de la valeur ajoutée produite au cours de l'année d'imposition ou au cours du dernier exercice de douze mois clos au cours de cette même année.

1863 La valeur ajoutée ici retenue est déterminée à partir du chiffre d'affaires. Ce dernier est égal à la somme des ventes de produits fabriqués, de prestations de services, mais aussi des redevances perçues, des plus-values de cession d'immobilisation et des refacturations de frais inscrites au compte de transfert de charges. La valeur ajoutée est égale à une soustraction. Le premier terme en est constitué par le chiffre d'affaires majoré des autres produits de gestion courante, de la production immobilisée, des subventions d'exploitation et des abandons de créances à caractère financier, et de la variation positive des stocks. Le second terme de la soustraction est constitué par les achats stockés de matières premières, les achats de prestations de services, de matériels, de travaux, de matières, de marchandises, de la variation négative des stocks, des services extérieurs, des taxes sur le chiffre d'affaires, des autres charges de gestion courante, des dotations aux amortissements pour dépréciations afférentes aux biens corporels donnés en location pour une durée de plus de six mois et des moins-values de cession d'éléments d'immobilisation corporelle se rapportant à une activité courante. La valeur ajoutée ainsi obtenue fait l'objet d'un plafonnement, en ce sens qu'elle ne peut excéder un pourcentage du chiffre d'affaires qui est de 80 % pour les entreprises dont le chiffre d'affaires est inférieur ou égal à 7 600 000 euros, et de 85 % pour les entreprises dont le chiffre d'affaires est supérieur à ce montant.

1864 Ces éléments d'assiette donnent lieu à déclaration annuelle par l'entreprise, qui auto-liquide l'imposition. Si l'impôt de l'année précédente a excédé 1 500 euros, elle doit verser un acompte de 50 % le 15 juin et le solde au 15 septembre (CGI, art. 1679 *septies*). L'abolition programmée de cet impôt témoigne de la difficulté d'appréhender l'aptitude de l'entreprise à dégager de la richesse.

§ 5. Les dégrèvements applicables à la contribution économique territoriale

1865 Il s'agit d'un plafonnement en fonction de la valeur ajoutée.

1866 La contribution économique territoriale de chaque entreprise ne peut pas excéder 1,625 % de la valeur ajoutée ; l'excédent donne lieu à dégrèvement, sur demande du contribuable, qui l'imputera sur la cotisation foncière (CGI, 1647 B *sexies*).

1867 L'évocation de ces quatre taxes serait incomplète si elle passait sous silence les taxes additionnelles que le législateur a parfois instaurées. Ainsi, la taxe d'enlèvement des ordures ménagères est un impôt que la commune peut instaurer comme taxe additionnelle à la taxe foncière sur les propriétés bâties. Elle ne doit pas être confondue avec la redevance pour enlèvement des ordures ménagères, qui sera assise sur l'importance du service rendu. La loi de finances pour 2005 a rapproché toutefois l'assiette de la taxe de celle de la redevance. La taxe pour frais de chambres de commerce et d'industrie est perçue sur la même base que la contribution économique territoriale.

1868 L'analyse de l'ensemble de la fiscalité directe locale a longtemps laissé une impression d'archaïsme et d'inégalité. La réforme en cours devrait permettre de conserver une imposition efficace pour les collectivités territoriales et moins injuste pour les contribuables. La Cour des comptes a dressé, en janvier 2025, un bilan de l'impact de ces réformes. Dans un cadre de réduction de grande ampleur des impôts locaux entre 2018 et 2023, elle reconnaît que les mesures nouvelles ont assuré une équité accrue entre contribuables et entre collectivités. Dans le souci d'adapter la fiscalité foncière aux réalités économiques, elle souhaite une mise à jour rapide des valeurs locatives.

Bibliographie

Cour des comptes, « L'évolution de la répartition des impôts locaux entre ménages et entreprises et de la (dé)territorialisation de l'impôt », janvier 2025.

Hayat (Mirko), Taxe professionnelle : renaissance et transformation d'un impôt à travers 25 ans de réformes, Economica, 2003, 288 p.

Hayat (Mirko), « Cotisation économique territoriale : quels pouvoirs pour les élus locaux ? », *Pouvoirs locaux* 2010, n° 87, p. 100.

Lang (Armand), Toulemont (Betty) et Zapf (Hervé), *La contribution économique territoriale*, Lamy, 2010, 248 p.

Lefeuvre (André), « Les règles de procédure applicables en matière de contribution économique territoriale », *Dr. fisc.* 2010, n° 21, étude 325.

PLAGNET (Bernard), « La suppression de la taxe professionnelle » in *Mélanges Robert Hertzog*, Economica, 2011, p. 467.

TOULEMONT (Betty), « La taxe professionnelle, un impôt imbécile, la CET, un impôt intelligent ? », *RFFP* 2015, n° 131, p. 23.

VARII AUCTORES, « Les conséquences de la suppression de la taxe professionnelle du point de vue des redevables. Compte rendu de l'atelier de la Commission des finances du Sénat du 26 mai 2010 », *Dr. fisc.* 2010, n° 23, étude 359.

CONCLUSION

1869 L'évolution du droit fiscal des dernières décennies constitue un instrument d'observation fiable des besoins financiers de l'État, de l'inspiration des gouvernants et des évolutions de la mondialisation.

Plus prosaïquement, elle révèle la difficulté de conjuguer la modernité avec la cohérence du système fiscal et l'importance des cycles.

BIBLIOGRAPHIE

S'agissant des Codes, manuels ou ouvrages exposant le droit positif, on veillera à la date d'édition.

Textes officiels

Code général des impôts, édition annuelle, Dalloz, version consolidée au jour le jour sur Légifrance.

Code des impositions sur les biens et services, version consolidée au jour le jour sur Légifrance.

Direction générale des finances publiques (DGFiP), *Précis de fiscalité*, éditions du ministère des finances, 2 t. (disponible sur www.impots.gouv.fr).

Direction générale des finances publiques (DGFiP), Documentation de base (DB) (disponible sur www.impots.gouv.fr).

Manuels et traités

Beltrame (Pierre), *La fiscalité en France*, Hachette, 2024.

Beltrame (Pierre) et Mehl (Lucien), *Techniques, politiques et institutions fiscales comparées*, PUF, 2e éd., 1997.

Baudu (Aurélien), *Droit fiscal 2022-2023*, Gualino, 13e éd., 2024, 292 p.

Bienvenu (Jean-Jacques), Lambert (Thierry) et Vapaille (Laurence), *Droit fiscal*, PUF, 6e éd., 2024, 512 p.

Bouvier (Michel), *Introduction au droit fiscal général et à la théorie de l'impôt*, LGDJ, 15e éd., 2025.

CABANNES (Xavier), *Droit fiscal*, Dalloz, coll. « Memento », 17e éd. 2023.

CASTAGNEDE (Bernard), *Précis de fiscalité internationale*, 6e éd., PUF, 2019.

COLLET (Martin), *Droit fiscal*, PUF, coll. « Thémis », 13e éd., 2025.

COZIAN (Maurice), CHADEFAUX (Martial) et DEBOISSY (Florence), *Précis de fiscalité des entreprises*, Litec, 48e éd., 2024, 1138 p.

DEBAT (Olivier) et SERLOOTEN (Patrick), *Droit fiscal des affaires*, Dalloz, coll. « Précis », 24e éd., 2025, 900 p.

DOUET (Frédéric), *Précis de droit fiscal de la famille*, LexisNexis, 23e éd., 2024,1150 p.

DOUET (Frédéric), *Fiscalité 2.0, Fiscalité du numérique*, LexisNexis, 5e éd., à paraître le 10/12/2025.

GOUTHIERE (Bruno), *Les impôts dans les affaires internationales*, Fr. Lefebvre, 18e éd., 2024.

GUTMANN (Daniel), *Droit fiscal des affaires*, Lextenso, 15e éd., 2024.

LAMARQUE (Jean), NEGRIN (Olivier) et AYRAULT (Ludovic), *Droit fiscal général*, LexisNexis, 5e éd., à paraître le 8 oct. 2025, 1 600 p.

LAMULLE (Thierry), *Fiscalité des particuliers et des entreprises*, Gualino, 25e éd., 2024.

LIGNEREUX (Bastien), *Précis de droit constitutionnel fiscal*, LexisNexis, 2e éd., 2023.

MAITROT DE LA MOTTE (Alexandre), *Droit fiscal de l'Union européenne*, Bruylant, 4e éd., 2024.

MARCHESSOU (Philippe) et TRESCHER (Bruno), *Droit fiscal international et européen*, Bruylant, coll. « Finances publiques », 2018.

MARDIÈRE (Christophe de la), *Droit fiscal de l'entreprise*, Bruylant, coll. « Paradigme », 3e éd., 2025

OUDENOT (Philippe), *Fiscalité approfondie des sociétés*, LexisNexis, 7e éd., 2024, 994 p.

SCHMIDT (Jean) et KORNPROBST (Emmanuel), *Fiscalité immobilière*, LexisNexis, 16e éd., 2024.

SÉRANDOUR (Yolande), *Précis de TVA*, LexisNexis, 3e éd, 2023, 352 p.

VABRES (Régis), *Droit fiscal*, Dalloz, coll. « HyperCours », 4e éd., 2024.

Ouvrages généraux

AGRON (Laure), *Histoire du vocabulaire fiscal*, LGDJ, 2000.

ALLAIS (Maurice), *Pour une réforme de la fiscalité*, Clément Juglar, 1990.

Archives de philosophie du droit, *L'impôt*, Dalloz, 2002, t. 46.

ARDANT (Gabriel), *Histoire de l'impôt*, Fayard, 1972 (2 t.).

BELTRAME (Pierre), *Les systèmes fiscaux*, PUF, coll. « Que sais-je ? », 3e éd.1997.

CASTAGNEDE, (Bernard), *La politique fiscale*, PUF, 2008.

COZIAN (Maurice), *Les grands principes de la fiscalité des entreprises*, préface DEBOISSY (Florence), Litec, 4e éd., 2016, 494 p.

COZIAN (Maurice), GAUDEL (Jean-Pierre) et DEBOISSY (Florence), *La comptabilité racontée aux juristes*, LexisNexis, 3e éd., 2020.

DAVID (Cyrille), FOUQUET (Olivier), PLAGNET (Bernard) et AUSTRY (Stéphane), *Les grands arrêts de la jurisprudence fiscale*, Dalloz, 6e éd., 2022.

DEROUIN (Philippe) et MARTIN (Philippe), *Droit communautaire et fiscalité. Sélection d'arrêts et de décisions*, Litec, 2e éd., 2009, 1 010 p.

GROSCLAUDE (Jacques), *La doctrine fiscale en France (1987-1999)*, Litec Fiscal, 2000 (recensement commenté des ouvrages et articles parus de 1987 à 1999 en matière fiscale).

GROSCLAUDE (Jacques), *La Doctrine fiscale en France*, Litec Fiscal, 2003 (recensement commenté des ouvrages et articles parus de 1999 à 2002 en matière fiscale).

LAURE (Maurice), *Traité de politique fiscale*, PUF, 1956.

LAURE (Maurice), *Science fiscale*, PUF, 1993.

LE GAND (Philippe) *et al.*, « Chronique de bibliographie fiscale » (paraît tous les trimestres depuis octobre 2001 jusqu'en 2016), *Revue de droit fiscal*.

LEROY (Marc), *La sociologie de l'impôt*, PUF, « Que sais-je ? », 2002.

NEURISSE (André), *Histoire de la fiscalité en France*, Economica, 1996.

RAIMBAULT DE FONTAINE (Sophie) *et al.*, *Doctrines fiscales : à la découverte de grands classiques*, L'Harmattan, coll. « Finances publiques », 2007.

SCHMIDT (Jean), *L'impôt. Politique et technique*, Dalloz, 1997.

VARII AUCTORES, « Doctrines et idéologies fiscales », *RFFP* 2003, n° 84.

VARII AUCTORES, « La doctrine fiscale », *Dr. fisc.* 2006, n° 24, p. 1110 à 1200.

Encyclopédies et dictionnaires

ALBERT (Jean-Luc), PIERRE (Jean-Luc) et RICHER (Daniel), *Dictionnaire de droit fiscal et douanier*, Ellipses, coll. « Dictionnaires de Droit », 2007, 598 p.

BARILARI (André) et DRAPE (Robert), *Lexique fiscal*, Dalloz, 2e éd., 1992, 190 p.

BELTRAME (Pierre), *L'impôt*, MA Éditions, 1987, 191 p.

ORSONI (Gilbert) (dir.), *Dictionnaire encyclopédique des finances publiques*, Presses universitaires d'Aix-Marseille et Economica, 2e éd., 2017, 983 p.

SIERCZEK-ABITAN (Manon), *Termes de droit fiscal*, Gualino, 2007, 143 p.

VILLEGUERIN (Yves DE LA), *Dictionnaire fiscal*, Groupe Revue fiduciaire, 2025, 1790 p. (réédition annuelle).

Documentations pratiques

Mémento pratique fiscal, Francis Lefebvre (réédition annuelle).

Dictionnaire permanent gestion fiscale (éditions législatives).

Documentation opérationnelle, LexisNexis (13 vol.).

Juris-Classeur Fiscal - Impôts directs (17 vol.), *Procédures fiscales* (6 vol.), *Chiffre d'affaires* (4 vol.), *Enregistrement* (6 vol.), *Fiscalité immobilière* (3 vol.), *Impôt sur la fortune* (2 vol.), *Droit fiscal international* (2 vol.).

Revues

Bulletin fiscal Francis Lefebvre (tableau mensuel de l'actualité fiscale).

Bulletin de gestion fiscale des entreprises (Francis Lefebvre).

Droit fiscal, hebdomadaire (textes législatifs et réglementaires, instructions, décisions jurisprudentielles avec conclusions de rapporteurs publics, études doctrinales). Cette revue sert également de mise à jour des différents volumes du *Juris-Classeur Fiscal*.

D. O. Actualité, hebdomadaire, sert également de mise à jour de la « Documentation opérationnelle ».

Feuillets rapides fiscal-social Francis Lefebvre, hebdomadaire (informations rapides essentiellement à l'intention du praticien).

L'Année fiscale (revue annuelle comportant débats, études doctrinales et chroniques retraçant les événements marquants de l'année en matière de fiscalité française et étrangère), publiée chaque année dans *Droit fiscal*.

Revue de jurisprudence et des conclusions fiscales, mensuelle (nombreuses décisions jurisprudentielles annotées et chroniques doctrinales).

Revue française de finances publiques (contient des articles de doctrine sur le droit fiscal).

Revue européenne et internationale de droit fiscal, Bruylant (revue comportant des articles de doctrine regroupés autour d'un thème)

Les Nouvelles fiscales, bimensuel, Wolters Kluwer.

7. Sites internet

http://www.economie.gouv.fr : portail du ministère de l'Économie.

http://bofip.impots.gouv.fr : regroupe l'intégralité de la doctrine fiscale constituée à doctrine constante.

http://www.economie.gouv.fr : portail du ministère du Budget.

http://basedoc.diplomatie.gouv.fr/Traites/Accords_Traites.php : portail du ministère des Affaires étrangères et européennes (pour les conventions fiscales).

http://www.conseil-constitutionnel.fr : site du Conseil constitutionnel.

http://www.conseil-etat.fr : site du Conseil d'État.

https://www.courdecassation.fr : site de la cour de cassation.

www.etudes-fiscales-internationales.com

http://www.europa.eu : site officiel de l'Union européenne.

http://curia.europa.eu : site de la Cour de justice de l'Union.

https://fiscalonline.com

http://www.legifrance.gouv.fr : portail du gouvernement.

http://www.oecd.org : portail de l'OCDE.

INDEX DES ARRÊTS

Les chiffres renvoient aux numéros de paragraphes.

Conseil constitutionnel

CEDH

CJUE et TUE

Juridictions judiciaires

Juridictions administratives

INDEX ALPHABÉTIQUE

Les chiffres renvoient aux numéros de paragraphes.

A

D

F

G

H

N

O

P

Q

R

T

TABLE DES MATIÈRES

Photocomposition Nord Compo
59650 Villeneuve-d'Ascq

PEFC
10-31-2541
Promouvoir la gestion durable de la forêt
www.pefc-france.org

724049 - (I) - OSB - Ppg 60 g - NC - LC

Achevé d'imprimer en août 2025
dans les ateliers de Normandie Roto Impression s.a.s.
61250 Lonrai
N° d'imprimeur : 2503277
Dépôt légal : août 2025

Imprimé en France